物流产业规划

何新华◎编著

同濟大學出版社
TONGJI UNIVERSITY PRESS
·上海·

内 容 提 要

本书从培养物流规划专业人才的角度出发，在系统地介绍数字经济引领下的物流产业的基本概念和基本理论的基础上，重点对物流产业的相关规划理论进行阐述，并吸收了该领域近几年的最新研究成果。本书在内容上，紧密结合物流领域的理论与实践，力求体现知识的系统性、完整性；在表述上，将传统方法和创新方法相结合，循序渐进、分析深入。全书共分 13 章，主要内容包括数字经济引领下的物流产业、物流产业的构成体系与相关理论、物流产业的需求规划、物流产业的网络体系规划、物流产业的价值构成与战略规划、物流产业的运输体系规划、物流产业的配送体系规划、物流产业的空间布局规划、物流产业的智慧化与设施布置规划、物流产业的低碳化与组织体系规划、物流产业的仓储与发展模式规划、物流产业的应急保障体系规划、物流产业的绿色发展规划等。

本书既可作为高等院校物流专业及经济管理专业的高年级本科生、研究生的教材和教学参考书，也可供物流、经济、管理、规划领域的研究人员，政府决策部门、物流企业高层管理人员，高级物流策划人员，物流规划人员参考使用。

图书在版编目(CIP)数据

物流产业规划 / 何新华编著. -- 上海 ：同济大学出版社，2024. 10. -- ISBN 978-7-5765-1301-1

Ⅰ. F252

中国国家版本馆 CIP 数据核字第 2024FG5918 号

物流产业规划

何新华 **编 著**

责任编辑 杨 艳 白 雲 **责任校对** 徐逢乔 **封面设计** 渲彩轩

出版发行 同济大学出版社 www.tongjipress.com.cn

(地址：上海市四平路 1239 号 邮编：200092 电话：021-65985622)

经　　销 全国各地新华书店

印　　刷 启东市人民印刷有限公司

开　　本 787 mm×1092 mm 1/16

印　　张 25.5

字　　数 605 000

版　　次 2024 年 10 月第 1 版

印　　次 2024 年 10 月第 1 次印刷

书　　号 ISBN 978-7-5765-1301-1

定　　价 85.80 元

前言 Preface

数字经济是世界潮流,也是时代机遇。物流产业经历了传统物流、现代物流到现在的智能化物流阶段,物流产业的转型升级不仅使得物流企业运营管理的科技化、数字化和智能化水平不断提升,同时还加速推进了物流行业的数字化升级。数字经济推动下的物流产业不仅是国民经济的重要组成部分,而且已经担负起推动国民经济和社会高质量发展的重要使命。在经济全球化不断发展的背景下,物流业作为第三方服务业,在经济活动中发挥着至关重要的作用。社会对物流服务的需求越来越多样化,现代物流突破了流通领域,全面渗透到经济的生产、消费两大领域。在物质生产的过程中,物流活动决定了生产活动,从而也在一定程度上促进了消费者的消费行为。在现代化生活中,物流业的不断发展在一定程度上说明了市场之间的经济竞争已不再是企业与企业之间的相互竞争,而是物流产业下的供应链之间的竞争。现代物流不仅要考虑从生产者到消费者的货物配送问题,还要考虑从供应商到生产者对原材料的采购,以及生产者本身在产品制造过程中的运输、保管和信息等各个方面如何全面地、综合性地提高经济效益和效率的问题。这与传统物流仅把物流看作是后勤保障系统和在销售活动中起桥梁作用的概念相比,在深度和广度上又进一步拓展了其内涵。而这一切正体现了在物流产业分工演进的过程中,物流的概念随着分工的深化所发生的转变。物流产业的规划对于获得生产力以及国内外竞争力的提高意义重大。随着物流业概念及内涵不断演进,加之物流业规划理论的滞后性,原有教科书上的相关概念已经无法涵盖产业发展的现状与趋势,因此应当与时俱进,重新认识物流业的规划。

本书作者近二十年来一直从事物流产业规划、供应链物流管理、物流系统规划、供应链设计与管理、物流运筹学等课程的教学工作,科研活动的主要方向之一也是物流规划与管理,越来越感觉到对物流业的认识需要不断深入。结合这些年的教学工作和科研积累及思考,基于国内外物流业的最新发展资料,认真系统地编写了本书。

本书具有如下特色:

第一,概念清晰。本书在参考国内外文献的基础上,用简洁的语言对物流和物流业的基本概念、基本思想、规划原理和管理目标等内容给出了清晰的阐述和界定。

第二,体系完整。本书将数字经济理论以及产业体系的相关理论引入物流业,形成物流业分工理论、物流产业分析理论、物流产业结构理论、物流产业布局理论和物流产业波及理论等体系。书中系统介绍的这些理论体系丰富了物流管理的学科基础。

第三,内容丰富。本书内容涵盖了数字经济引领下的物流产业、物流产业的构成体系与相关理论、物流产业的需求规划、物流产业的网络体系规划、物流产业的价值构成与战略规划、物流产业的运输体系规划、物流产业的配送体系规划、物流产业的空间布局规划、物流产业的智慧化与设施布置规划、物流产业的低碳化与组织体系规划、物流产业的仓储与发展模式规划、物流产业的应急保障体系规划、物流产业的绿色发展规划等。

第四，知识新颖。本书既重视数字经济推动下的物流业规划基本理论和方法的介绍，又注重体现物流业领域的新思想、新方法和实践的新发展。同时，本书也介绍了作者多年来从事物流产业规划教学与科研工作的心得和部分研究成果。

第五，理论和实践相结合。本书既有理论又有算例，丰富生动，易于理解；以基础知识为重，通俗易懂；富有启发性，每章还提出问题引发读者思考，开拓读者思路；思路清晰，结构合理，每章内容由易到难，实用性强，章后的习题和案例讨论为读者巩固学习成果、提高学习效率提供了便利。

作者在编写本书过程中参考了大量资料，介绍了国内外一些著名物流管理专家和学者的最新研究成果。部分算法代码、文献翻译和图表设计工作由胡瑞琪完成。另外，在编写过程中也得到了许多同行的支持和帮助！本书获得三项国家自然科学基金委员会项目资助（No.71971158、No.71371145、No.71473162）。同时，本书还获得同济大学出版社编辑的大力支持，在此一并表示衷心的感谢！最后，感谢读者阅读和使用本书。

由于本书涉及内容比较广泛，加之作者水平和条件的限制，难免会有不妥和不尽完善之处，敬请广大读者批评指正。

何新华

2024 年 3 月

目录

Contents

第1章　数字经济引领下的物流产业

1.1　数字经济概述

1.1.1　数字经济背景

当前,数字化驱动全球经济发展的趋势日益明显,5G、云计算、大数据、物联网以及人工智能等新一代信息技术与社会经济各产业的融合不断深化,有力推动着各产业数字化、网络化、智能化的发展进程,成为世界经济社会发展变革的强大动力。各种经济体在加快数字转型、数据应用与安全、产品创新等数字经济关键领域进行积极的战略部署。

发展数字经济之所以会在全球范围内形成广泛共识,是因为当前社会经济生活的生产要素发生了巨大改变,数据已经成为一种新的且最为重要的生产要素。建立在数据基础上的数字经济则成为一种新的经济社会发展形态,并形成新动能,重塑经济发展结构并深刻改变生产生活方式。

数字经济作为一种新的经济形态,以云计算、大数据、人工智能、物联网、区块链、移动互联网等信息通信技术为载体,基于信息通信技术的创新与融合来驱动社会生产方式的改变和生产效率的提升。数字经济的本质在于信息化。信息化是由计算机与互联网等生产工具的革命所引起的工业经济转向信息经济的一种社会经济过程。具体来说,信息化包括信息技术的产业化、传统产业的信息化、基础设施的信息化、生活方式的信息化等内容。信息产业化与产业信息化,即信息的生产和应用两大方面是信息化的关键。信息生产要求发展一系列高新信息技术及产业,既涉及微电子产品、通信器材和设施、计算机软硬件、网络设备的制造等领域,又涉及信息和数据的采集、处理、存储等领域。信息技术在经济领域的应用主要表现在用信息技术改造和提升农业、工业、服务业等传统产业上。

数字经济已成为我国经济发展的核心引擎。我国正在经历一场广泛而深刻的数字化变革。数据已成为连接创新、激活资金、培育人才、推动产业升级和经济增长的关键要素,以5G、云计算、工业互联网、人工智能为代表的数字新基建正加快部署建设,数字生产力逐渐形成,数字经济已成为新时代经济发展的新动能和转型发展的主抓手。

1.1.2　数字经济定义

数字经济是伴随着全球数字化浪潮,在新一轮科技革命和产业变革中孕育、兴起的经济模式。国务院 2022 年 1 月印发的《“十四五”数字经济发展规划》提出，数字经济是继农业经济、工业经济之后的主要经济形态，是以数据资源为关键要素，以现代信息网络为主要载体，以信息通信技术融合应用、全要素数字化转型为重要推动力，促进公平与效率更加统一的新经济形态。数字经济总体上是一个含义相对宽泛的概念，从不同的视角出发，其内涵边界有所不同。

1. 从发展路径来定义

数字经济包括数字产业化和产业数字化两方面。通过数字产业化，关键技术和核心产业能够不断把消费、生产、服务过程中所创造的数据变成生产要素，从而提供新服务、新应用；通过产业数字化，能够推动传统企业、重点产业数字化转型，实现农业数字化和制造业智能化升级，以及生产性、生活性服务业网络化普及，从而持续利用数字技术改造并赋能三次产业。

2. 从构成要素来定义

数字经济包括数据和数字技术两个关键要素。数据自古有之，在互联网出现后，因为数码化记录、积累而成为可供计算机快速提取和分析的大数据。近年来，大数据被广泛运用于人类社会生产、生活和社会治理，成为并列于资本、劳动和自然资源的新要素。这一新要素的出现，对世界政治、经济、文化的影响很大，值得社会各界认真研究。数据要素具备低边际成本、无损耗、易复制等特点，是数字经济深化发展的引擎；数字技术具备迭代快、扩散快、渗透性强等特点。二者通过加快创新的供给和扩散，优化生产函数中的要素配置，提高生产过程中的技术效率，降低交易成本，从而提高产业竞争优势。

3. 从新结构经济学的五大产业类别来定义

数字产业属于换道超车型产业。新结构经济学根据一个产业与世界前沿的差距、是否符合比较优势以及新技术新产品研发周期的长短等，将实体经济体的产业分为五种类型：追赶型、领先型、转进型、换道超车型以及战略型。其中换道超车型产业的特征是：产品、技术研发周期特别短，通常 6～18 个月就有新一代技术投入应用，研发的关键投入是人力资本。数字产业符合这些条件，是典型的换道超车型产业。

1.1.3 数字经济特点

数字经济主要有以下三个特点。

1. 数据成为关键生产要素

数字经济首先是数据经济，数据是数字经济的第一要素。人类社会利用实时获取的海量数据（包括主体数据、行为数据、交易数据、交往数据）来组织社会生产、销售、流通、消费、融资、投资等活动，数据成为经济活动的关键生产要素。

2. 互联网变革了生产关系

数字经济是网络经济，互联网是数字经济的基础载体。数字经济的基础是对数据进行采集、传输、处理、分析、利用、存储的能力，以及设施与设备，涉及互联网尤其是移动互联网、物联网、云计算等技术和计算机尤其是移动智能终端设备，以及将其连接在一起的软件平台。

3. 人工智能极大提升了生产力

数字经济是智能经济，人工智能让数据处理能力得到指数级的增长。通过“人工智能

＋算法”驱动，各领域应用的数字仿真、知识模型、物理模型等实现了和数据模型的融合，实现了跨界创新和智能服务，极大提升了社会生产力。

1.1.4　数字经济内涵

与传统经济相比，数字经济是信息技术革命的产业化和市场化，是新一代信息技术在经济活动中扩散、应用并引发一系列以大数据处理为主要特点的新产业、新业态、新商业模式。数字经济在生产要素、生产关系和生产力等方面都发生了全方位变革。在数字经济中，数据已经成为关键生产要素，网络基础设施构成了新的生产关系，而云计算、大数据、人工智能已经成为数字经济的重要生产力，数据对生产力的提升呈现出指数级效应。

1. 数字化

数字化就是把社会经济活动通过信息系统、物联传感、机器视觉等各类数字化的方式进行抽象，形成可记录、可存储、可交互的数据、信息和知识。在这个过程中，数据已经成为新的生产资料和关键生产要素。

2. 网络化

网络化就是让这些已经抽象的数据、信息和知识，通过互联网、物联网等网络载体进行自由流动、无缝对接和全面融合，网络化极大地改变了传统的生产关系。

3. 智能化

智能化就是利用 IT 系统、大数据、云计算、人工智能等先进的信息通信技术，让数据的处理效率更高、处理能力得到极大提升，实现自动化、智能化的数据处理，从而使得社会经济活动效率快速提升，社会生产力得到指数级的增长。

1.1.5　数字经济发展前景

数字经济是中国经济在第四次工业革命中实现换道超车的宝贵机遇，对实现高质量发展和中华民族伟大复兴具有非常重要的战略意义。2020 年，我国数字经济核心产业增加值占国内生产总值(GDP)的 7.8%，数字经济为经济发展提供了强大动力。加快产业数字化转型，可以帮助我国数字经济的 GDP 占比赶超世界先进水平，以制造业为内核的实体经济也会实现提质增效发展。

不同类型的产业与数字经济的结合应用都具有重要意义。比如，汽车业是一个标准的追赶型产业，但汽车与数字技术结合后带来的无人驾驶等新技术，以及汽车业向服务业延伸，都为中国汽车业的追赶带来机遇。又如，对领先型的家电产业，则可以利用数字化提升价值链，从而继续保持领先地位。通过数字产业的发展壮大，提高数字经济对经济发展的直接带动效应；通过数字经济赋能五类产业，以数据和数字技术加速落后产业追赶，保持领先产业的优势，为我国在新时代新征程中实现高质量发展提供动能。

此外，在以大数据、人工智能、互联网应用为代表的新技术、新产业方面，中国不仅与发达国家站在同一起跑线上，而且在数据资源、人力资本和市场体量方面具备一定的比较优势。一是数据优势。大数据是新的生产要素，被称为“21 世纪的石油”。中国有超过 10 亿的网民，产生了海量数据资源。二是人才优势。中国是人力资源大国，创新型人才绝对数量高，在研发上有人才优势。三是市场优势。中国有最齐全的配套产业，不仅是数据大国、人口大国，也是市场大国、应用场景大国，这些优势结合起来为我国数字经济发展提供了广阔前景。

1.2 数字经济引领下的物流产业现状

面对百年未有之大变局，我国经济和社会发展以及全球竞争模式均发生了巨大变化。全球经济越来越呈现数字化特征，人类社会正在进入以数字化为主要标志的新阶段。数字经济已经成为世界的主要经济形态，也成为推动我国经济社会发展的核心动力。

物流产业作为传统型第三产业，不仅是国民经济的重要组成部分，也成为促进社会高质量发展的重要力量。2021 年我国《政府工作报告》中提出："推动产业数字化智能化改造，战略性新兴产业保持快速发展势头。"2022 年国务院正式发布的《"十四五"数字经济发展规划》提出，要"大力发展智慧物流，加快对传统物流设施的数字化改造升级""全面加快物流、金融等服务业数字化转型"。这一系列鼓励以物流领域为代表的传统产业转型的政策和建议都为加快实现产业数字化、智能化，引领产业转型升级明确了方向。数字信息通过人工智能、大数据等新一代信息技术的紧密集成和创新应用，正逐步成为推动物流产业转型升级的核心力量。

当然，随着互联网技术的发展和广泛应用，数字经济的发展给物流产业带来了巨大的机遇与挑战。物流信息水平提升、物流效率提高以及经济社会发展动力增强等都使我国物流产业不断壮大。

中国物流与采购联合会发布的数据（图 1-1）显示，2012 年以来，我国物流产业整体发展水平、社会物流整体交易规模均呈稳步增长趋势。2020 年，我国物流行业的增长率有所放缓，但仍然突破了 300 万亿元。2021 年，我国社会物流总额达 335 万亿元，比 2020 年增长 11.63%；社会物流总成本约为 16.7 万亿元，占 GDP 比重为 14.4%。物流总额的迅速增

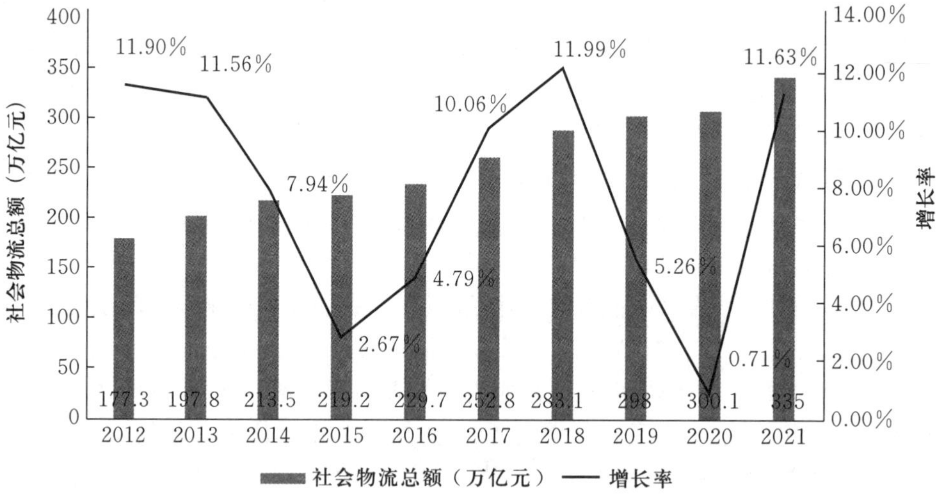

（数据来源：中国物流年鉴）

图 1-1 我国物流业发展状况

长表明了产业价值创造能力的不断加强，对经济、社会发展和人们的生活、工作岗位、服务经济能力的贡献更加显著，其有效地促进了我国国民经济的可持续健康发展。

一系列先进的数字技术越来越被广泛使用，加速了传统领域向数字化转型的变革步伐。特别是政府出台的一系列鼓励和促进物流业发展的政策，促使物流企业积极采用先进的科学技术手段、科学合理分配资源、优化物流服务能力、创新人财物管理手段，积极开发并完善线下线上互联互通、供应链管理、第三方合作等新模式，这些行动不仅扩展了物流服务新领域，还使顾客体验更加舒适。同时，为更加合理地运用大数据，有效提升工作效率和满足服务商对物流的需求，物流企业还对传统操作流程进行了升级改造，逐渐同货物、资金、数据等信息有效合并，并逐步与其他行业加速融合、深度发展，全面开启了物流业数字经济新时代。

从物流行业的区域布局战略来看，国务院 2014 年公布的《物流业发展中长期规划(2014—2020 年)》从国家政策层面对区域物流发展提出了进一步的具体要求，即要推进落实国家区域发展整体战略和产业布局调整优化。从国家级示范物流园区的区域分别来看，截至 2020 年 11 月，中国物流与采购联合会根据中华人民共和国国家发展和改革委员会(以下简称国家发展改革委)要求，已发布两批示范物流园区名单，共 56 家物流园区入选。其中，华东地区物流园区入选最多，达到 22 家，占比 39%，其次是华中地区和西南地区各有 8 家物流园区入选。基于区域工业产业规模和物流服务需求特征的影响，各省市的示范物流园区数量分布呈现出明显的区域分布不均。

从产业链角度来看，物流产业上游主要为提供物流业发展的基础设施和设备的行业，包括道路基础设施建设行业、仓储地产业以及物流设备制造业；中游主要为提供运输、仓储以及物流管理服务的物流企业；下游主要为对仓储、运输等服务有需求的行业或个人，如图 1-2 所示。运输是整个物流产业的核心部分，没有运输的物流产业就失去了灵魂。如图 1-3 所示，从企业来看，物流行业上游涉及仓储地产投资运营的企业主要有普洛斯、万纬、上海宇培、嘉民等；涉及公路、铁路、航道投资等基础设施建设的企业主要有中国交建集团、广东省公路建设有限公司、长江航道局等国有企业；物流硬件和软件制造企业主要有音飞储存、润邦股份、天桥起重等。中游的一众物流企业又可以分为主要从事运输业务的企业、以仓储为核心的企业以及提供物流管理与服务的企业：以运输服务为主营业务的企业主要有顺丰、中通和申通等物流公司；以仓储为核心的企业主要有邮政速递和新宁物流等；提供物流管理与服务的企业主要有北京中物联、飞马国际等企业。我国物流业下游行业包含钢铁、煤炭、汽车等各类生产制造行业，服装等快消品行业，以及食品行业等众多行业。

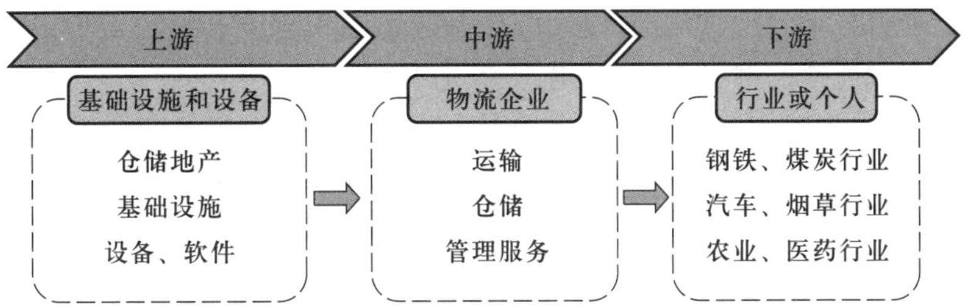

图 1-2　物流业的产业链示意图

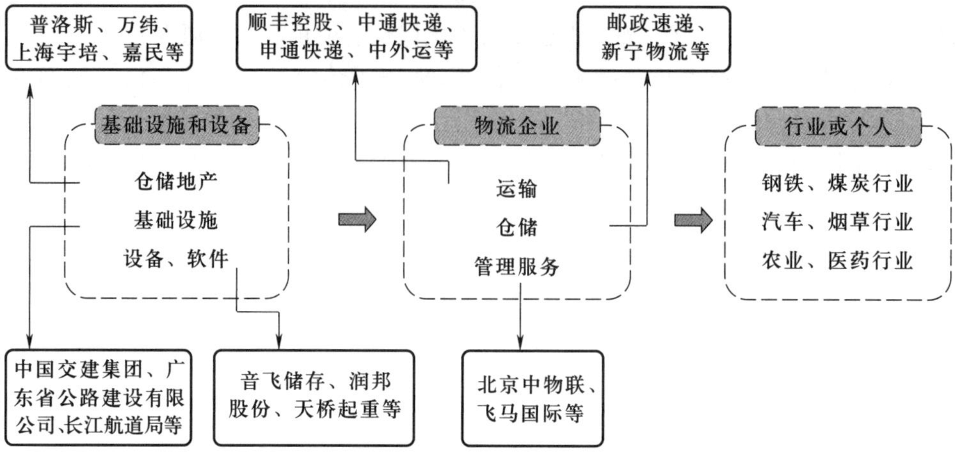

图 1-3　物流业的产业链全景图谱

1.3　数字化驱动物流产业的转型升级

1.3.1　物流产业的数字化转型是一种必然趋势

从经济发展的不同阶段,结合宏观经济发展的不同阶段和消费的变化来谈物流业数字化转型的必然性。全球的经济发展在第二次世界大战以后经历了四个阶段。

第一个阶段是短缺经济时期。这一阶段的生产模式是批量生产,生产和物流的组织模式就是一种实物配送的模式,特征是链条比较短且主要集中在消费领域。

第二个阶段是 20 世纪 70 年代末到 80 年代中后期的过剩经济时代。这一阶段的生产经营过程目标开始转移为降本增效。

第三个阶段是转型经济阶段。这一阶段的生产组织方式突破了企业的边界,是基于产业链进行资源整合优化以及流程的优化。经济转型目标是进一步优化成本。

第四个阶段是当前的数字经济阶段。数字经济的本质是产业的融合共生。这一阶段的本质是价值创造、价值重构。

1.3.2　物流产业数字化的本质是价值重构

物流产业数字化的本质是价值重构。物流产业数字化是先进科学技术和现代组织方式的融合。它所要推动的是重构组织模式,包括物流组织模式和供应链的组织模式,从而不断提高物流与供应链的网络化、智慧化、服务化水平。

第一,通过推进物流产业的数字化来把握全球发展动力转换的新格局。2020 年之前,全球经济发展的动力主要是两个方面:一个是制造业,另一个是服务业。现在来看,未来全球经济发展的动力也是两个方面:一个是科技创新,另一个是基础设施建设。在以基础设施建设为动力的大背景下,我们有为基础设施建设提供原材料的产能优势,但是没有产业优势。原因在于链条很短,只有生产环节,两头都在别人手里。因此我们要把握这样的机遇，一定要把我们的产能优势变为产业优势，这期间推动和实现供应链与物流的数字化势在必行。

第二，从物流领域来讲，通过推进物流产业的数字化来重构生产组织方式，延伸产业链条，实现产业之间生产要素和生产条件的优化配置、有序协同。通过数字化赋能，来实现组织结构的重构和产业间的资源整合、流程优化和组织协同，这样才能够提高效率，把物流成本降到一个最为合理的水平。

第三，通过物流产业的数字化来重新定义商业模式。数字化的本质是服务，通过产业服务化来重新定义商业模式。数字化的商业模式是“买服务送产品”。

第四，通过物流产业的数字化来实现企业生态化的价值。未来从企业的角度来看，在数字化的环境下，企业的价值不仅仅体现在效益好和效率高，更重要的是要体现企业在整个产业链上的价值定位。

第五，通过物流产业的数字化来推进数字化的治理，构建全球竞争的新优势。数字化是链接的、共生的、共享的。在链接、共生、共享的过程中，物流是重要的组成部分。

第六，物流数字化本身的价值，即实现物流与供应链数字化有利于促进数字价值化进程。

1.3.3　把握物流数字化的内涵

物流数字化的内涵主要包括以下七个方面：第一，装备数字化；第二，运营智能化；第三，流程可视化；第四，服务敏捷化；第五，产业生态化；第六，提升数字化的运营能力，即要掌握算法、算力等；第七，打好数字化基础，即要完善数字标准、数字人才和数字化的理论建设。

1.3.4　数字经济下的物流产业链梳理

2014 年，“互联网＋”概念被引入物流行业，数以百计以流量为驱动的车货匹配平台开始涌现。2016 年，“互联网＋物流”进入第二阶段，交通运输部引入无车承运人的概念，并展开了为期 3 年的企业试点工作。无车承运人是以承运人身份与托运人签订运输合同，承担承运人的责任和义务，通过委托实际承运人完成运输任务的道路货运经营者。无车承运人具有资源整合能力强、品牌效应广、网络效应明显等特点，利用互联网手段和组织模式创新，有效促进货运市场的资源集约整合和行业规范发展，对于促进物流货运行业的转型升级和提质增效具有重要意义。2016 年 7 月，国家发展改革委关于印发《“互联网＋”高效物流实施意见》的通知指出，要发展高效便捷物流新模式，并提出“互联网＋”车货匹配、“互联网＋”运力优化、“互联网＋”仓储交易、“互联网＋”物流企业联盟、“互联网＋”供应链管理等发展方向，并在专栏中重点提到无车承运人的试点项目。2017 年，国家发展改革委发布了《战略性新兴产业重点产品和服务指导目录》，将“互联网＋”应用服务纳入战略性新兴产业中，其中包含“互联网＋”高效物流的应用服务。

作为物流行业的主要管理者，交通运输部于 2019 年 9 月与国家税务总局在系统总结无车承运人试点工作的基础上，联合印发《网络平台道路货物运输经营管理暂行办法》（以下简称《办法》）。该管理办法开启了互联网物流的新纪元：一是持牌经营，从 2020 年 1 月 1 日起，试点企业可按照《办法》规定要求，申请经营范围为“网络货运”的道路运输经营许可；二是审批权下放至县级，县级负有道路运输监督管理职责的机构应按照《办法》，对符合相关条件要求的试点企业，换发道路运输经营许可证。未纳入交通运输部无车承运人试点范围的经营者，可按照《办法》申请经营许可，依法依规从事网络货运经营。

我国物流行业正处于高速发展期，“互联网＋物流”的平台模式随着行业的发展变化不断迭代，每一种模式都具有鲜明的特点。网络货运平台作为目前“互联网＋物流”最典型的代表，根据平台参与方的优势主要分为控货型、开放型、服务型三大类。

1. 控货型平台

控货型平台的特点是平台自身就是货主或货源的供给方，掌控着物流订单的分配权。在成本压力下，货主需要寻找社会上的运力资源，用来扩充运力池，降低运力的采购成本。比较典型的货主有合同物流、大宗能源、电商平台等。

服务于合同物流的网络货运平台大多是合同物流企业自身孵化的子公司。以中外运、安得、申丝、大田等为典型代表的企业都是早期无车承运人试点企业。这类平台建立的初衷是解决企业自身业务的物流问题。每一家合同物流企业都拥有自己的运力池，一般是由自有车、挂靠车以及长期合作的运力供应商三类组成，规模相当有限，并且良莠不齐，难以满足企业各种运力需求。搭建平台的意义就是扩充运力池的边界，通过使用公共运力池（社会运力），不断把更优质、更便宜的运力装进自有运力池，形成长期稳定的运力为自己所用，降低运力成本。

而大宗类企业投资成立的平台由于本身就有较强的运输需求，都参与了无车承运人试点。代表企业有煤炭行业的华能物流、世德现代，钢材行业的安达物流，危化行业的京博物流，港口企业青岛港物流等。大宗和危化品运输与普货运输有较大差别。大宗运输的货源以煤炭、钢铁、矿石、粮食、石油等为主，而危化品运输则多是易燃易爆、具有强腐蚀性的化学制品，且需要专人专车运输。

电商平台已成为商流的重要渠道之一，掌握了大量的物流订单，它们投资的网络货运平台具有较强的控货优势。如京东、苏宁、菜鸟这一类大货主，其物流成本不仅是触达末端消费者的快递费，还包括前端厂家仓、经销商仓、电商仓、门店等多节点之间的干支线以及仓内等物流成本。

2. 开放型平台

开放型平台既不是货主，也不是运力供应商，而是专注于货主与运力之间的有效匹配，是面向整体市场开放的，接受自然竞争的纯第三方企业。代表企业有货车帮、运满满、福佑卡车、快成物流、拉货宝等。开放型平台企业可分为撮合型、承运型、专业型三种类型。其中，撮合型以临时性整车订单为主，倾向于做信息撮合，平台自身不参与物流环节，其价值是降低货主、司机的交易成本；承运型以计划型整车订单为主，倾向于做承运本身，其价值是通过管理降低运输成本；专业型则是专注于特殊市场，比如能源炼化、港口配送，或者是局部的、区域内的运力整合。

3. 服务型平台

服务型网络货运平台可以分为园区型、科技型、综合型三类。服务型网络货运平台的特点是多业务线并行，盈利模式除车货匹配外，主要来自为客户提供 SaaS 支持、申办资质、税务合规、金融、油卡、ETC 等多种物流服务。园区型平台的切入点就是有自己的物流园区，代表企业有传化、卡行天下、黑豹、天地汇等。这类平台运用自身的资源优势，直接服务于园区内的专线企业。以共生物流为例，科技型平台主要为物流行业提供互联网技术服务，帮助传统物流公司进行数字化转型。其服务包含了物流行业的各个应用场景，比如网络货运系统、无船承运人系统、众包平台、危化品平台、智能运输系统、智能仓配系统等，以“平台＋中小经营者”的模式改变物流行业的散乱差，有效降低国内流通成本。综合型平台的代表企业有路歌、共生物流等。这类企业的主营业务不仅是解决大小货主、物流公司、卡车司机的物流需求问题，还能为客户提供税务合规、金融保险、车后服务、协助网络货运平台资质申办等综合类服务。

1.4　数字经济时代下物流产业的新形势、新发展、新路径

1.4.1　物流产业的新形势

在数字经济推动下，我国物流产业取得了较大的发展，但由于智慧物流的发展还处于初探时期，仍存在许多问题。

当前，我国物流运行面临的国内国际形势较为严峻，给现代物流体系建设带来一定挑战，但也存在重大机遇。我们需要从战略层面积极谋划、妥善应对，开辟一条现代物流高质量发展的道路。

1. 全球产业链供应链调整风险加剧

新型冠状病毒感染疫情对全球产业链供应链的影响持续分化。我国凭借有效的疫情防控措施，较快恢复生产，产业链供应链韧性增强，货物进出口总额再创历史新高。但是国际航运运力紧张、电力能源供应不足等问题加剧了供应链的不确定性。随着国外疫情态势逐步转变，全球供应链呈现区域化、本土化、多元化趋势，部分生产需求将加快回流和转移，这对未来一段时间适应全球供应链调整风险，提升现代物流韧性和灵活性提出了挑战。同时，随着中欧班列常态化开行，陆海新通道、中老铁路等国际大通道陆续开辟，“一带一路”国际经贸走廊承接产能转移，有助于维护区域供应链稳定。《区域全面经济伙伴关系协定》(RCEP)正式生效，供应链区域合作机会增多，给现代物流跟随产业链“走出去”带来新的机遇。

2. 要素成本价格上涨压力持续加大

2020 年下半年以来，国际大宗商品价格持续上涨。到 2021 年下半年，国内电力、煤炭、成品油等领域出现了阶段性供应紧张。全年成品油价调整出现“15 次上涨、6 次下跌、4 次搁浅”的局面，柴油累计每吨上涨超过 1 400 元，物流企业不堪重负。

国家大力推动中小企业普惠金融，但是企业获得感不足，主要原因是物流企业存在需要大量保证金和运费账期较长(账期普遍在 3 个月以上)等问题，由于缺乏征信数据和确权手段，企业无法获得信贷支持，导致资金成本过高。此外，物流用人难用人贵、用地难用地贵等问题日益突出。中国物流与采购联合会发布的《2021 年货车司机从业状况调查报告》

显示，35 岁以下司机占比为 25.5%，较 2016 年调查的数据明显减少，司机“招聘难”成为普遍现象。部分城市规定市区内不再新批物流用地，城市配送中心远离城市大幅推高配送成本。据统计，2021 年社会物流总费用为 16.7 万亿元，同比增长 12.5%，运输费用、仓储费用、配送费用等上涨幅度较大，单纯依靠要素的降本空间日益收窄。

3. 产业迈向价值链中高端存在瓶颈

我国作为世界第一制造业大国，制造业增加值持续增长，从 2012 年的 16.98 万亿元增加到 2021 年的 31.4 万亿元，全球占比近 30%。随着外部形势变化和经营成本上涨，倒逼企业向价值链中高端迈进。产业升级提速对产业链供应链现代化提出了更高要求。商务部、中国物流与采购联合会等 8 家单位确定了第一批全国供应链创新与应用 10 个示范城市和 94 家示范企业，各地积极制定并实施“链长制”方案，优质企业牵头制造业强链补链行动，重在推动经济循环流转和产业关联畅通，维护产业链供应链安全稳定。但是，我国物流配套能力低端化成为制约物流业发展的重要瓶颈。物流业作为重要的生产性服务业，长期处于微利经营，主要是服务功能单一、专业化水平低。物流业与制造业之间更多的是简单的供需关系，产业融合成熟度不够。国家发展改革委等部门推进物流业制造业深度融合创新发展，激发制造业释放服务需求，带动物流业效率提升、效益增加，促进物流业以专业服务助力制造业价值链攀升，有望实现产业链供应链整体跃迁。

4. 实施扩大内需战略，物流短板凸显

我国具有超大规模市场的优势，扩大内需战略正在成为战略基点。2021 年，内需对经济增长的贡献率达 79.1%，是我国经济增长的第一拉动力。我国人均 GDP 超过 1.2 万美元，与高收入国家差距进一步缩小。我国城镇化率超过 60%，这对内需有很大的拉动力。城乡居民收入差距继续缩小，乡村振兴带动城乡区域协调发展。新一轮扩大内需战略把满足国内需求作为出发点，重在围绕做大做强国内市场，加快构建完整的内需体系，着力打通生产、分配、流通、消费各个环节，增强经济内生动力，这对与内需相适应的物流基础设施和服务能力都提出了更高要求。当前，城市物流普遍面临限行限地问题，特别是城市末端网点短缺，不适应高时效高频次的消费物流需求。区域物流枢纽承载条件不够，不适应标准化大批量的中转物流需求。物流服务交付能力不足，不适应一体化集成式产业物流需求。尚未达到多层级物流基础设施布局、高标准物流交付能力，仍是制约内需扩大的重要短板。

5. 数字经济成为经济发展的新动能

当前，数字经济正在成为重组全球要素资源、重塑全球经济结构、改变全球竞争格局的关键力量，发展数字经济是把握新一轮科技革命和产业变革新机遇的战略选择。数字经济是继农业经济、工业经济之后的主要经济形态，随着新一代信息技术与传统产业融合程度加深，产业边界正在消融，新兴业态的场景革命正在兴起，开放、共享、协同、去中心等特征使得资源配置效率更高，市场响应速度更快，将从根本上改变整个产业生态体系，给企业转型升级带来更多机遇。国务院 2022 年 1 月印发的《数字经济“十四五”发展规划》明确提出，大力发展智慧物流，涉及物流新基建、新技术、新模式、新业态等。但是，在转型过程中也出现了资本无序扩张、不正当竞争、行业垄断和权益保障不足等问题。中小企业仍然面临数字化鸿沟，存在“不敢转”“不会转”“不能转”等问题。数字化政务等公共服务还存在短板，数据治理、平台治理能力还有待提升，制约了智慧物流的健康发展。

6. “碳达峰、碳中和”带来绿色转型机遇

当前要实现“碳达峰、碳中和”是一场广泛而深刻的经济社会系统性变革，要把“碳达峰、碳中和”纳入生态文明建设整体布局。目前，全球有 140 多个国家以各种形式提出了“碳中和”承诺，这意味着未来发展范式将发生深刻转变。过去传统的“先发展、后治理”模式将被低碳发展模式取代。不过，这也是一项复杂工程和长期任务，不可能“毕其功于一役”。目前，一些地方出现了“碳冲锋”“一刀切”和运动式“减碳”等问题，特别是对于国四、国五排放车辆限行区域越来越大，甚至限制柴油货车进入工矿厂区，将长期目标短期化，影响了地区经济运转和民生保障。对于传统物流业来说，绿色转型是否会增加物流成本，需要统筹考虑外部成本、隐性成本、机会成本等来“算总账”，这也将带动物流相关领域碳排放核算监测和评价体系发育。全国碳排放交易市场上线和交通运输绿色低碳行动开展，给物流企业绿色转型的自主变革带来重大机遇。

1.4.2　物流产业的新发展

面临新的形势，现代物流高质量发展是必由之路。当前，现代物流高质量发展将重点体现五个新变化。

1. 新阶段：从粗放式规模扩张向精益化提质增效转变

我国物流业规模连续多年居世界第一位，物流业收入增速也保持了相对较高的水平，但是企业盈利能力总体不高。随着我国产业加快迈向价值链中高端，对物流交付、时效、品质都提出了更高要求，倒逼物流业转型升级，进入追求高品质、高效率、高效益的精益化新发展阶段。产业升级、结构优化、创新驱动助力提质增效，将成为现代物流高质量发展的重要特征。

2. 新任务：从单纯降低物流企业成本向降低供应链全流程物流成本转变

当前，我国社会物流总费用与 GDP 的比率维持在 14.6%左右已经有较长一段时期，下一步单纯依靠降低运输、仓储、配送等单环节成本的下降空间较小。未来，国家间的竞争就是供应链之间的竞争，现代物流贯穿一、第二、第三产业，随着物流与制造业、商贸业、农业等深度融合，通过资源整合、流程优化、组织协同、生态共建来降低供应链全流程物流成本，进一步推进物流运行水平提升的潜力巨大。

3. 新模式：从传统物流模式向数字经济、枢纽经济、低碳经济新模式转变

新一代信息技术与物流业深度融合，推动传统物流模式向以数字化、智能化、网联化为特点的智慧物流模式转变。随着区域重大战略和区域协调发展战略的实施，畅通国内大循环带动原来以沿海布局为主的物流设施向全国延伸，将加快形成内外联通、安全高效的物流网络，助力产业升级和梯度转移，构建区域经济新增长极。随着“碳达峰、碳中和”任务推进，传统高碳经济向低碳经济转变，产业绿色转型预期更加明确。

4. 新动力：从劳动力、土地等要素驱动向创新驱动转变

我国传统物流业靠投入劳动力、土地等要素，以提供单环节基础性服务为主，同质化程度高，附加价值偏低，存在“低端锁定”问题。随着产业链供应链升级，现代物流一体化、集成化、高端化要求日益迫切，物流业进入以创新和人力资本为主要驱动的时代，技术创新、流程创新、模式创新日益活跃。物流业将由原来的同质化低成本竞争向差异化的质量竞争、效率竞争、效益竞争转变，逐步向微笑曲线两端延伸。

5. 新机制：营商环境优化和体制、机制改革是重要保障

现代物流作为以人为本的产业，与政府监管等营商环境息息相关。可以说，没有高质量的营商环境就没有高质量的物流产业。随着改革逐步进入深水区，更需要通过深层次的体制机制改革，破除阻碍高质量发展的政策瓶颈，逐步由监管缺位、越位、错位向综合监管、协同监管、数字监管转变，形成有利于现代物流高质量发展的公平竞争、规范有序、开放稳定的营商环境，充分激发起市场主体的活力，为推动现代物流供需适配、经济高效、开放协同、安全可靠和可持续发展奠定制度基础。

1.4.3 物流产业的新路径

紧扣发展变化趋势，依托自身资源禀赋，坚持守正创新，推进现代物流高质量发展重点有五个战略路径。

1. 以深度融合为主线的价值链升级路径

适应产业链升级趋势，物流业与制造业、商贸业、农业等产业将深化融合。企业主体之间、业务流程之间、信息数据之间、设施资产之间、标准规范之间融合的程度将逐步加深，逐步从简单外包向战略合作伙伴关系转变，加强客户黏性和供应链稳定性。从提供基础性服务向增值服务再向供应链一体化服务转变，提升附加价值和企业效益。从基础服务商向物流服务商再向物流整合商转变，增强价值创造能力，推动产业迈向价值链中高端。

2. 以智慧物流为方向的数字化、智能化、绿色化发展方式变革路径

抓住新一轮科技革命和产业变革的机遇，智慧物流发展方式将成为物流业演进的重要方向。传统线下物流将全面触网，通过"上云用数赋智"行动，加快向业务在线化、数据业务化和流程可视化转型，提升资源配置效率和物流运行质量。物流企业边界将全面打开，产业链上下游相互赋能，加快向共享化、绿色化和平台化转型，培育协同共生的物流生态圈。新一代信息技术与基础设施深化融合，新基建将带动新一代智能物流弯道超车，开辟物流竞争新赛道，万物互联的物流互联网有望形成。

3. 以做大做强和专精特新为重点的能力提升路径

实现现代物流高质量发展最终需要企业来推进。营商环境的逐步改善将充分激发大中小型物流市场主体的活力。一方面，物流龙头企业通过兼并重组、联盟合作等多种方式推高市场集中度，着力向标准化、品牌化、高端化转型，构建物流资源集聚平台，优化资源配置效率、发挥规模效应，将涌现一批具有国际竞争力的现代物流企业。另一方面，中小企业聚焦专业领域和细分市场，充分利用社会化平台赋能，深化专业分工合作，坚持走专精特新发展道路，加快向专业化、利基化、定制化转型，从而提升附加价值和经营效益，他们仍将是最具活力和灵活性的市场主体。

4. 以网络优化为着眼点的"枢纽＋通道＋网络"布局规划路径

一体化运作、网络化经营是物流业的基本运作规律。畅通国内大循环需要内外联通、安全高效的物流网络作支撑。区域重大战略和区域协调战略的实施将带动物流资源向城市群、都市圈和中西部等地区集中和转移，形成以国家物流枢纽为核心，多种运输方式为通道，国家骨干冷链物流基地、示范物流园区、多式联运场站、城市配送中心、物流末端网点等为支撑的“枢纽＋通道＋网络”物流运行体系。物流资源集聚逐步形成枢纽战略支点，枢纽经济将推动区域经济转型升级，打造区域新增长极。

5. 以高水平开放为支撑的全球市场拓展路径

当前，随着全球产业链供应链加快重组，国内物流网络将进一步融入全球物流网，促进国内国际双循环。我国企业全球竞争的短板是一体化全球物流交付能力，优势是区域化产业链供应链市场规模和组织能力。通过国内需求牵引全球供给，国内供给服务全球需求，开辟物流大通道和经济大走廊，将改变原有国际市场格局。通过与供应链上下游强强合作，与战略客户抱团出海，搭建全球供应链物流集成平台，提供一站式、多通道、稳定性的全球物流交付服务，推动构建自主可控、安全稳定的产业链供应链，将进一步增强产业链韧性，助力“中国制造”扬帆出海。保持战略定力和耐心，斟酌谋定高质量发展，开启新时代现代物流体系建设新征程。

总之，推进数字化进程的思路，第一，要牢固树立数字化思维。数字化思维可以归纳为四个词：链接、共生、当下、创新。要树立这样的思维，就要把这样的数字化思维推广到物流领域和供应链领域。第二，在做数字化工作时，一定要把握住物流和供应链数字化的基本方向，即着力于推动以产业互联网为载体的产业融合。第三，要把握住数字化推进的重点。第四，要把握住推进物流业数字化的基本路径。第五，要发挥平台的优势，来引导物流领域的数字化进程。同时要夯实基础，即要加强标准化的工作。

1.5　物流产业概述

物流是一种客观存在，自从有了商品生产和商品交换，就有了物流。人类社会在货物交换的时代就已经存在物流活动，只是人们无法用具体的语言来描述、定义其为物流。早期人们对物流的认识仅局限于生产、销售产品过程中的实际需要。物流活动作为一种社会经济活动，伴随着人类生产生活的需要和商品经济的发展而逐渐发展和壮大。物流的发展水平可以从某种意义上反映一个时代经济的发展水平。

我国 2021 年公布的国家标准《物流术语》(GB/T 18354—2021)将物流定义为“物品从供应地向接收地进行实体流动的过程”。可见，在原始社会，当人类为了生存的需要而拿着工具进行采食或出于防御的目的而携带工具出行的时候，实质上的物流活动就已存在了。

早期的物流活动包含“物”和“流”两个基本要素，而不包含信息、技术等现代因素，是一种朴素的物流活动，即“物”与“流”两个要素的简单叠加，并没有对物流形成意识。随着生产力的发展，物流活动也日趋活跃起来，随着社会分工的日益细化和商业信用及信息技术的发展，一些专门为货币进行中介服务的机构(如银行)出现了。它们所从事的是货币中介服务，为生产者和消费者搭建了一个间接的交易平台，从而促成了物流与商流的分离，即商物分离，物流从商流中独立出来，并逐渐被人们所关注，物流科学才得以存在和发展。

商物分离的出现是物流近代化的标志之一。随着物资流通过程中商流和物流活动的分离，人们对物流的认识更加深化。法国的一名技术人员曾在自己的著作中强调重视供货管理功能，保持仓库保管与运输二者之间成本的均衡。1901 年，约翰·F.克罗韦尔(John F. Crowell)在美国政府报告《农产品流通产业委员会报告》中第一次论述了对农产品流通产生影响的各种因素和费用，在《工业委员会关于农产品配送报告》中第一次提及配送的成本及其影响因素。1905 年，美国陆军少校贝克(C. B. Baker)把物流称为关于军队移动与供给的战争科学之一。20 世纪初期，西方资本主义国家进入买方市场经济，因此生产商的首要任务就是如何把产品顺利地销售出去，1915 年，美国阿奇·肖(Arch Shaw)在《市场流通中的若干问题》中首先提出了“实物配送”(physical distribution)概念。英国克兰菲尔德物流与运输中心主任、资深物流与市场营销专家马丁·克里斯托弗(Martin Christopher)教授认为，阿奇·肖是最早提出物流概念并进行实践探讨的学者。

1.5.1 物流概念的演变

1. 美国物流概念的演变

美国是最先提出物流概念的国家，也是目前物流高度发达的国家，对物流概念和物流活动的认识和发展演变几乎经历了一个世纪，拥有大批的物流专著和优秀的物流专家人才。美国物流概念的演变大致可以分为五个阶段。

第一阶段，物流概念的萌芽和产生阶段(20 世纪初至 20 世纪 40 年代)。1901 年，约翰·F.克罗韦尔首次提到农产品配送中的成本和影响因素。1927 年，博尔索迪(R. Borsody)在《配送时代》中首次使用英文“logistic”对物流下了定义。但是在当时的社会生产力水平下及人们的观念中，物流仍然被当作营销的附属品。

第二阶段，物流管理的实践与推广阶段(20 世纪 50 年代至 20 世纪 70 年代)。这个阶段人们对物流的重视程度有了很大提高，意识到了物流对顾客服务起到的重大作用。1956 年，刘易斯(H. J. Lewis)、卡利顿(W. Culliton)、斯蒂尔(J. D. Steel)等人出版了《物流中航空货运的作用》一书，强调了物流总费用的重要性。20 世纪 60 年代早期，密歇根州立大学为本科生设置了“物流管理”这一课程，开始制订对物流人才教育培养的计划。

第三阶段，物流逐步现代化阶段(20 世纪 70 年代至 20 世纪 80 年代)。美国物流业的发展一直受到美国政府的大力支持。美国政府也不断出台和完善物流方面的法律法规，为物流的发展提供了良好的环境，如 1980 年的有关铁路条款和 1984 年的有关航运条款等。同时，这个时期计算机技术得到高速发展，使物料需求计划 (material requirement planning，MRP)、分销资源计划 (distribution resource planning，DRP)、准时生产方式 (just in time，JIT)等先进的物流管理技术得到不断完善，应用于生产调度、存量控制、订单处理等一系列生产活动中，从而推动了物流活动的一体化进程。

第四阶段，物流的信息化、国际化阶段(20 世纪 80 年代至 20 世纪 90 年代)。随着世界经济一体化趋势的加强，贸易量大大增加，美国在进出口方面的贸易量处于领先地位，这就对物流的信息化、国际化提出了更高的要求，同时也从另一方面促进了物流的发展。第三方物流(third party logistics，TPL 或 3PL)、第四方物流(4PL)甚至第五方物流

(5PL)、第六方物流(6PL)应运而生,物流此时对美国的经济和企业的发展起到了更重大的作用。

第五阶段,物流的智能化、智慧化(21 世纪初至今)。互联网的高速发展和大数据技术的应用,加速了物流网、物联网和物流服务的一体化。物流作业过程中大量的运筹和决策,如库存水平的确定、运输(搬运)路径的选择、自动导向车的运行轨迹和作业控制、自动分拣机的运行等问题都将借助专家系统、机器人等相关智慧技术得以解决。为了提高物流现代化的水平,物流的智能化、智慧化已成为大数据时代下物流发展的新趋势。

2. 欧洲物流概念的演变

欧洲物流最明显的特征是服务和覆盖范围的不断扩大,形成不同的物流发展阶段。根据其阶段性特点,可分成五个发展阶段。

第一阶段,工厂物流(factory logistics)阶段(20 世纪五六十年代)。此时欧洲各国为了降低产品成本,开始重视工厂范围内物流信息过程的传递,对传统的物料搬运等作业方式进行改革,对工厂内的物流进行必要的规划以达到物流合理化的效果。当时供应链经济的主要特点是从订单中获取信息,力图从订单中抓住需求信息及变化的规律。当时的供应链管理和运输是从上到下的垂直一体化模式,组织机构是典型的"烟囱式"结构。工厂还处于加工车间模式,工厂内的物资由工厂内设立的仓库提供。客户的期望是工厂产品提供供货服务,通过信函进行信息交换,产品跟踪采用贴标签的方式,信息处理的软硬件是纸带穿孔式的计算机及相应的软件。这个阶段运输和储运的分离,显示了物流仍处在初级阶段。

第二阶段,综合物流(integrate logistics)阶段(20 世纪 70 年代)。这一阶段,欧洲经济高速发展,产品生产和销售进一步扩大。工厂联合的企业大集团或者大型公司出现得越来越多。此时工厂内部的物流已经不能满足企业集团对物流的需求,于是综合物流应运而生,也就是基于工厂集成的物流。此时的供应链经济和供应链管理采用具有竞争机制的分布模式,组织机构从原来的"烟囱式"转变为"矩阵式"。这时的制造业对物流的需求增多,相应的要求也变高。随着物流节奏的加快,仓库已经不是原来的静止封闭的储运模式,而是动态的物流配送中心,需求的信息来源从原来的订单式判断改为从配送中心的装运情况来获取信息。供应链经济主要在于防止生产和物流的延误。此时信息交换的软硬件也升级,企业一般采用计算机信息管理系统。

第三阶段,供应链物流(supply chain logistics)阶段(20 世纪 80 年代)。此时欧洲经济不断发展,各个行业的企业都在进行物流的改革和建立相应的物流系统,其目的是更好地满足物流需求和实现物流的差别化,突出自身的优势与特点。各种经济主体在不同的流通渠道拥有不同的物流系统,这导致在经济连接点产生冲突与矛盾,供应链物流的出现就是为了解决这个矛盾。供应链物流大力发展联盟型或者合作型的物流新系统,它强调合作,改变原来的分散物流。为此,欧洲各国出现半官方的组织协作物流委员会来推动供应链物流的发展与实施。这个时期的制造业已经采用 JIT 模式,客户的物流需求已经可以满足在同一天供货,物流需求信息可以直接从仓库出货点获取,通过传真方式进行信息交换,产品跟踪采用条形码扫描的方式,信息处理的软硬件平台是客户/服务器模式和购买商品的软件包。此时,第三方物流开始兴起。

第四阶段，全球化物流(globalization logistics)阶段(20 世纪 90 年代)。此时全球经济一体化趋势十分强劲，欧洲企业纷纷在劳动力比较廉价的国外(如亚洲地区)建立生产基地生产零部件，根据市场需求的预测建立总装厂。由于从国外生产基地直接向需求国发送商品的数目迅速增加，这加快了国与国之间的商品流通量，又由于国际贸易的增长，于是出现了全球物流。全球物流是全球消费者和全球供货源之间的物流和信息流。这一时期的欧洲供应商着眼于整体提供产品和服务的能力，同时欧洲的制造业已经发展到精细制造，这时的物流中心建设迅速发展，形成了一批规模庞大的物流中心。例如，荷兰的鹿特丹港物流中心，石油加工量达到 6 500 万吨/年，汽车分销量 300 万辆/年，橙汁与水果分销量 90 万吨/年，成为欧洲最大的物流中心之一。这一时期的物流需求信息直接从顾客消费点获取，信息交换采用电子数据交换 (electronic data interchange，EDI)，产品跟踪采用射频识别技术 (radio frequency identification，RFID)，信息处理广泛运用互联网和物流服务方提供的软件，这个阶段是欧洲实现物流现代化的重要阶段。

第五阶段，电子物流(e-logistics)阶段(20 世纪 90 年代末至 21 世纪初)。这一阶段，基于互联网和电子商务的电子物流在欧洲兴起，以满足顾客越来越苛刻的物流需求，如要求在 1 小时内供货。物流的来源由电子商务服务供应方提供，并实现供应和运输交易的最优化。供应链管理进一步扩展，可实现物流的协同规划、预测和供应。组织机构采用横向供应链管理模式，需求信息直接从顾客消费点获取，采用在运输链上实现组装的方式，使库存量实现极小化，信息交换采用数字编码分类技术和无线互联网，产品跟踪利用激光制导标志技术(smart ink)。

3. 日本物流概念的演变

虽然物流的概念在日本出现比较晚，大概在 20 世纪 50 年代才有，但是物流在日本的发展却非常迅速，并形成了其独特的管理经验和方法，日本目前已经成为现代物流(modern times logistics)的先进国家。日本物流概念的发展大致可以分为三个阶段。

第一阶段，物流概念的引入和形成阶段(1953—1963)。1956 年，日本开始从美国引入物流概念，在对日本物流状况进行调查研究的基础上，将物流称为“物的流通”。1964 年，日本又提出，为了降低产业的总成本，将要推动除生产、流通之外的第三种成本的削减，即搬运、保管、包装等物流成本的削减。产业构造审议会流通部设立了物的流通委员会。日本还把“物的流通”视为一种包括运输、配送、装卸、仓储、包装、流通加工和信息传递等多种活动的综合行为。这一时期，日本政府加强了物流设施的建设。例如，1953—1958 年，交通运输投资占公共投资总额的 19.2%，1959—1963 年，占比已经上升为 29.5%，可见日本在基础设施方面已经打下了坚实的基础。

第二阶段，物流概念的发展阶段(1963—1973)。20 世纪 60 年代中期至 20 世纪 70 年代初是日本经济高速增长的时期，商品流通量大大增加，这一时期生产技术向机械化、自动化发展，销售体制也在不断扩充，物流发展的不足这时候已经成为企业发展的制约因素。因此日本此时开始进行大型物流设施的建设。日本政府《中期五年经济计划》强调要实现物流的近代化。作为具体措施，日本开始在全国范围内展开高速道路网、港口设施、流通聚集地等各种基础设施的建设。与此同时，各厂商也开始高度重视物流，并且积极投资物流体系的建设。一方面，各企业都建立了相应的物流部门，以此推进基础设施的建设，主要举措有随着物流营业规模的扩大增设物流中心，或者确保大量输送手段以充实物流硬件。这一时期日本厂商的共同战略就是增大物流量、扩大物流处理能力，以适应商品流通的需求。而另一方面，为了解决仓库不足、出入库时间太长、火车运输欠缺、大量生产的产品无法顺利流向市场等问题，企业开始采用叉车等机械化装备设施导入自动化仓库，灵活运用托盘和集装箱以实现货物单元组成装卸。同时建立物流中心，积极推行物流联网系统，开发车辆安排程序方法（vehicle scheduling program，VSP）、配车系统等物流软件。1970年，日本同时成立了两个最大的物流学术团体——日本物流管理协会和日本物的流通协会，开展了多种全国性和国际性学术活动。这一时期是日本物流建设大力发展的时期，直到1973年石油危机爆发才告一段落。

第三阶段，物流的合理化阶段（1973—1983）。这一阶段，日本的经济已经进入高速发展的时期，并且进入了以消费为主导的时代。物流量虽然大大增加，但是物流的成本却没有下降，反而成了企业的制约因素，企业的利润并没有得到提高。这时候，经营成本成了经营战略的主要问题，最关键的问题是如何降低物流成本，实现物流合理化和最优化。这段时期就是物流合理化的时代。物流公司或者说物流专业部门开始兴起，物流子公司也开始迅速增加。物流合理化在这一时期主要是改变原来的“物流是蓄水池或者集散地”的观念，在经营管理层面上发挥物流的作用。这集中反映在“物流利润源”学说中，其思想是，物流将成为增加企业利润的关键。这解释了现代物流的本质，即物流能在战略和管理上统筹企业生产、经营的全过程，并且推动现代物流的发展。

4. 中国物流概念的演变

物流概念在国外发展迅速，引入我国的过程大体分为三个阶段。

第一阶段，20世纪80年代初至20世纪90年代初。一方面，从欧美市场营销理论引入，我国开始接触物流的概念；另一方面，从日本市场营销理论引入，我国开始接触实物物流的概念。尽管当时在中国还尚未形成“物流”的概念，但是物流行业是客观存在的，只是还处于萌芽状态，不是很专业，各种理论和体制还不成熟。限于这个时期中国的经济体制正处于转轨时期，真正意义上的现代物流尚未形成，因此引入传统物流的概念更适合中国的国情。

第二阶段，20世纪90年代中期至20世纪90年代末期。一方面，由于对外开放力度加大，大量跨国公司进入中国，将现代物流的理念传播给中国；另一方面，大量“三资”企业的生产和制造活动开始本土化，对现代物流产生了需求。于是，一批传统储运企业开始向物流业务的现代物流企业转型。

第三阶段，20世纪末至今。一方面，由于世界经济一体化进程的推进，国际政治、经济、技术和管理对中国经济产生的深刻影响，促进了中国物流业的发展；另一方面，由于中国社会主义现代化建设的进程加快，现代物流发展的客观需求和市场环境基本具备。现代物流在中国开始进入全面发展的新阶段。

我国开始使用“物流”一词大概在20世纪70年代末，也就是在改革开放后，现代物流的观念和方法大量进入中国，掀起了物流的新时代。在这之前，人们对物流有一定的认识，但是只处于朦胧状态，并没有将之实践化，没有新的见解和思路。改革开放后，中国开始吸收大量先进的理念，物流这种明晰的理论和方法使人们有了茅塞顿开的感觉。随之，物流很快在理论界、学术界、企业界热起来,使物流这门学科很快得到普及。

最初引进国外物流主题的是政府及以政府为背景的各种学术团体,尤其是中国在计划经济时期特有的物资系统和由多个部门组成的交通系统,他们由于本身业务上与现代物流在很多方面类似,对于这种引进做了大量的工作。20 世纪 80 年代,中国物资经济学会先后组织了 19 个物流考察团到发达国家和地区进行物流考察,也先后接待了 21 个国外的物流相关领域的学术团体,把物流的引进、学习和研究工作主体从少数政府官员扩大到高等学校、研究单位、工业企业、流通企业,实现了从政府到社会的飞跃。这是推动中国社会广泛认识物流的重要力量。

5. 物流概念讨论

物流的定义并不是永恒不变的,目前关于物流的定义只是站在当前的视角对当前的物流做出的定义,物流概念也会随着经济和社会生产各方面的发展而不断发展,多年后也必然会出现不同的定义。在不同的经济发展阶段,为适应不同的经济活动目的,物流的定义在不断地进化和完善;即便在同一历史时期和同一经济发展阶段,不同的团体组织和学派,或者出于不同的角度和出发点,对物流的定义也各有不同。例如,目前美国就存在至少四个派别:一是管理学派,以美国供应链管理专业协会(Council of Supply Chain Management Professionals,CSCMP)为代表,从管理的角度给物流定义;二是工程学派,美国物流工程师学会从工程、技术、系统设计的角度来讨论和认识物流;三是军事学派,它把物流的对象归纳为商品、人员、服务和设备四个方面,以保障供给为第一目标,提出物流的定义;四是企业学派,从企业实际运作的角度来分析企业如何把运输、仓储、装卸搬运、流通加工和信息等环节集成起来。

物流的定义和用语及各个学派对物流各方面的看法至今仍有争论。不过物流定义的改变过程也恰恰反映了不同时期物流理论、物流管理和物流效率化的进步轨迹。

早期的物流所研究的主要内容是企业为了把产品顺利销售出去而进行的关于运输、仓储、包装等一系列活动,使用的是“physical distribution”一词,意为实物配送,而后才慢慢发展为“logistics”。

国外关于物流的定义有很多。下面介绍其中的一部分。

(1) 美国对物流的定义。1985 年,美国物流管理协会(Council of Logistics Management,CLM,2005 年更名,即现在的 CSCMP)对物流所做的定义是:“物流是为满足消费者需求而进行的对货物、服务及相关信息从起始地到消费地的有效率、有效益的流动与存储的计划、实施与控制的过程。”这个定义被国际上普遍采用。1998 年 10 月,该协会又进一步修改了物流的定义,将物流定义为供应链管理的一部分。

(2) 日本对物流的定义。日通综合研究所 1981 年在《物流手册》中对物流的定义是:“物流是物质资料从供应者向需求者的物理性移动,是创造时间价值和场所价值的经济活动。从物流的范畴来看包括包装、搬运、保管、库存管理、运输、配送等活动领域。”

(3) 欧洲对物流的定义。欧洲物流协会(European Logistics Association,ELA)在 1994 年发表的《物流术语》(*Terminology in Logistics*)中将物流定义为:“物流是在一个系统内对人员或商品的运输、安排及与此相关的支持活动的计划、执行和控制,以达到特定的目的。”

国内对物流的定义也有很多说法，如：

(1)“物流是物质资料从供给者到需求者的物理性运动，主要是创造时间价值和场所价值，有时也创造一定加工价值。”(王之泰，《现代物流学》，北京：中国物资出版社，1995)

(2)“物流是物质资料在生产过程中和从生产到消费的流通过程中的空间位移及相关联的生产技术性活动。它的职能是通过商品的运输、保管、加工、装卸、整理、包装等业务活动来实现商品实体从生产者手中到消费者手中的转移。”[倪国爱，《物流成本核算方法探讨》，载《技术经济》，2000(03)]

(3)“物流是根据实际需要，将运输、储存、装卸、搬运、包装、流通加工、配送、信息处理等基本功能实施有机结合，使物品从供应地向接收地进行实体流动的过程。”(《中华人民共和国国家标准·物流术语》，2021)

从上述诸多定义中我们可以看出，物流是由“物”和“流”两个基本要素组成的，其中的“物”是指一切可以进行物理位置移动的物质资料，而“流”是指物理性的运动，亦称为位移。因此，物流的本质是：

(1) 物流是一个过程，是货物从生产地到消费地之间一个实实在在的过程。这个过程综合了运输、仓储、流通加工、装卸、包装、配送和信息处理等具体活动，虽然这些具体活动可以在不同的地域和不同的时间分别进行，甚至可以由不同的企业来完成，但是从物流的角度来看，它们构成了一个完整的协调一致的物流过程，如图 1-4 所示。

图 1-4　物流过程示意图

(2) 物流是一种管理技术。在物流概念提出以前，物流活动是相互分离的，人们专门从事运输、仓储、包装等活动，企业内部分为运输、仓储、包装部门，或分公司，各部门各自追求自己的利益。随着经济快速发展，分散进行的物流活动远远不能适应现代经济发展的要求，物流活动的低效率和高成本成为影响经济运行效率和社会再生产顺利进行的重要制约因素，被视为“经济的黑大陆”，美国经济学家彼得·德鲁克(Peter F. Drucker)说物流“是降低成本的最后边界”。在这样的背景下，现代物流作为一门新兴的管理技术和运作模式登上历史舞台。物流管理就是把单个的物流活动联系起来，形成一个链条，并对其进行系统化集成化的管理，目的是减少原材料、产成品的滞留时间，提高对顾客的服务质量。利用网络化和信息化的管理手段，“以时间消灭空间”，以信息化预测未来，“为订单而采购，消灭库存”，最终实现“零库存”，通过减少库存，节约资金，降低成本，保障生产的顺利进行。因此，物流的本质不仅是物，更是速度，是一种新兴的管理理念和管理技术。

6. 物流的分类

由于物流对象、物流目的、物流方向以及物流范围不同，人们可以从不同的角度、采用不同的标准对物流进行分类，目前还没有统一的物流分类方法，常见的物流分类有以下几种：

(1) 按照物流系统性质分类，可分为宏观物流和微观物流。

宏观物流是指国民经济范围内、社会再生产各过程之间、国民经济各部门之间以及国与国之间的物流。随着全球经济一体化与国内市场经济的发展,国民经济部门之间的交换关系越来越复杂,社会物流的规模也越来越大。宏观物流是从社会再生产总体角度认识和研究的物流活动,其研究的主要特点是综观性和全局性。

微观物流主要是指企业物流,专门研究微观主体企业内部的物流活动。可以再区分为:①企业供应物流,即为生产企业提供原材料、零部件或其他物品时,物品在提供者与需求者之间的实体流动。对于生产企业而言,它是指生产活动所需要的原材料、备品备件等物资的采购、供应活动所产生的物流;对于流通领域而言,它是指交易活动中从买方角度出发的交易行为所产生的物流。②企业生产物流,即生产过程中,原材料、在制品、半成品、产成品等在企业内部的实体流动。生产物流和生产流程同步,是从原材料购进开始直到产成品发送为止的全过程的物流活动,如果生产物流中断,生产过程也将随之停顿。③企业销售物流,即生产企业、流通企业出售商品时,物品在供方与需方之间的实体流动。通过销售物流,企业得以回收资金,进行再生产。④企业回收物流,即处理废旧物品的物流活动。

(2) 按照物流组织主体分类,可分为第一方物流、第二方物流和第三方物流。

第一方物流是指由卖方提供的物流服务,其核心业务围绕组织生产与供应商品展开。第二方物流是指由买方提供的物流服务,其核心业务围绕采购与销售商品展开。第三方物流是指由买卖双方以外的专业公司所提供的物流服务,物流业务是其核心业务。这里所谓的"第三方"是相对于"第一方"卖方和"第二方"买方而言的,它是通过与第一方或第二方,或者与这两方的合作来提供其专业化的物流服务。第三方物流是商流与物流分离的产物。在商流与物流未分离时,物流一般由交易的供需双方承担。

专业化分工以后,就把供方或需方之外提供的专业化物流称为第三方物流。现在又提出第四方物流,甚至第五方物流,其实都是第三方物流的高级形式。

(3) 按照物流活动的空间分类,可分为国际物流和区域物流。

国际物流是指伴随着国际经济交往、贸易活动以及其他国际交流所发生的物流活动,它是国内物流的延伸和进一步扩展,是跨国界的、流通范围扩大的物的流动。相对于国际物流而言,一个国家或一个地区、一个城市的物流,则属于区域物流。区域物流对于提高该地区企业物流活动效率,降低物流成本,保障当地居民的生活福利环境,稳定物价,具有不可缺少的作用。但是也会由于供应点集中、货车往来频繁而产生废气、噪声、交通堵塞等问题,所以,区域物流的合理规划尤为重要。

7. 现代物流的主要特征

现代物流的主要特征可归纳为以下几个方面:

(1) 物流反应快速化。物流服务提供者对上、下游的物流、配送需求的反应速度越来越快,前置时间越来越短,配送间隔越来越短,物流配送速度越来越快,商品周转次数越来越多。

(2) 物流功能集成化。现代物流着重于将物流与供应链的其他环节进行集成,包括物流渠道与商流渠道的集成、物流渠道之间的集成、物流功能的集成、物流环节与制造环节的集成等。

(3) 物流服务系列化。现代物流强调对物流服务功能的恰当定位与完善化、系列化。除了传统的储存、运输、包装、流通加工等服务外，现代物流服务在外延上向上扩展至市场调查与预测、采购及订单处理，向下延伸至配送、物流咨询、物流方案的选择与规划、库存控制策略建议、货款回收与结算、教育培训等增值服务；在内涵上则加强了以上服务对决策的支持作用。

(4) 物流作业规范化。现代物流强调功能、作业流程、作业动作的标准化与程式化，使复杂的作业变成简单的易于推广与考核的动作。

(5) 物流目标系统化。现代物流从系统的角度统筹规划一个公司整体的各种物流活动，处理好物流活动与商流活动及公司目标之间、物流活动与物流活动之间的关系，不求单个活动的最优化，但求整体活动的最优化。

(6) 物流手段现代化。现代物流使用先进的技术、设备与管理为销售提供服务，生产、流通、销售规模越大、范围越广，物流技术、设备及管理越现代化。计算机技术、通信技术、机电一体化技术、语音识别技术等得到普遍应用。世界上最先进的物流系统运用了 GPS(全球定位系统)、卫星通信、射频识别装置、机器人，实现了自动化、机械化、无纸化和智能化。

(7) 物流组织网络化。为了保证对产品促销活动提供快速、全方位的物流支持，现代物流需要有完善、健全的物流网络体系，网络上点与点之间的物流活动保持系统性、一致性，这样可以保证整个物流网络有最优的库存总水平及库存分布，运输与配送快速、机动，既能铺开又能收拢。分散的物流单体只有形成网络才能满足现代生产与流通的需要。

(8) 物流经营市场化。现代物流的具体经营采用市场机制，无论是企业自己组织物流，还是委托社会化物流企业承担物流任务，都以“服务—成本”的最佳配合为总目标，谁能提供最佳的“服务—成本”组合，就找谁服务。国际上既有大量自办物流相当出色的“大而全”“小而全”的例子，又有大量利用第三方物流企业提供物流服务的例子。相比较而言，物流的社会化、专业化已经占主流，即使是非社会化、非专业化的物流组织也都实行严格的经济核算。

(9) 物流信息电子化。由于计算机信息技术的应用，现代物流过程的可见性(visibility)明显增强，这使得物流过程中库存积压、延期交货、送货不及时、库存与运输不可控等风险大大降低，从而加强了供应商、物流商、批发商、零售商在组织物流过程中的协调和配合以及对物流过程的控制。

8. 现代物流的发展趋势

现代物流的发展趋势呈现出全球化、多功能化、系统化、信息化和标准化的特征，其中信息化是现代物流的核心。现代物流充分利用现代信息技术，打破了运输环节独立于生产环节之外的行业界限，通过供应链建立起对企业产供销全过程的计划和控制，从而实现物流信息化，即采用信息技术对传统物流业务进行优化整合，达到降低成本、提高水平的目的。现代物流的发展趋势主要体现在三个方面：

(1) 第三方物流服务成为物流服务的主导方式。从欧美看，生产加工企业不再拥有自己的仓库，而由另外的配送中心为自己服务，这已经成为一种趋势。2010 年美国某机构对制造业 500 家大公司的调查显示，将物流业务交给第三方物流企业的货主（包括部分委托）占 78%。同时研究表明，美国 43%和欧洲 35%的非第三方物流服务用户正积极考虑使用第三方物流服务。

(2) 信息技术、网络技术广泛应用。信息技术、网络技术日益广泛用于物流领域，物流与电子商务日益融合。互联网的出现促使物流行业发生了革命性的变化，互联网的及时准确的信息传递满足了物流系统高度集约化管理的信息需求，保证了物流网络各点和总部之间及各网点之间信息的充分共享。

(3) 物流全球化。物流全球化包含两层含义：一是指经济全球化使世界越来越成为一个整体，大型公司特别是跨国公司日益从全球的角度来构建生产和营销网络，原材料、零部件的采购和产品销售的全球化相应地带来了物流活动的全球化；二是指现代物流业正在全球范围内加速集中，并通过国际兼并与联盟，形成越来越多的物流巨无霸。TNT 以 3.6 亿美元兼并法国第一大国内快递服务公司；英国邮政以 5 亿美元兼并德国第三大私人运输公司。这些兼并活动不仅拓宽了企业的物流服务领域，而且大大增强了企业的市场竞争力。

1.5.2 物流产业的产生

产业原是指生成一组密切可替代的同类商品或服务的企业的集合，这一企业集合面对着相同的买者和卖者集合。物流产业的产生和发展是经济发展到一定阶段、社会分工不断深化的产物。传统意义上的物流活动分散在不同的经济部门、不同的企业以及企业组织内部不同的职能部门之中。

随着经济的快速发展、科学技术水平的提高以及工业化进程的加快，大规模生产、大量消费使得经济中的物流规模日趋庞大和复杂。20 世纪 50 年代至 20 世纪 70 年代，围绕企业生产经营活动中的物资管理（material management）和产品分销（physical distribution），发达国家的企业开始注重和强化对物流活动的科学管理，在降低物流成本方面取得了显著的成效。20 世纪 80 年代以来，随着经济全球化发展、科学技术水平不断提高以及专业化分工进一步深化，美国和欧洲一些发达国家开始了一场对各种物流功能、要素进行整合的物流革命。首先是企业内部物流资源的整合和一体化，形成了以企业为核心的物流系统，物流管理也随之成为企业内一个独立的部门和职能领域。之后，物流资源整合和一体化不再仅仅局限在企业层面上，而是转移到相互联系、分工协作的整个产业链条上，形成了以供应链管理（supply chain management）为核心的、社会化的物流系统，物流活动逐步从生产、交易和消费过程中分化出来，成为一种专业化的、由独立的经济组织承担的新型经济活动。在此基础上，发达国家经济中出现了为工商企业和消费者提供专业化物流服务的企业，即"第三方物流"企业。各种专业化物流企业快速发展的趋势表明，专业化物流服务作为一个新的专业化分工领域，已经发展成为一个新兴产业部门和国民经济的一个重要组成部分。

因此，物流产业可以说是由物流资源的产业化而形成的一种复合型或聚合型产业。其中，物流资源包括运输、仓储、装卸、搬运、包装、流通加工、配送、信息平台等。这些资源的产业化就相应形成了运输业、仓储业、装卸业、包装业、加工配送业、物流信息业等。同时，这些物流资源也分散在多个领域，包括制造业、农业、流通业等。把产业化的物流资源加以整合，就形成了一种新的服务业，即物流服务业。之所以被称为复合型产业或聚合型产业，是因为所有产业的物流资源不是简单的叠加，而是一种整合，可以起到“1＋1＞2”的协同功效。

1.5.3　物流产业的定义

物流产业虽然已成为重要的产业之一，但国内外对物流产业的概念还没有一个公认的定义。一些学者和机构对物流产业给出了各自的观点。如：物流业即后勤服务业，是指从事生产和营销服务保障的所有服务单位的总称；又如：专门为市场提供物流管理服务的企业的集成就是物流产业或物流行业；再如：物流产业是物流资源产业化而形成的一种复合型或聚合型产业，物流资源包括运输、仓储、装卸、搬运、包装、流通加工、配送、信息平台等。

物流产业是一个全新概念，可以这样讲，在生产与再生产过程中，除生产过程以外的其他过程都可以包含在物流过程中，物流产业包括运输业、仓储业、装卸业、包装业、加工配送业、物流信息业、邮政业等，它是服务业中的一个新兴产业。

物流产业部门从事的是有关商品或服务的高效率与高效益流动，其职能活动日趋社会化、市场化及组织化，因此越来越成为一个独立的产业门类。因此有学者将物流产业定义为：“物流产业是指专门从事将商品或服务由起始地到消费地发生空间位移，对其进行高效率与高效益流动及以储存为经营（活动）内容的营利性事业组织的集群。”

1.5.4　物流产业的主体

从产业形成规律来看，专业化分工不断深化导致许多非核心业务从企业生产经营活动中分离出来，物流产业就是其中之一。生产企业为增强市场竞争力，将企业的资金、人力、物力投入到其核心业务上，寻求社会化分工协作带来的效率最大化，如果将物流业务委托给第三方专业物流公司可以降低企业物流成本的话，物流产业独立的可能性就产生了。因此，物流业作为一个产业而独立发展起来是必然趋势。“第三方物流”企业的集合才是真正意义上的物流产业。

1.5.5　物流产业涉及的领域

国民经济各个领域的物流经济实体从横向上看就构成了物流产业，物流产业是一个跨行业、跨部门的综合产业，具有渗透性强的特点。根据物流产业功能不同，可将其分为六大板块：货物运输、仓储、货运代理、物流配送、物流包装和物流管理。

物流产业是流通产业的子集。流通产业是指与商品流通和商业直接相关联或为商品流通和商业提供必要条件的行业及各种投资领域的总称。具体来说，一是商业，主要指批发和零售业；二是专门为商业服务的行业，包括流通加工业、流通配送业、流通信息业、流通仓储运输业、流通技术业；三是与商业关联的资源，产品供应和终端消费的行为、企业、客户。物流产业又是从流通产业中商品所有权的转移和商品实体的移动这些传统部门中分离出来形成的一个独立的产业。按行业划分，它包括交通运输业、邮电通信业、国内贸易业、对外贸易业、饮食业、物资供销业及仓储业等。

物流产业是集交通运输、通信、物资供应、仓储保管等产业的部分职能于一身的新兴产业部门，它不是各职能的简单加总，而是将上述产业社会职能依照社会分工日趋专业化的发展规律，以现代科学技术尤其是网络信息技术的支撑为前提，浓缩形成的一个崭新的致力于提高社会总体效率和效益的产业部门。

物流产业作为服务业中的一个新兴产业，在国民经济发展中的宏观定位是国民经济的重要产业和新的经济增长点，中观定位是流通业的基础，微观定位是企业的第三利润源泉。

1.5.6 物流产业的特点

1. 与传统物流活动的区别

虽然物流活动存在已久，但在现代经济中，物流产业及其所提供的物流服务，与传统的物流活动或者生产、流通部门从事的物流活动已经有了本质上的区别。具体表现为：

(1) 现代物流业是国民经济的“动脉”，它连接社会经济的各个部分并使之成为一个有机整体。

(2) 现代物流业通过对各种物流要素的优化组合和合理配置，实现物流活动效率的提高和社会物流总成本的降低。

(3) 现代物流业可以为全社会提供更为全面、多样化的物流服务，并在物流全过程及其各个环节中实现价值增值。

2. 物流的产业属性

物流是一个深入到国民经济方方面面的巨大的开放系统，涉及所有的经济领域。物流系统本身既是一个庞大的纵向经济领域，同时又是一个为其他所有经济领域服务的横向经济领域，是一个跨地区、跨行业、跨部门的综合性、基础性产业。同其他产业一样，物流的发展和管理应该按照物流系统要素的特点和规律要求，通过建立“政府—市场—企业”的运作机制来实现。

物流企业生产的产品是物流服务产品，简称物流服务，也就是为物品在空间上的移动而提供的一种专业性服务，这种服务是运输、储存、装卸、搬运、包装、流通加工、配送、信息处理等服务的综合。这种服务同样具有使用价值和价值，其使用价值表现为把某一物品在空间上进行了移动；这种服务用于市场交换（作为别的企业的外购服务）则具有价值，其价值是为促使某一产品在空间上的移动所付出的人类劳动成果的凝结。因此，物流服务同样有商品的价值和使用价值两个因素，物流业也同样有投入和产出，在现实中确实是一个产业。

3. 物流产业的基础性

如果说物流由流体、载体、流量、流向、流程五要素组成，则其中的载体包括基础设施和依靠基础设施来运行的物流设备两部分，它们都是基础性的，尤其是第一类载体，即物流的基础设施。这不仅是因为物流基础设施的大部分是固定在地面的基础设施，更是因为其对于整个物流运作的作用是决定性的。没有基础设施就不可能有物流手段，而没有物流手段就不可能进行流通和市场扩展。所以，物流对所有的生产、流通和消费活动都有影响，物流通过其所包含的运输、仓储这些生产、流通条件和手段起到它对国民经济的基础性作用。

4. 物流产业的服务性

物流产业的服务性体现在以下方面：

(1) 物流产业最显著的结构特征是以产品为中心的物流服务体系。

(2) 物流产业最显著的运营特征是以客户为中心的物流服务模式。

(3) 物流产业最显著的效用特征是以降低物流总成本为目的的物流服务运作。

卡尔·马克思(Karl Marx)在谈到交通运输业的生产与消费特点时指出,在不创造新产品而只载运旅客和货物的运输业中,这两种行为(指生产和消费)是合在一起的;服务场所的变动必须在它被生产的同一瞬间被消费。卡尔·马克思在这里也明确指出了交通运输的工作场所是服务场所,进一步说明交通运输业是服务业,指明了物流产业的服务业性质。

5. 物流产业的综合性

从纵向分析,物流本身也是一个产业,只不过它具有与其他产业不同的产业特征。从横向分析,物流产业横跨多个基础性、服务性行业,它是为其他各个纵向行业服务的,物流能够涉及和影响国民经济的各个领域。

综上所述,物流是一个跨地区、跨行业、跨部门的综合性、基础性、服务性产业,它既是一个庞大的纵向经济领域,同时也是一个为其他所有经济领域服务的横向经济领域。

1.6　物流产业发展规律

1.6.1　从配第—克拉克定理探讨物流业发展规律

1. 配第—克拉克定理

在产业结构理论中,配第—克拉克定理表述为:随着经济的发展,第一产业的国民收入和劳动力的相对比重逐渐下降;第二产业的国民收入和劳动力的相对比重上升,经济进一步发展;第三产业的国民收入和劳动力的相对比重也开始上升。

此定理的主要形成机制有:

(1) 收入弹性差异。第一产业的属性是农业,而当人们的收入达到一定水平后,农产品的需求特性难以随着人们收入增加的程度而同步增加,即它的收入弹性出现下降,并小于第二、第三产业所提供的工业产品及服务的收入弹性。所以,随着经济的发展,国民收入和劳动力分布将从第一产业转移至第二、第三产业。

(2) 投资报酬(技术进步)差异。第一产业和第二产业之间,技术进步有很大差别:由于农业的生产周期长,农业生产技术的进步比工业要困难得多,因此,对农业的投资会有一个限度,出现报酬递减的情况;相反,工业的技术进步要比农业迅速得多,工业投资多处于报酬递增的情况,随着工业投资的增加、产量的加大,单位成本下降的潜力很大,必将进一步推动工业的发展。

2. 配第—克拉克定理在物流业的推广

通过分析配第—克拉克定理的形成机制,将该定理推广至传统运输业与物流业之间的产业结构变化,由此得出结论:随着经济的发展和人均国民收入水平的提高,传统运输业国民收入的相对比重将逐步下降,现代物流业国民收入的相对比重必将上升。上述结论称为配第—克拉克物流业推理,其形成机制如下:

(1) 收入弹性差异。物流业提供的是一种比传统运输业更高级、一体化、优质的运输服务,物流服务的收入弹性远大于传统运输业较低层次服务的收入弹性。随着经济发展,国民收入提高,企业和个人对物流服务的需求将大大增加。

(2) 产品品质弹性。品质弹性是指由企业生产产品的价值、品质的一定变化量引起的对物流服务(或传统运输服务)的需求变化量。随着经济、技术的发展,企业生产的产品在品质、价值上越来越高,从而对产品的运输服务提出安全、及时、信息无缝、一体化等更高的要求,来保证其产品的最终完好消费,即高品质的产品偏好物流服务,而排斥低层次的运输服务。所以,随着经济发展,产品的品质和价值提高,促使物流业快速发展,传统运输业的比重逐步下降。

(3) 技术进步差异。物流业与传统运输业一个重要的区别就是技术运用的差别,这种技术差别可以归结到产业增长方式的粗放型和集约型模式的差别。物流业的产出能力和效率大大高于传统运输业,使得物流业的国民收入比重逐渐上升。同时,物流业与传统运输业的不完全替代性使得二者并存。

(4) 附加值差异。物流业在传统运输业的基础上,整合了包装、储存、信息跟踪、销售统计报告等增值服务,使得物流服务的价值增加远远高于传统运输服务,从而使物流业的国民收入比重上升。

1.6.2 物流产业结构发展规律

产业结构理论指出,随着经济的发展和国民收入的增长,产业结构将发生相应的变化。一个国家的经济发展水平,不仅表现在人均国民收入所达到的水平,同样也反映在产业结构的变迁上。产业结构在经济发展中都表现出一种高附加价值化的趋势,高附加价值的部门在产业结构中占有越来越大的比重。物流业作为一个高附加价值部门,也势必占有越来越大的国民收入比重。

这种规律性对于物流业的启迪是:如果人们认识到运输业产业结构变化的规律性,能动地推动运输产业结构循着这种规律指示的方向顺利转换——即推动运输产业从传统运输业向现代物流业转换,就必定能加快经济增长的速度和效益。这种通过推动产业结构的演进来促进经济发展的思想,是产业结构政策的精髓。

1.6.3 物流业和数字经济耦合协调发展机制

1. 数字经济对物流产业的支持保障机制

高质量发展背景下,数字经济基础、数字发展潜力为物流业发展奠定了经济基础;数字化相关产业创新研发技术的发展,实现了行业间信息传递和共享,推进了物流业的自我更新以及创新升级。另外,产业数字化水平的提高及数字技术的普遍应用,大大降低了物流业能耗,打破了行业壁垒和信息不对称,提高了物流效率,从而实现数字经济从创新变革、质量变革角度推动物流业高质量发展。

2. 物流产业对数字经济的需求拉动效应

在高质量发展目标下,通过动力变革、创新变革和质量变革,数字经济和物流业的发展形成耦合共生关系,如图 1-5 所示。

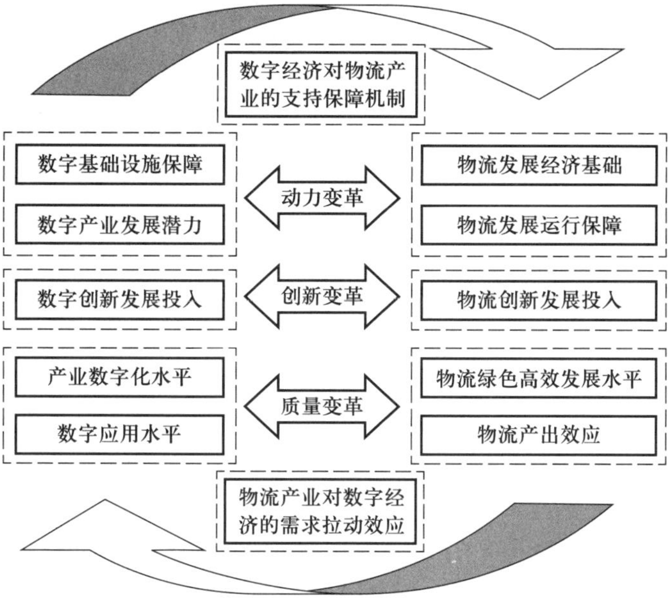

图 1-5　数字经济和物流业耦合发展协调机制图

1.7　物流产业发展趋势

1.7.1　可持续发展的概念

可持续发展（sustainable development）是 20 世纪 80 年代提出的一个新概念。1987 年，世界环境与发展委员会在《我们共同的未来》报告中第一次阐述了可持续发展的概念，得到了国际社会的广泛认同。报告中将可持续发展定义为“既满足当代人的需求又不危害后代人满足其需求的发展”，是一个涉及经济、社会、文化、技术和自然环境的综合的动态概念。该概念从理论上明确了发展经济与保护环境、资源相互联系、互为因果的观点。

用可持续发展能力来衡量实施可持续发展战略的成功程度，可持续发展能力是可持续发展战略实施过程中着力培育的物质能力和精神能力的总和。

1.7.2　物流与生态、环境的关系

1. 物流迅猛发展造成的环境污染

(1) 货物运输对环境的污染。货物运输对环境产生的污染有：交通工具在运输过程中的大量能耗对大气的污染和噪声污染；装卸散装货物产生的烟尘；清洗货车时排出的废水；运输中发生泄漏时有害、有毒物质对环境的损害以及运输后装载工具中的各种化学物品、有毒物质的残留废弃物对当地和沿途的污染；港口、码头、机场、道路等交通基础设施建设对周围生态环境的损害及对环境的污染。

(2) 包装对环境的污染。包装不仅具有保护商品的作用，而且可以美化商品、促进销

售、增加产品的价值，所以在包装过程中，要强调包装的科学性、牢固性、美观性、适销性和经济性。但当今许多商品的包装不讲究科学性，给环境带来了污染。很多包装材料是不可分解的，它们长期停留在自然界中，对自然环境造成了严重的影响。此外，由于没有采用科学的测试仪器和方法对包装效果进行测定，而造成了一些有毒或化学物质的泄漏，由此形成了对周围环境的污染。如果将这些物品进行运输，会对整条运输线路及其周围环境造成污染。

(3) 流通加工对环境的污染。流通加工是流通领域中对生产的辅助性加工。它可以有效地起到对生产补充、完善的作用，但是它也有另一种可能性，即对环境产生污染，例如，当流通加工地点设置不合理时，就会增加许多运输量，由此产生对环境的污染。流通加工方式选择不当也会造成对环境的污染，例如，对煤炭和石灰等物料的处理方式如果不正确，就会产生大量粉尘，造成大气污染。此外，在流通加工过程中应选择适当集中加工的方式，否则产生的许多边角废料就会得不到有效利用而被废弃，由此造成废弃物污染。

2. 物流迅猛发展造成的资源短缺

(1) 运输对资源短缺的影响。运输线路是运输工具赖以运行的基础。如果运输线路不通畅，或运输网络不健全，则必然造成运输过程中的迂回绕行或等待，由此造成资源的浪费。同时，运输线路质量的低下，也会造成运输过程中货损率的上升以及对运输工具的损坏，从而形成对资源的浪费。汽车候车过程中燃料的燃烧、尾气的排放和司机不耐烦的等待，无不造成对人力、物力资源的浪费。

此外，作为运输业物质技术基础的运输工具，由于技术含量较低，性能达不到要求，或制造材料满足不了现代交通的要求，会造成油耗量大等浪费资源的现象和交通安全隐患。

(2) 包装对资源短缺的影响。随着包装工业的发展，现代工业产品包装容器的废弃物越来越多，造成了对资源的浪费。现代包装过于强调美观性，而对其经济性有所忽视，主要体现在以下两个方面：①过分包装。过分包装是指与商品价值不相称的包装，表现为一般商品采用过于讲究的包装，浪费了包装资源而且还给消费者增加了不必要的负担。②包装缺乏后利用性或后处理性。后利用性是指包装容器可以作另外的用途，或使包装品的处理工作量最小。但如今的包装材料多数是一次性的，而且处理起来工作量很大，造成了对资源的浪费。

(3) 流通加工对资源短缺的影响。首先，分散的流通加工产生许多边角废料，这些废料因不能集中处理或形成新的产品而造成资源的浪费；其次，有的流通加工过于简单或对生产或消费的作用都不大，甚至有时盲目流通加工，不仅未能解决品种、规格、质量、包装等问题，相反却增加了环节，造成资源的浪费；再次，流通加工方式选择不当，也会造成资源浪费。

1.7.3 可持续发展对物流的需求——绿色物流

可持续发展的原则之一，就是使今天的商品生产、流通和消费不至于影响未来的商品生产、流通和消费的环境及资源条件。将这一原则应用于现代物流管理活动中，就是要求从环境保护的角度对现代物流体系进行研究，改变经济发展与物流之间的单向作用关系，抑制物流对环境造成的危害，同时又要形成一种能促进经济和消费生活健康发展的现代物流系统，即形成一种与环境共生的物流系统。这就产生了“绿色物流”(environmental logistics)这一全新的概念。

绿色物流是指以降低对环境的污染、减少资源消耗为目标，利用先进物流技术，规划和实施运输、储存、包装、装卸、流通加工等物流活动。换言之，绿色物流就是在物流过程中，在抑制物流对环境造成危害的同时，实现对物流环境的净化，使物流资源得到最充分的利用。绿色物流的行为主体主要是专业物流企业，同时也涉及相关生产企业和消费者。绿色物流是可持续发展的一个重要环节，它与绿色制造、绿色消费共同构成了一个节约资源、保护环境的绿色经济循环系统。

绿色物流是为了适应可持续发展的战略目标而产生的。一般的物流活动主要是为了实现某一主体的经济利益，绿色物流的目标则在上述经济利益目标之外还强调节约资源、保护环境这一既具经济属性又具社会属性的目标。尽管从长远利益和人类整体利益来看，节约资源、保护环境与经济利益的目标是一致的，但对某一特定的物流企业来说却是矛盾的。

近年来，我国服务业相关领域纷纷对外开放，更多的跨国企业进入我国参与市场竞争。目前，物流产业发展正在出现一些新的变化和趋向。

1. 专业化趋向

我国加入世界贸易组织(以下简称入世)后市场竞争进一步加剧，必然促使企业更加关注其核心资源和核心竞争力的培养，从而将企业内部物流交由专业物流公司经营。目前，我国第三方物流的市场比重不大。据调查，企业中使用第三方物流的只占22%，而美国该类型企业中使用第三方物流的占58%。因此，我国第三方物流潜力很大。

2. 规模化、集团化趋向

发达国家的一些物流公司通过重组、资本扩张、兼并、流程再造等形式，已经形成了跨国综合物流企业。这些物流公司拥有雄厚的资金、先进的技术和设备、先进的管理理念与经验、全球性的服务网络，而我国的物流企业大多规模小、实力弱、能力低，在与国际大型物流公司的竞争中处于不利地位。因此，国内的中小型物流企业中，一部分将利用拥有国内网络及设施、人力资本成本低等本土优势，与国内外大型物流企业建立战略合作伙伴关系；一部分将可能被大型物流公司收购、兼并；还有的将进行战略性重组和改造，向综合物流发展，为大型跨国物流企业提供配套服务，成为供应链的重要组成部分。

3. 多元化趋向

随着我国改革开放的深入以及入世后商品分销、公路运输、铁路运输、仓储、货运代理、邮递服务等领域的逐步开放，市场主体将出现多元化的局面：一是外资物流企业，这些企业主要服务于外资企业，从事跨国公司在中国的生产、销售和采购等方面的物流活动；二是以多元化股权结构为特征的民营物流企业，这是目前物流市场最具活力的力量；三是国有经济中传统的运输、货代、仓储、批发企业，现在仍是物流市场的主力军。今后相当长的一段时间内，我国物流市场将呈现一个国有、集体、个体、中资、外资等各种所有制物流企业相互依存、同台竞争、相互促进的局面。

4. 国际化趋向

随着世界制造业向我国的转移以及经济一体化进程的加快，未来我国与世界各国之间的物资、原材料、零部件和制成品的进出口运输，无论是数量还是质量都会发生较大变化。

这就要求我国必须在物流技术、装备、标准、管理和人才方面与世界接轨。因此,我国物流业在国际化方面将会有较快发展。

5. 传统的运输与仓储企业加快向第三方物流转变

随着海外国家和中国香港地区、中国台湾地区的物流企业纷纷来到中国内地,内地传统运输与仓储企业的压力越来越大,因此今后将有更多传统的运输与仓储企业加快向第三方物流转变,利用自己的优势,扩大客户群,提升市场竞争力,与新进的物流公司开展合作或竞争。

6. 物流配送能力不断加强

一是物流配送受到政府的高度重视,各级政府部门采取措施积极推动物流配送的发展;二是随着连锁经营的发展,要求配送快速响应、准时送达,推动了物流配送的发展;三是像海尔这样的大型生产企业介入现代物流,新建和改造了一些物流配送中心,这种势头还将持续;四是国内外的一些大型物流企业都在规划建立自己的配送中心,以提高企业的物流能力。

7. 物流需求扩大化趋势

目前我国物流市场供应远远大于需求,但这种局面会随着部分行业对物流服务需求的增长对其他行业起到示范作用而逐渐得到改善。在生产和流通领域中,首先对物流有较大需求的是医药、烟草、家电、服装、汽车、日化、饮料等行业。物流需求除了向自建、合建的物流公司释放外,更多地会向专业物流公司释放,特别是外商独资与中外合资企业将首先释放物流需求。据相关部门统计,来华跨国公司的物流外包比例高达 90%。

8. 物流服务深入化趋势

当前更多的外国企业进入中国,中国与世界经济的联系越来越紧密,同时物流市场的竞争将更加激烈。未来的市场竞争主要是服务水平和质量的竞争。单纯的运输、仓储服务将逐渐转向全程服务,服务的对象将细分,延伸服务将受到青睐。

9. 信息化趋向

现代物流是以信息技术为支撑的,没有信息化就没有现代物流的发展。在我国大力发展信息化的新形势下,物流的信息化应该走在其他行业前面。中国物流与采购联合会将研究建立物流与采购业统计和信息体系;一些物流软件开发企业的产品经过多年的测试、试验,将进入物流应用阶段。

1.7.4 国际物流产业的发展趋势

国际物流产业的发展趋势可以概括为以下几个方面。

1. 综合化和集成化物流(integrated logistics)

物流产业发展中组织形式不断创新,最为直接的表现就是第三方物流活动在社会经济生活中扮演了一个重要的角色,且在国际物流产业发展中地位日渐突出。由此产生了一大批集成物流商(技术与知识含量较高的物流企业组织),将各种物流功能整合,运作上采用海、陆、空多种运输方式的一体化及物流实践中国内物流和国际物流的一体化。

2. 国际化物流(international logistics)

国外尤其是经济发达国家,物流产业呈现出全球物流企业并购态势,机能整合的综合物流成为主导。随着世界经济的一体化,物流产业面临的物流市场与用户呈现出国际化

(包括国内用户和国外用户)倾向,物流业务开展趋于国际化(国内物流和国际物流),物流企业趋于国际化(国际的合作与合资)。

3. 网络化物流(internet/intranet logistics)

电子商务与物流的衔接愈加紧密,电子网络(虚拟网络、国际互联网)成为物流网络(实物网络)实现和运行的有效手段。在产业及组织中,物流电子网络具体是由物流企业内部网络、物流企业外部网络及物流企业内外部网络等构成的。

4. 个性化物流(individual logistics)

物流产业发展的结果是涌现出一大批物流产业组织群体。他们借助现代物流理论与管理技术,进行供应链全过程的个性化管理和规划,向社会提供个性化物流的菜单式服务项目,具体包括企业对企业的个性化物流和企业对消费者的个性化物流。

5. 信息化物流(informational logistics)

产业的信息化物流主要表现在:一方面,信息是商流、物流、资金流的媒体;另一方面,物流活动中的信息服务成为物流服务活动的重要组成部分。此外,物流业务更加依赖可以共享的信息,并且大量的信息传播和交换可以提供更多的商业机会和降低物流成本。

6. 智能化物流(intelligent logistics)

物流产业发展的技术高级化和自动化,主要表现为在实践活动中凭借现代科学技术手段和方法,对整个物流活动进行智能化管理,实现物流作业的智能化和物流管理的智能化。

物流产业增长的主客观因素中,社会经济、科学技术、市场规模等环境的日趋完备,特别是市场需求的进一步扩大,为物流产业发展带来了前所未有的空间,使物流产业呈现出突飞猛进的增长趋势。

思考题

1. 如何理解物流和物流业的概念?
2. 美国和欧洲的物流概念是如何演变的?
3. 中国的物流概念是如何演变的?
4. 数字经济引领下的物流产业有什么发展趋势?
5. 物流有哪些分类?
6. 现代物流的主要特征是什么?
7. 物流产业的特点和物流产业发展规律是什么?
8. 数字经济对物流产业发展的影响因素有哪些?
9. 如何理解物流产业发展趋势?
10. 数字经济如何推动物流产业的发展?

案例题

根据中国物流信息中心统计分析,2022 年 1—2 月,我国物流总体运行平稳,社会物流总额快速增长，物流市场规模稳步扩张，物流行业充分发挥维护产业链、供应链稳定运行的作用，为抗击疫情、服务保障民生、促进经济发展提供了强力支撑。2022 年 3 月 5 日，李克强总理在第十三届全国人民代表大会第五次会议上作《政府工作报告》中 3 次提及产业链供应链，2 次提及数字经济相关内容，指出“全球疫情仍在持续，世界经济复苏动力不足”“外部环境更趋复杂严峻和不确定”“消费和投资恢复迟缓，稳出口难度增大，能源原材料供应仍然偏紧”“中小微企业、个体工商户生产经营困难，稳就业任务更加艰巨”，强调“促进数字经济发展”“建设数字信息基础设施”“推进 5G 规模化应用，促进产业数字化转型，发展智慧城市、数字乡村”“完善数字经济治理”“释放数据要素潜力”“更好赋能经济发展、丰富人民生活”，为我国物流业态发展提供了基本遵循，指明了努力方向。

此前，2021 年 12 月 30 日《国务院办公厅关于促进内外贸一体化发展的意见》明确要求，完善内外联通物流网络，引导外贸企业、物流企业、跨境电商加强资源整合和业务协同，加快布局配送中心、海外仓等物流基础设施网络；优化城市物流配送网络，补齐补强城市配送“最后一公里”短板；持续支持县域、中西部地区商贸物流基础设施建设，畅通城乡间、区域间流通网络，促进国内国际市场高效通达。2022 年 1 月 13 日，国家发展改革委印发了《“十四五”现代流通体系建设规划》，要求以习近平新时代中国特色社会主义思想为指导，统筹推进现代流通体系软硬件建设，培育引导现代流通企业，全面形成流通发展新优势，提高流通效率、降低流通成本，全力支撑以国内大循环为主体、国内国际双循环相互促进的新发展格局。2022 年 6 月 1 日，商务部、国家邮政局等八部门发布了《关于加快贯通县乡村电子商务体系和快递物流配送体系有关工作的通知》。

这些决策部署，对我国物流行业发展提出了明确要求。我国物流行业必须审时度势、顺时应势，主动适应数字经济发展和国内国际双循环等新形势、新情况、新要求，抢占先机、应对变局，方能立于不败之地。

问题：请阐述数字经济时代下物流产业的发展策略。

第2章 物流产业的构成体系与相关理论

2.1 物流产业的构成体系

2.1.1 功能元素

物流产业的构成体系是指借助信息化手段实现物流所有功能的联合，扩大物流行业的经营规模，从而形成现代物流网络，进而有效提升服务能力。物流产业构成体系的互联互通是促进物流资源共享、实现降本增效以及物流集约化、规模化发展的有效途径。物流产业构成体系互联互通中的元素，通过对物流互联互通的发展分析获取相关信息，从而实现物流互联互通的管理和经营活动。

具体而言，物流产业的构成体系包括包装业、运输业、仓储业、加工配送业、装卸业、物流信息业、邮政业等，它是服务业中的一个新兴产业。本章从智慧物流技术角度出发，对现代物流网络互联互通中的重点因素进行分析，主要考虑包装业、运输业、仓储业、加工配送业的互联互通。

图 2-1 是以物流功能为主的物流产业构成体系互联互通的元素构成。

以功能驱动的物流网络互联互通，各个功能包含互联互通的元素，这些元素已经应用在现实生活中以方便顾客。通过分析架构在智慧物流技术上各个功能的应用元素，可发现互联互通中的潜在商业价值，提出相应的集成系统开发与应用。物联网、云计算、大数据、人工智能、区块链等新一代信息技术与传统物流融合与发展，促进了物流网络的互联互通。物流互联互通使得物流在金融、交易、运营管理和个性化服务方面有长足发展，并实现创新型集约发展，图 2-2 是物流产业构成体系互联互通发展趋势。

2.1.2 物流包装

20 世纪 70 年代前，我国的包装还没有形成一个独立的产业，而包装是涉及很多行业的，要想科学发展，就需要各个部门的相互配合。然而我国包装行业的发展基础较差，管理不集中，因而难以集中力量，这就造成其发展缓慢，技术也不先进，无法满足我国国民经济发展的需求。

在 20 世纪 70 年代末，包装行业成为经济体制改革的试点之一。我国相继出现专门从事包装研究的公司和协会，如“中国包装总公司”“中国包装技术协会”等。这些公司和协会

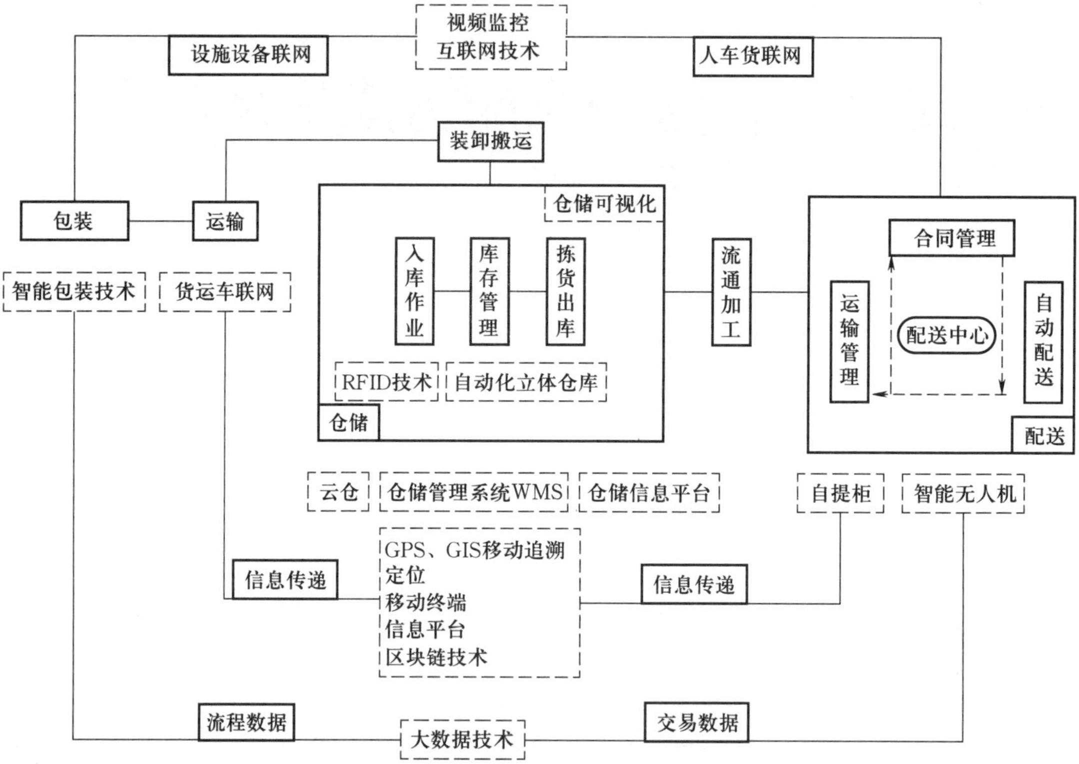

图 2-1 功能驱动——物流网络互联互通

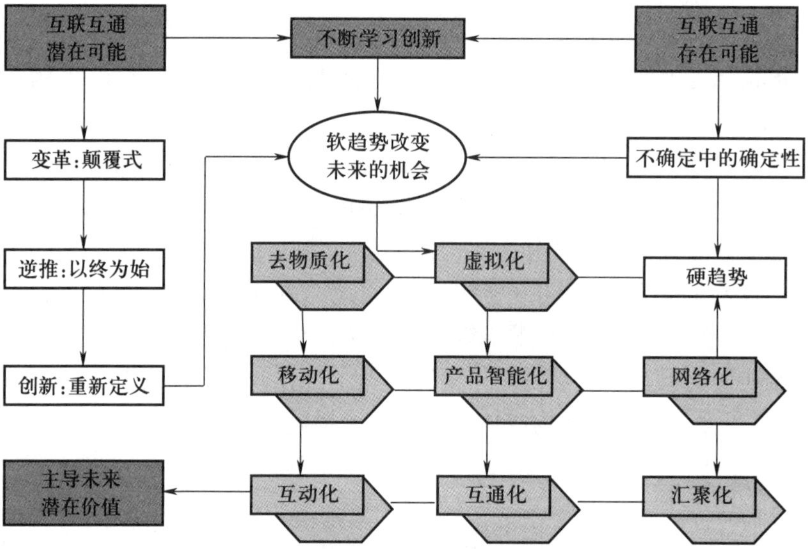

图 2-2 物流产业构成体系互联互通发展趋势

的成立很大程度上推进了包装的发展,使得我国的包装行业不断发展壮大,并且取得了不少突破性的研究成果。

我国包装业的发展水平随着经济的不断发展而逐渐提高,但是仍然存在着不合理的包装造成资源浪费的现象。由包装不合理造成的经济损失每一年都达到几百亿元,并且随着我国社会经济的快速发展，因包装而产生的环境污染问题越来越明显。

更重要的是，包装所产生的垃圾还在逐年增长。现在处理生活垃圾的常用办法是进行垃圾填埋，但是随着垃圾的不断产生及其数量的不断增加，可用于填埋垃圾的土地越来越少，从而出现了“垃圾围城”的现象。不过值得庆幸的是，这一问题已经得到我国政府的重视，绿色包装的发展也得到物流企业的支持，这些企业纷纷采用绿色环保材料，在包装的设计上朝着循环再利用的方向发展，在保证产品包装质量的前提下，尽可能节约包装材料，减少资源浪费。

在对绿色包装的理解上，很多人还存在着误区，认为容易降解的材料就是绿色环保的材料，其实这是片面的。某些材料也许在使用和回收中是环保的，但是在制造生产中会对环境造成很大的污染，像这样的材料也不是绿色环保的材料。

1. 我国包装中存在的问题

(1) 包装的标准化程度不高。随着我国绿色包装技术的发展，标准化包装有一定的成绩，但是还存在一些问题，行业规范和标准也还不太成熟。当前，包装标准不统一带来运输效率低下、成本增加、服务质量不高等问题。在市场经济中，货物包装的不规范容易引发纠纷，造成较大的损失。而出现这些问题的主要原因是我国涉及包装的法律法规还不完善。

包装的不标准造成商品在供应链中的各个环节衔接不畅，使制造企业产生大量的重复作业。工作效率低下等原因使得生产提前期大大缩短，导致企业在现在飞速发展的经济面前显得尤为乏力，跟不上节奏，从而降低企业的服务质量。

在传统的供应链中，上下游企业之间因为包装的不标准而产生大量不必要的包装废弃物。回收流程及回收合作体系效率低会增加经济活动中各个环节的作业量，还会占用很多资源，商品流通的运作效率也会降低，增加企业运营成本。

(2) 很多包装没选用环保材料。绿色包装的目的是可持续发展，而包装材料是实现可持续发展的重要因素。包装的目的是保护商品，包装材料的选择是实现这一目的的基础。另外，包装材料的选择决定着包装的使用周期，肩负着可回收再利用的使命。

目前，很多包装的设计选择使用的还是并不环保的材料，而且消费者在使用商品的时候并不需要这些会造成环境污染的包装设计，这是绿色包装发展中最大的一个问题，也是最根本的问题。

(3) 循环包装的使用落后。我国包装业在循环包装系统建设方面整体上还比较落后，还需要组织一些人力财力进行此方面的专项研究，推动该项工作的进展。循环包装系统的发展需要各方面的支持，以及各行业供应链主管机构对供应链所有环节进行优化整合。取消一次性的包装系统，用循环包装系统来代替，这样必定会对环境保护做出很大的贡献，也会给企业带来巨大的经济效益。

2. 物流包装的要素

为解决上述问题，物流包装应考虑以下要素：

(1) 包装容器要素。选择合适的物流包装容器是保护、储存、运输产品的关键。目前，纸箱、塑料袋、泡沫箱、木箱等为常用的物流包装容器。纸箱的应用最为广泛，且呈现多材料并用、绿色化及减量化的发展趋势。

(2) 包装耗材要素。包装耗材有胶带、气垫膜、珍珠棉等,这些耗材价格低廉,具有封装、加固、缓冲防震的作用。但是,大多包装耗材难以直接进行二次利用,回收难度大,因此,如何合理利用废弃耗材成为急需解决的问题。

(3) 包装回收体系要素。物流行业的快速发展带来了大量的包装废弃物,而这些包装废弃物对环境造成了严重污染。包装回收体系是实现可持续发展、改善环境问题的有效途径。因此,完善包装回收体系迫在眉睫。

(4) 包装合理程度要素。物流包装是否合理可以从包装材料、包装技术及包装方式三个方面进行评价。合理的包装应满足装卸、储存、运输要求,既能避免过度包装所造成的浪费,降低运输成本,又利于实现物流智能化。

(5) 从业人员要素。货物量大、缺乏标准化操作规范、装卸搬运设备相对落后,导致暴力分拣事件时有发生。打包员通过增加填充物(如气垫膜)等方式力求更好地保护货物安全,但此方式极易造成浪费。故为寻求包装资源的高效利用,培训与监督从业人员必不可少。

(6) 包装设计要素。包装设计应遵循无害化、节能化、科学化、生态化、标准化的设计理念,尽量做到资源消耗少、包装可回收与复用、材料可降解。

(7) 货物要素。不同的货物所使用的包装不同,必要时还需要进行堆码试验、振动试验、环境试验等测试包装性能。生鲜类产品在物流过程中对温度要求较高,包装容器、包装耗材、包装方法的不同会影响产品的新鲜程度、口感和品质。此外,物流包装的主要功能是保护货物,为避免货物损坏所带来的高额赔偿,物流企业在原有包装的基础上进行“再加固”,但是“再加固”的材料用量往往缺乏量化指标。

(8) 仓储条件要素。考虑到仓库的布局、温度与湿度、设施设备建设情况、储存时间等一系列因素,对不同的仓储条件,需采取不同的包装方案(如防潮、防尘、控温等包装方案)。在包装成本最低的前提下,物流包装需尽可能保证在储存期间货物的性质不会发生变化,减少或避免不必要的亏损与赔偿。

(9) 环境效益要素。在建设生态文明的大背景下,绿色包装是当今乃至未来包装发展的主流趋势。包装企业要落实企业社会责任,选用绿色材料、开展绿色设计、采用绿色技术和工艺、做好包装废弃物回收处理,从而实现包装产品全生命周期的绿色环保。

此外,物流构成体系中的包装功能涉及智能包装技术。

3. 物流包装的作用

物流包装以实用、绿色和防伪作用为主。图 2-3 是包装在物流互联互通体系中的展开内容,具体包括:

(1) 实用。在实际应用中,以大数据技术为基础的包装设计能够设计出满足客户喜好的包装,智能感官设计包装不仅方便并且能够满足不同类型的顾客。

(2) 绿色。物流包装污染已经成为不可避免的发展问题,绿色包装包含两个方面:一个是包装回收,另一个则是创新型包装材料。两方面结合发展,从而达到保护环境的目标。包装回收是材料资源重复利用的基础,通过对货物分类,根据类型设计不同的包装,对回收包装设计独立的系统,智能回收,重复使用。

(3) 防伪。防伪包装则是智能包装的又一重大应用。物流公司在包装盒上贴 RFID 标签,达到对货物信息跟踪及防伪的目标,减少货物的确认时间,提高物流运作效率。

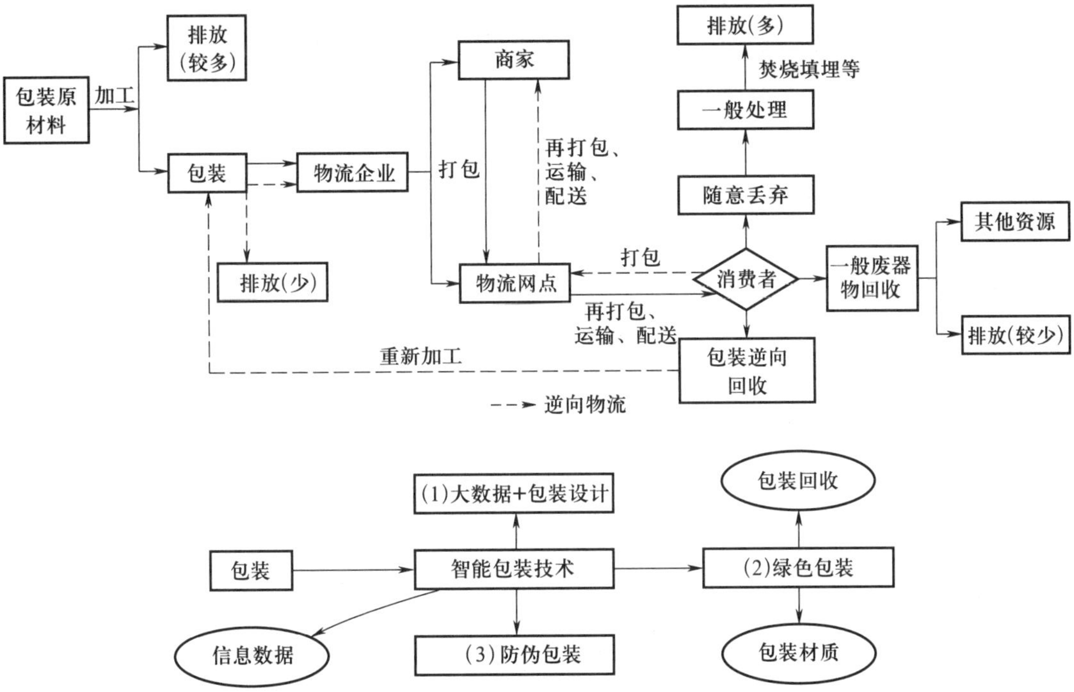

图 2-3　物流互联互通体系中的包装

2.1.3　物流运输

物流运输是指使用设备和工具,将物品从一个地点向另一个地点运送的物流活动。

物流运输是物流中最重要的环节,装卸搬运则是运输过程中不可缺少的环节。这两个环节涉及的智慧物流技术融合形成物流互联互通体系中的运输元素,如图 2-4 所示。

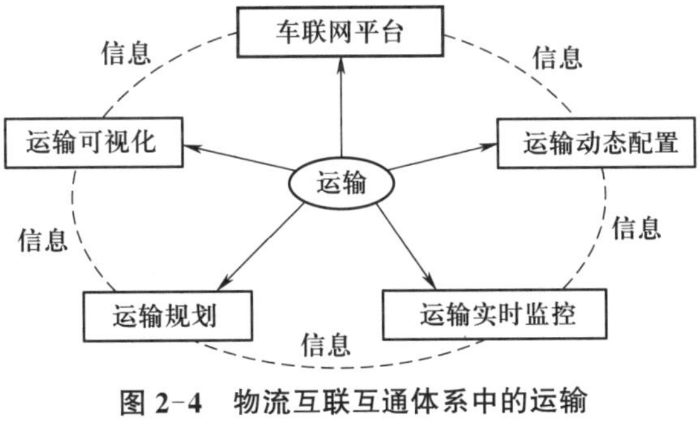

图 2-4　物流互联互通体系中的运输

1. 车联网平台

车联网平台可提供 SaaS 模式的云运输管理、云路径优化,并且基于物流供应链搭建运输信息平台,实现物流运输全程可视化。

2. 基于车载导航实时监控

基于车载导航实时监控可实现全网络的车辆动态调配(主要是运输车辆、甩挂车、半挂车及集装箱的动态控制)、计算机智能路线规划和自动路线规划、资产的全程实时可视化。

3. 基于运输的动态配置及规划信息产生

基于运输的动态配置及规划信息产生，即信息平台可以根据运输过程产生的数据，控制装卸搬运的方式及运作过程，采用自动导向车、机器人智能抓取技术协助工作人员，实现货物由运输状态变为仓储状态的过程。

2.1.4 物流仓储

物流仓储中应用的智慧物流技术有自动存储货架、仓储系统以及仓储可视化等方面。仓储部分主要的物流过程有入库、库存管理、拣货出库三个方面，如图 2-5 所示。

1. 入库

入库过程中通过 RFID 技术获取货物信息，货物存放的货架贴有电子标签，提交至仓储信息平台，仓储信息平台掌握货物的基本信息以及存储位置。

2. 库存管理

库存管理中应用大数据技术对订单信息进行处理，根据货物拣选所需的频繁程度对货物进行存储。

3. 拣货出库

在货物拣选过程中，自动立体仓库及无人仓库应运而生，尤其是“货到人”、紧致化密集存储、各类分拣设备及智能算法都应用在拣选过程中。

仓储中的全部作业过程，只要有数据信息平台，均可实现信息可视化，设置不同的物流信息看板。

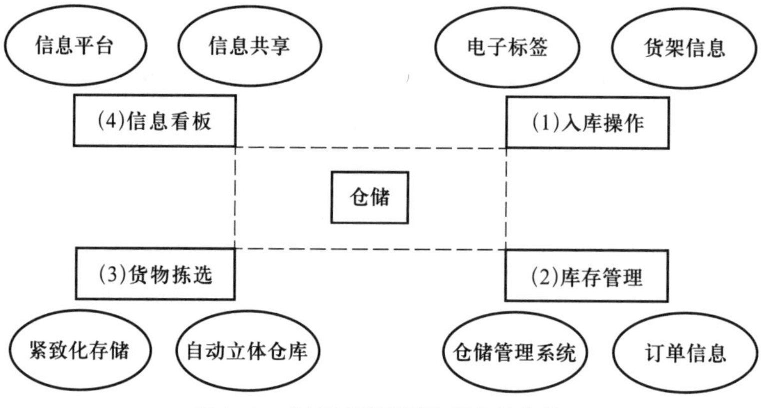

图 2-5　物流互联互通体系中的仓储

2.1.5 物流配送

物流配送是顾客关注最多的阶段，决定货物是否有效送达，如图 2-6 所示。

1. “最后一公里”配送

为解决“最后一公里”配送问题，智能快递柜、同城专人配送以及智能无人机、无人车等相继产生。顾客可以利用手机上的 App 查询货物的所在位置，决定货物的送达地点和时间。

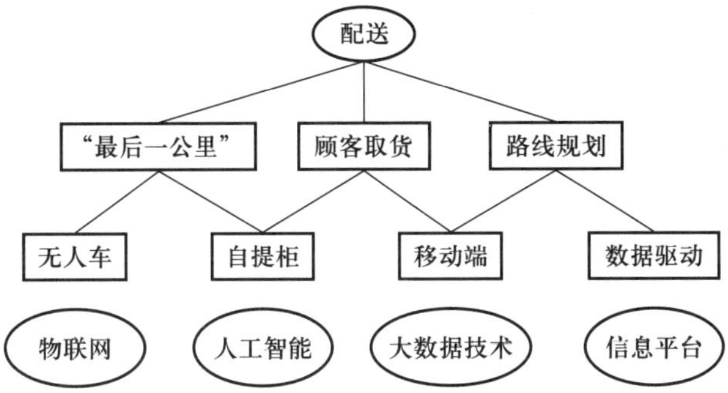

图 2-6　物流互联互通体系中的配送

2. 路线规划

基于大数据技术对配送路线做规划，通过配送货车的导航实现车辆信息的实时传输，信息平台可以实时观察控制车辆的运输情况。

3. 顾客取货

顾客取货时可以自己控制终端确认收货；通过自提柜收货时，可以通过刷脸取货，防止冒领货物事件发生。

物流产业构成体系中的信息传输依靠网络平台聚合信息，利用大数据技术处理分析数据，得到潜在商业价值，物联网技术自动获取数据信息，区块链技术监控信息及进行部分交易。信息传递在整个物流网络中占据重要位置，是物流网络互联互通的基础。建设数据信息标准的范例，在信息共享的基础上，实现物流功能之间的协同和联动。

2.1.6　电商物流领域互联互通要素分析

电子商务在国内的快速发展促使网络销售额快速增长，其发展速度已经远超传统实体店。物流是网络销售的线下实现环节，对电商销售行为起到保障作用。电商产业的发展主要有垂直一体化模式、半一体化模式和租赁外包模式三种，三种模式均有物流的全流程。随着物流互联网的发展，大数据分析技术、云计算和物联网应用在电商物流各个部分。电商物流互联互通发展的模式结构如图 2-7 所示。

互联网思维在电商物流中的运用促使电子商务物流进一步发展，电子商务行业由于移动互联网的涉足，物流技术得以革新。物流行业和互联网平台的物流信息融合，对电商物流的互联互通发展起到促进作用。物流平台对接主要是物流的信息平台和交易平台融会。各地的物流设施基于互联网可以形成平台共享，实现平台的基础对接。为使平台有序发展，国家需要颁布相应的政策和标准，促进物流互联网平台的互联互通，从而促进物流业整体进步。

互联网在物流中全方位发展渗透，物流数据不断产生，使得大数据技术应用在物流发展的各个方面。对各项工作过程中产生的大量数据加以利用，促进生产效率的进一步提升，也改变了企业的生产及思维方式，电商物流也在大数据的影响下发生革新：①车货匹配。解决车货匹配效率低的问题，减少空载，涉及的技术有信息平台共建以及 App，就是车联网搭建。②配送线路优化。采用大数据掌控快递员的行动，提出实时优化路线。③销售

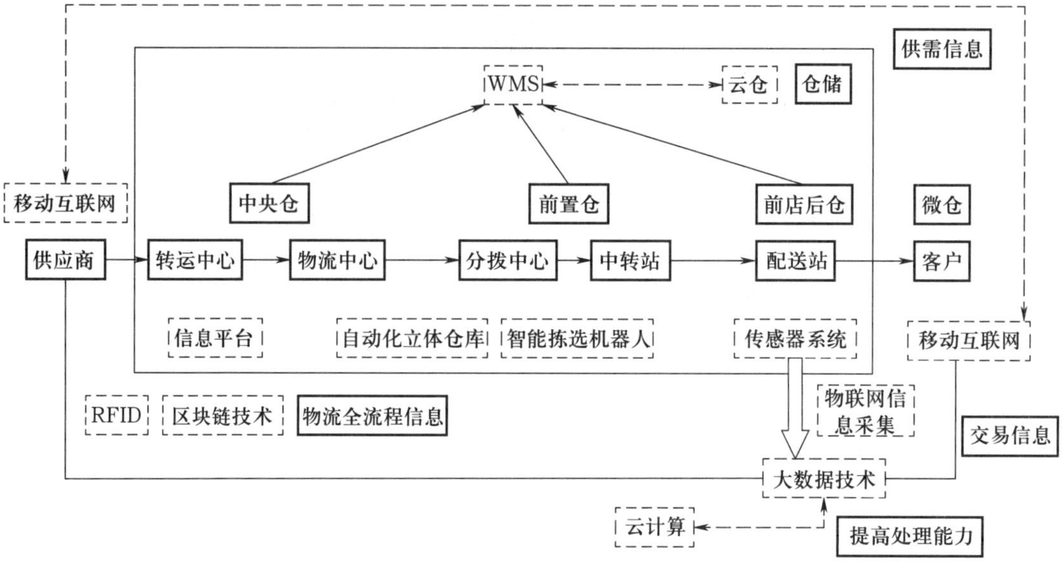

图 2-7　电商物流互联互通发展的模式结构

预测和库存控制。大数据技术分析库存，优化预警库存。优化库存布局，降低物流成本。分析往期销售数据，对未来销售及营销活动进行预测。④设备修理预测。通过机器学习方式对机器损坏进行预测，及时发现机器问题并进行处理。

通过应用 RFID 系统、全球定位系统、自动化识别技术和红外线技术，物联网在物流过程中的应用体现出网络化、智能化、集成化和可视化特点。具体的成熟应用有：①智能可追溯网络系统，能够对产品识别定位，采集数据并对数据进行统计和分析。②可视化智能管理网络，应用全球定位系统、RFID 系统和条码识别技术等为管理网络系统提供技术支持，进行车队信息查询，货物管理和调度，加强对物流过程的控制。③智能化配送，移动互联网、条码识别技术以及传感技术推动智能物流配送中心的发展，实现物流的全面自动化自营。④供应链管理，除了有物联网技术作支撑以外，最近比较热门的区块链技术在供应链管理的信息监控以及交易方面做出较大革新。

为了提升用户体验，电商需要提高发货速度，越来越多的营销活动使得电商物流面临巨大压力，智能仓配是解决物流压力的有效途径。①智能仓储。采用二维码标签对货物进行标识和自动检验，拣出有问题的包裹。②智能无人机。“互联网＋物流”是物流行业的新模式，采用无人机配送，货物配送更加智能化、自动化。③无人货运。智能物流的发展和无人驾驶技术的日渐成熟，使得无人货运成为可能。由互联网控制、预设路线，再由传感器等智能设备避开障碍物，减少人力消耗，降低生产成本。④智能货柜。解决物流“最后一公里”问题，不仅涉及物流商业价值，对未来商业用户人口和大数据及 O2O(online to offline，即“线上到线下”的商业模式)体验竞争也有较大影响。

2.1.7　现代物流产业构成体系发展目标

根据对现代物流产业构成体系互联互通元素构成的分析，物流网络互联互通的实现涉及政府、物流企业和顾客群体，需要强大的组织协调能力来推进各主体实施互联互通并保障园区各类资源的共享。因此，必须结合政府、物流企业以及其他机构共建共享物流软件以及硬件资源。图 2-8 是根据现代物流产业构成体系元素分析的发展策略。

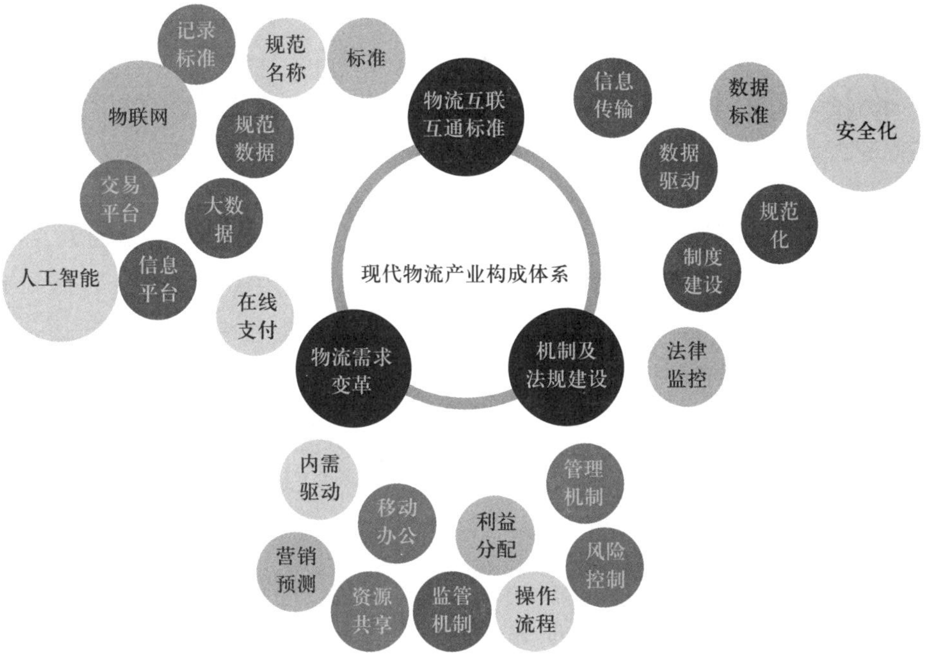

图 2-8　现代物流产业构成体系发展策略

1. 物流信息互通规范标准

确定互联互通对象所需共享的信息内容、共享信息的输入输出标准格式，对标准格式的研究信息进行分类，规范名称，记录标准。在规范数据信息、实现信息共享的基础上，实现物流网络内元素之间的协同和联动，让物流内的实体避免资源浪费，使得物流获得丰富的互联共享数据信息，进而提升服务能力，从整体上提升物流服务效率和水平。

2. 物流与资金、信息、数据融合发展

基于现有的物流运营模式，提供创新型的物流服务模式：以客户需求为导向，由数据驱动的融合物流与资金流的物流模式。这种模式能够整合互联网、物联网、大数据、人工智能以及区块链等较为先进的技术，实现物流潜在价值的增值，提升物流发展，挖掘物流发展潜在价值。

3. 物流需求变革

我国的经济是由内需驱动进行发展变革的，服务业在国民经济中占有绝对地位，同时消费和产业的升级刺激快递物流需求的改变。从供给方式进行变革，从科技和快递物流双向发力，搭建收集、整理和发布物流产业构成体系信息的公共信息平台，实现各个物流行业信息的互联互通和资源共享，提升物流信息化水平。

4. 物流互联互通机制建设

该机制建设主要包括物流的管理和利益分配等机制的健全，在风险可控和监督到位的情况下具有良好的发展态势。机制建设是互联互通核心问题的重中之重，是最终影响物流能否实现互联互通以及互联互通实际效果的关键所在。同时,要加大物流领域在法律法规方面的建设,促进现代物流网络运营的规范化和安全化。在现代物流操作中,操作规范、相关程序等都处于摸索阶段,相应的法律法规相对比较缺乏。

2.2 物流产业分工理论

2.2.1 早期的产业分工理论

现代物流不仅考虑从生产者到消费者的货物配送问题,还从供应商、生产者对原材料的采购,以及生产者本身在产品制造过程中的运输、保管和信息获取等各个方面,全面地、综合性地考虑提高经济效益和效率的问题。这与传统物流仅把物流看作是后勤保障系统和在销售活动中起桥梁作用的概念相比,在深度和广度上有了进一步的内涵。而这一切正体现了在物流产业分工演进的过程中,物流的概念随着分工的深化所发生的转变。

早期的产业分工理论有八种。

1. 绝对成本理论

绝对成本理论(theory of absolute cost),又称绝对优势理论(theory of absolute advantage)、地域分工说(theory of territorial division of labor)。该理论将一国内部不同职业之间、不同工种之间的分工原则推演到各国之间的分工,从而形成其国际分工理论。绝对成本理论是英国经济学家、资产阶级经济学古典学派的主要奠基人之一、国际分工和国际贸易理论的创始者亚当·斯密(Adam Smith)1776 年在《国民财富的性质和原因的研究》一书中提出的。绝对成本理论认为,自由贸易会引起国际分工,国际分工的基础是有利的自然禀赋,或后天的有利生产条件。它们都可以使一国在生产上和对外贸易方面处于比其他国家绝对有利的地位。如果各国都按照各自的有利生产条件进行分工和交换,将会使各国的资源、劳动力和资本得到最有效的利用,会大大提高劳动生产率和增加物质财富。亚当·斯密较为系统地研究了分工问题,指出促进劳动生产力提高的分工是经济增长的主要源泉,分工问题的实质就是专业化和经济组织问题。该理论为专业化分工问题的后续研究奠定了基础。

2. 比较成本理论

英国著名经济学家大卫·李嘉图(David Ricardo)在 1817 年出版的《政治经济学与赋税原理》一书中提出了以自由贸易为前提的"比较成本论"。大卫·李嘉图提出的比较成本学说,先后为英国和世界其他许多国家所接受,成为推行自由贸易政策的强大思想武器。

比较成本理论又称比较优势理论(theory of comparative advantage)。比较优势理论可以表述为:国家间应按"两优取其重,两劣取其轻"的比较优势原则进行分工。也就是说,如果一个国家在两种产品的生产上都处于绝对有利地位,但有利的程度不同,而另一个国家在两种产品的生产上都处于绝对不利的地位,但不利的程度不同,前者应专门生产相对来说更为有利的产品,后者应专门生产不利程度最小的产品。通过对外贸易,双方都能从中获益,并实现社会劳动的节约。比较优势理论一直被视为国际分工和国际贸易不可动摇的基础。自大卫·李嘉图以后,比较优势理论的内涵也越来越丰富,除传统的生产成本优势外,机会成本、资金、技术水平、规模经济、运输条件、市场条件等都成为考察比较优势的对象。

3. 生产要素禀赋理论

20 世纪 30 年代,两位瑞典经济学家伊·菲·赫克歇尔(Eli F.Heckscher)和他的学生戈特哈德·贝蒂·俄林(Gotthard Bertil Ohlin)创建了生产要素禀赋理论,才使国际分工和国际贸易理论进入新古典阶段。戈特哈德·贝蒂·俄林在 1933 年出版了《区际贸易和国际贸易》,在继承和发扬伊·菲·赫克歇尔主要观点的基础上,创立了较为完整的要素禀赋学说(factor endowment theory),他们的理论通常被称为赫克歇尔-俄林的要素禀赋理论,又称赫克歇尔-俄林原理。该理论的三个基本结论为:第一,价格差别是国际贸易的直接原因,而产生商品价格差别的根本原因则是各国生产要素禀赋的差异;第二,每个国家利用本国相对丰富的生产要素从事商品生产,就处于比较有利的地位,而利用相对稀少的生产要素从事商品生产,就处于比较不利的地位,因此,各国在国际贸易中趋向于出口该国相对丰裕和便宜的要素密集型商品,进口该国相对稀缺和昂贵的要素密集型商品;第三,商品贸易一般趋于消除生产要素收入的国际差别,导致国际商品价格和要素价格趋于均等化。生产要素禀赋理论继承并发展了传统的比较成本理论,进一步巩固了比较优势学说的经典理论地位,戈特哈德·贝蒂·俄林也因此获得 1977 年诺贝尔经济学奖。

生产要素禀赋理论不仅说明了比较成本的决定因素,而且也进一步说明了要素价格的变动以及收入分配,即不同国家不同的生产要素禀赋是国际分工与贸易发生的原因,并且国际贸易将会最终导致各国生产要素的相对价格和绝对价格的均等化,这就是要素价格均等化理论(factor-price equalization theory)。

4. 马克思主义的地域分工理论

马克思主义经典作家在研究劳动地域分工的过程中,吸收了比较成本学说中合理的部分,形成了自己的社会劳动地域分工理论体系。马克思主义关于社会劳动地域分工理论的精华主要体现在以下几个方面:

(1) 明确社会劳动地域分工的客观基础。一国的社会劳动地域分工是客观存在的,它是受自然、地理、经济等各方面因素在区域间的差异所支配和影响的。这主要包括各地区自然资源和自然条件的差异,人文地理条件的差异,原有的经济技术基础差异,政治、文化、社会、民族等因素差异,专业化协作水平差异以及市场需求结构方面的差异等。

(2) 揭示了社会劳动地域分工的本质。社会劳动地域分工其实是由社会生产专门化决定的。具体地说,地域分工是社会生产专门化,包括部门、产品在各个生产阶段和空间地域的专门化。

(3) 阐明了社会劳动地域分工的客观必然性。区际分工是社会生产力发展到一定阶段的必然结果。因为在自然经济时期,地域范围和生产范围都很狭窄,经济活动与商品交易均在世袭界限内进行,区域经济分工没有必要。但到了手工业出现以及后来的产业革命,新的生产力不断发展,并提高到了一个新阶段,地域分工不仅必要,而且成为可能,不仅在一国范围内需要,而且在世界范围内也需要。

(4) 肯定了社会劳动地域分工的积极作用。从社会劳动地域分工的自然属性看,它的积极作用在于促进生产力的发展。因为社会劳动地域分工可以提高区域经济结构的效益,节约社会劳动。社会生产力的发展是社会进步的根本体现。

(5) 指出了社会劳动地域分工的因素是动态的。由于制约和影响社会劳动地域分工的因素随着时间的推移不断发生变化,因而因素在地域间的差异带来的比较优势也不是静态不变的。马克思主义关于社会劳动地域分工因素动态的观点,弥补了传统的比较优势理论静态进行地域分工分析的不足,为在不断变化的环境和条件中,建立自己的优势部门和产品,在国际分工中取得主动和占有更有利的地位,提供了理论支持。

5. 竞争优势理论

20 世纪 80 年代,由哈佛大学商学院教授迈克尔·波特(Michael E. Porter)提出的竞争优势理论异军突起,引发了理论界对比较优势和竞争优势关系的激烈讨论,也将国际分工与贸易理论推向一个新的高度。竞争优势(competitive advantage)开始成为解释国际分工的重要概念,并被引入国际分工的研究。

迈克尔·波特认为:"竞争优势有两种形式:成本领先和标奇立异。"他在《国家竞争优势》一书中,进一步将竞争优势表述为:"企业要在国际竞技场上获胜,它的竞争优势不外是以较低的生产成本或者与众不同的产品特性来取得最佳价格。"可见,迈克尔·波特所说的竞争优势既包含了一个国家的初始比较优势(主要取决于资源禀赋),又包含了后发比较优势和潜在比较优势(主要取决于是否具有创新的制度、组织和理念),因此从本质上看,竞争优势与比较优势都揭示了国际分工与贸易的直接原因,而竞争优势理论客观上是对比较优势来源解释中所包含的众多理论的归纳和整合。迈克尔·波特认为,一个国家竞争优势的要素包括生产要素、国内需求、相关产业支撑、企业的战略结构和竞争、政府的作用以及发展机遇。

6. 地域分工的技术差距理论

技术差距理论首先是由 M.V.波斯纳(Michael V. Posner)1961 年在《国际贸易和技术变化》一文中提出的,他认为,如果一个区域创新了某种技术,那么,在其他区域没有使用之前,这个区域在生产上将由于保持着技术领先优势而获得生产和市场上的垄断优势。之后,随着技术不断传播到其他区域,其他区域也开始采用这种技术,原来创新区域的优势则逐渐丧失。

7. 产业内分工理论

产业间分工(inter-industry specialization)和产业内分工(intra-industry specialization)是与产业间贸易(inter-industry trade)和产业内贸易(intra-industry trade)相联系的。产业间贸易、产业内贸易是国际贸易理论分析的两类基本贸易类型,前者主要用绝对优势和比较优势理论来解释,后者主要由规模经济因素来说明。国际分工理论与国际贸易理论之间存在密切的联系,从分工和贸易之间的对称关系看,两种标准贸易形态背后实际上暗含了两种分工形态:产业间分工是由要素结构和相对价格差异决定的国际分工,产业内分工则主要是由偏好多样性和规模经济派生出的国际分工。

以保罗·克鲁格曼(Paul R. Krugman)为代表的一批经济学家吸收以往国际贸易理论的合理因素,创建了一个新的分析框架,这便是产业内贸易理论。该理论利用产业组织和市场结构理论来解释国际贸易新现象,用不完全竞争、规模报酬递增、产品差异化等概念和思想来构造新的贸易理论模型，分析了国际产业内贸易的基础，从而发展出一套崭新的国际分工理论，而新贸易理论分析的则主要是产业内分工。

产业内分工有两种基本形式：水平专业化产业内分工和垂直专业化产业内分工。水平专业化分工就是从产品附加值和技术水平来看，没有明显的差异，主要是基于产品的品牌、设计、质量、性能、售后服务等方面差异化的分工。这种分工主要发生在发达国家之间，其存在主要是因为消费者的效用函数中包括对产品多样化的偏好。垂直专业化分工是基于产品在附加值和技术水平方面存在明显差异的分工。

8. 产品内分工理论

产品内分工理论成熟于 20 世纪 90 年代，琼斯(Jones)和科尔斯克维斯基(Kierzkowiski) 1990 年研究"零散化生产"，即把生产过程分离出来并散布到不同空间区位的分工形态，得出服务活动对于开展产品内分工是十分重要的，并指出比较优势和规模报酬递增是推进生产过程分散化进程的主要因素；1997 年，昂特(Amdt)利用国际贸易常规分析技术，对全球外包和转包等产品内分工的现象进行了研究，得出如果外包在劳动稀缺国和劳动充裕国之间发生，并且有同时的产品内分工，将同时改善两国的就业和工资率；2001 年，昂特和科尔斯克维斯基编著了《零散化——世界经济的新生产形态》论文集，系统总结了产品内分工方面的研究成果，成为产品内分工理论的一个重要文献和里程碑。

产品内分工(intra-product specialization)是一种特殊的经济国际化过程或展开结构，其核心内涵是特定产品生产过程不同工序或区段通过空间分散化展开成跨区或跨国性的生产链条或体系，因而有越来越多国家参与特定产品生产过程不同环节或区段的生产或供应活动。产品内分工是分工深化的结果，是同一产业内同一产品的不同生产阶段、生产环节之间的分工，其实质是生产布局的区位选择，既可由国家内部的不同企业来承担，也可以在不同国家之间进行。依据分工外延边界的不同，存在两种类型的产品内分工：一种是国内产品内分工，表示特定产品不同工序或区段在一个国家内部的不同区域空间分散化，例如，20 世纪 90 年代我国的自行车制造业，组成自行车的数百个零部件的生产被分散在国内的不同企业；另一种是国际产品内分工，即特定产品不同工序或区段在不同国家之间的空间分散化，例如，目前电脑生产中的不同工序或区段被分散在中国、美国、日本、韩国等数以千计的企业中来完成，从而形成发达的国际分工网络。

2.2.2 物流产业的分工演进

物流产业分工的自发演进过程可以简要描述为：在初始阶段，人们对各种生产活动都没有经验，生产效率很低，支付不起交易费用，只好选择自给自足，在自给自足生产中，每个人逐步在每种生产活动中积累了一些经验，生产效率也就逐步改进，相对可以承担起一定的交易费用，通过相互交换产品，开始产生初步的分工和专业化生产；由于专业化生产加速了经验积累和技能改进，使生产效率进一步提高，经济发展开始逐步加速，从而使人们在权衡专业化将要带来的报酬水平和当前增加的交易费用之后，认为可以支付更多的交易费用，因此又会试验新的分工组织，进一步提高专业化水平。这样，就形成了一个良性的累积循环，使分工演进越来越快。基于分工演进的视角，可以把物流产业的分工演进分为四个阶段。

1. 物流产业萌发的初级阶段

物流活动呈现完全分散化的状态，即以仓储、运输、采购等方式分散于企业生产和管理的诸多环节中。每个企业也基本上采取自给自足的方式，各自独立完成自身的各项活动。

2. 企业内部分工阶段

企业为追求利润最大化而不断降低物流成本，提高产品的产量和质量，但随着生产技术和管理技术水平的提高，竞争日趋激烈，利润日益减少，通过降低生产成本而获得的利润空间变得越来越窄。此时，企业开始改变企业内部的分工结构，通过在内部进行分工组织试验，形成新的分工，实现专业化带来的报酬递增。一些企业通过集成化管理运输、仓储、采购等物流活动，提高生产效率，物流成为新的利润增长点。

3. 企业外部分工阶段

当企业内部分工达到一定水平后，由于受到企业组织边界的限制，企业内部分工结构渐趋平衡。要打破这种平衡，就需要将企业内部分工面向外部市场，依赖市场的扩大进一步深化分工，提升专业化分工水平，从而实现更高的生产效率。随着企业日益重视核心竞争力以及信息技术的迅猛发展和广泛应用，物品的供方和需方逐步将原本自己承担的物流活动交给专业的物流企业，从而专注于自己的核心业务。这样，一种专业化的分工组织（即第三方物流企业）便成长起来。

4. 产业分工阶段

随着企业进一步注重核心竞争力和物流技术的不断发展，企业开始转向上下游企业进行分工和协作以实现供应链管理。通过深化整个供应链上各个企业之间的分工，提升专业化水平，进而提升生产效率，这对物流方案设计和组织协调工作提出了更高的要求。同时，第三方物流企业也不断将其内部的物流设计和运作之间的分工转向外部市场，进一步提升专业化水平，提高效率。作为产业分工深化的结果，第四方物流产生。

物流业信息化革命的直接产物就是企业开始重视供应链管理。企业开始重视企业之间的分工和协作，表现在企业开始注意开发富有竞争力的供应链，各个企业间的竞争转向企业所在供应链间的竞争。为了提高企业所在供应链的竞争力，企业必须挖掘出自己的核心竞争力，从而又促进了企业之间进行不同的分工，从原材料供应商到顾客之间，包含了很多集中于各自核心能力的供应链成员。至此，企业开始关注供应链管理，在企业供应链成员之间进行分工和合作。在这一阶段，某些企业由于物流产业的分工推进，产业内分工不断深化。

所以物流业和供应链管理的发展，是交易效率提高的必然产物，随着分工的不断深化，物流业和供应链成员之间的分工也必将得到不断的细化，不同功能成员之间的合作也必将得到加强。要促进物流业发展，首先要通过各种途径提高市场的交易效率。在物流产业分工演进的过程中，分工和专业化水平决定着知识积累的速度和人们获得技术性知识的能力，通过大量的物流产业分工组织试验，人们可以获得更多关于物流产业分工组织的制度性知识，因而选择更加有效的物流产业分工结构，提升交易效率和分工水平，进而提高人们获得技术性知识的能力，产生内生技术进步，实现物流效率的提高和产业升级。

现代物流随着分工的深化和经济全球化的发展呈现出了几个明显的特征：

(1) 反应速度快速化。现代物流一般是通过加大交通运输基础投入，加快运输速度和进行物流系统的重新设计，即通过合理布局配送中心网络，和作业流程重组等方式来实现快速反应。

(2) 系统化和服务化。现代物流强调从整体上追求最优，它从系统的角度将一个公司的各种物流活动统筹规划为一个整体，注重处理物流活动与公司经营目标之间、物流活动与物流活动之间的关系，不求单个活动的最优化，但求整体业务的最优化。

(3) 信息化和柔性化。物流信息化表现为物流信息的商品化、物流信息收集的数据库化和代码化、物流信息处理的电子化和计算机化、物流信息传递的标准化和实时化、物流信息存储的数字化等。网络技术的普及为物流的网络化提供了良好的外部环境，使交易各方的时空距离几乎为零，有力地促进了信息流、商流、资金流的结合。柔性化本来是为了实现以顾客为中心的理念而首先由生产领域提出的，而柔性化的物流正是适应生产、流通与消费的需求而发展起来的新型物流模式，它要求物流配送中心根据现代消费需求"多品种、小批量、多批次、短周期"的特点，灵活地组织和实施物流作业。

(4) 智能化和网络化。智能化现代物流运作过程中大量的运筹和决策支持等问题，借助专家系统、人工智能和机器人等相关技术加以解决，使作业效率得到极大的提高。物流领域网络化的基础也是信息化，这里指的网络化有两层含义：一是物流配送系统的计算机通信网络，二是组织的网络化(即企业的内部网)。国际化自然资源的分布和国际分工导致了国际贸易、国际投资、国际经济技术合作，在上述国际化过程中，产生了货物和商品的转移，从而带动了国际运输和国际物流的产生和发展，物流国际化的实质是按国际分工协作的原则，依照国际惯例，利用国际化的物流网络、物流设施和物流技术，实现货物的国际流动和交换，以促进区域经济的发展。

2.2.3　物流产业的宏观分析理论

物流产业的宏观分析理论可以简称为 PEST 分析理论，它是指物流产业的宏观环境分析，是战略外部环境分析的基本工具，在分析一个产业所处的背景时，通常是通过这四个主要的外部环境因素来分析产业所面临的状况，如图 2-9 所示。

1. P(Politics)

P 即政治和法律环境，是指对组织经营活动具有实际与潜在影响的政治力量和有关的法律、法规等因素。当政治制度与体制、政府对组织所经营业务的态度发生变化时，当政府发布了对企业经营具有约束力的法律法规时，企业的经营战略必须随之做出调整。法律环境主要包括政府制定的对企业经营具有约束力的法律法规，如反不正当竞争法、税法、环境保护法及外贸法规等。政治和法律环境实际上是和经济环境密不可分的一组因素，处于竞争中的企业必须仔细研究一个政府和商业有关的政策和思路，如研究国家的税法、反垄断法以及取消某些管制的趋势，同时了解与企业相关的一些国际贸易规则、知识产权法规、劳动保护和社会保障等。这些相关的法律和政策能够影响到各企业的经营和发展。

2. E(Economic)

E 即经济环境，是指一个国家的经济制度、经济结构、产业布局、资源状况、经济发展水平以及未来的经济走势等。构成经济环境的关键要素包括 GDP 的变化发展趋势、利率水平、通货膨胀程度及趋势、失业率、居民可支配收入水平、汇率水平、能源供给成本、市场机制的完善程度、市场需求状况等。由于企业是处于宏观大环境中的微观个体，经济环境决定

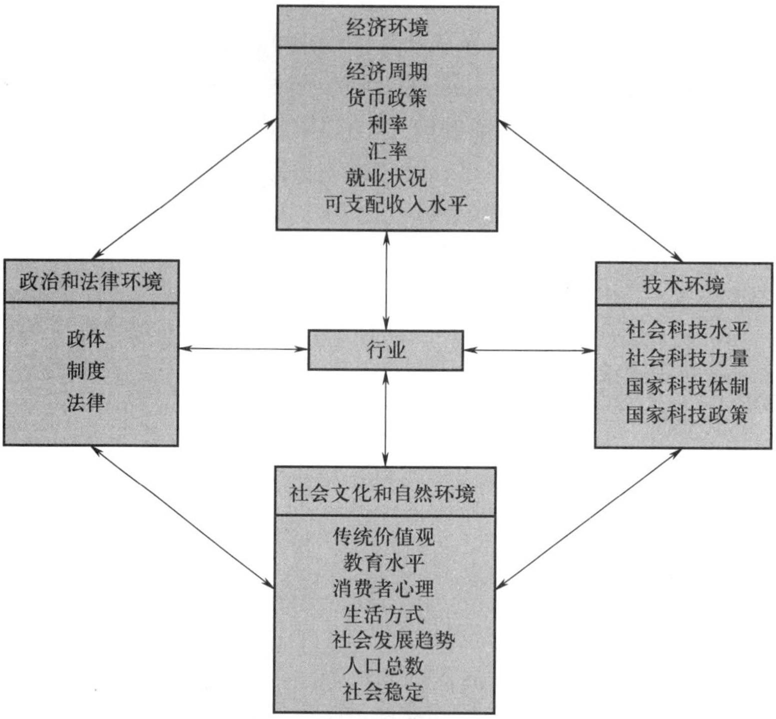

图 2-9 物流产业的 PEST 分析法

和影响其自身战略的制定,经济全球化还带来了国家之间经济上的相互依赖性,企业在各种战略的决策过程中还需要关注、搜索、监测、预测和评估本国以外其他国家的经济状况。

3. S(Society)

S 即社会文化和自然环境,是指组织所在社会中成员的民族特征、文化传统、价值观念、宗教信仰、教育水平以及风俗习惯等因素。构成社会环境的要素包括人口规模、年龄结构、种族结构、收入分布、消费结构和水平、人口流动性等。其中人口规模直接影响着一个国家或地区市场的容量,年龄结构则决定消费品的种类及推广方式。

4. T(Technology)

T 即技术环境。技术环境不仅仅包括那些引起革命性变化的发明,还包括与企业生产有关的新技术、新工艺、新材料的出现和发展趋势以及应用前景。

2.2.4 SCP 产业理论

SCP 理论模型是产业组织理论的基本范畴,为进行特定产业的具体分析和实证研究提供了理论基础和研究路径。其理论渊源是爱德华·哈斯丁·张伯伦(E. H. Chamberlin)与琼·罗宾逊(Joan Robinson)的垄断竞争理论,往上可追溯到阿尔弗雷德·马歇尔(Alfred Marshan)的完全竞争理论。SCP 理论模型是由以梅森(Mason)和贝恩(Bain)为代表的哈佛学派首先提出的,后来经过芝加哥学派、新产业组织学派的不断改进和完善,成为产业组织理论中最重要的研究领域。

20 世纪 50 年代,以梅森、贝恩和谢勒(Scherer)为代表的哈佛学派,以新古典学派的价格理论为基础，在吸收和继承阿尔弗雷德・马歇尔的完全竞争理论、爱德华・哈斯丁・张伯伦与琼・罗宾逊的垄断竞争理论等一系列研究成果的同时，以实证研究为主要手段，把产业分解成特定的市场，并从结构、行为、绩效三个方面对产业进行分析，创造性地提出了一个既能深入具体分析，又具有系统逻辑评价体系的市场结构(structure)、市场行为(conduct)、市场绩效(performance)的分析框架，简称 SCP 理论模型。1959 年，贝恩在《产业组织》一书中，以市场进入条件和市场结构趋于集中化为研究重点，提出了"市场结构—市场绩效"两阶段范式。1970 年，谢勒在贝恩研究的基础上，在《产业市场结构和经济绩效》一书中提出了"市场结构—市场行为—市场绩效"的 SCP 理论模型，明确了产业组织理论以产业集中度、进入机制和产业绩效为研究范围。根据 SCP 理论模型，产业组织理论对特定产业的基本分析程序是按照"市场结构—市场行为—市场绩效—产业组织政策"展开的。在这里，市场结构、市场行为、市场绩效之间存在着单向的因果关系，即市场结构决定企业在市场中的行为，进而决定市场运行的经济绩效。哈佛学派运用该理论范式深入考察分析了美国主要行业的市场结构、行为和绩效及它们之间的关系，在此基础上建立了较为完整的 SCP 理论体系。

自 19 世纪 60 年代以来，乔治・斯蒂格勒(George Joseph Stigler)、哈罗德・德姆塞茨(Harold Demsetz)、布罗曾(Brozen)、奥利弗・伊顿・威廉姆森(Oliver Eaton Williamson)等来自芝加哥大学的学者在对哈佛学派及主流市场结构理论的批判过程中，逐渐形成了具有"芝加哥传统"特性的理论，即维护市场机制、鼓励竞争、反对政府干预的市场结构理论。与哈佛学派不同的是，芝加哥学派认为并不是市场结构决定市场行为，市场行为再决定市场绩效，而是市场绩效和市场行为共同决定了市场结构。由于芝加哥学派特别注重效率的理论取向，因此被称为"效率学派"。乔治・斯蒂格勒的《产业组织》、哈罗德・德姆塞茨的《产业结构、市场竞争与公共政策》、布罗曾的《集中、兼并和公共政策》、威廉姆森的《管理差异与企业行为》等著作文章是这一学派思想的代表作。

随着实践的发展，哈佛学派的 SCP 理论模型受到了严峻的挑战。为了使该理论摆脱危机，一些经济学家在坚持 SCP 分析范式的前提下，对哈佛学派的市场结构理论进行了补充和修正，形成了以威廉・杰克・鲍莫尔(William Jack Baumol)、索耶(Sawyer)、让・梯若尔(Jean Tirole)等人为代表的新产业组织学派的市场结构理论。

威廉・杰克・鲍莫尔在《可竞争市场与产业结构理论》一书中，提出了可竞争市场结构理论，通过可竞争市场概念的引入，摆脱了传统 SCP 范式中市场结构与企业行为之间的单向逻辑关系，而强调企业行为对市场结构的反向作用。索耶在《关于结构—绩效关系的说明》这一文章中，在注重市场结构及其因素的同时，强调对企业行为因素及其作用的研究，并认为市场结构只是企业竞争关系的一种反映。法国经济学家让・梯若尔的《产业组织理论》一书则利用博弈论重新审视了市场结构理论中的若干领域，着重分析了垄断条件下的企业竞争行为，这种将博弈理论直接引入市场结构理论的结果，使传统的市场结构理论发生了革命性变化。

总之，新产业组织学派进一步补充和完善了哈佛学派的 SCP 理论模型，如图 2-10 所示。如果说哈佛学派主要是以实证研究的结果来确定 SCP 理论的基本框架，那么新产业组织学派则主要是以理论分析的结论来完善和丰富了 SCP 理论模型的内容。

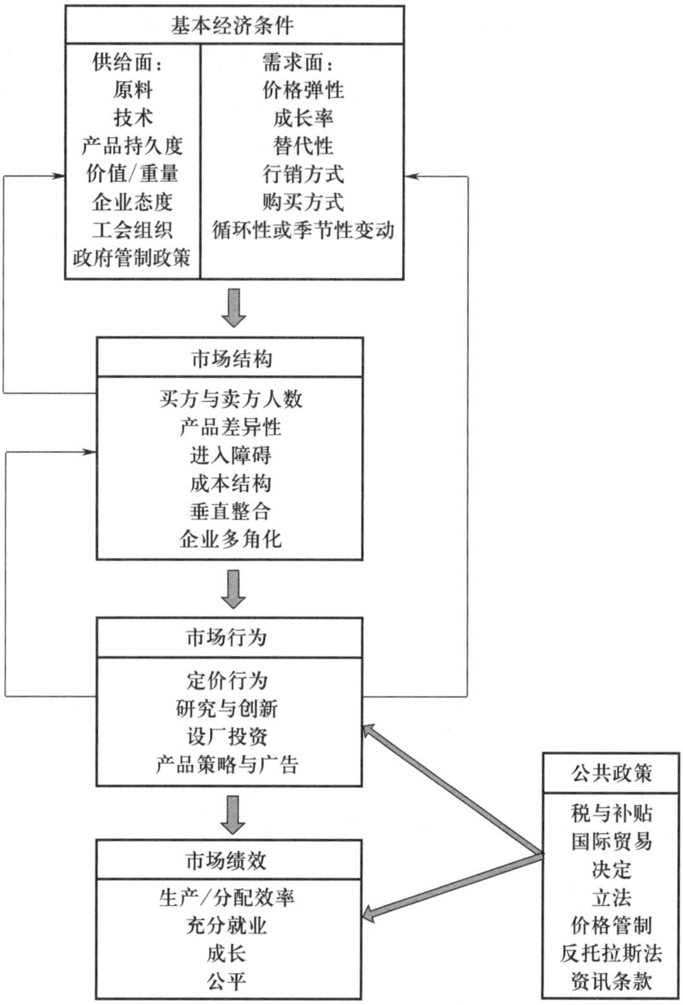

图 2-10　SCP 理论模型框架图

SCP 理论模型将各产业部门作为一个有机整体来研究其发展变化规律。它研究各产业部门之间的内在联系和各产业部门的共性，因此它所揭示的规律性和形成的基本理论，对各个部门的发展都具有重要的指导意义。

2.2.5　"钻石"模型

迈克尔·波特的"钻石"模型是一种理解国家或地区全球竞争地位的全新方法，已经成为国际商业思维中不可或缺的一部分。迈克尔·波特的"集群"观点或相互联系的企业、供应商、相关产业和特定地区的组织机构组成的群体，已经成为企业和政府思考经济、评估地区的竞争优势和制定公共政策的一种新方式。

迈克尔·波特认为，一个国家的国内经济环境对产业竞争优势有很大影响，其中最直接、影响最大的因素是生产要素，需求条件，相关和支持性产业，以及企业战略、企业结构和同业竞争。除了上述四个主要影响因素以外，还有两个因素可能对产业竞争优势产生影响，那就是政府与机遇。图 2-11 为迈克尔·波特的产业竞争优势的影响因素图。

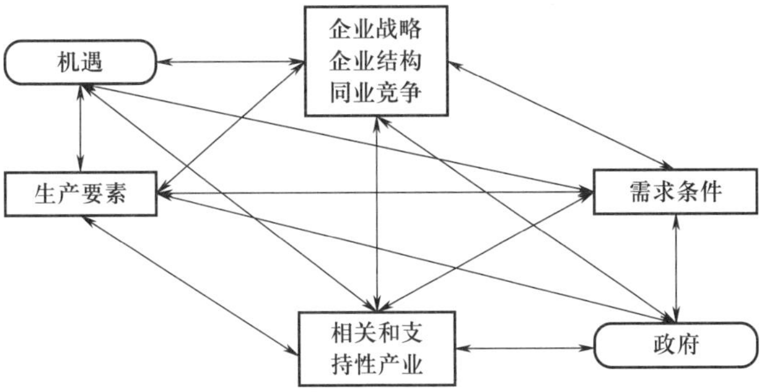

图 2-11　迈克尔·波特“钻石”模型

1. 生产要素

生产要素包括人力资源、天然资源、知识资源、资本资源、基础设施。迈克尔·波特将生产要素划分为初级生产要素和高级生产要素，初级生产要素是指天然资源、气候、地理位置、非技术工人、资金等，高级生产要素则是指现代通信、信息、交通等基础设施，受过高等教育的人力、研究机构等。迈克尔·波特认为，初级生产要素的重要性越来越低，因为对它的需求在减少，而跨国公司可以通过全球的市场网络来取得（当然初级生产因素对农业和以天然产品为主的产业还是非常重要的）。高级生产要素对获得竞争优势具有不容置疑的重要性。高级生产要素需要先在人力和资本上大量和持续地投资，而作为培养高级生产要素的研究所和教育计划，本身就需要高级的人才。

2. 需求条件

需求条件主要是本国市场的需求，即市场对某类产品或服务的需求，包括需求结构、消费者的行为特点等。国内需求市场是产业发展的动力，国内市场与国际市场的不同之处在于企业可以及时发现国内市场的客户需求，这是国外竞争对手所不及的，因此迈克尔·波特认为全球性的竞争并没有减少国内市场的重要性。迈克尔·波特指出，本地客户的本质非常重要，特别是内行而挑剔的客户。假如本地客户对产品、服务的要求或挑剔程度在国际数一数二，就会激发出该国企业的竞争优势。不同的需求使企业产生不同的看法和理解，并做出相应的反应。独立的买方数量、需求的增长速度、需求的规模以及市场饱和的时间也会对一个产业的竞争产生影响。

3. 相关和支持性产业

相关和支持性产业与优势产业是一种休戚与共的关系。一个产业要想获得竞争优势，必须拥有竞争力较强的相关产业和支持性产业。相关产业是指因共用某些技术、共享同样的营销渠道或服务而联系在一起的产业或具有互补性的产业。支持性产业为下游产业创造优势，以最有效的方式提供最低成本，不断与下游产业合作并促进下游产业的创新。迈克尔·波特提醒注意“产业集群”这种现象，一个优势产业不是单独存在的，它是同国内相关强势产业一同崛起的。本国供应商是产业创新和升级过程中不可缺少的一环，这也是它最大的优势。一方面，产业要形成竞争优势，就不能缺少世界一流的供应商，也不能缺少上下游产业的密切合作关系；另一方面，有竞争力的本国产业通常会带动相关产业的竞争力。迈克尔·波特指出，即使下游产业不在国际上竞争，但只要上游供应商具有国际竞争优势，对整个产业的影响仍然是正面的。

4. 企业战略、企业结构和同业竞争

企业战略、企业结构和同业竞争是指产业内企业的组织结构、管理以及对竞争对手采取的行为。产业竞争优势取决于国内的竞争程度，有效的竞争会激励企业改进技术和进行创新，从而对产业的国际竞争优势产生重大影响。迈克尔·波特指出，推进企业走向国际化竞争的动力很重要。这种动力可能来自国际需求的拉力，也可能来自本地竞争者的压力或市场的推力。创造与持续产业竞争优势的最大关联因素是国内市场强有力的竞争对手。迈克尔·波特认为，这一点与许多传统的观念相矛盾，有的观点认为，国内竞争太激烈，资源会过度消耗，妨碍规模经济的建立；最佳的国内市场状态是有两到三家企业独大，用规模经济和外商抗衡，并促进内部运作的效率化；还有的观念认为，国际型产业并不需要国内市场的对手。迈克尔·波特指出，在其研究的十个国家中，强有力的国内竞争对手普遍存在于具有国际竞争力的产业中。在国际竞争中，成功的产业必然先经过国内市场的搏斗，迫使其进行改进和创新，海外市场则是竞争力的延伸。而在政府的保护和补贴下，放眼国内没有竞争对手的"超级明星企业"通常并不具有国际竞争能力。

5. 政府

政府对产业竞争优势的作用在于其对以上四种决定因素的影响：通过补贴、对资本市场加以干预、制定教育政策等来影响因素条件；通过制定地方标准、产业规则等影响买方需求；通过各种方式决定相关产业和支持性产业的环境，影响企业的竞争战略、结构和竞争状况等，因此政府的作用十分重要。

6. 机遇

机遇包括重要发明、技术突破、生产要素、供求状况的重大变动以及其他突发事件等。机遇形成了产业发展的不连续性，能够解散或重塑产业结构，形成一国企业代替另一国企业的机会。在许多产业的国际竞争优势的形成过程中，机遇因素发挥了重要作用。迈克尔·波特指出，他的竞争优势理论是一个相互影响、自我强化的有机整体。机遇的重要性在于它可能打断事物的发展进程，使原本处于领先地位的产业竞争优势变得无效。但机遇是外生性因素，是可遇不可求的。

六个因素相互影响，共同构成一个动态的竞争环境，由此产生具有一流的国际竞争力的产业。

2.3 物流产业的发展与定位理论

2.3.1 国内外物流产业的发展

1. 国外物流产业的发展

进入 20 世纪 80 年代，美、日、欧盟等发达国家和地区开始了一场对各种物流功能、要素进行整合的"物流革命"。首先，是企业内部物流资源整合和一体化，形成了以企业为核心的物流系统，物流管理也随之成为企业内一个独立的职能部门。之后，物流资源整合和一体化扩展到企业之间相互联系、分工协作的整个产业链条，形成了以供应链管理为核心的物流系统。在此基础上，出现了为工商企业和消费者提供专业化服务的“第三方物流”。现代物流以其加速周转、降低成本、提高质量的系统集成功能，逐步从各经济部门中分离出来，成为一个独立的产业得以加速发展。目前，美、日、欧盟等发达国家和地区已经形成了由完善的物流基础设施、高效的物流信息平台、比较发达的第三方物流企业和正在起步的第四方物流企业组成的社会化物流服务体系，现代物流产业对社会、经济发展的贡献越来越大。所以说，处于成长与发展时期的物流产业，符合先进生产力发展的要求，已经成为体现国家现代化进程和综合国力的一个重要方面。物流活动长期存在于人类的经济活动之中，并分散在生产、交换和消费的全部过程之中。然而，物流产业的历史还不长，是一个正在快速发展的新兴服务领域。

20 世纪 80 年代以来，随着经济全球化的持续发展、科学技术水平的不断提高以及专业化分工的进一步深化，物流活动开始走向系统化、专业化，并逐步从生产、交易和消费过程中分化出来，形成一种专业化的、由独立的经济组织承担的新型经济活动。进入 20 世纪 90 年代，各种专业化的物流服务企业在欧洲国家大量涌现并呈现快速增长的发展趋势，逐步形成了物流产业，并成为发达国家服务业的一个重要组成部分。

2. 国内物流产业的发展

我国自 1979 年开始实行改革开放以后，宏观经济环境发生了根本性的变化，由高度集中的计划经济管理体制转变为企业经营自主权增加，多种经济成分进入市场，我国国内开始引入现代物流的概念与管理方式。进入 20 世纪 90 年代以后，我国确立了实行社会主义市场经济体制，经济实力明显增强，整个生产、流通和消费领域发生了深刻变革。国内市场上开始出现不同类型的物流服务企业。国家改革开放的进一步深入以及基础设施建设投资力度的增加，为物流产业的发展提供了机遇。近年来，我国物流产业的发展主要呈现以下几个特点：①社会需求快速上升；②各地普遍重视现代物流产业的发展；③现代物流的基础支柱初具规模；④社会物流总成本增长逐年趋缓。

随着经济全球化趋势的加速发展和现代科学技术的突飞猛进，全球范围内的专业化分工进一步升华，经济结构在加速调整，涌现出一批与高科技相结合的、与知识经济和服务经济相适应的新型产业。信息技术的快速发展更是推动了传统物流的革新。现代物流已经开始注重和强化对企业内部以及企业间物流资源的整合和一体化发展，进而研究相互联系、分工协作的整个产业链条，形成了以供应链管理为核心的、社会化的物流系统。

2.3.2　我国对物流产业的定位

2006 年的《中华人民共和国国民经济和社会发展第十一个五年规划纲要》在第四篇《加快发展服务业》第十六章《拓展生产性服务业》里面，单列一节《大力发展现代物流业》。现代物流业首次作为一个专门的行业，被列入我国国民经济与社会发展规划纲要。“大力发展现代物流业”被列入国家“十一五”规划纲要，为我国物流业的发展指明了方向，明确了物流行业是国民经济中的一个重要产业，属生产性服务业，物流业的产业地位得到确立。

2009 年，国务院审议通过物流业振兴规划，明确提出加快发展现代物流业，建立现代物流服务体系，以物流服务促进其他产业发展。物流业列入十大产业调整和振兴规划意义重大，它既是物流业快速发展的要求，也是其地位与作用被广泛认可的标志。

从《中华人民共和国国民经济和社会发展第十四个五年规划和 2035 年远景目标纲要》可以看出，当前要推进物流业降本减负和融合化发展的重大战略，强化流通体系支撑作用。

因此，现代物流产业定位可以确定为：现代物流产业是一门新兴的产业、基础性产业、复合性产业、生产性服务业，也是一些地区的重要支柱产业。

我国对区域物流业发展的定位是重点发展九大物流区域，建设十大物流通道和一批物流节点城市，优化物流业的区域布局。

九大物流区域分布为：以北京、天津为中心的华北物流区域，以沈阳、大连为中心的东北物流区域，以青岛为中心的山东半岛物流区域，以上海、南京、宁波为中心的长江三角洲物流区域，以厦门为中心的东南沿海物流区域，以广州、深圳为中心的珠江三角洲物流区域，以武汉、郑州为中心的中部物流区域，以西安、兰州、乌鲁木齐为中心的西北物流区域，以重庆、成都、南宁为中心的西南物流区域。

物流节点城市根据本地的产业特点、发展水平、设施状况、市场需求、功能定位等，带动周边所辐射区域物流业的发展，形成全国性、区域性和地区性物流中心和三级物流节点城市网络，促进大中小城市物流业的协调发展。

2.3.3 社会经济层面对物流产业的定位

物流产业是一个庞大的纵向经济领域，也是一个为其他所有经济领域服务的横向经济领域，将伴随着物流管理与物流科学技术的日臻完善而不断发展，以更加适应国民经济发展的客观需要。

1. 宏观层面的定位

从宏观的角度来看，物流产业将是国民经济的重要产业和新的经济增长点。

（1）增加就业机会。根据产业的发展规律，产业结构是由低级逐渐向高级发展、不断优化升级的，随着一次产业逐渐地向二次、三次产业演进，就业人口也随着产业发展方向发生转移。第四方物流产业是由包装、装卸、运输、配送、储存、流通加工、信息服务、技术集成等功能集合而成的第三产业中的服务行业，可以吸纳更多的劳动力。

（2）整合社会物流资源。尽管物流产业还不是主导产业，但这种更具有创新能力的产业更有机会成为国民经济的增长中心。经济增长中心有着强大的支配效应、乘数效应、极化效应和扩散效应，物流产业的发展将使极化效应和扩散效应表现得更为明显。

2. 中观层面的定位

从中观的角度来看，物流产业是新的经济形势下表现出来的新的物流形态，有助于优化区域产业结构，促进区域产业经济的发展。区域经济的发展包括新型产业的兴起以及产业结构的调整、升级和合理布局等。产业由提供一系列相近商品或服务，在相同或相关价值链上活动的企业共同构成。社会越是发展，社会分工越细，则产业的价值链越长，产业结构越复杂。一个社会的经济活动由众多的产业活动组成，产业之间的比例和关系构成了产业结构。产业结构合理化要求在一定的经济发展阶段上，根据消费需求和资源条件，对产业结构不尽合理之处进行调整，使资源在产业间得到合理配置、充分利用，产业结构合理化的核心是协调。

发展物流产业，产业具体选址布局不会再主要依靠原料产地或消费市场，一切投资决策将取决于企业的经营战略以及更为经济的物流方案。

3. 微观层面的定位

从微观的角度来看，物流产业是产业内部各企业的第三利润源泉。从短期看，发展物流产业需要的投入非常大，但从长远看，发展物流更能实现物流成本的降低。

信息技术在物流产业中的应用，强化了物流服务的效率性，使企业实现零库存。特别是电子数据交换（EDI）、电子自动订货系统（EOS）、销售试点信息系统（POS）等现代信息技术在物流产业中的应用，以及快速供应的供应管理和物料需求管理（MRP）、企业资源计划（ERP），使得物流企业之间可以及时交流信息，提高企业盈利能力。物流产业的发展使得产业中各企业对市场变化的反应能力加强，有助于提高企业的核心竞争力，创造出超越顾客需求的价值，而核心竞争力是企业在市场竞争中由一系列知识和技能结合而成的，产品难以被其他企业模仿或替代。

2.3.4　物流区位条件定位

区位（location）是指人类行为活动的空间，强调自然界的各种地理要素和人类经济社会活动之间的相互联系和相互作用在空间位置上的反映。区位条件是指某地区能够促进产业发展并取得较好效益的条件和因素总和，即某一地区在发展经济方面客观存在的有利条件或优越地位。区位条件中的因素可以归纳为自然地理区位因素、经济地理区位因素和交通区位因素等。

1. 物流区位条件分析

（1）物流区位条件构成。人类生存的自然地理空间因素和社会经济活动属性构成了物流区位条件。自然地理条件通过人类的经济社会活动体现出来，并物化为物流区位条件中的地理“供给条件”，如各种交通运输线路、物流节点等；经济社会活动本身并不直接构成物流区位条件，而是通过经济社会活动派生出的具有空间分布特征的不同物流需求，构成物流区位条件中的“需求条件”。物流区位条件根据在区域物流系统中的作用和地位的不同，可以分为物流需求条件和物流供给条件，二者相互影响、相互制约，共同作用于区域物流系统运行体系。物流区位条件的基本构成见表 2-1。

表 2-1　物流区位条件构成表

类别	构成	内容
物流需求条件	动态物流需求	运输、分拨、配送等
	静态物流需求	仓储、加工、包装、装卸搬运、信息处理、咨询等
物流供给条件	物流设施供给	线路设施
		场站设施
		运输设施
	物流市场供给	各种服务

（2）物流需求条件。物流需求是指区域经济发展过程中产生的物流需求总和，包括物流时间需求、物流空间需求和物流增值需求，总体上可分为静态物流需求和动态物流需求。

静态物流需求体现社会经济活动对节点上物流活动的要求，包括仓储、加工、包装、装卸搬运、信息处理等；动态物流需求体现外部经济联系对线路上物流活动的要求，包括节点内外货物运输、分拨、配送等，它反映一个地区与其他地区经济联系中的物流关联程度。二者并不是孤立存在的，而是相互依存、相互联系、相互转化的。

（3）物流供给条件。物流供给是指在市场机制和政府调控下满足当前物流需求所提供的各种保障条件的总和，主要由物流基础设施供给和物流市场供给组成。前者包括各种运输线路和物流节点设施，大部分属于非排他性的公共服务设施；后者主要是市场环境条件下各企业实体提供的各种物流服务功能。城市是各种经济社会活动的集聚场所，通过各种运输、通信网络，使物流、人流、商流、资金流和信息流不断与其他地区或城市进行流动。城市从最初的选址，到发展成为人类生产、生活的空间实体，是一个从自然区位到经济区位的过程。因此，城市已经成为现代区域物流系统中的物流区位节点，城市物流区位条件已经成为人类经济社会活动区位选择与区位决策的重要因素。

（4）物流区位条件相互关系。物流区位的整体特征是由物流系统各组成要素（区位条件）及其结构关系决定的。物流需求派生于社会经济活动，并成为构成社会经济活动的重要组成部分；物流供给本身也是一种物流活动，成为更好地完成物流活动的支撑条件。从系统特性的支配性因素分析，物流区位的不同区位条件在物流区位决策中所起的作用或贡献率是不同的，具有物流本体特征的区位条件决定物流区位特征。经济社会活动中始终存在着物质资料供需上的时空差异，而物流需求特征决定物流供给规模结构及发展方向，物流需求条件体现了物流区位的本体特征；反过来，物流供给条件也会对物流需求产生影响，当物流供给等于或大于（适应或超前）物流需求时，不仅能够满足经济发展产生的物流需求，而且能够发挥物流系统的引导功能，促进经济快速发展，激发潜在物流需求的生成与释放。因此，物流区位需求条件决定供给条件，供给条件又反作用于需求条件，供给条件以需求条件为基础，围绕物流需求上下波动。

2. 物流区位因子分析

对区位决策起决定性作用的区位条件才能成为区位因子，物流需求条件具有物流区位因子特征，即与物流需求关联密切的众多变量（包括社会因素、经济因素、地理因素等）共同作用，形成物流区位因子，作用于物流区位决策。城市的人口规模、消费水平、经济总量、产业结构、物流规模、与其他城市的相互作用关系等都是影响物流需求条件的重要因素，各因素及其指标见表 2-2。

表 2-2　影响物流需求条件的因素及其指标

因素		指标
社会因素	人口规模	总人口
	消费水平	社会消费品零售总额
经济因素	经济总量	国内生产总值（GDP）
	产业结构	三产产值及比例关系
	物流规模	全社会货运量
地理因素	空间相互作用	城市间相互作用关系

(1) 总人口。城市是人口的集聚区,人口集聚必然引起消费集聚和产业集聚,物流需求与消费集聚和产业集聚关联性较强。城市人口规模是物流区位因子分析的一个重要因素。

(2) 社会消费品零售总额。社会消费品零售总额是物流区位因子分析的一个重要指标。其值越大,表明该城市或地区的物流需求潜力越大,对物流区位的影响越大。

(3) 国内生产总值(GDP)。GDP 代表了一个城市或地区的综合经济实力,该值越大,说明该城市的经济发展水平越高,物流需求的水平越高,该城市的物流区位在区域物流系统中的地位越重要。

(4) 产业结构。一个城市或地区的社会经济活动与其产业结构密切相关,产业结构反映经济发展水平,而一个城市或地区的经济发展水平决定物流需求规模和结构状况,产业结构是物流区位分析的一个重要指标。

(5) 全社会货运量。全社会货运量是一个城市或地区物流需求的直接表现指标,由于其他物流作业量与货运量指标关联度较强,通常可用货运量来反映物流需求规模水平。

(6) 城市间相互作用关系。一定区域内的城市间由于产业联系、市场联系而产生相互作用,其表现形式之一就是货物、信息交流,其物流联系强度不仅与城市间的距离有关,而且与城市经济发展水平、产业互补等情况相关,与其他城市相互作用较强的城市在区域物流网络系统中具有较重要的位置。因此,城市间相互作用关系是物流区位分析的一个重要方面。

2.4　物流产业结构理论

2.4.1　产业结构概述

产业结构这一术语在 20 世纪 50 年代中期出现,日本经济学家在讨论经济发展战略时,用产业结构一词来表述产业间的关系。20 世纪 60 年代,产业结构被用于解释产业的内部关系和产业的地区分布规律等。后来,随着产业经济学研究的发展,产业结构的研究领域及其内涵逐步明确起来,产业结构理论、产业组织理论和生产力布局理论被区分开来。产业结构理论专指研究产业间关系的理论,产业组织理论专指研究产业内部企业间关系的理论,生产力布局理论专指研究产业地区分布及其规律的理论。

迄今为止还没有一个被普遍接受的产业结构定义,目前主要存在着两种不同的观点:一种是“产业发展形态理论”的观点,另一种是“产业关联理论”的观点。产业发展形态理论认为,产业结构是指分布在国民经济各产业中经济资源之间相互联系、相互依存、相互提升资源配置效率的运动关系;产业关联理论认为,产业结构是指各产业在经济活动过程中形成的技术经济联系以及由此表现出来的产业间比例关系。

2.4.2　物流业的产业结构及内容

物流业的产业结构是随着社会分工的不断深化而形成和发展起来的。随着生产力的提高和社会分工的细化,物流产业各个部门之间形成了相互依存、相互制约的物质和经济联系。这种联系只有保持质的适合性、量的比例性和合理的序列，社会再生产才能顺利进行并取得好的经济效益。这种具有一定质量、一定数量和一定序列的物流产业部门的组合，就是物流产业结构。

物流产业结构是指一个国家或一个地区物流产业和其他各种产业以及物流产业内部各部门之间的比重和相互关系，也就是物流产业和其他产业之间以及物流产业内部的有机联系、比重和相互关系，还包括物流产业的空间布局结构。所以，物流产业结构的研究包括以下内容：①物流产业和其他各种产业之间的比重和相互关系；②物流产业内部各部门之间的比重和相互关系；③物流产业就业人数分析；④物流产业的空间布局分析；等等。

2.4.3 物流产业结构的指标

研究物流产业结构一般用两类指标：一类是用物流产业就业人数及其在社会总就业人数中所占比例、物流产业的资金额及其在社会总资金额中所占比例等来说明物流产业结构，此类指标反映了资源配置在物流产业间的分布；另一类是用物流产业所创国民收入或其在国内生产总产值中所占比重来说明情况，此类指标反映了物流产业经营成果。

1. 物流成本

物流成本是物流管理的重要方面，也是物流经济效益指标的量化，它能更直观地体现物流的经济效益。物流成本是指产品空间位移过程中所消耗的各种劳动的货币表现，是用货币评价物流活动的实际情况。它是产品在实物运动的过程中（如包装、装卸、运输、储存、流通加工、物流信息等各环节）所支出的人力、财力、物力的总和。

2. GDP 指标

国民经济核算的主要指标是国内生产总值（GDP）。GDP 指标是各生产部门增加值的汇总，它是一个国家或地区所有常住单位在一定时期内生产活动的最终成果。

3. 物流产业增加值

物流产业增加值反映了报告期内物流产业新创造的价值，它是 GDP 的重要组成部分。物流产业具有强渗透性，其统计指标的内涵也具有特殊性，需要将其生产经营成果按物流产业的分组重新组合，使之成为一个独立的产业部门。物流产业增加值不能与现行行业增加值简单相加，否则会重复计算。

2.4.4 物流产业对国民经济和区域经济的贡献

1. 物流产业的发展加速国民经济结构调整

2004 年我国 GDP 总量是 15.987 万亿元，如果将物流产业成本按 15%计算为 2.398 05 万亿元，按 20%计算为 3.197 4 万亿元，可挖掘的潜力很大。如果在今后 20 年的时间里，物流产业实现跨越式发展，物流成本降到 10%左右，将是我国经济从粗放经营向集约经营转轨的一个重大胜利。

2. 物流产业的发展必然带动固定资产投资和基础设施的完善

公路、铁路、港口、航空等基础设施是现代物流产业发展的重要条件，而物流产业的发展又将推动这些基础设施的建设及其功能的发挥。近年来，我国不少港口城市通过实施

“以港立市”发展战略，城市交通运输建设步伐不断加快，海港、空港、高速公路、铁路等交通网络建设日益完善，为物流产业的发展提供了有利条件。同时，港口城市抓住有利时机，通过大力发展物流产业，进一步完善了城市交通网络建设，提高了城市基础设施水平，有利于城市的可持续发展。

3. 现代物流有利于区域产业结构向高度化方向发展

根据产业结构发展演进规律，区域产业结构的发展方向是合理化和高度化。产业结构合理化是以第三产业的发展水平来衡量的；产业结构高度化是第一产业向第二、第三产业升级演进，由劳动密集型向资本、技术密集型产业演进。

现代物流属于技术密集型和高附加值的高科技产业，具有资产结构高度化、技术结构高度化、劳动力高度化等特征。从这个角度来说，建立现代物流有利于区域产业结构向高度化方向发展。

4. 物流产业对区域经济增长方式的贡献

物流产业对区域经济增长方式的贡献主要体现在以下几个方面：

(1) 促进区域经济发展。物流产业的发展能够为区域经济发展提供基本保障。通过构建现代商贸物流产业布局，提升物流服务水平，可以有效促进区域内各个行业在经济活动中的相互配合，使其进行分工与合作，从而使行业优势最大化，形成小、中、大企业不同层次的企业发展群体，促成行业发展的多样形式。

(2) 推动实体经济高质量发展。党的二十大明确提出，建设现代化产业体系，坚持把发展经济的着力点放在实体经济上，推进新型工业化，加快建设制造强国、质量强国等。加快发展物联网，建设高效顺畅的流通体系，降低物流成本，是推动实体经济高质量发展的重要途径。

(3) 加强区域间的联系。在开放性的经济活动中，任何一个区域经济系统的发展都不可避免地要受到与之密切相关的外部环境的影响。物流活动不仅包括原材料、产品的流动，还包括信息、资金、人员等方面的流动，因此能够加强区域与区域之间的联系。

(4) 促进科技创新与产业升级。物流产业通过利用大数据、云计算、物联网、人工智能等技术手段，实现全链路智能化管理和优化调度，提高运营效率和资源利用率，降低运营成本和环境影响。物流产业的这种科技创新不仅提升了作业效率，也推动了相关产业的升级和转型。

(5) 拓展新兴市场。物流企业积极开拓同城、跨境和冷链物流等新兴市场，利用自身的网络优势和技术能力，提供更加便捷、高效、安全的服务，满足消费者对于生鲜、医药、奢侈品等高端商品的需求。这种市场拓展不仅增加了物流企业的收入来源，也为区域经济的发展注入了新的活力。

2.4.5　物流产业与三次产业分类法

1. 物流产业属于第三产业

三次产业分类是英国经济学家费希尔(Fisher)在 1935 年首先提出的，费希尔把国民经济的产业结构划分为相应的三次产业部门。英国经济学家科林・克拉克(Coling Clark)继承和发展了费希尔的理论，于 1940 年建立了克拉克产业分类及统计体系：第一产业，包括农业、畜牧业、林业、渔业、采掘业等;第二产业,包括制造业、加工业、建筑业、能源工业等;第三产业,包括商业、金融及保险、运输通信业、服务业以及其他公益事业和行政管理等各项事业。

总之,第一产业是广义的农业;第二产业是广义的工业;而第三产业是广义的服务业,包括交通运输、仓储和邮政业等。所以,物流产业属于第三产业。

2. 第三产业将成为主导产业

从主导产业的转换过程来看,产业结构的演进有以农业为主导、轻纺工业为主导、原料工业和燃料动力工业等基础工业为重心的重化工业为主导、低度加工型的工业为主导、高度加工组装型工业为主导、第三产业为主导、信息产业为主导等几个阶段;从三大产业的内在变动规律来看,产业结构的演进是沿着以第一产业为主导到以第二产业为主导,再到以第三产业为主导的方向发展的。

从以上分析可见,第三产业是产业发展的方向。现代物流作为一个新兴产业,正好属于需要大力发展的第三产业,成为第三产业的重要支柱。

3. 物流产业结构的均衡化

在物流产业结构的演进过程中,自觉均衡的思想和以均衡观念为主的经济政策,对物流产业结构的成长产生了重要的协调作用。结构的均衡至少包含两重意义:一方面,它是指物流产业各部门在发展的速度和进程上保持相对平衡的比例关系,当然,这并非意味着它们在发展上保持匀速运动的状态;另一方面,它是指物流产业各部门的发展是互相协调的。均衡发展本身带有在结构上纵向(前后)关联和横向(左右)关联并互相进行协调的含义。

(1) 物流产业的均衡增长理论。发展中国家要实现经济的持续增长,必须使整个经济的一切产业部门齐头并进、协调发展,即强调各部门"均衡"发展。物流产业在和其他产业部门均衡发展的同时,物流产业内部各个部门的物流能力也要得到均衡发展。

(2) 物流产业的非均衡增长理论。发展中国家要实现经济的持续增长,应集中力量首先发展那些关联效应比较大的产业部门,并以它们为动力逐步扩大对其他产业部门的投资,即强调一些部门的非均衡发展。物流产业作为与其他产业关联效应比较大的产业应该得到优先发展,同时,对于物流产业内部,制约物流产业整体水平的瓶颈部门和关键部门应该得到重点发展。因此,要选择一些物流关键部门优先发展。这些关键部门的发展必须对其他物流部门的增长有着重要而广泛的直接或间接的诱发作用。

均衡增长理论和非均衡增长理论二者互补,很好地揭示了经济发展过程中物流和各个产业之间以及物流产业内部各部门之间的运行规律。

随着世界经济的快速发展和现代科学技术的进步,现代物流业作为现代经济的重要组成部分和工业化进程中最为合理的综合服务模式,正在全球范围内得以迅速发展。在国际上,物流产业被认为是国民经济发展的"动脉"和基础产业,其发展水平已成为衡量一个国家现代化程度和综合国力的重要标志之一,因而被喻为促进经济发展的"加速器"。如何认识现代物流业在国民经济或区域经济中的地位和作用,是发展现代物流业的首要问题,它将直接影响人们对现代物流业的重视和投入程度,也关系到现代物流业对经济发展的贡献水平。

2.5　物流产业布局理论

2.5.1　区域经济演化的一般规律

经济地理学认为，经济客体与社会、自然等其他客体的复杂关联，以及基础设施等资源的共享因素，使得经济客体在某地域点实现集聚关联效应，可以改变经济客体在地域内原始均质状况。随着经济发展，出现了更多经济客体集聚现象，并由于跨地域的线状基础设施的连接，由聚集点、线状基础设施以及辐射区域共同组成区域最基本的空间格局。聚集点和线状基础设施的发展，促成城市经济聚集线状地带的形成，并随着集聚规模的日益扩大和部分均质化，逐步演化成社会经济带。

区域物流发展遵循区域经济空间演化规律。也就是说，所在经济区域内的物流资源，以及相关经济、社会、自然等要素相互作用与影响的结果，反映在地域空间层面，就是物流经济客体在地域上的具体空间位置关系、集聚程度、相互作用等空间结构。

2.5.2　物流产业布局演化的理论基础

自 1826 年德国经济学家约翰·海因里希·冯·杜能(Johann Heinrich von Thünen)提出农业区位理论以来，区域经济理论从区位理论发展到区域发展理论。在 20 世纪初至 20 世纪 50 年代期间，区域经济研究侧重于以企业区位选择为中心的区位理论(location theory)。从大卫·李嘉图与约翰·海因里希·冯·杜能研究农产品来源问题开始，阿尔弗雷德·韦伯(Alfred Weber)于 1909 年提出工业区位理论，奥古斯特·勒施(August Losch)于 1940 年把工业区位分析的对象推至多种产业，并分析地区中的城市规模和类型，从而得出生产的空间集中在没有资源、人口分布相同的情况下是由规模经济差异和最终产品运输费用差异所导致的结论。

以区域经济增长与发展为核心的区域发展理论，则是 20 世纪 50 年代至 20 世纪 70 年代发展起来的，其注重研究区域经济增长、发展与区域政策问题，如增长极理论、发展极理论、累积的循环因果关系理论、中心边缘理论、依附理论、收入趋同假说等。中心地理理论论述了城市等级体系的形成机制；赫格尔斯特兰等证明了社会经济客体存在空间扩散和空间集聚两种倾向；增长极理论认为增长总是被极化，一定范围内的区域开发往往从少数几个企业所占据的点上开始，这是区域经济不平衡发展理论的依据；极化空间理论则将增长极同极化空间、极化区域中的“极”(城镇)联系起来；中心—外围理论将经济系统空间结构分为中心和边缘两个部分；国内学者陆大道在 1984 年提出点—轴系统理论，认为通过点—轴系统安排社会经济要素可以取得较好的空间及经济效益。相应地，学术界陆续出现了交通经济带及高速公路经济带等理论来分析空间结构和发展的关联。

2.5.3　物流产业布局的演进规律

物流产业布局的演进规律如图 2-12 所示。

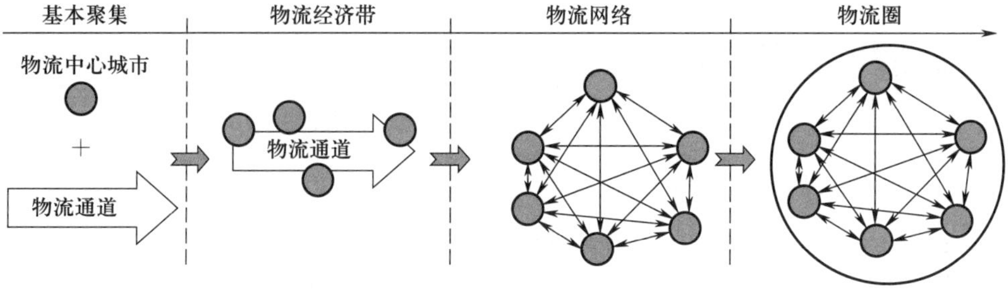

图 2-12　物流产业布局的演进规律

1. 物流基本聚集形式

地域经济发展的不平衡性促使物流经济因素在空间聚集。根据物流活动集中的区域特征，可将物流资源在空间的聚集形式分为点状聚集、线状聚集和带状聚集三类，其中前两类是组成物流布局空间层次的基本形式。

（1）点状聚集。物流点状聚集的特征是物流活动集中区域为面积狭小的城市区域，如物流中心城市。

（2）线状聚集。物流线状聚集是由于物流资源及其带动的相关产业沿着物流资源流动路线进行聚集而使得聚集区域呈现线性通道特征，如物流通道。

（3）带状聚集。物流带状聚集是在物流点状聚集或线状聚集的基础上，结合其他经济要素后的聚集，是依托于物流中心城市及其经济腹地而形成的以物流经济为特色的区域经济有机整体。这是区域物流聚集活动的升级，意味着区域物流经济不平衡的加剧。

2. 物流网络

物流资源网络聚集模式的形成是随着物流经济要素在地域上不断聚集和扩散而实现的。随着区域物流经济的发展，物流的点状聚集点逐渐连接成为线状聚集地带上的一部分，即物流中心城市和物流经济带联系得更为紧密，使得区域内物流资源聚集通过点线之间的连接成为一体，最终进化形成网络体系。

物流产业构成体系保证区域内具有复杂、交错、便利的物流资源流动通道，加剧物流资源的聚集、吸引和辐射效应，促进物流经济要素在地域上聚集密度的提高，进而加深区域物流经济的不平衡发展。

3. 物流圈

物流圈是区域物流经济高度同质化的表现，集团内物流经济与周围地区相比，其发展呈现出高水平的同质性。

物流圈的形成是以物流网络的完善为基础，通过物流点状聚集和线状聚集程度的加深，使得区域内物流经济要素运动趋向于多方向性的扩散与辐射。物流圈具有巨大的物流经济吸引力和辐射力，能达到相应地区经济发展的最大地域范围，提高不发达地域的物流经济水平，使区域物流经济呈现出高水平的平衡发展。

2.5.4　物流产业布局的具体表现

1. 物流中心城市

（1）物流中心城市的内涵。物流经济要素的聚集方式分为点状聚集、线状聚集和带状聚集。其中，点状集聚是指物流经济活动主要集中在面积狭小的城市区域内。因而，物流中心城市是物流经济要素点状聚集的典型空间表现。

物流中心城市可以简单认为是具有物流中心地位的城市，其物流产业对城市功能、性质及发展起到了重要影响，是宏观层面担负着组织区域物流经济活动职能的核心城市。物流中心城市是“物流中心”的广义范畴，整个城市在空间上汇集了高效率的物流设施和综合职能，具有“从供应者处接受大量物资，进行倒装、分类、保管、包装加工、信息处理等作业”的功能，成为聚集一定经济区域内大规模物流经济活动的呈点状的物流枢纽地带。

此类城市一般是区域中最大的物流经济活动的集约地带，是众多物流线路共同的交会点，有着较好的流通体系、信息交换手段和便利的集疏运条件。由于其巨大的物流业规模聚集效应，物流中心城市承担着规模庞大的区域性物流综合和集约功能，需要从国民经济出发，以区域经济发展为依托，以交通运输枢纽为手段，集区域物流和国际物流为一体，成为区域、国内物流网络的重要节点。物流中心城市是集区域商品批发、物流转运、存储、分拣、包装加工、配送、物流信息及综合配套服务等中心职能于一体的集合体。

(2) 物流中心城市的特性。物流中心城市在与其外部(所在区域、全国、国际)相互作用的过程中，呈现出强烈的吸收和辐射效用(图 2-13)，具有以物流产业为核心、发挥区域物流增长极核作用以及开放性、完整性等特性。

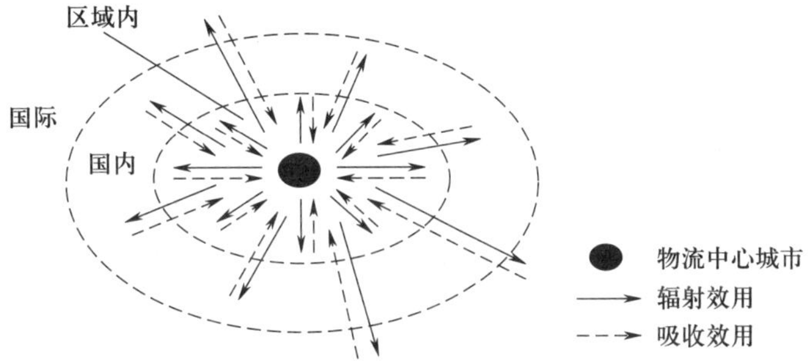

图 2-13　物流中心城市的吸收和辐射效用

①物流产业核心地位。物流中心城市以物流产业作为城市经济的重要支柱产业，拥有集体、外资、合营以及私营等多种所有权模式的物流企业；业务范围从铁路、公路、城市交通、航空、管道、水运等传统性物流运输业，到快速发展的城市配送、电子商务、货运代理、特快专递等现代物流服务业；既有城市制造业自我服务、分散经营的企业内部物流业，又有高度社会化分工的社会物流业。

这样完备高效的物流业结构构成了物流中心城市的物流产业体系，物流经济成为城市经济的重要组成部分，城市中物流经济总体功能和整体效益的发挥成为激活物流中心城市经济的动力源泉。

②极核作用。物流中心城市是少数具有物流发展优势的大城市，在区域物流经济发展过程中发挥着“极点”的作用，是区域物流经济发展的极核地带。中心城市的物流发展，能使其自身的物流及综合经济实力进一步增强，从而对周围地区的物流经济发展产生强烈的物流辐射和带动效用。同时，因物流经济强烈的凝聚力，其对周围地区的物流经济发展起到归纳和吸收的作用。

③开放性。物流中心城市是一个开放体系,能够不断地从外界(周边区域、全国范围以及跨国范围)获得物流要素和信息,同时又向外界传递物流要素和信息,从而维持着与不同区域物流要素之间的相互联系。

④完整性。物流中心城市本身是一个完整系统,通过本区域各部门间复杂的相互联系,维持着区域经济的内聚力,与物流经济辐射的经济区域共同形成更大范围的区域经济一体化体系。

2. 区域物流经济带

(1) 物流经济带的内涵。产业经济带是指在特定的经济空间中,由众多相互配合、密切协作的产业部门,围绕资源富集区、中心城市或交通便捷的区位(或节点)而聚集,由线状基础设施相连接,与若干大小不等的中心共同组成的、在地域上集中分布、功能上互为关联的产业集中区。

物流经济带是物流资源在空间上的带状聚集,从属于产业经济带范畴,同时具有由物流产业所带来的特性,即物流经济要素的活性比较强,具有较强的吸附性,较其他经济要素更容易聚集。物流经济要素作为先驱,首先在点状地域(物流中心城市)或狭窄的带状地域进行聚集,引导其他经济要素随之聚集,从而形成以物流经济为特色的产业经济带。

物流经济带中,物流资源的聚集是经济带形成、发育的前提条件。相互联系的便利交通通道,直接影响着经济带上不同区域之间的经济交流和联系。物流产业作为维系区域经济体系中部门、产业、企业间的交换关系和互相依赖的纽带,它的聚集促使区域经济各部分联结成为统一有机整体,使相邻中心城市及其经济腹地联合成为以物流经济为特色的产业经济协同区域。

物流中心城市及其经济腹地(相邻城镇群)则是物流经济带的依托。区域间普遍存在着发展水平差异。弗朗索瓦·佩尔鲁克斯(Francois Perroux)的成长极理论认为,无论在大经济单元还是小经济单元之中,均存在着不平等的相互影响,从而产生不均衡现象,即一些经济单元支配着另一些经济单元。正是这些发展不平衡、地理上相互连接的经济单元,组成了具有共同利益基础和内在经济联系的经济区域。各区域之间不同的经济优势,使得这些区域以各自优势产业作为不同环节而组成区域产业链(地区间存在着垂直产业分工)。同时,各区域间存在着由于同质产业而竞争、由于异质产业而协作的复杂动态经济关联。物流资源的聚集、扩散对于各区域,包括第二、第三产业在内的相关产业结构的演进、升级的带动作用,正是基于经济带内各区域复杂的产业关联而实现的,这也是物流经济带维持和发展的依托。

(2) 物流经济带概念的演化。人们重视物流产业对于区域经济的影响,首先是从运输这一物流基本环节开始的。

运输通道是20世纪60年代中后期兴起的西方运输经济理论中的概念,是指在一定区域内的主要交通流发源地,有共同流向,并且可以有几种运输方式的骨干线路。运输通道可以由铁路、公路、管道、水运、航空等一种或多种运输方式组成,是综合运输发展的产物。这些用于沟通区域间人流和物资流、在客货运输中具有核心作用的国家骨干运输线路,被视为区域内部和区域之间经济要素和社会要素进行流通所依赖的物质基础,并作为引导国家生产力布局和城镇体系空间扩展的经济轴线。

交通经济带是以交通干线这一物流资源聚集形式为主轴的带形区域经济系统，是物流经济带的雏形。对交通经济带的相关研究始于 20 世纪 80 年代，北方交通大学系统工程研究所张国伍、申金生等对交通经济带的论述，强调了经济带的特定结构（优势产业结构、资源结构、技术结构）；中国科学院地理研究所武伟的论述，则拓宽了交通干线主轴的范围，加入能源动力供应、邮电通信设施等线状基础设施，强调经济带内城镇群等经济等级概念。目前常见的综合定义为：交通经济带是以综合运输通道为发展主轴，以轴上或其紧密吸引域内的大中城镇为依托，建立在沿线经济部门技术联系和生产协作基础上的，由产业、人口、资源、信息、城镇、客货流等聚集而成的幅带状空间地域综合体。

物流通道则是在运输通道形成的基础上，物流资源沿着一定的路线（主要包括铁路、公路、大型水运干线、管道等）在物流中心城市之间、物流经济发达地区与落后地区之间运动的过程，既代表着物流资源空间流动的路线，也代表着相应线状物流经济活动的聚集地带。这是地域经济发展的不平衡性导致物流资源的移动，进而带动相关产业沿着物流资源流动路线进行聚集、复合。以物流产业聚集为特色的产业聚集，对周围地带经济产生的积聚、吸引效应，会进一步加剧区域物流经济发展的不平衡性。物流通道属于弗朗索瓦·佩尔鲁克斯成长极理论中的成长极，是物流经济优先成长的地域，并通过不同的管道向外扩散，对整个区域的物流经济产生辐射带动影响，进而逐渐缩小地区间物流经济发展水平的差距，实现区域内物流生产力分布的均衡化，达到相对平衡的发展。

（3）物流经济带的特性。

①吸附性。物流经济带具有较强的吸附性，加之物流要素的流动性和结合性，使得物流经济带将物流要素吸附在一起，从而吸引更多的资源和空间。其所吸收的要素包括物流经济要素、其他类型的经济要素、社会要素和部分自然要素。物流经济带的形成正是依靠物流经济要素本身的聚集及其易于结合的特性，实现与其他类型经济要素的结合，不断扩大物流经济要素的现有规模和现有属性。

②发展性。物流经济带的形成，依靠自然要素和社会要素以及其他类型的经济要素同物流经济要素的结合与作用，在物流经济要素聚集程度、区域经济发展趋势等基础上，实现物流经济带的演化。物流经济带在与外部系统的物质和能量交换过程中，内部结构上表现出相应的起飞、扩张、膨胀、成熟、衰退等生命周期特征，具有发展性。在不同的发展阶段，物流经济带呈现出不同的空间形态、产业结构特征及内外交流趋势。

③辐射性。与加工经济带等其他产业经济带相比，物流经济带的基础功能特别明显。物流产业是维系区域经济体系中部门、产业、企业间的交换关系和互相依赖关系的纽带，加之物流经济要素的易结合性、易流动性，使得物流经济要素和其他经济要素在周围区域流动的过程中，产生要素扩散和溢出现象，体现了物流经济带的辐射作用。物流经济带的辐射地区则相应成为腹地，形成物流经济极化区域和腹地区域。

④区域经济发展的轴线。以物流经济为特征的产业经济带，代表着区域经济发展的轴线。发展轴是我国地理学者陆大道“点—轴空间结构系统理论”中的概念。“轴”是在一定方向上联结若干不同级别的中心城镇而形成的相对密集的人口或产业带。物流作为一种运行状态，其运动方向遵循一定线路。在地域上，该线路则表现为大部分的物流经济要素沿某一个方向运动，吸引物流聚集通道周围的经济、社会以及自然要素，形成以物流资源聚

集为特征的轴，对周围地区有着强烈的辐射和凝聚作用。

因此，物流经济带意味着轴线上是区域物流经济设施、相关产业经济设施的集中地带，并且轴线上以物流经济为特征的产业经济设施可以通过产品、信息、技术、人员、财政等对附近区域起扩散作用。

物流经济带发展轴特性的展现，依赖于物流经济带发展的程度。这不仅需要物流经济要素在要素流动机制下自发聚集，还需要依靠政策导向下物流要素以及社会经济要素的聚集，即政府从国家经济、区域经济发展的角度，对物流产业进行大规模投资建设、政策优惠倾斜等外力扶持。

3. 区域物流网络

(1) 物流网络的内涵。物流网络由物流中心城市(节点)和物流经济带(轴线)共同构成，是基于物流中心城市、物流经济带及物流通道所形成的物流经济活动的空间组织形态。

物流中心城市(节点)是物流网络的极核，物流通道则是物流节点、物流网络、物流经济域面之间联系的纽带和通道。相应地，物流网络中物流经济要素进行复合态运动，包括物流中心城市中物流经济要素的点状聚集运动和物流经济带中的带状聚集运动。

物流网络注重物流经济要素及其吸引经济要素的配置，不同于交通运输网络强调交通线路布局、客货流配置等运输资源的合理配置，这是交通运输网络的高级形态。物流网络的结构决定着区域内物流经济要素的聚集与地域运动形态及其空间结构。

(2) 物流网络的形成与演化。物流网络作为物流经济空间组织的一种手段，承担着形成、调整区域性物流经济空间结构的职能。

物流经济要素在地域上的聚集和扩散，导致了物流中心城市和物流经济带在数量上和规模上的日益扩大，使得在更多的物流中心城市之间产生了新的物流经济带，物流的点状聚集点逐渐连接成为线状聚集地带上的一部分，形成物流资源的网络聚集模式。

正是物流经济要素在地域上的运动，使物流中心城市之间通过物流经济带的连接，形成了物流网络。物流网络的形成，使得区域内物流资源的聚集通过点—线之间的连接成为一体。借助于网络聚集所形成的吸引力、约束力和排他性，物流网络能进一步促进网络内部物流经济要素的流动，提高聚集程度，同时积极吸收网络外部的物流经济要素，使得网络内物流资源点状聚集与线状聚集数量增多，即提高了物流经济要素在地域上的聚集密度。

物流网络的发展，正是物流经济高级化、地区差异日益缩小及地域上的分布不平衡性趋于缓和的过程。随着区域物流经济不均衡所产生的物流成长极(物流中心城市、物流经济带)逐渐达到物流经济高度发展阶段——物流网络，就会产生“涓滴效应”(trickling-down effect)，物流生产力分布将趋于分散或均衡化，导致区际间的物流经济成长差距逐渐缩小，从而达到物流发展的相对平衡。

(3) 区域物流经济圈的内涵。区域物流经济圈是指物流经济中有着紧密联系和相互依存关系的区域经济集团，且集团内的物流经济与周围地区相比，发展呈现出高水平的一致性、同质性。物流经济圈的空间范围，是指其以物流为特征的经济吸引力和经济辐射力能够达到并促进相应地区经济发展的最大地域范围。

区域物流经济圈内至少存在一个或多个物流经济发达且具有较强城市功能的物流中心城市和物流经济带，这是物流经济圈发展的核心和增长极。物流经济圈内其他广大的区域则是与物流经济圈的核心(物流资源聚集地带)紧密联系、地域相邻的周边物流经济辐射区域。这些周边地区,依托物流中心城市、物流经济带的物流经济带动作用,通过物流通道实现区域内经济发展的融合性和互补性,构成区域物流经济的一体化关系。

从宏观层面看,物流经济圈是区域物流经济发展不平衡的产物。随着经济发展的区域化,作为区域经济发展重要领域的物流经济的区域化进程也不断加快,物流经济水平较高的区域联合体(即物流经济圈)随之产生。

从微观层面看,物流经济圈的形成意味着区域内部物流经济的高度发展,是区域内部物流经济平衡发展的起点,并随着物流经济圈数量和规模的发展,最终各物流经济圈连成一体,区域间物流经济差距趋于缓和,物流经济高度发展的均质化格局最终形成。

2.6　物流产业波及理论

2.6.1　物流产业波及的概念

物流产业是一个跨行业、跨部门、跨地区的新老结合的产业,现代物流产业几乎涵盖了三大产业的所有领域和部门。它不仅涉及交通运输等基础行业,也包括邮电、通信等新兴行业;不仅涉及加工制造等生产领域,还包括批发、零售等贸易领域;不仅涉及工农业等物质生产部门,也包括金融、保险等非物质生产部门。因而,物流产业具有强大的经济渗透能力与带动效应。

物流产业波及是指国民经济产业体系中,物流产业部门的变化按照不同的产业关联方式,引起与其直接相关的产业部门的变化,然后导致与后者直接和间接相关的其他产业部门的变化,依次传递,乃至影响力逐渐消减的过程。物流产业波及对国民经济产业体系的影响就是物流产业波及效应。

2.6.2　物流产业波及线路和方式

1. 物流产业波及线路

物流产业波及线路是指物流产业的变化波及各产业部门的走向。

物流产业波及线路有:

(1) 逆向波及。物流产业的发展,会沿着先行产业的线路,向其先行产业产生逆向波及的效果。

(2) 顺向波及。物流产业的发展,会沿着后续产业的线路产生顺向波及的效果。

(3) 间接波及。物流产业的发展,会沿着先行产业和后续产业的直接和间接相关产业的线路,对国民经济产生波及的效果。

2. 物流业的前后向关联

物流业作为社会经济整体运行产业链中的一个组成部分,既是要素的供应方,又是市场的需求方。它通过同时向其他产业投入生产和消费其他产业的产出来确定自己在产业链中的地位和作用。

2.6.3 物流产业波及效应分析的重要工具

1. 物流产业波及效应的分析工具

物流产业波及效应的分析工具有：

(1) 物流产业影响力和物流产业感应度；

(2) 物流产业生产诱发系数和物流产业最终依赖度；

(3) 物流产业综合就业系数和物流产业综合资本系数。

以上分析工具的参数可以通过投入产出法求得。

2. 物流产业波及效应分析的主要方面

(1) 当物流产业的生产活动发生变化时，对其他产业生产活动所产生的影响，或物流产业生产活动受其他产业生产活动变化的影响。

(2) 当物流产业的最终需求发生变化时，对国民经济各产业所产生的影响。

(3) 当物流产业的毛附加价值发生变化时，对国民经济各产业所产生的影响。

2.6.4 物流产业波及效应的分析

物流产业波及效应包括物流产业的后向波及效应、前向波及效应和消费波及效应。

1. 物流产业后向波及效应

物流产业的发展需要其他部门的中间投入，从而促使这些产品的生产部门扩大生产，为这些部门带来波及效应。这些部门生产的扩大又进一步产生对其他部门的中间需要，于是又促使另一些部门扩大生产。物流业与这些提供物流生产所需的中间产品的部门之间的关系就是物流业的后向波及。此处把物流业这种因需要其他部门的产品作为自己中间投入而产生的波及效果所间接创造的国内生产总值，称为物流产业的后向波及效应。

根据六大部门间投入产出表计算出完全消耗系数矩阵 B，可以得到每单位物流产值完全需要其他中间投入部门的产品价值。如果物流产业增加产值 ΔX，由此引起其他中间投入部门的产值增值为：

$$K = B \cdot \Delta X$$

式中，$\Delta X = (0, 0, \cdots, \Delta z, \cdots, 0)^{\mathrm{T}}$，为物流产业增加的产值。

根据国内生产总值增值系数 Z，可以求出物流产业产值增加 ΔX 后，所引起的其他部门国内生产总值增值，故物流产业的后向波及效应 $b_e = Z \cdot K = Z \cdot B \cdot \Delta X$。

2. 物流产业前向波及效应

物流产业在原有基础上的发展会带来如下影响：能将更多的产成品送达消费地，同时也能将更多的原材料运至生产地，这为原有生产部门扩大生产创造了有利条件，从而给生产企业和部门带来正面效果，而这些部门生产的扩大，又导致了它们各自的中间投入需要相应的增长。物流产业与这些以物流生产为其中间投入的部门之间的关系，被称为物流产业的前向波及。物流产业因充当其他部门的中间投入而产生的波及效应所间接创造的国内生产总值，称为物流产业的前向波及效应。

如果物流产业增加产值 ΔX，它的部分产值就能作为中间投入在各生产部门间进行分配。假定每一个部门需要的物流产值的比例与以前相同，且在物流部门中最终需求量所占比重不变，这样部门 j 需要的物流产值为：

$$u_j=\begin{cases}\dfrac{X_{ij}\Delta X}{(X_i-X_{ij})}, & j=1,2,\cdots,6;j\neq i=4;\\ 0, & j=i=4\end{cases}$$

式中，X_{ij} 为第 j 部门消耗物流部门 i 的中间投入产值；X_{ii} 为物流部门 i 消耗本部门的中间投入产值；X_i 为物流部门 i 生产的总产值。

这些部门得到物流产值的一部分增值以后，就可以扩大生产增加产值。这时，部门 j 所能增加的产值为：

$$\Delta X'=\begin{cases}\dfrac{u_j}{a_{ij}}, & a_{ij}\neq 0;\\ 0, & a_{ij}=0\end{cases}$$

式中，a_{ij} 为直接消耗系数；$a_{ij}=X_{ij}/X_j$，表示部门 j 单位产值所需要物流部门 i 的中间投入产值。

故由物流部门前向联系导致的各部门相应产值的增值为：

$$\Delta X'=(\Delta X_1',\Delta X_2',\Delta X_3',0,\Delta X_5',\Delta X_6')^{\mathrm{T}}$$

根据六大部门投入产出表计算投入产出直接消耗系数，再结合表中的数据，计算物流部门前向联系导致的各部门产值增值为：

$$\Delta X'=(2.603\ 8,10.573,2.181\ 3,0,1.667\ 1,2.842\ 7)^{\mathrm{T}}$$

根据国内生产总值增值系数 Z，可以求出各部门所能创造的国内生产总值 $Z^{\mathrm{T}}\Delta X'$。

另外，上述各部门在扩大生产时，除了以物流部门为其中间投入外，还需要其他部门的产品作为中间投入。这样，这些部门也存在着各自的后向波及效应 $Z^{\mathrm{T}}B\Delta X'$。

因此，物流部门的前向波及效应 f_e 为：

$$f_e=Z^{\mathrm{T}}\Delta X'+Z^{\mathrm{T}}B\Delta X'=Z^{\mathrm{T}}\Delta X'+Z^{T}[(I-A)^{-1}-I]\Delta X'=Z^{\mathrm{T}}(I-A)^{-1}\Delta X'$$

根据投入产出直接消耗系数矩阵，计算列昂惕夫逆矩阵，代入上式计算物流业的前向波及效应。

3. 物流产业消费波及效应

物流产业消费波及效应是指物流产业服务价格发生变化引起其他产业服务价格变化的程度，反映了物流产业服务成本变化程度以及由此形成的理论价格。

物流产业的快速发展对国民经济具有显著的波及效应，对其他产业和整体经济发展发挥着重要的推动作用。物流产业作为连接世界的桥梁，在全球经济一体化进程中扮演着至关重要的角色。它不仅提高了快递行业的效率和服务质量，还为该行业带来了更多的商机和发展空间。快递行业的产业链涵盖了产品包装、货运车辆、仓储、集装箱等多个上下游行业，直接面向终端用户，如个人用户、网络电商、零售商及批发商等。这种广泛的产业链使得物流产业成为国民经济的重要组成部分，其发展对其他产业具有显著的波及效应。

物流产业消费波及效应研究显示，物流产业价格调整对国民经济其他产业部门有较大影响，而且波及面广。物流产业的价格变动直接影响各产业的生产成本，表明物流产业的健康发展对国民经济稳定具有重要意义。未来，通过工业转型升级、产业结构调整、扩大物流企业规模、发挥规模经济效应以及传统物流产业向智能物流产业转型，可以降低物流产业成本，提高服务质量，进一步促进国民经济的稳定健康发展。

思考题

1. 关于产业的早期发展理论中有哪几种分工理论？各有什么特点？
2. 如何理解国内外物流产业的发展？
3. 我国是如何对物流产业进行定位的？
4. 如何理解社会经济层面对物流产业的定位？
5. 如何理解物流产业的构成体系？
6. 影响物流需求条件的因素及指标有哪些？
7. 物流产业结构理论有哪些特点？
8. 物流产业布局理论的应用特点如何？
9. 如何理解物流产业波及理论？
10. 物流产业的构成体系中最重要的影响因素有哪些？

案例题

随着中国新型城镇化进程的深入和居民可支配收入的不断提升，居民消费呈现出明显的多元化趋势，消费结构不断优化升级，消费者对生鲜产品、冷冻食品的需求显著提高，冷链物流业已经成为新的经济热点。

目前发达国家和地区的冷链行业先进和完备程度全球领先。完善的冷链物流体系和先进的冷链技术应用，使得冷链行业的每个环节都高度可控。发达国家冷链市场的先进性具体体现在基础设施、流通率、产品损耗率、科技投入、从业人员素质等多方面。

全球冷链联盟(GCCA)数据显示，虽然2018年以来，中国冷藏仓库总容积迅速增长，跻身全球第三，但城市居民人均冷库容量仍低于全球平均水平——2018年中国城市居民人均容量仅为0.13立方米，全球平均约为0.15立方米，而美国在2016年就达到了0.44立方米的人均冷库容积。另外根据中国物流与采购联合会冷链物流专业委员会年度报告，2019年我国冷库求租区扩增，全国冷库需求总量超过312.58万立方米，主要冷库资源需求集中于山东、广东、上海等东部沿海地区。

一线城市(如北京、上海等地)的冷库时常处于满租甚至爆仓状态，冷库资源吃紧。而在二线城市(如合肥、长沙、太原等地)有时却出冷库现供大于求的现象，这表明我国冷库发展仍不平衡。在消费升级推动进口食品的仓储需求不断增长的背景下，我国有望进一步加大冷链冷库的建设和升级，带来我国冷库增量上行和存量优化，进而促进整个冷链产业的发展。

问题：请思考冷链物流系统的构成与优化策略。

第3章 物流产业的需求规划

物流产业的需求是指一定时期内社会经济活动对生产、流通、消费领域的原材料、成品和半成品、商品以及废旧物品、废旧材料等的配置作用而产生的对物流产业在空间、时间和费用方面的要求，涉及运输、库存、包装、装卸搬运、流通加工以及与之相关的信息需求等物流活动的诸多方面。要做好物流产业的需求规划工作，需要做好物流产业的市场需求分析、社会需求分析、资源和要素需求分析等。

3.1 物流产业的市场需求分析

3.1.1 市场环境分析

影响物流供求的最主要因素是市场状况，因而市场环境分析是物流环境分析中最重要的一部分。市场环境主要包括行业竞争力状况、地区市场环境、服务行业趋势以及需求状况等。

1. 行业竞争力状况

对于行业竞争力的分析主要包括行业领导的影响和控制、国际竞争、竞争与对峙、客户与供应力、主要竞争对手的核心竞争力分析。在分析过程中，应该以下列因素为依据：市场大小和成长率、利润率潜力、关键成功因素、海外竞争以及劳工问题等。为了成为最有效的行业参与者，应该对竞争对手的物流竞争力做细致的定量研究，从而掌握客户绩效的基本水平。

2. 地区市场环境

一个企业的物流设施结构直接同客户及供应商的位置有关，并且地理区域的人口密集度、交通状况等都影响物流设施坐落的决策。各个地理区域的经济发展水平并不一致，存在着相当大的差异。例如，我国东部沿海地区人口密集，经济发达，交通便利，已经建立起功能强大的物流集散中心，从而为企业决定具有市场潜力的零售商场等物流设施的位置提供了便利条件；而西部地区由于自然条件影响，交通不便，人口密度低，人均收入水平不高，物流市场的成长与发展还需要一段较长的时间。

3. 服务行业趋势

在我国的经济生活中，服务行业的不断发展已经使其在GDP中所占份额逐年增大。

与物流密切相关的服务是运输、仓储、收集订单以及计算机的信息系统服务。这些相关服务可以在重组物流系统设计时考虑从专家处直接购买,也可以将总体物流要求的事项全包给第三方,由专门的物流公司为企业承担物流工作。从物流系统设计的角度来看,这种服务具有增加灵活性和减少固定成本的潜力。

4. 需求状况

物流需求是影响物流市场的主要因素之一,主要表现在三个方面:一是需求总容量,在经济增长中各类组织对物资流动性的需求大幅度提高,物流市场容量显著增加;二是需求结构,物流需求在空间上具有不平衡性,物流需求的形式也具有多样性;三是需求波动,在科技、竞争等因素的影响下,社会对物流的需求会表现出波动性,如在出口受挫的情况下,国际物流需求大幅下滑。

3.1.2 产业环境分析

物流的发展可以起到促进产业布局合理化的作用,可以发现现实产业布局的问题并予以反馈,这是物流推动经济发展能动性的一方面。但是反过来,物流的发展又受到产业环境的制约。所以,产业环境也是物流的一个重要环境。物流的产业环境主要包括生产产业环境和流通产业环境。

1. 生产产业环境

生产产业环境主要包括四个方面,即农业环境,原材料、燃料工业环境,装备工业环境,轻工业环境。

(1) 农业环境。这里的农业是指“大农业”,即不但包括耕作种植业,而且包含林、牧、副、渔等业。具体来说,农业环境分析包括粮食作物、经济作物、林业、畜牧业、水产业等的分布状况以及需求特点分析。

(2) 原材料、燃料工业环境。原材料、燃料工业是我国产业结构中的基础工业,是重要的供给生产资料的工业,包括冶金、化学、建材、煤炭、石油等重工业。对于该环境的分析主要包括各种重工业产品的主要产区及需求状况分析。

(3) 装备工业环境。装备工业是为我国生产力发展提供劳动手段的工业,是国民经济的心脏工业。同时,该工业也向个人生活提供各种机电产品,主要包括工业设备制造、农业机械制造、起重运输机械制造等装备工业。对装备工业环境的分析主要是对这些工业分布状况的了解与分析。

(4) 轻工业环境。轻工业是以生产消费资料为主的加工工业部门,包括纺织、食品、造纸、医药、日用品、民用机电产品等行业。轻工业产品的主要特点是品种多、批量小、质量要求高、精密、易损、易污等,对该环境的分析应包括各种轻工业的分布特点及需求状况分析。

2. 流通产业环境

流通产业环境涉及交通运输、商业、物资、仓储等行业,是实现“桥梁和纽带”任务的许多行业的总称。

(1) 交通运输业环境。交通运输业是物流业的重要组成部分,其本身也是一个独立的物质生产部门。交通运输地理是指交通运输生产力的布局,这对物流工作人员使用交通运输生产力,依靠交通运输建立物流系统,组织物流合理化有重要意义。

交通运输业环境主要包括铁路运输环境、水路运输环境、公路运输环境、航空运输环境以及管道运输环境等。对于该环境的分析，应着重从各种运输线路的分布状况及特点入手。

(2) 商业环境。商业环境涉及商品市场的分布及商品流向。商品市场包括商品货源市场与商品销售市场两种，在了解这两种市场的分布状况的基础上，物流工作者应该分析商品的流向以确定合理的商业计划。

由于生产力布局的相对固定以及商品货源市场及销售市场有一定的稳定性，因此，在一定时间内，商品必然呈现出由货源市场向销售市场的单向运动状态，这就决定了一定时期大宗商品的流向。一般而言，只有符合这种趋势的运输才算合理。但是，在实际工作中，不能只考虑流向，还需考虑物流的其他合理因素以及宏观、微观的效益，因而将流向问题只作为其中的一个判断因素。

(3) 物资业环境。物资业环境涉及生产资料市场的分布与生产资料的流向。生产资料的生产规模一般较大，因而货源市场较集中，其规律是以矿区和大城市为主要货源市场，某些开放城市及沿海城市为主要进口货源市场。生产资料的合理流向要求主要反映在批量大、品种规格少、花色较少的生产资料领域，如化肥、水泥、木材等。有些生产资料总量虽大，但品种、规格繁多，分布到单一品种规格上的数量则相对较小，这就很难区分出不同品种、规格的合理流向。

(4) 仓储业环境。我国仓储业又称为储运业，除仓储外，还包括少量的汽车运输，但是以仓储为主。我国运输业务主要由交通运输业而不是由储运业承担，储运业主要负责提货、送货运输、内部运输、托运代理及管理等业务。

3.1.3　技术环境分析

科学技术是第一生产力，也是物流的第一生产力。对物流而言，科学技术起着决定性作用，几次“物流(运输)革命”都是由科学技术的发展引起的。科学技术可以为物流活动提供充足的技术知识、经验以及物质成果，从而提高物流设计、管理、运行水平，提高物流劳动者的素质，不断加深物流系统的合理化程度。在技术领域中，对物流系统最具影响力的是信息、运输、物料管理及包装。例如，计算机、卫星、扫描、条形码和数据库等均对物流实施具有革命性影响。及时和准确的信息是企业的关键，完整的数据库能够跟踪物料运动、工作程序以及制成品的存货，因而可以用来改进实时管理控制及决策。

3.2　物流产业的社会需求分析

3.2.1　物流社会化的概念

物流社会化是物流智能的高度独立化，其是指企业物流活动从生产制造和商贸企业中独立出来，由社会物流机构对企业原材料、半成品和成品及相关信息实现高效率且经济的运输、储存、包装、装卸、流通加工、配送以及完成这一过程中的计划、实施和控制等全部活动，是对物流业实施集中管理、市场统一的新型物流体制。

现代物流的效益根植于整合之中,而物流的整合又依赖于市场需求,特别是制造业和商贸企业本身的产业整合过程,这个整合的进程一方面表现为横向的连锁化,另一方面表现为纵向供应链关系的形成。

3.2.2 物流社会化的必要性

国民经济各个领域的物流经济实体从横向构成了物流产业。这个产业由铁道、公路、水运、空运、仓储、托运等行业共同组成,同时还包含了商业、物资业、供销、粮食、外贸等行业中的一半领域,还涉及机械、电气业中的物流装备生产行业和国民经济所有行业的供应、生产、销售中的物流活动。由此可见物流产业跨部门、跨行业的特点非常突出。

从发达国家的物流发展动向看,物流业得到迅速发展是从20世纪70年代中期开始的。在那时,流通活动的重要性逐渐增大,对运输、保管等涉及产品移动的活动实施系统化管理被提上了议事日程。

现代物流业是极具潜力和生命力的新型产业,被誉为"第三利润源泉",受到社会各界的高度重视,而现代物流的效益根植于整合中。由于经济的发展,市场对于社会化物流的需求与日俱增。社会化物流是现代化大商业、大市场、大流通的产物,是流通领域规模经济的必然要求。实现物流社会化能有效降低流通成本,实现快速响应,大大促进社会资源优化配置,打破地方保护主义和地区封锁。

物流社会化极大地节约了运力,提高了整个社会物流设施的利用效率,通过大幅度削减企业的物流设施投入、日常运行维护费用、物流人员的工资等各项开支,进一步降低了物流成本。

任何社会的经济运动都是流通与生产循环往复的过程,物流社会化有利于形成流畅、高效、可控的物品流通系统。从宏观上看,现代化大生产要求物流发展的轨迹是从分割和壁垒走向统一的社会物流,这样必然会提高国家调控物流的有效程度,优化配置社会资源,加速流通,优化物品流通系统;从微观上看,物流社会化有利于平衡稳定供求关系。物流社会化推动物流组织结构的优化,生成新的流通秩序,将流通的物品汇集到社会库存中,这样就能减少供求关系的波动。

由此看来,物流社会化存在及发展有着其自身的可能性及必要性。现在,由于物流社会化形成的条件基本成熟,加上企业自身发展的客观需求,物流社会化得到极大发展,各省市纷纷根据自身条件及需求以各种形式推进物流社会化。从国外(如美国)的经验来看,物流业是随着市场的发展不断完善其功能,以顾客为中心改善其经营服务的。国外(如美国)物流业的发展过程大体分为三个阶段:第一个阶段以储存运输为主;第二个阶段以配送为主;第三个阶段是采用先进的物流技术,企业成为社会大生产中供应系统的组成部分。

在第三个阶段内,物流业呈现以下特点:

(1) 多功能化。传统的物流企业只提供保管和运输服务,购买、仓储、运输三者相对独立。随着市场的发展,购买者发现自己不仅要考虑购买成本,还要考虑仓储成本和运输成本。1978年以后,美国运输业开放,国外制造商、零售业大批进入美国,竞争的加剧促使运输成本降低,也迫使人们寻找更新的物流方式。这就从客观上促成了运输与仓储的有机结合,也促进了物流业的多功能化。物流业在制造商和消费者之间架起一道桥梁,承担了期间的储存、运输、加工、包装、配送、咨询等全部业务。据统计，在美国的国民收入中，储运收入占 32%，即一个产品中 30%的费用是储运费用。

（2）高技术化。物流企业不再是搬运的代名词，而是应用高技术的产业。20 世纪 70 年代之前，购货、运输、制单均由人工完成。货物流转周期长，库存量也就随之增大。由于市场变化快，商品不断更新换代，使大批货物在仓库积压，造成资本固化，成本增高。20 世纪 70 年代以来，随着科学技术的发展，尤其是计算机技术、条形码技术、卫星定位系统的应用，储运作业流程大大加快。

（3）全球化。随着国际贸易的发展，物流企业正在向全球发展。今天的物流企业领导者必须考虑多年前无须考虑的问题，如国际经济发展趋势、国际分销商和制造商的选择、国际运输距离、运输方式、国际时间、货币差别、各国政策和条例、各国的风俗及语言、港口条件和思维方式等。物流企业已密切地与国际贸易联系在一起，成为一项高智能、高技术产业。物流产业的产生和发展是经济发展到一定阶段社会分工不断深化的产物。传统的物流活动分散在不同的经济部门、不同的企业以及企业组织内部不同的职能部门之中。随着市场经济的不断发展、技术水平的不断提高以及企业内部管理的日益完善，生产和销售领域以外的运输、储存、配送等物流环节中蕴藏着巨大潜力。西方发达国家的企业为了追求利润的最大化，开始寻求成本优势和差价优势，对物流各环节的功能进行扩充和整合，使其实现总成本最小化。它们首先将企业内部物流资源进行整合和一体化，形成了以企业为核心的物流系统，物流管理也随之成为企业内一个独立部门和职能领域。之后，物流资源整合和一体化不再仅仅局限在企业层面上，而是转移到相互联系、分工协作的整个产业链条上，形成了以供应链管理为核心的、社会化的物流系统。物流活动逐步从生产、交易和消费过程中分化出来，成为一种专业化的、由独立的经济组织承担的新型经济活动。在此基础上，发达国家经济体系中出现了为工商企业和消费者提供专业化物流服务的企业，即“第三方物流”企业。各种专业化物流企业的大量涌现及其表现出来的快速发展趋势表明，专业化物流服务作为一个新的专业化分工领域，已经发展成为一个新兴产业部门和国民经济的一个重要组成部分。

随着市场经济和社会化的发展，一方面专业化分工越来越细，另一方面各专业之间的合作越来越密切。生产企业与零售行业所需的原材料、中间产品、最终产品大部分由不同的物流中心、批发中心与配送中心提供，以实现少库存和零库存。现代物流社会化趋势是社会经济活动发展、物流规模经济效益提升、物流资源综合利用的必然结果。在大城市出现现代化综合性或专业性物流园区、物流中心、物流基地已成为普遍现象。中国的经济正处在快速发展时期，经过改革开放后 40 多年的经济建设，社会经济环境发生了巨大变化，已经从根本上摆脱了短缺经济环境，商品的生产和流通规模迅速扩大，在许多商品领域已经出现了供大于求的现象，买方市场逐步形成。对照发达国家的物流发展历程可以得出这样的结论，即中国未来 20 年将是物流市场发生巨大变化，物流业得到充分发展的时期。

3.2.3　物流社会化的特征

物流业作为国民经济的基础产业，在促进社会生产和流通的发展，提高物流社会化与合理化程度等方面发挥着重要作用。

1. 物流业与制造业和商业等行业相比所具有的特征

(1) 物流服务属于无形商品。物流业作为第三产业所提供的是一种无形商品，即物流服务。作为无形商品的物流服务具有如下特点：

①物流服务属于派生需求。物流需求主要来自于工商企业的生产经营活动，其生产和流通的规模和方式以及产业结构直接决定着物流的规模，而且物流服务的内容和形式要服从于企业物流系统的要求，带有一定的被动性。

②物流服务属于即时性产品。运输、保管等服务的生产与消费是同步发生的，生产的过程同时也是消费的过程。物流服务无法事先进行储存，当需求波动较大时，生产计划的安排、物流设施和物流能力的有效利用存在一定难度。

③物流服务具有移动性和分散性。物流企业面对不同的用户提供物流服务，货源发生地和货物移动的范围极为广泛，这给物流经营带来较大难度。

④物流服务具有替代性。货主企业所需要的物流服务既可以由物流企业提供，也可以由货主企业"自给自足"。物流企业只有提供有利于货主企业改善物流服务水平、降低物流成本的物流服务，才能够吸引用户，扩大市场占有率。

(2) 物流业具有公共性。物流业作为基础产业，与国民经济各个行业的生产和经营活动以及每个人的生活密切相关，具有广泛性。从某种意义上讲，社会的进步离不开物流的发展。只有实现了物流活动的迅速化、广域化才能够促进流通市场的扩大，维持大规模的生产经营活动，充实人们的消费活动。加强物流管理，实现物流的合理化，提高物流服务水平有助于加快物资周转，减少资金占用，从而促进物流成本的降低，提高企业利润水平，对稳定物价也可起到重要作用。随着经济全球化以及电子商务的发展，物流在经济中的作用将会越来越重要。

由物流与社会经济的关系可以看出，物流业具有公共性。对于具有公共性的物流产业，既要通过制定合理的产业政策促进其发展，又要保证物流事业的公平竞争和良好秩序，使之健康发展，为国民经济发展奠定良好的基础。

(3) 物流事业需要大量投资。从事某些领域的物流事业需要大量资本，如铁路运输事业、大区域范围或全国范围的零担运输、快件运输事业、大规模的仓库保管事业、商品配送事业等，需要建设投资铁路、仓库、配送中心等物流线路和节点设施。

(4) 物流业属于劳动密集型产业。物流行业的机械化程度较低，大量物流作业还要依靠人工完成，对劳动力的需求量较大。

(5) 物流业的经营规模零散。尽管物流业中有一些规模较大、形成网络化经营的大型企业或企业集团，但从总体上看，存在大量小规模的企业。特别是像道路运输这样不需要经营者直接投资建设道路，进入市场的技术门槛低的事业领域，经营规模零散，而且容易形成过度竞争。物流业作为社会经济发展的一个重要组成部分，对社会经济的推动作用是不可估量的。而现代物流的一个重要标志就是第三方物流的出现。第三方物流作为物流专业化、社会化的重要形式，其发展程度反映和体现着一个国家物流业发展的整体水平，是21世纪国际物流发展的主流。在西方发达国家，第三方物流的发展已较为成熟，对其经济的快速发展起到了重要的支撑作用。而在我国，第三方物流的发展才刚刚起步，市场潜力巨大，急需大力发展。

现代物流是社会化的概念，是社会的资源共享、信息互动。充分发挥第三方物流的作用，能够节约社会成本，摆脱部门限制，面向全社会发挥其整合功能，进一步促进社会生产。

物流业作为社会经济发展的一个重要组成部分，对社会经济的推动作用是不可估量的。为了进一步降低物流成本，提高生产效率，促进社会经济的发展，有必要深入研究物流社会化形成机理。物流社会化是一个过程性的概念，其形成机理就是它的形成原因。

2. 我国的物流社会化形成过程受到的限制

我国的物流社会化形成过程受到多种约束因素的限制。

(1) 社会经济发展的影响。据资料分析，改革开放 40 多来年，我国经济发生了质的飞跃。从宏观上来说，20 世纪 80 年代国内生产总值平均每增长 1 个百分点带动货物周转量增长 0.995 个百分点，到 20 世纪 90 年代，这个弹性系数平均为 0.981，这表明在工业化完成之前，物流需求的总量规模与全社会商品交易总量、国内生产总值等指标几乎是同步的。我国的 GDP 逐年增加，目前已列世界第二，由此可见，物流业在我国的地位是不可低估的。从微观上来说，近年来居民收入的增加引起消费支出不断增加，且消费层次日趋多样化、个性化，因此，流通效率也随之成为一个亟待解决的问题，社会化物流得到不断创新。另外，跨国公司跨国界、跨地区的生产经营，全球互联网的迅速扩展和全球化金融大市场的形成，造就了“世界统一大市场”的全球化经济。跨国公司在全球设立子公司，进行全球采购、全球生产、全球营销，其目的是使生产要素能实现全球资源的最佳配置，强有力地占用世界市场。而其中采购、制造和分销的全球化已经成为企业必须面对的挑战，这就要求企业对全球业务流程不断进行调整，以提高它对市场变化的反应速度和对顾客需求的响应速度，这就对物流运作质量和运行效率提出了更高的要求，使得经济中连接产需的物流活动日益庞大和复杂，因此，寻求专业化物流服务就成了企业适应全球化，提高市场竞争力的必然要求。

(2) 我国物流市场巨大利润的驱动。随着竞争的加剧，在物质资源和人力资源成本压缩日渐饱和的情况下，对成本的控制将转向被称为“第三利润源泉”的物流领域。2023 年，欧美国家物流成本占 GDP 的比重普遍低于 10%，而我国物流成本却高达 GDP 的 14.4%。由此可见，我国的物流成本远远高于欧美发达国家的物流成本，以 2023 年的 GDP(126.06 万亿元)为基础，如果将物流成本降低 1 个百分点，我国将获得纯利润 12 606 亿元人民币，这说明我国物流成本降低的空间比较大，物流利润的潜力大。巨大的物流利润空间促使我国必须建立高效、适用的社会化物流体系。

(3) 社会分工进一步细化。物流社会化促进物流业的形成与发展，而物流业的形成本质上是随着社会生产力水平的提高，社会分工进一步细化的结果，其目的是追求社会分工与协作带来的最大效率与效益。社会分工的细化使企业内部在追求组织机构的优化与重组的同时，开始寻求专业的物流服务，形成对物流社会化的需求，因此，物流服务的社会化是经济发展的必然结果。

(4) 信息技术发展的影响。进入 20 世纪 90 年代后，随着互联网技术以及各种信息技术的发展，数据的快速、准确传递得以实现。物流信息技术主要由通信、软件、面向行业的业务管理系统三大部分组成，包括基于各种通信方式的移动通信手段、全球定位系统

(GPS)、地理信息系统(GIS)、计算机网络技术、自动化仓库管理技术、智能标签技术、条形码及射频技术、信息交换技术等现代尖端科技。在这些尖端技术的支撑下,形成移动通信、资源管理、监控调度管理、自动化仓储管理、业务管理、客户服务管理、财务处理等多种信息技术集成的一体化现代物流管理体系。

(5) 商业业态的改变。近年来,商业业态呈现多元化发展,除了传统的百货商店、专业商店外,购物中心、超级市场、便利店、连锁店、专卖店等新型业态不断涌现。例如,现代连锁企业要求"统一采购,统一进货,统一销售,共同配送",其目的在于利用整合效应降低各项运营成本。因此,当物流量不能形成规模效应时,零售业的发展必将受到束缚。

近几年发展起来的电子商务,B2C(business to consumer,企业对消费者)和B2B(business to business,企业对企业)的商业运作模式正在逐渐成熟,像国外的亚马逊和国内的当当网都是比较知名的电子商务网站。网上购物电子商务的发展需要具备两个重要条件:一是货款的网上支付;二是货物配送。因此,电子商务的快速发展要求专业物流企业把准确的商品,用最小的成本,在准确的时间以合格的品质送到准确的地点。这样的物流过程也成为一个跨部门、跨行业、跨区域的大系统,因此,只有物流社会化,才能在一定的顾客服务水平下,最大程度节省经营成本。

(6) 我国物流法律法规全面建设、基础设施初具规模。在2001年3月,国家六部委印发《关于加快我国现代物流发展的若干意见》之后,国家各相关机构又相继出台了若干相关政策法规,如《关于促进运输企业发展综合物流服务的若干意见》《外商投资国际货物运输代理企业管理办法》《中华人民共和国国际海运条例》《国家税务总局关于试点物流企业有关税收政策问题的通知》等。2004年,国家发展改革委、商务部等九部委联合下发《关于促进我国现代物流业发展的意见》,这又为物流的发展提供了优势条件。各项政策法规的出台加上各级政府的支持,促使我国物流业的发展正在逐渐走向良性循环阶段。我国物流法律法规体系涵盖了多个方面,包括快递、冷链物流、公路运输等。国务院于2018年3月2日发布《快递暂行条例》,在快递物流领域具有较高的法律位阶和强制力,旨在适应新产业、新动能发展的需要。《中华人民共和国食品安全法》(2009年通过、2015年修订)是冷链物流管理的主要法律之一,规定了食品贮存、运输和销售的标准,以及冷藏车的使用要求。《中华人民共和国道路运输条例》(自2004年起施行、2023年第五次修订)规定了公路大件运输的规范和管理要求。自2024年3月1日起施行的《快递市场管理办法》,强调保障快件安全,防止快件丢失、损毁等,并对违规行为的相应处罚作出了明确规定。

2023年,现代物流领域的第一份国家级五年规划全面开启,从构建国内国际物流大通道到补齐农村物流、冷链物流的短板,再到科技数字化赋能、培育枢纽经济等新形态,一系列事关长远的顶层设计为高水平建设现代物流体系、推动高质量发展锚定方向。

目前,我国已基本形成"通道+枢纽+网络"的社会化物流体系,持续激发中国大市场的源源活力,沿边沿海物流走廊、西部陆海新通道等战略骨干通道建设加快推进,66个国家骨干冷链物流基地覆盖全国,7.5万个产地冷藏保鲜设施新增库容1 800万吨以上,1 400多个县建成了电子商务服务中心,近20万个村庄拥有了快递网点。与此同时,国家物流枢纽持续扩围提质,2023年,全国新增30个,总数已经达到了125个。不仅空间布局持续向中西部地区扩展,功能上也和现代服务业、先进制造业深度融合。

从以上分析可见，构建我国社会化物流体系的基本条件已经具备，为了更好地为社会服务，我们有必要建立一个货畅其流、方便及时、经济合理、用户满意的物流体系。

3.3　物流产业的资源和要素需求分析

3.3.1　基础设施要素

1. 物流基地

随着经济规模的增加和物流向集约化方向发展，一种新型的、集约功能强大的、超大规模的物流节点正在应运而生，有关专家称之为“物流基地”。

物流基地是集约了多种物流设施的起到综合功能和指挥、基础作用的特大型物流节点，是集约化、大规模的物流设施集中地和多种物流线路的交会地。它具有如下功能：

(1) 综合功能。该功能具有综合各种物流方式和物流形态的作用，可以全面处理包装、装卸、储存、搬运、流通加工，以及不同运输方式转换与信息调度等工作。

(2) 集约功能。该功能集约了物流主体设施和有关的管理、通信、商贸等设施，规模大、集约程度高，是流通领域大生产的一种代表，是具有规模效益的流通设施。

(3) 转运功能。该功能可以有效集约铁路、公路、水运、空运，实现综合运输、多式联运的最有效转化。

(4) 集中库存功能。该功能可以通过集中库存，降低库存总量，并且实现有效库存调度。

(5) 指挥功能。物流基地是整个物流系统的信息汇集地和指挥地。

(6) 调节优化功能。该功能可以优化整个物流系统。

物流基地具有综合设施、多式联运、干线终端等大规模处理货物和提供相关服务的功能。从组成实体角度看，物流基地是由若干物流节点集约而成的，这些物流节点包括专业运输中心、专业仓储中心、配送中心、信息中心、综合型转运节点和流通中心等，其中必不可少的是综合型转运节点和流通中心。这些节点可以分布在一个城市的各个不同地方，不必强求其在地域上集中于一点。

2. 货运通道

货运通道是指连接主要物流节点的货运干线。其特征指标包括连接端点、道路等级、可利用时段、饱和情况和通行能力瓶颈位置。

(1) 连接端点。连接端点是指运输的起始点和结束点，这两点之间就是平常所说的道路。道路又分为城市道路和公路。公路是指连接各城市、城市和乡村、乡村和厂矿地区的道路。根据交通量、公路使用任务和性质，可将公路分为高速公路、一级公路、二级公路、三级公路和四级公路。城市道路是指在城市范围内具有一定技术条件和设施的道路。

(2) 道路等级。根据道路在城市道路系统中的地位、作用、交通功能以及对沿线建筑物的服务功能，我国目前将城市道路分为四类：快速路、主干路、次干路及支路。

①快速路在特大城市或大城市中设置，是用中央分隔带将上、下行车辆分开，供汽车专

用的快速干路，主要联系市区各主要地区、市区和主要的近郊区、卫星城镇、主要的对外出路，承担城市主要客、货运交通，有较高车速和较大的通行能力。

②主干路是城市道路网的骨架，联系城市的主要工业区、住宅区以及港口、机场和车站等货运中心，是承担城市主要交通任务的交通干道。主干路沿线两侧不宜修建过多的行人和车辆入口，否则会降低车速。

③次干路为市区内普通的交通干路，配合主干路组成城市干道网，起联系各部分和集散的作用，分担主干路的交通负荷。次干路兼有服务功能，允许两侧布置吸引人流的公共建筑，并设停车场。

④支路是次干路与街坊路的连接线，为解决局部地区的交通而设置，以服务功能为主。部分主要支路可设公共交通线路或自行车专用道，支路上不宜有过境交通。

3. 外部交通设施

港口、机场、铁路是一个城市与外部物流相联系的基本交通设施。近年来，这些部门，特别是主枢纽港站逐步发展成为现代物流中心。港口、铁路凭借其大规模的运输能力和相对便宜的运费，被广泛用于大宗散货运输和国际集装箱运输。空运由于其快速而运费较高这个特点，适用于高价值货物或者紧急物资的运输。随着物流业的发展，特别是面对入世后日趋激烈的国际竞争，传统的运输业务已难以满足货物流动的需要。加强主枢纽港站和铁路站点建设，发展中转货运站和运输仓储设施，利用空、海港口设施发展仓储与物流服务成为未来物流竞争力的体现。

3.3.2 信息平台要素

物流基础信息平台不同于物流信息系统，它的任务是为企业的物流信息系统提供基础信息服务（交通状态信息、交通组织与管理信息、城市商务及经济地理信息等），承担供应链管理过程中不同企业间的信息交换枢纽支持，提供车辆跟踪、定位等共享功能服务，提供政府行业管理决策支持等。以库存为例，“信息”与“库存”之间存在着一种“相互替代”的“反比例”关系，也就是说，信息掌握得越充分、越准确，就越可能减少库存。例如，对于一个仓库，为了能迅速地按照零售店的订货从仓库进行提货，仓库必须拥有相关货物的一定数量的库存，这是能迅速地按照零售店的订货要求为零售店配送货物的前提。然而，如果仓库所保管的货物数量过大，就会导致库存成本、占用资本和占用仓库空间过大而影响仓库企业的利润；反之，如果仓库所保管的货物数量太少，也就是库存太少，就可能招致缺货或拖延交货而不能及时满足零售业的订货要求，甚至导致销售机会的丧失。因此，生产企业在现代经济条件下追求无仓储设施的“零库存”理想，物流企业则需要为生产企业提供“安全库存”而建设必要的仓储设施。要减少库存过多和过少的风险，实现“安全库存”，就需要在零售业层次上迅速、准确、持续地收集有关商品的销售信息，反馈给商流、物流乃至生产部门，形成能对应每时每刻都在变化的需求动向，从而以更短的时间间隔对生产、库存进行调整的机制，提高供需相符的精度，使订货、提货、交货、保管等环节如同精密齿轮那样紧紧地咬合起来。为此，需要建立与信息系统联动的，能最大限度压缩生产、流通各阶段库存的流水型的物流系统。作为连接生产与销售的订货与接单的联机系统枢纽，其一方面向流通渠道提供缺品率低、小批量、迅速及时地交货及定时配送等高质量的服务，另一方面帮助生产厂家更容易地把握合理的库存量和市场信息。例如，20 世纪 80 年代末，花王公司通过建立大型物流中心并推进物流信息化，大大缩短了库存回转天数，一般批发商的商品流转天数为一个半月，而花王公司只需 6 天，工厂的库存水准从两个半月减少为不到 15 天。

3.3.3　政策要素

相对于发达国家的物流产业而言，我国的物流产业总体上尚属于起步发展阶段，市场经济体制还有不完善的地方，发展现代城市物流，尤其是推进智慧物流建设，必须要有政府的引导和扶持。需要政府扶持的事项主要有以下七个方面。

1. 制定全国物流发展规划

当前，许多省区市都在分别制定物流发展规划，这些规划大部分是符合当地实际的。但随着区域经济的发展和物流的一体化运作，这种按照行政区划制定出来的物流规划在经济区域或全国范围内，必然出现许多矛盾和重复的地方。这就迫切需要全国的物流规划加以指导和引导。2022 年 5 月，国务院办公厅发布了《“十四五”现代物流发展规划》。这是我国现代物流领域第一份国家级五年规划，是“十四五”期间推动现代物流发展的纲领性文件，对加快构建现代物流体系、促进经济高质量发展具有重要意义。

2. 合理界定物流企业

我国物流业是在市场经济进程中发展起来的，也逐渐成为国民经济的重要产业之一，但物流产业的界限不是很清晰。现代物流业通常是多个传统产业以及多个物流活动环节的整合，对物流企业概念的界定要符合现代物流业和现代物流企业的特点。此外，随着经济的发展，供应链中企业分工越来越细化，越来越注重协同、共赢，这样的现实环境对物流企业的要求也越来越高，传统的物流企业已经不能满足供应链企业的服务需求。因此，对物流企业概念的界定一定要具有动态性，符合物流企业发展趋势。

3. 降低门槛，简化审批手续

“营改增”后，实际承担公路货物运输服务的个体运输业户因没有开具专票权利，异地经营开票受限，无法给下游货运企业提供增值税专用发票，导致增值税抵扣链条断裂，存在大量进项税额“应抵未抵”的情况，造成货运物流企业进项抵扣不足，税负“不降反升”交易成本较高。

4. 实施积极的投融资政策

现代物流业是技术密集、劳动密集的行业，也是资金密集的行业，特别是起步阶段，需要大量投入。积极的投融资政策主要表现在：对于现代物流龙头骨干企业可以实行财政贷款担保，支持这些企业优先取得贷款；对于按照现代企业制度要求规范运作的现代物流龙头企业，要积极推荐上市融资；对于大量的中小物流企业，要强化服务，使它们能够得到急需的贷款。同时，应该制定一些鼓励、引导多元化市场主体投资物流产业的政策，以增加发展现代物流产业的资金来源。

5. 国家需要加大投入

发展现代物流产业所必需的基础设施（如干线公路、铁路、民航和储备粮库），符合国家统一规划的大型物流园区和公共物流信息网络平台等属于基础性、公益性的物流基础设施，国家应该采用贴息贷款、投资参股、租赁经营等多种方式增加投入。对于物流标准化体系建设、物流统计信息体系建设、物流基础理论研究、重大物流规划和项目论证、重大技术推广和人才培训等事关全行业长远发展的大事，可以委托行业社团中介组织做好相关工作，政府应该像支持基础设施建设那样给予经费方面的支持。

6. 降低物流业的土地开发费用

由于物流园区具有一定的公益性质，且投资规模大，回收周期长，政府应该对园区企业在土地出让价格、配套设施费用上给予支持和适当优惠，如按照工业用地的标准来给物流用地定价，但应严格限制炒作土地。对于大型物流企业特别是仓储企业，运用现有土地优势，进行设施改造，功能提升，向现代物流转型，在土地开发费用方面更应该给予优惠。

7. 减轻物流企业的税费负担

物流领域的证照资质管理成本整体偏高，存在多头管理、重复审批现象。基层专业支撑能力不够，增加了审批时间和成本。按照“只进一扇门”“最多跑一次”原则，简化物流企业开展业务的行政审批手续，最大程度减少对物流企业业务创新的制约，为企业高质量发展提供良好的营商环境。

3.3.4 一般要素

物流系统的一般要素由人、财、物三方面构成。

1. 人的要素

人是所有系统中占主导地位、最为重要、起决定作用的要素。在物流系统中也不例外，人是保证物流活动得以顺利进行的最关键因素。随着经济全球化的发展，企业的竞争越来越表现为人才的竞争，培养人才、招揽人才、留住人才也是物流企业提高竞争力、建立合理有效的物流系统的根本要求。

2. 资金要素

资金是物流中不可缺少的一个要素，离开资金要素，物流企业是无法生存的。

3. 物的要素

物流系统中的物是指物流中必需的原材料、成品、半成品、能源、动力以及设施、工具等物质资料。

3.4 物流产业的需求规划

3.4.1 物流产业需求规划的概念和特点

1. 物流产业需求规划的含义

物流产业需求规划是指根据市场需求预测顾客订单和制定物流产业的发展规划，然后基于物流产业的各个产品生成进度计划，组成物流产业产品的材料结构表和库存状况，通过计算机计算所需物料的需求量和需求时间，从而确定物流产业的各个产品的加工进度和订货日程的一种管理模式和方法。

2. 物流产业需求规划的特点

由于物流活动日益渗透到生产、流通、消费等整个社会经济活动的过程之中，与社会经济的发展存在着密切的联系，是社会经济活动的重要组成部分，因而物流产业需求与社会经济发展有着密切的相关性，社会经济发展是影响物流需求规划的主要因素。

经济发展本身直接产生物流需求；宏观经济政策和管理体制的变化对物流需求将产生刺激或抑制作用；市场环境变化将影响物流需求，包括国际、国内贸易方式的改变和生产企业、流通企业的经营理念的变化及经营方式的改变等；消费水平和消费理念的变化也将影响物流需求；通信和网络技术的发展、电子商务的广泛应用等技术进步，对物流需求的量、质和服务范围均将产生重大影响；物流服务水平对物流需求也存在刺激或抑制作用。

物流产业需求规划的特点如下：

（1）具有相关性。在流通企业中，各种需求往往是独立的。而在物流产业需求规划系统中，需求具有相关性。例如，根据订单确定了所需产品的数量之后，由新产品结构文件 BOM 即可推算出各种零部件和原材料的数量，这种根据逻辑关系推算出来的物料数量称为相关需求。不但品种、数量有相关性，需求时间与生产工艺过程的决定也是相关的。

（2）具有确定性。物流产业需求规划都是根据主产品进度计划、产品结构文件和库存文件计划出来的，品种、数量和需求时间都有严格要求，不可改变。

（3）具有复杂性。要根据物流产业主产品的生产计划、产品结构文件、库存文件、生产时间和采购时间，把主产品的所有零部件需要数量、时间、先后关系等准确计算出来。当产品结构复杂、零部件数量特别多时，其计算工作量非常庞大，人力根本不能胜任，必须依靠计算机实施这项工程。

（4）具有时间跨度性。物流产业需求规划按照时间跨度来分类，可分为短期需求规划、中期需求规划和长期需求规划三类。

短期需求规划的目标通常为一两个月之后的变化，强调预计和预算当下日常物流运作方面的需求。中期需求规划的时间跨度一般从数个月到一年不等。因为时间跨度相对较长，通常包含一定的季节性特征，在规划方法的选择上需要考虑引入某些调节因素。长期需求规划的时间跨度为一到两年甚至更久，所涉及的需求规划复杂性大幅度提高。

以上根据时间跨度对需求规划进行了一个大致的分类。而在实际需求规划中，中期需求规划和长期需求规划并没有绝对的划分。

（5）具有季节性。季节性是指被观测到的周期性重复出现的规律或模式。这种模式通常与气候或季节有关，称为季节性规律。例如，夏季天气炎热，冷饮类产品、空调等的运输需求会增加。此外，季节性的模式也可能出现在较短的时间段内，如若干天或若干周内。

（6）具有派生性和独立性。物流产业需求随某种产品或服务需求的发生而发生，这就是派生需求。例如，汽车生产厂家对轮胎的需求随汽车需求的发生而发生，轮胎的需求可称为派生需求。派生需求有很强的倾向性。本例中，轮胎的需求主要依赖于汽车的需求，在对汽车的需求有一个准确的预测后，轮胎的需求预测将非常准确。有些物流需求的产生是随机的，而影响需求的因素众多或者不可获知，这样的需求称为独立需求。这类需求的预测，一般基于统计学的分析方法来解决。因此物流产业需求也具有独立性。

3.4.2 物流产业需求规划的五大重点行业

中国制造产业和商品流通行业的快速发展，再加上其广袤的地域以及当前中国各大企业在物流运作方面表现出的低效率（平均来说，一个制造商90%的时间用于进行物流运作，只有10%的时间真正用于生产），中国的物流市场呈现出巨大的发展空间。2001年，第三方物流的市场规模还只有400亿元人民币，到2023年，已经超过8.1万亿元人民币，年均复合增长率为27.3%。

在越来越多的行业中，企业对物流服务的需求已经远远不止于传统的仓储和运输服务。不同行业中的企业对物流服务的需求在程度和具体要求上都存在很大差异，而导致这些差异的根本原因有两个，首先是各行业目前所处的行业发展阶段，其次是各行业制造和运输本身的特性对物流的特殊要求。本书着重选取了物流服务在其行业价值链上占有重要地位并且对将来中国物流行业的发展和方向至关重要的五大行业——消费电子产品行业、快速消费品行业、汽车行业、冷链行业和医药流通行业，通过对这五个行业的分析来了解当前企业对物流服务的需求。由于不同的行业所处的发展阶段各不相同，不同行业中的企业也面临着不同的竞争压力。

1. 消费电子产品行业

消费电子产品行业在中国属于成熟行业，预计今后的市场将进入缓慢增长阶段，行业竞争愈来愈激烈，当前这种竞争直接表现为价格大战和对渠道的争夺。

一方面，面对越来越短的产品生命周期和产品的单位价值往往很高的行业特点，生产商越来越多地采用以销定产的方式，以期尽量少备库存或不备库存，从而要求对市场拥有快速响应能力。而另一方面，价格大战使生产商们在审查价值链的各个环节致力于降低生产总成本的同时，开始积极在二线城市和三线城市拓展市场。此外，电子产品的原材料种类繁多且大多属于国外进口，厂商们在建立企业的核心竞争力的同时不得不投入大量的人力承担繁琐的进出口业务。

2. 快速消费品行业

以软饮料行业为例，该行业目前已经发展得相当成熟：产品品种多、流通快，然而单位价值低，利润已经非常薄，市场竞争已经到了白热化阶段。

生产商们置身于激烈的价格大战中，一方面为降低单位成本而进行集中生产以实现规模经济，另一方面为了争取或保持其市场份额而进行中国范围内的销售，并把对市场的争夺由城市扩展到了农村，导致产销地之间距离遥远。而与此相对，客户对产品的新鲜度和在时间和地域上的可得性的要求却到达了近乎苛刻的地步，如一般在大型超市，如果货龄超过一周就拒收发来的货品。此外，消费者对软饮料需求的季节波动性很大，导致生产商普遍面临淡季生产、仓储和运输能力过剩而旺季则不足的窘境。

3. 汽车行业

汽车行业目前处于高速成长期。在供应远远大于需求的背景下，汽车行业已经拉开了价格战的序幕。由于汽车制造的巨大投资，制造商们需要拉动需求并提高其生产能力的使用率以降低单位成本；同时由于潜在客户的消费能力和他们中大部分人群对价格的高度敏感性，降低价格成为刺激消费和占领市场份额的必要手段。虽然汽车价格总体呈现下跌趋势，但目前中国汽车厂商的物流成本仍然高昂，占销售额的比例普遍在 13%～15%，远远高出目前欧美汽车厂商只占销售额 8%～10%的物流成本比例。于是，汽车制造商一方面开始寻求降低成本的解决方案以保持利润率，另一方面开始响应需求，实现从一线城市到二线城市的转移和市场的开拓。同时由于在一线城市的客户群开始成熟，他们对制造商和代理商在购买和维修的便利性和及时性等客户服务方面产生了比原先更多的需求。

4. 冷链行业

以快餐食物和乳品业为例，该行业正处于成长期。中国近几年经济的快速增长刺激了冷链产品的消耗，冷链行业进入了快速增长阶段。随着越来越多的企业投入此行业，行业竞争开始加剧。然而冷链的物流仍然处于起步阶段。

对冷链行业的生产商来说，当前市场竞争的焦点不在生产而在销售，而销售的瓶颈在于物流配送，物流的配送制约着企业的发展。例如，伊利和蒙牛等企业工厂接近原料产地却要支持中国范围内的销售，尤其距离销售量最大的东南沿海一带路途遥远；而光明乳业等企业距离东南沿海城市虽然近，但距离其原料产地又是路途遥远——整个行业的供应链因此被拉得很长。与此同时，冷链行业的产品对保存和运输又有严格的温控要求，并且产品容易变质。于是，长期以来生产商不得不花费大量的人力和物力承担产品的配送。然而市场日益激烈的竞争却要求生产商把精力集中在发展其核心竞争力上，而甩去物流这个沉重的包袱。

5. 医药流通行业

尽管医药本身在中国是个成熟行业，但随着医药分销体制改革的进一步深化，医药流通行业在中国成了一个新生期的行业。中国医药行业长期以来受政府调控，重生产轻流通。无论是生产领域还是流通领域的企业，都是各自为营，小而全，缺乏经济规模。医药公司的分布具有很强的地区性，从药品制造商到医药公司再到医院等客户，整个产业的供应链存在很大程度的资源重复和浪费。

在医药流通行业，医药公司如今面临着前所未有的严峻局面：由于医药的采购价格由制造商确定，而销售价格又由国家确定，医药公司一直以来都是整条产业链上最薄弱的环节，缺乏定价的力量；而近年来国家政策的改变将原来的一级批发商—二级批发商—零售商的分级分销体系扁平化，从而加剧了流通行业的竞争；再加上中国入世以后允许外资的物流企业进入中国，医药公司将直接与他们展开竞争。因此，优化产业的供应链管理，降低成本以获取竞争力和利润成为医药公司的当务之急。

以上分析也说明了中国物流业的发展尚处于初级阶段。中国的物流市场已经启动，但是还没有被激活。在看好物流前景的同时，不能苛求新兴的物流业一夜之间就达到世界平均水平。一方面，中国物流业存在着严重的重复建设和地方割据现象。这种现象表现在：企业盲目扩张自有物流经营范围，从而使设备及人员利用极不充分，造成了巨大的资金闲置和浪费；第三方物流企业带有明显的地域特征，缺乏中国范围内的大型物资流通机制；同时，管理混乱、地方保护主义等因素也导致中国物流产业难以实现大规模的快速发展。另一方面，许多物流企业的信息化程度低，从而使企业反应迟缓、效率低下。少数一些物流企业虽然已经开始了信息化建设，但其使用的相当一部分物流管理软件不够先进，业务信息与财务信息不能实现集成和实时控制，无法从根本上降低运营成本和提高效率。

3.5 物流产业的需求预测

3.5.1 物流产业需求预测概述

1. 物流产业需求规划的目的与作用

物流需求预测的目的是及时准确地掌握物流需求情况及变化规律，结合实际状况，提出切实可行的需求目标，在此基础上制定需求规划，指导物流工作的开展。

物流需求预测具有以下作用：

（1）物流需求预测是改善物流管理的重要手段。在物流管理活动中，企业如果能够根据历史材料和市场信息，通过预测了解市场未来的需求变化，对未来的物流需求状况进行科学的分析、估算和推断，就能采取适当的策略和措施来谋取最大的利益。例如，如果预测到下个月某种商品的市场需求量将有大幅度的上扬，企业就可以事先进行采购预测，调整库存策略，以免供不应求而失去市场机会。

（2）物流需求预测是物流需求分析的必要环节。物流需求分析是指对物流需求与生产需求的社会经济活动进行相关分析的过程。在分析的过程中，要准确把握物流发展中诸多因素的影响，就必须依靠预测。因此，一切物流需求分析活动，都是从信息的了解和预测入手的。

物流需求预测是物流需求分析的必要环节，但并不是最终目的。物流需求预测的真正意义在于指导和调节物流管理活动，以便采取适当的策略和措施，谋取更大的利益。

（3）物流需求预测为物流发展规划和战略提供依据。通过物流需求预测，可以揭示和描述市场需求的变动趋势，勾画未来物流需求发展的轮廓，并对物流需求发展可能出现的有利方面和不利方面、成功的机会和失败的风险，进行全面、系统的分析和预见，从而为物流发展规划和战略提供依据。例如，企业可以通过对客户的需求预测了解到采取什么样的经营方针对企业更有利。

2. 物流需求预测的原理

“凡事预则立，不预则废。”事物之所以能够预测，是因为事物的发展变化总呈现出一定的规律或表现出一定的特征，这些规律或特征就是预测的理论依据，即预测的原理。

（1）可知性原理。世界上一切事物的运动、变化都是有规律的，同时，客观事物发展的规律性是可以被认识的。因此，世界是可知的，人们不仅可以认识事物的过去和现在，还可以通过总结过去和现在，寻求预测规律，认识未来，人们正是根据这一原理从事各项预测活动的。就物流市场而言，其发展规律也是可以被认知的，人们可以根据物流市场发展的规律性，去预测物流市场未来的发展变化趋势。

（2）可能性原理。由于事物的发展具有各种可能性，因此预测对象的相关因素也不是一成不变的，都有其固有的发展历史。这些因素在各个发展阶段对预测对象都有影响，并相互制约，有时甚至能改变预测对象的发展方向或性质。根据可能性原理，在对物流市场进行预测时，要按照预测对象发展变化的多种可能性去确定预测值。

(3) 可控性原理。任何事物的发展都具有不以人的意志为转移的客观规律性，人们只能按客观规律办事。但这并不说明人在客观规律面前是无能为力的，当人们认识了客观事物发展的规律后，就可以预测各种事物未来发展的趋势和进程，从而能够积极创造条件，对事物的发展进行必要的控制，使事物朝着人们所希望的方向发展。依据可控性原理进行物流预测，应尽可能利用物流系统中的可控因素，重视研究政府的方针政策、国民经济发展计划对物流的影响，从而增强人们对物流发展趋势和进程的控制能力。

(4) 系统性原理。系统论认为，事物是在普遍联系中存在和发展的，任何一种事物都有一个完整的系统，它不仅与其他事物存在相互联系、相互制约的关系，在其系统内部各组成部分之间也存在相互联系、相互作用的关系。物流系统也是一个庞大的有机整体，必须将其看作一个大系统。在系统性原理的指导下，物流市场预测不能独立地、封闭地研究预测对象。一方面，必须把预测对象放在社会经济的大系统中加以研究，将物流市场预测与人口预测、工业预测、农业预测等有机地结合起来；另一方面，还必须把预测对象与其内部的各子系统有机地结合起来，在不同层次上分析预测对象的影响因素。只有这样，才能防止顾此失彼，产生片面性，从而提高预测结果的准确性和实用性。

(5) 连续性原理。任何事物的发展变化都有其合乎自身规律的连续性，只要规律发生作用的条件不变，则合乎规律的现象必然重复出现。物流市场也和其他事物一样，其发展变化具有连续性，现在的物流市场状况是过去物流市场的历史演进，未来的物流市场状况也将是现在物流市场发展的继续。因此，可以通过分析历史和现实的物流市场资料，找出物流市场发展变化的固有规律，按照连续性原理进行逻辑推理，以预测未来物流市场的状况。连续性原理通常也称为惯性原理，它是趋势外推预测方法的理论依据，如时间序列包括的预测方法。

基于惯性原理的预测方法比较适合于短期定量预测，且研究对象在预测期内的发展趋势不会产生“突变”的场合。

(6) 类推性原理。客观事物之间在结构和发展模式上往往存在某种相似性，人们可以根据已知事物的结构和发展模式，类推某个预测目标未来的结构和发展模式。因为典型样本与总体在结构和发展模式上具有相似性，可以利用典型样本来推断总体，并得出符合实际的结论，这就是预测的类推性原理的基础。运用类推性原理进行预测，既适用于同类事物之间的类推预测，也适用于不同事物之间的类推预测。在不同事物之间进行类推预测时，不同事物之间在结构、本质特征和发展模式上必须具有明显的相似性。

类推可分为定性类推和定量类推，如利用甲地在某一经济水平的物流弹性，来预测与甲地相类似的乙地达到同一经济水平时的物流弹性。

基于类推性原理的预测方法，适合于两种事物的发展规律或发展特征具有明显的相似性，且两种事物在发展时间上存在先后差别的场合。

(7) 因果性原理。世界上各种事物、现象的交织变化和更替运动存在于因果关系变化之中。作为原因的某种现象一旦发生，作为结果的另一种现象必然随之发生，有因必有果，有果必有因。依据因果性原理，人们一旦准确把握某种事物或现象发展变化的原因，便可以从已知原因推测该事物或现象未来发展变化的结果。

运用因果性原理进行物流市场预测时，要注意以下两点：①必须重视对预测目标的各种因素进行具体分析，找出预测目标与影响因素之间的数量变动关系和因果关系；②必须对预测目标的因果关系进行全面分析，在物流市场发展的因果链条中，分清对预测目标起作用的内部与外部原因，紧紧把握住影响预测目标的主要原因和内部原因，排除非主要原因的干扰，从而由因推果，推测物流市场未来的发展趋势。

(8) 相关性原理。任何事物的发展变化都不是独立的，事物之间的相互影响常常表现为因素关系或关联关系。基于相关性原理的预测方法，适合于事物之间存在明确的因果关系或存在统计学上明显的相关性的预测场合。

(9) 反馈性原理。预测效果的检验标准是事物未来的实际，预测值与实际发生情况之间存在差异是正常的、绝对的。因此，在物流市场预测中，要靠各种渠道把各种市场信息迅速、准确地反馈出来，并反馈到远期预测值，经类比、判断、加工后调整预测模型，得到新的误差后再反馈处理，从而形成预测的反馈系统。

(10) 可检性原理。可检性是预测的基本特点，这也是对预测的基本要求，如果不具备这一特点，预测工作就不具有科学性。可检性是指预测结果必须是明确无误的，不能是含糊的或模棱两可的，必须指出事件发生与否和数值的大小，以被未来的实践所验证。在实际预测中，常可用多种预测方法对同一事件进行预测，目的是相互检验预测方法的优劣；对同一事件采用不同的信息源进行预测，其目的也是相互检验，取得一致的预测结果。

(11) 经济性原理。预测是一种经济管理活动，必须考虑经济效益。预测的目的是运用，这就要求预测具有一定的可行性，要在保证预测质量的前提下，尽量以较少的预测费用获得较好的预测效果。

以上预测原理为定量预测的方法提供了理论基础。

3.5.2 物流产业需求预测的步骤

物流产业需求预测主要分为准备阶段、实施阶段、模型检验、结果分析和决策阶段。

1. 准备阶段

(1) 确定预测目标。确定预测目标是开展物流需求预测工作的第一步，因此，必须首先根据决策任务要求确定预测目标，包括预测指标、预测对象和预测期限。只有预测目标明确，才能根据目标去收集数据、选择预测方法和预测精度。

(2) 资料收集和整理。根据选用的预测方法和预测指标，通过直接或间接方法，尽可能多地收集有关预测对象的各种资料和统计数据，并对数据进行分析、整理，去伪存真，填平补齐，形成合格的数据样本。获得数据的方法除了从统计数据部门直接获得相关数据外，还包括观察法、调查法、访谈法、问卷法等。需求资料可以按照物流需求的时间、空间、数量、结构和方向等方式进行整理。

(3) 数据分析。数据分析是最重要的一步，关系到以后方案的执行。首先通过数据分析查找容易出现的问题，进行数据核查；然后对出现的问题进行处理，即数据处理；接着提高数据的可比性，对数据进行一些简单的转换，使其数据满足数据分析的需要；最后对预测的数据进一步检测内容是否满足分析的需要，进行检验与修正，确保优质的数据进入后面的预测阶段。

2. 实施阶段

(1) 选择预测方法。根据预测的目标以及各种预测方法的特点，选出合适的预测方法。不同的预测方法各有特点，其适用的范围也都存在明显不同，预测方法的选用是否恰当，直接影响到预测的精确性和可靠性。

(2) 建立预测模型。根据选定的预测方法，用有关变量来真实表达预测对象的特征，建立起能反映研究对象变化规律的模型。例如，采用数学模型，就需确定模型的形式，并用收集到的资料进行必要的参数估计，求出模型的有关参数。预测模型是预测对象发展规律的近似模拟。

(3) 模型预测。根据所建立的模型，按照相应的方法，代入数据进行模型的运算，得到预测的结果。

3. 模型检验

(1) 模型检验与评价。根据预测模型得到的结果对模型进行检验、修正和评价。如果预测结果与实际值存在很大的差距，模型评价不好，则需要重新收集资料，进行数据分析，重新选定预测方法，直至满意为止。

(2) 预测结果检验。实际的系统受多种确定因素和随机因素的影响，而预测模型不可能考虑所有因素，故预测结果与实际值有一定差距，即会产生预测误差。如果误差太大，就失去了预测的意义。因此，必须对建立的预测模型的有效性和合理性进行检验。一方面要对有关假设进行检验，另一方面要对模型精度即预测误差进行检验。如果预测结果与实际值之间有显著的误差，则说明预测模型不合理，这时就必须对原有的预测模型进行修正或重新设计；如果实际情况发生较大变化，则原有的预测方法也必须重新选择。

4. 结果分析

运用通过检验的预测模型，使用有关数据，预测结果；并运用有关理论和经验对结果进行分析，必要时还可以运用不同的模型同时预测结果并加以分析对比，以便做出更加可靠的判断，为系统决策提供科学依据。

5. 决策阶段

决策阶段的工作主要是编制预测报告，预测报告的内容应该包括物流需求预测的目标、预测对象及有关因素的分析讨论，主要资料和数据，选择预测的方法和构建的模型，预测结论的评估、分析与修正。

这五个阶段只是一般步骤，实际工作时，应根据具体情况灵活运用。实际上，要完全达到目的，往往需要若干次的迭代和修正。因此，预测是对客观事物不断认识和深化的动态过程。

可以看出，预测过程是一个收集资料、处理数据、分析结果和做出决策的过程。在整个预测过程中，对预测成败影响最大的是两个分析和处理：一个是对收集到的资料进行分析和处理，这直接影响到预测模型的建立；另一个是对利用模型求得的预测结果进行分析和处理，它直接决定预测的质量。这两个分析和处理最能体现预测者的水平和能力。

3.5.3　物流产业需求预测的基本方法

物流需求预测的方法和手段，总称为物流需求预测技术。物流预测可以推动物流信息系统的计划并加以协调，通常可以预测未来出现的事件，如物资计划需求量、成本材料费控制水平、仓库储备量等，也可以是定期对配送中心装运的某一产品进行的一种预测，也可能要对几个时期的资料进行汇总，做出分析和报告。精确的物流预测及由此生成的计划可以使物流经理积极地分配资源，而不需要付出昂贵的代价对生产能力或库存需求做出反应。

在供应链管理过程中，物流经理根据战略目标预测对生产需求和设施能力需求进行有利约束；合理地计划现金流量和商业活动；通过物流需求预测，确定产品是如何向配送中心和多级仓库进行协调分配的；通过制造预测确定采购需求，从而影响生产计划。显而易见，要实现供应链一体化，就需要通过多方预测来推动全方位的活动。例如，物流需求应结合采购活动和大规模销售活动进行预测，以便使物流能够在生产能力约束之内进行作业。

根据方法本身的性质的不同，可将预测方法分成两大类，即定性预测方法和定量预测方法。

定性预测也称直观预测法或经验预测法，是指预测者依靠熟悉业务知识、具有丰富经验和综合分析能力的人员与专家，根据已掌握的历史资料和直观材料，运用个人的经验和分析判断能力，对事物的未来发展作出性质和程度上的判断，再通过一定的形式综合各方面的意见，作为预测未来的主要依据。

定性预测常用于预测一般商业趋势，或长时期内对某类产品或服务的潜在需求，主要为高层管理者所使用。此外，因为定性预测对数据要求少，所以在历史数据稀少的新市场或新产品预测中使用较多。对社会经济生活中一些突变因素，如政策调整对市场的影响，由于无适当变量或模型作量化分析，也大多采用定性预测法。定性预测方法也有许多种，目前，在长期经济预测和技术预测中使用得较多的是专家调查法。

定量预测也称统计预测，是指主要依靠历史统计数据，运用数学的概念、理论和方法，对预测对象的量的关系、量的变化进行推导和演算，定量地表示出预测对象未来的发展状态的方法。进行定量预测，通常需要积累和掌握历史统计数据。

定量预测适应了企业管理中量化未来需求的要求，在生产经营，尤其是物流管理领域起着重要作用。但由于远期预测误差过大，会使预测本身失去价值，所以定量预测法大多数用在近期预测上。

定量预测的方法有很多，在物流需求预测中常用的方法有时间序列预测法（包括算术平均法、加权平均法、移动平均法、指数平均法等）、因果分析法（包括回归分析法、一元线性回归分析、多元回归分析等）和计算机仿真预测方法（包括聚焦预测法、神经网络预测法等）。

综合预测是指两种以上预测方法的组合运用。通常是定性方法和定量方法的组合运用，或者两种以上定量预测方法的综合运用。综合预测法的预测结果较为可靠和精确，这是因为各预测方法都有其相应的适用范围和优点，综合预测法兼有多种预测方法的长处。

定性预测主观性很强，受人为因素影响较大，通常只对实践起指导作用，适合用作战略决策的依据；定量预测比较客观，而且量化的数据可以直接用来帮助制订物流计划，在管理中应用广泛。定性预测和定量预测并不是相互排斥的，而是可以相互补充的，在实际预测过程中应该把二者结合起来正确地使用。

物流系统是开放的系统，影响物流需求的因素众多，为了提高经济预测质量，在进行定量预测时，也要进行定性预测。物流需求预测应将定性分析作为出发点，定量预测应以定性分析为基础。任何质量都表现为一定的数量，都有决定质量的数量界限。定量预测虽然可以使定性分析深入和具体化，但是定量预测只能测定主要因素的影响，其余因素特别是无法定量的因素的影响，则难以包含。因此，在定量预测之后，也要进行定性分析，对其结果进行必要的调整，才能使预测结果与实际接近。

定性预测的方法有很多，但从物流应用的广泛性、实用性和有效性角度来看，主要有德尔菲法、头脑风暴法、情景分析法、主观概率法和历史类比法等。本节重点介绍德尔菲法、头脑风暴法和主观概率法。

1. 德尔菲法

德尔菲法又称专家调查法，起源于 20 世纪 40 年代末期，最初由美国兰德公司首先使用，之后很快就在世界上盛行起来。在初始阶段，大多数预测案例都是科技预测的内容，因而许多人误解它只不过是科技预测的一种方法。实际上并非如此，现在此法的应用已遍及经济、社会、工程技术等各个领域。特别是在缺乏详细的充分的统计资料、无法采用其他更加精确的预测方法时，这种方法具有独特优势。一般常用德尔菲法和其他方法相互配合进行长期预测。

1）德尔菲法概述

（1）德尔菲法的预测步骤。用德尔菲法进行预测的主要过程是：由主持预测的单位选定预测课题相关领域的专家，人数多少视具体问题而定，并与专家建立直接的联系；联系的主要方式是函询；通过函询收集专家的意见，加以综合、整理后匿名反馈给各位专家，再征求意见；这样反复经过 4～5 轮，逐步使专家的意见趋向一致，作为最后预测的根据。德尔菲法包括三个阶段。

①准备阶段。该阶段主要完成两方面的工作：拟定征询意见表和选定征询对象。

首先，根据预测的目的和要求，拟定需要调查了解的问题，列成预测意见征询表。征询表的设计应做到：主题明确、中心突出；语言简练、文字表达准确；问题简单明确，且数量不宜过多；问题之间应有一定的内在联系，以使被征询者保持一个连贯性的思路；问题要有启发性；问题的解答应便于数量化处理；表格的设计应当清楚，不要太复杂；表格中应当提供一些已掌握的背景材料，供专家预测时参考。总之，征询表的设计要有利于专家充分发表自己的意见，同时又不离题。

其次，选定征询对象。选择的专家是否合适是德尔菲法成败的关键。具体地说，专家的选择要注意以下几点：自愿性，保证专家充分发挥积极性、创造性和聪明才智。广泛性，德尔菲法要求专家有广泛的来源，这也是定性预测本身需要多样化的知识的要求。人数适度，选择专家的人数要适宜，人数过少，缺乏代表性，信息量不足；人数过多，组织工作困难，成本增加。人数一般以 20～50 人为宜。

②轮番征询阶段。准备阶段的工作完成以后，就进入向专家们进行正式调查的阶段，这一阶段的工作主要是反复地轮番征询专家意见。第一轮，预测主持者首先向专家寄送意见征询表，请专家在限定时间内寄回结果。接到专家的结果之后，主持者要将各种不同意见进行综合整理，汇总成表，然后再分送给各位专家，进行第二轮征询。在第二轮征询中，

每位专家都能了解其他人的意见及其他人对自己意见的评价，这有助于专家们对上一轮的各种意见进行比较，据此修正自己的意见、判断。待第二轮答案寄回后，主持者还要加以综合整理，并进行下一轮征询。一般情况下，专家意见经过3～4轮征询，就会基本趋于一致。

③作出预测结论阶段。该阶段要根据几次征询所得到的全部资料，最后作出预测结论。在作出预测结论阶段，最重要的工作是用一定的统计方法对专家的意见作出统计归纳处理。常用的统计处理方法有中位数和上、下四分位数法，算数平均统计处理法等。下面在应用举例部分具体介绍。

（2）德尔菲法的特点。

①匿名性。在德尔菲法的每一轮征询中，均采用"背靠背"的办法向专家征询意见，这样可以保证每位专家不制约、影响其他人的意见，每个专家都可以完全客观地发表自己的意见，保证了数据的可靠性。

②反馈性。采用德尔菲法需要多次轮番征询意见，每次征询都必须把预测主持者的要求和上一轮专家意见的统计结果反馈给专家，因此，德尔菲法具有信息反馈沟通的特点。这样经过多次反馈，可以不断修正预测意见，保证了信息的充分交流和磋商。

③集思广益。在整个预测过程中，每一轮调查都将上一轮的许多意见与信息进行汇总和反馈，这样可以使专家们能充分了解各方面的客观情况和其他专家的意见，从而有助于专家们开拓思路，集思广益。

④趋同性。德尔菲法强调对每一轮的专家意见进行定量的统计归纳，使专家们能借助反馈意见，最后使预测意见趋于一致，即德尔菲法能使专家的预测结果"趋同"，而且这种"趋同"不带有集体讨论中盲目屈从权威的色彩。

（3）德尔菲法的优缺点。

德尔菲法的优点是：①该方法既能充分发挥每个专家的经验和判断能力，又能将个人的意见有效地综合为集体意见；②该方法简单易行，且可靠性好。可以说，德尔菲法是一种科学性较强，适用范围广，可操作性强，较为实用的定性预测方法。

德尔菲法的缺点是：①预测需要的时间较长；②主要凭专家的主观判断，缺乏客观标准。

该方法适用于没有足够信息资料的中、长期经济预测与科技预测，还可用于决策和技术咨询等方面。另外，对于难以用精确数学模型处理，需要征求意见的人数较多、成员较分散、经费有限，或某种原因不宜当面交换意见的问题，用该种方法预测效果较好。

2）德尔菲法应用举例

下面介绍Excel计算中位数和上、下四分位数的函数。

（1）中位数。中位数是指全体数值按大小顺序排列后，位于中间的数值，即大于或小于中位数的数目各一半。

Excel计算中位数采用函数MEDIAN，格式如下：

MEDIAN(参数1，参数2，…，参数30)

例如，MEDIAN(1，2，3，4，5，6，7)＝4；

MEDIAN(1，2，3，4，5，6，7，8)＝4.5(为4与5的平均数)。

（2）四分位数。四分位数是指将中位数的前后两部分数值再等分为两半，自数值小的一端算起，前半部的分割点称为上四分位数，后半部的分割点称为下四分位数。

例如，调查问题是“某种新技术大约多少年可以出现”，选择 11 个专家调查，其回答分别是：10、11、12、14、14、15、18、19、20、22、23，则中位数是 15，上四分位数的项数=$(N+1)\div4=3$，数值为 12，下四分位数的项数=$3\times(N+1)\div4=9$，数值为 20。调查的结果即有 60%以上专家的预测值在上、下四分位数之间，因此可以认为预测基本上是一致的。

Excel 计算四分位数使用 QUARTILE 函数，格式如下：

QUARTILE(数组，分位点)

其中，数组可为数值数组或单元格范围；分位点为计算四分位数的分割点数字，详见表 3-1。

表 3-1　分位点说明

分位点	作用与意义	分位点	作用与意义
0	得到最小值	3	计算下四分位数
1	计算上四分位数	4	得到最大值
2	得到中位数		

[例 3-1]　设有 9 位专家对某地 2024 年工农业总产值有以下的预测结果(表 3-2)，用四分位数进行分析。

表 3-2　9 位专家对某地 2024 年工农业总产值的预测结构

单位：亿元

x_1	x_2	x_3	x_4	x_5	x_6	x_7	x_8	x_9
21	22	23	24	25	26	27	28	29

解　输入上述数据，使用 Excel 计算中位数和上、下四分位数，如图 3-1 所示。那么，以中位数作为 2024 年某地工农业总产值的期望预测值，则 $x_{中}$=MEDIAN(B1:B9)=25(亿元)；上、下四分位数分别为：$x_{上}$=QUARTILE(B1:B9,1)=23(亿元)，$x_{下}$=QUARTILE(B1:B9,3)=27(亿元)。结果即有 50%以上专家的预测值在上、下四分位数之间，因此可以认为预测基本上是一致的。

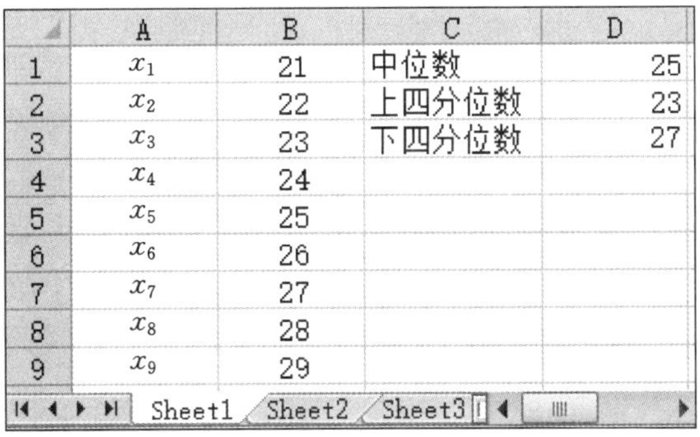

	A	B	C	D
1	x_1	21	中位数	25
2	x_2	22	上四分位数	23
3	x_3	23	下四分位数	27
4	x_4	24		
5	x_5	25		
6	x_6	26		
7	x_7	27		
8	x_8	28		
9	x_9	29		

Sheet1 Sheet2 Sheet3

图 3-1　用 Excel 计算范例数据

此法是为决策者进行科学决策而进行预测的一种行之有效的方法,符合专家与群众相结合的精神。不论工业、农业部门,还是国防、科技部门,在制定远景规划、确定建设重大工程项目之前,为了预测其经济效果,找出潜在问题,均可使用此法。

值得注意的是,此法与我国使用传统的调查分析法是有区别的。德尔菲法有三点明显的特征,即在使用时必须坚持匿名性、反馈性和趋同性。经过数轮征询后,专家们的意见相对收敛,趋向一致。一旦有个别专家与众人观点不同,则要求他详细说明理由。我国使用传统的调查分析法,既没有反馈性、匿名性的要求,更没有趋同性的要求,这是值得注意的。

下面通过一个实例说明德尔菲法的应用。

[例 3-2] 某公路部门准备将原有的一段普通公路改造为高速公路,为进行该工程的经济评价,需要对该公路今后若干年的车流量作预测。预测采用德尔菲法进行,具体过程如下。

①提出问题:用德尔菲法预测该公路今后第五年的日均车流量。

②邀请专家:邀请了 4 位经济学家、3 位研究人员、4 位领导人员、6 位业务人员和 3 位客户代表,发放意见征询表,要求每人对该公路今后第五年的日均车流量进行预测。

③意见汇总、整理、计算、分析,经过三轮的意见反馈,得到该公路车流量的预测统计情况,见表 3-3。

表 3-3　公路车流量的预测统计表

单位:辆

专　　家	第一轮意见	第二轮意见	第三轮意见
经济学家 A	50 000	60 000	55 000
经济学家 B	55 000	55 000	55 000
经济学家 C	40 000	50 000	50 000
经济学家 D	45 000	50 000	55 000
研究人员 A	60 000	70 000	76 000
研究人员 B	50 000	50 000	50 000
研究人员 C	40 000	42 000	45 000
领导人员 A	30 000	40 000	41 000
领导人员 B	50 000	54 000	58 000
领导人员 C	30 000	40 000	41 000
领导人员 D	26 000	40 000	45 000
业务人员 A	35 000	45 000	48 000
业务人员 B	20 000	25 000	35 000
业务人员 C	30 000	35 000	40 000
业务人员 D	60 000	60 000	60 000
业务人员 E	10 000	20 000	32 000
业务人员 F	25 000	36 000	40 000

续表

专　　家	第一轮意见	第二轮意见	第三轮意见
客户代表 A	30 000	40 000	45 000
客户代表 B	40 000	48 000	55 000
客户代表 C	15 000	20 000	35 000
合　计			961 000

④根据统计表,采用适当的计算方法得出预测结果。

解　方法一:用平均数计算。

公路车流量预测结果＝961 000÷20＝48 050(辆)。

方法二:用中位数计算。

首先把 20 位专家的第三轮预测意见从小到大依次排列,从而得以下数列:32 000,35 000,35 000,40 000,40 000,41 000,41 000,45 000,45 000,45 000,48 000,50 000,50 000,55 000,55 000,55 000,55 000,58 000,60 000,76 000。则中位数为第十个数和第十一个数的平均数＝(45 000＋48 000)÷2＝46 500(辆),即公路车流量预测结果为 46 500 辆。

2. 头脑风暴法

头脑风暴法是以专家的创造性思维来获取未来信息的一种直观预测方法。用头脑风暴法进行预测的主要过程是:由主持人召集一个没有限制的自由讨论会;主持人首先提出一个要讨论问题的清单;然后请专家们各抒己见,提出自己的观点和看法。该方法是吸收全体专家积极参加的创造性思维过程,能使微观的智能结构形成宏观的智能结构,并通过专家的信息交流而引起共振,所以该方法又称为思维共振法。

1) 头脑风暴法概述

(1) 组织头脑风暴法应遵循的原则。①专家的选择要与预测的对象相一致,而且要有一些知识渊博、对问题理解较深的专家参加;②被挑选的专家最好是彼此不认识的,若彼此认识,应从同一职称或级别中挑选;③在会议上不公开专家的所在单位、年龄、职称或职务,做到一视同仁;④创造一个真正自由发言的环境,鼓励参加者积极发言,意见和建议越多越好,对他人意见不反驳、不评价,可以补充和发展相同的意见。

(2) 头脑风暴法邀请的专家。①方法论学者,即预测领域的专家;②设想产生者,即所讨论问题的专家;③分析者,即所讨论问题领域的高级专家;④演绎者,即具有发达的推断思维能力的专家。

(3) 头脑风暴法包括直接头脑风暴法和质疑头脑风暴法两大类。

直接头脑风暴法一般按下列步骤实施。

①确定与会专家的名单、人数和会议时间。为了提供一个创造性的思维环境,与会人员尽量互不认识;会议人员以 10 人左右为宜,会议时间 1 小时左右,不宜过长。

②召开专家讨论会。会议主持人首先要对预测问题作简要说明,使与会专家明确要预测的问题,然后请专家们参加讨论、发表意见。在讨论中,主持人要创造一种自由、活跃、民主的讨论气氛,激发专家们参与讨论的积极性。会议主持人要严格限制讨论范围,对专家

们提出的各种意见和方案不持否定和批评态度，在讨论会上提出的预测设想多多益善，因为讨论的问题越广、越深，产生有价值的设想的概率越大。

③对各种设想进行归类、比较和评价。会议主持人要对所有提出的设想编制名称一览表，用专业术语表述每一种设想的内容和特点，找出重复或互为补充的设想并进行比较分析和评价，以此为基础形成一种较为完整的综合设想。

质疑头脑风暴法是指对直接头脑风暴法提出的已系统化的预测方案进行质疑分析的预测方法。其做法与直接头脑风暴法基本相同，主要是对一种预测方案实现的可行性进行全面质疑和评价。在对已提出的设想能否实现进行论证时，要着重分析存在的制约因素，以提出消除限制因素的建议。在质疑过程中，鼓励提出可行性设想，从而进一步完善预测方案，形成一个更科学、更可行的预测规划。

(4) 头脑风暴法的优缺点。

头脑风暴法的优点是：①由于该方法是在充分利用专家个人丰富的知识和经验的基础上，通过交换意见、互相启发，对过去发生的事情进行分析和评价，对未来的趋势进行探索和判断，因而能较全面地考虑到事件发生的可能性，从而达到预测的目标；②这种预测方法简单易行，节省时间。

头脑风暴法的缺点是：①由于参加会议的人数有限，故不能更广泛地收集各方面的意见；②由于是面对面地讨论，所以可能会出现少数人的正确意见屈服于多数人的错误意见，或者大多数人受权威人士意见的左右，不能充分发表个人意见和看法。

2) 头脑风暴法应用举例

[例 3-3] 某公司根据 2022—2023 年北京某品牌车辆的销售量，对北京某品牌 2024 年 1 月的销售量进行预测。从各相关领域选择 8 名专家，组成专家小组。发放意见征询表，要求每人对北京某品牌 2024 年 1 月的销售量进行预测。最后进行意见汇总、整理、计算、分析，经过三轮的意见反馈，得到北京某品牌销售量的预测统计情况，见表 3-4。

表 3-4 北京某品牌 2024 年 1 月销售量的预测统计表

单位：万辆

次数		专家号								平均值
		1	2	3	4	5	6	7	8	
第一次	最低数	6.5	7.2	6.9	5.9	7.4	7.7	7	7.5	7.012 5
	最可能数	7	7.6	7.5	6.5	7.8	8.2	7.3	7.9	7.475
	最高数	7.8	8.2	7.9	7.4	8.2	8.5	7.7	8.1	7.975
第二次	最低数	6.7	7.3	7.1	6.6	6.9	7.3	7.3	6.9	7.012 5
	最可能数	7.2	7.6	7.5	6.8	7.4	7.9	7.8	7.3	7.437 5
	最高数	7.7	8.2	8.1	7.3	7.9	8.2	8.3	7.6	7.912 5
第三次	最低数	7	7.2	7.3	6.8	6.9	7.3	7.2	7.2	7.112 5
	最可能数	7.3	7.5	7.5	7	7.3	7.6	7.4	7.3	7.362 5
	最高数	7.7	7.7	7.8	7.5	7.5	7.8	7.9	7.8	7.712 5

解　(1) 在预测时,最终一次判断是综合前几次的反馈作出的,因此在预测时一般以最后一次判断为依据。将8位专家的第三次意见的平均值作为预测值,则销售数量为:(7.112 5+7.362 5+7.712 5)÷3=7.395 8(万辆)。

(2) 将最可能销售量、最低销售量和最高销售量分别按0.50、0.20和0.30的概率加权平均,则预测平均销售量为:7.362 5×0.50+7.112 5×0.20+7.712 5×0.30=7.417 5(万辆)。

(3) 用中位数计算,可将第三次判断按预测值高低排列,见表3-5。

表3-5　第三次预测值的高低排序

单位:万辆

最低销售量	6.8	6.9	7	7.2	7.2	7.2	7.3	7.3
最可能销售量	7	7.3	7.3	7.3	7.4	7.5	7.5	7.6
最高销售量	7.5	7.5	7.7	7.7	7.8	7.8	7.8	7.9

中间项=$(n+1)\div 2$(n为项数),最低销售量的中位数为7.2,最可能销售量的中位数为7.35,最高销售量的中位数为7.75。

将最可能销售量、最低销售量和最高销售量分别按0.50、0.20和0.30的概率加权平均,则预测平均销售量为:7.35×0.50+7.2×0.20+7.75×0.30=7.44(万辆)。

选择使用平均数或中位数的原则是:如果数据分布的偏态较大,一般使用中位数,以免受个别偏大或偏小的判断值的影响;如果数据分布的偏态比较小,一般使用平均数,以便考虑到每个判断值的影响。

3. 主观概率法

1) 主观概率法概述

一般情况下,人们无法计算事情发生的客观概率,只能用主观概率来预测相关事件发生的概率的大小。主观概率是指人对某事件发生可能性的主观估计值。主观概率法就是利用主观概率对各种预测意见进行集中整理,得出综合型预测的方法。它是一种实用性很强的统计方法,广泛应用在生活的各个领域。

主观概率法包括以下四个步骤:

(1) 准备相关资料。

(2) 编制主观概率调查表。

(3) 结果整理。

(4) 数据分析与预测。

在预测中常用的主观概率法有主观概率加权平均法和累计概率中位数法。

2) 主观概率加权平均法

该方法是以主观概率为权数,对各种预测值进行加权平均,求得最终预测值。其主要包括以下三个步骤:

(1) 确定主观概率。

(2) 计算综合预测值。

(3) 计算平均期望预测值。

主观概率加权平均的公式为：

$$P=\frac{\sum_{i} P_i X_i}{\sum_{i} X_i}$$

式中，P 为事件发生概率的预测值；P_i 为第 i 种概率分级；X_i 为选第 i 种概率分级为主观概率的专家数。

[例 3-4] 某商店根据市场销售的历史和现状，对下个月的销售情况及可能出现的自然状态进行估计。通过对 6 位市场专家进行调查，得到不同市场状态下的估计值和可能的概率，见表 3-6。请根据表 3-6 的数据预测下个月的销售情况。

表 3-6 不同市场状态下的估计值和可能的概率

专家编号	需求高		需求中		需求低		期望值/个（精确到千位）
	估计值/个	概率	估计值/个	概率	估计值/个	概率	
1	280 000	0.45	260 000	0.35	230 000	0.2	263 000
2	260 000	0.4	275 000	0.45	258 000	0.15	266 000
3	269 000	0.29	272 000	0.47	217 000	0.24	258 000
4	228 000	0.3	270 000	0.4	200 000	0.3	236 000
5	208 000	0.37	228 000	0.42	240 000	0.21	223 000
6	225 000	0.3	222 000	0.41	248 000	0.29	230 000

解 (1) 计算各专家的期望值。1 号专家的期望值为：$280\ 000\times0.45+260\ 000\times0.35+230\ 000\times0.2=263\ 000$；2 号专家的期望值为：$260\ 000\times0.4+275\ 000\times0.45+258\ 000\times0.15\approx266\ 000$；以此类推，得到每位专家的期望值，见表 3-6。

(2) 计算平均预测值。分别给予 1～6 号专家的权数为 1，3，3，2，4，3，则其期望值为

$$\frac{263\ 000\times1+266\ 000\times3+258\ 000\times3+236\ 000\times2+223\ 000\times4+230\ 000\times3}{1+3+3+2+4+3}\approx243\ 000。$$

因此，可以认为下个月的销售量为 243 000 个。

3) 累计概率中位数法

该方法的原理是：根据累计概率，确定不同预测值的中位数，对预测值进行点估计和区间估计。主要包括以下三个步骤：

(1) 确定主观概率及其累计概率。

例如，在表 3-7 中，累计概率为 1.0%的估计值是可能的最小数值，表示小于该数值的可能性只有 1%；累计概率为 99%的估计值是可能的最大数值，表示大于该数值的可能性只有 1%；累计概率为 50%的估计值是最大、最小的中间值，表示大于和小于该数值的机会都是 50%。

表 3-7　主观概率调查表示例

累计概率/%	1.0	12.6	25	34.5	50	65	87.5	99
对销售额上限的预测/万元								
附注								

（2）数据整理。

（3）判断预测。

［例 3-5］　某汽车公司预测 A 地区 2024 年的汽车需求量，选取了 10 位人员进行累计概率中位数法调查，调查结果见表 3-8。试对该公司 A 地区 2024 年的需求量进行预测分析。

表 3-8　对 10 位人员进行累计概率中位数法调查数据表

单位：百辆

人员序号	累计概率/%							
	1.0	12.5	25	34.5	50	65	87.5	99
1	190	192	194	198	200	202	205	208
2	178	190	192	194	198	200	205	225
3	184	190	192	193	202	204	208	220
4	194	195	196	196	193	199	201	202
5	198	199	200	202	205	208	212	216
6	168	179	180	184	190	192	196	198
7	194	198	200	206	208	212	219	224
8	180	185	186	189	192	195	200	205
9	188	189	190	191	192	193	195	196
10	200	201	202	205	207	209	213	220
平均值	187.4	191.8	193.2	195.9	199.2	201.4	205.4	221.4

解　（1）综合考虑每一个调查人员的预测，在累计概率上取得平均值，得到累计概率下的预测需求量。由表 3-8 可以得出汽车公司在 A 地区 2024 年的需求量预测最低可到 187.4 百辆，小于这个数的可能性只有 1%。

（2）汽车公司在 A 地区 2024 年的需求量预测最高可到 221.4 百辆，大于这个数的可能性只有 1%。

（3）可以用 199.2 百辆作为 2024 年需求量的预测值，这是介于最大值与最小值之间的中间值，其累计概率为 50%，是需求量期望值的估计数。

（4）取其误差为 6 百辆，则预测区间为：(199.2－6)～(199.2＋6)，即预测值为 193.2～205.2 百辆。

（5）当预测需求量为193.2～205.2百辆时，在预测值第3列到第7列的范围之内，其发生的概率相当于87.5%－12.5%＝75%。也就是说，当需求量是193.2～205.2百辆时，发生的可能性为75%。

思考题

1. 物流产业的需求有哪些特点？
2. 如何理解物流社会化的概念？
3. 物流产业需求规划的概念和特点是什么？
4. 物流产业需求规划有哪五大重点行业？
5. 物流产业需求规划的目的与作用是什么？
6. 如何理解物流需求预测的原理？
7. 物流产业需求预测的步骤有哪些？
8. 物流产业需求预测的基本方法有哪些？各有什么特点？
9. 德尔菲法和头脑风暴法各有什么特点？

第4章 物流产业的网络体系规划

4.1 物流网络概述

4.1.1 “互联网+”与物流产业

现代信息技术影响着各行各业，其中也包括物流行业，而现代物流的核心是系统。信息技术的出现，使得产品在生产、仓储、运输、流通、包装等各个环节串联起来，并在环节之间进行信息的互联互通和共享，进而可以实现对物流行业的信息化。以信息技术发展为主线，将信息技术应用到物流行业中的各个环节，使传统物流行业发展到现代物流一体化阶段，再应用到供应链管理。近年来，随着互联网信息技术的发展，“互联网+物流”产生了无数变革，由此派生出许许多多的现代物流装备。

将信息技术应用于传统物流行业中，将会实现物流的自动化、可控化、智能化、信息化，为现代物流企业带来更大的价值，提高资源利用率和附加值。例如，运用传感技术和物联网技术，可以实现对物流企业货物仓储、配送等流程的有效控制；通过应用物联网和配送网络，构建面向生产企业、流通企业和消费者的社会化共同配送体系。“互联网+物流”将会实现物流行业的智能化，产生智慧物流。如果物流与互联网不融合，仍是“两张皮”，贴不到一起，那么物流行业会发展缓慢，没有利用价值；如果没有智能化，物流的互联网就是画蛇添足，无法为物流带来效益与效率。充分利用互联网，打造智能化物流，才能使物流行业做到运筹与优化，发挥物流互联网的最大价值。

“智慧物流”向“智慧供应链”延伸，通过信息技术，实施商流、物流、信息流、资金流的一体化运作，使市场、行业、企业、个人联结在一起，实现智能化管理与智能化生活。

1. 智能仓储技术

现代仓储系统内部不仅货物复杂、形态各异，而且仓储作业流程复杂：既有存储，又有移动；既有分拣，也有组合。在智能仓储系统中，主要通过传感器、条码、激光、红外等技术，帮助物流企业在仓储方面实现感知、定位、识别、计量、分拣、监控等功能。因此以仓储为核心的物流中心信息系统的优化升级将是未来物流行业发展的一大亮点。

2. 智能搬运系统

在现代物流系统中，物流行业基本靠人工搬运，智能机器的应用少之又少。智能机器搬运主要有两种类型，一种是从事堆码垛物流作业的码垛机器人，另一种是从事自动化搬运的自动导向车(AGV)。码垛机器人技术和 AGV 在不断发展,未来可成为物流领域物联网作业的一个执行者,进而实现高效的堆码垛、分拣和搬运。随着传感技术和信息技术的发展,自动导向车将成为物流领域的一个重要智慧终端,具有较大的发展前景。

3. 智能分拣设备

智能分拣系统是先进配送中心必备的设施条件之一。物流互联网时代的智能分拣系统,一定要具备联网、智能、自动、柔性等特点。智能分拣系统能够快速分拣货物,分拣误差率极低;同时全自动分拣可以使分拣作业基本实现无人化。

4. 智能化配送设备

随着城市化的推进,国家在交通管制上有着越来越高的要求。无人驾驶可以促进物流业的创新,推进智能交通管理的顺利运作,它使得物流领域在上游和下游之间有很好的衔接,但是现在未得到大力推广。物流配送时,无人机也将是另一种选择方式,可以实时更新行进路线;能够提取收货人智能手机信息,从而追踪收货人位置,无人机之间、无人机与收货人之间可以互相联网对话。作为城市物流系统的智能配送终端,配送箱放置在各个物流"最后一公里"的集中区域,从而降低终端配送员的配送路程。借助配送箱货运班车系统实现一日几次的配送箱货物集装和运输,配送班车到达后可快速搬运与装卸,节省了收件的等待时间。

现代物流是借助现代科技,特别是计算机网络技术的力量,对社会现有的物流资源进行整合,实现物品从生产地到消费地的快速、准确和低成本转移,同时也是实现物流资源在时间和空间上最优配置的过程。互联互通的现代物流网络体系是物流发展的必要条件,可以加快资源整合与资本融合,高效化的物流网络对物流发展的质量和效率提升至关重要。2022 年 5 月 17 日,国务院办公厅印发《"十四五"现代物流发展规划》,提出加快现代物流数字化、网络化、智慧化赋能,打造科技含量高、创新能力强的智慧物流新模式。

传统物流行业的转型升级迫在眉睫,现代物流网络体系的建设也需要进一步推进。在互联网技术迅速发展的今天,"互联网+"技术体系与物流结合的发展理念及模式为物流业的发展带来了良机,也为物流网络体系的建设提供了新思路。伴随着大数据、云计算、人工智能等先进技术的应用,物流网络体系建设开始向网络化、信息化、智能化发展,物流体系网络化趋势显得尤为突出,物流各环节实现了以物流大数据为代表的信息互联互通,衔接性得到极大提升,各产业供应链的服务效率进一步提升,这有助于实现物流行业整体的协调发展,充分发挥物流业整体优势,促进我国经济的高质量发展。

"互联网+物流"是将互联网作为工具和手段应用于物流行业,其中物流的业务逻辑、商业逻辑还是重点和核心。如物流 SaaS、物流 TMS、WMS、SCM 软件、基于智能手机的物流 App、微信服务号、基于互联网的 IM、物流的大数据分析及工具、邮件系统、物流 OA 系统,都是"互联网+物流"的模式。"互联网+物流"的目的是提高效率,增强透明度。

4.1.2 现代物流网络体系的概念

现有研究对于现代物流网络以及现代物流网络体系尚无明确的定义。《物流术语》中将"物流网络" 定义成物流过程中相互联系的组织与设施的集合。此外,业界的学者们还存在其他观点,部分内容如下:

物流网络是由物流组织网络、物流基础设施网络和物流信息网络三者有机结合而形成的物流服务网络体系的总称。其中，物流三大子网络为：①物流组织网络，它是物流网络运行的组织保障；②物流基础设施网络，它是物流网络高效运作的基本前提和条件；③物流信息网络，它是物流网络运行的重要技术支撑。

城市物流网络是由各级节点相互联系、相互作用所形成的系统结构形式。

煤炭物流网络体系是指煤炭物流过程中相互联系的组织、设施与设备、线路和场所、物流信息与服务等要素的集合，是点、线、面相结合的综合物流服务体系。

港口物流网络体系是若干个功能或者部分功能可以被代替的个体港口物流系统组成的港口群体大系统，当两个或两个以上的港口存在共同腹地时，就形成了物流网络体系。

综合学者们对于物流网络的研究，本章将物流网络体系定义为：在物流基础设施网络、物流信息网络、物流组织网络建设的基础上，物流网络中的各主体元素（企业、客户等）、客体元素（环节、服务、货物等）和连接元素（设施、信息数据、线路、技术等）形成的有机统一的整体。在基础设施（物流节点、物流设备、物流设施等）建设的基础上，以信息网络（互联网、大数据等“互联网＋”信息网络技术）为总体支撑，将物流活动数据化与信息化，依靠物流数据和物流组织网络合理地协调各元素，实现物流活动在不同主体、不同平台、不同区域间形成一个信息高度透明、共享的物流立体化网络体系。

4.1.3　现代物流网络体系的特点

现代物流网络体系具有如下发展特点。

1. 信息化

物流网络体系采用射频识别、全球定位系统、地理信息系统以及传感器等技术和相关应用采集信息，利用云计算、M2M 技术、数字集群技术以及移动通信技术等信息技术分享与传递数据，结合大数据与云计算对数据价值进行挖掘，通过建立信息平台等方法连接各个物流节点，使物流过程实现数据化与信息化。大数据、云计算以及物联网等技术的结合可以扩大物流的作业能力、提高劳动生产率、减少物流作业误差，使整个物流网络的互联互通不断加深，物流体系的信息化程度显著提升。

2. 智慧化

物流网络体系的构建要实现对物流环节的实时监控与信息处理，主张从顾客需求出发，提升网络体系服务质量，针对客户的个性化需求及用户行为分析进行物流供应网络的任务分配优化，真正根据消费者需求的变化来灵活调节生产工艺。尤为突出的就是新一代信息技术与物流网络体系、移动云仓、仓储管理、运输配送、物流数据增值等业务的结合，技术之间的相互融合使整个物流系统高度智慧化，即整个物流系统可以做到自动识别包裹，实现货物找人，为终端用户提供按需、快捷的物流服务。

3. 追溯化

追溯化有利于信息价值的提升，可以提高整个物流网络体系的效率，加强物流过程的信息化透明程度，为解决信任问题、维权问题、监管问题以及产品处理问题提供了途径。利用区块链和物联网等技术实现追溯，可以使物流流程完全透明、可追溯，从供应链的任一点都可以快速定位到源头，政府方便管理与追责，商家可以在短时间内查出问题的关键所在，消费者只需要通过智能手机扫描二维码就可以很方便地获取商品信息。可以看出,追溯化的体系为政府监管、企业提升品牌、保障消费者权益提供了依据,增强了经济持续增长的动力。

4.1.4 物流网络体系中的构成技术

物流网络体系互联互通的核心在于数据与信息的透明、开放、共享,信息网络系统是其总体支撑系统,而现代物流信息网络建设的关键是现代“互联网+”技术与物流活动的结合。现代物流网络体系建设主要结合的技术有物联网技术、云计算技术、大数据技术、人工智能技术以及区块链技术。

1. 物联网技术

物联网的概念最初由美国提出,是指把所有的物品通过物联网域名相连接进行信息交换和通信,以实现智能化识别、定位、跟踪等的一种网络概念。物联网的官方定义是:基于互联网之上,使不可交流的物体与物体之间进行交流而产生的过程。现有研究认为,物联网在物流中的应用主要分为感知层、网络层、应用层三个层次。物流与物联网的融合已经涉及物流生产、仓储、运输、信息处理等过程,而且物联网在智慧物流管理中也凸显优势。在实际的应用过程中,物联网技术主要有物流体系构建、仓储及配送等业务流程系统设计、信息数据采集与挖掘、网络信息传递、物联网数据信息服务平台、物流控制与管理系统设计、物流安全系统等应用,能够有效提升物流过程自动化、专业化、可视化水平,使得现代物流逐步迈向智慧化物流。

2. 云计算技术

云计算是分布式计算、并行计算、效用计算、网络存储、虚拟化、负载均衡、热备冗余等传统计算机和网络技术发展融合的产物。阿里巴巴、亚马逊、谷歌等公司已经利用云计算展开了研发与应用研究,相关的平台和系统也在实际中得以应用。在物流过程中,云计算的应用主要是结合大数据技术来实现的,可以对库存信息、车况信息、交通信息、交易信息等大数据信息进行集中处理,依托云平台,利用超级计算对海量大数据进行处理,从而为生产计划、运输计划、存储计划提供决策。现阶段,云计算技术主要用于智慧仓储系统的建设、智能物流发展模式研究、配送系统模式的开发研究、信息化应用研究、云信息平台建设、物流管理以及物流体系构建等方面。

3. 大数据技术

大数据技术是物流网络体系互联互通建设的又一关键技术,其关键在于数据的挖掘与分析。大数据对于物流系统进行物联网应用等端口数据的挖掘与分析,为数据驱动的企业科学决策和智慧管理提供了科学指导。大数据在物流建设中的应用主要是在物流数据处理技术研究、配送中心选址研究、仓储系统优化研究、智慧物流发展模式研究、智慧营销、智慧物流网络构建、物流信息平台建设、物流管理与决策研究、物流体系建设等方面,尤其是物流信息平台建设与管理决策方面,不仅加强了各环节、各主体之间的信息互通,也为企业管理、决策、预警研究提供了方案。

4. 人工智能技术

人工智能技术是智能技术的重点领域。人工智能是指研究人类智能活动的规律,构造具有一定智能的人工系统。在计算机语言、机器学习、深度学习、AI 智能计算的发展下，人工智能在各领域都有很重要的应用。在物流体系互联互通建设中，人工智能主要应用在实现物流过程和业务的自动化、智能化、透明化，以及物流供应链管理、行业分析、信息分享、智能终端等方面，尤其是无人机、智能机器人、智能终端的研究，为物流效率的提升作出了巨大贡献。

5. 区块链技术

区块链技术以其去中心化、高度透明、匿名性、全环节独立、大众维护的特性，为物流信息价值的传输提供了良好环境。区块链以其独特的加密保护技术，可以实现任何人随时随地查看信息的目标，每一个节点都可以记录、获取信息，无须第三方介入。物流的发展对于区块链的需求越发明显。区块链在物流中的应用主要是以去中心化为主，消除市场乱象，解决信任问题，构建高效透明的交易环境，建立更加高效化、精准化、智能化的信息共享机制，保证交易过程的安全性，实现物流产品从源头到终端的全程信息追溯和智能制造。

4.1.5　典型领域的物流产业网络体系

1. 制造业物流网络体系

制造业物流领域的物流网络体系是围绕生产流程的组织、设施设备、物流信息、物流技术、物流业务等多要素的综合体，是点—链结合的综合物流网络体系，其构成要素分为主体要素、客体要素与连接元素。主体要素为生产原材料提供者、生产制造商与客户；客体要素为制造的产品、相关物流业务及服务；连接元素为设施设备、信息平台、网络通信技术与信息技术等。制造业物流网络体系如图 4-1 所示。

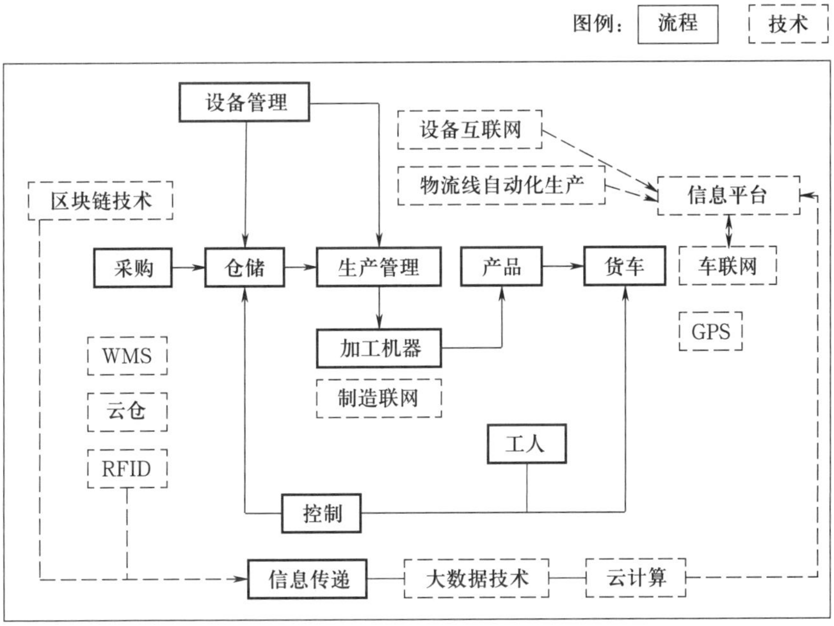

图 4-1　制造业物流网络体系

制造业物流网络体系是采购、仓储、生产、运输、信息五大业务网络的集合体。信息网络贯穿所有系统，是连接各大系统的核心系统，各系统的信息不仅要在系统之间相互流通，而且必须及时地传递到整个网络体系的信息系统，由物流信息平台联通整个物流网络体系。利用区块链技术去中心化、信息透明、分布式的特征，可以实现原材料和产品的追溯化，原材料和产品的政策信息、进货信息、渠道信息、价格信息、运输信息全程共享，采购环节的数据会上传到信息平台，各环节可以按照数据安排相关业务活动。智慧仓储系统通过仓储设施设备对运输设备提供的信息、材料标签信息、数据平台信息进行采集获取，依据数量、供应商、质量等级等数据确定库存计划、生产计划以及设施设备的调度计划；利用 WMS 仓库管理系统和云仓体系管理系统进行仓储管理，而且系统数据库可以获取所有的仓库数据，包括库存产品的入库、出库、移动、盘点、拣货的相关数据，实现或完善企业仓储信息管理，可为企业提供更为完整的物流管理流程和财务管理信息。生产系统基于仓储设施设备、材料电子标签、专用的读写设备获取的数据，可以实现生产计划的安排和作业调度的管理，这样可以提高制造过程的准确度，减轻劳动强度与工作量，工作人员通过控制机器生产实现产品的数字化、规模化、智慧化生产制造。运输系统可以根据仓储系统信息以及信息平台提供的客户需求信息、道路运输信息、产品自身所带信息等数据实现智能配送，同时采用 GPS、车联网、区块链技术实现全程监控与追踪，完成运输活动。整个制造业物流网络体系以大数据、云计算、区块链、物联网等技术建立起来的信息网络为支撑，实现了五大系统的互联互通，各环节要素紧密相连，实现了数字化的生产；但与此同时，要加强信息的透明化建设、信息系统的网络通信以及信息平台的建设，促进不同主体、不同物流节点、不同区域的信息互联互通。

2. 冷链物流网络体系

冷链物流网络体系主体要素包括冷链物流的需求主体和供应主体、政府等其他监管部门等；客体要素为冷链产品、业务以及相关服务；连接元素包括冷链物流基础设施、冷链高级技术设施、冷链物流信息平台、冷链物流监测与监管平台、冷链物流技术、冷链物流组织等。基于冷链物流业务流程，对冷链物流网络体系的构建分析如图 4-2 所示。

冷链物流互联互通网络体系一般是技术监控平台对物流全程进行监测与监控，主要是由监控与预警系统、信息系统、仓储系统、运输配送系统、全程安全追溯系统构成，各系统相互联系、相辅相成，共同作用保障产品质量，实现冷链物流服务。监控与预警系统要与监控中心紧密相连，通过传感器、RFID、GPS、GIS 等应用反馈的信息对物流全过程进行监控与预警处理，一旦发现任何异常信息，相关人员可以根据预警信息采取相应的安全措施，尤其是在仓储和运输环节，要对仓储设备和运输设备进行严格的监控，对业务作业过程也要进行相应的监控，各系统信息要及时地反馈到监控与预警系统，方便监控中心做出应对措施。信息系统是各大系统的连接系统，全程的监测与控制要靠信息系统来实现，RFID、编码技术、条码技术、监测设备、车联网设备以及其他物联网监测传感技术等可以全程提供信息获取，监测中心可以实时对数据进行获取与分析，并利用物流信息平台实现即时共享。仓储系统要对产品信息进行分析，工作人员可以借助智能仓储设施设备和智能终端、WMS 系统、云仓管理系统确定仓储温度、湿度、位置，实现入库、仓储、拣选、产品库存、出库等业务

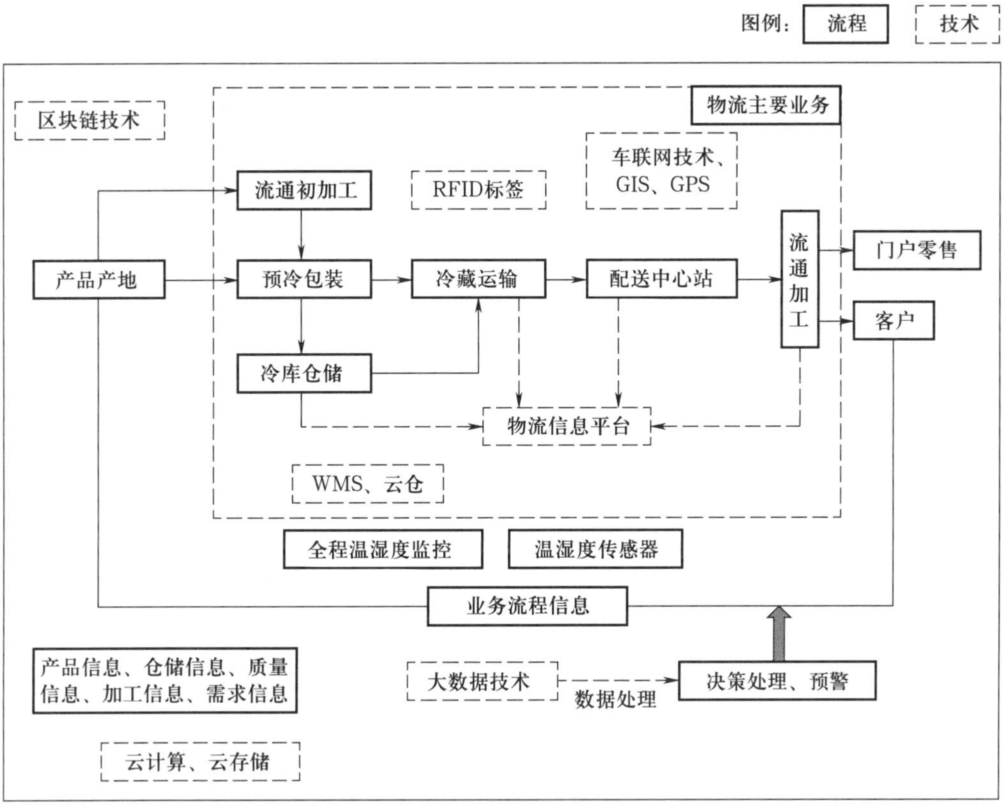

图 4-2　冷链物流网络体系

数据的采集，对产品进行智能化仓储，为运输配送提供计划安排依据。运输系统是冷链物流体系互联互通部分最重要的内容，是产品到客户手中的最后一道关卡。运输系统要根据产品入库信息、产地信息、货物品质保障信息等信息对车辆的调度、配装和配送路线进行合理规划，优化配送运输方案，联合客户需求信息与云仓信息对客户需求做出快速反应；在运输过程中，要采用传感器等物联网设备和 GIS、GPS、车联网等技术实现运输全过程的监测，同时及时将信息反馈到信息系统和监控与预警系统，保障冷链产品完好地配送到客户手中。全程安全追溯系统主要采用区块链技术，使仓储、运输、配送、监测等过程的数据公开透明化，任何人随时随地都能了解到产品的产地、仓储、运输等信息，有利于全程信息联通，提高客户满意度。消费者对于冷链产品的需求与日俱增，如何有效完成冷链过程并保证产品质量成为人们关注的焦点。然而冷链物流网络体系的互联互通建设仍面临许多挑战，要加强不同供应主体、不同冷链产业、不同区域间的信息交流，加快建设大型的冷链物流节点，建立冷链产业联盟，政府要出台统一的标准，使冷链物流服务标准化、专业化、统一化。

3. 电商物流网络体系

电商物流网络体系的主体要素为商务产品供应商、中间商与客户等；客体要素为电子商务产品，电子商务产品几乎涵盖了人们需要的所有产品，如食品、药品、电子产品、建筑材料等；连接元素有基础设施设备、电商网络信息平台、交易平台、网络通信技术（尤其是移动互联网)、信息技术等。基于电商产品的服务流程,对电商物流网络体系的构建分析如图 4-3 所示。

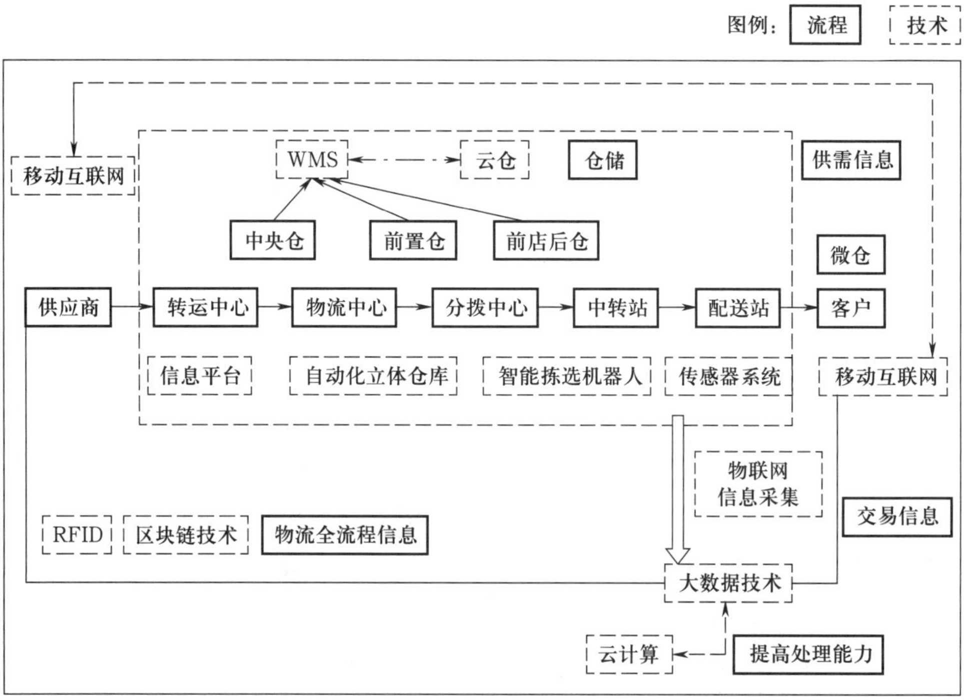

图 4-3　电商物流网络体系

电商物流网络体系主要包括物流信息系统、智能作业系统、智慧仓储系统、产品调配运输系统、电商运行系统等。物流信息系统是电商体系的大动脉,物流的全流程信息(包括供需信息、交易信息、产品物流信息、产品分类信息、仓储信息、加工信息等)都要上传到信息系统,依靠信息系统来完成整个电商交易流程,其中移动互联网和电商公共信息平台是电商信息建设系统的主要部分。智能作业系统涉及仓储、配送和运行系统,应用物联网技术的仓储、运输等业务智能设备,不仅实现了数据的采集,也实现了智能作业,提高了各环节信息互通水平与工作效率。智慧仓储系统基本采用现代概念的 WMS 仓储管理系统与云仓管理系统,云仓、中央仓、前置仓、前店后仓、微仓的仓储数据库信息都要传递到管理系统,实现对入库、在库、出库数据的采集与产品的数字标签化,从而实现科学统一管理,及时对各仓作合理的仓储计划安排。产品调配运输系统主要是实现电商产品从供应商到客户的调配过程,转运中心、物流中心依据供应商货单数据信息以及中央仓的产品信息进行产品的初调配,分拨中心、中转站依据前置仓配装好的货物信息为客户进行送货服务,配送站则根据前店后仓的客户需求信息进行进一步配送。调配运输系统要根据仓储信息和交易信息进行,同时整个过程要采用 GPS、GIS、物联网感知技术实现全程联网监控。电商运行系统支撑着整个体系的运行,要在合法、可信、透明的交易平台与信息平台的建设基础上规范市场,构建一体化服务体系,充分考虑云技术与大数据技术,构建智慧物流网络体系,满足市场需求。电商物流网络体系的互联互通建设要加强信息建设,构建专业化平台,吸纳更多的主体，加快物流制度改革，重视现代技术在仓储、调配中的作用，减少中间环节，充分发挥互联网、云计算、大数据优势，提高处理能力，节约物流成本。

4.2　物流网络的层次与类型划分

物流网络涉及微观和宏观两个层次。微观物流网络研究企业物流网络构建与设计；宏观物流网络研究国际、国家、区域、城市、园区物流网络构建与设计。

4.2.1　微观物流网络

1. 制造企业——生产场所

对于制造企业，物流网络包括设施网络、供应网络、仓储网络、配送网络和装卸搬运网络。

2. 批发企业——存储场所

对于批发企业，物流网络同制造企业一样，涉及设施网络、供应网络、仓储网络、配送网络和装卸搬运网络，但其关注的重点有所不同。

3. 零售企业——市场场所

零售企业的物流网络同样涉及设施网络、供应网络、仓储网络、配送网络和装卸搬运网络，其关键点在于终端设施网络和仓储网络。

4.2.2　宏观物流网络

1. 物流园区物流网络

物流园区是一个大的物流节点，其主要功能是集成和整合。它集成了小的物流节点，不仅是不同的物流线路的交会点，还是集商流、信息流、物流运作、物流文化于一体的集散中心。它整合第三方物流业务、物流企业业务和企业物流业务，为入驻企业和物流相关部门提供一体化服务。它具有资源共享、信息共享、环境共建、优势互补、专业化运作、集成辐射等优点。

2. 城市物流网络

城市物流网络的主要功能是聚集、扩散和中介。聚集是指通过从城市外部向城市的流通，实现资金、商品、人口、信息、技术等的集中，保证城市经济社会的正常运行，促进城市经济的稳步发展。扩散是聚集的保证和交换条件，是指通过由城市向城市外部的流通，带动整个区域经济的发展，同时也促进城市不断地扩大和扩散，推动区域城市化进程。中介是指城市的市场作用通过各种过境流通、代理服务，增强城市物流的辐射力、影响力和吸引力，实现区域内的广泛联系。

3. 区域物流网络

区域物流是指为实现区域经济可持续发展，对区域内的物资流动进行统筹协调、合理规划、整体控制，实现区域内物流各要素的系统优化，以满足区域内生产、生活需要，提高区域经济运行质量,促进区域经济协调发展。

区域物流网络以城市为核心,通过点辐射、线辐射和面辐射的方式,实现区域内的物资流通,带动并促进区域经济协调发展。区域物流网络具有明显的层次特征,依托大中城市内部的物流网络、大中城市与周围地区或经济区内的物流网络、大中城市与国内其他城市和地区之间的物流网络、一些城市与国外一些城市或地区的物流网络,形成了城市物流、区域物流、国内物流和国际物流市场。区域物流网络依托信息网络,实现区域物流的一体化管理与协调,全面综合地提高物流规模效益。

4. 国际物流网络

国际物流是指各个国家和不同组织之间对物流活动进行计划、执行和协调的过程。国际物流是以实现国际商品交易为最终目的而进行的原材料、半成品、成品以及相关信息从起点到终点在国际的有效流动,以及为实现这一流动所进行的计划、实施和控制的过程。国际物流依照国际惯例,按国际分工协作的原则,利用国际物流网络,实现货物在国际的流动与交换,以促进区域经济的协调发展和全球资源的优化配置。

国际物流与城市物流、区域物流相互叠加、相互联系、相互作用,形成一个全球一体化的物流网络。

4.2.3 物流节点的概念和功能

物流节点是现代物流中具有较重要地位的组成部分,这是因为物流学形成初期,学者们和实业家都比较偏重研究物流的一些基本功能,如运输、储存、包装等,而对节点的作用认识不足。物流系统化的观念越是增强,就越是强调总体的协调、顺畅,强调总体的最优,其中,物流节点是物流系统中非常重要的部分。物流系统中的活动都是靠节点组织和联系的,如包装、装卸、保管、分货、配货、流通加工等活动都是在物流节点上完成的。如果脱离了物流节点,物流系统必然陷入瘫痪。因此物流节点的研究是随现代物流的发展而发展的,也是现代物流研究不同于以往之处。

1. 物流节点的概念

物流节点是指物流网络中连接物流线路的结节之处。广义的物流节点是指所有进行物资中转、集散和储运的节点,包括港口、空港、火车货运站、公路枢纽、大型公共仓库及现代物流配送中心、物流园区等。狭义的物流节点仅指现代物流意义上的物流配送中心、物流园区和配送网点。

现代物流网络中的物流节点对优化整个物流网络起着重要作用,从发展来看,它不仅执行一般的物流职能,而且越来越多地执行指挥调度、信息等中枢职能,是整个物流网络的灵魂所在,因而更加受到人们的重视。因此,物流节点在有的场合也称为物流据点,特别用于执行中枢功能的物流节点又称为物流中枢或物流枢纽。

2. 物流节点的功能

(1) 衔接功能。物流节点将各个物流线路联结成一个系统,使各个线路通过节点变得更为贯通而不是互不相干,这种功能称为衔接功能。

衔接功能可以通过以下多种方法实现。

①通过转换运输方式衔接不同运输手段;

②通过加工衔接干线物流及配送物流；

③通过储存均衡不同时间的供应物流和需求物流；

④通过集装箱、托盘等集装处理衔接整个“门到门”运输，使之成为一体。

(2) 信息功能。物流节点是整个物流系统或与节点相接物流的信息传递、收集、处理、发送的集中地，这种信息功能在现代物流系统中起着重要的作用，也是将复杂的物流单元联结成有机整体的重要保证。

(3) 管理功能。物流系统的管理建设实施和指挥机构往往集中设置在物流节点之中，实际上，物流节点大都是集管理、指挥、调度、信息、衔接及货物处理为一体的物流综合设施。

(4) 结算功能。结算功能是指物流节点可以进行物流的账务结算。

(5) 需求预测功能。需求预测功能是指物流节点可以根据静点处商品的进出来预测市场未来的需求。

(6) 物流系统设计咨询功能。物流系统设计咨询功能是指物流节点可以为货主或车主提供咨询信息。

(7) 物流教育与培训功能。物流教育与培训功能是指物流节点可以为货主或车主提供相关的物流培训服务，提升物流服务水平。

4.2.4　物流节点的种类

1. 按节点作用划分

在各个物流系统中，节点都起着若干作用，但由于整个系统目标不同以及节点在网络中的地位不同，节点的主要作用往往不同，根据作用不同可分成以下四类：

(1) 转运型节点。转运型节点是以接连不同运输方式为主要职能的节点。铁道运输线上的货站、编组站、车站，不同运输方式之间的转运站、终点站，水运线上的港口、码头，空运中的空港等，都属于此类节点。一般而言，由于这种节点处于运输线上，又以转运为主，所以货物在这种节点上停滞的时间较短。

(2) 储存型节点。储存型节点是以存放货物为主要职能的节点，货物在这种节点上停滞的时间较长。在物流系统中，储备仓库、营业仓库、中转仓库、货栈等都是属于此种类型的节点。

尽管不少发达国家仓库职能在近代发生了大幅度的变化，一大部分仓库转化成不以储备为主要职能的流通仓库甚至流通中心，但是，在现代世界上任何一个有一定经济规模的国家，为了保证国民经济的正常运行、企业经营的正常开展和市场的流转，以仓库为储备的形式仍是不可缺乏的，总还是有一大批仓库仍会以储备为主要职能。在我国，这种类型的仓库占主要成分。

(3) 流通型节点。流通型节点是以组织物资在系统中运动为主要职能的节点，在社会系统中则是以组织物资流通为主要职能的节点。现代物流中常提到的流通仓库、流通中心、配送中心就属于这类节点。

需要说明的是，各种以主要功能分类的节点都可以承担其他职能，并不完全排除其他职能。例如，转运型节点中往往设置有储存货物的货场或站库，从而具有一定的储存功能，但是，由于其所处的位置和主要职能，所以按其主要功能归类为转运型节点。

(4) 综合型节点。综合型节点是在物流系统中集中于一个节点全面实现两种以上主要功能，并且在节点中并非独立完成各种功能，而是将若干功能有机结合于一体，有完善设施、有效衔接和协调工艺的集约型节点。这种节点是适应物流大量化、复杂化、更为精密准确和在一个节点中实现多种转化而使物流系统简化、高效的要求出现的，是现代物流系统中节点发展的方向之一。

2. 按社会化程度划分

(1) 社会物流中心。社会物流中心是从整体国民需求出发，依据社会物流规模的数量、交通通信状况等条件，建立起来的社会化程度较高、开放式经营型的物流中心。

(2) 企业物流中心。相对于社会物流中心而言，企业物流中心主要是从企业自身生产经营活动的需要出发，依据自身生产经营活动的规模和区域等条件，建立起来的专门为企业自身提供物流服务的物流中心。

3. 按综合程度划分

(1) 综合物流中心。综合物流中心是指能提供多种货物物流服务项目的物流中心。

(2) 专业物流中心。专业物流中心是指能提供一种或几种货物物流业务或者能提供一种或几种物流服务项目的物流中心。

4. 按地理区域划分

(1) 区域物流中心。区域物流是指在区域范围内的一切物流活动，包括运输、保管、包装、装卸、流通加工和信息传递等功能实体性的流动以及物流过程中各环节的物品运动。区域划分应该按“经济区域”而不是按“行政区域”进行，行政区域划分有着明确具体的界限。

(2) 城市物流中心。城市物流中心是指以某一城市为主要服务对象的物流中心。此类物流中心是从整个城市对物流服务的需求出发，依据各个城市自身的不同特点建立起来的，为城市居民经济、生活的发展建设服务。城市物流中心大都表现为配送中心。

4.3 物流网络规划设计分析

4.3.1 物流网络规划的内容及必要性

物流网络规划是指对物流网络系统发展进行的能动有序的计划设计。物流网络规划是为了更加高效地进行物流活动，同时，它也是现代物流发展的一个方向。

1. 物流网络规划的内容

(1) 物流网络规划包括物流设施的类型、数目与位置，设施所服务的顾客群体与产品类别，以及产品在设施之间的运输方式等。

(2) 物流网络设计必须充分考虑空间和时间两方面的因素。空间方面是指工厂、仓库、零售点等设施的选址；时间方面是指保持产品的可得性以迎合顾客服务目标，涉及库存政策与运输管理。

2. 物流网络规划的必要性

物流网络规划的必要性体现在以下三个方面：

(1) 现代物流网络系统环节众多，涉及面广，许多环节之间还存在“效益背反”现象，这就需要一个全面、系统、综合的物流规划对其进行必要的统筹规划。

(2) 物流网络系统的建设投资规模巨大，为防止盲目投资导致的低水平重复，需要以物流网络规划为指导，提高物流网络系统的投资效益。

(3) 我国物流业整体水平不高，要想有一个比较好的发展基础，实现跨越式发展，也需要有物流网络规划的有力指导。

4.3.2　物流网络的结构模式

组成网络相互联系的要素的整体形态叫作网络的结构。物流网络的要素在时间和空间的排列顺序就构成了物流网络的结构。这里概括地介绍物流网络的流动结构、功能结构、供应链物流结构、治理结构、网络结构和产业结构。

1. 流动结构

物流网络就像是一条完整的河流，从端面上看，它具有河流的七个流动要素：流体、载体、流向、流量、流径、流速和流效。这七个要素是相互关联的。

流体的自然属性决定了载体的类型和规模，流体的社会属性决定了流向、流量、流径和流速。流体、流向、流量、流径和流速决定采用的载体的属性，载体对流向、流量、流径和流速有制约作用，载体的状况对流体的自然属性和社会属性均会产生影响，流体、载体、流向、流量、流径和流速决定流效。因此，应根据流体的自然属性和社会属性、流向、流径的远近及具体运行路线、流量大小、流速快慢和流效的高低决定载体的类型和数量。

2. 功能结构

物流网络的功能结构就是前面提到的物流网络的基本功能，即运输、存储、包装、装卸搬运、流通加工和物流信息处理。其中，运输和存储是物流网络的最基本功能，首先是运输，然后是存储，装卸搬运伴随运输和存储而生，包装和流通加工是在流通过程中产生的，信息处理则贯穿整个物流过程并起核心作用。再次强调，物流网络的功能结构取决于生产和流通的模式。

3. 供应链物流结构

供应链包括物料供应、生产、流通和消费四个环节。在每一个环节背后，都需要物流网络的支持与服务。因此，供应链的物流结构由供应物流、生产物流、流通物流和消费物流组成。在每一个环节，都存在运输、存储、装卸搬运、包装、流通加工和信息处理作业。

4. 治理结构

物流网络的治理结构是指物流网络资源配置的管理与控制的机制和方法。物流网络的资源在区域行业、部门和企业之间的初始配置状态是历史形成的，不是按照一个特定的物流网络的要求来分布的。产权分散的物流资源及特定的物流网络服务，是物流网络的治理结构需要解决的问题。

5. 网络结构

网络结构是指物流网络的空间结构，可以分为增长极网络、点—轴网络、多中心多层次网络和复合型网络。

（1）增长极网络。增长极网络是指经济社会集中在一点形成的经济增长点，也是经济集聚与扩散相互协同形成的一种地域经济社会结构。它以一点为核心，呈放射状分布。扇形和星形网络是其呈现的两种典型网络结构形式。直观上可以用一对多网络结构来理解。一对多网络结构在工厂—配送中心或者在单个配送中心—客户的关系当中最为常见。

（2）点—轴网络。点—轴网络是指消费者大多产生和聚集于一点，形成大小不等的市场，而相邻节点间的相互作用力并不是平衡辐射，而是沿交通线、资源供应线进行。以点—轴系统为核心的社会经济系统呈现沿干线以带状分布为主，物流网络在沿线重要交通站点及枢纽呈放射状分布。带形网络和环形网络是其呈现的两种典型网络结构形式。

（3）多中心多层次网络。多中心多层次网络是不同地域之间相互联系、密切合作所形成的一种物流空间网络。它是生产社会化和社会分工协作发展到一定阶段的必然结果，也是物流网络发展的必然趋势。网格型网络就是它的典型形式。

（4）复合型网络。复合型网络是指由两种以上网络结构组合而成的一种新型网络结构，它更能适应社会经济发展的特殊需求。

6. 产业结构

物流是一个产业，这是因为在物流中包含交通运输、仓储邮政和电信服务，它已成为21世纪中国经济发展的支柱型产业和新的经济增长点。产业是由诸多相关行业聚合而成的群体，所以物流是一个跨地区、跨行业、跨部门的综合性、基础性产业，具体包括物流基础业、物流装备制造业、物流系统业、第三方物流业和货主物流业。

4.3.3 物流网络设计所需数据

物流网络设计工作是一项科学工作。科学工作的基础在于数据，让数据说话。因此，在物流网络设计时要求收集大量真实可靠的数据，并对数据进行处理，将数据转化为设计需要的信息。

1. 数据清单

物流网络设计需要来自各方面的大量数据作为规划的基础，这些数据通常包括以下内容：

（1）客户产品线上的所有产品清单，如产品名称、型号、规格、质量、尺寸、材质、用途等。

（2）客户、存货点、原材料供应源的地理分布，可以在地图或GPS中将它们的位置清楚地标注出来。

（3）每一区域内客户对每种产品的需求量。

（4）运输成本和费率。

（5）运输时间、订货周期、订单满足率。

（6）仓储成本和费率。

（7）采购、制造成本。

（8）产品的运输批量。

（9）网络中各节点的存货水平及控制方法。

（10）订单的频率、批量、季节波动。

（11）订单处理成本与发生这些成本的物流环节。

（12）顾客服务目标。

（13）在服务能力限制范围内设备和设施的可用性。

（14）产品配送模式。

2. 数据来源

数据来源于企业内、外部各环节，主要包括经营运作文件、会计报告、物流研究、公开出版物等。

（1）经营运作文件。企业在经营业务管理中会产生一些业务报告文件，这些文件可以为物流网络规划提供原始数据。例如，可以从销售订单处理系统中获取顾客地理分布、各个市场产品的历史销售数据、运输批量、存货水平以及订单满足率和顾客服务水平等重要数据，由于这些数据存放在电脑中，使用起来十分方便。

（2）会计报告。会计数据的重点在于提供包括物流活动在内的所有经营业务活动的成本。当然，目前的会计体系往往没有直接提供物流管理人员所关心的库存维持成本和库存损失成本等重要数据，对某些物流成本的描述也含糊不清。尽管如此，会计报告仍是成本数据的主要来源。

（3）物流研究。与经营运作文件和会计报告的不同之处在于，物流研究描述和定义一些十分重要的基本关系，如销售与服务的关系、运输费率与运输距离的关系等。企业内部人员或企业外部的咨询机构、大学教授都可以开展物流研究。

事实上，物流研究有时并不是直接为某个企业而开展的。社会上的一些研究机构经常资助开展行业性的物流研究，并将研究报告提供给会员单位。对同行业甚至其他行业的企业来说，这些研究报告也是物流数据来源。

（4）公开出版物。公开出版物（如物流行业杂志、政府资助的研究报告以及一些学术期刊）中包含了大量的关于物流成本、产业发展趋势、物流技术新进展、物流活动业务水平以及预测等的重要信息。企业的物流管理人员必须具备相当的理论素质，经常阅读这些公开出版物，可以从中获得指导和有价值的分析数据。

3. 数据的信息化

对收集的数据进行组织、概括、分类等处理，使之成为辅助决策的有用信息。针对网络设计问题，要研究信息的关键要素以及信息的产生过程。

（1）数据单位。在物流分析中常用的单位有质量单位（如千克、吨）、货币单位（如元、美元）、体积单位（如升、加仑）和计数单位（如箱、件）等。物流数据库以何种单位为主取决于企业管理层对数据的使用和分析习惯。生产制造企业往往采用质量或计数单位，而零售企业多采用货币单位。

（2）产品分类组合。因为不同的产品特性与式样以及同种产品的不同包装与尺寸，企业的产品线中往往包含成百上千种类别。

在物流网络规划中，不可能针对每一种细分的产品类别进行数据收集与分析，这就需要对产品进行分组归类。物流网络分析通常要求作为分析对象的产品类别不超过 20 个。

（3）运输费率估算。物流成本是网络设计的主要决策依据，因此必须对各种方式的运输费率做出准确的估算。

企业自备运输的费率估算需要掌握较为详细的运作成本数据以及运输工具的行驶路线。从企业资源优化配置的目标出发,企业通常会将一部分产品运输工作交给企业外部运输力量来完成。

(4) 顾客聚集处理。成千上万的顾客产生的购买需求量可以用地理分布上的一定数量的聚集点来表示。将整个市场销售用这些聚集点来代表而进行网络规划分析,在运输成本估算的准确性上不会有大的偏差。以美国为例,根据人口分布的密度将美国本土划分为200个左右的聚集点,其运输成本估算偏差小于1%。

(5) 设施成本。与仓库设施相联系的成本可以分为固定成本、存储成本和操作成本。固定成本包括税收、租金、管理费用、资产折旧等项目,这类成本不随仓库存储量的变动而变动;存储成本是平均存货水平的函数;操作成本则随货物周转量的变动而变动。对于企业自行建造的仓库等设施,会计部门会定期提供成本清单。物流管理人员需将这些成本细分为上述三大类,以便进行物流网络设计分析。当企业租用公共仓库时,则只需考虑可变的存储成本与操作成本,相关的费率很容易计算出来。

(6) 库存量与周转量的关系。物流网络设计中涉及仓库的数量、选址与容量决策,有必要弄清仓库的库存量与周转量之间的关系,估算仓库的库存水平。一个简单的方法是根据企业的库存政策来确定。例如,企业的仓库周转率目标是每年周转13次,则表示该仓库平均库存量是它所服务的市场年销售量的1/13。这种描述虽然对管理层来说容易理解,但并不十分准确。更加准确的描述需对仓库库存数据进行分析后得到。

(7) 需求预测。完全根据历史数据和当前数据进行物流网络规划是没有意义的。因为物流网络设计是为企业未来的物流运作而设计的,因此在分析中有必要采取一些中长期预测方法。在实践中,许多企业采取5年预测数据进行网络设计。

(8) 其他需要考虑的因素。其他需要考虑的因素包括财务限制、规划所能提供的最大投资额;法规和政治限制,如选址必须排除某些特殊区域、要符合环保要求等;人力资源限制,即要充分考虑是否有足够数量和质量的物流专业人员来支持新规划;时间限制,即是否能在规定的时间内完成新规划的任务;合同限制,包括现有的及未来可能发生的合同。这些限制性的条件也会对网络设计有重要影响。

4. 物流网络规划模型选择

获取足够的信息之后,要开展网络规划设计分析,以确定最优的设计方案。寻求最优设计方案的过程往往十分复杂,需借助一些数学模型与计算机(模型)计算。

4.3.4 物流网络规划模型类型

物流网络规划分析中使用的模型大致可分为图表技术、模拟模型、启发式模型、最优模型和专家系统模型五类。

1. 图表技术

图表技术泛指大量的直观方法。虽然这类技术不需要深奥的数学分析,但能够综合反映各种现实的约束条件,其分析结果并不是低质量的。支持这种分析的方法大量存在并被广泛应用,如统计图表、加权评分法、电子表格等。借助这些方法,加上分析人员的经验、洞察力以及对网络设计的良好理解,往往能得到满意的设计方案。

2. 模拟模型

模拟技术在物流规划中十分重要，有广泛应用，其优点在于能方便地处理随机性的变量要素，并能对现实问题进行比较全面的描述。物流网络的模拟将成本、运输方式与运输批量、库存容量与周转等要素以合理的数量关系加以描述，并通过编制计算机程序进行物流网络的模拟运行。通过对模拟结果的评估分析，选出最优的网络设计方案。

3. 启发式模型

启发式模型在建模上介于模拟模型与最优模型之间，它能对现实问题进行较为全面的描述，但并不保证得到最优解。启发式模型追求的是满意解，而不是最优解，在解决物流管理中一些最困难的决策问题时，该方法具有很好的可操作性。

启发式模型在物流网络规划时常使用以下一些基本原则：

(1) 仓库的最佳选址往往在需求最密集的中心点附近。

(2) 购买量大的顾客(其购买量超过正常的运输批量)，应当从产品的供应源头(如工厂)直接向其供货，而不必通过中转仓库二次运输。

(3) 对需求量及需求提前期波动很小的产品，应当实行准时化(JIT)管理，尽量减少库存。

(4) 在当前配送体系中增加新的设施(如仓库)的前提条件是，新增加的设施能最大化地节约物流总成本。

(5) 从配送角度看，那些订货量小而且位于产品配送网络末梢的顾客的代价最高。

(6) 经济运输批量，是指将配送网络中从运输起点到最偏远的顾客之间的运输线路上的小批量需求累加起来而实现的满载运量。

4. 最优模型

最优模型是指依据精确的数学过程评价各种可选方案，且能保证得到针对该问题的数学最优解(最佳选择)，即从数学上可以证明所得到的解是最优的。许多确定性的运筹学模型或管理科学的模型都属于此种类型。这些模型包括数学规划(线性规划、非线性规划、动态规划和整数规划)、枚举模型、排序模型、各种各样的微积分模型和设备替换模型。许多最优模型已经过概括总结，可以买到相应的软件包。

最优模型的优势如下：

(1) 在给定的一整套假设条件和数据下，可以保证用户能得到最优解。

(2) 可以正确处理许多复杂的模型结构。

(3) 因为得到了所有的方案，并进行了评估，所以分析的效率会更高。

(4) 因为每次都保证得到最优解，所以可以放心地对各次运行的结果进行比较。

最优模型最主要的缺点就是随着问题复杂程度的增加，即使利用最大型计算机，也无法在合理的计算时间内得到最优解。

最优模型和启发式模型所获得的解在成本上或利润上的差异是很明显的。因此，常常需要在求解时间和问题描述的现实性之间取得平衡。虽然如此，有限的最优模型也可以应用在启发式模型中，求得部分问题的最优解。

5. 专家系统模型

专家系统也称人工智能系统，是指将人们以往在解决问题中积累的经验、方法与专长转化为计算机程序,把专家的知识与解决问题的逻辑思维以程序的方式“传授”给计算机,借助其强大的计算能力来解决实际问题。开发专家系统需要解决的最大问题是如何识别、获取专家的智慧与知识并将其转化成计算机程序。

与传统的规划系统相比,专家系统有以下几个明显的优点:

(1) 专家系统既能处理定性的信息,也能处理定量的信息,使得某些关键性的主观因素(如管理人员的主观判断)可以很容易成为决策过程的组成部分。

(2) 专家系统能够处理不确定的信息,而且利用部分信息也能够对问题求解,这样能够解决一些更复杂的、未能很好地组织起来的问题。

(3) 专家系统解决问题时使用的信息最少,因此解决问题的速度更快,成本更低。

(4) 专家系统展示的是专家解决问题的逻辑方法,能够使物流管理人员很快地提高决策能力。

(5) 专家系统提供的知识可转移、可复制且具有文档化特征。

开发专家系统模型的最大困难就是指定专家、确定知识库和获得专家们的相关知识。

4.3.5 物流网络规划的层次

物流网络规划遵循一定的科学方法和程序。首先是网络设计,这是规划的重点。为了设计好物流网络,需要确定客户服务水平,制订标准,然后进行详细的网络结构设计。

物流网络的设计问题是整个物流规划的起点。物流网络规划层次如图 4-4 所示。

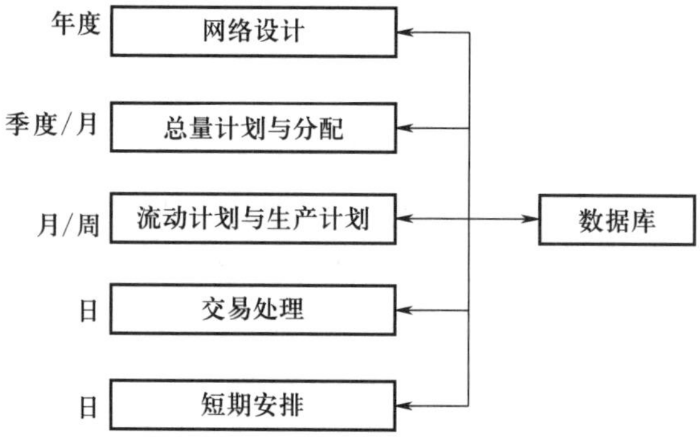

图 4-4 物流网络规划层次

1. 网络设计

网络设计即设计良好的物流网络以实现企业的战略目标,包括确定配送中心、工厂以及其他节点的数量、选址与运行能力(容量或产量);设定各节点的库存水平,确定顾客服务水平。网络设计所需的数据为总量数据与长期预测数据,该项工作的间隔期通常在一年以上。

2. 总量计划与分配

总量计划与分配决定配送中心、工厂及原材料来源的总量(需求量、产量或采购量),以及总量在各节点的分配。该项计划的间隔期为季度或月。

3. 流动计划与生产计划

本层计划与上一层计划的不同之处在于计划的对象是各种具体的产品而非笼统的总

量，目标是确保需求预测与库存目标的实现。该项计划的间隔期为月或周。

4. 交易处理

交易处理是指为随机来到的顾客订单安排供货。

5. 短期安排

短期安排指合理利用运输等企业资源，保证按时向顾客运货。

4.3.6　物流网络设计的分析步骤

1. 审计顾客服务水平

物流网络设计的第一步是进行顾客服务审计。顾客服务审计可以确定企业当前的顾客服务水平以及顾客对服务水平的实际期望。顾客服务水平对企业的物流成本与物流网络的收益能力影响很大；在网络设计中，顾客服务水平通常被看作一个重要的约束条件，网络设计必须兼顾顾客服务水平与相应的物流成本。

2. 组织和开展研究

网络设计第一阶段的工作通常包括定义项目的范围和目标、组建研究队伍、确定所需信息的可得性和收集信息等步骤，目的是确定在特定情况下开展战略性研究的可能性，确定研究队伍的人员构成，以及得到有价值的研究结果的可能性，初期阶段研究工作如图 4-5 所示。

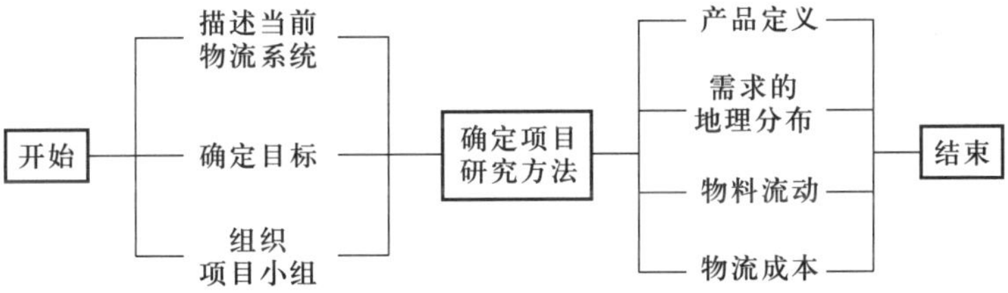

图 4-5　物流网络设计初期阶段研究工作

初期阶段研究工作主要内容如下：

(1) 物流审计，即考察物流运作的现状以确定成本、顾客服务水平和物流管理绩效，为物流系统的评估提供基础数据。

(2) 与关键部门的管理人员及项目小组的所有成员进行访谈，明确管理层的目标，为研究工作缔造适宜的环境。

(3) 列出初步的清单，内容包括研究工作的关键前提条件、物流运作和市场营销政策及其他准则，这些前提和准则对收集数据和评估物流系统备选方案至关重要。

(4) 明确物流系统备选方案的评价准则，确定以物流成本和顾客服务水平为主要参数的物流系统评价指标。

(5) 选择恰当的分析模型。要保证方案评价的可操作性和方便性，模型输入数据的可得性，并充分估计到相关的费用与所需的时间。

(6) 明确对数据的特定要求，提出数据收集的步骤。

(7) 确定必要的手工分析，作为对计算机模型分析的补充。

(8) 举行一次项目小组工作会议，审查研究结果与发现、模型选择标准以及初步的项目工作计划。

(9) 预测研究工作可能带来的成效与收益(物流成本的降低或顾客服务水平的提高)。

(10) 提供能立即降低物流成本或改进顾客服务水平的合理化建议。

(11) 确定项目小组工作管理办法、人员组成、必要的工作设备(如计算机)与办公环境。

研究小组成员的构成要有利于项目的开展与最终方案的实施,应吸收那些对本项目有研究专长的人员以及研究可能涉及和影响的主要部门的关键人员参加,来自生产运营和市场销售部门的人员是必不可少的。

3. 确定目标基准

以企业当前的管理政策、物流运作模式与绩效作为参照,设定目标基准。典型的基准是企业当前物流系统的成本与顾客服务水平。建模分析是解决网络设计问题的流行方法,因为很多分析工作不可能放到实际运作中来进行,只能借助于适当的模型。

基准的设置是模型分析中重要的一步,通过调整模型中的参数与变量,得到不同的运行结果,将这些结果与基准进行对比分析,可以确定一些重要参数(如需求量、库存量、运输批量等)与模型运行结果(如物流成本和顾客服务水平)之间的关系,据此才能选择出最优的物流网络设计方案。

4. 网络构架

网络构架的主要目标有以下三个:

(1) 在一定的顾客服务水平约束下求得最低的物流总成本。

(2) 在一定的物流总成本约束下实现最优的顾客服务水平。

(3) 通过尽可能地扩大特定的顾客服务水平所创造的收益与相对应的物流总成本之间的差距,获得最大的利润贡献。

网络构架的第三个目标与企业的经济目标最为接近,但由于难以对产品销售与顾客服务水平之间的关系精确定义,绝大多数模型都围绕第一个目标而设计,即在特定的顾客服务水平以及工厂生产能力与仓库容量的约束下,对发生在生产、采购、仓储、运输等环节的物流成本进行权衡与平衡,实现最低的物流总成本。

5. 渠道设计

渠道设计主要确定设施的选址,与之相关的各节点的库存与节点之间的运输问题都是从总量上考虑的。此外,还需要考虑各种产品究竟是如何在物流网络中流动,直至到达消费者手中的。图 4-6 是一个多级物流渠道示例。

进行渠道设计需要思考以下五类问题:

(1)每种产品在渠道中,各个层次和各存储点应当设置多少库存?

(2) 各级节点之间应提供什么样的运输服务?

(3) 在需求配送计划中应当采用拉动式还是推动式库存控制战略?

(4) 信息传递的最佳方式是什么?

(5) 最佳的预测方式是什么?

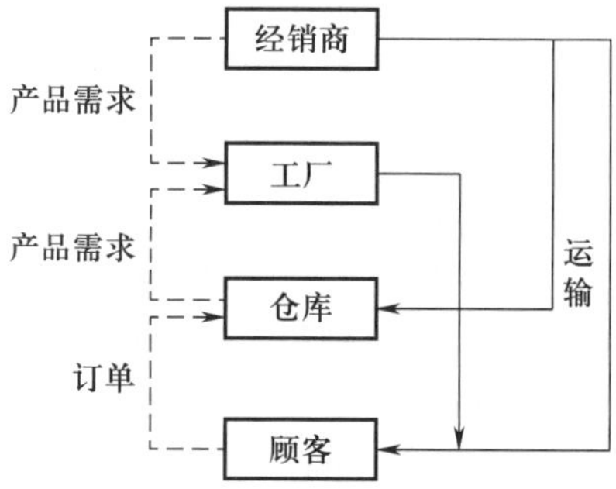

图 4-6　多级物流渠道

可见,渠道设计的核心在于对网络的实际运作进行规划。一些物流管理较为出色的企业往往设有专门的渠道管理人员(如渠道专员),负责对产品在物流网络中的流动与存储进行监控和协调。

4.4　物流节点选址模型分析

4.4.1　物流节点选址原则

为了使物流节点发挥其应有的作用,物流节点规划选址应遵循以下六个原则。

1. 经济合理性原则

经济合理性原则是决定规划成败的关键,在物流节点选址和确定用地规模时,必须以物流现状分析和预测为依据,按服务空间范围的大小,综合考虑影响物流企业布局的各种因素,选择最佳地点,确定最佳规模。

2. 环境合理性原则

通过实践环境合理性原则来缓解城市交通压力、降低对环境的不利影响,是物流节点建设的目的之一,也是“以人为本”思想的直接体现。使占地规模较大、噪声污染严重、对周围景观具有破坏性的节点尽量远离交通拥挤、人口密集和人类活动比较集中的城市中心区,为人们创造良好工作生活环境,这既是物流园区产生的直接原因,也是城市可持续发展的必然要求。

3. 利用现有仓储设施原则

在诸多物流基础设施中,仓库以其庞大的规模和资产比率,成为物流企业的空间主体,国外一般经验是仓库用地占整个配送中心用地的 40%左右。仓库建设投资大、回收期长、难以拆迁,充分利用好现有的仓储设施,则可基本解决原有设施的再利用和优化资本结构的问题。仓库多分布在交通枢纽和商品主要集散地,交通便利,区位优势明显,可满足物流企业对市场区位和交通区位的要求,充分利用已有仓储用地,可减少用地结构调整和资金投入,是物流节点选址的捷径。

4. 循序渐进原则

物流节点尤其是物流园区的建设具有一定的超前性,但任何盲目的、不符合实际的超前都可能造成不必要的资源浪费。因此,必须坚持循序渐进的原则,结合地区实际,在客观分析物流业发展现状和未来趋势的基础上,合理布局物流节点。

5. 与地区及城市总体规划相协调原则

物流节点的选址应与国家以及省市的经济发展方针、政策相适应,与我国物流资源和需求分布相适应,与国民经济和社会发展相适应,以城市的总体规划和布局为蓝本,响应城市产业结构调整和空间布局的变化需要,与城市功能定位和远景发展目标相协调。

6. 结构合理性原则

结构合理性原则是指物流节点的选择要将国家的物流网络作为一个大系统来考虑,使物流网络节点的设施、设备在地域分布、物流作业生产力、技术水平等方面相互协调。

4.4.2 物流节点选址的影响因素分析

1. 交通运输联络条件

物流节点作为物流各要素活动的主要场所，为保证物流作业的顺畅进行，必须具有良好的交通运输联络条件，主要包括以下四个方面：

(1) 物流节点所在区域的货物运输量。物流节点所在区域的货物运输量可以从一个侧面表明运输物流市场的供给情况，反映运输业的发展水平，一般包括铁路、公路货运量和港口吞吐量。此指标可用地区货物运输总量加以衡量。

(2) 交通通达度。用路网密度能很好地表明物流节点所服务地区的交通通达质量。此指标可用铁路网及公路网密度加以衡量。

(3) 物流节点货物平均运距。物流节点货物平均运距表明一般情况下物流节点可能的覆盖范围。此指标可用地区货物周转量与地区总货运量之比加以衡量。

(4) 交通运输设施的发展水平。交通运输设施的发展水平较高的地区，在未来物流节点的集疏运方面有较多有利因素。此指标可用交通运输设施建设投资的增长率加以衡量。

2. 用地条件

(1) 土地价格。物流节点的建设需要占用大面积的土地，因此土地价格的高低将直接影响物流节点的规模大小。有的区域鼓励物流企业的发展，对在当地建设物流节点予以鼓励支持，土地的获得就相对容易，地价及地价以外的其他土地交易费用也可能比较低。此指标用单位土地的开发成本进行衡量。

(2) 大面积土地的可得性。此指标用预留用地规模指标进行衡量。

3. 环境保护要求

物流节点的设置需要考虑保护自然环境与人文环境等因素，尽可能降低对城市生活的干扰，大型的物流节点应尽量设置在远离市区的地方。物流节点对环境的影响程度可按如下取值标准进行衡量：当物流节点建在城市边缘时，取值为 3；建在市区时，取值为 1；建在市中心和城市边缘之间时，取值为 2。

4. 政府职能

在硬件方面，政府应该按照物流园区、物流中心的不同特性要求，有计划地进行基础设施的投资与建设；在软件方面，政府应该更加明确地加大建设物流园区的补贴力度，且为入驻物流园区的企业提供各种优惠政策。

4.4.3 物流节点选址问题的分类

物流节点选址问题是指用各种定性或者定量的方法确定物流网络中节点的数量、位置和规模，其目标是通过合理规划物流网络的结构和布局，使物流成本达到最小。物流节点的服务功能特性决定了其大都布局在城市边缘交通条件好、用地充足的地方。因此，物流节点的选址一般会尽可能选择交通枢纽中心地带，使节点与运输网络相适应，同时还要考虑节点的其他经济合理性，如库存成本大小、地理区位优势、人力资源条件、客户与供应商分布、服务水平要求等。

1. 在进行物流节点的选址之前要确定的问题

(1) 选址的对象是什么?

(2) 选址的目标区域有哪些?

(3) 选址规划的目标是否单一,究竟有哪些关键因素影响物流节点的选址?

(4) 选址问题的目标函数是什么?

(5) 选址问题有哪些约束?

2. 选址问题的分类

一般而言,可将选址问题按下面五种方法分类:

(1) 按物流节点数量划分。根据选址的物流节点数量,可以将选址问题分为单一物流节点选址问题和多物流节点选址问题。单一物流节点的选址与同时对多个物流节点进行选址是截然不同的两个问题,单一物流节点选址无须考虑物流节点之间的需求分配、设施成本与数量之间的关系等因素。

(2) 按物流节点的性质划分。不同物流节点的功能、结构都存在明显不同,选址时关键的影响因素也不相同。例如,在工厂和仓库选址中,最重要的因素通常是经济因素;而在服务设施(如零售网点)选址时,对客户的服务水平则可能是选址的首要要素。因此,按物流节点的性质进行划分,能够确定物流节点选址的目标和约束条件,从而能够选择正确的方法进行规划。

(3) 按离散程度划分。根据目标区域的特征,可以将选址问题分为连续选址问题和离散选址问题。连续选址问题是指在一个连续空间内所有点都是可选方案,需要从数量是无限的点中选择一个最优的点,这种方法称为连续选址法,常用于物流节点的初步定位阶段。离散选址问题是指目标选址区域是一个离散的候选位置的集合。候选位置的数量通常是有限的,可能事先已经过了合理分析和筛选。这种模型是切合实际的,常应用于物流节点的具体设计阶段。

(4) 按能力约束划分。根据选址问题的能力约束种类,可以将选址问题分为有能力约束的选址问题和无能力约束的选址问题。如果物流节点的能力可充分满足客户的需求,那么,选址问题就是无能力约束的选址问题;反之,如果各物流节点有能力约束上限,那么就是有能力约束的选址问题。

(5) 按设施的维数划分。根据被定位设施的维数,可以将选址问题分为体选址、面选址、线选址和点选址。体选址是用来定位三维物体的,如卡车或飞机的装卸货箱的外货盘负载的堆垛;面选址是用来定位二维物体的,如一个制造企业的部门设置;线选址是用来定位一维物体的,如在配送中心分拣区域,分拣工人向传递带按照订单拣选所需要的货品;点选址是用来定位零维设施的,当相对于目标设施的目标位置区域而言,设施的尺寸可以忽略不计时,可以使用点选址模型,大多数选址问题和选址算法都是基于这种情况的。

4.5 物流设施选址模型

4.5.1 单设施选址

1. 重心模型

单设施选址是指为单个物流设施选址，最常用的是重心模型。重心模型是一种静态的选址方法，将运输成本作为唯一的选址决策因素。给定供给点与需求点的坐标，以及节点之间的运输量，则单设施选址应当使得运输总成本最小。

如图 4-7 所示，设有 n 个零售店，它们各自的坐标是 $Q_j(x_j, y_j)$，需新建的配送中心坐标为 $P_0(x_d, y_d)$，现在欲求此配送中心的位置，使配送中心到各零售店的运输费用最小。

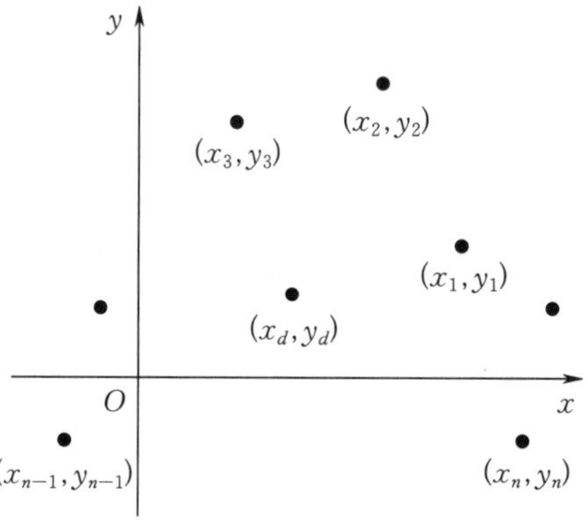

图 4-7 配送中心和零售店的坐标

已知条件如下：

h_j 为配送中心到零售店 j 的发送费率(即单位吨公里的发送费)；

w_j 为新建配送中心向零售店 j 的发送量；

d_j 为配送中心到零售店 j 的距离。

由此可得配送中心到各个零售店的总运输费用为：

$$H=\sum_{j=1}^{n} C_j \tag{4-1}$$

而 C_j 又可以表示为：

$$C_j=h_j \cdot w_j \cdot d_j \tag{4-2}$$

d_j 也可以写成：

$$d_j=[(x_d-x_j)^2+(y_d-y_j)^2]^{\frac{1}{2}} \tag{4-3}$$

把式(4-2)代入式(4-1)中，得到：

$$H=\sum_{j=0}^{n}(h_j \cdot w_j \cdot d_j) \tag{4-4}$$

现在要求(x_d, y_d)为何值时 H 最小。

从式(4-3)和式(4-4)可求出使 H 最小的(x_d，y_d)。解决这个问题的方法是运用下面的计算公式，令

$$\frac{\partial H}{\partial x_d}=\sum_{j=0}^{n}\left[h_j w_j (x_0-x_j)/d_j\right]=0 \tag{4-5}$$

$$\frac{\partial H}{\partial y_d}=\sum_{j=0}^{n}\left[h_j w_j (y_0-y_j)/d_j\right]=0 \tag{4-6}$$

从式(4-5)和式(4-6)可分别求得最适合的 x_d^* 和 y_d^*，即

$$x_d^*=\frac{\sum_{j=0}^{n}(h_j\cdot w_j\cdot x_j/d_j)}{\sum_{j=0}^{n}(h_j\cdot w_j/d_j)},\quad y_d^*=\frac{\sum_{j=0}^{n}(h_j\cdot w_j\cdot y_j/d_j)}{\sum_{j=0}^{n}(h_j\cdot w_j/d_j)} \tag{4-7}$$

因式(4-7)含有 d_j，而 d_j 右边还含有要求的未知数 x_d 和 y_d，而要从两式的右边完全消去 x_d 和 y_d，计算起来很复杂。因此采用迭代法来进行计算。其表达式为：

$$x_d^{(k)}=\frac{\sum_{j=0}^{n}\left[h_j\cdot w_j\cdot x_j/d_{j(k-1)}\right]}{\sum_{j=0}^{n}\left[h_j\cdot w_j/d_{j(k-1)}\right]},\quad y_d^{(k)}=\frac{\sum_{j=0}^{n}\left[h_j\cdot w_j\cdot y_j/d_{j(k-1)}\right]}{\sum_{j=0}^{n}\left[h_j\cdot w_j/d_{j(k-1)}\right]} \tag{4-8}$$

2. 迭代法的计算步骤

(1) 以所有零售店的重心坐标作为配送中心的初始地点($x_d^{(0)}$，$y_d^{(0)}$)。

(2) 利用式(4-3)和式(4-4)，计算($x_d^{(0)}$，$y_d^{(0)}$)与相应的总发送费 $H^{(0)}$。

(3) 把($x_d^{(0)}$，$y_d^{(0)}$)代入式(4-3)、式(4-8)中，计算配送中心的改善地点($x_d^{(1)}$，$y_d^{(1)}$)。

(4) 利用式(4-3)和式(4-4)，计算与($x_d^{(1)}$，$y_d^{(1)}$)相应的总发送费 $H^{(1)}$。

(5) 把 $H^{(1)}$ 和 $H^{(0)}$ 进行比较，如果 $H^{(1)}<H^{(0)}$，则返回(3)的计算，再把($x_d^{(1)}$，$y_d^{(1)}$)代入式(4-3)和式(4-8)中，计算配送中心在此改善地点($x_d^{(2)}$，$y_d^{(2)}$)；如果 $H^{(2)}\geqslant H^{(1)}$，则说明($x_d^{(1)}$，$y_d^{(1)}$)就是最优解。

这样反复计算下去，直至 $H^{(k+1)}\geqslant H^{(k)}$，求出最优解($x_d^{(k)}$，$y_d^{(k)}$)为止。

一般的做法是将各零售店之间的重心点作为最初地点(故叫重心模型)；也可采用任选初始地点的方法；还可以根据各零售店的位置和商品需求量的分布情况选取初始地点。初始地点的选取方法可以不同。

由上述求解过程可知，该问题适合用计算机编程求解。通过计算发现，用式(4-9)作为最佳坐标与迭代求解结果相差无几。

$$x_d^*=\frac{\sum_{j=0}^{n}(h_j\cdot w_j\cdot x_j)}{\sum_{j=0}^{n}(h_j\cdot w_j)},\quad y_d^*=\frac{\sum_{j=0}^{n}(h_j\cdot w_j\cdot y_j)}{\sum_{j=0}^{n}(h_j\cdot w_j)} \tag{4-9}$$

3. 重心模型的优缺点

求解配送中心最佳地址的模型，有离散模型和连续模型两种。重心模型是连续模型，相对于离散模型来说，在这种模型中，配送中心地点的选址是不加特定限制的，有自由选择

的优势。可是从另一方面来看，重心模型的自由度过大也是一个缺点。因为由迭代法计算求得的最佳地点实际上往往很难找到，有的地点很可能在河流湖泊上或街道中间等。此外，迭代计算非常复杂，这也是连续模型的缺点之一。

［例 4-1］ 根据表 4-1，利用重心模型计算配送中心最佳位置。

表 4-1 场址坐标及年运输量表

原材料供应地	P		Q		R		S	
	x_1	y_1	x_2	y_2	x_3	y_3	x_4	y_4
供应地坐标/km	20	70	60	60	30	25	55	30
年运输量/t	2 000		1 500		1 800		1 000	

解

$$x_d^* = \frac{20\times 2\,000+60\times 1\,500+30\times 1\,800+55\times 1\,000}{2\,000+1\,500+1\,800+1\,000}=37.9(\text{km})$$

$$y_d^* = \frac{70\times 2\,000+60\times 1\,500+25\times 1\,800+30\times 1\,000}{2\,000+1\,500+1\,800+1\,000}=48.4(\text{km})$$

［例 4-2］ 根据表 4-2，利用重心模型计算配送中心最佳位置。

表 4-2 场址坐标、年运输量及费率表

节点	坐标位置		年运输量/t	运输费率
	x_1	y_1		
P_1	3	8	2 000	0.5
P_2	8	2	3 000	0.5
M_1	2	5	2 500	0.75
M_2	6	4	1 000	0.75
M_3	8	8	1 500	0.75

解

$$x_d^0 = \frac{3\times 2\,000\times 0.5+8\times 3\,000\times 0.5+2\times 2\,500\times 0.75+6\times 1\,000\times 0.75+8\times 1\,500\times 0.75}{2\,000\times 0.5+3\,000\times 0.5+2\,500\times 0.75+1\,000\times 0.75+1\,500\times 0.75}$$

$$=5.16$$

$$y_d^0 = \frac{8\times 2\,000\times 0.5+2\times 3\,000\times 0.5+5\times 2\,500\times 0.75+4\times 1\,000\times 0.75+8\times 1\,500\times 0.75}{2\,000\times 0.5+3\,000\times 0.5+2\,500\times 0.75+1\,000\times 0.75+1\,500\times 0.75}$$

$$=5.18$$

［例 4-3］ 某连锁超市在某地区有四个零售点，其坐标和物资需求量见表 4-3，现欲建一个物流配送中心负责商品供应，问物流配送中心设在何处最为经济合理。

表 4-3 四个零售点的销售与地理数据

零售点 D_i	货物需求量 w_j/t	运输费用率 h_j/［元·(t·km)$^{-1}$］	坐标(x_j，y_j)/km	
1	2	5	2	2
2	3	5	11	3
3	2.5	5	10	8
4	1	5	4	9

解 (1) 按照各零售点销售货物的重量,求四个零售点所构建的四边形的重心:

$$x_d^{(0)}=\frac{\sum_{j=1}^{n}h_jw_jx_j}{\sum_{j=1}^{n}h_jw_j}=\frac{2\times2+3\times11+2.5\times10+1\times4}{2+3+2.5+1}=7.8(\text{km})$$

$$y_d^{(0)}=\frac{\sum_{j=1}^{n}hw_jy_j}{\sum_{j=1}^{n}h_jw_j}=\frac{2\times2+3\times3+2.5\times8+1\times9}{2+3+2.5+1}=4.9(\text{km})$$

物流配送中心位置坐标的初始值 P_0 为(7.8,4.9)。

(2) 按照距离公式求出物流配送中心位置 P_0 到各零售商店的距离:

$$d_j=\sqrt{(x_d-x_j)^2+(y_d-y_j)^2}$$

物流配送中心位置 P_0 到各零售点的直线距离见下表。

距离	P_0-D_1	P_0-D_2	P_0-D_3	P_0-D_4
距离 d_j/km	6.5	3.7	3.8	5.6

(3) 求出初始位置为 P_0(7.8,4.9)时的总运费:

$$H^{(0)}=\sum_{j=1}^{n}h_jw_jd_j=5\times2\times6.5+5\times3\times3.7+5\times2.5\times3.8+5\times1\times5.6=196(\text{元})$$

(4) 求出第一次迭代的位置:

$$x_d^{(1)}=\frac{\sum_{j=1}^{n}h_jw_jx_j/d_j}{\sum_{j=1}^{n}h_jw_j/d_j}$$

$$=\frac{5\times(2\times2\div6.5+3\times11\div3.7+2.5\times10\div3.8+1\times4\div5.6)}{5\times(2\div6.5+3\div3.7+2.5\div3.8+1\div5.6)}=8.6(\text{km})$$

$$y_d^{(1)}=\frac{\sum_{j=1}^{n}h_jw_jy_j/d_j}{\sum_{j=1}^{n}h_jw_j/d_j}$$

$$=\frac{5\times(2\times2\div6.5+3\times3\div3.7+2.5\times8\div3.8+1\times9\div5.6)}{5\times(2\div6.5+3\div3.7+2.5\div3.8+1\div5.6)}=5.1(\text{km})$$

P_1 的位置为(8.6,5.1)。

(5) 重复步骤(2),按照距离公式求出物流配送中心位置 P_1 到各零售商店的距离。

物流配送中心位置 P_1 到各零售点的直线距离见下表。

距离	P_1-D_1	P_1-D_2	P_1-D_3	P_1-D_4
距离 d_j/km	7.3	3.2	3.2	6.0

(6) 求出初始位置为 $P_1(8.6,5.1)$时的总运费：

$$H^{(1)}=\sum_{j=1}^{n} h_j w_j d_j=5\times2\times7.3+5\times3\times3.2+5\times2.5\times3.2+5\times1\times6=191(\text{元})$$

由于 $H^{(1)}<H^{(0)}$，说明运输费用有进一步下降的可能。

(7) 按照前面的过程求出第二次改进的物流配送中心的位置坐标，得到：

$$x_d^{(2)}=\frac{\sum_{j=1}^{n} h_j w_j x_j/d_j}{\sum_{j=1}^{n} h_j w_j/d_j}$$

$$=\frac{5\times(2\times2\div7.3+3\times11\div3.2+2.5\times10\div3.2+1\times4\div6)}{5\times(2\div7.3+3\div3.9+2.5\div3.2+1\div6)}=9.0(\text{km})$$

$$y_d^{(2)}=\frac{\sum_{j=1}^{n} h_j w_j y_j/d_j}{\sum_{j=1}^{n} h_j w_j/d_j}$$

$$=\frac{5\times(2\times2\div7.3+3\times3\div3.2+2.5\times8\div3.2+1\times9\div6)}{5\times(2\div7.3+3\div3.2+2.5\div3.2+1\div6)}=5.2(\text{km})$$

P_2 的位置为(9.0,5.2)。

(8) 重复步骤(2)，按照距离公式求出物流配送中心位置 P_2 到各零售商店的距离。

物流配送中心位置 P_2 到各零售点的直线距离见下表。

距离	P_2-D_1	P_2-D_2	P_2-D_3	P_2-D_4
距离 d_j/km	7.7	3.0	3.0	6.3

(9) 求出初始位置为 $P_2(9.0,5.2)$时的总运费：

$$H^{(2)}=\sum_{j=1}^{n} h_j w_j d_j=5\times2\times7.7+5\times3\times3.0+5\times2.5\times3.0+5\times1\times6.3=191(\text{元})$$

可见，当物流配送中心的位置为 $P_2(9.0,\ 5.2)$时，$H^{(1)}\leqslant H^{(2)}$。表明 $P_1(8.6,\ 5.1)$已经是最优解，不需继续进行迭代计算。所以，$P_1(8.6,\ 5.1)$为所选物流配送中心 P 的最合理位置。

4.5.2 多设施选址

多设施选址与单设施选址相比，更具现实意义，也更为复杂。以经常发生的仓库选址为例，需要解决的问题包括：需设置的仓库的数量、容量及位置，每个仓库服务的顾客群，各仓库的产品供给源，每种产品的库存配置与运输。

1. 多重心模型

以仓库选址为例，需确定要建立多少个仓库和每个仓库服务的市场范围，利用重心模型为各个仓库确定最优选址，通过对仓库数量各种可能的选择进行考察，选出其中成本最小的方案。

2. 混合整数线性规划

混合整数线性规划是解决物流网络设计问题常用的数学方法。以仓库选址为例，决策目标是在物流网络中确定仓库的数量、容量与位置，使得产品的物流总成本最小，决策问题的约束条件包括以下四个方面：

（1）各生产厂的产量约束。

（2）所有的市场需求必须被满足。

（3）仓库的周转总量与库存量约束。

（4）同一市场所需的各种产品必须由同一个仓库供应，不允许交叉运输。

3. 模拟模型

模拟模型在求解的精确性上要低于数学优化模型，但由于它能满足企业人员“在全面反映实际问题的基础上求出满意解”的要求，简单易懂，因而受到广泛的重视。仓库选址模拟流程如图 4-8 所示。

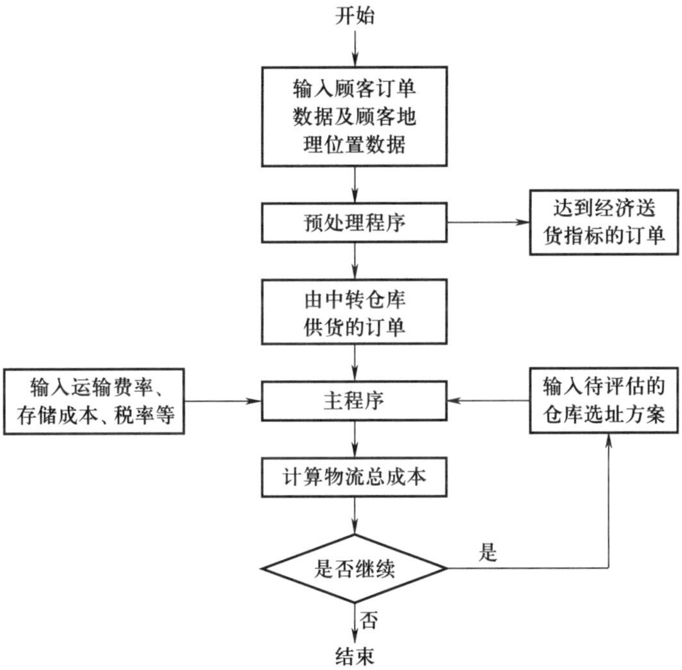

图 4-8　仓库选址模拟流程

对输入数据的处理分以下两个部分：

（1）预处理程序根据顾客订货量的大小，将订单分为两类：订货批量大的订单，由于达到经济送货批量而直接由工厂供货；另一类订单则由中转仓库供货。

（2）主程序对需要从仓库供货的订单计算出顾客到仓库及仓库到工厂的运输距离。

由于顾客的订货可能从多个仓库得到满足，因此必须为各个顾客制订供货仓库，选择方法如下：程序首先找到 5 个距该顾客最近的仓库；然后分别计算物流总成本（包括从仓库到顾客的送货成本，货物在仓库中的手工操作成本与库存成本，以及从工厂到仓库的运输成本），从中选出总成本最小的仓库向该顾客供货。

主程序根据产品的流动路线及顾客、仓库与工厂的地理坐标，计算仓库选址方案的物流总成本。其中，工厂的生产能力限制通过标准的线性规划方法来求解。通过对各种选址方案进行模拟运行，企业管理人员可以从中选出满意的方案。

一般而言，物流网络规划的总目标是物流网络运营总成本的最小化，包括库存持有成本、仓储成本和运输成本，同时满足客户对反应时间的要求。也就是说，物流网络的最优化通常是在满足客户反应时间要求的前提下，使分销设施数目尽可能地减少，在库存持有成本和运输成本之间达到平衡。

思考题

1. 物流网络的内涵和特征是什么？
2. 如何理解物流网络的层次与类型？
3. 如何理解物流节点的概念？
4. 物流节点的功能有哪些？
5. 物流网络规划的内容是什么？
6. 物流网络规划模型有哪些类型？
7. 物流网络设计初期阶段的研究工作主要有哪些？
8. 物流节点选址原则是什么？
9. 物流节点选址的影响因素有哪些？
10. 什么是重心模型？它的基本步骤有哪些？

第5章 物流产业的价值构成与战略规划

5.1 物流产业的价值概述

在以商品全球化为主要标志的经济全球化时代，一个企业乃至一个国家的竞争力不取决于能生产多少产品，而取决于能生产多少满足消费者和市场需求的产品，更取决于现代物流能力。因为任何一个产品都只有通过物流环节，进入消费者手中，才能成为商品，并具有商品价值、货币价值和使用价值。由此引发企业间的竞争由工业经济时代的单纯生产能力竞争转向经济全球化时代的生产能力以及流通能力竞争。企业在经济全球化时代需要解决的核心问题是如何打破工业经济时代的“重生产、轻物流”的思想框架，迅速建立现代物流体系，提高物流能力，降低物流成本，创造更多的价值。

现代物流与传统物流有着本质上的区别，现代物流以满足消费者和市场的需求为目标，以第三方物流为基础，联合供应商和销售商，把战略、市场、研发、采购、生产、销售、运输、配送和服务各环节整合在一起，作为现代经济领域的新兴产业支撑国家和世界的发展。而传统物流则把物流活动简单地视为一种“后勤保障系统”。

这些年来，经济全球化促使世界各国打破贸易壁垒、调整关税，使得全球贸易量和现代物流业有了突飞猛进的发展。现代物流业在通过提高物流速度和效率来创造价值的同时，也在不断通过创新整合资源和降低物流成本来创造价值。有资料显示，美国现代物流业基于对构成物流成本的库存费用、运输费用和管理费用进行全面、深入的分析，通过加强供应链协同商务、建立信息集成系统、合理计划、降低库存量和提高管理效率等措施来降低物流成本，从而使美国物流成本占美国 GDP 的比重由 20 世纪 90 年代初的 11.6%，下降到 20 世纪末期的 10%。与此同时，业界也普遍认为我国物流业通过整合资源，物流成本下降的空间在 10%或更多。

目前，我国社会物流总费用占 GDP 的比率总体呈下降趋势，但仍远高于欧美发达国家的水平，这表明我国物流效率还有较大提升空间。根据中国物流与采购联合会统计，2022 年社会物流总费用为 17.8 万亿元，同比增长 4.4%，社会物流总费用占 GDP 的比率为 14.7%，比 2021 年上升了 0.1 个百分点，而欧美发达国家的这一比率为 8%～9%。假设通过一系列专业化、数字化措施推动物流行业提质增效，使社会物流总费用占 GDP 的比率降至 12%，则我国社会物流总费用有万亿元级下降空间。在这样的背景下，作为物流行业发展的高阶形式，致力于优化效率、帮助企业实现降本增效的供应链行业市场较大，前景广阔。

迅速提高物流能力，降低物流成本，促使物流创造更多的价值，需要我们用经济全球化的视角研究国际商业运作模式，参与建立国际商业游戏规则；分析竞争对手实力，制定企业发展战略；研究现代企业管理模式，建立供应链协同商务体系和信息集成系统；研究和制定物流领域的法律法规；等等。

从国际范围来讲，物流产业已经有七次重要的价值发现：

第一次价值发现可以称为物流系统功能价值的发现。在第二次世界大战期间，美国在军队中采用了托盘、叉车的后勤军事系统，这个系统贯穿了军事物资从单元组合(集装)的装卸活动开始，高效连贯地搬运、运输、储存、再运输搬运，直到按指定军事目标到达目的地为止的整个过程，有效地支撑了庞大的战争机器。这就促使人们认识到物流作为一种系统的活动能够实现以往由许多活动才能完成的各项功能，使人们认识到物流系统的功能价值。

第二次价值发现可以称为物流经济活动价值的发现。第二次世界大战以后，大量军事技术和军事组织方式转移到民间活动中去，物流系统的思想方法和相关技术、相关管理方式实现了“军转民”，取得了成功。这就使人们认识到，物流不仅有非常重要的军事价值，而且也具备非常重要的经济活动价值，可以在经济界被广泛地采用，可以为企业增加一些新的管理思想和结构模式。第二次世界大战以后，价值工程、物流等在战争期间形成的形态都成功实现了向经济领域的转移，从军事活动的价值转变为经济活动的价值。

第三次价值发现是物流利润价值的发现。第二次世界大战以后，一些主要国家的经济发展面对的是一个“无限的市场”，只要能够快速、顺利地实现产品向用户转移，就能够获取利润。企业界采用物流技术和物流管理方式之后，能够有效地增强企业的活力，提高企业的效率和效益，从而增加企业的利润。在产业革命以后，经济领域对于人力、原材料这两个利润源泉的挖掘已经有了一百多年的历史，虽然在现代社会中仍然可以用新的方式来开发这两个利润源泉，但是，寻找新的利润源泉就变得更为迫切。物流作为“第三利润源泉”就是在这种情况下被发现的，这是对物流利润价值的发现。

第四次价值发现是物流成本价值的发现。20 世纪 70 年代初，世界爆发了“第一次石油危机”，实际上是以石油为首的能源、原料、材料、劳动力价格的全面上涨。传统的第一、第二利润源泉已经变成了企业的成本负担，在这种情况下，人们发现，物流领域有非常大的降低成本的空间。当企业界和经济界有效地利用物流系统技术和现代物流管理方式之后，有效地弥补了原材料、能源、人力成本上涨的压力，从而使人们认识到，物流还具备非常重要的降低成本的价值。物流的这一价值的发现，大大提高了物流在国际上的声誉。石油危机期间，许多经济学家预言的全世界的长期经济衰退并没有出现，这和经济领域中成功地发掘物流的降低成本价值有相当大的关系。

第五次价值发现是物流环境价值的发现。物流系统的开发、物流合理化的广泛推行和系统物流管理的普遍实施，在有效地降低成本的同时，能够在合理、更节约使用物流设备的情况下完成资源配置任务；物流系统化以后，物流装备可以得到全面、系统的开发，装备的效率大大提高，同时装备的能耗大大降低。这些努力汇集起来之后，人们惊喜地发现，物流对改善环境、降低污染、实施可持续发展有重大作用，这就使那些受现代城市病之苦的工业化城市对用物流这种系统经济形态来改善分立的、混乱的交通，减少交通阻塞、运输损失，降低污染，改善企业外部供应环境格外重视和关爱。

第六次价值发现是物流对企业发展战略价值的发现。这个发现实际上是对物流服务价值的发现。20世纪70～80年代，企业普遍从过去那种狭窄的、近期的、微观的视野，从当前的利益的和当前的成本考虑转向了长期的、战略性的发展的考虑。这个长期的、战略性的发展有两个非常重要的支持因素，一个支持因素是在现代信息技术支撑下建立的稳定的、有效的"供应链"，以增强企业的本体能力；另一个支持因素就是贴近用户的服务，而这个服务是远远超出所谓"售后服务"水平之上的全面贴近用户的服务。在物流领域里面出现了广泛配送方式、流通加工方式以及更进一步的准时供应系统、即时供应系统、零库存系统等，这些都成功地使企业获得了更长远的战略发展能力。

第七次价值发现是物流对国民经济价值的发现。1997年东南亚爆发了经济危机，危机过后，人们在分析和总结东南亚各国和各地区的情况时发现，以物流为重要支柱产业的新加坡、中国香港有较强的抗御经济危机的能力。例如，1998年受金融危机影响较大的马来西亚经济增长为－6.8％，泰国为－8.0％，东盟整体为－9.4％，与之相比较，中国香港情况比较好，为－1.5％，而新加坡当年实现了1.5％的正增长。这个发现非常重要，它的重要性在于，物流不仅对于微观企业有非常重要的意义，而且对于国家经济发展也有非常重要意义。物流作为一个产业，在国民经济中的地位也是非常重要，它能够起到完善结构、提高国民经济总体质量和抗御危机的作用。

1. 企业应采取的措施

(1) 对于企业而言，应当更新一个观念，即从长期将组成物流的一些活动看作是无足轻重的、辅助性的活动，更新为将物流作为企业完善结构、增加利润、降低成本、谋取战略发展的主要活动领域。

(2) 企业在一定时期应该确立自己的物流观念。企业的物流观念是有差别的，例如，日本的企业非常崇尚"第三利润源泉"的物流观念，而美国的企业则很少提利润源泉问题，而更多地把自己的物流观念建立在企业的战略发展上面。不同的物流观念主导的企业物流结构体系的建立会有很大差别。

(3) 企业应当在实行"两个根本转变"时，注重调整企业内部结构，将物流管理放在一个较为突出的位置，并且逐步改变传统的生产成本核算制度，建立物流成本核算等制度。

(4) 企业应当充分利用现代物流信息系统，逐步建立有利于战略发展的供应链系统。

2. 国家应采取的措施

(1) 国家应该按照全面系统的发展要求重新规划和构造仓储、铁道、公路、水运、空运一体化的现代物流系统，迅速改变分立的局面。

(2) 国家应当将综合物流基地建设作为现代物流系统公共设施建设的核心来抓，以求迅速改变物流产业各系统分立的格局，使现代物流产业对国民经济的发展有更大的支撑作用。

(3) 国家应当在有条件的地区和城市确立物流支柱产业的地位。

(4) 国家应当把建设物流信息系统作为支撑企业发展和国民经济发展的重要基础建设。

(5) 国家应当调整物流管理分工和格局，建立统一的物流管理或物流协调组织。

5.2 物流产业的总体价值

物流业作为经济发展的重要产业和新的经济增长点，势必对整体经济活动产生巨大的影响。

1. 物流产业的发展可以从整体上改善国民经济的运行效率，直接提高全社会的经济效益

我国物流产业经过几年的发展，已经进入理性、务实、快速发展的新阶段，成为国民经济的重要组成部分，对国民经济的拉动作用越来越明显。国家对发展现代物流业高度重视。可以说，我国现代物流业迎来了一个崭新的发展时期。

合理的物流能够节约大量的物质资料；合理的物流，对于消除迂回、相向、过远等不合理运输，节约运力具有重要作用；合理的物流可以减少库存，加速周转，更充分地发挥现有物资的效用；物流在装卸、加工、包装等方面对提高社会的经济效益的作用也是显而易见的。

2. 物流改变市场经济中企业传统的管理模式，并在其中发挥重要作用

从传统的观点看，物流对制造企业的生产是一种支持作用，被视为辅助的功能部门。但是，现代企业的生产方式从大批量生产转向精细的准时化生产，这时的物流（包括采购与供应）需要随之转变运作方式，实行准时供应和准时采购等。此外，顾客需求的瞬时化要求企业以最快的速度把产品送到用户的手中，以提高企业快速响应市场的能力。这一切都要求企业的物流系统具有系统协调运作的能力，以提高供应链的敏捷性和适应性，因此，物流管理解决的不再是传统的保证生产过程连续性的问题，而是要在供应链管理中发挥重要作用：

（1）创造用户价值，降低用户成本；

（2）协调制造活动，提高企业敏捷性；

（3）提供用户服务，塑造企业形象；

（4）提供信息反馈，协调供需矛盾。

3. 有效的国际物流是国际贸易顺利进行的保证和支持

据有关资料统计，目前跨国公司控制着全球生产总值的40%左右、国际贸易的50%以上和国际投资的90%。跨国公司正在由各国子公司独立经营的阶段，向围绕公司总部战略、协同经营一体化的方向发展，这就对国际物流提出了更高的要求。大型企业要进入世界企业100强或500强的行列，必须极大地提高本国国际物流的支持能力，有效的国际物流是国际贸易顺利进行的保证和支持。

4. 物流产业的发展可以促进国民经济各产业部门的健康发展

首先，物流产业发展在促进制造业降低产品成本、提高经济效益的同时，调整传统的"大而全""小而全"的经营组织形式，有助于制造业企业提高核心竞争能力。其次，物流产业的发展能够促进新型商业企业和业态形式的发展。传统的批发企业和储运企业，近年来都在尝试向物流服务领域延伸。在零售企业中，大型连锁商业企业内部的物流配送工作和为中小连锁企业提供服务的物流配送中心也发展十分迅速。再次，物流产业能够促进运输服务方式的创新和传统运输企业管理手段和技术水平的提高。最后，物流产业发展还会带动和促进许多相关领域（如物流设备制造行业、电子商务等）的发展。

5. 改善投资环境

现代物流产业的发展将加快资本周转，使有形货币在流通中产生更多的无形货币。发达的物流产业和基础设施有助于改善投资环境，吸引更多的外国企业和国际资本进入中国市场。

5.3　物流产业的价值构成体系

物流产业价值的构成要素包括服务收益和成本最小化。

5.3.1　物流服务收益

1. 物流服务的标准与可得性

物流服务的标准是基于服务优势与服务成本的一种衡量，是衡量客户服务工作的准绳。基本的物流服务标准包括三个方面的内容：可得性、作业绩效和可靠性。企业要形成一个基本的服务平台，在可得性、作业绩效和可靠性方面，对所有的客户提供基本服务，明确所要承担的义务水准。

可得性是当客户有需求时企业所具有的供应能力，它是通过各种方式来实现的，最普通的做法是按预期的客户订货进行存货储备，于是仓库的库容、选址、库存策略便成了基本的设计任务之一。高水准的存货可得性是经过大量精心策划实现的，其关键是对首选客户或核心客户实现高水准的存货可得性，同时将库存和仓储设施维持在最低限度。可得性应以下述三个绩效指标进行衡量：

(1) 缺货频率。缺货频率是缺货发生的概率。当需求超过可得性时就会发生缺货，缺货频率用于衡量需求超过可得性的概率。将全部产品所发生的缺货次数汇总起来，就可以反映一个企业实现其服务承诺的状况。

(2) 供应比率。供应比率衡量缺货的程度或影响大小，一种产品的缺货并不意味着客户需求得不到满足，在判断缺货是否影响服务绩效以前，先要搞清楚客户的真实需求。例如，一位客户订货 100 个单位，库存只有 95 个单位，那么订货供应比率为 95%。如果这 100 个单位的订货都是至关重要的，那么 95%的供应比率导致缺货，使客户产生严重不满；如果这 100 个单位的商品转移速度相对比较缓慢，那么 95%的供应比率可以使客户满意，客户会接受另外 5%延期供货或重新订货。

(3) 订货完成率。存货可得性由快速响应、最低库存、缺货频率、供应比率和订货完成率等指标组合而成，通过这些细分的具体指标可确定一个厂商满足特定顾客存货需求的能力，以及对首选顾客或核心顾客实现高水准存货可得性的可信度。订货完成率是衡量厂商拥有一个顾客所预定的全部存货时间的指标，以某一客户的全部订货作为衡量对象。订货完成率是一种最严格的衡量指标，因为它把存货的充分可得性看作是一种可接受的完成标准。假定其他各方面的完成为零缺陷，则订货完成率就为顾客享受完美订货的服务提供了潜在时间。

订货完成率是顾客服务所期望的目标。订货完成率百分数是缺货数量，而不是概率。一般说来，在给定安全储备的条件下，增加订货数量，就会减少相应可能发生的缺货数量，增加顾客服务水平。

2. 物流服务的作业绩效

物流服务的作业绩效可以通过速度、一致性、灵活性、故障与恢复等方面来具体进行衡量。

(1) 物流服务作业的速度。完成订发货周期速度是指从一开始订货到货物装运实际抵达的这段时间，在当今高水平的通信和运输技术条件下，订发货周期短至几个小时，长达几个星期。一般供应商的配送是建立在客户各种期望的基础之上来完成周期性作业。如果客户有要求，供应商可以通过通宵作业及高度可靠的运输企业在几小时之内完成客户所要求的客户服务。但是并不是所有客户都需要或希望最大限度地加速，因为这种加速会导致增加物流成本及提高价格。

(2) 物流服务作业的一致性。一致性是指供应商在众多的订货中按时配送的能力，虽然服务速度至关重要，但大多数物流企业更强调一致性，即随时按照对客户的配送承诺加以履行的作业能力。一致性问题是物流服务作业最基本的问题。

(3) 物流服务作业的灵活性。作业灵活性是指处理异常的客户服务需求的能力。供应商的物流能力直接关系到在始料不及的环境下如何妥善处理问题，在很多情况下，物流优势的精华就存在于灵活能力之中。一般来说，供应商的整体物流能力取决于在适当满足关键客户的需求时所拥有的随机应变的能力。

(4) 故障与恢复。无论供应商作业多么完美，故障总会发生，而在发生故障的作业条件下继续实现服务需求是十分困难的。为此，供应商要有能力预测服务过程中可能发生的故障或迫使服务中断的情况，并有适当的应急措施来完成恢复任务。

3. 物流服务的可靠性

物流质量与物流服务的可靠性密切相关。物流服务中最基本的质量问题就是如何实现已计划的存货可得性及作业完成能力，除了服务标准之外，还包括质量上的一致性以及能否并且乐于迅速提供有关物流作业和客户订货状况的精确信息。供应商有无提供精确信息的能力是衡量其客户服务能力最重要的一个方面。客户通常讨厌意外事件，如果他们能够事先得到信息，就能够对缺货或延迟配送等意外情况做出调整。

可靠性可以被定义为在使用条件和规定时间内，机械产品完成规定功能的能力。就一般情况而言，产品可靠性越高，我们可以认为其工作时间越长，或是在规定时间内完成规定要求的概率越大。然而需要采用科学的指标来度量产品可靠性，常用的可靠性指标包括可靠度、失效概率、失效率、平均工作时间、平均维修时间、有效度等。

可靠度定义为产品在规定条件下、规定时间内，完成规定功能的概率，记为 $R(t)$。失效概率定义为产品在规定条件下、规定时间内，未能完成指定功能的概率，记为 $F(t)$。对于不可修复的产品，平均寿命指产品从开始使用到失效这段工作时间的平均值，记为 $MTTF$ (mean time to failure)。对于可以修复的产品，平均寿命指平均无故障工作时间，记为 $MTBF$ (mean time between failures)。可修复产品的平均修理时间，记为 $MTTR$ (mean time to repair)。这三个指标有约束关系，知道其中两个就可以知道第三个。

若产品寿命 t 的概率密度函数为 $f(t)$，可靠度为大于规定时间 t 的概率，则 $R(t)$ 可以表示为：

$$R(t)=\int_t^{\infty} f(t)\mathrm{d}t，其中\ t\geqslant 0,0\leqslant R(t)\leqslant 1 \tag{5-1}$$

失效概率 $F(t)$ 与可靠度存在 $R(t)+F(t)=1$ 的关系，且可以表示为：

$$F(t)=\int_t^{\infty} f(t)\mathrm{d}t，其中\ t\geqslant 0,0\leqslant F(t)\leqslant 1 \tag{5-2}$$

失效率表示工作到时刻 t 时尚未失效的产品在时刻 t 以后的单位时间内发生失效的可能性，可以表示为：

$$\mu(t)=\frac{n(t+\Delta t)-n(t)}{[n-n(t)]\Delta t} \tag{5-3}$$

产品的有效性可以表示为：

$$A=\frac{MTBF}{MTBF+MTTR} \tag{5-4}$$

5.3.2　物流成本最小化

1. 物流成本的定义

物流成本是产品在实物运动过程(如包装、装卸、运输、储存、流通加工等各个活动)中所支出的人力、财力和物力的总和。物流成本管理就是对物流相关费用进行的计划、协调与控制。

中国在 2006 年颁布实施的国家标准《企业物流成本构成与计算》(GB/T 20523—2006)中指出："物流成本是企业物流活动中所消耗的物化劳动和活劳动的货币表现，包括货物在运输、储存、包装、装卸搬运、流通加工、物流信息、物流管理等过程中所耗费的人力、物力和财力的总和以及与存货有关的流动资金占用成本、存货风险成本和存货保险成本。"该定义的物流成本包含两方面的内容：一方面是直接在物流环节产生的支付给劳动力的成本，耗费在机器设备上的成本以及支付给外部第三方的成本；另一方面包括在物流环节中因持有存货等而潜在的成本，如占有资金成本、保险费等。

2. 物流成本的分类

现代物流成本的范围更广，且贯穿企业经营活动的全过程，包括从原材料供应开始一直到将商品送达到消费者手中所发生的全部物流费用。物流成本按不同的标准有不同的分类，按产生物流成本主体的不同，可以分为企业自身物流成本和委托第三方从事物流业务所发生的费用(即委托物流费)。如果按物流的功能，可以对物流成本进行如下分类：

(1) 运输成本。运输成本主要包括人工费用(如运输人员工资、福利等)、营运费用(如营运车辆燃料费、折旧、公路运输管理费等)和其他费用(如差旅费等)。

(2) 仓储成本。仓储成本主要包括建造、购买或租赁仓库等设施设备的成本和各类仓储作业带来的成本。

(3) 流通加工成本。流通加工成本主要包括流通加工设备费用、流通加工材料费用、流通加工劳务费用及其他费用。

(4) 包装成本。包装成本主要包括包装材料费用、包装机械费用、包装技术费用、包装人工费用等。

(5) 装卸与搬运成本。装卸与搬运成本主要包括人工费用、资产折旧费、维修费、能源消耗费以及其他相关费用。

(6) 物流管理成本。物流管理成本包括企业为物流管理所发生的差旅费、会议费、交际费、管理信息系统费以及其他杂费。

3. 物流成本核算方法

(1) 按支付形态划分并核算物流成本。把物流成本分别按运费、保管费、包装材料费、自家配送费(企业内部配送费)、人事费、物流管理费、物流利息等支付形态记账。从中可以了解物流成本总额,也可以了解什么经费项目花费最多。这种方法对认识物流成本合理化的重要性,以及考虑物流成本管理应以什么为重点,非常具有指导意义。

(2) 按功能划分并核算物流成本。分别按包装、配送、保管、搬运、信息、物流管理等功能来核算物流费用。从这种方法可以看出哪种功能更耗费成本,比按形态计算成本的方法能更进一步找出实现物流合理化的关键,而且可以计算出标准物流成本(单位个数、质量、容器的成本),从而进行作业管理,设定合理化目标。

(3) 按适用对象划分并核算物流成本。按适用对象核算物流成本,可以分析出物流成本都用在哪一种对象上。如可以分别把商品、地区、顾客或营业单位作为适用对象来进行计算。

按支店或营业所核算物流成本,就是要算出各营业单位物流成本与销售金额或毛收入的对比,用来了解各营业单位物流成本中存在的问题,以加强管理。

按顾客核算物流成本的方法,又可分为按标准单价计算和按实际单价计算两种计算方式。按顾客计算物流成本,可用来作为选定顾客、确定物流服务水平等制定顾客战略的参考。

按商品核算物流成本是指通过把按功能计算出来的物流费,用各自不同的基准,分配各类商品的方法计算出来的物流成本。这种方法可以用来分析各类商品的盈亏,在实际运用时,要考虑进货和出货差额的毛收入与商品周转率之积的交叉比率。

(4) 采用作业成本法核算物流成本。以活动为基础的成本分析法是被人为确定的控制物流费用最有前途的方法。作业成本法是指以作业为基础,把企业消耗的资源按资源动因分配到作业,以及把作业收集的作业成本按作业动因分配到成本对象的核算方法。其理论基础是:生产导致作业的发生,作业消耗资源并导致成本的发生,产品消耗作业,因此,作业成本法下成本计算程序就是把各种资源库成本分配给各作业,再将各作业成本库的成本分配给最终产品或劳务。

以作业为中心,不仅能提供相对准确的成本信息,还能提供改善作业的非财务信息。以作业为纽带,能把成本信息和非财务信息很好地结合起来,即以作业为基础分配成本,同时以作业为基础进行成本分析和管理。

应用作业成本法核算企业物流并进行管理可分为以下四个步骤:

①界定企业物流系统中涉及的各个作业。作业是工作的各个单位,作业的类型和数量会随着企业的不同而不同。例如,在一个顾客服务部门,作业包括处理顾客订单、解决产品

问题以及提供顾客报告。

②确认企业物流系统中涉及的资源。资源是成本的源泉，一个企业的资源包括直接人工、直接材料、生产维持成本（如采购人员的工资成本）、间接制造费用以及生产过程以外的成本（如广告费用）。资源的界定是在作业界定的基础上进行的，应分清每项作业以涉及的资源，与作业无关的资源应从物流核算中剔除。

③确认资源动因，将资源分配到作业。作业决定着资源的耗用量，这种关系称为资源动因。资源动因联系着资源和作业，它把总分类账上的资源成本分配到作业。

④确认成本动因，将作业成本分配到产品或服务中。成本动因反映了成本对象对作业消耗的逻辑关系，例如，问题最多的产品会产生最多的顾客服务电话，故按照电话数的多少（此处的作业动因）把解决顾客问题的作业成本分配到相应的产品中去。

5.3.3　物流成本分析方法

物流成本分析的方法很多，下面简述全面分析和详细分析的主要内容。

1. 配送中心物流成本的全面分析

计算出配送中心物流成本之后，可以计算出以下各种比率，再用这些比率同前年、大前年的数据进行比较，来考察配送中心物流成本的实际状况，还可以与同行业其他企业进行比较，或者与其他行业进行比较。

(1) 单位销售额物流成本率＝物流成本÷销售额×100%。这个比率越高，则对产品销售价格的弹性越低。从连锁企业历年的数据中，大体可以了解其动向，另外，通过与同行业和行业外进行比较，可以进一步了解配送中心的物流成本水平。

该比率受价格变动和交易条件变化的影响较大，因此作为考核指标还存在一定的缺陷。

(2) 单位成本物流成本率＝物流成本÷总成本×100%。这是考察物流成本占总成本比率的一个指标，一般作为企业内部的物流合理化目标或检查企业是否达到合理化目标的指标来使用，这个比率受原材料价格变动和工厂设备折旧的影响较大。

(3) 单位营业费用物流成本率＝物流成本÷(销售额＋一般管理费)×100%。通过物流成本占营业费用(销售额＋一般管理费)的比率，可以判断连锁企业物流成本的比重，而且这个比率不受进货成本变动的影响，得出的数值比较稳定，因此适合作为连锁企业配送中心物流合理化的指标。

(4) 物流职能成本率＝物流职能成本÷物流总成本×100%。该指标可以明确包装费、运输费、保管费、装卸费、流通加工费、信息流通费、物流管理费等各物流职能成本占物流总成本的比率。

(5) 单位产品的物流成本＝物流成本÷产品数量。该指标是指单位产品的物流成本，它不受产品价格变化和交易条件变化的影响，因此广泛应用于企业内部管理。该数据可以通过与历史数据的比较，较准确地反映物流成本的实际变动情况和趋势。

2. 配送中心物流成本的详细分析

通过全面分析，我们可以了解物流成本的变化情况及变化趋势，但是对引起物流成本变化的原因，我们还要进一步按照职能分类，对物流成本进行详细分析，然后提出对策。详细分析所用的指标有四类，通过这四类指标的序时分析或按配送中心内的部门、设施分类比较以及与同行业其他企业进行比较，就可以掌握物流成本的发展趋势及其差异。

（1）与运输、配送相关的指标：

装载率＝实际载重量÷标准载重量×100%；

车辆开动率＝月总开动次数÷拥有台数×100%；

运行周转率＝月总运行次数÷拥有台数×100%；

单位车辆月行驶里程＝月总行驶里程÷拥有台数；

单位里程行驶费＝月实际行驶三费÷月总行驶里程，

（行驶三费＝修理费＋内外胎费＋油料费）；

单位运量运费＝运输费÷运输总量。

（2）有关保管活动的指标：

仓库利用率＝存货面积÷总面积×100%；

库存周转次数＝年出库金额（数量）÷平均库存金额（数量）＝年出库金额（数量）×2÷（年初库存金额＋年末库存金额）。

（3）有关装卸活动的指标：

单位人时工作量＝总工作量÷装卸作业人时数，

（装卸作业人时数＝作业人数×作业时间）；

装卸效率＝标准装卸作业人时数÷实际装卸作业人时数；

装卸设备开工率＝装卸设备实际开动时间÷装卸设备标准开动时间；

单位工作量修理费＝装卸设备修理费÷总工作量；

单位工作量卸装费＝装卸费÷总工作量。

（4）有关物流信息活动的指标：

物流信息处理率＝物流信息处理数量（传票张数等）÷标准物流信息处理数（传票张数等）。

5.3.4　物流成本管理方法

1. 通过采用物流标准化进行物流成本管理

物流标准化是将物流作为一个大系统，制定系统内部设施、机械设备、专用工具等各个分系统的技术标准。制定系统内各个分领域（如包装、装卸、运输等）的工作标准，以系统为出发点，研究各分系统与分领域中技术标准与工作标准的配合性，统一整个物流系统的标准。物流标准化使货物在运输过程中的基本设备统一规范，如现有托盘标准与各种运输装备、装卸设备标准之间能有效衔接，大大提高了托盘在整个物流过程中的通用性，也在一定程度上提高了货物运输、储存、搬运等过程的机械化和自动化水平，有利于物流配送系统的运作效率，从而降低物流成本。

2. 通过实现供应链管理，提高对顾客物流服务的管理来降低成本

实行供应链管理不仅要求该企业的物流体制具有效率化，也需要企业协调与其他企业以及客户、运输业者之间的关系，实现整个供应链活动的效率化。正因为如此，追求成本的效率化，不仅企业中物流部门或生产部门要加强控制，同时采购部门等各职能部门也要加

强成本控制。提高对顾客的物流服务可以确保企业利益,同时也是企业降低物流成本的有效方法之一。

3. 借助现代信息系统的构筑降低物流成本

要实现企业与其他交易企业之间的效率化的交易关系,必须借助现代信息系统的构筑,尤其是利用互联网等高新技术来完成物流全过程的协调、控制和管理,实现从网络前端到最终端客户的所有中间过程服务。一方面,能正确、迅速地处理各种物流作业或业务;另一方面,能由此建立起物流经营的战略系统。通过现代物流信息技术,可以将企业订购的意向、数量、价格等信息在网络上进行传输,从而使生产、流通全过程的企业或部门分享由此带来的利益,充分应对可能发生的各种需求,进而调整不同企业间的经营行为和计划,企业间的协调和合作有可能在短时间内迅速完成,这可以从整体上控制物流成本。同时,物流管理信息系统的迅速发展,使混杂在其他业务中的物流活动的成本能精确地计算出来,而不会把成本转嫁到其他企业或部门。

4. 从流通全过程的视点来加强物流成本的管理

对于一个企业来讲,控制物流成本不单单是该企业的事情,即追求该企业的物流效率化,而应该考虑从产品制成到最终用户整个流通过程的物流成本效率化,即物流设施的投资或扩建与否要视整个流通渠道的发展和要求而定。例如,有些厂商是直接面对批发商经营的,因此,很多物流中心是与批发商物流中心相吻合的,从事大批量的商品输送,然而,随着零售业界便民店、折扣店的迅速发展,客户要求厂商必须适应零售业的业态形式,展开直接面向零售店铺的物流活动。因而,在这种情况下,原来的投资就有可能沉淀,同时又要求建立新型的符合现代物流发展要求的物流中心或自动化的设备。显然,这些投资尽管从企业来看,增加了物流成本,但从整个流通过程来看,却大大提高了物流绩效。

5. 通过效率化的配送降低成本

对于用户的订货要求,建立尽量短时间、正确的进货体制是企业物流发展的客观要求。但是,由于配送而产生的成本费用要尽可能降低,特别是多频度、小单位配送要求的发展,企业更要采取效率化的配送,这就必须重视配车计划管理,提高装载率以及车辆运行管理。

通过构筑有效的配送计划信息系统,企业就可以使生产商配车计划的制订与生产计划联系起来进行,同时通过信息系统也能使批发商将配车计划或进货计划相匹配,从而提高配送效率,降低运输和进货成本。

6. 通过削减退货来降低物流成本

退货成本也是企业物流成本中一项重要的组成部分,它往往占有相当大的比例,这是因为随着退货会产生一系列的物流费,退货商品损伤或滞销而产生的经济费用以及处理退货商品所需的人员费和各种事务性费用。特别是在存在退货的情况下,一般是由商品提供者承担退货所发生的各种费用,而退货方因为不承担商品退货产生的损失而很容易随便地退回商品,并且由于这类商品大多数量较少,配送费用有增高的趋势。不仅如此,由于这类商品规模较小,也很分散,商品入库、账单处理等业务也很复杂。由此,削减退货成本是物流成本控制活动中需要特别关注的问题。

物流成本降低是个持续不断的过程。物流系统优化是关系到企业的竞争能力、影响到企业盈利水平的重大问题,应从战略的高度规划企业的物流系统。同时,还要协调各部门之间的关系,使各个部门在优化物流系统的过程中相互配合。

5.4 物流价值的产生

5.4.1 物流服务方式的选择

1. 以市场需求为导向

一般来说,以产品为导向的物流服务难以真正对应客户的需求,容易出现物流服务水准设定失误的情况,也无法根据市场环境的变化和竞争格局及时加以调整。而以市场为导向的物流服务是根据企业经营信息和竞争服务水准相应制定的,通过与客户面谈、客户需求调查、第三方调查等寻求客户最强烈的需求愿望是决定物流服务水准的基本方法。

2. 采取物流服务多元组合

随着客户业种和业态多样化的发展,客户的需求不可能千篇一律,因此,采取物流服务多元组合十分必要。物流服务也要考虑有限经营资源的合理配置,应根据客户的不同类型采取相应的物流服务。

3. 发展特色物流服务

企业在制定物流服务要素和物流服务水准的同时,应当保证物流服务的差别化,形成物流服务的鲜明特色,这是保证高质量物流服务的基础,也是物流服务战略的重要特征。

4. 注重物流服务灵活性

物流服务的变化往往会产生新的物流服务需求。在物流服务管理中,应当充分重视研究物流服务的发展方向和趋势,根据发展变化的物流需求提供高效的物流服务;必须在规范化、标准化物流服务基础上,注重物流服务的灵活性,以满足企业物流服务经营竞争的需要。

5. 建立能把握市场环境变化的物流服务管理体制

物流服务水准是根据市场形势、竞争企业的状况、商品特性以及季节的变化而变化的,企业在物流服务部门确立能收集物流服务信息、把握市场环境变化并不断发展提高的管理组织与责任体制十分必要。

6. 强化物流服务绩效评价

物流服务绩效评价的实质是现代企业物流服务能力、竞争能力、发展能力的评价。现代企业应从提高物流服务水平的角度对物流运作活动的总体绩效做出评价。在物流基本业务分析的基础上,将整个物流系统进行投入产出分析,从而可以确认物流系统总体的能力、水平和有效性。

5.4.2 物流企业的服务模式

从服务角度看,物流企业服务模式包括自营物流服务模式、第三方物流服务模式和物流联盟服务模式。

1. 自营物流

自营物流是指企业自身经营物流业务。企业建设全资或控股物流子公司，建立一套物流服务体系。其优点是掌握控制权；盘活企业原有资产；降低交易成本；避免商业秘密泄漏；提高企业品牌价值；有利于推进客户关系管理；适应性、针对性强。缺点是投资多、风险大；资产利用率的波动性大；增加管理难度，降低专业化水平管理机制的约束；存在跨行业经营风险。本模式适用于具有一定物流资源的传统企业进行电子商务时所采用。

2. 第三方物流

第三方物流是指企业将一部分或全部物流活动委托给外部的专业物流公司来完成。物流公司本身不拥有商品，而是与企业签订合作协定或结成合作联盟，在特定的时间内将商品送达消费者。在某种意义上，可以说它是物流专业化的一种形式。其优点是集中精力发展核心业务；减少投资，加速资本周转；降低运营成本及库存成本；改善企业价值链，实现资源优化配置；提供灵活多样的顾客服务，为顾客创造更多价值。缺点是成本控制困难；发展目标不一致；不利于整体优化；受到物流资产的制约和市场交易成本的制约。本模式适用于不具备现代化物流技术手段，无法满足对物流系统的高度化需要的企业。

3. 物流联盟

物流联盟是指物流服务的当事人在物流服务方面选择少数稳定且有较多业务往来的物流公司，通过契约形成长期互利、优势互补、要素双向或多向流动、互相信任、共担风险、共享收益的物流伙伴关系，是战略联盟的一种具体形式。其优点是可降低成本，减少投资，降低风险和不确定性，获得一定的物流技术及相应的管理技术；有利于发挥渠道优势，提高利润水平；有利于拓展经营领域，提高顾客服务水平，提升企业形象。缺点是冲击主业发展，降低专业化水平；破坏旧的客户关系；物流联盟模式非常脆弱，这种关系很难形成且非常容易解体。本模式适用于区域配送系统完善、物流内容相对单一、物流规模较稳定的企业。

5.4.3　物流产业创造的价值

1. 物流创造的时间价值

著名物流学家詹姆斯 · C. 约翰逊（James C. Johnson）和唐纳德 · F. 伍德（Donald F. Wood）指出："为使市场经济达到适当的用户，在适当的时候，花最少的费用获得他们所需要的产品和服务这一目标，一个有效的物流系统是关键。" 由于商品的生产和消费往往存在时间上的差异性（集中生产、全年消费，或全年生产、集中消费），通过有效的物流活动，便可缩短、延长或弥补时间差，最终克服这种时间性分离，创造时间效用。

2. 物流创造的场所价值

通常，物品的产地与消费地并不统一，这便产生了生产与消费之间的空间性分离。通过有效的物流活动，可实现商品从集中生产场所流入分散需求场所，或从分散生产场所流入集中需求场所，或从甲地（产地）流入乙地（需求地），最终克服这种空间性分离，创造地点效用。一般地，商品的价值是在工厂中形成的，例如，通过生产加工将原材料、零部件、外购件等生产资料转化为产成品，加工对象的外形和品质将发生很大的变化。而在实物流通中，主要是维护商品的价值并通过适当的手段增加商品的价值，从而实现商品的"保质"和

“增值”。例如,在配送中心,通过开仓卸货以及产品组合等方式,改变产品的装运规格和包装特性,以此来改变产品的形式。通过以托盘为单位进行货物分装,以及通过流通加工将货物的大包装改为小包装,或将货物进行尺寸的分割等,都可以改变商品的外形并创造商品的附加价值,我们将这类价值称为形质价值。

3. 物流创造的系统功能价值

虽然学术界早在20世纪30年代就已提出了物流的概念,但真正发现物流的系统功能价值却是在第二次世界大战期间。在战争中,美军将现代物流管理理念运用于整个军事后勤系统,将军事物资单元化、组合化,并将仓储、运输、包装、装卸、装备有机地结合在一起,构筑了一个高效、有力的军事后勤保障系统,从而为最终取得战争的胜利提供了强有力的支持。在这一过程中,物流成了一项系统工程,成功地实现了以往单方面的物流活动所不能达成的目标,人们首次认识到了物流的系统功能价值。二战结束以后,物流作为一项军事后勤技术被成功地运用到了民用领域,证明了军事物流的系统管理思想、方法和技术在社会经济领域同样具有强大的生命力,人们再一次发现了物流的系统功能价值。

4. 物流创造的利润价值

西方发达国家从20世纪50～60年代开始进入战后经济高速增长期,在经济繁荣的背后,物流越来越显现出其巨大的利润价值。在这期间,产业界引入了物流技术和物流管理模式,有效地激活了企业的活力和潜能,提高了企业的经济效益,大大增加了企业的利润。事实上,在产业革命之后很长的一段历史时期,产业界一直把目光停留在降低原材料成本和提高劳动生产率这两个利润源的挖掘上,然而,企业经营管理者发现利润上升的空间越来越小,寻找新的利润源泉迫在眉睫。正在此时,物流作为“第三利润源泉”被发现了。1973年爆发了世界第一次石油危机,引发了能源、原材料以及劳动力价格的全面上涨。传统的第一利润源泉和第二利润源泉成了企业巨大的成本负担,而物流却成了降低企业成本的“第三利润源泉”。在此期间,许多企业经营管理者优化了物流系统,强化了物流管理,创造了巨大的成本降低空间,有效地缓解了原材料、能源和劳动力价格上涨的压力,使人们再一次认识到了物流的利润价值。

5. 物流创造的环境价值

随着物流系统的有效开发,物流合理化进程的日益推进,以及高效率、高效益的物流管理的广泛实施,物流在展现自身功能价值和利润价值的同时,呈现出更加有序、节约、合理和高效的趋势。人们惊喜地发现,物流对于节约能源、减轻污染、改善环境以及可持续发展具有不可或缺的作用,人们逐渐认识到了物流的环境价值。开展对物流环境价值的研究,有利于我们解决交通混乱、环境污染等问题,有利于建设资源节约型、环境友好型社会,实现可持续发展。

6. 物流创造的服务价值

20世纪70年代以后,随着人们对物流科学研究的进一步深入以及现代企业制度的导入,企业经营管理者从企业发展战略的角度出发,逐渐发现了物流的服务价值。利润最大化是企业经营的目标,但该目标的实现必须建立在企业向顾客提供让其满意的产品或服务的基础之上。产品有形,服务无形,但其实质相同,它们所代表的是一种价值,一种顾客认同的价值。货主企业与客户达成交易后,需要物流服务作为支撑,物流企业则专门为货主企业及其客户提供物流服务。提供良好的物流服务有利于企业参与市场竞争，有利于树立企业的品牌形象，有利于与客户结成长期、稳定的战略联盟，在市场竞争日益激烈的今天，这对企业的生存与发展尤其具有深远的现实意义和战略意义。

5.5　物流战略规划

5.5.1　物流战略规划的概念

当今时代是战略制胜的时代。物流战略规划作为企业战略规划的重要组成部分，它的成功与否关系到现代企业在市场竞争中的兴衰存亡。随着社会的不断进步和经济的飞速发展，企业面临的社会、经济环境在不断发生变化，企业的物流战略规划存在着高度的不确定性。这时，以市场为导向、以顾客满意为目标制定企业的物流战略规划就显得十分重要。

物流战略规划是通过提高流程价值和顾客服务而实现竞争优势的统一、综合和集成的计划过程，通过对物流服务的未来需求进行预测和对整个供应链的资源进行管理，从而提高顾客的满意度。

5.5.2　物流战略规划的内容

图 5-1 描绘了物流战略规划的内容框架。首先，支持物流战略规划设计和运作的驱动力是它的客户服务战略。这一战略取决于企业的产品、市场和客户服务目标，它们反映了市场预期。许多公司必须实现复杂的客户服务战略，因为它们的市场有所细分，具有不同的客户服务需要和预期。例如，一家消费品制造商将以与传统零售店不同的方式满足散装零售商，因为它们需要更短的发货时间和百分之百直接到店的发货。

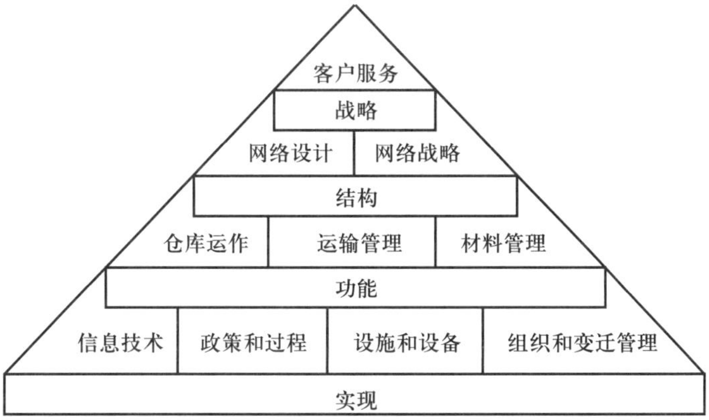

图 5-1　物流战略规划的内容

优质的客户服务可能是驱动物流战略的关键目标，但是企业也必须考虑成本、增值服务、灵活性和适应性。成本已经变得越来越重要，尤其是在边际收益低的行业。增值服务是以增加的成本提供给特定客户的服务，包括客户配送中心物流运作的条码产品、直接到商店的微量运输以及客户供货管理库存等。灵活性是指企业为客户快速设计和实现新服务的能力。适应性是指企业根据自己所面临的市场新条件或技术进步调整其战略的长期能力，它要求公司使用 IT 技术识别市场发展的趋势并适应它们。

在布置企业战略物流规划时，管理层要根据情景，分析识别公司的优点、弱点、机会和威胁，以及适当的资源收购和处置决策。必要的规划流程应该制度化，以使它们按年度或一些其他周期重复进行。

一旦企业的战略目标已经表述清楚，它必须识别实现其战略的结构元素，即网络设计和网络战略。网络或渠道设计关心的是达到客户服务目标的作业和功能，以及供应链中不同的参与者如何执行它们，具体包括配送商在何种程度上进行市场营销、销售、发货和记账等功能的决策。市场份额和规模常常决定了相关成本，同时也决定了公司拥有和运作直接配送渠道及与第三方共享或由第三方运行的渠道的价值。这样的决策也应该考虑市场和公司市场份额预期的长期变化，如果预期市场份额增长，应该考虑在直接配送渠道上投资，而不是与第三方合作来加速增长。

实体网络战略关心的是，只有通过最优化模型才能以一体化的方式进行完全评价的物流网络决策。此决策的关键部分包括设施的选址、任务设计以及使用这些设施为客户服务的战略。设施是指公司在全国各地区的配送中心、仓库、供应商工厂和客户设施，客户设施可以是商店等。

同时，物流战略框架的结构元素必须包括仓库运作、运输管理和材料管理等与执行战略有关的结构决策功能元素，并要求将它们集成起来。仓库运作、运输管理和材料管理在整个网络中管理物流和库存，与系统决策和结构决策相联系。同时，任何战略规划研究必须考虑战略与功能运作之间的互动。

框架最终层次的实现包括支持和执行战略的人员、业务流程和 IT。对成功执行物流战略至关重要的是订单管理和订单补充流程的创建及其一体化。“实现”可能是物流战略构建最困难的方面，在很大程度上是由于 IT 和全球市场的不断变化，要求企业持续不断地去适应。

5.5.3 物流战略规划效果评价的指标体系

根据物流战略规划的特点，在遵循指标设置的少而精原则、微分化原则、独立性原则的基础上，设置 3 个一级指标、12 个二级指标，具体见表 5-1。

表 5-1 物流战略规划效果评价指标

一级指标	二级指标	指标说明
物流发展的方向性	物流战略的全球化	突破地域、行业的局限性，以全国甚至全球为着眼点
	物流战略的前瞻性	既允许企业物流创造性地发展，又对企业物流的冒险行动有所限制
	物流模式的歧异性	使本企业物流模式区别于同类型的其他企业
	物流管理理念的先进性	拥有现代物流思想、供应链思想、绿色物流观念等

续表

一级指标	二级指标	指标说明
物流战略目标的合理性	与企业目标的一致性	物流目标与企业经营、生产目标联系的紧密性
	成本与服务水平的匹配性	以尽可能低的成本实现尽可能优质的服务
	设施投资的合理性	物流设施建设达到总投资最小、投资回报最大
	物流服务水平的可度量性	物品传递的及时性、可靠性和经济性
物流战略的执行性	物流规划系统的完整性	企业物流组织内部各方面的统一性
	资源分配的合理性	货源在不同业务、不同部门、不同物流活动之间分配的合理性
	物流组织的整合性	物流组织的系统性、高效性
	物流信息系统的完整性	物流信息的可得性、可靠性、及时性等

5.5.4　物流战略规划的类型

物流战略通常分为五个重要层次。

1. 物流战略层

确立物流对企业战略的协助作用，建设两大平台和两大系统。物流首先是一种服务，企业建设物流系统首先是为了实现企业的战略，所以企业发展物流必须首先确立物流规划与管理对企业总体战略的协助作用。同时，企业现代物流的发展必须建设两大平台和两大系统，即基础设施平台和信息平台，信息网络系统和物流配送系统。在进行企业物流规划管理最初必须进行企业资源能力的分析，充分利用过去和现在的渠道、设施以及其他各种资源来完善企业的总体战略，并以最小的成本和最快的方式建设两大平台和两大系统。

2. 物流经营层

通过顾客服务建立战略方向。物流活动存在的唯一目的是向内部和外部顾客提供及时准确的交货，无论交货是出于何种动机或目的，接受服务的顾客始终是形成物流需求的核心与动力。所以，顾客服务是制定物流战略的关键。而且，要执行一项营销战略，必须要考察企业在与争取顾客和保持顾客有关的过程中的所有活动，而物流活动就是其中的关键活动之一，可以被开发成核心战略。在某种程度上，企业一旦将其竞争优势建立在物流能力上，它就具有难以重复的特色。

3. 物流结构层

物流系统的结构部分包括渠道设计和设施的网络战略。企业的物流系统首先应该满足顾客的服务需求，而物流系统的渠道结构和设施网络结构提供了满足这些需求的物质基础。物流渠道设计包括确定为达到期望的服务水平而需执行的活动与职能，以及渠道中的哪些成员将执行它们。渠道体系设计需要在渠道目标的制定，渠道长度和宽度的评价，市场、产品、企业以及中间商因素的研究，渠道成员的选择及职责，渠道合作等方面认真分析与判断，因为体系一旦实施，常常无法轻易地改变。随着顾客需求变化和竞争者的自我调整，渠道战略必须进行再评价，以维持或增强市场地位。企业物流设施的网络战略要解决的问题包括设施的功能、成本、数量、地点、服务对象、存货类型及数量、运输选择、管理运作方式(自营或向第三方外筹)等。网络战略必须与渠道战略以一种使顾客价值最大化的方式进行整合。涉及和3PL提供商的合作时,物流网络可能会变得更为复杂,也比传统网络更加灵活,因此,对现有的仓储业务、库存配置方针、运输管理业务、管理程序、人员组织和体系等进行革新是明智之举。在动态的、竞争的市场环境中,也需要不断地修正设施网络以适应供求基本结构变化。

4. 物流职能层

物流战略职能部分,尤其是运输、仓储和物料管理。物流战略规划职能部分主要是对企业物流作业管理的分析与优化。运输分析包括承运人选择、运输合理化、货物集并、装载计划、路线确定及安排、车辆管理、回程运输或承运绩效评定等方面的考虑;仓储方面的考虑包括设施布置、货物装卸搬运技术选择、生产效率、安全、规章制度的执行等;在物料管理中,分析可以着重于预测、库存控制、生产进度计划和采购上的最佳运作与提高。

5. 物流执行层

日常的物流管理问题。企业物流战略规划与管理的最后一层为执行层,包括支持物流的信息系统、指导日常物流运作的方针与程序、设施设备的配置及维护以及组织与人员问题。其中,物流信息系统和组织结构设计是最为重要的内容。物流信息系统是一体化物流思想的实现手段和现代物流作业的支柱。没有先进的信息系统,企业将无法有效地管理成本、提供优良的顾客服务和获得物流运作的高绩效。当今企业要保持竞争力,必须把信息基础结构的作用延伸到需求计划、管理控制、决策分析等方面,并将信息的可得性、准确性、及时性、灵活性、应变性等特点结合到一起,还要注意到与渠道成员之间的连接。组织一体化、供应链整合、虚拟组织、动态联盟、战略联盟、战略伙伴、企业流程再造、敏捷制造等发生在组织管理领域的变革,表明需要以全新的思维认识企业,同时,物流管理也要对变革做出积极的反应。一个整合的、高效的组织对成功的物流绩效是十分重要的。一体化的物流管理并不意味着将分散于各职能部门中的物流活动集中起来,单一的组织结构并非对所有的企业都是适宜的,关键在于物流活动之间的协调配合,要避免各职能部门追求局部物流绩效的最大化。

5.5.5 基于QFD的物流战略规划过程

质量功能展开(quality function deployment,QFD)是一种以市场为导向的质量策略,它强调将市场(顾客)的需要转换为代用特性,以确定产品的设计质量,并将其系统地(关联地)展开到各功能部件、个别零件的质量乃至过程要素。通过这种方法,QFD把顾客的需要直接转变成对新产品的开发和服务的改善,从而减少了浪费,提高了顾客的满意度,为企业带来了超额利润和不断增长的市场占有率。可见,将QFD方法应用于企业的物流战略规划将有助于把市场(顾客)的需求和技术的发展趋势注入到整个战略规划过程中去,从而大大提高规划成功的可能性。

基于QFD的物流战略规划过程有四个步骤,如图5-2所示。首先必须系统地收集基础信息;再利用“信息转换表”这个工具推演出企业的若干战略目标;然后对这些目标进行展开,并利用“战略质量屋”和“分析矩阵”进行分析和评价;最后选出适当的战略目标并制定一个战略规划蓝图。

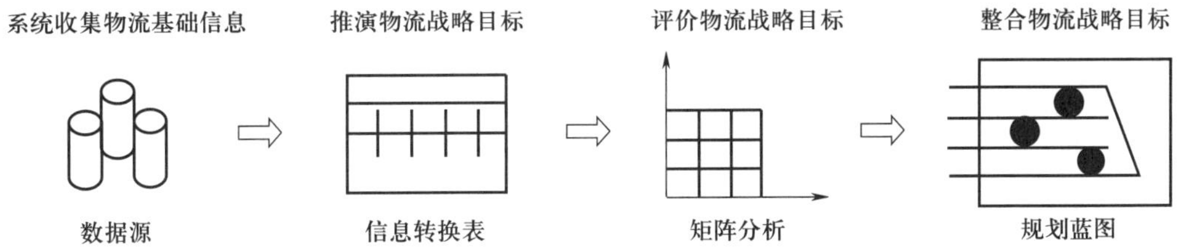

图 5-2　基于 QFD 的物流战略规划过程

1. 系统收集物流基础信息

准确地掌握市场(顾客)明确或隐含的需求,是 QFD 的基点,它直接影响到用 QFD 方法进行物流战略规划的成败。因此,我们必须保证在这一步中收集到恰当、充分的基础信息,为推演物流战略目标打下坚实的基础。

首先,我们必须识别出与企业物流业务相关的各种部门或群体,也就是选取那些能够为企业物流部门提供相关资源的部门或群体;然后明确他们所能提供的信息类型,并采取恰当的方式来获取。

表 5-2 给出了一些典型的信息源,以及提供的信息类型和信息的获取方式。

表 5-2　物流基础信息的获取

信息源	信息类型	获取方式
内部管理部门	企业的使命与目标、公司内部记录	面访、查阅报表和报告
物流部门内部	优势和劣势、核心竞争力、技术诀窍	SWOT 分析
顾客	需求、期望、抱怨	问讯、访谈、反馈
市场	市场趋势、市场占有率、市场覆盖率	市场分析、趋势分析
竞争对手	竞争对手的策略、优势和劣势	基准化、SWOT 分析、专家访谈、专利分析
供应商	供应商发展战略、产品供应能力	与供应商进行访谈、专家访谈
技术环境	技术趋势、技术革新、服务标准、替代服务	专家访谈、技术分析、参加技术会议
法律环境	法律、法规、规章制度	专家访谈

以上信息必须用数据库进行储存和管理。除此之外,我们还应记录以下辅助信息:

(1) 数据具体来源:从何人、何处获得此信息;

(2) 日期:这些信息是何时获得的;

(3) 从这些信息中可以得出什么结论以及我们是如何得出这些结论的。

2. 推演物流战略目标

在第二步中,我们的任务是通过分析基础信息得出潜在的物流战略目标。“信息转换表”就是用来解释这些基础信息的有效工具,它相当于 QFD 中用来进行需求分析的“顾客语言变换表”。

表 5-3 的原始陈述栏中的信息即为第一步所获得的数据库中的信息，我们需要用这些信息来回答以下问题：

(1) 这些原始陈述中潜在的问题是什么？

(2) 我们从这些问题中可以推导出何种市场需求和趋势？

(3) 我们可以推导出何种物流战略目标？

表 5-3　信息转换表应用举例

原始陈述	问　题	需　求	企业战略目标
欧洲销售部门：不知道欧洲不同国家的顾客何时需要何种规格的打印机，为此公司保持了巨大的库存量以维持供应	欧洲市场不同国家的顾客的需求特性不同，该公司的供货方式过于单一，以致库存成本、运输成本巨大	在维持现有客户服务水平的条件下，降低库存和运输成本	产品模块化：在欧洲建立配送中心

下面以该公司在欧洲的打印机业务为例来介绍信息转换表的应用：

分析这些问题所得出结论被置于信息转换表相关栏目中。要使这些分析尽可能准确，必须要举行跨职能的研讨会，高层管理人员、物流部门、营销部门、新产品开发部门、生产部门都必须参加。在完成信息转换表时，并不一定要从左向右依次完成，因为各栏的信息都是紧密相关的，一个问题的解决往往会激发解决另一个问题的灵感。因此，用信息转换表进行战略分析的过程也是一个发挥管理人员创造力的过程。

当原始陈述被全面分析后，也就是不能从中分析出新的问题和需求时，我们还应对信息表进行最后的检查，以确保我们推导出的战略目标是源于前面的原始陈述。

3. 评价物流战略目标

在第三步中，我们用战略质量屋和矩阵分析的方法来分析和评价第二步所得出的战略目标。具体过程如图 5-3 所示。

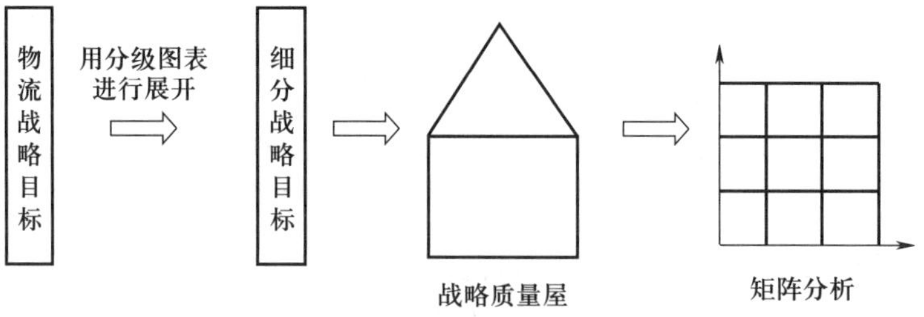

图 5-3　评价物流战略目标的具体步骤

首先，我们将上述战略目标在分级图表中进行展开，这种分级图表就相当于 QFD 中常用的“需求质量展开表”，这样可以保证每一个被展开的分支包含的需求在性质上互不重叠。这个分解过程对下面的战略目标的评价来说相当关键。

对于物流战略规划来说，要达到的目标主要包括：

(1) 降低成本，是指将与运输和库存相关的变动成本降到最低。

(2) 减少资本占用,是指对物流系统的直接投资最小化。

(3) 提高客户服务水平,主要是指提高客户得到所订购产品的速度和可靠程度。

把前两个目标合为物流总成本参数,第三个目标作为第二个参数。对物流战略目标的评价主要就是基于这两个主要参数和它们所对应的几个子参数。客户服务水平对应的子参数有:①客户得到所订购产品的速度;②客户得到所订购产品的可靠程度。物流总成本对应的子参数有:①变动成本;②资本占用。这两个主要参数用来考查对应的物流战略目标若能实现,公司的客户服务水平将提高多少以及公司将会为此付出多大的成本。

对物流战略目标的评价可以在战略质量屋中进行,如图 5-4 所示。在战略质量屋中,矩阵的各行对应的是企业的各物流战略目标,各列对应的是物流战略目标评价子参数,矩阵内的符号表明各物流战略目标对各子参数的影响程度,空格表示没有任何关系。矩阵符号表示的值横向相加,可得到各战略目标相对于主要参数的累计权重,这一步是进行矩阵分析的基础。

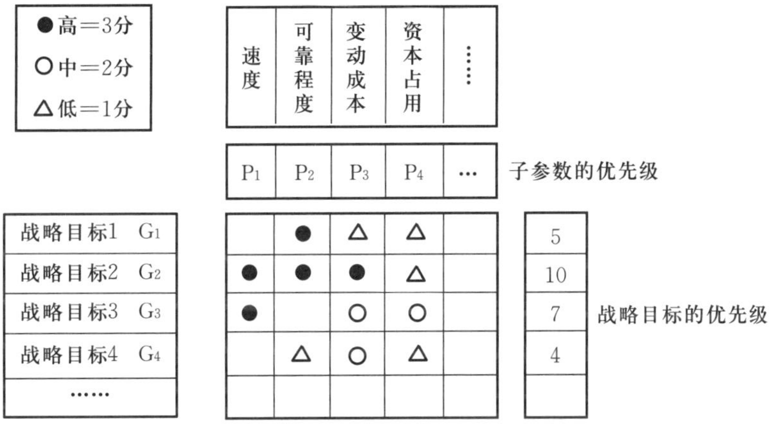

图 5-4　战略质量屋

以图 5-4 中战略目标 G_2 为例,其类似于表 5-3 中某公司在欧洲建立配送中心的战略目标。配送中心建立后,该公司只需从总部将模块化的核心部件运往欧洲,然后在欧洲的配送中心根据顾客的需要装配成成品。这样对客户订货的反应速度提高了,缺货的可能性也降低了,所以“速度”和“可靠程度”的得分均为“3”;同时降低了库存与运输成本,所以“变动成本”得分为“3”;由于在欧洲建立配送中心需要巨大的资本投资,所以“资本占用”得分为“1”。

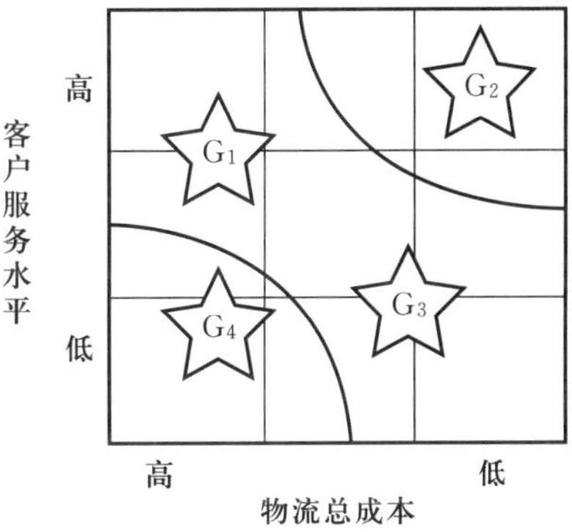

图 5-5　矩阵分析

通过上述分析,我们可得出各战略目标对两个主要参数的影响,并据此将各战略目标置于图 5-5 矩阵中的不同位置。各战略目标在图 5-5 中的位置表明了各战略目标的重要程度以及采取行动的先后顺序。

在图 5-5 中,位于右上角扇形中的战略目标

G_2 在执行中具有最高的优先级，因为它可以大大提高公司物流客户服务水平，而公司只需为此付出很小的成本。

位于中间区域的战略目标 G_1 和 G_3，公司需要对其进行进一步的考察。对于战略目标 G_1 来说，虽然其可以大大提高物流客户服务水平，但其所需要的成本支出也是巨大的；对于战略目标 G_3 来说，虽然其成本较小，但其对客户服务水平的提高也是有限的，所以这两个目标均须结合公司的实际情况和总体发展战略进行斟酌，有选择地加以实现。

位于左下角扇形中的战略目标 G_4 需要公司付出高额成本，且对客户服务水平的提高作用有限，因此可以暂不考虑。

4. 整合物流战略目标

这一步的目的是整合企业的各物流战略目标，并为它们的具体实现制定一个战略蓝图，也就是确定各战略目标执行的先后顺序以及在多长时间内实现它们。制定战略蓝图时，需考虑以下几点：

（1）通过矩阵分析评价各战略目标（见第三步）；

（2）估计实现各目标可能花费的时间；

（3）分析与各战略目标相关的风险特性；

（4）制订资源计划（人力、财力、物力）。

用 QFD 进行物流战略规划不仅使规划更具有针对性，更加符合市场、技术的需要和发展趋势，而且缩短了物流战略规划制定的时间，降低了成本，提高了组织的效率，并大大提高了顾客满意度。

思考题

1. 物流产业总成本的构成体系有哪些？
2. 物流成本的分类有哪些？
3. 如何理解缺货频率？
4. 什么是供应比率？
5. 什么是订货完成率？
6. 如何理解物流服务作业的运作绩效？
7. 如何评估物流可靠性？
8. 什么是物流战略规划？
9. 如何理解物流战略规划的不同层次？
10. 如何评价物流战略规划？

第6章 物流产业的运输体系规划

6.1 物流运输发展体系

6.1.1 物流运输行业发展现状

作为国民经济基础性、战略性服务产业，物流运输产业是建设现代经济体系的推动力量，物流企业目前的发展迎来良好的营商环境。近年来，我国推进物流发展的各项决策部署，深化物流供给侧结构性改革和创新、协调、绿色、开放、共享的发展理念，加快运输组织模式创新，全面推行标准化服务，实现了物流运输的健康稳定发展，在节能增效方面也取得了很好的效果。

当前，我国各地区的海港、空运条件等得到了明显改善，运输能力也得到了提升，铁路站点、机场等基础设施建设也正在完善，为我国物流运输业的发展提供了契机。我国物流运输业的发展现状可概括为以下四个方面。

1. 物流需求逐渐增加

在经济全球化发展背景下，整个社会对物流的需求呈现出高速增长态势，尤其是对专业化的物流服务需求最为迫切。相关数据显示，我国 2006 年的物流需求系数为 2.8，到 2014 年，该数值上升到了 3.4，这也充分说明了经济发展对物流服务具有较强的依赖性。与此同时，物流运输业也迅速发展起来，自从国务院发布了《物流业调整和振兴规划》之后，社会物流总额直线增长，并由 2009 年的 96.65 万亿元增长至 2023 年的 352.4 万亿元。2023 年，全年完成营业性货运量 547.47 亿吨，比 2022 年增长 8.1%；完成货物周转量 24.064 6 万亿吨公里，比 2022 年增长 6.3%；全年跨区域人员流动量 612.88 亿人次，比 2022 年增长 30.7%。

2. 物流基础设施建设规模逐渐增大

自改革开放以来，我国对物流运输业的关注度逐渐提升，在物流运输业的建设投入上也逐渐提升，在此过程中，物流基础设施的建设尤为迅速，迄今为止也形成一定的规模。截止到 2022 年，综合交通网总里程突破 600 万千米，6 轴 7 廊 8 通道的国家综合立体交通网主骨架空间初步形成，高速铁路里程、高速公路里程、城市轨道交通运营里程、沿海港口万吨级及以上泊位数都稳居世界第一。铁路营业里程约 14.6 万千米，其中高速铁路营业里程 3.8 万千米，对百万人口以上城市覆盖率超过 95%。公路通车里程约 519.8 万千米，其中高速公路里程 16.1 万千米，对 20 万人口以上城市覆盖率超过 98%。内河航道里程约 12.8 万千米，其中高等级航道里程 1.61 万千米。港口生产用码头泊位约 2.2 万个，其中万吨级及以上泊位 2 592 个。民用运输机场 241 个，覆盖 92%左右的地级市。管道里程 13.4 万千米。城市道路里程 49.3 万千米，城市轨道交通运营里程 6 600 千米，超大特大城市轨道交通加快成网。但从整体发展来看，我国的物流基础设施虽然取得了很大进步，但与很多发达国家相比依然存在很大差距。因此，在未来发展过程中，我国需要进一步加大发展力度，确保物流基础设施建设越来越完善。

3. 专业化的第三方物流企业兴起

20 世纪 90 年代，我国开始引入第三方物流概念，该模式作为新兴服务理念，在国内物流行业中迅速发展，并形成规模。近年来，由于市场经济体制的不断完善，人们对外购物流服务的需求越来越大，各个企业对物流运输业也有了新的认识，这也让很多专业化的物流企业得到了发展机会。据相关数据统计，目前国内的第三方物流企业数量已经达到了 1 000 多家，专业人士预计，我国有望成为全球最大的第三方物流市场。第三方物流的专业化和产业化，为物流运输业的发展起到了重要的推动作用。

4. 物流系统运行效率低，成本偏高

受传统经济体制的影响，我国在经济发展过程中出现了“重生产、轻流通”的局面，虽然物流运输业发展势头很猛，但由于以往发展的滞后，出现了效率低、成本高等问题。再加上材料、人工等成本的日益提升，很多物流运输企业的年收入出现了下滑，部分中小型物流运输企业还出现了亏损情况。相关数据显示，我国工业生产过程中的物流占用时间为整个生产过程的 90%，部分原材料在库中的周转时间达到了 6 个月。正是这种低效率导致物流成本成倍增加，2022 年，我国物流运输业的总成本达到了 17.8 万亿元，同比增长 4.4%。由此可见，我国物流运输业在成本控制上还存在很多问题。

6.1.2 物流运输及运输管理的定义

作为现代物流体系中重要组成部分的物流运输服务，是国民经济和社会发展的重要支撑。然而货物运输服务在运输和物流体系中占据重要地位的同时，也面临着降低物流成本和节能减排的巨大压力。特别是随着近年来全球能源供给波动导致的燃料价格上涨、城市交通拥堵导致的物流配送难等问题的凸显，物流运输服务的畅通高效、安全绿色发展问题引起学术界和各国政府的高度重视。相对于大规模建设拓展高等级公路等运输基础设施（规划建设周期长、投资大）、大范围推广应用高技术装备水平的汽车（产品研发和商业化周期长、购置成本高）而言，优化汽车的组织管理方法是提高公路货物运输效率、降低物流成本、实现物流运输服务行业升级的更便捷、高效的途径。对于物流运输服务成本的有效把控，除了要依靠货运和物流企业的高水平经营管理实践，更需要科学的理论指导，特别是需要操作指导层面的理论与方法。

国内外学者在对传统物流概念、供应链管理进行大量研究的基础上，对物流运输进行了界定，认为物流运输是物流系统重要的环节，是指依照现实的需求，通过运输、存储、装卸搬运、包装、流通加工、配送等流程，将货物从起始地向目的地运送的过程。物流运输的发展在很大程度上反映了社会经济的发展，尤其对于我国来说，在社会经济的迅速发展过程中，物流运输的发展和变革扮演了非常重要的角色。

物流运输管理是物流合理化的关键，企业竞争的法宝是搞好管理、运营和物流运输，实现零库存、零距离、零流动资金占用，构建良好的物流运输链条，提高用户服务的能力。

在信息全球化、经济全球化、资本全球化发展的今天，企业要在激烈的竞争中获得生存和发展，就要运用现代化科技，采用通信技术、计算机技术等，实现物流运输结构的机械化、自动化、智能化，解放生产力，提高劳动生产率，降低成本。目前物流运输在相关政策的推动下，通过投资融资实现运输业利益最大化的同时，也将成本加以降低。关于物流运输需求、物流运输组织、物流运输成本管理和优化决策等，都有相关的理论研究成果。

从国内外物流成本统计数字看，目前现代化物流管理正在向量化管理发展，焦点延伸到供应链、产品、信息、资金、信息流动等领域，这对于构建现代化物流管理发展模式是非常有利的。

6.1.3 物流运输的模式

物流运输的模式包括陆运、海运、空运、管道等高效的运输发展模式，这些均是适应社会经济环境发展的需求而产生的。

在现代物流运输中，多式联运的应用为物流行业的变革和发展注入了强大的“新鲜血液”。一般来说，我国将由两种或者两种以上的运输方式通过中转连接，形成一个整体的运输过程称为多式联运。自多式联运诞生以来，以海运为主体的国际多式联运在全球商业贸易领域起着越来越关键的作用，而以海运和铁路运输为主体的国内多式联运业务也蓬勃发展。相比于采用一种运输方式的运输过程，多式联运对于运输效率的提高十分明显，除此之外，由于运输方式和运输路径的多样化，多式联运还为物流运输提供了更多的灵活性。在一般的多式联运过程中，考虑多式联运的运输过程允许在不同的运输方式和运输路径之间进行转换。虽然运输方式的转换会产生一定的额外成本，但因为整体效率的提高，可以给整个物流运输过程带来较低的运输成本和运输时间。

自 20 世纪 80 年代以来，我国的多式联运业务从无到有，随着制度的不断完善和经济的迅猛发展，我国多式联运业务的政策、制度、法规等各个方面均取得了巨大的进步。但是跟欧美相比，我国多式联运业务的发展还相对缓慢，并且在发展的过程中暴露了许多问题，如由于科技水平的限制，信息化水平相对不足。另外，由于相关制度和体系不够完善，相关的信息不互通，我国的多式联运虽然有所发展，但是各种运输方式之间的衔接并不完美。随着我国对于多式联运的业务需求不断增加，产生的各类问题也越来越多，同时，由于多式联运的过程需要多种运输方式之间的相互协调，完善多式联运系统的设计也随之变得尤为重要。

另外，我国物流设施的不断增加，物流运输方式的不断完善和发展，运输路径和运输方式逐渐多样化，铁路运输、水路运输和航空运输的快速发展以及在物流运输行业的大规模应用，都为我国的多式联运发展带来了重大帮助，并且使多式联运过程中的运输方式选择及运输路径的同步优化问题成为了当前物流运输领域研究的重点。

6.1.4 物流运输业的发展对策

1. 加强物流法律法规建设

健全的法律条件是企业发展的主要动力之一，也是维持企业发展环境的必备保障。我国的物流行业发展起步较晚，相关的法律法规尚不健全，在很多时候，企业在运作过程中出现的问题无法得到及时处理，对相关企业的发展极为不利。因此，我国急需对物流运输业的法律法规进行合理完善。首先，相关部门需要对各项法律法规进行深入梳理，对不符合经济发展趋势的条款进行更改和删除，还要对立法中相互冲突的一面进行适当整合，以此来缓解物流运输企业的发展压力。其次，对立法进行加强，建立合理的法律法规体系，做到物流行业有法可依。最后，我国可以对外国物流行业的发展经验进行借鉴，并与我国实际国情相结合进行修改，确保建立一个高效、透明的法律环境，为现代物流运输业的发展提供基础。

2. 加强物流企业的成本控制

经济效益的提升是企业经营的最终目的，现代物流贯穿整个消费流程，如果能够实现对成本的有效控制，不仅可以增加企业的最终收益，还能对社会资源配置进行合理优化。由于物流运输业涉及社会生产之中的很多环节，在成本控制设计上必须保证全面。例如，在仓储方面，设计人员需要保证选址的科学性，并对仓储管理技术进行深入应用；在运输和配送环节方面，需要做好运输方式的合理选择，做好车辆配载等工作；在产品包装方面，也应该做到对包装材料的正确选择，将环保理念充分体现出来，避免浪费现象的出现，还要在运输完毕之后做好材料回收工作。

3. 加强对专业化物流人才的培养

专业化物流人才的培养应该从以下三方面做起。第一，在企业自身发展过程中，应加强对物流人才培养的投入力度，定期开展内部员工培训活动，对于一些有能力的工作人员，企业可以通过继续学习深造来增加其个人价值。第二，政府应提升各地区高等教育的专业化程度，利用教育为物流运输业发展输送合格人才，并鼓励校企之间展开合作，通过实训、参观等措施，来提升学生的实践能力。第三，国家相关部门应注重对物流教材的合理编写，将更多的创新服务理念加入其中，避免教育理论出现落后现象。例如，东北大学物流管理专业成功与当地企业实现合作，在开展实训课程时，教师会组织学生到企业进行实际操作，以此来提升他们的实际操作经验，最终为企业输送更多合格人才。

4. 提升企业核心竞争力和运输专业化程度

在很多中小型物流运输企业发展过程中，需要对企业内部的组织结构和运输结构进行全面完善，通过联合、加盟等方式，来提升自身的运输能力和效率。另外，政府应该出台一系列相关政策，鼓励物流企业之间进行积极合作，并通过相关资源的有效整合，提升物流运输行业的发展速度。政府还可以加大对项目资金的投入，对先进运输技术进行发展，如甩挂、冷链物流等。在企业联合过程中，创新理念更是必不可少，管理人员应该对经营理念进行适当改变，建立更适合自己的发展模式。除此之外，随着第三方物流的发展，除了价格竞争之外，服务显得至关重要。很多物流运输企业已经引入了“门到门”等新型服务理念，紧跟时代脚步，紧抓客户心理，以此来提升客户资源的稳定程度。这样一来，企业便能在市场竞争中获得一席之地。

随着各地区经济发展速度的逐渐增加，各个物流运输企业应充分发挥自身优势，争取获得更多的经济效益。除此之外，政府也要进一步提升对物流运输业的重视程度，对各种交通网络进行建设和健全，为物流运输业的发展提供基础。

6.2　物流运输系统概述

6.2.1　复杂系统的概念及特征

默里·盖尔曼(Murray Gell-Mann)在《夸克与美洲豹:简单性和复杂性的奇遇》一书中指出了事物的简单性与复杂性。他认为自然界有两个方面,一个是简单,一个是复杂,这二者可以用夸克和美洲豹的形象来表达。一个是从物质和宇宙之间具有的基本物理规律方面进行研究;另一个是世界的纷繁的结构,它由我们直接观察,同时也包括我们自身。

我们对事物或规律进行高度概括时,也可以从两个不同属性进行,一个是简单,另一个是复杂。事物或规律具有的共同属性(共性)是普遍的、基本的、不变的,就是简单;事物或规律具有的个别属性(个性)是特殊的、多样的、变化的,就是复杂。可以用统一的形式表征事物的简单性,复杂性无法用统一形式进行表征,因为它存在多种类型。当人们深入探索宇宙与自然界时,事物或规律的两个属性——简单与复杂在一定条件下也是可以相互转化的。

1. 复杂系统的基本概念

美国科学家赫伯特·亚历山大·西蒙(Herbert Alexander Simon)的观点是,系统由许多部件组成,这些部件之间存在着许多相互作用,这些作用是复杂的,所以称为复杂系统。在复杂系统中,部分之和是大于整体的。这就说明,即使我们知道部件的性质和部件之间相互作用的规律,我们也很难据此推断出系统整体的性质。米歇尔·沃尔德罗普(Mitchell Waldrop)指出,在组织中存在着复杂性,即构成系统的组成因素可以通过无数可能的方式进行相互作用。

一般认为,复杂系统是由众多子系统构成的,这些子系统之间存在着复杂的相互作用,子系统也可以称为组分。子系统的功能或特性无法完整地表示系统的整体功能或特性。因为在系统内部,子系统间以各种各样的方式进行着相互作用,正是这些相互作用的存在,使得复杂系统表现出所有子系统不具有的整体行为(功能或特性),这就是复杂相互作用。

2. 复杂系统的主要特征

(1) 复杂系统的部分子系统或全部子系统必须要具有非线性的特点。它是复杂性之源,即事物之间的相互联系不仅仅是单方面的影响,而是彼此影响、彼此制约和彼此依存。

(2) 自然复杂系统、生物系统、经济系统等都具有共同的特点,即整体行为(功能或特性)都表现出多样性,这种多样性产生的原因有两个方面,一是各子系统之间的相互作用,二是各子系统与环境之间的相互作用。

(3) 系统的开放性是指系统外界的物质、能量、信息都可与系统内部进行交换。这种交换性表明系统不是封闭的。系统要想连续地适应环境,向与环境相适应的方向发展,就必须要充分利用它的开放性。

(4) 系统科学具有涌现性,所谓涌现性就是只有系统整体具有而子系统或系统部分不具有的特性。非线性的彼此作用导致涌现性的出现,而任何一个复杂系统都具有非线性。

复杂系统在演化、进化过程中所表现出的一种整体特性就是涌现性。

(5) 进化特征是复杂系统的又一特点。构成系统的子系统、系统规模与结构或系统功能为了系统向有利于自身存在的方向发展,它们不断地进行自我调整,随着时间的变化,它们不断地与内外环境变化相适应,这就是系统的进化,即系统的复杂性由系统的适应性造就。复杂适应系统理论的精髓——适应性造就复杂性就由此体现出来。

6.2.2 复杂适应系统理论

复杂适应系统(complex adaptive system,CAS)理论是由约翰·霍兰德(John Holland)提出的。这个理论的提出时间并不长,1994 年在庆祝圣菲研究所成立 10 周年时,复杂适应系统理论被约翰·霍兰德正式提出,可以用一句话高度概括它的核心思想:"适应性造就复杂性。"众多事实证明,基于适应性而产生了复杂性,所以复杂适应系统是非常常见的,也是非常重要的。生物与生态系统、经济与社会系统等都是复杂适应系统,它们的一个共同特点就是基于适应性而产生了复杂性。复杂适应系统理论指出了人们在复杂性研究和系统理论研究方面的方向,被看作是"一种新态度的代表、一种对待问题的新视角和一种崭新的世界观"。

1. 复杂适应系统理论的基本概念

复杂适应系统的定义被约翰·霍兰德阐述为:这个系统是由相互作用的主体组成的,而且这个系统是可以用规则来描述的,即使没有任何其他实体被授权去控制和管理这个系统,这个系统也能够通过自我组织来适应环境。约翰·霍兰德指出:"随着经验的积累,系统中的主体通过不断变换彼此之间的规则来适应环境及环境中的其他主体。"

复杂适应系统是由主体构成的,主体自身具有目的性、主动性和积极性。主体的主动性是非常重要的,它可以通过与环境之间周而复始的相互作用来促进整个系统的发展和进化。从个体的行为规律中可以找到整体与个体变化的根源,因为个体具有主动性和交互性,其行为是为了实现其自身的利益和目标。约翰·霍兰德论述的适应性就是通过主体与主体之间及主体与环境之间主动的、周而复始的交互作用,促进整个宏观系统的演化或进化。

构成复杂适应系统的组成部分与构成一般系统的元素是不同的,这个组成部分是具有适应性的行为主体。当系统的外界环境发生变化时,主体在接受来自外界的刺激与信息的同时,不断对自己的行为进行分析,根据信息调整自己的行为,使行为合理、有效,这个过程是通过主体内部模型针对外界的变化进行的调整。根据内部模型(当外部环境刺激了主体,并被主体所接受,主体做出适应性反应的同时,其自身内部的结构也发生了变化,这就是"内部模型"),内部结构可以随着外界环境的变化而变化,主体根据反馈回来的信息,及时修正自己的行为规则,调整内部结构,更新系统的适应规则等变量,主体行为的效率和效益因此被提高。适应是复杂系统主体实现系统与环境一同演化的手段,在这个过程中,主体与环境之间是协同发展的,同时彼此不断相互影响。

2. CAS 的特性与机制

约翰·霍兰德强调主体与主体之间、主体与环境之间、系统与环境之间的相互作用,以及系统的演化都是依赖于复杂适应系统主体的聚集性。复杂适应系统演化的一种基本模式是:聚集→组织→演化发展→再聚集→再组织→再发展……他提出,与“流”类似的物质、能量和信息交换存在于个体与环境、个体与个体之间。这是复杂适应系统的一个特性。

主体之间有选择地进行聚集,这个过程不是任意的。约翰·霍兰德认为,每个主体有一个“标识”,这样有利于主体之间的识别和选择。所谓的“标识”其实就是我们讲的机制,这个机制存在于组织结构背后,促进聚集体的形成。通常,复杂系统的复杂性程度主要取决于各组成部分的组合方式,而不是组成部分的多少与大小。当我们把系统的几个组成部分重新进行组合时,就会发现其内部的规律性。内部模型和组合机制的作用在于突出了系统的层次性,当我们超越层次的时候,系统就会出现新的规律与特征。

本书应用复杂适应系统理论新颖的思想方法认识、理解、研究、分析物流产业系统,从系统主体构成展开研究,剖析物流产业系统的演化机理。

6.2.3　系统的内涵

系统科学理论认为,一切事物都有其存在方式,系统就是其存在方式的一种。按照现代系统研究的创始人路德维希·冯·贝塔朗菲(Ludwig von Bertalanffy)的定义:系统是一个复合体,这个复合体是由彼此作用的多个元素构成的。由很多个彼此联系、彼此作用的元素构成的整体就是系统。系统的特点是由各个组成部分的特性决定的。系统同时又存在着新的特性,只属于整体,不同于任何部分的特性。“整体大于部分之和”可以用来表达系统整体的特性,这体现了系统的非简单因果性和非加和性。系统化是一个形成过程,即系统整体的形成过程,也可以说是系统整体获得系统特性的过程,系统内部各子系统之间的相互关联性和整体性是系统化的过程和行为表现。系统的概念不是人们经验的体现,是经过复杂细致的思维活动,是在学术研究中,严谨遵循本来的学术路径,特意创造出来,用以说明事物的存在和运行的独特方式。说一种事物是“系统”,或者具有“系统性”,就是说人们观察、分析和表述该事物采用的方法是“系统的方法”。

6.2.4　物流系统的内涵

随着工业化历程的发展,物流系统正在从手工物流系统、机械化物流系统、自动化物流系统向集成化物流系统、智能化物流系统发展。由于物流的含义是将正确的物品、在正确的时刻、以正确的顺序、送到正确的地点,所以物流系统是指在一定的时间和空间里,由所需位移的物资、包装设备、装卸搬运机械、运输工具、仓储设施、人员和通信联系等若干相互制约的要素所构成的具有特定功能的有机整体。

物流系统的目的是实现物资的空间效益和时间效益,在保证社会再生产进行的前提条件下,实现各种物流环节的合理衔接,并取得最佳的经济效益。

6.2.5　物流系统的特点

物流系统具有一般系统所共有的特点,即整体性、相关性、目的性、环境适应性,同时还具有规模庞大、结构复杂、目标众多等大系统所具有的特征。

1. 物流系统是一个“人机系统”

物流系统是由人和形成劳动手段的设备、工具所组成的。它表现为物流劳动者运用运输设备、装卸搬运机械、仓库、港口、车站等设施,作用于物资的一系列生产活动。在这一系列的物流活动中,人是系统的主体。因此,在研究物流系统各个方面的问题时,要把人和物有机地结合起来,加以考察和分析。

2. 物流系统是一个大跨度系统

在现代经济社会中,企业间物流经常会跨越不同的地域,国际物流的地域跨度更大。物流系统通常采用存储的方式解决产需之间的时间矛盾,其时间跨度往往也很大。物流系统的跨度越大,其管理方面的难度越大,对信息的依赖程度也越高。

3. 物流系统是一个可分系统

无论规模多大的物流系统,都可以分解成若干个相互联系的子系统。这些子系统的多少和层次的阶数,是随着人们对物流系统的认识和研究的深入而不断深入和扩充的。系统与子系统之间,子系统与子系统之间,存在着时间和空间上及资源利用方面的联系,也存在总目标、总费用及总运行结果等方面的相互联系。

根据物流系统的运行环节,可以将其划分为以下几个子系统:物资的包装系统、物资的装卸系统、物资的运输系统、物资的储存系统、物资的流通加工系统、物资的回收再利用系统、物资的情报系统以及物流的管理系统等。

上述这些子系统构成了物流系统。物流各子系统又可进一步分成下一层次的系统,如运输系统可以进一步分为水运系统、空运系统、铁路运输系统、公路运输系统及管道运输系统。物流子系统的组成是由物流管理目标和管理分工自成体系的。因此,物流子系统不仅具有多层次性,而且具有多目标性。对物流系统的分析,既要研究物流系统运行的全过程,也要对物流系统的某一环节(即子系统)加以分析。

4. 物流系统是一个动态系统

物流系统一般联系多个生产企业和用户,随着需求、供应、渠道、价格的变化,系统内部的要素及系统的运行也经常发生变化。物流系统因受到社会生产和社会需求的广泛制约,所以必须是具有适应环境能力的动态系统。为适应经常变化的社会环境,物流系统必须是灵活、可变的。当社会环境发生较大的变化时,物流系统甚至需要进行重新设计。

5. 物流系统是一个复杂系统

物流系统的运行对象"物"可以是全部社会物资资源,资源的多样化带来了物流系统的复杂化。物资资源品种成千上万,从事物流活动的人员队伍庞大,物流系统内的物资占用大量的流动资金,物流网点遍及城乡各地。这些人力、物力、财力资源的组织和合理利用,是一个非常复杂的问题。

在物流活动的全过程中,伴随着大量的物流信息,物流系统要通过这些信息把各个子系统有机地联系起来。收集、处理物流信息,并使之指导物流活动,也是一项复杂的工作。

6. 物流系统是一个多目标系统

物流系统的总目标是实现其经济效益。但物流系统的要素间存在非常强烈的"悖反"现象,通常称为"二律悖反"或"效益悖反"现象,因此要同时实现物流时间最短、服务质量最佳、物流成本最低这几个目标几乎是不可能的。例如,在储存子系统中,为保证供应、方便生产,人们会提出储存物资的大数量、多品种问题,而为了加速资金周转、减少资金占用,人们又会提出降低库存的要求。这些相互矛盾的问题在物流系统中广泛存在,而物流系统又恰恰要在这些矛盾中运行，并尽可能满足人们的要求。显然，物流系统要建立多目标函数，并在多目标中求得物流的最佳效果。

6.2.6　物流运输的类别

1. 按运输方式划分

按运输方式划分，物流运输系统可分为公路运输、铁路运输、水路运输、航空运输和管道运输等形式。

(1) 公路运输。公路运输是指主要使用汽车或其他运输工具(如拖拉机、人力车等)在公路上载运货物的一种运输方式。公路运输是构成陆上运输的两个基本运输方式之一，主要承担近距离、小批量的货运，也承担铁路运输难以到达地区的长途、大批量货运，以及铁路、水运的优势难以发挥的短途运输。公路不仅可以直接运进或运出货物，而且也是车站、港口和机场集散货物的重要手段。

(2) 铁路运输。铁路运输是指在铁路上把车辆编组成列车载运货物的另一种陆上运输方式，它是现代最重要的货物运输方式之一。铁路运输主要承担长距离、大批量的长途货运，在没有水运条件的地区，几乎所有大批量的货物运输都是依靠铁路进行运输的。在我国，每年有 50%左右的货物运输由铁路运输完成。铁路运输是干线运输中起主力作用的重要运输方式。

(3) 水路运输。水路运输是指使用船舶及其他航运工具，在江河、湖泊、海洋上载运货物的一种运输方式。水路运输主要承担长距离、大批量的长途运输，在内河及沿海，水运也常作为小型运输工具使用，承担补充及衔接大批量干线运输的任务。水路运输也是干线运输中起主力作用的运输方式之一。水路运输有四种运输形式，即沿海运输、近海运输、远洋运输和内河运输。

(4) 航空运输。航空运输是指使用飞机或其他航空器进行货物运输的一种运输方式。航空货运不仅提供专门用于货物运输的飞机，以及定期和不定期的航空货运航班，而且还利用定期和不定期客运航班进行货物运输。

(5) 管道运输。管道运输是指利用管道输送气体、液体和粉状固体的一种特殊的运输方式，它是随着石油和天然气产量的增大而发展起来的，目前已成为陆上油、气运输的主要运输方式。近年来，利用管道输送粉状固体(如煤、精矿)也有很大的发展。本书所述的管道运输仅指长距离管道运输，不包括城市自来水、煤气等的管道运输。

2. 按运输线路的性质划分

按运输线路的性质划分，物流运输系统可分为干线运输、支线运输、二次运输和厂内运输等形式。

(1) 干线运输。干线运输是指利用铁路与公路的骨干线路、大型船舶的固定航线以及枢纽机场的定期航线进行的长距离、大批量的运输。干线运输是运输的主体，是使货物进行远距离空间位移的重要运输方式，其运输速度较同种工具的其他运输要快，成本也相对低一些。

(2) 支线运输。支线运输是指与干线相接的分支线路上的运输。支线运输是干线运输与收、发货地点之间的补充性运输方式，一般路程较短，运输量相对较小。因为支线的建设水平往往低于干线，运输工具也往往落后于干线，所以运输速度也慢于干线。

（3）二次运输。二次运输是指干线、支线运输到目的站后，目的站与用户仓库或指定地点之间的运输。由于这是一种补充性的、以满足个体单位需要的运输方式，所以运输量相对更小。

（4）厂内运输。厂内运输是指在工业、企业的内部，直接为生产过程服务的运输方式。厂内运输一般在车间与车间之间、车间与仓库之间进行，而小企业内部及大企业的车间内部、仓库内部的这种运输一般称为"搬运"。厂内运输一般使用载货汽车，搬运则使用叉车、输送机等。

3. 按运输作用划分

按运输作用划分，物流运输系统可分为集货运输和配送运输等形式。

（1）集货运输。集货运输是指将分散的货物集聚起来以便进行集中运输的一种运输方式。货物集中后才能利用干线进行大批量、长距离的运输，所以集货运输是干线大规模运输的一种补充性运输，多是短距离、小批量的运输。

（2）配送运输。配送运输是指将节点中已按用户要求配装好的货物分送到各个用户处的运输方式。这种运输一般发生在干线运输之后，是干线运输的补充和完善，而且由于发生在末端，所以多是短距离、小批量的运输。

4. 按运输的协作程度划分

按运输的协作程度划分，物流运输系统可分为一般运输、联合运输和多式联运等形式。

（1）一般运输。一般运输是指孤立地采用不同运输工具或同类运输工具而没有形成有机的协作关系的运输方式，如单纯的汽车运输、火车运输等。

（2）联合运输。联合运输是指使用同一运输凭证，由不同的运输方式或不同的运输企业进行有机的衔接来接运货物，利用每种运输手段的优势，发挥不同运输工具的效率的一种运输方式。联合运输的方式有铁海联运、公铁联运、公海联运等。进行联合运输，不仅可以简化托运手续，加快运输速度，而且可以节约运费。

（3）多式联运。多式联运是指根据实际要求，将不同的运输方式组合成综合性的一体化运输，通过一次托运、一次计费、一张单证、一次保险，由各运输区段的承运人共同完成货物的全过程运输，即将全过程运输作为一个完整的单一运输过程来安排的一种运输方式。多式联运是联合运输的一种现代形式，通常在国内大范围物流和国际物流的领域中广泛使用。

5. 按运输中途是否换载划分

按运输中途是否换载划分，物流运输系统可分为直达运输和中转运输等形式。

（1）直达运输。直达运输是指利用一种运输工具从起运站、港一直到终点站、港，中途不经过换载、不入库存储的运输方式。直达运输不仅可避免中途换载所出现的运输速度减缓、货损增多、费用增高等一系列弊端，而且能缩短运输时间，加快车船周转，降低运输费用。

（2）中转运输。中转运输是指在货物运往目的地的过程中，在途中的车站、港口、仓库进行转运换装的一种运输方式。中转运输可以有效地衔接干线运输和支线运输，可以化整为零或集零为整，从而方便用户，提高运输效率。

6. 按运输领域划分

按运输领域划分，物流运输系统可分为生产领域的运输和流通领域的运输等形式。

(1) 生产领域的运输。生产领域的运输一般是在生产企业内部进行的，因而称为厂内运输。它作为生产过程中的一个组成部分，是直接为物质产品的生产服务的，包括原材料、在制品、半成品和成品的运输，这种厂内运输又称为物料搬运。

(2) 流通领域的运输。流通领域的运输作为流通领域里的一个环节，是生产过程在流通领域的继续。其主要是对物质产品的运输，是完成物品从生产领域向消费领域在空间位置上的物理性转移的过程。它既包括物品从生产所在地直接向消费(用户)所在地的移动，又包括物品从配送中心向中间商的移动。

此外，按运输主体划分，可将物流运输系统分为自有运输、营业运输和公共运输；按产权性质划分，可将物流运输系统分为国有运输和民营运输；按运输的空间范围划分，可将物流运输系统分为市内运输、城际运输、乡村运输，或者分为国内运输、国际运输等。

6.2.7　物流运输方式的选择

现在的物流运输方式主要有公路、铁路、水路、航空，这几种运输方式的优缺点和适用情况见表 6-1。

表 6-1　几种运输方式的优缺点和适用情况

运输方式	优点	缺点	适用情况
公路	灵活，可以实现门到门的运输；运送速度较快	运力较小，车辆载重要有限；运输过程受季节、气候、环境因素影响较大	中短距离运输，中等或小批量货物的运输
铁路	运输能力强；不受环境、气候因素的影响；运输成本相对较低	灵活性比较小，依赖车站；需要多次进行装卸货，产生额外成本	大批量货物的中远距离运输
水路	运输能力强；运输成本低	运输速度慢；受环境、气候等因素的限制较大	大批量货物的远距离运输
航空	速度快	运力较小；运输成本高	时效性要求高的小批量货物运输

由表 6-1 可以看出，不同的运输方式有着各自的优势和不足，也有着最适宜的应用场景。同时，在物流运输过程中选择运输方式要考虑以下四个因素。

1. 运输货物的属性

运输货物的属性、价值、危险性、形状等，都是选择运输方式时需要考虑的重要因素，如运输化学品的时候，就需要着重考虑安全性，甚至需要为了安全牺牲时效性和经济性的原则。

2. 运输距离

运输距离的远近也会影响运输方式的选择，一般中短距离运输适合采用公路运输，远距离运输一般选择铁路、水路或者航空运输。

3. 运输量和运输成本

运输量和运输成本对于运输方式的选择也有着至关重要的影响。一般来说，水路和铁路运输更适合大批量、低成本的运输，航空和公路则更适合小批量、中高成本的运输。

4. 运输时间

时效性是货物运输过程中不可忽视的一点，一般来说，航空运输时效性较高，水路运输则会出现一定的运输延迟。

多式联运与传统的采用单一方式的运输相比，可以提高运输的质量，缩短运输时间。除此之外，采用多式联运还可以降低运输成本，减少很多不必要的支出，从而实现运输成本和运输效率最大程度的结合。

总之，在选择物流运输方式的时候要遵循“安全”“及时”“经济”三大原则，而不同行业在选择运输方式的时候也有着截然不同的标准，如制造业运输更注重经济原则，需要尽量降低成本，而批发零售业则更加注重时效性和安全性。

6.2.8　物流运输系统的要素

构成物流运输系统的要素主要有基础设施、运输工具和运输参与者。

1. 基础设施

基础设施又分为运输线路与运输节点两个要素。

(1) 运输线路。运输线路是供运输工具定向移动的通道，也是运输赖以运行的基础设施之一，是构成运输系统最重要的要素。在现代运输系统中，主要的运输线路有公路、铁路、航线和管道。其中，铁路和公路为陆上运输线路，除了引导运输工具定向行驶外，还需承受运输工具、货物或人的重量；航线有水运航线和空运航线，主要起引导运输工具定位定向行驶的作用，运输工具、货物或人的重量由水或空气的浮力支撑；管道是一种相对特殊的运输线路，由于其严密的封闭性，所以既充当了运输工具，又起到了引导货物流动的作用。

(2) 运输节点。运输节点是指以连接不同运输方式为主要职能，处于运输线路上的承担货物集散、运输业务办理、运输工具保养和维修的基地与场所。运输节点是物流节点中的一种类型，属于转运型节点。公路运输线路上的停车场(库)、货运站，铁道运输线路上的中间站、编组站、一区段站、货运站，水运线路上的港口、码头，空运线路上的空港，管道运输线路上的管道站等，都属于运输节点范畴。一般而言，由于运输节点处于运输线路上，又以转运为主，所以货物在运输节点上停滞的时间较短。

2. 运输工具

运输工具是指在运输线路上用于载重货物并使其发生位移的各种设备和装置，它们是运输能够进行的基础设备，也是运输得以完成的主要手段。运输工具根据从事运送活动的独立程度可以分为三类：

(1) 仅提供动力，不具有装载货物容器的运输工具，如铁路机车、牵引车、拖船等。

(2) 没有动力，但具有装载货物容器的从动运输工具，如车皮、挂车、驳船、集装箱等。

(3) 既提供动力，又具有装载货物容器的独立运输工具，如轮船、汽车、飞机等。

管道运输是一种相对独特的运输方式，它的动力设备与载货容器的组合较为特殊，载货容器为干管，动力装置设备为泵(热)站，因此设备总是固定在特定的空间内，不像其他运输工具那样可以凭借自身的移动带动货物移动，故可将泵(热)站视为运输工具，甚至可以连同干管都视为运输工具。

3. 运输参与者

运输活动的主体是运输参与者，运输活动作用的对象(运输活动的客体)是货物。货物的所有者是物主或货主。运输必须由物主和运输参与者共同参与才能进行。

(1) 物主。物主包括托运人(或称委托人)和收货人，托运人与收货人有时是同一主体，有时不是同一主体。不管是托运人托运货物，还是收货人收到货物，他们均希望在规定的时间内，以最低的成本、最小的损耗和最方便的业务操作，将货物从起始地转移到指定的地点。

(2) 承运人。承运人是指运输活动的承担者，他们可能是铁路货运公司、民航货运公司、储运公司、物流公司或个体运输业者等。承运人受托运人或收货人的委托，按委托人的意愿以最低的成本完成委托人委托的运输任务，同时获得运输收入。承运人根据委托人的要求或在不影响委托人要求的前提下合理地组织运输和配送，包括选择运输方式、确定运输线路、进行货物配载等。

(3) 货运代理人。货运代理人是根据用户的指示，为获得代理费用而招揽货物、组织运输的人员，其本人不是承运人。他们负责把来自各用户的小批量货物合理组织起来，以大批量装载，然后交由承运人进行运输。待货物到达目的地后，货运代理人再把该大批量装载拆分成原先较小的装运量，送达收货人。货运代理人的主要优势在于大批量装载可以实现较低的费率，并从中获取利润。

(4) 运输经纪人。运输经纪人是替托运人、收货人和承运人协调运输安排的中间商，其协调的内容包括装运装载、费率谈判、结账和货物跟踪管理等。经纪人也属于非作业中间商。

6.2.9　物流运输系统的特征

物流运输系统不仅具有一般系统所共有的特征，即整体性、目的性、相关性、层次性、动态性和环境适应性，而且同时还具有其自身显著的特征。

1. 运输服务可以通过多种运输方式实现

各种运输方式对应于各自的技术特性，有不同的运输单位、运输时间和运输成本，因而形成了各运输方式不同的服务质量。也就是说，运输服务的利用者可以根据货物的性质、大小、所要求的运输时间、所能负担的运输成本等条件来选择相适的运输方式，或者合理运用多种运输方式实行联合运输。

2. 运输服务可分成自用型和营业型两种形态

自用型运输多限于货车运输，部分水路运输中也有这种情况，但数量很少。而航空、铁路这种需要巨大投资的运输方式，自用型运输难以开展。营业型运输在公路、铁路、水路、航空等运输业者中广泛开展。对于一般企业来讲，可以在自用型和营业型运输中进行选择。最新的趋势是逐渐从自用型向营业型运输方式转化。

3. 运输存在着实际运输和利用运输两种形式

实际运输是实际利用运输手段进行运输，完成商品在空间上的移动；利用运输是运输业者自己不直接从事商品运输，而是把运输服务再委托给实际运输商，这种利用运输的代表就是代理型运输业者。

4. 运输服务业竞争激烈

运输服务业者不仅在各自的行业内开展相互竞争，而且还与运输方式相异的其他运输企业开展竞争。虽然各运输方式都存在着一些与其特性相适应的不同的运输对象，但是，也存在着多种运输方式都适合承运的货物，这类货物的运输就形成了不同运输手段、不同运输业者之间的相互竞争关系。

5. 运输系统的现代化趋势

运输系统的现代化，就是采用当代先进适用的科学技术和运输设备，运用现代管理科学，协调运输系统各构成要素之间的关系，达到充分发挥运输功能的目的。运输系统的现代化也促使运输系统结构发生根本性的改变，主要表现在：一是由单一的运输系统结构转向多种方式联合运输的系统结构，如汽车—船舶—汽车、汽车—火车—汽车、船舶（港口）—火车（站场）—汽车（集散场）等不同的联合运输系统；二是建立了适用于矿石、石油、肥料、煤炭等大宗货物的专用运输系统；三是包装、装卸、运输一体化，使运输系统向托盘化与集装箱化方向发展；四是顺应全球经济发展的需要，一些发达国家陆续开发了一些新的运输系统，如铁路传送带运输机械、筒状容器管道系统、城市中无人操纵收发货物系统等。

6.3 物流产业的运输体系结构

6.3.1 物流产业系统的背景结构

物流产业系统主要由三大系统构成：一是宏观经济与社会环境因素，是宏观系统因素；二是物流产业内企业行为的集合影响，是微观动力因素；三是产业发展的相互作用与影响，是中观系统因素（产业间协同因素），如图 6-1 所示。

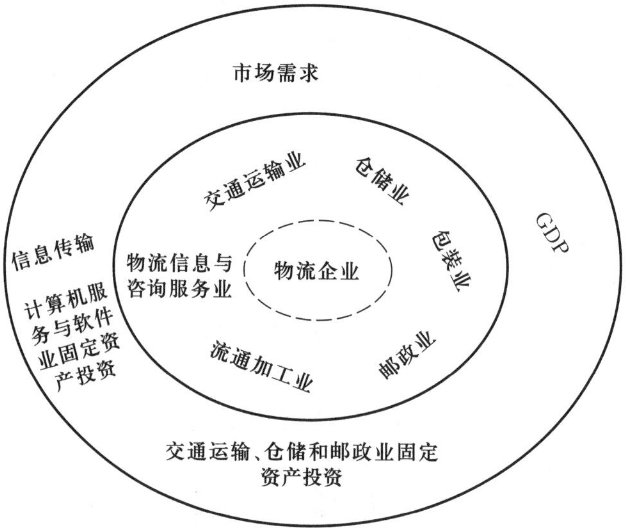

图 6-1 物流产业系统结构

微观系统主体是物流企业、自营物流的工商企业及物流业务外包的工商企业。中观系统主体是与物流产业具有关联性的产业。宏观系统主要是流通系统。流通产业是指与商品流通和商业直接相关联或为商品流通和商业提供必要条件的行为及各种投资领域的总称。归纳起来说就是：一是商业，主要指批发和零售业；二是专门为商业服务的行业，包括流通加工业等；三是与商业关联的资源、产品供应和终端消费的行业。

6.3.2　物流产业系统的要素结构

与一般的管理系统一样，物流产业系统是由人、财、物、设备、信息和任务目标等要素组成的有机整体。由于物流产业系统的特点，物流产业系统的要素可具体分为功能要素、支撑要素、物质基础要素、流动要素、网络要素等。

1. 物流系统的功能要素

物流系统的功能要素是指物流系统所具有的基本能力，将这些基本能力有效地组合、联结在一起，以完成物流系统的目标。一般认为，物流系统的功能要素有运输、储存保管、包装、装卸搬运、流通加工、配送、物流信息。如果从物流活动的实际工作环节来考察，物流就是由上述七项具体工作构成的。换句话说，物流能实现以上七项功能。

上述功能要素中，运输及储存保管分别解决了供给者及需要者之间场所和时间的分离，二者分别是物流创造“场所效用”及“时间效用”的主要功能，因而在物流系统中处于主要功能要素的地位。

2. 物流系统的支撑要素

物流系统处于复杂的社会经济系统中，物流系统的建立需要有许多支撑手段，要确定物流系统的地位，以及要协调物流系统与其他系统的关系，这些要素必不可少。物流系统的支撑要素主要包括体制、制度，法律、规章，行政命令和标准化系统等。

(1) 体制、制度。物流系统的体制、制度决定物流系统的结构、组织、领导、管理方式，国家对其控制、指挥，管理方式及系统的地位、范畴是物流系统的重要保障。有了这个支撑条件，物流系统才能确立在国民经济中的地位。

(2) 法律、规章。物流系统的运行不可避免地会涉及企业或人的权益问题。法律、规章一方面限制和规范物流系统的活动，使之与更大的系统相协调；另一方面给予保障，合同的执行、权益的划分、责任的确定都需要靠法律、规章维系。

(3) 行政命令。物流系统一般关系到国家军事、经济命脉，所以行政命令等手段也常常是支持物流系统正常运转的重要支撑要素。

(4) 标准化系统。实施标准化保证物流环节协调运行，是物流系统与其他系统在技术上实现无缝连接的重要支撑条件。

国家的相关政策、法规对部分物流企业的运作将发挥管理职能作用。

3. 物流系统的物质基础要素

物流系统的建立和运行需要具备大量技术装备手段，这些手段的有机联系以及物质基础要素对物流系统的运行有决定意义。

(1) 物流设施：包括物流站、货场、物流中心、仓库、公路、铁路、港口等。

(2) 物流装备：包括仓库货架、流通加工设备、运输设备、装卸搬运机械、分拣设备等。

(3) 物流工具:包括包装工具、维护保养工具、办公设备等。

(4) 信息技术及网络:根据所需信息水平的不同,包括通信设备及线路、传真设备、计算机及网络设备等。

(5) 组织及管理:它是物流网络的“软件”,起着连接调运、协调、指挥物流系统各要素的作用,以保障物流系统目的的实现。

运输资源是物流的载体,包括运输基础设施(如铁路、公路、机场、港口等)和运行设备(以基础设施为运行条件并与之相配套,如港口的集装箱装卸搬运车、汽车、火车、轮船、飞机,管道运输的基础设施和运行设备合二为一)。对运输资源来说,运输网络布局也是一种重要的物流资源。运输网络布局有两种方案:某种运输资源可以单独组成一个运输网络,也可以是由几种运输资源建设集成的基础设施。

不同的运输资源组成一个密度合理、功能上相互补充的运输网络,必须要有一定的组织,有相关的政策、协议等才能完成。

物流系统的资源要素包括为了储存商品而建立的仓库、货场、站台、堆场等设施和利用这些基础设施进行具体储存运作的货架、托盘、叉车、分拣机、巷道机等设备。物流系统资源要素还包括包装资源、装卸资源、流通加工资源、物流信息处理资源。每一种物流资源要素都有不同档次、不同配套及附属资源的区分,一个完善的物流系统需要的资源要素是十分庞大的。任何一个企业,要想完全拥有这些物流资源都是非常困难的,所以物流系统资源主要依靠市场机制来配置。

4. 物流系统的流动要素

忽略物流对象的具体特征,从物理学的角度看,物流系统的要素从“流”的角度来分析,任何一个具体的物流业务可以分解为五个要素的结合,即流体、载体、流量、流向和流程。流动要素主要考虑是何流体、由何为载体、由何机构组织物流活动,只研究优化这种“一般物流”的方法和技术。

物流的五个要素中的每一个要素都需要以物流系统为整体进行总体集成和优化,任何一个要素的目标都是由物流系统整体来确定的,各要素所达到的目标之间互相配合,使整体目标最优,最终完成系统的整体集成和优化。

5. 物流系统的网络要素

本质上讲,任何物流系统都是一个开放的网络,而网络要素是由节点和节点间的连线组成的。物流网络中的节点是指物流过程中供流动的商品储存、停留以便进行相关后续作业的场所,如工厂、商店、仓库、配送中心、车站、码头等。这些节点有的功能较单一,其物流业务也比较单一,比较适合进行专业化经营;有的节点具有两种以上的物流功能,是复合功能的节点,如周转型仓库、港口、车站、集装箱堆场等,具备配套的基础设施,一般处于物流过程的中间;还有的物流节点物流功能齐全,具备庞大、配套的基础设施及附属设施,具有庞大的吞吐能力,对整个物流网络起着决定性和战略性的控制作用,成为枢纽节点。枢纽节点一般处于物流过程的中间。从系统的角度来说,同样的节点和连线,因其连接方式不同,物流系统的功能将产生很大的差异。系统的方法将节点、连线有机结合起来,形成的物流网络是联系的、动态的。节点和连线之间的联系也是物流网络的要素之一。

6.3.3　物流运输体系的结构

当前物流市场最常见的物流运输体系结构称为轴辐式网络(图 6-2),与轴辐式网络对应的是点对点形式的全连通网络(图 6-3)。

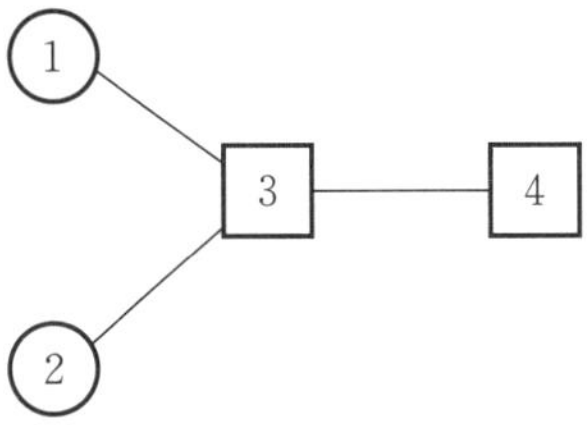

图 6-2　轴辐式网络

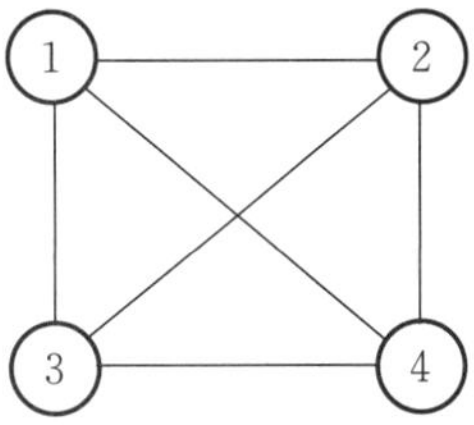

图 6-3　全连通网络

全连通网络中所有的节点都是相通的,任意两个节点之间都可以直接相连,而轴辐式网络(方形节点为枢纽节点)中的节点分为枢纽节点和非枢纽节点,枢纽节点之间可以直接相连,非枢纽节点只会与枢纽节点直接相连,非枢纽节点通往另一个非枢纽节点必须通过至少一个枢纽节点做中转,才能实现间接相连。

全连通网络与轴辐式网络相比,具有距离经济性和结构可靠性高的优点。距离经济性是指任意两点之间的距离都小于等于轴辐式网络中同两点之间的距离。结构可靠性是指当网络中的某个节点被破坏或删除时,网络中其他节点仍然相互可达,不会受到被破坏或删除节点的影响。而轴辐式网络中如果某个枢纽节点被破坏,会导致整个网络都无法连通。但是全连通网络也存在巨大的缺陷,全连通网络会造成资源和人力的巨大浪费,并且由于资源分散,管理上也存在很大的难度,而轴辐式网络具有发挥规模经济和密度经济的巨大优势。所以大部分企业都采用轴辐式网络作为快递网络的主要结构。

在物流运输体系中,系统物流的节点最初都是同时执行分拣、运输、揽收、配送等全部物流服务,由于寄送成本较高,物流运输体系的节点也较少,每个节点都服务了一大批用户,并且各自执行自己的任务。随着经济的发展,物流运输体系的节点数急剧增加,开始出现专业执行某种服务的节点,如在某一区域内设置的转运中心。根据前面提到的分工带来的结果,物流运输体系中各自独立的节点也会逐渐开始与邻近节点进行服务交换,当交换收益大于交换损失时,大型区域外的服务交换也随之出现。

6.4　物流运输体系的系统分析与设计

6.4.1　系统分析

系统分析是系统综合、优化、决策及系统设计的基础。系统分析是指从系统的观点出发,对事物进行分析研究,寻找可能采取的方案,并通过分析对比,为达到预期目标而选出最优方案,是一个有目的、有步骤的探索和分析过程。

系统分析是对一个系统的一个或多个部分进行有次序、有计划的观察了解,以确定各个部分及整个系统如何良好地运行。

系统分析的对象可能是一项简单的作业活动。如对收货码头(站台)搬运进货的人员进行"时间和作业"研究,或在全国范围内甚至世界范围内对一个企业的整个物流系统进行彻底的整合,包括该企业与许多供货厂商和用户的长期伙伴关系。系统分析过程中的观察了解为统计分析提供数据,经分析建立物流网络规划模型。模型通常模拟某一现实环境条件,显示或预测系统对各种可能发生的情况的反应。在模拟或解析分析的基础上,最后对整个物流系统进行细心设计。

系统分析不同于其他分析技术,它必须从系统总体最优出发,采用各种分析工具和方法。系统分析不仅分析技术经济方面的有关问题,而且还分析政策、法令、社会风俗、资源等环境因素,分析组织体制、信息等各方面的问题。

对一个系统进行系统分析,必须遵循以下原则:①外部条件和内部条件相结合的原则;②当前利益和长远利益相结合的原则;③局部利益和整体利益相结合的原则;④定性分析和定量计算相结合的原则。

6.4.2 物流运输系统分析常用的理论及方法

1. 数学规划法(运筹学)

数学规划法是一种对系统进行统筹规划,寻求最优方案的数学方法。其具体理论与方法包括线性规划、动态规划、整数规划、排队论和库存论等。这些理论和方法可用于解决物流系统中物流设施选址、物流作业的资源配置、货物配载、物料储存的时间与数量的问题。

2. 统筹法(网络计划技术)

统筹法是指运用网络来统筹安排、合理规划系统的各个环节。它用网络图来描述活动流程的线路,把事件作为节点,在保证关键线路的前提下安排其他活动,调整相互关系,以保证按期完成整个计划。该项技术可用于物流作业的合理安排。

3. 系统优化法

系统优化法是指在一定约束条件下,求出使目标函数最优的解。物流系统包括许多参数,这些参数相互制约,互为条件,同时受外界环境的影响。系统优化研究就是在不可控参数变化时,根据系统的目标来确定可控参数的值,以使系统达到最优状态。

4. 系统仿真

系统仿真是指利用模型对实际系统进行仿真实验研究。

上述不同的方法各有特点,在实际中都得到广泛应用,其中系统仿真技术近年来应用最为普遍。系统仿真技术的发展及应用依赖于计算机软硬件技术的飞速发展。今天,随着计算机科学与技术的巨大发展,系统仿真技术的研究也不断完善,应用不断扩大。

6.4.3 物流运输系统分析的应用范围

物流运输系统分析贯穿于从系统构思、技术开发到制造安装、运输的全过程,其重点放在系统发展规划和系统设计阶段。具体包括制定系统规划方案;生产力布局、厂址选择、库址选择、物流网点的设置、交通运输网络设置等;工厂内(或库内、货场内)的合理布局,库存管理,对原材料、在制品、产成品进行数量控制,成本(费用)控制等。

6.4.4　确定目标和约束条件

开始设计或重新设计一个物流系统之前，首先，应明确叙述分析的目标。对物流运输系统进行设计的目标可能是降低物流费用，提高利润或投资收益，也可能是提高物流运输系统的服务水平，还可能是研究改进输入物流控制后对装配线作业产生的影响。其次，还要明确目标是长期的还是短期的。下面是一个表述某物流系统目标的例子。

一个物流运输系统，应以尽可能低的费用达到下列目标：①顾客的订单传输时间少于 0.5 小时；②接收到的订单在 4 个工作小时内处理完毕；③80％的订单在 8 个工作小时内分拣集合完毕，在 16 个工作小时内全部订单应分拣集合完毕；④85％顾客的订货发运时间不超过 48 小时，全部国内订货要在订货正式交付运输公司后的 5 天内送到；⑤缺货不能超过订货数量的 7％，并应立即电话通知遇到缺货的顾客，如果缺货可以后补，则缺货产品要在 8 天内补上，并通过快运送达顾客。

值得注意的是，为衡量新系统运行后是否达成了目标，上述目标必须是“可度量”的。

在某种程度上，目的要比目标的范围广。美国物流专家在综述过去的研究时曾提出：在过去的时间里，大多数物流规划人员按照低成本思想设计配送系统，采用含有许多变量和费用的复杂数学模型，甚至亮出最优化特征王牌，即所谓应用了“科学的方法”。基于这些研究，在过去的时间里配送中心的数目趋于减少，而流通费用中的运输费用占有较大的比重，这些流通评价标准一直是“低费用”。但当后来人们提出“这种系统提供的服务是否适当”的疑问时，人们又做了一些定性考察(可能破坏了已被证明的结果的最优性)，以此来完善系统。但是，企业的经营目的主要不是降低成本，而是创造利润、寻求发展和获得一个合理的投资效益。在着手系统的设计或再设计时，目的和可度量的目标应保持一致。如果有系统的约束条件，也应予以详细说明。通常，约束条件要涉及系统中由于种种原因而不能改变的那些因素，例如，位于某地的配送中心既不能关闭也不能削减就业人员，因为公司已公开表示支持该地的经济发展；订单传输继续立足于现有的传输网络；当某家公司提供具有竞争性运货的卡车运输服务时，要利用该运输公司。

在某种意义上讲，由于约束条件减少了需要进行分析的可供选择方案的数目，每一个约束条件都能使情形得以简化。

6.4.5　组织研究小组

可度量的目标和约束条件一经确定，下一步工作就是组织人员进行分析。美国管理专家发现，成立两个彼此独立的分析小组较为可取。一组是工作分析小组，由有关职能领域的经理、职员和定量分析专家组成。顾客服务主任、运输经理、仓储主任、采购主管、生产调度人员、其他相关部门经理以及聘请的外部管理专家都是该小组的成员。这个小组负责进行实际分析、试验、设计和完善新系统的工作。另一组是由市场营销、法律、财务、生产、人力资源等部门有关人员组成的一个管理监督委员会，代表公司中更广泛、更全面的观点和看法。该组与工作分析小组一同工作，为澄清和详细阐明系统目标提供咨询，并要求工作分析小组对他们采取的措施作出说明。

6.4.6 收集数据

收集数据的主要内容包括收集、掌握有关产品、现有设施、顾客、供应链、竞争对手的详细数据信息。

1. 产品

要对现有产品系列和新产品发展趋势进行综合分析。对每种产品需要确定的具体信息主要有：年销售量、生产或销售的季节性、包装状况、运输和仓储信息、现有生产和装配设施、产品生产进度安排的宽松性、仓库储存场所、目前使用的运输方式、分地区销售情况，以及在销售时通常一起出售的互补产品、产品创利能力。这些信息均可在公司的现行记录中获得。

2. 现有设施

现有设施中不会变更的方面，应作为约束条件处理，这些项目说明了目前正在使用的设施情况，它们是进行系统改进的重要数据，其内容有：生产工厂的位置和生产能力、储备仓库和配送中心的位置及其储存和配送能力、订单处理能力、采用的运输方式。

3. 顾客

与顾客相关的信息是系统分析的关键性的输入数据，主要指对现有顾客、潜在顾客进行分析：现有和潜在顾客的地区分布、每位顾客订购的产品、订货的季节性、产地交货还是到达地交货、顾客服务的重要性、所需的特殊服务、每位顾客的销售数量和销售利润。

4. 供应链

有效的物流战略要求一个企业与提供原材料和劳务的主要厂商有协作的供应链关系，从而改善资源供应质量，保证产品生产与销售，提高用户服务质量。所以，要对原材料和零部件供应商进行如下考察：位置、依赖程度、工作质量、输入运输的费用和效果。

5. 竞争对手

有竞争对手的信息包括竞争对手的订单传输方式、竞争对手处理订单的准确性和速度、竞争对手采用的运输工具的速度和连贯性、竞争对手由于缺货而未能履行的订单的比率、竞争对手处理赔偿损失和损坏的经验、顾客对本公司和竞争对手在顾客服务方面存在的优点和缺点的意见。收集竞争对手有关的数据，往往要借助外界的咨询公司。

6.4.7 数据分析

数据分析可以通过使用相对不复杂或综合性的方法来完成。当对整个系统进行分析时，数据量通常很大，因此必须采用比较复杂的方法，如系统分析技术中的模拟法、层次分析法、PERT 法等。

6.4.8 设计的完善

系统设计的最后工作是对研究结果进行完善。对于大多数物流系统来说，变化太快的一次性全面整改影响太大，甚至会出现诸如顾客服务功能的中断、订单遗失、货物发运出错、缺货频繁等问题。此外，工作人员也可能抵制这些改革。

大多数企业倾向于使用模拟法或 PERT 法来寻找首先应该改革的领域，因为这些领域的功能是系统提高效率的瓶颈。一般来说，这些领域的费用支出也是比较高的。

6.5　物流运输体系的优化原理

物流运输体系的优化原理包括物流目标系统化原理、物流要素集成化原理、物流组织网络化原理、物流接口无缝化原理、物流反应快速化原理、物流信息电子化原理、物流运作规范化原理、物流经营市场化原理、物流服务系列化原理。

1. 物流目标系统化原理

按照物流运输体系整体最优化的原则，对物流运输体系内部要素进行权衡、选择和协调，最后确定能够实现物流运输体系整体最优的物流运输体系整体目标和要素目标，以及实现这些目标的过程。它们是物流运输体系的约束条件，是物流运输体系集成、运作、管理、评价的总出发点。

(1) 物流目标系统化的目标：物流目标系统化本身的目标是实现物流运输体系整体目标最优，而不是系统内部要素目标最优。

(2) 物流目标优化的对象：物流运输体系的整体目标、物流运输体系内部要素(要素可分出不同的层次)的目标。

(3) 物流运输体系的服务目标：由整体目标来决定。

(4) 物流运输体系的成本目标：以低成本为目标。

2. 物流要素集成化原理

物流运输体系的下级系统的服务目标由它的直接上级系统服务目标来决定。物流运输体系的主要成本有运输成本和仓储成本。物流运输体系要通过一定的制度安排，对物流运输体系功能、资源、信息、网络要素及流动要素等进行统一规划、管理和评价，通过要素之间的协调和配合使所有要素能够以一个整体进行运作，从而实现物流运输体系要素之间的联系，达到物流运输体系整体优化的目的。

3. 物流组织网络化原理

物流组织网络化原理是指将物流经营管理机构、物流业务、物流资源和物流信息等要素的组织按照网络方式在一定市场区域内进行规划、设计和实施，以实现物流运输体系快速反应和最优总成本等要求的过程。

4. 物流接口无缝化原理

物流接口无缝化原理是指按照物流目标系统化和物流要素集成化原理要求，对物流网络构成要素之间的流体、载体、流向、流量、流程这些流动要素，信息、资金、机构、人员等生产要素，技术标准、运作规范、管理制度等机制要素进行内部和外部连接，使系统要素之间、系统与系统之间成为无缝化连接的整体的过程。

物流运输体系或要素通过相同的接口进行对接，可以扩展系统边界，放大系统功能。物流接口无缝化原理要求不同的物流运输体系对接时，物流的流体、载体、流向、流量、流程等要素的信息、资金、机构、人员，以及不同要素的技术标准、运作规范、管理制度进行无缝化连接。

接口无缝化是物流运输体系集成的最高要求。

5. 物流反应快速化原理

物流反应快速化原理是指通过加快运输工具的绝对速度、重新设计物流运输体系、优化物流作业流程及建立供应链等方法,使物流运输体系的订货处理周期和前置时间大大缩短的过程。物流反应快速化的目的是缩短订单处理周期和前置时间。物流反应快速化是指整个物流运输体系的快速化。物流反应快速化的方法有提高各种运输工具的绝对速度和相对提高物流反应速度,后者主要是通过系统优化、流程重组、采用信息技术、加强管理等实现。

6. 物流信息电子化原理

物流信息电子化原理是指采用数据库、信息网络及电子和计算机技术,对经过物流过程及在物流过程中产生和使用的各种信息进行收集、分类、传递、汇总、识别、跟踪、查询等处理,以达到加快物流速度、降低物流成本、增强物流运输体系透明度的作用的过程。

7. 物流运作规范化原理

物流运作规范化原理是指根据现代物流的要求,对物流作业流程和具体的物流作业进行规范,并确立作业检查、评估标准,按此标准进行具体运作组织和管理,以提高物流作业质量、降低物流作业成本和损失的过程。

8. 物流经营市场化原理

物流经营市场化原理是指根据物流运输体系运作对资源配置的要求,主要利用市场配置物流资源,以实现物流服务和物流成本的最佳协调和配合的过程。

9. 物流服务系列化原理

物流服务系列化原理是指根据客户的具体情况,设计和提供系列化、个性化的物流服务,从而增强企业竞争力的过程。

6.6 物流运输体系模型

6.6.1 物流运输体系模型概述

1. 物流运输体系模型的定义

物流运输体系模型是对物流运输体系特征要素、有关信息和变化规律的一种抽象表达,描述了系统各要素间的相互关系、系统与环境之间的相互作用,以反映系统的某些本质特征。

一般来讲,物流运输体系模型具有一些特定的特征,主要表现在:

(1) 实体的抽象或模拟。物流运输体系模型是对实际物流运输体系要素的抽象和模仿。

(2) 由与分析问题有关的因素组成。物流运输体系模型是与其系统组成要素密切相关的,抽象后的要素必须能构成系统模型。

(3) 用来表明构成因素之间的关系。物流运输体系模型不是抽象后的要素的简单罗列,而是抽象后的要素关系的反映。

我们建立物流运输体系模型的目的在于解决物流运输体系实际运作中的某些问题,使用模型的意义在于用物流运输体系模型代替客观系统做实验。在实际物流运输体系的运作过程中，不可能都通过对实际系统进行试验来解决所有问题，用物流运输体系模型来进行替代研究可以降低这种难度。客观实体系统很难做试验，则可利用系统模型代替；对象问题虽然可以做试验，但是利用模型更便于理解；模型易于操作，利用模型的参数变化来了解现实问题的本质和规律更经济方便。因此，在物流运输体系分析中，物流运输体系模型被广泛地应用。

2. 物流运输体系建模的方法

建立一个合适的系统模型既需要综合运用各种科学知识，还需要充分发挥人的创造性，针对不同系统对象，或建造新模型，或巧妙利用已有模型，或改造已有模型。因此，物流系统模型的建造也是一种艺术，没有现成的、通用的方法。这里提供几种物流运输体系模型建立的思考方法或思路。

(1) 系统优化方法。系统优化是物流运输体系设计的重要内容之一。

正如前文所提及，所谓最优化，就是在一定的约束条件下，求出使目标函数为最大(或最小)的解。求解最优化问题的方法称为最优化方法。一般来说，最优化技术是对众多方案进行研究并从中选择一个最优的方案。系统最优化离不开系统模型化，先有系统模型化，而后才有系统最优化。物流优化方法可以运用线性规划、整数规划、非线性规划等数学规划技术来描述物流运输体系的数量关系，以便求得最优决策。

由于物流运输体系庞大而复杂，建立整个系统的优化模型一般比较困难，而且用计算机求解大型优化问题的时间和费用太大，因此优化模型常用于物流运输体系的局部优化，并结合其他方法求得物流运输体系的次优解。

(2) 模型仿真方法。系统模型是由实体系统经过变换而得到的一个映象，是对系统的描述、模仿或抽象。模型化就是用说明系统结构和行为的、适当的数学方程、图像以及物理的形式来表达系统实体的一种科学方法。模型表现了实际系统的各组成因素及其相互间的因果关系，反映实际系统的特征，但它高于实际系统而且具有同类系统的共性，有助于解决被抽象的实际系统。物流运输体系仿真的目标在于建立一个既能满足用户要求的服务质量，又能使物流费用最小的物流网络系统。

仿真方法是利用数学公式、逻辑表达式、图表、坐标等抽象概念来表示实际物流运输体系的内部状态和输入输出关系，以便利用计算机对模型进行试验，通过试验取得改善物流运输体系或设计新的物流运输体系所需要的信息。虽然仿真方法在模拟构造、程序调试、数据整理等方面的工作量大，但由于物流运输体系结构复杂，不确定情形多，所以模拟方法仍以其描述和求解问题的能力优势，成为物流建模的主要方法。在物流建模过程中最重要的是如何能使物流费用最小。在进行仿真时，首先分析影响物流费用的各项参数，如销售点、流通中心及工厂的数量、规模和布局有关的运输费用、发送费用等。由于大型管理系统中包含人的因素，用数学模型来表现他们的判断和行为是困难的。但是，人们积极研究和探索包含人的因素在内的反映宏观模糊性的数学模型。

目前，社会上大量开展数量经济研究，预计在社会经济研究中，数学模型和计算机仿真会得到越来越广泛的应用，这是对传统的凭主观经验进行管理的有力挑战。

(3) 启发式方法。启发式方法是针对优化方法的不足，运用一些经验法则来降低优化模型的数学精确程度，并通过模仿人的跟踪校正过程求得物流运输体系的满意解。启发式方法能同时满足详细描绘问题和求解的需要，比优化方法更为实用；其缺点是难以知道什么时候好的启发式解已经被求得。因此，只有当优化方法和模型仿真方法不必要或不实用时，才使用启发式方法。

(4) 网络技术。网络技术又称计划评审技术(program evaluation review technique, PERT)，是用以工作之间的逻辑关系和所需的时间为基础的“网络图”来反映整个物流运输体系运作的全过程，能指出影响全局的关键所在，从而对整体系统做出比较切实可行的全面规划和安排。利用网络技术模型来模拟物流运输体系的全过程以实现其时间效用和空间效用是最理想的方法。通过网络分析可以明了物流运输体系各子系统之间及其与周围环境的关联，便于加强横向经济联系。利用网络技术设计物流运输体系，可研究物资由始发点通过多渠道送往顾客的运输网络优化，以及物料搬运最短路径的确定。

(5) 预测技术方法。预测是指根据历史的、现状的及部分相关未来的信息，推算未来状况的过程。预测对物流运输体系的规划与设计、管理与经营是十分重要的。在规划与设计时，要预测需求的发展与变化规律，以决定设施、设备等的提供模式；在管理与经营时，要预测市场的变化规律，制定正确的经营管理方案。随着现代科学技术的发展，人们掌握未来信息的手段与技术越来越多，预测未来的方法也越来越多，特别是计算机技术的应用、现代数学的发展以及学科的交叉与渗透，使得预测技术更加准确、可靠。

在定性分析方面，常见的方法有德尔菲法、模糊评判法、主观概率法、历史类比法等。

在定量分析方面，常见的方法有时间序列分析、增长系数法、相关(影响)系数法、因果分析法、数学规划法等。这里我们仅提供几种常用的物流运输体系模型建立的思考方法或思路。表 6-2 列出了各种具体的决策问题所适用的物流运输体系建模的方法或思路以供参考。在实际操作中，可以根据具体情况结合多种方法分析建模，以确保所建模型最大限度地接近现实。

表 6-2　物流产业系统的模型体系

决策问题	优化	启发式	模拟	其他
系统效益水平			√	
系统布局与资源配置	√	√	√	
供货商、客户、储运商选择			√	
库存策略		√		
运输车辆及路径选择		√		
运输计划	√			
生产计划	√			
采购系统	√			
系统预测			√	√
系统评价			√	√

6.6.2　物流运输体系建模的步骤

1. 建立物流运输体系模型需要注意的问题

(1) 保持足够的精度。模型应该反映物流运输体系中本质的因素,去掉那些非本质的因素,但又不能影响模型反映现实的真实程度。

(2) 简单实用。模型既要精确,又要力求简单。如果模型过于复杂,一则难以推广,二则求解费用高。

(3) 尽量借鉴标准形式。在模拟某些实际对象时,应该尽量借鉴一些标准形式的模型,这样可以利用现有的数学方法或者其他方法,有利于问题的解决。

2. 建立物流运输体系模型要遵循的原则

(1) 准确性。模型必须反映现实系统的本质规律。一旦模型确定,就要根据模型中所包含的各种变量和数据公式、图表,求解模型,研究模型,因此数据必须可靠,公式和图表必须正确,有科学根据,合乎科学规律和经济规律。

(2) 可靠性。模型必须能反映事物的本质,且有一定的精确度。

(3) 简明性。模型的表达方式应明确、简单、抓住本质。

(4) 实用性。模型必须能方便用户使用,具有实用性,因此要努力使模型标准化、规范化,要尽量采用已有的模型。

(5) 反馈性。建模时要注意灵敏度问题,即留心哪些参数或变量的改变对模型影响特别大。开始建模时,参数和变量不宜太多,以后逐步加入有关细节,参数和变量也逐渐增多,最后达到一定的精确度。

3. 建立物流运输体系模型的步骤

不同条件下的建模方法虽然不同,但是建模的全过程始终离不开了解实际系统、掌握真实情况、抓住主要因素、弄清变量关系、构造模型、反馈使用效果、不断修正改进以逐步向实际逼近。因此,建立模型的步骤可以归纳为以下几步:

(1) 弄清问题,掌握真实情况。通过观测,清晰准确地了解系统的规模、目的、范围以及判定准则,确定输出输入变量(即影响因素和决策变量)及其表达形式。

(2) 收集整理资料。收集真实可靠的资料,全面掌握资料,对资料进行分类,概括出本质内涵,分清主次变量,把已研究过的或成熟的经验知识或实例,进行挑选作为基本资料,供新模型选择和借鉴,将本质因素的数量关系尽可能用数学语言来表达。在这一步注意确保信息资料的正确性和有效性。

(3) 确定各因素之间的关系。确定本质因素之间的相互关系,列出必要的表格,绘制图形和曲线等。在存在因素很多的情况下,就要根据物流运输体系研究的目的对其进行取舍,这往往需要建模人员具有丰富的经验。除了确定各因素之间的关系,还要分析因素的变动对物流运输体系目标实现的影响。

(4) 构造模型。在充分掌握资料的基础上,根据系统的特征和服务对象,构造一个能代表所研究系统的数量变换数学模型。这个模型可能是初步的、简单的,但必须能对观测结果加以合理的解释,尽管这种解释是受某些假设条件约束的。

(5) 求解模型。通过数学演算或逻辑推理,利用解析法或数值法按所建立的物流运输体系数学模型预测实际系统的运动状态，即求解模型最优解或可行合力解。对于较复杂的模型，有时需绘制框图和编制计算机程序来求解。

(6) 检验模型的正确性。检验模型的正确性一般通过实验来进行，即验证模型是否在一定精确度的范围内正确地反映了所研究的问题。必要时要进行修正和反复订正，如模型不能在一定精度的约束下反映原物流运输体系的问题，则要找出原因，并根据原因对模型的结构进行调整或增减一些变量，改变变量性质或变量间的关系以及约束条件等，使模型进一步符合实际，满足在可信度范围内可解、易解的要求后投入使用。

对模型的要求是：首先，模型应能反映原系统在某一个方面的基本属性，要抓住主要因素；其次，模型要比较简洁，对于无关大局的次要因素要适当处置，模型要易于理解，易于分析计算，能够用简单数学方式描述时绝不复杂化（在需要使用复杂数学工具时也不能回避）；最后，模型要易于与其他的模型衔接，模型的详尽程度与数据来源、数据精度能够匹配。

6.6.3 常见的物流运输体系规划模型

物流运输体系规划模型可以从相关学科吸收思路和方法，包括运筹学、系统工程、管理经济学等。例如，物流运输体系建立数学模型，就是利用代数方程式、微分方程式、积分方程式、逻辑式、数表等各种数学表达式表示物流运输体系的某些行为特性和结构本质。此外，还有系统动力学模型和其他模型。建立数学模型有两种方法：一种是根据实际系统的实际或观测数据来确定所选用的方程式；另一种是以过去对实际物流运输体系的理论解释和规律反映来确定适当的数学表达。前者着眼于系统的行为，后者着眼于系统的结构。常见的物流运输体系数学模型如下。

1. 资源分配模型

任何一个生产经营或物流运输体系，允许使用的资金、能源、原材料、运输工具、台时、工时等都是有限的，环境对生产经营系统也有一定约束，所以企业是在这些限制条件下进行生产的。如何合理安排和分配有限的人力、物力、财力，充分发挥其作用，使目标函数达到最优，就是资源分配模型需要解决的问题，通常可以利用线性规划、动态规划和目标规划等模型。

2. 存储论模型

为了使生产经营系统得以正常运转，一定量的资源储备是必要的。在保证生产过程顺利进行的前提下，如何合理确定各种所需物资的存储数量，使资源采购费用、存储费用和因缺乏资源影响生产而产生的损失的总和为最小，这就是存储论模型需要解决的问题。通常可以利用的模型有库存模型和动态规划模型。

3. 排队论模型

物流服务系统中由要求服务的“顾客”（如领料的工人、待打印的文件、损坏的机器、提货单）和为顾客服务的“机构”（如仓库、维修车间、发货点）所构成的等待系统中，如何最优地解决“顾客”和“机构”之间的一系列问题，了解“顾客”到来的规律，确定“顾客”等待的时间，寻求使“顾客”等待时间最少而“机构”设置费用最省的优化方案，就是排队论模型需要解决的问题。

4. 任务分配模型

任务的分配、生产的安排以及加工顺序问题是物流企业中常见的增值服务问题，如何以最少的费用或最少的时间完成客户所需要的全部任务，就是任务分配模型需要解决的问题，数学上称为指派问题和排序问题。通常可以利用的模型有整数规划和动态规划模型。

5. 决策论模型

在物流运输体系设计和运行管理中，由于决定技术经济问题的因素复杂而又不明确，解决生产技术问题的途径和措施又多样化，就需要有许多行之有效的决策技术来支持。从各种有利有弊且带风险的替代方案中，对经营管理中的一些重大问题做出及时而正确的抉择，找出所需的最优方案，决策模型为解决这类问题提供了可以利用的模型。

6. 网络计划模型

网络计划模型可以用于物流运输体系任务安排。物流运输体系任务网络计划可以在网络计划的基础上，进行时间费用、时间资源优化。在网络计划基础上，可以进一步规划物流运输体系硬件部分。

7. 运输问题模型

在一定的运输基础设施、设备等条件下（如道路、车辆），如何使运输量最大、运输费用最省、运输距离最短，这就是运输问题。图论、网络理论、规划理论为解决这类问题提供了有用模型。

对于设施选址，如一个公司设有多个配送中心、供应多个销售点（或仓库）的选址问题，可以用线性规划—运输法求解，要使所有设施的总运费最小，即

目标函数为：$\min \sum_{i=1}^{m}\sum_{j=1}^{n} c_{ij}x_{ij}$

约束条件为：
$$\begin{cases} \sum_{i=1}^{m} x_{ij}=b_j \\ \sum_{j=1}^{n} x_{ij}=a_i \\ x_{ij}\geqslant 0 \end{cases}$$

式中，m 为配送中心数；n 为销售点数；a_i 为配送中心 i 的生产能力（$i=1,2,3,\cdots,m$）；b_j 为销售点 j 的需求（$j=1,2,3,\cdots,n$）；c_{ij} 为在配送中心 i 的单位产品运到销售点 j 的生产运输总费用；x_{ij} 为从配送中心 i 运到销售点 j 的产品数量。

8. 里程节约法模型

传统的里程节约法原理如图 6-4 所示，O 点为货物中转站，A、B 两点为两个货物收集点。O 点到 A 点的距离为 a，O 点到 B 点的距离为 b，A、B 两点之间的距离为 c。

若运输车辆要从中转站出发，将各点的货物收集后返回，则收集方案有两种：

(1) 车辆从 O 点出发，收集 A 点的货物后原路返回，再收集 B 点货物后原路返回，收运总距离 $S_1=2a+2b$。

(2) 车辆从 O 点出发，收集 A 点货物后继续收集 B 点货物，然后从 B 点返回 O 点，收运总距离 $S_2=a+b+c$。

与第一种方案相比，第二种方案节约的里程为 $\Delta S=S_1-S_2=a+b-c$。

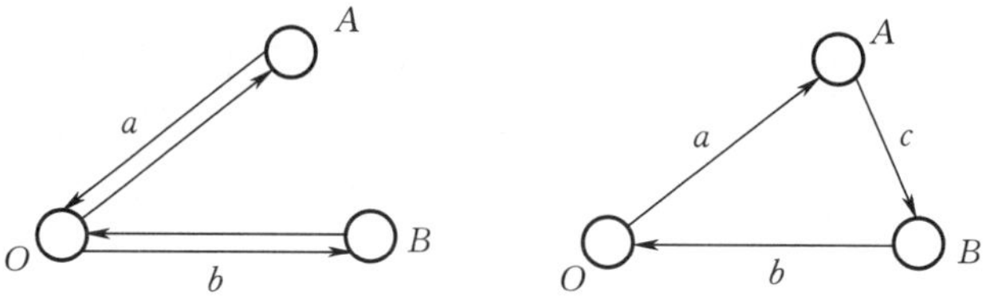

方案(1)　　方案(2)

图 6-4　传统里程节约法原理

里程节约法在确定货物收运路线时,首先将能够获得最大节约里程的两个收集点连接起来,进行巡回收集,从而获得最大的里程节约;然后在满足车辆载重的情况下不断地对可行收运路线中的回路进行合并,或者将某个货物收集点纳入已设计的回路中,直到所有收集点的货物均被收集。

[例 6-1]　已知配送中心 P_0 向 5 个用户 P_j 配送货物,其配送路线网络、配送中心与用户的距离以及用户之间的距离如下图所示。图中括号内的数字表示客户的需求量(单位:T),线路上的数字表示两节点之间的距离,配送中心有 2T 和 4T 两种卡车可供使用,试利用里程节约法制定最优的配送方案。

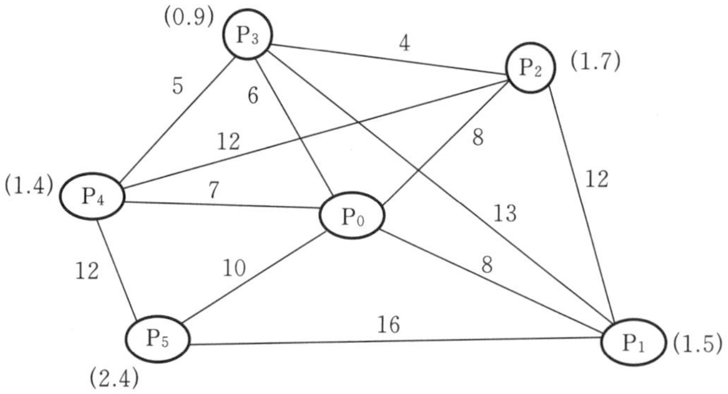

解　第一步:首先计算出相互之间的最短距离,根据上图中配送中心至各用户之间、用户与用户之间的距离,得出配送路线最短距离的矩阵,如下图所示。

	P_0					
P_1	8	P_1				
P_2	8	12	P_2			
P_3	6	13	4	P_3		
P_4	7	15	9	5	P_4	
P_5	10	16	18	16	12	P_5

第二步：从最短距离矩阵中计算出各用户之间的节约行程，如下图所示。

	P_0					
P_1	8	P_1				
P_2	8	4	P_2			
P_3	6	1	10	P_3		
P_4	7	0	6	8	P_4	
P_5	10	2	0	0	5	P_5

第三步：将节省的距离从大到小进行排序。

第四步：按照节约里程排序表，组合成配送路线图。

(1) 初始解：如下图所示，从配送中心 P_0 向各个用户配送。配送路线 5 条，总运行距离为 78 km，需要 2T 车 4 辆，4T 车 1 辆。

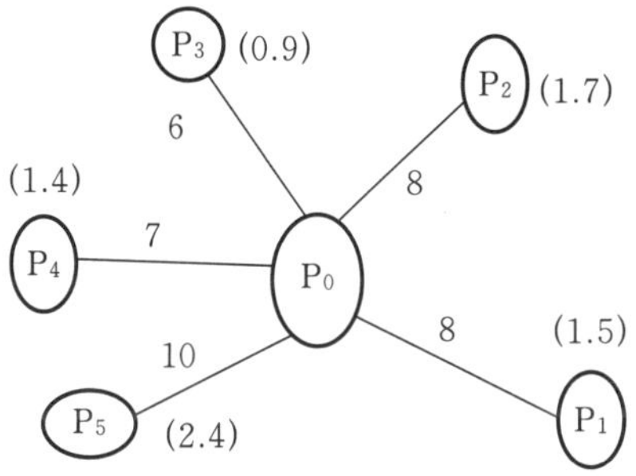

(2) 二次解：按照节约行程的大小顺序连接 P_2 与 P_3、P_3 与 P_4，如下图所示，配送线路 3 条，总运行距离为 60 km，需要 2T 车 1 辆，4T 车 2 辆。从图中可以看出，规划的配送线路Ⅰ，装载量为 4T，运行距离为 24 km。

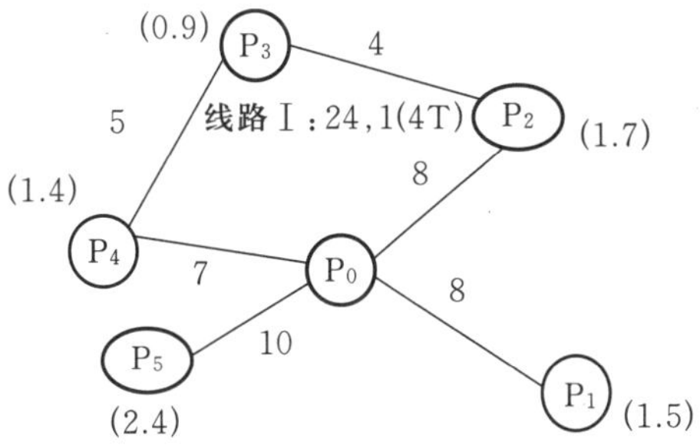

(3) 三次解：按照节约行程大小顺序，应该是 P_4-P_5 和 P_1-P_2 都有可能连接到二次解的配送线路Ⅰ中，但是由于受车辆装载量和每次运行距离这两个条件的限制，配送线路Ⅰ不能再增加用户，为此不再连接 P_4-P_5 和 P_1-P_2，而连接 P_1-P_5，组成配送线路Ⅱ，该线路装载量为 3.9T，运行距离为 34 km。

此时,配送线路共 2 条,总运行距离为 58 km,需要 2T 车 0 辆,4T 车 2 辆,如下图所示。

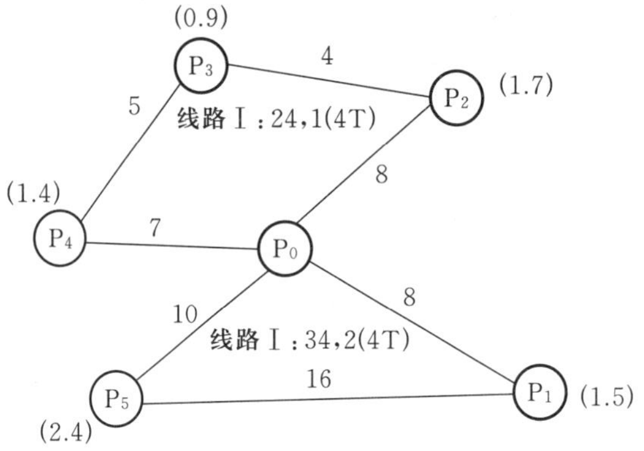

①配送线路Ⅰ:$P_0-P_2-P_3-P_4-P_0$

运量 $Q_1=q_2+q_3+q_4=1.7+0.9+1.4=4$ T

用一辆 4 T 车运送,节约距离 SA=10+8=18 km。

②配送线路Ⅱ:$P_0-P_5-P_1-P_0$

运量 $Q_2=q_5+q_1=2.4+1.5=3.9$ T<4 T

用一辆 4 T 车运送,节约距离 SB=2 km。

与初始单独送货方案相比,总节约距离:ΔS=SA+SB=20 km。

9. 其他模型

物流运输体系中的问题是很复杂的,可以利用的数学模型很多,除以上介绍的这些模型以外,还有解释预测模型、投入产出模型、布局选址模型等。

模型是对物流运输体系的特征要素、有关信息和变化规律的一种抽象表述,它反映系统的某些本质属性。模型描述了物流运输体系各要素间的相互关系、系统与环境之间的相互作用。物流运输体系模型更深刻、更普遍地反映所研究物流运输体系主体的特征。

6.7 物流运输体系仿真

系统仿真技术发展到今天,已经越来越多地集成到对重要运作的决策中。系统仿真技术在汽车、烟草、医药、化工、军事配送、机械、第三方物流、食品、电器、电子等各个行业取得了广泛的应用,且其应用贯穿于产品设计、生产过程、销售配送,直到产品寿命结束废弃以及回收阶段,离散事件系统仿真在各行各业的物流管理技术与手段中已取得了不可替代的地位。随着日益增长的技术需求,提供功能强大、方便、灵活、可靠的决策支持工具成为物流仿真软件商的时代使命。自 1955 年第一个仿真软件问世以来,目前市面已经涌现了多样化的仿真软件。

正如前面分析所指出的,物流是一个多目标、多层次、多因素的复杂系统。它是由仓储、运输、装卸搬运、流通加工、包装、配送等诸多子系统构成的。各子系统之间及各子系统内各要素间的相互协调是保证物流运输体系能正常发挥效用的重要因素。各目标、各层次及各因素之间存在各种矛盾和效益背反现象,在这种情形下,试图建立一个一般的统一模型来对整个物流运输体系进行优化必然存在一种和实际系统的偏差，而且这种偏差对物流运输体系优化而言将是致命的。

早期的物流运输体系仿真主要是通过建立数学模型进行处理，即一般仿真技术中的数学仿真。因此，物流运输体系的数学仿真一般过程与物流运输体系模型的建立类似。

6.7.1　物流运输体系仿真概述

1. 物流运输体系仿真的优点

物流运输体系的复杂性决定了对其进行描述的复杂性和困难程度，即使建立了数学模型也难以求解，甚至无法求解。计算机仿真为解决这个问题提供了新的办法和途径，其优点主要集中在以下六个方面：

(1) 由于物流运输体系的复杂性，利用数学方法难以构造模型并求出其解析解，而利用计算机仿真手段来构造模型，可以求出模型的解。

(2) 对于新设计的物流运输体系，在没能确定其优劣的情况下贸然进行投入建设是高风险的，利用计算机仿真可以对新系统的可行性和效益做出正确的评价。

(3) 利用计算机仿真可以对物流工程中的方案和决策重复进行试验，通过改变决策因素来验证方案在不同状态下的可行性。

(4) 利用计算机仿真可以对物流运输体系的机制进行分析。

(5) 利用计算机仿真可以对物流发展战略进行研究。通过仿真模拟企业、社会物流运作，分析研究其发展状况，为其战略制定提供支持。

(6) 物流运输体系仿真模型扩展了物流运输体系研究的边界，有助于描述物流运输体系的各种现象，增强了直观性，有助于更好地理解和分析物流运输体系。

2. 物流运输体系中流的仿真

物流运输体系中有多种流：货流、车流、船流、商流、信息流、资金流等。由于流的流动，应采用动态仿真方法描述流的产生、流动、消失、积累和转换等。

3. 物流运输体系中排队的仿真

运筹学中将由一个或多个服务台和一些等待服务的顾客组成的离散系统称为排队系统。在物流运输体系中，服务台可以指设施设备，顾客则为接受这些设施设备后继工作或提供服务的设施设备或物资，如船只与锚地靠泊码头泊位、车辆运营中的车辆与站台，这些系统的仿真都属排队系统仿真。这类仿真大多采用离散型仿真方法来进行。

4. 物流运输体系中人的因素的仿真

物流组织是通过人员的参与实现的，即使在同样规划下，由于人和组织的不同，物流服务质量和运行效率仍会有较大的差异。通过计算机仿真描述人的思维过程，从而给出较优的物流运输体系组织方案。

6.7.2　物流运输体系仿真的方法和核心技术

1. 连续型仿真方法

连续系统是指系统的状态在时间上是平滑地变化的。为了反映连续系统的特征，仿真模型建立了一组由状态变量组成的状态方程，如代数方程、微分方程、函数方程、差分方程等。这些方程描述了各项状态变量与主要自变量——仿真时间之间的关系。在此基础上，按一定的规则将仿真时间一步一步向前推移，对方程组进行求解与评价，计算和记录各个状态变量在各个时间点的具体数值。通过连续系统的仿真模型，对系统状态在整个时间序列中的连续性变化进行动态描述。

该方法主要应用于物流运输体系发展战略的研究、运量预测等与时间密切相关的连续系统。现在多用系统动力学进行这方面的研究。

2. 离散型仿真方法

离散事件系统是指系统状态在某些随机时间点上发生离散变化的系统。这种引起状态变化的行为称为"事件"，因而这类系统是由事件驱动的。而且，"事件"往往发生在随机时间点上，又称为随机事件，因而离散事件系统一般都具有随机特性，系统的状态变量往往是离散变化的。离散型仿真方法主要分为以事件为基础、以活动为基础和以过程为基础的仿真方法。以事件为基础的仿真模型是通过定义系统在事件发生时间的变化来实现的。以活动为基础的仿真模型是通过描述系统的实体所进行的活动，以及预先设置导致活动开始或结束的条件来实现的，这种仿真模型适用于活动延续时间不定，并且由满足一定条件的系统状态而决定的情况。以过程为基础的仿真模型综合了以事件为基础的仿真模型和以活动为基础的仿真模型二者的特点，描述了作为仿真对象的实体在仿真时间内经历的过程。

物流运输体系的仿真较多采用以事件为基础的仿真方法，即物流运输体系多是典型的离散事件系统仿真，如物流运输体系仿真中的排队仿真和流的仿真等。其核心是时钟推进和事件调度的机制。

(1) 仿真时钟。仿真时钟用于表示仿真时间的变化。在离散事件系统仿真中，由于系统状态变化是不连续的，在相邻两个事件发生之间，系统状态不发生变化，因而仿真时钟可以跨越这些"不活动"周期。从一个事件发生时刻，推进到下一个事件发生时刻。由于仿真实质上是对系统状态在一定时间序列内的动态描述，所以仿真时钟一般是仿真的主要自变量。仿真时钟的推进方法有三大类：事件调度法、固定增量推进法和主导时钟推进法。

应当指出，仿真时钟所显示的是系统仿真所花费的时间，而不是计算机运行仿真模型的时间。因此，仿真时间与真实时间成比例关系。像物流运输体系这样复杂的机电系统，仿真时间会比真实时间短得多。真实系统实际运行若干天、若干月，用计算机仿真也只需要几分钟。

(2) 事件调度法。事件调度法是面向事件的方法，是通过定义事件并按时间顺序处理所发生的一系列事件。记录每一事件发生时引起的系统状态的变化来完成系统的整个动态过程的仿真。由于事件都是预定的，状态变化发生在明确的预定的时刻，所以这种方法适合于活动持续时间比较确定的系统。

事件调度法中，仿真时钟是按下一时间步长法来推进的。通过建立事件表，将预定的事件按时间发生的先后顺序放入事件表中。仿真时钟始终推进到最早发生的时间时刻，然后处理该事件发生时系统状态的变化，进行用户所需要的统计计算。这样，仿真时钟不断从一个事件发生时间推进到下一个最早发生的事件时间，直到仿真结束。

(3) 随机数和随机变量的产生。流系统中工件的到达、运输车辆的到达和运输时间等一般是随机的。有随机因素影响的系统进行仿真时，首先要建立随机变量模型，即确定系统的随机变量并确定这些随机变量的分布类型和参数。对于分布类型是已知的或者是可以根据经验确定的随机变量，只要确定它们的参数就可以了。

建立了随机变量模型后，还必须在计算机中产生一系列不同分布的随机变量的抽样值来模拟系统中的各种随机现象。随机变量抽样值产生的实际做法通常是，首先产生一个[0,1]区间连续的、均匀分布的随机数，然后通过某种变换和运算产生其所需要的随机变量。

得到[0,1]区间均匀分布的、有良好的独立性、周期长的随机数后，下面的问题是如何产生与实际系统相对应的随机变量。产生随机变量的前提是根据实际系统随机变量的观测值确定随机变量的分布及其参数。

反变换法是最常用的方法，反变换法以概率积分反变换法则为基础，设随机变量的分布函数为 $F(X)$，μ 是[0,1]区间均匀分布的随机数，利用反分布函数 $X=F^{-1}(\mu)$就可以得到所需要的随机变量 X。

6.7.3　早期数学仿真软件的发展概况

数字计算机的出现给数值计算技术的研究注入了新的活力。在现代计算技术的早期发展中，出现了一些著名的数学软件包，如美国基于特征值的软件包 EISPACK 和线性代数软件包 LINPACK，英国牛津数值算法研究组开发的 NAG 软件包等，这些都是在国际上广泛流行的、有着较高声望的软件包。

美国的 EISPACK 和 LINPACK 都是基于矩阵特征值和奇异值来解决线性代数问题的专用软件包。限于当时的计算机发展状况，这些软件包大都是由 Fortran 语言编写的源程序组成的。

例如，若想求出阶实矩阵 A 的全部特征值(用 WR，WI 数组分别表示其实虚部)和对应的特征向量矩阵 Z，则 EISPACK 软件包给出的子程序建议调用路径为：

```
CALLBALANC(NM,N,A,IS1,IS2,FV1)
CALLELMHES(NM,N,IS1,IS2,A,IV1)
CALLELTRAN(NM,N,IS1,IS2,A,IV1,Z)
CALLHQR2(NM,N,IS1,IS2,A,WR,WI,Z,IERR)
IF(IERR.EQ.O)GOT099999
CALLBALBAK(NM,N,IS1,IS2,FVl,N,Z)
```

从上面的叙述可以看出，要求取矩阵的特征值和特征向量，首先要给一些数组和变量依据 EISPACK 的格式做出定义和赋值，并编写出主程序，然后再经过编译和连接过程，形成可执行文件，最后才能得出所需的结果。

英国的 NAG 和美国学者的 Numerical Recipes 工具包则包括了各种各样数学问题的数值解法，其中 NAG 的功能尤其强大。NAG 的子程序都是以字母加数字编号的形式命名的，非专业人员很难找到适合自己问题的子程序，更不用说以正确的格式去调用这些子程序了。这些程序包使用起来极其复杂，谁也不能保证不发生错误，NAG 光数百页的使用手册就十几本。*Numerical Recipes* 一书中给出了一系列算法语言源程序，该书中的子程序有 C,Fortran 和 Pascal 等版本,适合科学研究者和工程技术人员直接应用。该书的程序包由 200 多个高效、实用的子程序构成,这些子程序一般有较好的数值特性,比较可靠,为各国的研究者所信赖。

了解 Fortran 和 C 等高级计算机语言知识的读者可能已经注意到,如果用它们去进行程序设计,尤其当涉及矩阵运算或画图时,编程会很麻烦。例如,若想求解一个线性代数方程,用户得首先去编写一个主程序,然后编写一个子程序去读入各个矩阵的元素,之后再编写一个子程序,求解相应的方程(如使用高斯消去法),最后输出计算结果。如果选择的计算子程序不是很可靠,则所得的计算结果往往会出现问题。如果没有标准的子程序可以调用,则用户要将自己编好的子程序逐条地输入计算机,然后进行调试,最后进行计算。这样一个简单的问题往往需要用户编写 100 条左右的源程序,输入与调试程序也是很费事的,并且无法保证所输入的程序 100%可靠。求解线性方程组这样一个简单的功能需要 100 条源程序,其他复杂的功能往往要求有更多条语句,如采用双步 QR 法求取矩阵特征值的子程序需要 500 多条源程序,其中任何一条语句有毛病,或者调用不当(如数组维数不匹配),都可能导致错误结果的出现。

用软件包的形式编写程序有如下缺点:

(1) 使用不方便。对不是很熟悉所使用的软件包的用户来说,直接利用软件包编写程序是相当困难的,也是容易出错的。如果其中一个子程序调用发生微小的错误,可能导致最终得出错误的结果。

(2) 调用过程烦琐。首先需要编写主程序,确定对软件包的调用过程和连接过程,然后再经过必要的编译和连接过程,有时还要花大量的时间去调试程序以保证其正确性,而不是想得出什么马上就可以得出的。

(3) 执行程序过多。想求解一个特定的问题就需要编写一个专门的程序,并形成一个可执行文件,如果需要求解的问题很多,那么就需要在计算机硬盘上同时保留很多这样的可执行文件,这使计算机磁盘空间的利用不是很经济,管理起来也十分困难。

(4) 不利于传递数据。通过软件包进行调用的方式会针对每个具体问题形成一个孤立的可执行文件,因而在一个程序中产生的数据无法传入另一个程序,更无法使几个程序同时执行以解决所关心的问题。

(5) 维数指定困难。在很多数学问题中,最重要的变量是矩阵,如果要求解的问题维数较低,则形成的程序就不能用于求解高阶问题。所以有时为了使程序通用,往往将维数设置得很大,这样在解小规模问题时会出现空间的浪费,而更大规模问题仍然求解不了。在优秀的软件中往往需要动态地进行矩阵定维。

此外,这里介绍的大多数早期软件包都是由 Fortran 语言编写的,以前使用 Fortran 语言绘图并不是轻而易举的事情,它需要调用相应的软件包作进一步处理,当时在绘图方面比较实用和流行的软件包是 GINO-F,但这种软件包只给出绘图的基本子程序,如果要绘制较满意的图形则需要用户自己用这些低级命令编写出合适的绘图子程序来。

除了上面指出的缺点以外,用 Fortran 和 C 等程序设计语言编程还有一个致命的弱点,那就是因为 C 语言本身的原因,在不同的机器平台上,扩展的 C 源程序代码是不兼容的,尤其在绘图及界面设计方面更是如此。例如,在个人计算机的 Microsoft Windows 操作系统上编写的 C 语言程序不能立即在 SUN 工作站上直接运行，而需要在该机器上对源程序进行修改、编译后才可以执行。

尽管如此，数学软件包仍在继续发展，其发展方向是采用国际上最先进的数值算法，提供更高效、更稳定、更快速、更可靠的数学软件包。如在线性代数计算领域，全新的 LAPACK 已经成为当前最有影响力的软件包，但它们似乎已经不再为一般用户提供解决问题的方法，而是为数学软件提供底层的支持。又如现在流行的数学软件工具 MATLAB 已经抛弃了一直使用的 LINPACK 和 EISPACK，采用 LAPACK 为其底层支持软件包。

6.7.4　物流仿真软件包介绍

目前市面上流行的各种物流仿真软件有通用仿真软件和面向应用的仿真软件两类。仿真软件发展之初，就有从通用软件向专用软件发展的趋势，强调软件使用的易用性，可以由应用针对性的过程语言编程提供子程序库，而最终过程语言又发展成为通用目的的仿真语言。随后，这些通用语言逐渐获得了界面和菜单系统的形式，使得实际的编程过程在界面和菜单系统中完成，而隐藏了编程过程。随着软件用户群的发展，仿真软件根据不同的专业应用进行界面裁剪，如面向制造、医疗和远程通信的服务业等。仿真软件的专业性越高，意味着越多的细节和专门的信息可以建立到模型中去。例如，COMNET 包括了特定传输电缆和协议的预定结构，而 MEDMODEL 则提供了医疗服务设施典型实体的逻辑和动画图标。

功能界面化已经成为仿真软件的一个发展特征。很多仿真软件都具有将其建模功能集成在其界面中的特征，AweSim（基于 SLAM）、Witness、Promodel、Taylor Ⅱ 和 AutoMod 等，都将建模功能集成到界面中，强调各自的易用性和功能的全面性。

在建模技术上，有些软件采用层次建模结构，例如，Arena 和 Six 就是具有层次建模结构的软件。最底层的单元可以用来建立在模型中，代表一般的单元组合（如在制造装置中，表示输入传送带、缓冲站、服务机以及可能的检验站的组合），或者代表特定应用领域中的特定模块（如一个加工单元及其动作）。这样的层次结构为应用导向的仿真器带来了优势，较低层次的模型允许其与通用仿真语言相关联。有些软件则同时具有两种方式，通过层次设计，在顶层允许用户与程序互动，似乎专门为其专业应用所做，而同时又提供了从最基本的层面使用语言的机制。这样就为软件提供了全面的灵活性。

与其他计算机软件一样，物流仿真软件越来越多地与其他应用软件共享信息。许多软件能够从不同类型的电子表格和数据库格式接收数据，并同时向它们输出数据。绝大多数产品都提供程序语言（如 C、VB 等语言），可以与仿真代码连接，以获取特定的信息资源或者进行专门的计算，如仿真系统内的调度和决策计算等。

物流仿真软件包的集成度越来越高。通过软件商提供的附加软件，在能力规划、排程调度、输入建模和运行控制等方面的功能越来越全面。对于那些没有包括输入建模的软件，用户往往通过其他的工具来对观测数据进行拟合，从而生成输入数据模型。这种分析工具（如 ExpertFit 和 StatFit 等）都可以进行观测数据拟合，提供多种分布，并且还提供了与部分仿真软件的接口。

目前已经发布的仿真软件有几十种，根据广泛调查，在台式电脑上运行的离散事件仿真软件产品就有四五十种。这些软件有不同的应用目的和应用背景，各有侧重。软件商与他们的用户通过产品邮件、定期的产品时事通信和年会保持联系和沟通，这也进一步促进了软件的不断发展。

这些软件可谓各有特点，各有所长，人们则会根据不同的应用场景选择合适的软件。例如，人们通常选择三维实体效果比较好的软件进行物料搬运和物流机械的仿真分析，选择适合做系统分析和流程分析的软件进行供应链网络的系统分析，而选择能嵌入优化算法的扩展功能较好的软件来进行复杂物流运输体系调度问题的研究。

未来的仿真软件将在以下几个方面得到进一步的发展：

(1) 采用新的建模仿真方法学、人工智能等新技术改善建模仿真功能；

(2) 增强对建模仿真全生命周期活动的支持功能；

(3) 基于标准及基于软总线的开放的体系结构；

(4) 注重面向专业领域、面向用户，扩大应用领域；

(5) 支持复杂系统虚拟样机的开发；

(6) 开发及完善支持分布仿真工程的支撑框架。

目前几个应用较多的大型仿真软件有英国 Lanner 公司推出的 Witness，美国 Brooks Automation 公司开发的 AutoMod，美国 System Modeling 公司开发的 Arena 和美国 Imagine That 公司开发的通用仿真平台 Extend，美国 3i 公司设计开发的 SIMAnimation，美国 Flexsim Software Products 公司开发的 Flexsim，日本 AIS 公司开发的 RaLC 等。在仿真领域，交通运输仿真又往往有专门的仿真软件，如美国 TransCAD 公司开发的专门用于交通的物流运输体系仿真软件 TransCAD，以及世界各科研单位或机构自行开发的仿真软件等。

本章选择介绍 Flexsim、Extend、MATLAB 这几个在物流运输体系分析中常用的仿真软件，其目的在于给读者一个关于物流仿真软件的概观，使读者了解不同软件之间的异同，并引导有兴趣的读者对这几种软件进行初步的学习，了解其基本功能和应用。对于各种软件的全面了解和深层次的应用，需要读者参考有关软件提供的教程和帮助文件进行更深入的学习。

6.7.5 Flexsim 软件

1. Flexsim 软件概述

Flexsim 由位于美国犹他州奥勒姆市的 Flexsim Software Products 公司出品，是一款商业化离散事件系统仿真软件，是目前市面上唯一拥有 C++IDE 接口及编译器的图形仿真环境软件。

2. Flexsim 的功能与特点

Flexsim 是用来对生产制造、物料处理、物流、交通、管理等离散事件系统进行仿真的软件产品，也可以使用 Flexsim 进行模型中含有真实物理实体的仿真研究。Flexsim 采用面向对象技术，并具有 3D 显示功能。建模快捷方便和显示能力强是 Flexsim 仿真软件的重要特点。该软件提供了原始数据拟合、输入建模、图形化的模型构建、虚拟现实显示、运行模型进行仿真实验、对结果进行优化、生成 3D 动画影像文件等功能，也提供了与其他工具软件的接口，方便使用。

Flexsim 仿真软件的特点主要体现在采用面向对象技术，突出的 3D 显示效果，建模和调试简单方便开放，模型的扩展性强，易于和其他软件配合使用等方面。

(1) 基于面向对象技术建模。Flexsim 中所有用来建立模型的资源都是对象，包括模型、表格、记录、库、GUI(图形用户界面)等。用户可以使用 Flexsim 提供的对象库，实现对现实世界的对象、过程和系统的建模。同时，Flexsim 的对象库可以扩展，用户可以使用 C++ 语言或者软件自带的 Flexscript(一个 C++上代码的预编译库)来修改这些对象。面向对象的建模技术使得 Flexsim 建模过程生产线化，为一个模型所建立的对象可以用于其他模型，减少了建模工作人员消耗大量时间的重复劳动。其可扩展性为不同用户提供了方便，用户可以根据自己的行业和领域特点，扩展对象，构建自己的对象库。

(2) 突出的 3D 图形显示功能。第一次接触 Flexsim，首先会被其色彩鲜艳的 3D 显示效果所吸引。Flexsim 仿真环境中所有的模型都是逼真的 3D 模型，使用的技术和今天的 3D 游戏技术是一样的。此外，在仿真环境中操纵这些 3D 模型也非常容易。点击鼠标并拖动就可移动或者旋转图形，转动鼠标的滚轮则可以放大缩小画面。图形可以从各个角度观看，也可以在模型中做虚拟的近距离观察。

Flexsim 中的图形显示不仅带来视觉上的美观，更可以帮助用户对研究的模型有一个直观的认识，并且有助于对模型的验证。

(3) 建模和调试简单方便。通常，仿真建模要耗去仿真人员大量的时间和精力，特别是在对计算机仿真模型提出 3D 可视化要求时。而且，很多仿真软件哪怕建立一个简单的模型也需要编写程序，这无疑提高了对使用人员的要求。而使用 Flexsim 建立仿真模型就容易得多，没有特殊要求，一般不用编程，而且可以很轻松地做出 3D 模型。

Flexsim 采用鼠标拖动和释放对象进行建模。从对象库中拖动预先制成的对象，在工作区中释放，并设置或修改对象的各种属性和行为，包括外观、输入输出、速度等。之后，通过鼠标的选中和在两个对象之间画线来建立对象间的连接，同时为这些连接关系设定属性。按照这种方法，就可以很简单地把整个模型逐步建立起来。拖动建模方式以灵活性和可用性为导向，但降低了对尺寸和位置精度的关注。

(4) 建模的扩展性强。Flexsim 支持建立用户对象，融合 C++编程，体现了其可扩展性，但其扩展性还远不止这些。用户不但可以直接使用 Flexsim 来建模和运行模型，还可以在其之上利用 C++语言和软件提供的接口和函数开发一定的仿真应用程序，而这些应用程序一般用来对特定行业建模并进行仿真。

(5) 开放性好。Flexsim 提供了与 Microsoft Excel 的直接接口。通过 Flexsim 提供的函数，可以动态地读写 Excel 的数据。此外，Flexsim 还可以完成与一般数据库的连接等。Flexsim3.0 提供了与 Visio 的直接连接，为建模提供了很大的便利。

开放性和与其他软件的方便接口是 Flexsim 结构上的特点。Flexsim 完全支持 C++，所以用户可以通过使用 C++语言在 Flexsim 内编程，甚至修改 Flexsim 来实现特定的要求。所有的动画都是 OpenGL，支持工业标准的 3DS、DXF、WRL 或者 STL 图形对象，这些都体现了 Flexsim 的开放性。同时，Flexsim 可融合第三方软件，例如 OptQuest、Visio、ExpertFit 等，为用户使用增添了很多便利。此外，Flexsim 可以容易地连接到任何 ODBC

数据库(如 Oracle)和通用数据结构(如文本、Excel、Word 等)。易于和其他软件配合使用也是 Flexsim 的一大特点。

6.7.6 Extend 软件

1. Extend 软件概述

Extend 系统仿真软件是由美国 Imagine That 公司开发的通用仿真平台。全球用户超过 10 000 个,是使用用户最多的系统仿真软件。Extend 仿真环境为不同层次的建模者提供了多种工具,用这些工具可以高效地建立精准、可信、有用的模型。Extend 的设计方式能够使仿真项目中从建模、校验、确认到建立用户界面的每一步简化、方便。系统工具的开发者可以使用 Extend 内嵌的编译语言 MODI(类 C 语言)来创建可以重复使用的建模模块。所有这些都是在自成一体的集成环境中完成的,不需要外部接口、编译器和代码产生器。

Extend 模型是用基于模块库的图标模块来搭建的。每一个模块代表处理过程的一个计算或一个步骤。每一个模块提供对话框用来输入模型参数,并将模块自动计算的一些运行结果在对话框中显示出来。模块保存在模块库里。每一个模块库包含特性相似的一组模块,如离散事件、制造、连续、绘图、电路设计、商业流程重组等。模块可以通过拖拉的方式从模块库窗口中移到工作表上,模块之间形成了逻辑关系流。

Extend 包含了当代仿真软件必须包含的特色,如可以重复使用的建模模块、终端用户界面开发工具、灵活的自定义报告图表生成机制和与其他应用系统集成的方法等。此外,Extend 包含一个基于消息传递的仿真引擎,提供一种迅速的模型运行机制和灵活建模机制。Extend 的模块可以很容易地搭建并组合在一起,这一点使得 Extend 在众多行业得到广泛认可,包括通信、制造、服务、卫生、物流和军事等。

形象的动画、有效的调试工具和建模的透明性能够帮助我们校验、确认模型。Extend 建模的透明性可以使建模者非常容易地看到模型是怎样运行的,包括交互式的模型运行方法、能够显示模块和其他模块之间相互关系的交互式调试工具。开放的源程序能够使建模者看到模型运行的每一个细节,包括事件触发、资源分配甚至细微到每个事件的时间分配是如何解决的。这些工具缩短了确认模型所需要的时间。

建模者通过拖拉的方法可以非常容易地创建完全交互式的界面模块,这些可以被保存到自己创建的模块库中,可以在将来任何建模的过程中重复使用。Extend 提供了 600 多个系统函数,可以实现和数据库、Excel 和其他数据源的集成,充分利用 Windows 操作系统的资源,可以和 Delphi、C++Builder、Visual Basic、Visual C+代码链接。

以下介绍主要基于 V6 版本。

2. Extend 的功能与特点

Extend 提供了输入建模、运行仿真模型、数据分析等基本功能。Extend 提供了模块化的建模功能,用户可以采用软件提供的基本模块,或者自己建立的模块搭建模型。此外,Extend 包含一个基于消息传递的仿真引擎,提供迅速的模型运行机制和灵活建模机制。Extend 采用 2D 的建模与仿真显示功能,建立的模型和仿真运行都显示二维的画面。Extend 的仿真运行支持即时的参数修改,能够即时看到修改参数后的运行情况。Extend 也提供了专门的 StatFit 数据拟合功能,辅助用户进行各种类型的输入数据的处理和分析。

其主要功能体现在：①拥有用于构建模块的全部数组，有助于快速建模；②通过动画模型增强表现力；③定制的图形化接口展现了建模系统的各种关系；④无约束的层次分解使得复杂系统的构建和理解变得简单；⑤对话框和文本文件用来改变模型参数，可以快速试验假设条件和测试模型；⑥完全图形化的操作平台简化了建模过程，增强了互动性；⑦在仿真时能调整设置；⑧用于优化系统的迭代优化、蒙特卡罗法、批处理模式、敏感度分析；⑨可产生用户报告和深入分析；⑩基于作业成本法的核算方法；⑪提供与其他程序和平台的连通性和交互性，包括复制/粘贴，导入/导出，文本文件（ASCII），发布/订阅（Mac 操作系统），XCMDs 和 Apple 事件（Mac 操作系统），或者动态链接库（DLL）和动态数据交互（DDE），和 OLE/COM/ActiveX（仅限于 Windows）；⑫多功能仿真——Extend 是一个多领域环境，因此用户可以动态构建连续、离散事件，非线性、线性、非线性和混合模式系统；⑬嵌入式的 C 语言和对话框编辑器——修改 Extend 模块或者构建用于特殊应用的自定义模块，还可以在模型中构建自定义动画；⑭脚本支持——从 Extend 或者另外的应用程序都可以远程构建和运行模型；⑮整合对其他语言的支持——使用 Extend 内嵌的 API 可以访问 Delphi，C++Builder，Visual Basic，Visual CH 等各种代码；⑯基于库的重复使用的模块——构建的模块能保存在库中，方便在其他模型中调用；⑰600 多个函数——包括综合、统计、队列、动画、IEEE 数学、矩阵、声音、数组、快速傅氏变换算法（FFT）、调试、XCMDs、动态链接库（DLL）、字符串和位操作、输入/输出等，可以直接访问这些函数，也可以自己定义所需要的函数；⑱消息发送——模块可以实时向子流程中的其他模块发送消息；⑲复杂数据传输的能力——传输值、数组或其他数组的组合结构；⑳巨型模型——Extend 优秀的可扩展性意味着模型的大小只受用户系统的限制；㉑跨平台兼容性——在 Windows 和 Mac 操作系统上运行模型，模型和库文件是跨平台兼容的，因此为跨平台的合作提供了方便。

Extend 所具有许多独特的特点和功能，使得建模者能够把精力集中在建模的过程中并且迅速地建立容易理解、容易沟通的模型。这些特点主要包括：

(1) 交互性。即使在模型运行过程中，Extend 参数和模型逻辑也可以在线修改。Extend 方便的交互性可以快速回答和重新分析各种问题，主要体现在能够方便地修改模型参数与即时看到修改后运行结果两个方面。它的记事本和“克隆”功能使用户能够把所有模型的参数和运行结果集中到一起，即使在模型运行过程中，Extend 参数和模型逻辑也可以即时修改，并可以立即显示修改的效果。Extend 方便的交互性可以快速回答和重新分析各种问题。

(2) 可扩展性。(开放式)Extend 的模块是用 Extend 的编译语言和集成开发环境来开发的。公开的体系结构、公开的源代码和自带的集成开发环境使得 Extend 具有极强的扩展能力。用户只要懂得 C 语言，就可以改写所有的模块、逻辑和动画，因此，用户不局限在软件所提供的模块和算法之内。

(3) 可重复使用性。Extend 的可扩展性和分层次建模功能使得用户可以开发自己的模块，并将 Extend 模块（组件模块和分层子模型）保存在模块库里，重新被其他模块甚至被其他的建模者所使用。这一特点增加了模型设计的效率和连续性。其内嵌的编译语言 MODL（类 C 语言）能够使系统工具的开发者便捷地创建可重复使用的建模模块。所有这些都是在自成一体的集成环境中完成的，不需要外部接口、编译器和代码产生器。

(4) 规模性。由于 Extend 的分层结构是无限制的,所以可以用来创建含有成千上万个模块的企业模型,使模型条理更加清晰、逻辑更加分明。

(5) 可视性。Extend 的模块图标是专门为了表达模型的结构和行为而设计的。

(6) 连接性。Extend 支持 AetiveX/OLE 控件和 ODBC 数据源。和其他仿真软件不同的是,这些技术在 Extend 里被当作模块来使用,所以都是以拖拉的方式来完成而没有必要编程。

(7) 得到第三方开发支持。相比其他仿真软件,Extend 的集成开发环境使得第三方应用更多地选择 Extend 作为仿真引擎。

6.7.7 MATLAB 软件

1. MATLAB 软件概述

MATLAB 是国际公认的优秀数学应用软件之一。MATLAB 是 matrix 和 laboratory 两个词的组合,意为矩阵工厂(矩阵实验室),是由美国 MathWorks 公司发布的主要面对科学计算、可视化以及交互式程序设计的高科技计算环境。它将数值分析、矩阵计算、科学数据可视化以及非线性动态系统的建模和仿真等强大功能集成在一个易于使用的视窗环境中,为科学研究、工程设计以及必须进行有效数值计算的众多科学领域提供了一种全面的解决方案,并在很大程度上摆脱了传统非交互式程序设计语言(如 C、Fortran)的编辑模式,代表了当今国际科学计算软件的先进水平。

2. MATLAB 的特点

(1) 高效的数值计算及符号计算功能,能使用户从繁杂的数学运算分析中解脱出来;

(2) 具有完备的图形处理功能,实现计算结果和编程的可视化;

(3) 友好的用户界面及接近数学表达式的自然化语言,使用户易于学习和掌握;

(4) 功能丰富的应用工具箱(如信号处理工具箱、通信工具箱等),为用户提供了大量方便实用的处理工具。

3. MATLAB 编程环境

MATLAB 由一系列工具组成。这些工具方便用户使用 MATLAB 的函数和文件,其中许多工具采用的是图形用户界面,包括 MATLAB 桌面和命令窗口、历史命令窗口、编辑器和调试器、路径搜索和用于用户浏览帮助、工作空间、文件的浏览器。随着 MATLAB 的商业化以及软件本身的不断升级,MATLAB 的用户界面也越来越精致,更加接近 Windows 的标准界面,人机交互性更强,操作更简单。而且新版本的 MATLAB 提供了完整的联机查询、帮助系统,极大地方便了用户的使用。简单的编程环境提供了比较完备的调试系统,程序不必经过编译就可以直接运行,而且能够及时地报告出现的错误及进行出错原因分析。

4. MATLAB 简单易用

MATLAB 是一个高级的矩阵/阵列语言,它包含控制语句、函数、数据结构、输入和输出和面向对象编程特点。用户可以在命令窗口中将输入语句与执行命令同步,也可以先编写好一个较大的复杂的应用程序(M 文件)后再一起运行。新版本的 MATLAB 语言是基于最为流行的 C++语言,因此语法特征与 C++语言极为相似,而且更加简单,更加符合科技人员对数学表达式的书写格式,使之更利于非计算机专业的科技人员使用。而且这种语言可移植性好、可拓展性极强,这也是 MATLAB 能够深入到科学研究及工程计算各个领域的重要原因。

5. MATLAB 具有强处理能力

MATLAB 是一个包含大量计算算法的集合，拥有 600 多个工程中要用到的数学运算函数，可以方便地实现用户所需的各种计算功能。函数中所使用的算法都是科研和工程计算中的最新研究成果，而且经过了各种优化和容错处理。在通常情况下，可以用它来代替底层编程语言，如 C 和 C++。在计算要求相同的情况下，使用 MATLAB 的编程工作量会大大减少。MATLAB 的这些函数集包括从最简单、最基本的函数，到矩阵、特征向量、快速傅里叶变换等复杂函数。函数所能解决的问题大致包括矩阵运算和线性方程组的求解、微分方程及偏微分方程组的求解、符号运算、傅里叶变换和数据的统计分析、工程中的优化问题、稀疏矩阵运算、复数的各种运算、三角函数和其他初等数学运算、多维数组操作以及建模动态仿真等。

6. MATLAB 图形处理

MATLAB 自产生之日起就具有方便的数据可视化功能，可以将向量和矩阵用图形表现出来，并且可以对图形进行标注和打印。高层次的作图包括二维和三维的可视化、图像处理、动画和表达式作图，可用于科学计算和工程绘图。新版本的 MATLAB 对整个图形处理功能作了很大的改进和完善，使它不仅在一般数据可视化软件都具有的功能（如二维曲线和三维曲面的绘制和处理等）方面更加完善，而且对于一些其他软件所没有的功能（如图形的光照处理、色度处理以及四维数据的表现等），MATLAB 同样表现了出色的处理能力。同时对一些特殊的可视化要求，如图形对话等，MATLAB 也有相应的功能函数，保证了用户不同层次的要求。另外，新版本的 MATLAB 还着重在图形用户界面（GUI）的制作上作了很大的改善，对这方面有特殊要求的用户也可以得到满足。

MATLAB 对许多专门的领域都开发了功能强大的模块集和工具箱。一般来说，它们都是由特定领域的专家开发的，用户可以直接使用工具箱学习、应用和评估不同的方法，而不需要自己编写代码。数据采集、数据库接口、概率统计、样条拟合、优化算法、偏微分方程求解、神经网络、小波分析、信号处理、图像处理、系统辨识、控制系统设计、LMI 控制、鲁棒控制、模型预测、模糊逻辑、金融分析、地图工具、非线性控制设计、实时快速原型及半物理仿真、嵌入式系统开发、定点仿真、DSP 与通信、电力系统仿真等领域，都在工具箱（Toolbox）家族中有了自己的一席之地。

7. MATLAB 程序接口

新版本的 MATLAB 可以利用 MATLAB 编译器和 C/C++数学库和图形库，将自己的 MATLAB 程序自动转换为独立于 MATLAB 运行的 C 和 C++代码。允许用户编写可以和 MATLAB 进行交互的 C 或 C++语言程序。另外，MATLAB 网页服务程序还容许在 Web 应用中使用自己的 MATLAB 数学和图形程序。MATLAB 的一个重要特色就是具有一套程序扩展系统和一组称之为工具箱的特殊应用子程序。工具箱是 MATLAB 函数的子程序库，每一个工具箱都是为某一类学科专业和应用而定制的，主要包括信号处理、控制系统、神经网络、模糊逻辑、小波分析和系统仿真等方面的应用。

8. MATLAB 应用软件开发

在开发环境中，MATLAB 使用户更方便地控制多个文件和图形窗口；在编程方面支持了函数嵌套，有条件中断等；在图形化方面，有了更强大的图形标注和处理功能，包括对性对起连接注释等；在输入输出方面，可以直接向 Excel 和 HDF5 进行连接。

思考题

1. 物流系统有哪些特点?
2. 物流系统的优化原理是什么?
3. 物流系统仿真有哪些特点?
4. 复杂系统的概念及特征是什么?
5. 物流系统的设计步骤是什么?
6. 如何理解物流产业系统的结构?
7. 物流产业的系统分析程序有哪些?
8. 如何理解物流产业系统的模式?
9. 系统分析的步骤是什么?
10. 物流产业系统分析常用的理论及方法有哪些?

第7章　物流产业的配送体系规划

7.1　物流产业配送体系概述

7.1.1　物流产业配送基本概念

零售业的多店铺化、连锁化以及多业态化，如百货商场、超级市场、专卖店等，对物流作业的效率提出了更高的要求，原来相互分割、缺乏协作的仓储、运输、批发等传统物流企业难以适应现代物流业的发展要求，专业性的物流配送经营实体——物流配送中心便应运而生。

中华人民共和国国家标准《物流术语》(GB/T 18354—2021)给物流中心(logistics center)下的定义是：具有完善的物流设施及信息网络，可便捷地连接外部交通运输网络，物流功能健全，集聚辐射范围大，存储、吞吐能力强，为客户提供专业化公共物流服务的场所。

中华人民共和国国家标准《物流术语》(GB/T 18354—2021)给配送中心(distribution center，DC)下的定义是：具有完善的配送基础设施和信息网络，可便捷地连接对外交通运输网络，配送及中转功能齐全，集聚辐射范围大，存储、吞吐能力强，向下游配送中心提供专业化统一配送服务的场所。

上述定义虽然勾画出了物流中心与配送中心的基本轮廓，但也有模糊之处。例如，在物流中心概念中"为客户提供专业化公共物流服务"，就无法将众多生产加工企业自备的物流中心包括在内。所以，给物流中心和配送中心确定一个包容性较强的基本含义比下一个精确的定义更为现实。

物流中心是综合性、地域性、大批量的物资实现物理位移的集中地，它把商流、物流、信息流和资金流融为一体，成为产销企业之间的中心。配送中心则是以组织配送性销售或供应，执行实物配送为主要职能的流通型节点。在配送中心中，为了能做好送货的编组准备，需要采取零星集货、批量进货等种种资源搜集工作和对货物的分拣、配备等工作，因此，配送中心也具有集货中心、分货中心的职能。为了更有效、更高水平地实现配送，配送中心往往还有比较强的流通加工能力。此外，配送中心还必须执行货物配备后送达客户的使命，这是和分货中心只管分货不管运达的重要不同之处。由此可见，如果说集货中心、分货中心、加工中心的职能还是较为单一的话，那么配送中心的功能则较全面、完整，也可以说，配送中心实际上是集货中心、分货中心、加工中心功能的综合，并有了"配"与"送"的有机结合。这样,配送中心作为物流中心的一种主要形式,有时便和物流中心等同起来了。

综上所述,凡从事大规模、多功能物流活动的场所统称为物流配送中心。物流配送中心的主要功能是大规模集结、吞吐货物,因此必须具备运输、储存、保管、分拣、装卸、搬运、配载、包装、加工、单证处理、信息传递、结算等主要功能,以及贸易、展示、货运代理、报关检验、物流方案设计等一系列延伸功能。

物流配送中心是一个广泛的概念,是各种物流节点的总称。物流基地、物流团地、集散中心、配送中心等说法除了在规模、货物流向、送达方式、组织管理等方面有所不同之外,在大规模、多功能的共同点上,它们都可称为物流配送中心。

物流配送中心规模的大小也是相对的,对于港口、码头来说,占地面积几十、上百平方公里,年吞吐货物上亿吨的叫作物流配送中心;而对于某一连锁商业的配送中心来说,占地可能只有上万平方米,也可称为物流配送中心。从货物的流向来分,有专门提供原材料、零部件物流的供向物流配送中心,也有提供最终消费品的销向物流配送中心;有为城市服务的城市物流配送中心,也有为货物集散服务的物流配送中心。有产权属于生产制造业、农业组织的物流配送中心,也有产权属商业流通企业的物流配送中心,还有产权属第三方物流企业的物流配送中心。总之,物流形式的多样性造就了物流配送中心形式的多样性。正是众多各不相同的实实在在的物流据点,才形成了抽象的"物流配送中心"的概念。

7.1.2 物流配送中心的功能

一般来讲,物流配送中心的功能主要包括以下几个方面。

1. 集货发货功能

集货发货功能就是指将分散的、小批量的货物集中起来,便于集中处理。生产型物流配送中心往往从各地采购原材料、零部件,在进入生产组装线之前,总要集货,以便按生产的节奏投入物料。同时,生产企业的产成品和零配件也要集中保管、分拣、发运。商业型物流配送中心需要采购几万种商品进行集中保管,按店铺销售情况进行分拣、包装、配送、补货,以满足消费需求。社会公共物流配送中心则实现货物的转运、换载、配载、配送等功能。

集货发货功能要求物流配送中心一般具有实现长短途两种运输方式货物交换的平台和工具,如码头、站台、库房、吊车、传送设施、分拣设备等。

2. 储存功能

为了满足市场需求的及时性和不确定性,不论何类物流配送中心,均需具备储存功能。生产企业的所谓"零库存",是将库存转移至物流企业和商业企业,以减少自己的资金占用。储存的功能主要在于保存商品的使用价值,减少自然损耗,更重要的是保证生产企业的连续不间断生产和满足消费者的需求,以免因货物断档而造成市场恐慌。任何时候,储存功能的"蓄水池"作用都是存在的。

3. 分拣功能

分拣功能是指根据客户对多种货物的需求和运输配载的需求,将所需货物从储存货物中挑选出来,以便集中配货。

4. 加工包装功能

加工包装功能是指物流配送中心根据客户需要，将材料进行简单加工，方便客户的运输和精加工。这种加工在金属材料的剪切、弯折等项目上较为普遍。包装功能是将散货改为有包装货物，以及大改小、小并大等项工作。

5. 配送功能

配送功能是指物流配送中心根据客户需求，将货物按时按量送至客户。配送的核心是“配”，既有配货的含义也有配载的含义；既可以为同一用户配送多品种多规格的货物，也可以是一台车次为不同用户配送一种或多种货物；既可以为商业经销、最终客户配送生活资料，也可以为生产厂商配送原材料、零部件。有学者根据不同的配送方式，将配送分为专业配送、综合配送、共同配送、经销配送、供应配送等。

6. 商品展示与贸易功能

发达国家的物流配送中心还具备商品展示和贸易功能，这也是物流配送中心向高级阶段发展的必然趋势，因为货物只有卖出去才能有价值。

7. 信息功能

由于多种功能齐聚在物流配送中心，物流配送中心必然会成为信息中心，货物到达、分发、装卸、搬运、储存保管、销售、客户、价格、运输工具及运行时间等各种信息在这里交汇、收集、整理和发布。

7.1.3　物流配送中心的分类

根据不同的分类方式，物流配送中心可以分为不同的类别。

1. 根据隶属关系分类

(1) 生产企业自办的物流配送中心。这类物流配送中心一般由规模较大的跨国公司出资兴建，其目的是为本公司生产的产品进行实体分配。在发达国家这类物流配送中心数量较多。如德国林德公司所建的物流配送中心，其建筑面积为 12 000 m^2，主要从事林德产品的维修零部件服务；日本的小松、日产、松下、丰田、资生堂、东芝、三菱等知名公司，都拥有自己的物流配送中心和运输工具，有的还拥有专用码头。这些生产企业的规模很大，大得足以使零部件、产成品的运输、仓储部分独立出来，成为物流配送中心。可以预见，尽管第三方物流日渐被人们接受，大企业的自办物流也不会消亡，因为这种物流配送中心有本企业产品的支持。

(2) 商业企业自办的物流配送中心。有的专家又将这种物流配送中心细分为批发商的物流配送中心和零售商的物流配送中心，其实完全可以归为商业企业物流配送中心。这类物流配送中心有的从事原材料、燃料、辅助材料的流转，有的从事大型超市、连锁店的产品配送。如沃尔玛、麦德龙、卜峰莲花等大型零售企业自办了配送中心，这种配送中心的辐射半径为 150～200 km。

(3) 仓储、运输企业设立的物流配送中心。仓储企业天然可以成为物流配送中心，因为它是物流的节点，拥有土地、库房、站点和装卸设备，功能的扩展使它演变成物流配送中心。运输企业设立物流配送中心，是因为它需要物流节点以整理、配载、换载货物，达到扩大功能、节约物流成本的目的。美国的 APA 运输公司在纽约就拥有这样的一个物流配送中心，该物流配送中心占地约 50 000 m^2，建有一个 20 000 m^2 的流转库，每天分拣着公司集卡运来的送往各地的货物。这里运输业务是主营业务，保管、分拣业务成了延伸业务。由此推及，轮船公司、邮政部门、铁路运营公司、机场及航空运输企业都可拥有自己的物流配送中心。

(4) 社会化的物流配送中心。这种物流配送中心往往为中小工商企业或物流公司服务。此类物流配送中心或由政府出资，或由众多企业集资建成。该类物流配送中心拥有公共使用的装卸货平台、设备、设施，拥有可以分割产权或分割成单元的库房。例如，西班牙马德里内陆港物流配送中心，拥有几十幢独立仓库，由众多物流企业经营，经营的品种有原料、工业品、生活用品、邮件、包裹、报纸等；德国不来梅物流配送中心有 52 家物流企业进驻；东京物流配送中心更是由多家物流企业、生产企业、商业企业共同使用的物流配送中心。

2. 根据作业特点分类

(1) 流通型物流配送中心。这是一种基本上没有长期储存功能，仅以暂存或随进随出方式进行配货、送货的物流配送中心。这种物流配送中心的典型作业方式是，大量货物整进并按一定批量零出，采用大型分货机，进货时直接进入分货机传送带，分送到各用户货位或直接分送到配送汽车上，货物在物流配送中心里仅做短暂停滞。

(2) 加工配送型物流配送中心。加工配送型物流配送中心以加工产品为主，因此，在其物流配送作业流程中，储存作业和加工作业居主导地位。由于流通加工多为单品种、大批量产品的加工作业，并且是按照用户的要求安排的，因此，对于加工配送型的物流配送中心，虽然进货量比较大，但是分类、分拣工作量并不太大。此外，因为加工的产品品种较少，一般都不单独设立拣选、配货等环节。通常，加工好的产品可直接运到按用户户头划定的货位区内，并且要进行包装、配货。

许多资料都介绍过物流配送中心的加工职能，但是加工配送型物流配送中心的实例目前并不多见。我国上海市和其他城市已开展的配煤配送，在配送点中进行配煤加工；上海 6 家船厂联建的船板处理配送中心、原物资部北京剪板厂都属于这一类型的物流配送中心。

(3) 批量转换型物流配送中心。一般情况下，批量转换型物流配送中心主要以随进随出方式进行分拣、配货和送货，产品以单一品种、大批量方式进货，在物流配送中心转换成小批量，商品在物流配送中心仅做短暂停滞。

3. 根据服务区域分类

(1) 城市物流配送中心。城市物流配送中心是以城市区域为配送范围的物流配送中心。由于城市范围一般处于汽车运输的经济里程内，这种物流配送中心可直接配送到最终用户，且常常采用汽车进行配送，所以，这种物流配送中心往往和零售经营相结合。由于运距短、反应能力强，因而从事多品种、少批量、多用户的配送较有优势。我国已建的北京食品配送中心即属于这种类型。

(2) 区域物流配送中心。区域物流配送中心是以较强的辐射能力和库存准备，向省(州)际、全国乃至国际范围的用户配送的物流配送中心。这种物流配送中心规模较大，一般而言，用户量也较大，配送批量也较大，而且，往往是配送给下一级的城市物流配送中心，也配送给营业所、商店、批发商和企业用户，虽然也从事零星的配送，但不是主体形式。这种类型的物流配送中心在国外十分普遍，《国外物资管理》杂志曾介绍过的阪神配送中心、美国马特公司的配送中心、蒙克斯帕配送中心等就属于这种类型。

4. 根据物的流向分类

（1）供应物流配送中心。供应物流配送中心是专门为某个或某些用户（如联营商店、联合公司）组织供应的物流配送中心。例如，为大型连锁超级市场组织供应的物流配送中心；代替零件加工厂送货的零件物流配送中心，使零件加工厂对装配厂的供应合理化。

（2）销售物流配送中心。销售物流配送中心是以销售经营为目的、以配送为手段的物流配送中心。建立销售物流配送中心大体有三种类型：第一种是生产企业为本身产品直接销售给消费者而设立的物流配送中心，国外这种类型的配送中心很多；第二种是流通作业作为本身经营的一种方式，建立物流配送中心以扩大销售，我国目前拟建的物流配送中心大多属于这种类型，国外的例证也很多；第三种是流通企业和生产企业联合的协作性物流配送中心。综合起来，国外和我国的发展趋势都向以销售物流配送中心为主的方向发展。

5. 根据服务的适应性分类

（1）专业物流配送中心。专业物流配送中心大体上有两个含义：第一个含义是指配送对象、配送技术是属于某一专业范畴，在某一专业范畴有一定的综合性，综合这一专业的多种物资进行配送，如多数制造业的销售配送中心，我国目前在石家庄、上海等地建的物流配送中心大多数采用这一形式；第二个含义是指以配送为专业化职能，基本不从事经营的服务型物流配送中心，如《国外物资管理》杂志中介绍的蒙克斯帕配送中心。

（2）柔性物流配送中心。柔性物流配送中心在某种程度上是和专业物流配送中心相对立的物流配送中心，这种物流配送中心不向固定化、专业化方向发展，而向能随时变化、对用户要求有很强适应性、不固定供需关系、不断发展配送用户并改变配送用户的方向发展。

6. 根据配送货物种类分类

根据配送货物种类不同，也可将物流配送中心分为食品物流配送中心、日用品物流配送中心、医药品物流配送中心、化妆品物流配送中心、家电产品物流配送中心、电子（3C）产品物流配送中心、书籍产品物流配送中心、服饰产品物流配送中心、汽车零件物流配送中心等。

7.2　物流配送中心的规划原则

物流配送中心的规划是物流配送中心建设的基础性工作，应当遵循以下五个原则。

1. 动态原则

物流配送中心规划应在详细分析现状及对未来变化作出预测的基础上进行，而且要有相当的柔性，以在一定范围内适应数量、用户、成本等多方面的变化。

2. 竞争原则

物流活动是服务性、竞争性非常强的活动。如果不考虑市场机制，而单纯从路线最短、成本最低、速度最快等角度考虑问题，一旦布局完成，便会导致垄断的形成和服务质量的下降，甚至由于服务性不够而在竞争中失败。因此，物流配送中心的布局应体现多家竞争。这一条原则对于政府部门进行建设规划尤其重要。

3. 低运费原则

物流配送中心必须组织运输与配送活动，因而低运费原则具有特殊性。由于运费和运距、运量有关，所以低运费原则常简化成最短运距和运量的问题，通过数学方法求解以作为物流配送中心布局的参考。

4. 交通便利原则

物流配送中心的运输配送活动领域在物流配送中心之外，这一活动需依赖于交通条件。交通便利原则的贯彻包括两个方面：一是布局时要考虑现有交通条件；二是布局物流配送中心时必须把交通作为布局的内容来处理。只布局物流配送中心而不布局交通，有可能会使物流配送中心的布局失败。

5. 统筹原则

物流配送中心的层次、数量、布局是与生产力布局、消费布局等密切相关，互相交织且互相促进和制约的。设定一个非常合理的物流配送中心布局，必须统筹兼顾、全面安排，既要做微观的考虑又要做宏观的考虑。

7.3 物流配送中心的规划建设程序

物流配送中心的筹划、规划、建设及运营，是一个复杂的系统工程，需要众多的专业组织和人才共同完成。作为一个基本建设项目，其规划建设必须按照国家或地方的行政法规及有关规定，遵循一定的建设程序。

建设程序是指建设项目从规划、选项、评估、决策、设计、施工到竣工验收、投产使用的全过程。它是在总结工程建设的实践经验基础上制定的，反映了项目建设的客观内在规律，无论政府或企业都必须共同遵守。它把基本建设过程分为若干个阶段，规定了每个阶段的工作内容、原则、审批程序等，是确保工程项目按设计建设的重要保证。

由于各地政府在具体执行时的规定，以及各主管部门之间的协调程度不尽相同，因此各地的建设程序也存在细微的差别，如立项与环境评价的顺序、立项与选址的顺序等，需根据各地具体规定进行操作。

根据上海、深圳等沿海发达地区的普遍做法，一个物流配送中心的规划及建设通常需要经过三个阶段：项目前期工作阶段、项目施工阶段、竣工验收及生产准备阶段，如图 7-1 所示。其中项目前期工作阶段日益受到各方重视。下面从企业运营角度介绍一个物流配送中心的规划建设需要遵循的具体程序，这里既包括行政法规所规定的建设程序，也包括企业在每个阶段所要做的工作。

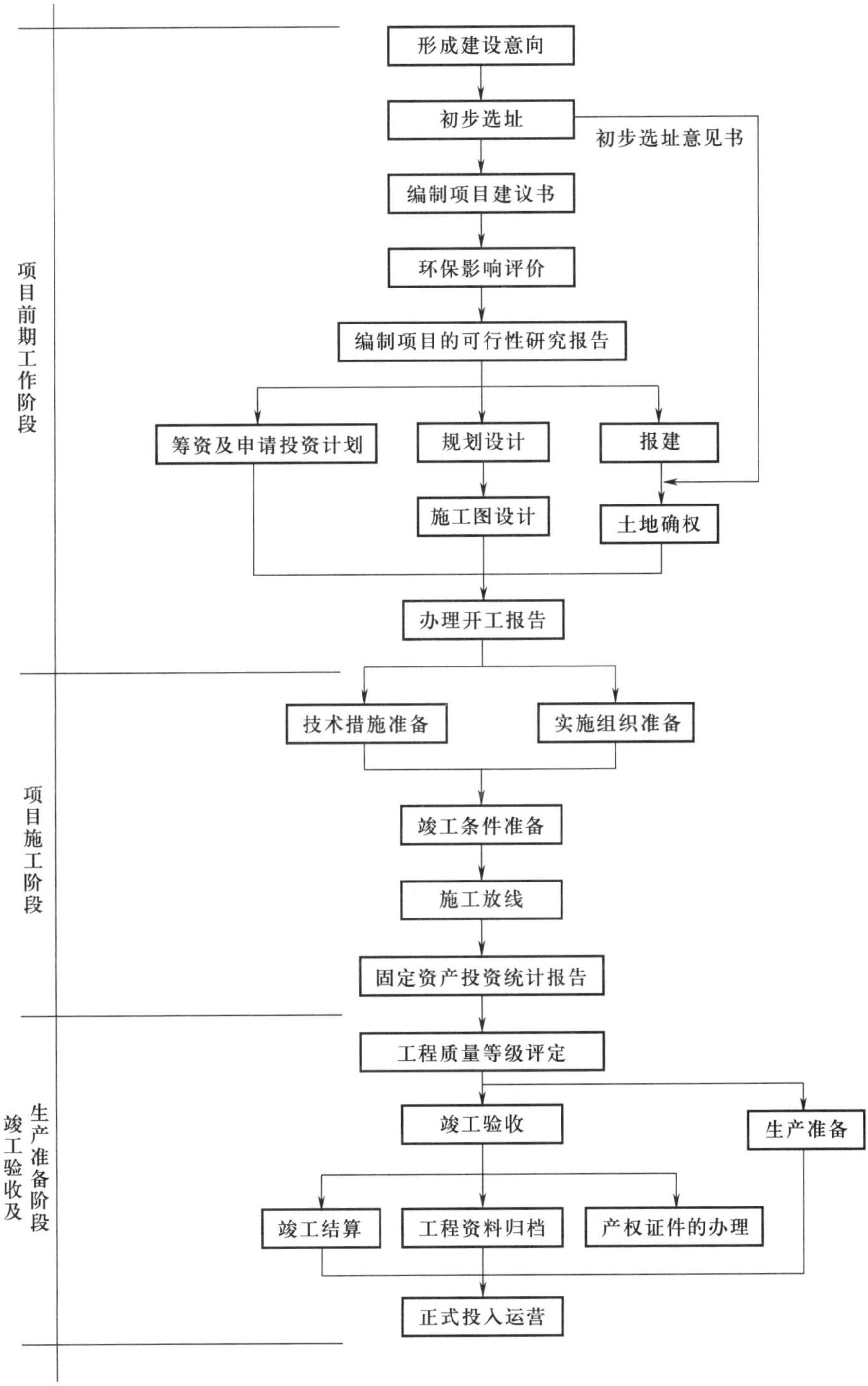

图 7-1　物流配送中心规划建设程序

7.3.1 项目前期工作阶段

为了防止盲目重复建设、保证工程质量和提高投资效益，我国政府一方面积极推进投融资决策体制改革，一方面加强了建设项目的审批管理。现行基本建设前期工作程序包括项目建议书、可行性研究报告、初步设计、开工报告等工作环节。

1. 形成建设意向

政府或工商企业，根据自己的职业判断和物流业务的增长变化情况，提出拟建立物流配送中心的设想。政府通常会选定一个投资主体负责具体的建设工作。建设意向形成后，建设单位会成立一个项目建设筹备组(以下简称筹备组)。

2. 初步选址

筹备组根据本地区用地现状，结合物流配送中心业务实际需要等情况，进行初步选址，报请政府土地部门，由土地部门出具选址初步意见书。

3. 编制项目建议书

项目建议书是要求建设某一工程项目的建议性文件，它是物流配送中心项目能否被国家或地方政府立项建设的最基础和最重要的工作。在经过广泛调查研究，弄清项目建设的技术、经济条件后，通过项目建议书的形式向国家或地方政府推荐物流配送中心项目。编制项目建议书的主要依据应是国民经济和社会发展规划，以及该区域的物流发展规划。

项目建议书阶段的主要工作是从国家或地方宏观经济社会发展及物流业发展需要出发，分析本项目建设的必要性，是否与国家的政策、方针和计划相吻合，所需资金、人力的可行性，以及是否具备了建设的条件等。

通常的项目建议书主要由以下10部分组成：①总则；②项目建设的必要性和任务；③项目所在区域概况；④建设规模及内容；⑤技术支持；⑥项目实施；⑦项目管理；⑧投资估算及资金筹措；⑨经济和社会评价；⑩结论与建议。

附件包括企业注册证明、有关附图、选址初步意见书、有关政策规划等。

政府有关部门(如发展改革委)在审批项目建议书时，通常会征求土地、规划及生态环境部门的意见，对特大项目还要组织有资格的工程咨询单位或专家评估。发展改革委根据一定权限批准项目建议书，即完成通常所说的“立项”工作。

4. 环保影响评价

由于可持续发展战略已经作为一项国策深入人心，环境保护问题日益受到各级政府的重视，环境影响评价工作已经成为基建项目必备的手续。在项目建议书被批准后，建设单位须编制《建设项目环境影响报告表》，上报环保部门，由环保部门办理环保影响评价手续。

5. 编制项目的可行性研究报告并论证

项目立项后并非一定要建设。下一步工作是在进一步做勘测、调查、取得可靠资料的基础上，重点对物流配送中心项目的技术可行性和经济合理性进行研究和论证，包括物流配送中心的需求度，已有客户群和潜在客户群，市场竞争状况，价格、成本收益分析，投资回收期，物流配送中心的大体布局、结构，可能采用的设施、设备，物流配送中心的功能设定等内容。经过全面分析论证和多方案比较，确定物流配送中心建设项目的建设原则、建设方案，作为下阶段工程设计的依据。

可行性研究报告的编制通常由建设单位委托具有相应资质的规划、设计和工程咨询单位承担，也可由筹备组组织有关物流专家、市政建设专家、建筑设计专家、设备专家、运输配送专家及信息技术人员共同组成编制小组，进行编制。

可行性研究报告编制完成后，项目投资主体往往会组织有关专家对可行性研究报告进行评审，目的是对报告的准确性、项目经济可行性、技术先进性、投资合理性等进行评价审查，出具评审意见。建设单位根据评审意见确定是否建设该项目，发展改革委根据评审意见确定是否对该项目进行审批。

6. 筹资及申请投资计划

物流配送中心项目可行性研究报告经研究论证，获得批准后，建设单位认为可行并经最高决策者确定之后，立即进入筹资阶段。对于公共的大型综合物流配送中心，需要政府和企业共同投资，为尽快获得政府投资，建设单位应主动协调政府相关部门，申请投资计划。

7. 报建

建设单位在工程项目可行性研究报告被批准后，可以向建设主管部门领取并认真填写好《工程建设项目报建表》，持发展改革委立项批文、环保部门审批手续等必要材料，申请办理报建手续。建设主管部门对符合条件的项目发放《工程建设项目报建证》。

8. 土地确权

对于购买土地的项目，建设单位向规划部门领取《建设用地申报表》并认真填写，然后持《工程建设项目报建证》和选址意见书正式申请办理土地购买手续。

规划部门根据城市规划的要求，向用地单位提供规划设计条件，且要标明规划设计条件的提出及用地红线图的出处，并审核用地单位提供的规划设计总图，对符合条件者核发《建设用地规划许可证》。按规定应由上级规划行政主管部门核发《建设用地规划许可证》的由上级部门核发。对于租用土地的，建设单位须与土地所有者签订合同，在不改变用地性质的前提下，获得规划设计条件；如果用地性质变化，则须向规划部门申请变更用地性质。

9. 规划设计

按照政府部门的相关要求，规划设计作为项目前期工作的必要步骤必须遵循和完成。规划设计的审批各地规定不一，有的由计划部门审批，有的由行业主管部门审批。在进行规划设计时，往往需要委托有资质的设计单位按批准的可行性研究报告对项目工程做具体设计。规划设计确定总体布局、主要工程的结构尺寸、施工方法、物流设施设备的选型及工程进度安排等，计算工程量、劳动力、投资概算等主要技术经济指标。对于政府参与投资的项目，其设计概算要求不得超过可行性研究报告投资估算的 10%，如果超过则须重新报批项目的可行性研究报告。

10. 施工图设计

这个程序通常与规划设计合并。建设单位委托有资质的设计单位进行施工图设计，然后持规划设计条件、规划设计文件、施工图设计方案、用地红线图和《工程建设项目报建证》到建设部门申请办理有关手续。建设部门对符合要求的施工图发放“建设工程施工图审查验证签”。

11. 办理开工报告

办理开工报告之前须根据地方政府的有关规定，到文物、水利、工业安全、环保、园林、人防、消防、交管、卫生、教育等部门办理有关手续，手续的繁简程度与各地方政府的规定有关，目前有的地区开设了一站式服务大厅，可以快速办完手续。以上手续完成后，建设单位向建设主管部门申请开工报告。对符合要求的项目，建设主管部门核发《建设工程开工证》。

7.3.2 项目施工阶段

项目施工阶段包括施工准备工作和施工期间的管理工作。

1. 施工准备工作

施工准备工作通常是在申请开工报告之前完成的，包括实施组织准备、技术措施准备和施工条件准备。

(1) 实施组织准备。该部分的工作主要包括明确项目法人或责任主体，通过招标确定施工承包单位和工程监理单位，落实设计单位及现场设计代表，划分并确定产权，落实质量监督机构职责等。

招标工作是这个阶段的主要工作，设计、施工、监理等单位都须招标确定。招标工作由各地招标办主持，事前按规定发布公告，经投标、专家评标，确定中标单位，发放中标通知书，由建设单位与中标单位签订相关合同。

(2) 技术措施准备。该部分的工作主要包括落实年度实施计划和项目，施工人员的岗前培训，施工图纸的准备，设施设备的技术规范和安装程序等。

(3) 施工条件准备。该部分的工作主要包括施工场地三通一平(通路、通电、通水，场地平整)，施工土地预留，施工营地的落实，机械设备采购和进场，施工所需材料的订购等。

如果征地范围涉及征迁补偿，建设单位须持《工程建设项目报建证》《建设用地规划许可证》、用地红线图和拆迁许可证书面申请等材料向当地征迁办公室申请办理有关手续，征迁管理部门对符合条件的颁发《拆迁许可证》。

2. 施工期间的管理工作

项目各项准备工作结束后，特别是项目的年度建设资金已落实的情况下，由建设单位组织项目的实施，由施工单位进行项目施工，由监理工程师控制工程进度、质量和投资，以保证工程项目按设计进度、质量标准并在投资预算内完成建设。项目业主、设计单位、施工单位、监理单位、质量监督单位等都要各负其责，共同努力使项目能正常实施，其中涉及政府部门的工作通常有施工放线、固定资产投资统计报告等。

(1) 施工放线。建设单位须持《建设工程开工证》和批复的施工图向规划部门申请办理有关手续。规划部门对经批准施工的工程进行现场测量放线。

(2) 固定资产投资统计报告。建设单位须每月定期向统计部门或计划部门(政府投资项目)汇报固定资产投资完成情况。

7.3.3 竣工验收及生产准备阶段

项目施工完成后，建设单位须组织竣工验收，通常包括以下工作。

1. 工程质量等级评定

项目主体已经完工，甲乙双方检验合格，施工单位向质检部门报送各种施工资料申请办理有关手续。质检部门经严格评定后，发放《工程质量等级评定证书》。

2. 竣工验收

质量等级评定并完成市政配套施工后，建设单位持《工程质量等级评定证书》《建设工程施工许可证》《市政配套建设申请表》，批复的施工图和规划、消防、市政等部门的验收证向建设主管部门申请办理竣工验收。建设主管部门经现场检验对验收合格者颁发《建设工程竣工验收合格证》。

3. 竣工结算

建设单位与施工单位进行竣工结算，按照合同拨付款项。

4. 工程资料归档

工程竣工后，建设单位须将工程资料整理送交城建档案馆验收归档。

5. 产权证件的办理

竣工后，建设单位持有关资料、证件到房管部门办理房屋所有权登记，房管部门对符合条件者颁发《房屋所有权证》。

6. 生产准备

建设单位在进行竣工验收的同时，就要进行生产准备，如各种设施设备的调试，信息系统的试运行，人员的招聘与培训等。

上述工作完成后，建设完成的物流配送中心就可正式投入运营。

7.4　物流配送中心的规划设计内容与步骤

7.4.1　物流配送中心的规划设计内容

物流配送中心的规划设计是一项系统工程，是长远的、总体的发展计划。它主要包括作业功能规划、选址规划、结构规划、物流设施规划和信息系统规划等多方面的内容，如图 7-2 所示。

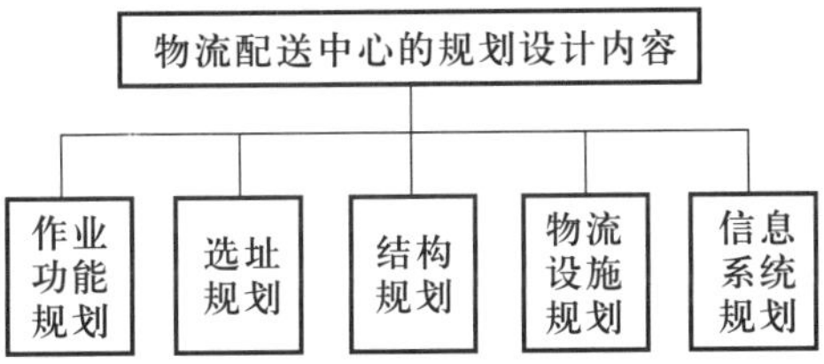

图 7-2　物流配送中心的规划设计内容

物流配送中心的规划设计可以分为两类：一类是新建物流配送中心的规划，另一类是原有物流组织（企业）向物流配送中心转型的改造规划。新建物流配送中心规划又可以分为单个物流配送中心规划和多个物流配送中心规划两种形式。表 7-1 列出了这几种规划形式的特点和内容。

表 7-1 物流配送中心规划设计的特点和内容

类型	新建		改造
	单个物流配送中心	多个物流配送中心	
委托方	新型企业、跨国企业、政府部门		大多为老企业
规划目的	高起点、高标准、低成本	成为企业、区域的新经济增长点或支柱产业	实现从传统物资组织向现代物流配送中心的转变
关键点	物流配送中心选址	系统构造、网点布局	进行作业流程、企业重组，充分利用现有设施
规划内容	作业功能规划 选址规划 结构规划 物流设施规划 信息系统规划	作业功能规划 物流网点布局规划 物流设施规划 物流网络信息系统规划 物流系统节点规划	企业发展战略研究 作业功能规划 结构规划 物流设施规划
规划原理与方法	物流学、统计学、物流系统分析、管理信息系统	物流学、统计学、物流系统分析、生产布局学、城市规划、管理信息系统	物流学、统计学、企业发展战略、物流系统分析、管理信息系统

7.4.2 物流配送中心的规划设计步骤

物流配送中心的规划设计是一件复杂的工作，其大体步骤如图 7-3 所示。

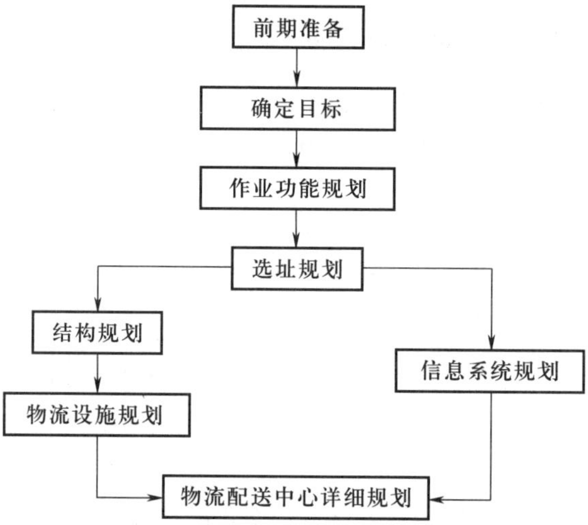

图 7-3 物流配送中心规划设计步骤

1. 前期准备

前期准备工作可以为物流配送中心的规划设计提供必要的基础资料，常采用调研的方法，包括网上调研、图书资料调研与现场调研等，其主要内容包括：①收集物流配送中心建设的内部条件、外部条件及潜在客户的信息；②分析物流配送中心经营商品的品种、货源、流量及流向；③调查物流服务的供需情况、物流行业的发展状况等。

2. 确定目标

确定物流配送中心建设的目标是物流配送中心规划设计的第一步，主要是依据前期准备工作的资料，确定物流配送中心建设的近期、中期和远期目标。

3. 作业功能规划

作业功能规划是将物流配送中心作为一个整体的物流系统来考虑，依据确定的目标，规划物流配送中心为完成业务而应该具备的物流功能。物流配送中心作为一种专业化的物流组织，不仅需要具备一般的物流功能，还应该具备适合不同需要的特色功能。物流配送中心的作业功能规划，首先需要针对不同的物流配送中心确定相应的作业流程，进而完成作业区域的功能规划，最后对工作区的作业能力进行规划。

4. 选址规划

物流配送中心拥有众多建筑物、构筑物以及固定机械设备，一旦建成很难搬迁，如果选址不当，将付出长远代价，因而对于物流配送中心的选址规划需要予以高度重视。选址规划主要包括以下内容：①分析影响因素，如自然环境、经营环境和基础设施状况等；②选择选址方法，根据实际情况，一般采用定性和定量相结合的方法；③筛选选址方案，确定选址结果。

5. 结构规划

物流配送中心作业功能规划完成后，根据各作业流程、作业区域的功能及能力规划，进行空间区域的布置规划和作业区域的区块布置工作，标识各作业区域的面积和界限范围，以及其他建筑设施的规划设计。这部分工作主要包括以下内容：区域布置规划、库房设计、装卸货平台设计、货场及道路设计和其他建筑设施规划。

6. 物流设施规划

物流配送中心的设施设备是保证物流配送中心正常运作的必要条件，设施设备规划涉及建筑模式、空间布局、设备安置等多方面的问题，需要运用系统分析的方法求得整体优化，最大限度地减少物料搬运、简化作业流程，创造良好、舒适的工作环境。在传统物流企业的改造中，设施设备规划要注意企业原有设施设备的充分利用和改造等工作，这样可以尽可能地减少投资。物流配送中心的物流设施规划一般包括以下工作：原有设施设备分析（改造型物流配送中心）、物流配送中心的功能分区、设施的内部布局、设备规划、公用设施规划。

7. 信息系统规划

信息化、网络化、自动化是物流配送中心的发展趋势，信息系统规划是物流配送中心规划的重要组成部分。物流配送中心的信息系统规划，既要考虑满足物流配送中心内部作业的要求，有助于提高物流作业的效率；也要考虑同物流配送中心外部的信息系统相连，方便物流配送中心及时获取和处理各种经营信息。一般来讲，信息系统规划包括两部分：物流配送中心管理信息系统的功能设计，物流管理信息系统的关键技术与应用。

7.5 物流配送中心的选址规划

7.5.1 物流配送中心选址概述

选址在整个配送系统中占有非常重要的地位，主要属于配送管理战略层的研究问题。物流配送中心选址是指在一个具有若干供应点及若干需求点的经济区域内，选择一个地址设置物流配送中心的规划过程。一般来讲，较佳的物流配送中心选址方案是使商品通过物流配送中心的汇集、中转、分发，直至输送到需求点的全过程的效益最好。物流配送中心的选址是物流配送中心规划中至关重要的一步，物流配送中心选址合理化就是为了在变化的配送环境中，确保优质的配送服务，降低总的配送成本。

1. 确保提供优质配送服务

在激烈的竞争中，作为销售战略的一环，优质的配送服务是不可缺少的。如果没有完善的配送系统将承接的订货迅速、准确地送出，企业就难以在销售竞争中取胜。作为提供专业配送服务的物流配送中心，必须适应客户需求小批量、多品种、交货期缩短、多频率配送的要求。也就是说，按期保质保量交货，提高配送服务效率，在销售战略上是非常重要的。

2. 降低配送总成本

集中配送网点，设立较大规模的物流配送中心，可以集中库存，实现规模采购，获得更多折扣优惠，同时实现集中仓储，使运输计划化、大型化；可以扩大多品种货物配送范围，通过协同配送降低运输费用；可以减少土地购买费用、建设费、机器设备费、人力费用等物流配送中心经费，从而降低配送总成本。过去配送网点不集中，则必然延长运输距离、增加运输时间，办理订货、下达发货指令、向外订货、处理商品过多、拣选商品等也都将耗费过多的时间。现在由于高速公路网更加完善，时间和距离都已不是障碍，而且开发出的大量处理多批次、小批量的系统，使得作业速度进一步加快。同时，由于信息化的发展，各处企业均已联网，可以及时联系，互通有无。正是由于这种信息和作业速度的提高，集中配送网点已成为合理和可能，也成为配送行业的趋势和现实。

物流配送中心选址的焦点集中在选择物流配送中心的数目与坐落位置。在这方面，典型的管理问题包括：

(1) 应该建设几座物流配送中心，它们应该坐落在何处？

(2) 每个物流配送中心应该服务于哪些客户或市场领域？

(3) 在每个物流配送中心里应该存储哪些产品线？

(4) 应该结合哪些公共和私人配送设施？

由此可见，物流配送中心的选址是一个复杂的系统工程，必须有一个总体规划，从空间和时间上，对物流配送中心的新建、改建和扩建进行全面系统的规划。规划得合理与否，对物流配送中心的设计、施工与应用，对其作业质量、安全、作业效率和保证供应，对节省投资和运用费用等，都会产生直接的和深远的影响。

7.5.2 物流配送中心选址决策影响因素

就选址决策的影响因素而言，大致可以分为外部因素及内部因素两大类。外部因素包括宏观政治与经济、基础设施与环境、竞争对手等；内部因素包括企业的发展战略、产品、技术或服务的特征等。

1. 选址决策的外部因素分析

（1）自然环境因素。

①气象条件。在物流配送中心选址过程中，主要考虑的气象条件有温度、风力、降水量、无霜期、冻土深度、年平均蒸发量等指标。例如，选址时要避开风口，因为在风口建设物流配送中心会加速露天堆放商品的老化。

②选址条件。物流配送中心是大量商品的集结地。某些容重很大的建筑材料堆码起来会对地面造成很大压力，如果物流配送中心地面以下存在着淤泥层、流沙层、松土层等不良地质条件，会在受压地段造成沉陷、翻浆等严重后果，为此，选址时，要求土壤承载力要高。

a. 水文条件。物流配送中心选址须远离容易泛滥的河川流域与上溢的地下水区域。要认真考察近年的水文资料，地下水位不能过高，洪泛区、内涝区、故河道、干河滩等区域绝对禁止。

b. 地形条件。物流配送中心应地势高亢，地形平坦，且应具有适当的面积与外形。若选在完全平坦的地形上是最理想的；其次选择稍有坡度或起伏的地方；对于山区、陡坡地区则应该完全避开；在外形上可选择长方形，不宜选择狭长或不规则形状。

（2）宏观政治与经济因素。宏观政治因素主要是指一个国家的政权是否稳定，法制是否健全，是否存在贸易禁运政策等。这一点的重要性是显而易见的，大多数企业都不愿意在动乱的国家或地区投资。宏观政治因素是无法量化的指标，主要依靠企业的主观评价。

宏观经济也包括税收政策、关税、汇率等，这一点与企业的选址决策直接相关，企业总是会寻求最宽松的经济环境。关税政策引起的市场壁垒也是企业选址的一个重要因素。如果一个国家的关税较高，那么，企业要么放弃这个市场，要么选择在这里建厂以躲避高额关税。例如，戴尔公司在爱尔兰建立欧洲市场的第一个工厂。一方面是由于当地低成本、高质量的劳动力及爱尔兰较低的企业税；另一方面，则是由于爱尔兰是欧盟成员国，在爱尔兰制造的计算机产品可以直接发往欧洲市场而无需缴纳增值税；再者，由于爱尔兰属于欧元区，可以通过欧元的稳定性减小欧洲内的汇率风险。

（3）基础设施与环境。基础设施包括交通设施、通信设施，环境包括自然环境及社会环境，如劳动力的成本、素质等。

现代企业中，配送成本往往要超过制造成本，而一个良好的基础设施对于降低配送成本是十分关键的，所以，基础设施在选址决策中占有重要地位。由于信息流的通畅快捷对于降低需求的制约、降低库存成本有重要影响，所以，通信设施的质量、成本对于选址决策来说也是一个重要因素。

劳动力的成本与质量是影响选址决策的一个关键因素，越来越多的国际企业选择在亚洲建立自己的制造工厂，就是被当地低廉的劳动力成本所吸引。除去劳动力成本，劳动力的素质也同样重要。

(4) 竞争对手。所谓"知彼知己,百战不殆",企业在选址决策中必须考虑到竞争对手的布局情况,根据企业产品或服务的自身特征来决定是靠近竞争对手还是远离竞争对手。

2. 选址决策的内部因素分析

企业的内部因素往往是最主要的。选址决策首先要与企业的发展战略相适应。例如,作为制造业的企业,发展劳动密集型的产品还是高技术类型的产品,这是企业综合内外形势分析得到的企业发展战略。如果选择劳动密集型产品,则必然要选择生产成本低的地区;而选择高技术类型的产品,则必须要选择劳动力素质高的地区,而这些地方往往成本较高。对商业及服务业来说,选择连锁便利店还是超市的发展战略,会有不同的企业网络设计。选择连锁便利店,则必须选择一些人口密集区域,成本较高,面积需求较小;选择超市,则要选择人口不是非常密集,却可以提供大面积的区域。

7.5.3 物流配送中心选址决策原则及程序

1. 物流配送中心选址的原则

(1) 动态适应性原则。在物流配送中心选址时,不能将环境条件和影响因素绝对化,而是从动态出发,考虑未来需求和环境变化,坚持动态规划,将物流配送中心选址建立在详细的调研分析及对未来变化作出合理预测的基础上。此外,物流配送中心的选址应遵循国家或地区的经济发展方针、政策,考虑配送资源的分布和需求分布状况,力求与区域产业结构和社会发展相适应。

(2) 协调性原则。配送是一个复杂网络系统,物流配送中心是配送网络中的重要物资集散点,因此物流配送中心的选址应从国家或地区及企业配送网络的优化布局来决策,使物流配送中心的功能定位、设施设备在地域分布、配送作业生产力、技术水平等方面与整个配送网络系统协调,从而促进社会宏观配送系统及企业微观配送系统的协调发展。

(3) 经济性原则。在物流配送中心发展的过程中,选址的费用主要包括建设费用和配送费用(经营费用)两部分。物流配送中心的选址位置所处的国家、地区、城市不同,甚至在同一城市的市区、近郊区、远郊区的位置不同,其未来物流配送中心的用地规模、建设费用及运输费用、人力资源成本、税收等都有很大的差异,因此,选址时应以总费用最低作为物流配送中心选址的经济性原则。

(4) 交通便利性原则。物流配送中心选址时,既要考虑现有交通条件,同时又要考虑未来运输需求及交通状况的变化。物流配送中心是物品大规模运输的重要中转地,是衔接多种运输方式的重要枢纽,其合理选址将直接影响运输效益的提高及城市交通状况的改善,因此,物流配送中心应建立在交通便捷的干道进出口附近、铁路枢纽站附近、内河港口附近或空港附近,同时充分考虑与其他运输方式的有效衔接,实现集多种运输方式于一身的综合物流配送中心功能。

(5) 战略性原则。物流配送中心的选址需要从战略角度来考虑,既要考虑全局,又要考虑长远;既要考虑区域经济及产业发展战略,又要考虑企业集团战略发展;既要考虑目前的实际需要,又要考虑未来发展的可能。局部要服从全局,眼前利益要服从长远利益,企业发展要服务于区域经济、城市发展战略规划。

(6) 竞争性原则。物流配送中心提供的是服务性活动,用户的选择必将引起配送服务竞争的加剧。若不考虑竞争性要求，而仅仅从土地成本、线路最短、速度最快等角度出发，就会影响企业市场的拓展及服务质量的提高。物流配送中心选址应尽量靠近用户，特别应在用户比较集中的地方设置网点，同时要考虑市场竞争对手的物流配送中心选址位置及未来发展战略，只有这样，才能在激烈的竞争市场中占得先机。

2. 物流配送中心选址的程序

物流配送中心选址决策包括几个层次的筛选，是一个逐步缩小范围、更为具体的选址程序，如图 7-4 所示。

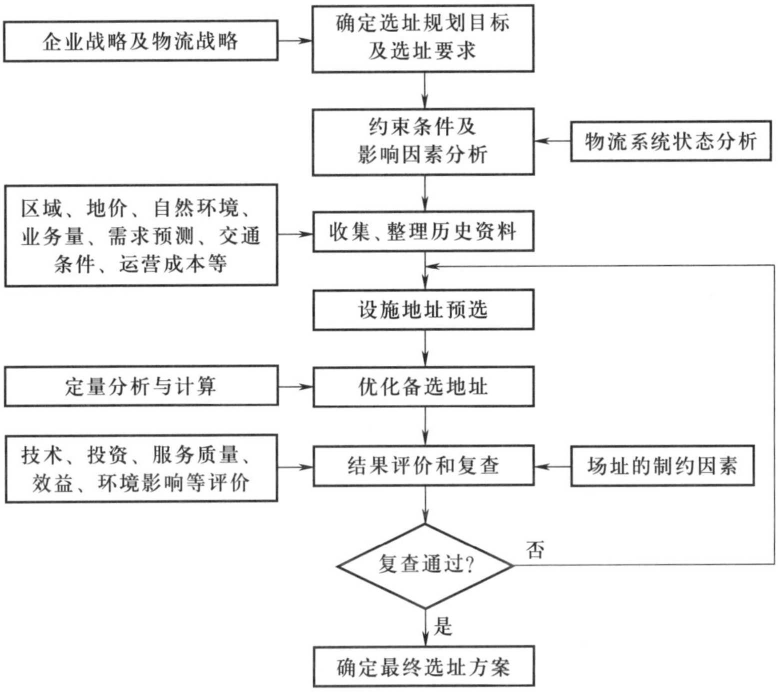

图 7-4　物流配送中心选址程序

(1) 确定选址规划目标及选址要求。选址规划时，首先要分析企业发展战略及配送发展战略规划，明确企业业务发展方向及配送系统在企业发展中的地位。在此基础上，进一步明确物流配送中心在配送系统的地位，明确现有配送设施的布局，分析新建物流配送中心的必要性和意义，明确新建物流配送中心规划目标。此外，需详细列出组织选址要求，即将选址规划目标明确化。

(2) 约束条件及影响因素分析。根据配送系统的现状进行分析，制定物流配送中心选址计划，确定所需要了解的基本条件，以便大大缩小选址的范围。

①需求条件。主要分析物流配送中心的服务对象——顾客现在的分布情况，对其未来分布情况进行预测，分析配送量增长率及配送的区域范围。

②运输条件。物流配送中心应靠近干线公路、铁路货运站、内河港口、空港基地等重要运输枢纽，同时也应靠近服务市场及考虑多种运输方向有机衔接。

③配送服务条件。根据客户要求的到货时间、发送频率等计算从物流配送中心到客户的距离和服务范围。

④用地条件。根据企业实际情况，考虑是利用现有土地还是重新征用土地；重新征用土地的成本有多大；地价允许范围内的用地分布情况如何。

⑤区域规划。根据区域规划的要求，了解选定区域的用地性质，考虑区域内配送产业用地规划及产业集聚发展的需求。

⑥交通职能条件。考虑商流职能是否要与配送职能分开；物流配送中心是否也附有流通加工的职能；考虑为了通行方便，是否要限定物流配送中心的选址范围。

⑦其他。不同的配送类别有不同的选址要求。例如，农产品物流配送中心、建材物流配送中心、化工品物流配送中心的保管，对选址都有特殊要求。

此外，还需从内部、外部两个方面列出选址影响因素。由于影响因素众多，因此可以依据实际情况，寻找关键成功因素。

(3) 收集、整理历史资料。选址的方法一般是成本计算，也就是将运输费用、配送费用及配送设施费用模型化，根据约束条件及目标函数建立数学公式，从中寻求费用最小的方案。但是，采用这样的选址方法，寻求最优的选址解时，必须对业务量和生产成本进行正确的分析和判断。

①业务量资料。选址时，应掌握的业务量资料主要包括工厂到物流配送中心的运输量、向顾客配送的货物量、物流配送中心保管的数量和配送线路上的业务量等。由于这些数量在不同的时期会有波动，因此，要采集较长时期的历史数据进行研究。除了对现状的各项数据进行分析外，还必须预测未来的物流配送中心业务量。

②费用资料。选址时，应掌握的费用资料主要包括建设费用、运营费用等，如土地的面积及土地的价格、成本建设、工厂至物流配送中心之间的运输费、物流配送中心到顾客的配送费、人工费、业务费等。由于运营费会随着业务量和运输距离的变化而变动，因此必须对每一吨公里的费用进行(成本)分析。

③其他。用地图表示顾客、现有设施和工厂的位置，并整理各候选地址的配送路线及距离等资料；与成本分析结合起来，综合考虑必备车辆数、作业人员数、装卸方式、装卸费用等。

(4) 设施选址预选。在进行物流配送中心位置选择时，首先要根据上述各影响因素进行定性分析和评估，大致确定几个备选地址。在确定备选地址时首先要确定地区范围，如在世界范围内选址，首先要确定某个国家，在某一国家范围内选址，首先要明确某个省份，然后将位置确定在某个城市或商业地区。

备选地址的选择是否恰当，将直接影响后续最优方案的确定。备选地址过多，候选优化方案的工作量将过大，成本也很高；备选方案过少，可能导致最后的方案远离最优方案，选址效果差。所以合适的备选地址的确定是物流配送中心选址及网点布局中非常关键的一步。

(5) 优化备选地址。在备选地址确定后，下一步要做的是更详细地考察若干具体地点。针对不同情况，确定选址评价方法，得出优化后的地址。如果对单一物流配送中心进行选址，可以采用重心模型等；如果对多个物流配送中心进行选址，可采用鲍摩-瓦尔夫模型、CFLP 法等。近年来，选址理论发展迅速，计算机技术也得到了广泛应用，这些发展都为定量化选址方法的研究提供了有力支持。

(6) 结果评价。由于在定量分析中主要考察对选址产生影响的经济因素，所以当直接应用定量模型得出的结果进行物流配送中心选址时，常常会发现在经济上最为可取的地点在实际上却行不通。这是因为除了经济因素外，还有很多非经济因素影响物流配送中心的选址，如气候、地形等。因此，要结合市场适应性、购置土地条件、服务质量、交通、劳动力等因素，对计算所得结果进行评价，看优化结果是否具有现实可行性。

(7) 复查。分析其他影响因素对计算结果的相对影响程度，分别赋予它们一定的权重，采用加权法对计算结果进行复查。如果复查通过，则原计算结果即为最终结果；如果复查发现原计算结果不适用，则返回备选地址筛选阶段，重新分析，直至得到最终结果。

(8)确定最终选址方案。如果优化结果通过复查，即可将优化结果作为最终选址结果。但是所得解不一定为最优解，可能只是符合企业实际状况的满意解。

7.5.4　定性规划方法

定性分析法主要是根据选址影响因素和选址原则，依靠专家或管理人员丰富的经验、知识及其综合分析能力，确定物流配送中心的具体选址。定性方法的优点是注重历史经验，简单易行；其缺点是容易犯经验主义和主观主义的错误，并且当可选择地点较多时，不易做出理想的决策，导致决策的可靠性不高。

7.5.5　定量规划方法

1. 鲍摩-瓦尔夫模型的建立

当考虑从几个工厂经过几个物流配送中心向用户输送货物时，物流配送中心选址问题就由单一物流配送中心的选址转换为多个物流配送中心的选址，对此问题一般只考虑运费为最小时物流配送中心的选址问题。在这里，所要考虑的问题是，各个工厂向哪些物流配送中心运输多少商品，各个物流配送中心向哪些用户发送多少商品。

规划的总费用应包括以下内容：

c_{ki}——从工厂 k 到物流配送中心 i 每单位运量的运输费；

h_{ij}——从物流配送中心 i 向用户 j 发送单位运量的发送费；

c_{ijk}——从工厂 k 通过物流配送中心 i 向用户 j 发送单位运量的运费；

X_{ijk}——从工厂 k 通过物流配送中心 i 向用户 j 运送的运量；

w_i——通过物流配送中心 i 的运量，$w_i = \sum_{j,k} X_{ijk}$；

v_i——物流配送中心 i 的单位运量的可变费用；

F_i——物流配送中心 i 的固定费用(与其规模无关的固定费用)。

因此，总费用函数为

$$f(X_{ijk}) = \sum_{i,j,k} (c_{ki} + h_{ij}) X_{ijk} + \sum_i v_i (w_i)^\theta + \sum_i F_i r(w_i)$$

式中，$0<\theta<1$；$r(w_i)=\begin{cases}0, w_i=0,\\1, w_i>0。\end{cases}$

总费用函数 $f(X_{ijk})$ 的第一项是运输费和发送费，第二项是物流配送中心的可变费，第三项是物流配送中心的固定费用(这项费用函数是非线性的)。

2. 鲍摩-瓦尔夫模型的计算方法

首先，给出费用的初始值，求解初始值；然后进行迭代计算使其逐步接近费用最小的运输规划。

(1) 初始解。要求最初的工厂到用户间(k,j)的运费相对最小，也就是说，要求工厂到物流配送中心间的运费率 c_{ki} 和物流配送中心到用户间的发生费率 h_{ij} 之和为最小。

$$c_{kj}^{0}=min\{c_{ki}+h_{ij}\}=c_{ki}^{0}+h_{ij}^{0}$$

设所有的(k,j)取最小费率 c_{kj}^{0}，物流配送中心序号是 I_{kj}^{0}。这个结果决定了所有工厂到用户间的费用。那么，如果工厂的生产能力和需要量已知，将其作为约束条件来求解运输型问题，使费用函数 $\sum c_{kj}^{0}X_{kj}$ 为最小时，$\{X_{kj}^{0}\}$ 就为初始解。

(2) 二次解。根据初始解，物流配送中心的通过量为：

$$w_{i}^{0}=\sum\{\text{所有的 } k,j\text{，如} I_{kj}^{0}=i\}X_{kj}^{0}$$

从通过量反过来计算物流配送中心的可变费用，即：

$$c_{kj}^{n}=min\{c_{kj}+h_{ki}+v_{i}\theta(w_{i}^{R-1})\}^{\theta-1}$$

这是费用函数式关于 X_{ijk} 的偏微分。在这个阶段中，对于所有的(k,j)取为：

$$c_{kj}^{2}=\min_{i}\{c_{kj}+h_{ki}+v_{i}\theta(w_{i}^{0})\}^{\theta-1}$$

c_{kj}^{0} 的物流配送中心序号为 I_{kj}^{2}。再次以这一成本为基础，求解运输型问题，求得使费用函数 $\sum_{kj}c_{ki}^{2}X_{kj}$ 为最小时，$\{X_{kj}^{2}\}$ 就成为二次解。

(3) n 次解。设($n-1$)次解为 $\{X_{kj}^{n-1}\}$，则物流配送中心的通过量为：

$$w_{i}^{R-1}=\sum\{\text{所有的 } k,j\text{，如} I_{kj}^{R-1}=i\}X_{kj}^{n-1}$$

I_{kj}^{R-1} 是由($n-1$)次解得到的所使用物流配送中心的序号。

($n-1$)次解可使物流配送中心通过量反映到可变费用上，因此求 n 次解，就可得到物流配送中心的新的通过量。

(4) 最优解。把($n-1$)次解的物流配送中心的通过量 $\{w_{i}^{n-1}\}$ 和 n 次解的物流配送中心通过量 $\{w_{i}^{n}\}$ 进行比较，如果完全相等，就停止计算；如果不相等，再反复继续计算。也就是说，当 $\{w_{i}^{n-1}\}=\{w_{i}^{n}\}$ 时，w_{kj}^{n} 为最优解。

3. 鲍摩-瓦尔夫模型的优缺点

这个模型具有如下几个优点，但也有些问题，使用时应加以注意。

(1) 模型的优点。

①计算比较简单；

②能评价流通过程的总费用(运费、保管费和发送费之和)；

③能求解物流配送中心的通过量，即决定物流配送中心规模的目标；

④根据物流配送中心可变费用的特点，可采用大批量进货的方式。

(2) 模型的缺点。

①由于采用的是逐次逼近法，所以不能保证得到最优解。此外，由于选择备选地点的方法有所不同，有时求出的最优解会出现物流配送中心数目较多的情况。也就是说，还可能有物流配送中心数更少、总费用更小的解存在。因此，必须仔细研究所求得的解是否为最优解。

②物流配送中心的固定费用没有在所得的解中反映出来。

7.5.6　其他常用的方法

1. 多准则决策方法

在配送系统的研究中，人们常常会遇到大量多准则决策问题，如物流配送中心的选址、运输方式及路线选择、供应商选择等。这些问题的典型特征是涉及多个选择方案（对象），每个方案都有若干个不同的准则，要通过多个准则对方案（对象）作出综合性的选择。对于物流配送中心的选址问题，人们常常以运输成本及物流配送中心建设、运作成本的总成本最小化，满足顾客需求，以及满足社会、环境要求等为准则进行决策。多准则决策的方法包括多指标决策方法与多属性决策方法两种，比较常用的有层次分析法（AHP）、模糊综合评判、数据包络分析（DEA）、TOPSIS 法、优序法等。多准则决策方法，特别是层次分析法和模糊综合评判的方法，在物流配送中心的选址研究中有着广泛的应用。但是，这两种方法都是基于线性的决策思想，在当今复杂多变的环境下，线性的决策思想逐渐地暴露出其固有的局限性，非线性的决策方法是今后进一步研究的重点和趋势。

2. 遗传算法

遗传算法（Genetic Algorithm，GA）是在 20 世纪 70 年代被提出来的，是受遗传学中自然选择和遗传机制启发而发展起来的一种搜索算法。它的基本思想是使用模拟生物和人类进化的方法求解复杂的优化问题，因而也被称为模拟进化优化算法。遗传算法主要有三个算子：选择、交叉、变异。通过这三个算子，问题得到了逐步的优化，最终得到满意的优化解。

遗传算法作为一种随机搜索的、启发式的算法，具有较强的全局搜索能力，但是，往往比较容易陷入局部最优情况。因此，在研究和应用中，为避免这一缺点，遗传算法常常和其他算法相结合应用，使得这一算法更具有应用价值。

3. 人工神经网络

人工神经网络（artificial neural network，ANN）是由大量处理单元（神经元）广泛互联而成的网络，是对人脑的抽象、简化和模拟，反映人脑的基本特征。可以通过对样本训练数据的学习，形成一定的网络参数结构，从而可以对复杂的系统进行有效的模型识别。经过大量样本学习和训练的神经网络在分类和评价中，往往要比一般的分类评价方法有效。

这一研究的不足是神经网络的训练需要大量的数据，在对数据的获取有一定困难的情况下，用神经网络来研究是不恰当的。在应用 ANN 时，应当注意网络的学习速度、是否陷入局部最优解、数据的前期准备、网络的结构解释等问题，这样才能有效而可靠地应用 ANN 解决实际存在的问题。

4. 模拟退火算法

模拟退火算法（simulated annealing，SA）又称模拟冷却法、概率爬山法等，是 Kirkpatrick 等人于 1983 年提出的另一种启发式的随机优化算法。模拟退火算法的基本思想是由一个初始的解出发，不断重复产生迭代解，逐步判断、舍弃，最终取得满意解的过程。模拟退火算法不但可以往好的方向发展，也可以往差的方向发展，从而使算法跳出局部最优解，达到全局最优解。

5. 仿真方法

仿真是利用计算机来运行仿真模型，模拟时间系统的运行状态及其随时间变化的过程，并通过对仿真运行过程的观察和统计，得到被仿真系统的仿真输出参数和基本特征，以此来估计和推断实际系统的真实参数和真实性能。国内外已经有不少文献将仿真的方法运用于物流配送中心选址或是一般设施选址的研究，研究结果相对于解析方法更接近于实际的情况。

仿真方法相对于解析方法在实际应用中具有一定的优点，但是，也存在一定的局限性。如仿真需要进行相对比较严格的模型可信性和有效性的检验。有些仿真系统对初始偏差比较敏感，往往使得仿真结果与实际结果有较大的偏差。同时，仿真对人和机器的要求往往比较高，要求设计人员必须具备丰富的经验和较高的分析能力，而相对复杂的仿真系统，对计算机硬件的相应要求是比较高的。关于未来的研究，各种解析方法、启发式算法、多准则决策方法与仿真方法的结合，是一种必然趋势。各种方法的结合可以弥补各自的不足，充分发挥各自的优点，从而提高选址的准确性和可靠性。

7.6　物流配送中心作业功能的规划设计

物流配送中心作业功能的规划设计包括三个方面：一是作业流程的规划；二是作业区域的功能规划；三是作业区的能力规划。通常的步骤是，针对不同类别的物流配送中心的功能需求和典型的作业流程，设计适合该物流配送中心的作业流程，然后根据确定的作业流程规划不同功能的作业区域，最后确定各作业区的具体作业内容和作业能力。

1. 作业功能规划前需要回答的几个问题

规划物流配送中心的作业功能，需要对不同类别的物流配送中心的功能、作业流程及经营管理方式方法有一个明确的认识。思考和回答以下问题，有助于对待规划的物流配送中心有一个准确的认识，从而尽快完成作业功能的规划。

(1) 物流配送中心在供应链中处于什么位置？

供应链是指在生产及流通过程中，增值性地将货物或服务提供给最终消费者，在上游与下游之间形成的组织网络。为了提高效率、降低成本，供应链中的物流活动应该按照专业化原则进行组织，物流配送中心的发展就是这种专业化要求的具体体现。

原材料供应商需要物流配送中心将原材料配送给工厂，物流配送中心的客户主要是工厂，物流配送中心处理的对象主要是生产商品所需的原材料、零部件，原材料与零部件的数量之间有固定的比例关系。原材料与零部件的品种数会随着工厂生产的产品种类的增加而快速增加。物流配送中心的功能应该强调原材料的配套储存、分拣、及时配送、加工和预处理等。

制造商需要的物流配送中心有两类：一类是为制造活动提供支持的物流配送中心，它的功能要求与原材料供应商需要的物流配送中心相同；另一类是为制造商的产品分销提供支持的物流配送中心。国内外的例子都表明，制造商自己直接建立分销网络的情况越来越普遍，大型制造商的物流配送中心市场覆盖面广，分销能力要强，市场信息的收集与传递要及时,短时间内在区域市场上运输和配送商品的能力要强,需求预测及订单处理功能要完善。在我国,外资一直被限制进入流通领域,因此外商投资的社会化物流配送中心很少见;但在制造领域,外资企业进入得很早,它们的制造系统较为先进,但分销和物流系统却比较落后,比较多的是委托国内企业来做。因此,建立与国际接轨、满足这些外资制造企业物流需求的物流配送中心是很有前途的。

分销商一般从事专业批发业务,其物流作业具有大进大出、快进快出的特点。它强调的是批量采购、大量储存、大量运输的能力。大型分销商需要大型的仓储、运输设施。另外,分销商属于中间商,需要与上游、下游进行频繁的信息交换,因此要与上游、下游建立具有良好信息接口的高效信息网络。

作为供应链的末端节点,零售商尤其是采用连锁组织形式的零售商,需要物流配送中心提供订单处理、采购、分拣、拣选、配送、包装、加工、退货等全方位的服务,其功能要求比较复杂。

第三方物流业者利用物流配送中心这一载体向客户提供物流服务,它所需要的物流配送中心可以是具有某一方面功能(如仓储、运输、配送)的专业物流组织,也可以是具有综合功能的物流配送中心,还可以是集商流、物流、信息流及其他延伸的增值服务于一体的物流组织,它提供的物流服务必须高度专业化。

一条供应链可能由几个物流配送中心所组成,因此必须清楚要建设的物流配送中心在供应链中处于哪个环节,要满足的客户到底是哪些,进而才能决定到底需要哪些功能才能满足目标客户的需求。

(2) 是公共型物流配送中心还是自有型物流配送中心?

与自有型物流配送中心相比,公共型物流配送中心面对的客户更加广泛,供应链中的任何成员均可成为客户,而我们知道,不同供应链成员的物流服务需求是很不相同的,并且无论从物流服务需求方还是提供方来说,对提供的每一项物流服务都要用专业水准来衡量,这就决定了公共型物流配送中心经营管理的复杂性。

公共型物流配送中心需要的物流设施一般应有一定规模,从功能设计上可以只提供一种或少数几种具有明显竞争优势的主要物流服务,也可以提供综合性的配套物流服务,大型物流配送中心的功能必须具有综合性和配套性的特点。我国目前非常需要公共型物流配送中心,它不仅可以提高物流服务的专业化水平,而且有利于提高物流行业的资源利用效率。

目前我国的实际情况是,原材料供应商、制造商、分销商、零售商纷纷建立自有型物流配送中心,这造成了极大的重复建设和资源浪费。另外,需要承认的是,我国目前经营最好的物流配送中心并不是公共型物流配送中心,而是自有型物流配送中心,这说明在我国建设公共型物流配送中心具有广阔的市场潜力。

(3) 能处理的商品种类有哪些?

物流配送中心的功能设计要与商品的特性相吻合,物流配送中心能处理的商品种类总是有一定限制的。例如,国外有专门的服装配送中心、电气配送中心、食品配送中心、干货配送中心、生鲜商品配送中心、图书配送中心等,有的甚至是专门处理某一更小类别商品的配送中心。试图建立一个能满足所有商品物流需要的物流配送中心是不实际的,因为物流配送中心在处理不同的商品时需要有一些专用的设施，一个物流配送中心没有必要也不可能配备能处理所有商品的物流设施和设备。即使是公共型物流配送中心，现在也有分工越来越细的趋势。设施设备的配置除了要考虑需求外，还要考虑物流作业规模及作业批量等因素。

(4) 物流配送中心采取何种经营管理模式?

公共型物流配送中心可以按照如下模式建设、经营和管理:

①由一家公司(项目发展商)对物流配送中心项目进行总体策划;由该公司聘请专家进行可行性论证和功能、作业流程、管理制度设计;请专业设计公司进行工程设计并编制项目总体设计方案;项目发展商按专业设计公司提交的总体设计方案组织项目建设的招标。

②从投标的公司中选择一家或几家公司进行项目的基础设施建设，可以采取 BOT 方式。

③选择专业的管理公司对物流配送中心的设施设备进行管理和维护。

④由项目发展商组织招商，重点引进具有国际品牌的国内外大客户，他们具有较大的物流业务需求。招商是项目发展成败的关键，但招商成功是否与物流配送中心本身的条件有关。

⑤选择一家专业物流管理公司，对物流配送中心的物流业务和日常运营进行管理。

以上模式体现了一种供应链合作关系，充分发挥了各参与公司专业化分工的优势，采用上述模式建立物流配送中心，如果项目发展商的策划能力、协调能力及管理水平比较高，则物流配送中心的功能应该尽可能完备。

(5) 物流配送中心的管理政策与管理方法有哪些?

物流配送中心的具体管理政策与管理方法将影响物流配送中心的作业形式，进而影响物流配送中心的功能实现。下面分别从服务政策、库存政策、仓库管理政策、人员机器设备采用政策等几方面加以说明。

①在服务政策方面，主要涉及如下内容:

a. 供货品种。商品本身的特性(如形状、大小、气味等)将影响到货物搬运、存储及运输时商品拣取的方式。

b. 仓库服务内容。仓库经营的范围将影响库内作业的内容及方式，当供货厂商较多时，应考虑利用计算机辅助订购系统和 POS 系统。

c. 订货方式。客户订货的方式主要有:由销售员带回订单、客户电话订购、通过传真或邮寄接收订单等。订单接收方式会影响数据进入计算机管理系统的转换程序。

d. 订购的批量限制。订购单位的大小将影响商品的包装形式、配送方式与包装容器的选用。

e. 订单处理。每天订单处理次数、出货配送次数的制定和配货时段的规划，将影响出货拣取作业的次数及数据的处理量。配送商品分类规划，因商品的特性不同，将影响配送的次数及配送设备的选择。

f. 订单结账时限。采购一般采用月结或固定周期结账方式，这种方式常导致出现订购时段高峰，订单拥挤，无法及时处理等问题。在日本还推行循环式结账日，将客户分区分类，使不同客户在不同日期或时段结账，以分散订货高峰。

g. 交货形式及点交方式。物流配送中心配送交货的方式有：交货至店内摆放上架，并根据送货单由店内人员点收；交货至店门由店内服务员自行摆放，不予点收；交货至店内，由店内人员自行补货上架并不予点收。这些送货点收方式均将影响包装容器的选用、搬运工具及随车人员的调派。

h. 退货处理。退货处理将影响商品是否入库、入库后是否拆包检验、是否再加工等。

②在库存政策方面，主要涉及如下内容：

a. 库存量、采购量的制定。采购量会影响库存总数，进而影响仓库所需的储存空间。现在日本盛行的零库存管理方式，虽然减少了物流阶段的成品库存，却增加了配送次数，使配送费用提高。而我国国内盛行的批量采购，则须考虑采购点的选用方式，以减少库存量。

b. 库存管理。库存管理可按 ABC 分类方式，将库存商品按成本高低、附加价值进行分类管理；或可按获利能力、周转速度来决定其库存比例。

c. 盘点。盘点方式主要有循环式盘点与定期盘点。定期盘点多是每半年或一年进行一次，有时也按季盘点，盘点时会停止进出库作业，强调商品的正确库存数；而循环式盘点则不影响正常的经营活动，一般抽点若干商品，目的在于控制库存量，防止遗失和拣取上的数量错误。

d. 仓库数的确定及商品品种的分布。物流配送中心可能有多个仓库，一方面是为了适应区域特性或地理位置的要求，另一方面是因商品特性不同而需要采用不同的库存设备。此时，需要确定各仓库的库存品种及库存比例，因此将影响仓库的分配规划、设备选用及人员的分布规划。

③在仓库管理政策方面，主要涉及如下内容：

a. 进出货方式及进出货管理方法。进出货的方式一般有：商品经检验入库后搬上货架，然后拣取出货；商品经检验入库后，不进入仓库而随即出货；或采取混合方式。这些都会影响进出作业程序以及仓库的使用状况。另外，出入库管理方法包括先进先出、后进先出、随机出货等多种方式，这也会影响仓库货位的分配使用。

b. 库存单位的选用。库存单位与订购单位有密切关系，一般以订购单位为最小的库存及拣取单位，库存单位可以决定使用的包装容器种类及对钢架设备的要求。

c. 包装方式及包装容器的选用。与库存单位对应的是商品的包装与包装容器的选用，除包装容器的选用外，组合包装等方式都将影响库存的项目数量、拣取方式及拆包再包装的程序。

d. 货区的规划。仓库的货区设立可以有不分区分类和分区分类两种方式。分区分类可将托盘出货区与零散出货区分开设置，或按商品特性、库存单位及商品周转率进行分区。

e. 货位的分配管理。货位的分配管理有三种方式：随机指定货位、将货区分类产品放入固定货区、将货区分大类后随机指定。

f. 入库包装容器及拣货单位。包装容器及拣货单位的不同将影响货区的分布规划及加工程序、拆箱、包装等作业。

g. 拣货方式。拣货方式主要包括播种式、人取物方式、物就人方式、分区接力拣取、分区组合拣取和批量拣取等多种形式，拣货方式将影响计算机运算的方式和时间。

h. 拣货区的补货。拣货区的补货有批次补货、定时补货和随机补货等方式，补货方式的不同将影响人员的调派及计算机运算的方式。

i. 包装容器及托盘的管理。包装容器的各项政策将影响库内作业及计算机系统的处理方法。例如，包装容器的流通政策，包装容器是否对外流通及其对外流通方式（租用、买断或物流配送中心免费提供再回收）；包装容器的回收方式，每次配送及回收同等量的包装容器，或每次配送时收回上次配送的包装容器；纸箱回收与否和废纸箱的再利用方式。

j. 财务管理与成本分析。物流配送中心的经营利润大都来自配送费用，需要积极促销、扩大客源以增加经营收入，销售分析是信息系统的重要功能。

k. 配送路径及装车原则。如果物流配送中心每日出货拣取量很大，那么需要规划配送路径。配送路径会影响商品装车的计划及程序、商品集中方式及拣取批次的制定。一般来讲，配送主要有三种形式：固定路线配送、分层拣取配送和随机变动配送。固定路线配送是最常用的配送方法；在分层拣取配送中，由物流配送中心以批次方式大量拣取，送至各转运中心后按订单方式拣取，然后制定下层的配送路线；在随机变动配送中，路线选择主要考虑如下内容：客户所在区域，商品的特性，订单的紧急程度，按订单的容量率来决定车数、装载方式及配送路径，按客户的层次类别分类配送，按与客户的各项约定来决定配送时点，再按各种条件制定配送路径等。

④在人员机器设备采用政策方面，主要涉及如下内容：

a. 人员的采用。虽然物流配送中心在向着自动化方向发展，但还需要人工作业，如商品的拣取、货物的配送等。在采用人工作业时，可考虑工作外包方式，如拆装、组合、包装等工作可外包加工，以减少物流配送中心内固定人力的开支；运输工作也可外包给运输公司，以减少运输工具的投资及司机与随车人员的固定成本。同时，也应考虑物流配送中心现有人力的应用方式，如可采取多班制或 24 小时作业，以充分利用机器设备的产能及调节交通拥挤的状况。这些政策都会影响计算机管理信息系统的需求。

b. 机器设备工具等的选用。机器设备工具等可以自制、购入或租用，选用方式的不同将产生不同的信息系统功能需求。

c. 设备自动化的程度。机器设备的采用可提高配送效率，其中包括自动仓储设备、条码扫描器、射频设备等，这些都将影响计算机管理信息系统需具备的功能。

2. 作业流程的规划

在回答了以上问题后，对物流配送中心的特点和作业需求有了较为明确的认识，这样就可以进行作业流程的规划了。

总体上讲，物流配送中心的基本作业流程可以综合归纳为七项作业活动：①客户及订单管理；②入库作业；③理货作业；④装卸搬运作业；⑤流通加工作业；⑥出库作业；⑦配送作业。具体表现为订货、进货、发货、库存管理、订单处理、拣货和配送等内容。物流配送中心比较典型的物流作业流程如图 7-5 所示。

在经过基本资料分析和基本条件设定之后，根据物流配送中心的特性制定合理的作业程序，以便选用设备和规划设计作业空间。在作业流程合理化分析时，找出作业中不合理

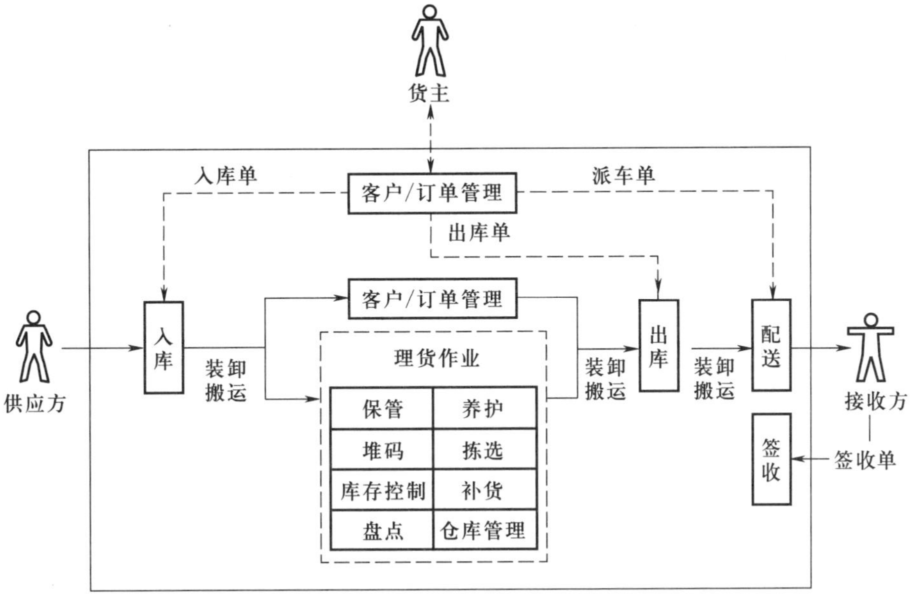

图 7-5 物流配送中心的物流作业流程

和不必要的环节，力求简化物流配送中心里可能出现的不必要的计算和处理单位。当储运单位过多时，可将各作业单位予以分类合并，这样有助于提高整个物流配送中心的作业效率。例如，中国物资储运集团有限公司(以下简称中储集团)成都物流中心的作业流程是按照中储集团的统一业务流程进行规范运作的。在执行中储集团标准的业务流程时，结合该仓库客户的需求对某些业务环节进行了适当的优化和调整，以便更好地为客户提供个性化物流服务。仓库作业流程包括客户与合同管理、到货与接收、货物验收入库、货物储存保管、出库受理、自提出库、配送出库、验货出库、业务单据、业务费用结算等。仓库有涵盖其物流功能的专业仓储管理软件，对每个作业流程进行实时管理。随着新的物流基地的建成投产，仓库还将陆续投入使用一批先进的物流设施设备，对货物进行条形码管理和对配送车辆进行 GPS 定位管理，将大大提高作业效率和物流管理水平，物流基地的客户也会得到现代物流设施和专业的第三方物流管理给其带来的巨大效益。其货物入库与出库流程如图 7-6 和图 7-7 所示。

3. 作业区域的功能规划

在作业流程规划后，可根据物流配送中心运营特性进行作业区域的规划，主要包括物流作业区和外围辅助活动区两大部分。

4. 作业区的能力规划

在确定作业区之后，根据其功能设定，进行作业能力的规划，特别是仓储区和拣货区。一般在规划物流配送中心各区域时，应以物流作业区为主，再延伸到相关外围区域，可根据流程进出顺序对物流作业区逐区规划。当缺乏有关资料而无法逐区规划时，可对仓储区和拣货区进行详细分析，再根据仓储区和拣货区的规划进行前后相关作业的规划。

(1) 仓储区的储运能力规划。物流配送中心仓储区储运能力的规划方法主要有周转率估计法、商品送货频率估计法两种。

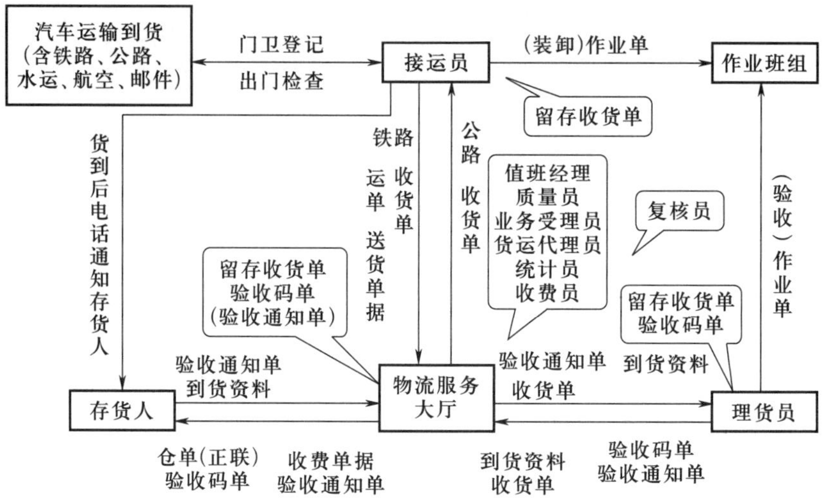

图 7-6　货物入库流程

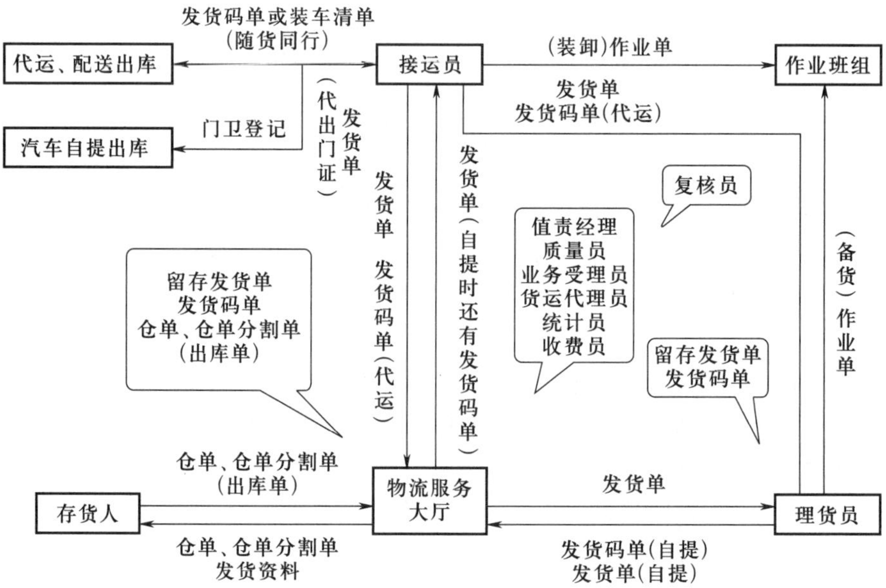

图 7-7　货物出库流程

①在周转率估计法中，利用周转率估计储存量，这是一种简便快速的初估方法。这种方法虽然不太精确，但适用于初步规划和储存能力的概算。其计算步骤如下：

a. 计算年运转量。计算年运转量就是把物流配送中心的各项进出产品单元换算成相同单位(如托盘或标准箱等)的储存总量。这种单位是现在或今后规划的仓储作业基本单位。求出全年各种产品的总量就是物流配送中心的年运转量。

b. 估计周转次数。估计周转次数就是估计未来物流配送中心仓储存量的周转率。一般情况下，食品零售业年周转次数为20～25次，制造业为12～15次。在设立物流配送中心时，可针对经营品种的特性、产品价值、附加利润、缺货成本等因素，确定仓储区的周转次数。

c. 估算仓容量。以年运转量除以周转次数便是仓容量。

d. 估计安全系数。估计安全系数就是估计仓储运转的变化弹性。以估算的仓容量乘以安全系数，便求出规划仓容量，这就可以适应高峰期的高运转量要求。一般取安全系数为 10%～25%。安全系数取得太高，会增加仓储空间过剩的投资费用。

$$仓容量=\frac{年运转量}{周转次数}\times 安全系数$$

在实际规划仓储空间时，可根据商品类别分类计算年运转量，并根据产品特性分别估计年周转次数，然后加总计算规划仓容量。

②在缺乏足够分析资料时，可采用商品送货频率估计法来估计储存区储量。如果能收集到各产品的年储运量和工作天数，根据厂商送货频率进行分析，则可估算仓储量。其计算程序如下：

a. 计算年运转量；

b. 估计工作天数，即发货天数；

c. 计算平均发货日的储运量：

$$平均日储运量=\frac{各产品年运转量}{年发货天数};$$

d. 估计供货厂商送货频率；

e. 估算仓容量：

$$仓容量=平均日储运量\times 送货频率;$$

f. 估计安全系数；

g. 计算规划仓容量，即估算仓容量乘以安全系数。

关于实际工作天数计算有两种基准：一为年工作天数；二为各产品的实际发货天数。若能真实求出各产品的实际发货天数，计算出的平均日储运量基本接近真实情况。但要特别注意，当部分商品发货天数很小并集中在少数天数发货时，会造成仓储量计算偏高，造成闲置储运空间，浪费投资。

(2) 拣货区的储运能力规划。拣货区是以单日发货货品所需的拣货作业空间为主，因此主要考虑的因素是货品数目和作业量。一般拣货区的规划不需包括当日所有的发货量，在拣货区货品不足时由仓储区进行补货。拣货区储运量规划的计算方法如下：

①计算年发货量。把物流配送中心的各项进出产品换算成相同拣货单位的拣货量，并估计各产品的年发货量。

②估计各产品的发货天数。分析各类产品，估计其年发货天数。

③计算各产品平均发货天数的发货量，即各产品年发货量除以年发货天数。

④ABC 分析。根据年发货量和平均发货天数的发货量等指标，对各产品进行 ABC 分析。首先，可根据年发货量高、中、低的类别，进行产品分组、分类分析，初步确定不同拣货区存量水平。如需进一步考虑产品发货的实际情形，需将年发货量配合单日发货量加以分析。针对年发货量及平均发货天数发货量的高、中、低分类，进行组合交叉分析，再做不同存量水平的规划。

如果有足够的分析数据并配合电脑处理，可针对各类产品发货天数、平均单日发货量、年发货量三项因素综合考虑，进行交叉分析与综合判断，以更有效地掌握产品发货特性。依产品发货特性的不同进行适当归并后，再做不同存量水平的规划。

(3) 能力平衡分析。为了使物流作业有序流畅，必须根据作业流程的顺序，整理各环节的物流量大小，分析物流配送中心内由进货到发货各阶段的物品动态特性、数量和单位。因为作业时序安排、批次作业的处理周期可能产生作业高峰和瓶颈现象，为了避免这种现象，必须调整规划，使前后作业平衡。通过物流量平衡分析，确保物流业畅通。

思考题

1. 如何理解物流配送中心的概念?
2. 物流配送中心主要包括哪些功能?
3. 物流配送中心有哪些类型?
4. 物流配送中心规划的原则是什么?
5. 物流配送中心的规划建设程序有哪些?
6. 物流配送中心的规划设计内容是什么?
7. 物流配送中心的规划设计步骤是什么?
8. 物流配送中心定性的选址规划方法有哪些?

第8章 物流产业的空间布局规划

8.1 产业聚集布局理论

8.1.1 产业聚集理论的内涵

产业聚集理论(industrial agglomeration theory)一直为国内外学者所关注,他们分别从外部经济、产业区位、竞争与合作、技术创新与竞争优势、交易成本、报酬递增等角度探讨了其形成原因与发展机理。由于研究背景及观察问题角度的不同,不同学者对产业聚集给出了不同的定义。

综合来看,产业聚集是指在产业的发展过程中,处在一个特定领域内相关的企业或机构,由于相互之间的共性和互补性等特征而紧密联系在一起,形成一组在地理上集中的相互联系、相互支撑的产业群的现象。这些产业基本上处在同一条产业链上,彼此之间是一种既竞争又合作的关系,呈现横向扩展或纵向延伸的专业化分工格局,通过相互之间的溢出效应,使得技术、信息、人才、政策以及相关产业要素等资源得到充分共享,聚集于该区域的企业因此而获得规模经济效益,进而大大提高整个产业群的竞争力。

1. 外部经济理论

早在古典政治经济学时期,亚当·斯密 1776 年在其著名的《国民财富的性质和原因的研究》中,根据绝对利益理论,从分工协作的角度,通过产业聚集对聚集经济作了一定的描述,他认为产业聚集是由一群具有分工性质的企业为了完成某种产品的生产联合而组成的群体。大卫·李嘉图 1817 年根据比较利益学说,研究了生产特定产品的区位问题,也指出了产业聚集所形成的聚集经济问题。

阿尔弗雷德·马歇尔 1890 年在其《经济学原理》一书中,首次提出了产业聚集及内部聚集和空间外部经济的概念,并阐述了存在外部经济与规模经济条件下产业聚集产生的经济动因。他指出,内部经济是有赖于从事工业的个别企业的资源、组织和经营效率的经济;而外部经济则是有赖于这类工业产业的一般发达的经济。他提出了三个导致产业聚集的原因:一是聚集能够促进专业化投入和服务的发展;二是企业聚集于一个特定的空间能够提供特定产业技能的劳动力市场,从而确保工人较低的失业概率,并降低劳动力出现短缺的可能性;三是产业聚集能够产生溢出效应,使聚集企业的生产函数优于单个企业的生产函数,企业从技术、信息等的溢出中获益。

阿尔弗雷德·马歇尔进一步指出，同一产业越多的企业聚集于一个空间，就越有利于企业所需生产要素的聚集，这些要素包括劳动力、资金、能源、运输以及其他专业化资源等。而空间内诸如此类的投入品，或者说生产要素的供给越多，就越容易降低整个产业的平均生产成本，而且随着投入品专业化程度的加深，生产将更加有效率，该空间内的企业也将更具有竞争力。因此，阿尔弗雷德·马歇尔相应提出了工业区的概念和工业区理论。而关于聚集经济的根源，阿尔弗雷德·马歇尔认为是生产过程中企业、机构和基础设施在某一空间区域内的联系能够带来规模经济和范围经济，并带来一般劳动力市场的发展和专业化技能的集中，进而促进区域供应者和消费者之间增加相互作用、共享基础设施以及其他区域外部性。但是，阿尔弗雷德·马歇尔 1920 年强调，因为更大的劳动力“蓄水池”，非贸易投入的可得性和知识外溢带来的外部性会使得一个产业聚集于某地，而其分析只适合于一个产业，无法解释不同产业的聚集。

2. 产业区位理论

约翰·海因里希·冯·杜能 1826 年创造性地提出了一种强调区位运输差异的理论，开创了区位理论的先河。在其《孤立国同农业和国民经济的关系》(以下简称《孤立国》)一书中，他寻求解释德国工业化以前某典型城市周围的农业活动的模式，最早用多种要素来解释聚集经济现象，其农业圈模型区位外生市场的假设，是规模收益不变和完全竞争的标准假设完美结合的典范，他更是因此而被称为边际主义的创始人。

而阿尔弗雷德·韦伯 1909 年在《工业区位论》一书中，首次提出了聚集的概念，并从微观企业区位选址的角度提出了产业区位理论。从企业最小生产成本出发，认为费用最小的区位是最好的区位，而聚集能使企业获得成本节约，阐明了企业是否相互靠近取决于聚集的好处与成本的比较。他将聚集经济定义为成本的节约，并不特别关注产生聚集现象的原因，只是将其假定为内部规模经济的外部表现，其模型的目的只是解释为何这样的经济会导致聚集，而不是解释聚集经济本身。他把区位因素分为区域因素和聚集因素，其中聚集因素可以分为两个阶段：第一阶段，通过企业自身的扩大而产生聚集优势，这是初级阶段；第二阶段，各个企业通过相互联系的组织而实现地方工业化，这是最重要的阶段，也是高级聚集阶段。

奥古斯特·勒施 1940 年对产业聚集与城市的形成及城市化之间的关系进行了研究。他指出，大规模的个别企业的区位，有时也会形成城市，在这种场合，是一种综合生产几方面财货的大规模企业的区位。从区位论的观点来看，这所谓的几个方面的财货，也可以分别形成与之相关的几个产业区位。正是基于这些观点，奥古斯特·勒施将城市定义为非农业区位的点状聚集。他认为，城市化是产业区位聚集必不可少的要素，城市化的原因在于非农业区位的点状聚集，并且，他将这种区位的聚集分为自由聚集和约束性聚集两种形式。自由聚集是指在任何场合都能发生的聚集，如围绕大规模个别企业的聚集、同类企业的聚集、不同类型企业的聚集、纯消费者的聚集等。而约束性聚集则是指受场所约束的情况，它受历史上的人口密度、地形、财富等空间差异的影响，即受“沿袭”下来的因素的影响。通常认为，这种“沿袭”下来的因素与原材料、水力、劳动、资本、适宜的气候、河流汇合点等因素有关，并以已有的区位为前提。埃德加·M.胡佛(Edgar Malone Hoover)1937 年在探讨聚集经济时，将聚集经济分为三类：内部规模经济；对企业是外部的，但对产业部门而言是内部经济的地方化经济；对企业和产业部门都是外部的，但因为产业聚集在某一个城市而产生的城市化经济。对于城市化经济，他认为，群体以外的其他类型的产品供给或活动可能增进聚集优势，如公共投入的可供性在群体经济中则很可能成为一种密切联系活动的混合体，而不是一种活动的单位群，即供给的多样性形成了城市化经济的比较优势。需要指出的是，地方化经济和城市化经济在特征上的差异是很轻微的。

弗朗索瓦·佩尔鲁克斯于 1955 年提出的增长极理论同样与区域或城市的产业聚集观念紧密相关。弗朗索瓦·佩尔鲁克斯主要从产业关联、外部性以及最终引起的产业聚集影响到经济增长的角度探讨了非均衡增长战略的状况。该理论认为，整个行业体系包含某些有活力的部门或推进型的产业，而产业间的相互作用常常会打破平衡状态，所以要理解经济增长与变化，就必须把重点放在推进型产业上。这些产业因规模大、市场力量强以及导致创新的能力巨大而支配着其他产业或部门，也就吸引或引导其他经济资源以促进经济增长。弗朗索瓦·佩尔鲁克斯认为经济空间与地理空间没有任何关系，其增长极概念可以跨越国界。并且，由于人际接触与交往，产业的地区性集中给产业结构和增长带来了特殊效应，它会强化经济活动并相互影响，经济增长是通过生产的聚集及其辐射作用带动的。

3. 新竞争优势理论

新竞争优势理论其实是对产业聚集的一种合作竞争解释，是指企业通过寻求合作的方式来获得共同发展，即使这些企业在发展新产品及市场竞争中互为竞争对手，企业也可以通过与竞争对手的信息交换以获得最小化风险与最大化企业竞争能力。

新竞争优势理论中的协作行为规则基于相互之间的信任、家庭关系以及传统观念。这样使得企业（特别是中小企业）通过协作能够获得与大企业一样的内部规模经济，并在柔性专业化理论的基础上形成了 20 世纪 70 年代初兴起的新产业区理论。通过对一些产业区的研究发现，较小企业聚集是基本的经济趋势，而且这种趋势还影响到动态区域内企业间关系的社会及文化行为规则（主要是指制度因素）。当然，产业区内企业之间真正合作的例子并不多见，企业间的相互关系也许依赖于特定的情况或者文化氛围，而且企业行业的规则在不同的国家也大不相同。

道格林与弗莱克 1997 年指出了两种情况下企业出现合作的可能性：一是准时制存货与配货系统的利用；二是区域产业群内企业之间相互交易的速度与频率，企业之间的交易越频繁、越迅速，就会有越多的企业确定其生产的方向及新的企业专业化产品。这两种情况也许只适宜于上下游企业之间，而不适合相互竞争的企业之间。正如奈特（Knight）1996 年所指出的那样，由于潜在的成本及收益之间极大的不同，企业之间横向纵向之间的合作划分也是非常有必要的。他进而认为，在游说、国外市场调查、联合出口促进、贸易份额划分及特定地区的专业化基础设施等方面，竞争性的企业可能合作；另一方面，他们又在生产、销售及新产品开发等方面进行竞争。

与传统的产业聚集理论将重点放在产业内部的关联与合作之上不同，迈克尔·波特 1990 年从企业竞争优势的获得角度对产业聚集现象进行了详细的研究并提出了新的理论分析基础。迈克尔·波特 1990 年通过对德国、法国、英国、日本、美国等国家的产业聚集现象进行研究，从企业竞争优势的角度对这种现象进行了理论分析，提出了产业群的概念，同时还利用“钻石”模型对产业聚集及产业群进行了分析。他认为,竞争不是在不同的国家或产业之间,而是在企业之间进行,而且贸易的专业化并不能通过要素禀赋状况而得到合理的解释。因此,他将分析的重点放在企业上,并从创新能力的角度来探讨了产业的聚集现象,其整个理论分析框架包括四个方面,即需求状况、要素条件、竞争战略、产业群(或者说相关及支持性产业)。这是因为,如果一个产业在国际上要具有竞争力,就必须具备以下几个条件:①国内较好的需求状况;②要素投入的质量;③促进企业在其产业内部迅速超越其他企业的竞争压力;④特定产业供应商与顾客之间的联系。

在迈克尔·波特的“钻石”模型中,创新在理解企业的竞争优势中起着关键的作用,产品创新或工艺创新是企业创新市场或获得及保持市场份额的核心。该理论认为,产业群通过三种形式影响竞争:一是通过提高立足该领域公司的生产力来施加影响;二是通过加快创新的步伐,为生产力的增长奠定坚实的基础;三是通过鼓励新企业的形成,扩大并增强产业群本身来影响竞争。

其实,产业聚集可以说是外部经济条件下企业区位选择的具体体现,产业群通过以上三种方式影响竞争与阿尔弗雷德·马歇尔的外部经济及规模经济观念基本相似。例如,产业群的产生为企业获得雇员与供应商提供了更好的途径,产业群内的企业拥有获得专业化信息的途径,产业群为创新也提供了许多容易捕捉的机会,并且,由于产业群内部企业能够更了解各种顾客的消费需求,更接近于市场,从而能够更有效地进行创新。此外,由于产业群不仅包括相互竞争的同行业产业实体,而且还涉及顾客与一些辅助性机构及政府提供的一些基础性设施,这样使产业群内的企业可以进行较低成本的试验。所以,对于溢出效应起决定性作用的行业来说,企业的区位选择应该趋于地理上的集中,从而聚集现象就必然发生。

4. 新制度经济的交易费用理论

新制度经济学主要用交易费用理论来解释产业聚集现象,其核心思想是:企业是作为市场的替代物而产生的,并通过形成一个组织来管理资源,从而节约市场运行成本。

罗纳德·哈里·科斯(Ronald Harry Coase)1937 年的研究认为,在企业外部靠市场价格机制协调控制生产,在企业内部,由于交易被取消,市场交易的复杂过程和结构将由企业内部的管理者来代替控制生产,这些都是协调生产过程的不同方式,本质上是一样的。罗纳德·哈里·科斯提出交易费用理论并用它来分析组织的界限问题,其目的是说明,企业或其他组织作为一种参与市场交易的单位,其经济作用在于把若干要素所有者组织成一个单位参加市场交换,这样减少了市场交易者的数量,从而降低了信息不对称的程度,有利于削减交易费用。该理论其实从一个侧面说明了产业聚集(企业的聚集)所产生的经济效益(交易费用的降低)。

在罗纳德·哈里·科斯之后,奥利弗·伊顿·威廉森等许多经济学家又进一步对交易费用理论进行了发展和完善。奥利弗·伊顿·威廉森 1977 年将交易费用分为事前的交易费用和事后的交易费用,事前的交易费用是指由于未来的不确定性,需要事先规定交易各方的权利、责任和义务,在明确这些权利、责任和义务的过程中就要花费成本和代价,而这种成本和代价与交易各方的产权结构的明晰度有关;而事后的交易费用是指交易发生以后的成本,这种成本表现为各种形式:其一,交易双方为了保持长期的交易关系所付出的代价和成本;其二,交易双方发现事先确定的交易事项有误而需要加以变更所需付出的费用;其三,交易双方由于取消交易协议而需支付的费用和机会损失。

在此基础上,奥利弗·伊顿·威廉森 1980 年分析了交易费用的影响因素,他认为,交易费用的影响因素主要是环境的不确定性、小数目条件、组织或人的机会主义以及信息不对称等,这些因素构成了市场与企业间的转换关系。他又于 1985 年解释了小数目条件与市场机制的关系,认为小数目条件即市场上的角色数目越少,则市场机制就越失效,并于 1994 年建立了基于区域之间动态的交易费用模型。

按照罗纳德·哈里·科斯和奥利弗·伊顿·威廉森的观点,产业聚集有助于减少环境的不确定性、改变小数目条件、克服交易中的机会主义和提高信息的对称性,从而降低交易费用。杨小凯 1991 年则从劳动交易和中间产品的交易角度区分了企业和市场,认为企业是以劳动市场代替中间产品市场,而不是用企业组织替代市场组织。后来,杨小凯在 1995 年又进一步研究认为,企业和市场的边际替代关系取决于劳动力交易效率和中间产品交易效率的比较。

所以,按照罗纳德·哈里·科斯、奥利弗·伊顿·威廉森及杨小凯等制度经济学派学者的观点,从交易角度看,市场和企业只不过是两种可选择的交易形式和经济组织形式,它们之间并没有什么本质区别,而且在它们之间,还存在着多种其他中间组织形式,产业聚集就是处于市场和企业之间的一种中间组织形式。

马丁·克里斯托弗 1999 年探讨了存在聚集经济条件下序列区位竞争的结果,他通过模型得出了这样的结论:存在聚集经济时,赢得第一次的区位竞争,将使得一个区域对未来企业的进入更具有吸引力。所以,第一个企业可能获得较高的财政激励,而对于以后的企业来说,即使获得的财政补贴较少,但却能够从产业聚集的外部经济中获得利益。马丁·克里斯托弗的模型对企业的区位选择及产业的地理集中作出了预测。由于对较早投资的吸引所获得的动态效果可能超出直接的经济效果,即能够对以后的产业吸引形成一种区域环境,所以存在第二个企业选择与第一个企业相同区位的可能性,最终导致产业聚集,在同一区位的企业随着外生的(自然的)相对成本优势与内生的(后来获得的)聚集优势的增加而增加。这样,各区域为获得长期利益而竞相采取优惠措施吸引外部资金或企业的注入,各区域之间的优惠政策之争也就在所难免。

总之,新制度经济理论所强调的重点是社会关系的重要性,该理论认为,不管在企业内部还是企业之间,社会关系一方面可以降低管理费用,另一方面又可以提高企业的创新活力。这种社会资本是形成产业聚集的出发点之一,也是产业聚集能够带来竞争优势的条件之一。

5. 新经济地理学规模报酬递增理论

以保罗·克鲁格曼、藤田昌久等人为代表的新经济地理学学派从全新的角度来研究聚集经济和产业聚集现象,该理论从一般性的角度研究聚集并提出了一个普遍适用的分析框架,进一步解释了在不同形式的递增报酬和不同类型的运输成本之间的权衡问题,并对企业聚集现象提出了经济学的解释。

新经济地理学以 1977 年迪克西特-斯蒂格利茨模型的垄断竞争分析框架为基础,借助新贸易理论和新增长理论的核心假定——收益递增思想,建立了描述产业聚集的"中心—

外围"模型。该模型的基本假定为:一个国家,两种产品(农产品和制造品)。农产品是同质的,其生产是规模报酬不变的,密集使用的生产要素是不可移动的土地,因此农产品的空间分布很大程度上由外生的土地分布情况决定;制造业包括许多有差异的产品,其生产具有规模经济和收益递增的特征,很少使用土地。而正是由于规模经济的存在,每种制造品的生产将只在为数不多的地区进行,从而实现了产业的聚集。因此,我们可以看出,"中心—外围"模型依赖于外部经济,即规模经济、收益递增以及运输成本和需求的相互作用。

尽管这些学者已经开始为产业聚集现象寻求不同于传统理论的解释,但是他们并没有阐明聚集发生的具体机制,而且其模型一开始就假设存在一个市场规模较大的中心地区(同时强调两地区间从人均水平看没有比较优势),从而也不能解释"中心—外围"模式的形成。

该学派此后的研究开始寻求"中心—外围"模式的内生解释,并阐释"循环因果"形成的具体机制。在考虑收益递增、垄断竞争和贸易成本的一般均衡分析框架中,通过劳动力的跨地区流动来探讨聚集发生的机制。在该模型中,其假定有两个地区和两个部门:规模收益不变的以农业劳动力为投入的完全竞争的农业部门和规模收益递增的以工人为投入的垄断竞争的制造业部门,制造品的贸易存在运输成本。

该模型还假定农业人口在两地平均分布,工人可以自由流动,工人流动的动力来自两地的工资差异。在引入了这样的工人流动机制,通过求解厂商和消费者最大化问题,得到均衡时两个地区工人的工资之后,分析了在什么条件下会出现产业聚集的均衡结果:工人完全流向一个地区,即制造业聚集于一个地区(当然也会出现其他的均衡结果,如产业完全分散或部分分散),以及均衡是否唯一,是否稳定。在均衡形成和演化的过程中,规模经济(在该模型中用替代弹性来衡量)、运输成本(也就是贸易成本)和制造业份额(即需求因素)这三个变量起着决定性作用。

8.1.2 产业聚集理论对产业竞争力形成的影响

产业聚集是工业化过程的必然产物,是产业国际竞争力的重要来源和集中体现,而产业国际竞争力又是产业聚集的终极目标。一般来说,当产业聚集开始形成时,一个国家或地区在最终产品、生产设备上的供应及售后服务等方面都会有国际竞争的实力,是否具有较强的国际竞争力是判断产业聚集成功与否的标志。产业的国际竞争力不仅反映在其产品的市场占有率上,而且还体现在增长速度、生产率、结构转换和创新能力上。显然,产业聚集所表现出来的较强持续竞争力在于其所拥有的竞争优势。这种竞争优势主要体现在两个方面:一是通过集聚内企业间的合作竞争以及群体协同效应,可以获得诸多经济方面的竞争优势,如成本优势、基于质量基础的差别化优势、区位优势及市场竞争优势等;二是通过支撑机构和企业间的相互作用,形成一个区域创新系统,提升整个区域内的创新能力,从而具有永不衰竭的国际竞争实力。正是各种资源禀赋和要素在集群内的整合,构成了产业国际竞争能力的提升。其中,集聚经济灵活专业化以及创新所带来的知识溢出效应,是外部经济的重要组成部分。因此,按经典的产业经济理论解释,外部经济是创造和保障产业国际竞争力最重要的源泉。虽然各国产业集聚形成的路径各有不同,但集聚经济、灵活的专业化、合作竞争、路径依赖和战略贸易政策对产业竞争优势的形成有重要影响。

自从阿尔弗雷德·韦伯提出产业聚集理论开始,集聚经济就频频出现于人们的视野。

和其他任何群体的特点一样，产业的集聚特征是，大量相关产业相互在特定区域内的集中产生了集聚效应，而集聚效应又带来集聚效益。史密斯（Smith）和弗朗达（Florida）认为，集聚经济源于各种相关经济活动的集中而带来的效益。

这种集聚经济是外部规模经济的重要组成部分，它包括地方化经济和城市化经济。前者是指“相互紧密联系的产业部门形成的综合体”为本地企业创造的生产合作优势，又称“反映单一产业集中程度的外部经济”；后者是指“巨大城市聚集体的组成要素”，又称“反映城市规模的外部经济”。而产业组织学又通过赫芬达尔指数，从实证研究的角度来说明市场绩效与集聚经济之间的关系，论证了产业聚集的绩效取决于自有的系列特征，包括企业的市场占有率、企业对未来的预期以及对上游企业的依赖等。集聚经济是产业国际竞争力形成的初始条件。

生产被垂直地分离，围绕地方公司网络间的交易被组织，这种类型的生产组织被描述为“灵活的专业化”。斯托波和克里斯弗森（Christopherson）通过对大量产业区的考察，证明了许多具有国际竞争能力的产业具有灵活的专业化趋势；英国人埃斯塔尔（Estall）认为，灵活的专业化与生产的空间集聚相联系，灵活的专业化对城市化、地区发展和贸易模式有重要的影响；斯考特等其他学者的观点则是，内部规模经济和范围经济被增加的市场不确定性和技术变化削弱，由此引起水平和垂直的分离或生产的外部化，从而有更大的能力满足不同的需求和对市场力更大的适应性，这也是产业国际竞争力形成的动因所在。

建立在合作竞争基础上的互动机制以及路径依赖性，是产业集群获得成功并形成和保持竞争优势的基础。所谓竞合机制，就是指一种基于合作氛围的竞争，同时又是一种竞争范围内的合作，更重要的是在合作基础上的动态竞争能力。这样的竞争结果不是一种零和博弈，而是一种正和博弈。通过合作竞争，企业实现高效的网络化运作，以克服其内部规模经济的劣势，从而能够与比自己强大的竞争对手抗衡。同时，促使市场绩效差的企业看到不足，增加压力，产生激励的动力，充分发挥“后发优势”，不断改进生产和管理，提高效益。因此，产业内企业更多的是体现一种战略联盟和伙伴关系，以达到集体效应的目的。所谓路径依赖，是指技术发展或制度变迁受到其初始选择的影响和制约，人们一旦确定了某种选择，社会对选择产生依赖性，这种选择本身也具有发展的特性，具有自我加强的放大效应，从而不断强化这种初始选择。正如迈克尔·波特所指出的：一旦一个集群开始形成，一种自我强化的过程会促进它的成长。一些集群发展的经验表明，成为“先入者”将是集群发展成功的关键所在。

所谓战略性贸易政策，实际上是由规模经济垄断竞争和贸易政策的战略性运用所构成的，旨在改善和增加国家福利的政府干预行为，其核心是凸现和发挥竞争优势。这一策略在全球化的背景下得到了广泛的实施和运用。其代表人物保罗·克鲁格曼没有将新产业区起初的推动力追溯到预先存在的生产方式的危机。以他的观点，集中可能由当地历史中的“偶然事件”发起，重要的是继起的累积因果关系。这种解释过程中的关键催化因素是规模递增收益——特别是不同形式的马歇尔式的外部经济，如熟练劳动力的集中、专业化的投入供应和服务的发展以及知识的溢出效应。这样的收益是市场规模的函数，它们的实现依赖地区间的贸易。通过采用促进选择的部门发展和出口的战略性贸易政策，政府能够提高当地产业的竞争力。

8.2 产业布局理论

8.2.1 产业布局理论的形成

产业布局是指产业在一国或一地区范围内的空间分布和组合的经济现象。产业布局在静态上看是指形成产业的各部门、各要素、各链环在空间上的分布态势和地域上的组合。在动态上,产业布局则表现为各种资源、各生产要素甚至各产业和各企业为选择最佳区位而形成的在空间地域上的流动、转移或重新组合的配置与再配置过程。

1. 产业布局理论的形成期

19 世纪初至 20 世纪中叶是产业布局理论的形成期。

(1) 约翰·海因里希·冯·杜能的农业区位理论。1926 年,法国经济学家约翰·海因里希·冯·杜能撰写了著名的《孤立国》,提出了著名的孤立国同农业圈层理论。他认为,在农业布局上,并不是哪个地方适合种什么就种什么,在这方面起决定作用的是级差地租,首先是特定农场(或地域)距离城市(农产品消费市场)的远近,即集中化程度与中心城市的距离成反比,为此,他设计了孤立国六层农业圈。

尽管约翰·海因里希·冯·杜能的理论忽视了农业生产的自然条件,也没有研究其他产业的布局,但他的农业区位理论给西方许多工业区位理论的研究者以深刻的启发,约翰·海因里希·冯·杜能也因第一个研究区位问题,而被誉为产业布局学的鼻祖。

(2) 阿尔弗雷德·韦伯的工业区位理论。阿尔弗雷德·韦伯认为,运输费用对工业布局起决定作用,工业的最优区位通常应选择运费最低点上。阿尔弗雷德·韦伯还考虑了另一个影响工业布局的因素:劳动费。

①对劳动费在生产成本中占很大比重的工业而言,运费最低点不一定是生产成本最低点。当存在一个劳动费最低点时,它同样会对工业区位产生影响。

②聚集力是指企业规模扩大和工厂在一地集中所带来的规模经济效益和企业外部经济效益的增长。

2. 产业布局理论的发展

第二次世界大战后,在第三次产业革命与世界经济格局变化的影响下,产业布局理论不断发展,形成了不同的理论流派。

(1) 成本学派理论。核心是以生产成本最低为准则来确定产业的最优区位,主要代表人物是阿尔弗雷德·韦伯和他之后的埃德加·M.胡佛。埃德加·M.胡佛提出运输成本由两部分构成:线路运营费用,是距离的函数;站场费用,不一定是距离的函数。在此基础上,他对阿尔弗雷德·韦伯的理论作了修改:第一,若企业用一种原料生产一种产品,在一个市场出售,在原料与市场之间有直达运输,则企业布局在交通线的起点最佳,因为在中间设厂将增加站场费用;第二,如果原料地和市场之间无法直达运输线,原料又是地方失重原料,则港口或其他转运点是最小运输成本区位。

(2) 市场学派理论。成本最低并不完全意味着利润最大化,市场因素对产品价格的影响越来越重要。产业布局必须充分考虑市场因素，尽量将企业布局在利润最大区位。瓦尔特·克里斯塔勒(Walter Christaller)创立了“中心地理论”，他认为高效的物质生产组织和流通的空间结构，必然是以城市这一大市场为中心，并由相应的多数市场构成相应的网络体系。

(3) 成本-市场学派理论，在前二者基础上形成。

(4) 戈特哈德·贝蒂·俄林的一般区位理论。该理论认为，运输方便的区域经济能够吸引到大量的资本和劳动力，并能成为重要市场，因此可专门生产面向市场、规模经济优势明显和难以运输的产品。而运输不方便的地方则应专门生产易于运输、小规模生产可以获利的产品。

(5) 雷蒙德·弗农(Raymond Vernon)的产品生命周期理论。雷蒙德·弗农认为：第一，处于创新期的产业属于技术密集型产业，一般趋向于科研信息与市场信息集中、人才较多、配套设施齐全、销售渠道畅通的发达城市。第二，处于成熟期的产业会出现波浪扩展效应，开始向周边地区扩散，因为生产定型化使技术普及化，同时大城市的成本费用一般比较高。第三，衰退期的产业沦为劳动密集型，技术完全定型化，产品需求已趋于饱和，生产发展潜力不大，于是从发达地区向落后地区转移。

3. 以后起国家为出发点的西方产业布局理论

(1) 增长极理论。在一国经济增长过程中，由于某些主导部门或者有创新力的企业在特定区域或者城市聚集，从而形成一种资本和技术高度集中，增长迅速并且有显著经济效益的经济发展机制。由于其对邻近地区经济发展有着强大的辐射作用，因此被称为“增长极”。根据增长极理论，后起国家在进行产业布局时，首先可通过政府计划和重点吸引投资的形式，有选择地在特定地区和城市形成增长极，然后凭借市场机制的引导，使增长极的经济辐射作用得以充分发挥，并从其邻近地区开始逐步带动增长极以外地区经济的共同发展。

(2) 点—轴理论——增长极理论的延伸。从区域经济发展的空间过程看，产业特别是工业等集中于少数点，即增长极。随着经济的发展和工业的增多，点与点之间由于经济联系的加强，必然会建设各种交通线路使之相联系，这一线路即为轴。轴线一经形成，对人口和产业就具有极大的吸引力，吸引企业和人口向轴线两侧聚集，并产生新的增长点。从而由点到轴，由轴带面，最终促进整个区域经济的发展。

8.2.2　产业布局内容和特点

1. 产业布局内容

(1) 产业布局层次：全国性产业布局和地区性产业布局；

(2) 产业布局机制：产业布局的市场机制，产业布局的计划机制；

(3) 区域产业结构：产业构成和各个产业之间的联系，各个产业构成的比例关系的总和。

2. 产业布局的特点

(1) 各个产业由于自身的技术经济要求不同，而在布局上呈现出不同特征；

(2) 各地区根据自身条件，扬长避短，发挥优势，形成不同的产业结构。

8.2.3　产业布局的影响因素

1. 原材料、市场和运输

对于使用大量原材料的制造产业来说，特别是那些在生产制造过程中将大大减低原材料的重量、体积及使用易变质的原材料的产业，将此类产业建于原材料产地附近会大大降低运输成本。在生产制造过程中，最终产品的重量、体积将大大增加，或产品易变质的情况下，将该类产业建在消费市场附近就比较有利。如今，随着原材料处理和运输方式的改进，以及制造业的构成由重工业转向高附加值工业，原材料的运输方式及成本不再是产业布局中非常重要的因素，相反，接近消费市场日益重要，能够更快地了解顾客偏好、服务要求、竞争者信息等。

2. 劳动力

劳动力因素对产业布局的影响包括两个方面：劳动力成本和劳动力质量。不同地区间的劳动力成本往往差异很大，这与当地的经济发展水平、生活费用要求、社会保障健全与否、工业化水平等都有关系。雇佣劳动力的难易程度也是产业布局中需要考虑的因素。一般来说，在城市原有大量的劳动力储蓄，雇用成本相对较低；反之，企业可能会存在劳动力不足的问题。

地区拥有大量劳动力是吸引某些厂商（劳动密集型）选址于该地区的重要因素，然而要素质量上的差异，如劳动者的技能、工作态度和道德水平，都很可能会抵消这种优势。研究发现，由于发展中国家地区间（特别是主要城市与其他地区间）要素质量上存在差异，所以厂商在选址时，往往首选中心城市，再逐渐移到邻近地区。

3. 外部规模经济性

城市化规模经济性是指由于建立在大城市（而非中小型城市）中而对经营产生的好处，如更接近市场和消费者、运输成本低、较大的劳动力储蓄、获得多种商业服务等。本地化规模性是指与其他同类或相关行业的厂商集中于同一区域经济而带来的好处：

（1）利用已形成的某种产品的市场；

（2）拥有高度产业化的劳动力队伍；

（3）利用区域内高度专业化的销售、研发及劳动力培训服务；

（4）形成地区的专业化分工，存在大量的主要专业性厂商进行配套服务。

4. 政府职能与政府干预

政府对产业布局的影响有三种不同方式：

（1）直接制定产业布局政策，是一种由国家政府为刺激特定区域的经济发展（以某种激励或补贴形式），自上而下制定实施的政策。

（2）引导产业布局政策，包括贸易政策与关税政策、国际政策。

（3）地方差异化的布局政策，由于各地方政策对于吸引投资、开发本地经济的意愿、方法和政策存在不同，这种差异实际上造成了不同的空间布局政策的效果。

8.2.4 产业布局的原则

1. 全局原则

产业布局应该以一个国家的地域为界限，因为它是国家干预本国经济的一种方式，而这种方式涉及领土问题，因此必须以国家的领土主权为基础。产业布局的目标是使产业分布合理化，实现国家整体综合利益的最优，而不是局部地区利益的最优，因此一个国家的产业布局必须统筹兼顾，全面考虑。一方面，国家必须根据各地区的不同条件，通过分析和比较，确定各地区的专业化方向，明确各地区在全国经济中的角色和地位；另一方面，国家根据经济发展状况，在不同时期确定若干重点发展的地区。在此全国规划的基础上，各地区再根据本地区的特点，安排好本地区的产业布局，而不能不顾国家整体利益，一味地发展自己的优势产业。

2. 分工协作、因地制宜原则

社会化大生产要求劳动必须在广阔地域上进行分工和协作。各地区要根据自己的特点形成专门化的产业部门，形成规模优势。当然，各地区的产业布局在重点布局专门化生产部门的基础上，还要围绕专门化生产部门布局一些相关的辅助性产业部门和生活配套服务部门，以形成合理的地区产业结构，只有这样才能保证专门化生产部门的良好运行。随着部门分工的深化和地区生产专门化的提高，地区之间的协作自然也就越发重要，因此在进行产业布局的时候必须考虑到地区间的协作条件。

由于不同地域的自然、经济和社会条件不同，因此不同地域适合不同产业的发展，在确定地区专门化生产部门时，应该从地区区情出发，根据地区的综合具体条件，充分发挥地区优势，发展地区优势产业。例如，在拥有技术和人才优势的地区，应优先发展技术含量高、附加值大的产业；在矿产资源比较丰富的地方，应优先发展采掘和矿产加工业；在地势平坦、气候适宜、土地肥沃的地区，应加强水利建设，优先发展农业和农产品加工业；等等。

3. 效率优先、协调发展原则

产业的空间发展过程总是先在某一地域聚集，然后再向其他地域扩散。在发展的低级阶段，经济一般表现出集中发展的极核发展形态；在发展的高级阶段，经济一般表现出缩小地区间经济发展差距的全面发展形态。一个国家在进行产业布局时应该以产业空间发展的自然规律为基础。因此，当一个国家的经济水平处于低级阶段时，其产业布局应该考虑优先发展某些具有自然、经济和社会条件优势的地区；而当国家的经济发展到高级阶段时，其布局应考虑重点发展那些经济落后的地区，缩小地区间的经济差距。效率和协调任何时候都是产业布局所必须考虑的问题，它们是一个问题的两个方面，其目的都是保证一个国家整体的持续稳定发展，只不过在不同时期重点不同而已。在优先发展某些优势地区时，必须把地区间经济发展的差距保持在一定的合理范围之内，不要使贫困差距过大而引发过多的社会经济问题。但是产业空间发展不平衡是绝对的规律，因此在重点发展落后地区时，也要保持发达地区的继续稳定发展，使其产业结构向更高的层次升级，而不要追求地区间发展的绝对平衡。

4. 可持续发展原则

人类生存和发展所依赖的环境所能承载的能力是有限的，自然资源也是有限的，其中许多资源都是不可再生的。人类的生活和生产不可避免地要从自然界攫取资源，不可避免地向自然界排放废物，从而对自然生态环境造成损害。虽然自然环境有一定的自我恢复能力，但其所受的损害必须控制在一定限度内，否则就无法自我恢复。另外人工对自然生态进行恢复所耗费的成本将是巨大的，可能远远大于人类生产所获得的收益。所以在进行产业布局时必须注意节约资源和保护环境，防止资源的过度开发和对环境的过度破坏。要注意资源的充分利用和再生，注意发展相关的环保产业。许多发达国家在发展过程中就经历过先破坏后治理的过程，现在人类对于生态环境问题已经有了深刻的认识，不能再走弯路。我国 2000 年开始实施的西部大开发就比较注重环境保护问题，采取了退耕还林还草、宜林荒山荒地造林种草等措施。

5. 政治和国防安全原则

上面都是从经济角度出发考虑的产业布局原则。而从国家大局出发，首先要考虑的是政治和国防安全因素。在产业布局中，政治和国防安全原则是高于经济原则的最高原则。例如，我国边疆少数民族地区自然和经济社会条件与发达地区相比存在较大差距，不适合许多产业的发展，但为了民族团结和国家稳定，以及边境的国防安全，国家每年依然对这些地区进行大量的援助，并给予许多优惠政策以支持这些地区的发展。

8.2.5 产业布局模式

产业布局是在一定的地域内展开的，地域的具体条件是布局的依据。同一时期不同地域和同一地域不同发展阶段的具体情况各不相同，相应地，必须采取不同的产业布局模式。根据产业空间发展不同阶段的不同特点，产业布局的理论模式可以分为增长极布局模式、点—轴布局模式、网络(或块状)布局模式、地域生产综合体开发模式以及区域梯度开发与转移模式。其中前三种模式从产业分布结构角度出发，处理在时间上依次继起的区域经济发展不同阶段的产业布局问题，它们之间有着密切的内在联系，一起组成一个完整系统的布局过程。

1. 增长极布局模式

增长极理论是法国经济学家弗朗索瓦・佩尔鲁克斯提出的，其思想是：一国经济增长过程中，不同产业的增长速度不同，其中增长较快的是主导产业和创新企业，这些产业和企业一般都是在某些特定区域或城市集聚，实现优先发展，然后对其周围地区进行扩散，形成强大的辐射作用，带动周边地区的发展。这种集聚了主导产业和创新企业的区域和城市称为“增长极”。

2. 点—轴布局模式

点—轴布局模式是增长极布局模式的延伸。从产业发展的空间过程来看，产业，特别是工业，总是首先集中在少数条件较好的城市发展，呈点状分布。这种产业(工业)点就是区域增长极，也就是点—轴开发模式中的点。随着经济的发展，产业(工业)点逐渐增多，点和点之间由于生产要素流动的需要，需要建立各种流动管道将点和点相互连接起来，因此各种管道(包括各种交通道路、动力供应线、水源供应线等)就发展起来，这就是轴。虽然这种轴线的主要目的是为产业(工业)点服务，但是轴线一经形成，其两侧地区的生产和生活条件就会得到改善，从而吸引其周边地区的人口、产业向轴线两侧集聚，并产生出新的产业(工业)点。点轴贯通，就形成了点—轴系统。实际上，中心城市与其吸引范围内的次级城市之间相互影响、相互作用，已经形成了一个有机的城市系统，这一系统已经有效地带动了区域经济的发展。

3. 网络(或块状)布局模式

网络(或块状)布局模式是点—轴布局模式的延伸。一个现代化的经济区域，其空间结构必须同时具备三大要素：一是“节点”，即各级各类城镇；二是“域面”，即节点的吸引范围；三是“网络”，即商品、资金、技术、信息、劳动力等各种生产要素的流动网。网络式开发就是强化并延伸已有的点—轴系统。通过增强和深化本区域的网络系统，提高区域内各节点间、各域面间，特别是节点与域面之间生产要素交流的广度和密度，使“点”“线”“面”组成一个有机的整体，从而使整个区域得到有效的开发，使本区域经济向一体化方向发展。同时通过网络的向外延伸，加强与区域外其他区域经济网络的联系，并将本区域的经济技术优势向四周区域扩散，从而在更大的空间范围内调动更多的生产要素进行优化组合。这是一种比较完备的区域开发模式，它标志着区域经济开始走向成熟阶段。

4. 地域生产综合体开发模式

地域生产综合体开发模式是苏联广泛采用的一种产业布局模式。从 20 世纪 50 年代中期到苏联解体以前，苏联在西伯利亚地区通过对水利、煤炭、油气、铁矿、木材等资源的开发，建立了 10 多个大型的工业地域生产综合体。受苏联的影响，我国也曾经广泛采用过这种布局模式。我国国务院 2017 年印发的《全国国土规划纲要(2016—2023 年)》中提出的 19 个重点开发区中有很大一部分就属于这种开发模式。

地域生产综合体开发模式的理论基础是苏联学者科洛索夫斯基的生产循环理论。该理论认为，生产都是在某种原料和燃料动力资源相互结合的基础上发展起来的；每个循环都包括过程的全部综合，即从原料的采选到获得某种成品的全过程；某个产品之所以能在某个地域生产，是因为拥有原料和燃料动力来源并能够对它们进行合理利用。也就是说，该理论认为生产是按照生产工艺的“链”所组成的稳定的、反复进行的生产体系进行的。科洛索夫斯基将地域生产综合体定义为：在一个工业点或一个完整的地区内，根据地区的自然条件、运输和经济地理位置，恰当地安置各个企业，从而获得特定的经济效果的各企业间的经济结合体。

5. 区域梯度开发与转移模式

该布局模式的理论基础是梯度推移理论。梯度推移理论认为，由于经济技术的发展是不平衡的，不同地区客观上存在经济技术发展水平的差异，即经济技术梯度，而产业的空间发展规律是从高梯度地区向低梯度地区推移。二战后加速发展的国际产业转移就是从发达的欧美国家向新型工业国或地区再向发展中国家进行梯度转移的。根据梯度推移理论，在进行产业开发时，要从各区域的现实梯度布局出发，优先发展高梯度地区，让有条件的高梯度地区优先发展新技术、新产品和新产业，然后再逐步从高梯度地区向中梯度和低梯度地区推移，从而逐步实现经济发展的相对均衡。我国在改革开放初期就曾按照经济技术发展水平把全国划分为高梯度的东部沿海地带、中梯度的中部地带和低梯度的西部地带，以此作为产业空间发展的依据。

8.3 产业空间结构理论

8.3.1 产业空间结构的内涵

产业空间结构也称区域产业空间结构或产业地域结构，是经济地域的主要物质内容在地域空间上的相互关系和组合形式，包括各种经济活动在地域范围内的分布状态、组合形式、形成机制、演进规律等，以及反映这种关系的客体和现象的空间集聚规模和集聚形态。产业空间结构具有三维特性，如图 8-1 所示。

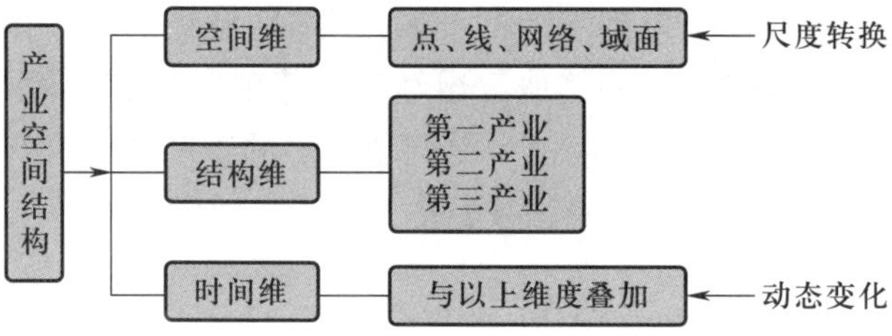

图 8-1　产业空间结构的三维特性

8.3.2　产业空间结构的组成要素

1. 产业集聚点

产业集聚点是指由于资源、交通条件、区位等要素的作用，产业在某个特定的位置集中而形成的产业空间分布形态，一般是依托各类中小城镇或交通节点，形成不同规模和类型的产业集聚点。由于产业的不断集聚，这些点的自身规模不断发展壮大，相邻点在空间上发生重叠融合，形成更大规模的集聚点，进而产生人口、经济集中的城镇。

2. 产业发展轴线

产业发展轴线是指各类产业在地理空间上依托水陆交通干线呈线状分布的空间形态。为了满足产业集聚点之间不断加强的相互关系，连接各中心地的交通干线(铁路、公路等)被建立起来，大大降低了运输费用和产品成本，方便了人口的流动。因此，交通干线成为新的有利条件，吸引产业和人口向交通干线两侧集聚，形成对大区域开发具有促进作用的产业发展轴线。

3. 产业集聚区

产业集聚区是指产业依托一个或若干个特大城市形成的面状分布形态，通常是具有国家意义或大区域意义的产业密集地区，如国家或区域性的制造业、能源和原材料加工基地，金融保险和物流中心，交通和信息枢纽，人才和技术中心等，也是国家或区域性的经济核心区和最具活力与竞争力的地区。

4. 产业点(线、面)间的连接网络

随着区域之间人流、物流和信息流相互联系的加强，产业集聚点、轴和区之间的联系也不断加强，产业集聚点、产业发展轴线和产业集聚区之间形成相互联系和相互作用的网络，通过网络在彼此之间传递大量的人流、物流和信息流。随着区域联系的加深，组成产业连接网络的交通网络(包括主干高速公路、铁路线、水运、航空以及能源输送线路)和信息网络(电话、电报、互联网)日渐完善，产业空间结构的内部和外部联系也越来越紧密。

8.3.3　产业空间结构形成的影响因素

1. 地理位置因素

地理位置是对国家和地区经济发展经常有影响的因素，它能加速或延缓地区经济的发展。因为地理位置不仅关系到自然条件，而且还关系到交通、信息和一系列社会经济条件。

(1) 地理位置对第一产业布局的重要影响。第一产业主要是农业，由于受到光、热、水、土等条件的严格限制，因此在地球上，处于什么样的地理位置，就决定了该地区第一产业的发展方向。同时，农业生产也受当地运输条件以及相应的市场供求制约。地理位置反映地区多种生产条件，地理位置的优越与否就表现在这些方面的差异上。

(2) 地理位置对第二、第三产业布局的直接影响。世界上许多地方的产业并非都分布在能源基地、矿产和其他原料地，而是分布在地理位置优越、交通方便的地方，如综合运输枢纽、海港、铁路沿线等，多为不同规模的加工中心，并汇集众多的第三产业部门。地理位置还可以直接影响地区自然资源的开发顺序，那些交通方便、距离经济发展中心较近的地区资源，因其经济价值较大，总是首先得到开发。

2. 自然因素

自然因素包括自然条件和自然资源两个方面。自然条件是人类赖以生存的自然环境，包括未经人类改造、利用的原始自然环境，还包括经过人类改造利用后的自然环境。自然资源是指自然条件中被人利用的部分。自然因素是产业布局形成的物质基础和先决条件。

(1) 自然资源对第一产业布局的决定性影响。由于第一产业的劳动对象直接来自大自然，各种自然资源的分布也就决定了相应的第一产业分布的地区。同时，各种农作物、不同种类的树木、禾草等的生存环境不同，对自然条件的要求也各有不同，所以自然条件、自然资源直接制约着第一产业的布局。土地资源、气候资源、水资源与生物资源共同综合作用，决定大农业生产的地域分布。

(2) 自然资源对第二、第三产业布局的间接影响。自然因素对第二、第三产业布局的影响，主要是通过第一产业发挥作用的。自然资源对第二产业的影响主要涉及重工业中的采掘业、材料工业、重型机械以及以农产品为原料的轻工业和食品工业，它们多分布在工业自然资源或农业自然资源较丰富的地区。另外，工厂厂址的地形、面积、工业用水等也离不开自然条件，有些地区还深受这些条件的限制。自然因素对第三产业的影响突出表现在对旅游业的作用上。

(3) 自然资源直接影响到产业布局的大格局。由于自然条件、自然资源对劳动生产率、产品质量等方面具有直接、间接的影响，在市场经济与竞争的条件下，产业活动势必首先向最优的自然条件与自然资源分布区集中，形成一定规模各具特色的专业化生产部门，进而完成产业劳动地域分工的大格局。

(4) 自然条件各要素对产业布局的影响。稳固的地质基础是制造业、建筑业发展的前提。平原区有利于大规模现代化耕作、灌溉，有开阔的场地供制造业、建筑业使用和发展各种运输线路，是最优的产业布局场地。山区、丘陵多地势起伏，影响对内、对外的经济联系，不宜发展保鲜的果品和耗原、燃料多的制造业。盆地地区空气流通差，不宜发展冶金、化工等工业。气候除了对农业影响最大外，对水利枢纽、航海航空、露天采矿、飞机制造以及旅游业等影响也很大。水不仅影响农业布局，还可以直接用作工业原料，内河航运、海洋航运则直接使用水的浮力。动、植物的分布也决定了某些产业的布局。

3. 人口因素

人既是生产者，又是消费者。这两方面的属性对产业布局都有深刻的影响。

(1) 作为生产者的人对产业布局的影响。人口数量对市场规模和资源开发程度有较大影响。人口质量或人口素质也对产业布局产生重大影响。

(2) 作为消费者的人对产业布局的影响。人口的消费状况对产业布局也有明显的影响。各个地区人口数量、民族构成和消费水平的差异，要求产业布局与人口的消费特点、消费数量相适应。

4. 社会经济因素

影响产业布局的社会经济因素主要有历史基础，市场条件，国家的政策、法律和宏观调控，国内、国际政治条件，价格与税收条件等。

(1) 历史基础。产业布局具有历史继承性，已经形成的社会经济基础对再进行产业布局具有重大影响。在进行产业布局时，要根据具体情况，充分利用积极因素，改变其不利的方面，使产业布局合理化。

(2) 市场条件。随着商品经济的发展，市场已成为影响产业布局的一个越来越重要的条件。因此，产业布局时，必须首先通过市场调查、预测，了解市场需求状况，以便合理布局。同时，还要根据市场行情的变化趋势，及时调整产业结构，从而改变产业布局，以适应市场变化的需要。

(3) 国家的政策、法律和宏观调控。正确的政策可以推动经济的发展和产业的合理布局；反之，则会对经济的发展带来消极后果。法律对产业布局有相当大的影响，在市场经济体制下的产业布局主要受市场需求控制，比较注重效益，但往往具有较大的盲目性，容易造成产业布局的波动性和趋同化。

(4) 国内、国际政治条件。任何一个国家的经济发展都必须有一个良好的国内、国际政治环境。一个政局不稳、动荡不安的国家，其经济很难获得发展，当然也就谈不上合理的产业布局。

(5) 价格与税收条件。价格对产业布局的影响主要体现在国家的价格政策、产品地区差价及产品可比价格等方面。税收也对产业布局产生重要作用。

5. 科学技术因素

科学技术是构成生产力的重要组成部分，是影响经济发展与产业布局的重要条件之一。

(1) 自然资源利用的深度和广度对产业布局的影响。技术进步不断地拓展人们利用自然资源的深度和广度，使自然资源获得新的经济意义。

(2) 产业结构对产业布局的影响。技术进步不断地改变着产业结构，特别是随着新技术的出现，往往会产生一系列新的产业部门。

产业空间结构不同发展阶段的主导影响因素如图 8-2 所示，不同生产力发展阶段的产业布局特点见表 8-1。

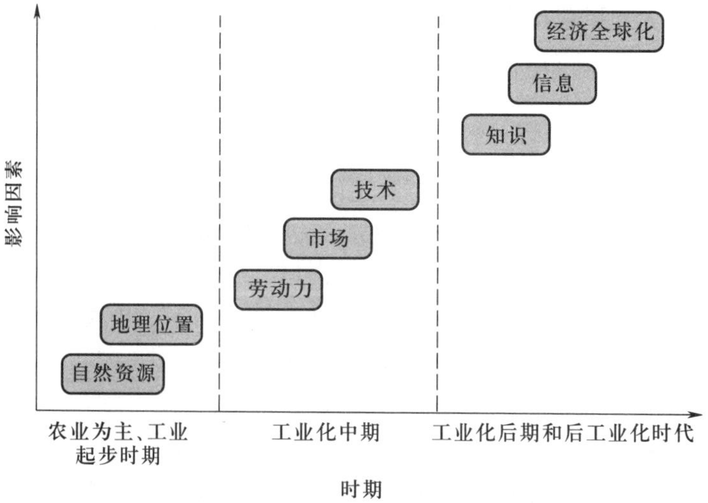

图 8-2　产业空间结构不同发展阶段的主导影响因素

表 8-1　不同生产力发展阶段的产业布局特点

生产力发展阶段	能源动力	生产工具	交通工具	产业布局主要特点
农业社会	人力、兽力、水力	石器、铜器、铁器、手工机械	人力车、畜力车、风帆船	农业自然条件对产业布局起决定性作用，产业布局有明显的分散性
第一次科技革命 18 世纪末至 19 世纪初	蒸汽动力	蒸汽机械	蒸汽火车、蒸汽轮船	产业布局由分散走向集中，工业向动力基地(煤产地)和水路运输枢纽集中
第二次科技革命 19 世纪末至 20 世纪初	电力、内燃动力	电力机械、内燃机械	内燃机车、电力机车、汽车、飞机、内燃机船舶	产业布局进一步集中，交通、位置条件等在产业布局中的作用得到加强
第三次科技革命 第二次世界大战后至今	原子能	电子计算机、机器人	航天飞机、宇宙飞船、高速车辆	懂科技、高技术的劳动力，快速、便捷的交通枢纽成为产业布局的重要条件，产业布局出现"临海型""临空型"等新的形势，未来产业布局将从过分集中走向适当分散

8.3.4　产业空间结构的主要理论

产业空间结构理论旨在探寻各产业活动的优化布局规律和合理组合形式，目标是达到区域整体最优发展，并在实践中为产业空间优化提供理论依据。相关理论包括工业地域综合体理论、增长极理论、中心—外围理论、梯度推移理论、点—轴理论和城市区域理论等。

1. 工业地域综合体理论

工业地域综合体是指在一定地域范围内，由许多有经济联系和生产协作关系的工业企业共同组成的地域生产综合体。在这个综合体内有主导的工业部门或企业，以及许多相关的工业部门和企业，它们联合成一个有机的整体。

其特点有：

(1) 以专门化部门为主体。综合体组成比较复杂，涉及的行业较多，但各行业、各企业的作用不是同等的。其中专门化部门是整个综合体的主体和核心，它决定着综合体在全国地域分工体系中的地位，决定着综合体内其他行业的发展。

(2) 多部门的协调发展。在综合体内，要有面向全国或大经济区、经济带的专门化部门，也要建立相应的辅助性、服务性部门和基础设施。专门化部门的建设及其作用的发挥程度，在很大程度上取决于后者的协作配套的水平和质量。综合体内各部门之间的联系，可以是垂直的(如采掘—原材料—产品加工和处理)，也可以是水平的(如跨部门、跨行业的联系)，更多的是这两种联系的交织。

(3) 大多建立在能源、矿产资源的富集区。

(4) 综合体建设依靠国家大规模的投入，因此它的发展往往是跳跃式的，而不是渐进式的，即其发展速度较快。

2. 增长极理论

增长极理论认为，在经济发展过程中，经济增长在每一地区的各个行业中并非以同样的速度进行，而是集中于某些主导部门和有创新能力的行业，这些部门和行业往往集中于区内大城市，这些大城市便称为“增长极”。

(1) 增长极形成条件。

①具有创新能力的企业和企业家群体。

②具有规模经济效益。

③适当的环境。

④有一定数量规模的人口。

⑤具有可开发的自然资源和人文资源。

⑥收入水平相对高于周边，具有一定储蓄率。

⑦具有现代化交通、通信网络系统建设的潜力。

(2) 增长极对经济发展的作用。增长极的效应有两个。

①极化效应。极化效应是指在极点上，由于主导部门、创新企业的建设，开始对周围地区产生了一定的吸引力和向心力，周围地区的劳动力、农副产品、原材料等资源被吸引到极点上来；随之对外区也可能产生一定的吸引力，外区的资金、人才、技术、产品以至某些建设项目，也被吸引到极点上来，如图 8-3 所示。这两种吸引形成大量的外部投入，从而使极点的经济实力、人口规模迅速扩大。这个过程就是极点的极化效应过程。主导部门的发展势必要求一系列为之服务的生产性与非生产性行业的相应发展，这些相应行业的发展会引起人口的增长，人口的增长又引起消费需求及一系列为居民服务的行业的发展，从而又促进人口的进一步增长。这些又带动固定资产投资需求的增长。

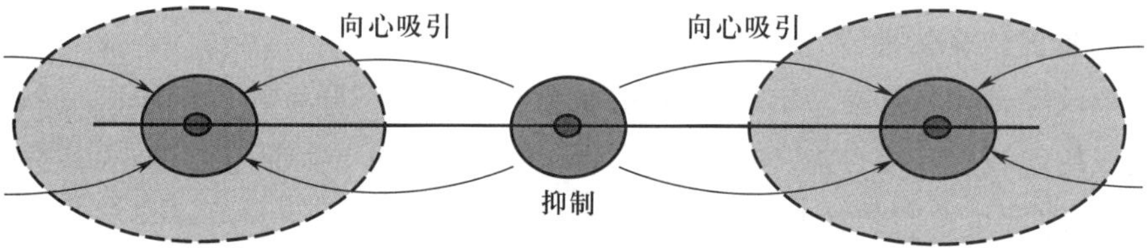

图 8-3　极化效应

②扩散效应。扩散效应是指增长极通过产品、资本、技术、人才、信息的流动，把经济动力与创新成果传导到广大的腹地，如图 8-4 所示。

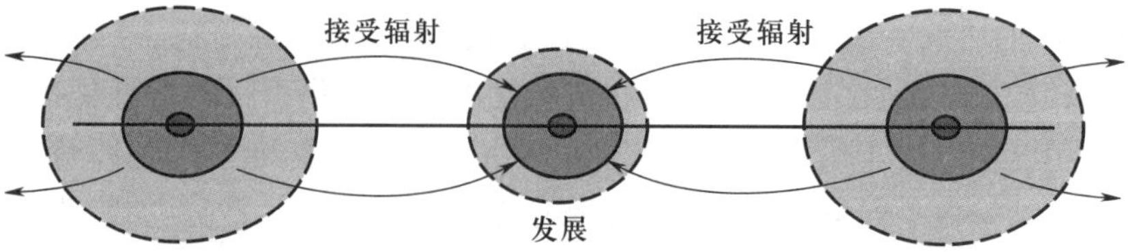

图 8-4　扩散效应

3. 中心—外围理论

(1) 区域均可分为中心区和外围区。中心区是社会经济活动的聚集区，一般指城市或城市集聚区。这类区域工业发达，技术水平较高，资本集中，人口密集，经济增长速度快。

围绕中心区分布并受其影响的区域被称为外围区，包括上过渡区、下过渡区和资源前沿区，如图 8-5 所示。

①上过渡区环绕中心区，显示出经济上升的趋势。

②下过渡区多位于边远的农村，还包括原料枯竭、老工业向衰退方向变动的区域。

③资源前沿区富含待开发的资源，对区域发展有极大潜在价值，一般位于两种过渡区之间。

(2) 中心区和外围区的相互作用。一方面，中心区从外围区吸聚生产要素，产生出大量的创新（材料、技术、社会和文化体制等）。另一方面，这一创新又源源不断地从中心区向外扩散，引导外围区的经济活动、社会文化结构的转换，从而促进整个空间系统的发展。中心区和外围区之间还存在着决策的传播、移民的迁徙和投资转移三种基本的空间作用过程。

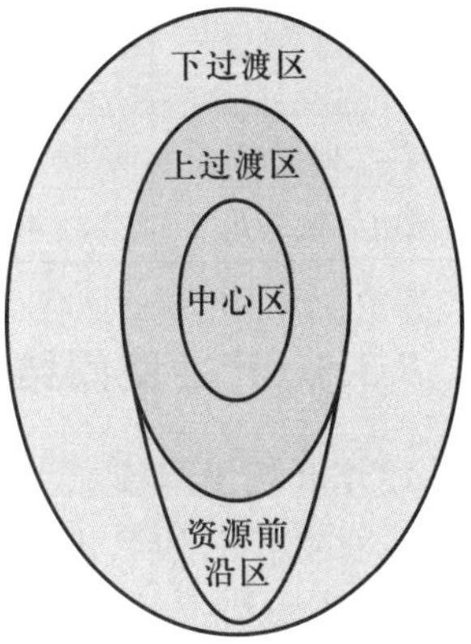

图 8-5　中心—外围结构模式

4. 梯度推移理论

梯度推移理论是指在进行区域经济开发时，要从各地区的现实梯度出发，优先发展高梯度地区，让有条件的高梯度地区优先发展新技术、新产品和新产业，这些技术、产品和产业然后再逐步向中梯度和低梯度地区推移，从而实现经济发展的相对均衡。

5. 点—轴理论

点—轴理论是指产业围绕增长极点和连接增长极点之间的交通路线进行布局，是增长极布局模式的延伸。

6. 城市区域理论

城市区域出现的前提：①全球化进程和新技术革命加强了全球经济、文化、政治联系。②日益加剧的全球城市之间的竞争。

为了增强综合竞争力，区域城市开始协作，从而城市之间的竞争演变成为城市所在地区的实力竞争，即城市区域成为全球经济竞争的基本单元。

城市区域由核心城市及其腹地组成，具有密切的劳动分工，城市间经济要素与人员等交流频繁。由于城市区域理论突破了国家和地域的限制，可称为"新区域主义"，体现了城市区域的双赢发展以及建立在此基础上的功能布局与功能完善，提高了空间利用的整体效益。

各产业空间结构理论的产生背景和理论基础见表 8-2。

表 8-2　产业空间结构理论的产生背景和理论基础

产业空间结构理论	产生年代	产生背景	理论基础
工业地域综合体理论	20 世纪 20 年代	苏联计划经济体制，国民经济高速发展时期	马克思主义的劳动地域分工理论
增长极理论	20 世纪 50 年代	西方自由市场经济体制，第二次世界大战后经济恢复时期，地域差异巨大	熊彼特创新理论
中心—外围理论	20 世纪 60 年代	西方自由市场经济体制，第二次世界大战后经济恢复时期，地域差异巨大	增长极理论、二元结构理论等

续表

产业空间结构理论	产生年代	产生背景	理论基础
梯度推移理论	20世纪60年代	西方自由市场经济体制,第二次世界大战后经济恢复时期,地域差异巨大	生命周期理论
点—轴理论	20世纪80年代	中国改革开放初期	中心地理论
城市区域理论	21世纪初	经济全球化进程加快,城市经济加剧	全球化理论

8.3.5 产业空间结构理论在我国的应用

1. 增长极发展模式

我国改革开放后,借鉴增长极理论指导产业布局。首先,主要在东部地区重点培育一批增长极,如经济特区的设立、开放城市的确定、各类开发区的建设等,对我国区域经济的发展都起到了非常积极的作用,收到了明显的效果。现在,我国持增长极观点的学者认为,我国中西部地区同样可以推行这种增长极战略,通过多层次的增长极在不同点上带动经济发展。

2. 点—轴布局模式

点—轴布局模式是增长极布局模式的延伸。当前我国产业布局中比较公认的两种点—轴模式是“T”型模式(以沿海与长江为轴线,以上海等轴线上的主要城市为点展开我国产业布局)和“弓箭”型模式(以沿海或京沪线为弓,京广线为弦,长江为箭,上海是箭头,以此为脉络展开我国的产业布局)。

3. 梯度推移理论

梯度推移理论自1982年引入我国起就是改革开放后实施三大地带宏观区域政策的重要科学理论基础,它在我国资金缺乏、技术发展程度低的情况下促进了我国东部地区的迅速发展和经济的高速增长,但同时也使我国东、中、西部的区域差距进一步扩大,因此存在较多争议。

8.4 物流作业的布局规划

8.4.1 物流作业设计

1. 物流作业设计的指导思想和原则

(1) 物流作业设计的指导思想。物流中心作业的指导思想为:以客户服务为中心,做到“两好”“四快”“四统一”。其中“两好”为客户服务好、在库货物保管好;“四快”为入库验收快、出库发货快、财务结算快、解决问题快;“四统一”为统一服务标准、统一流程、统一单证、统一岗位。

(2) 物流作业设计的原则。物流中心作业的基本原则是准确、及时、经济、安全。

①准确。如实反映货物的数量、规格、型号及质量情况。对于存储期间的货物要勤检查,发现问题及时采取措施。加强对库存货物的维护和保养,确保货物在库存储期间数量

不短缺、使用价值不改变，实现在库货物的数量和质量都符合准确可信的要求。

②及时。快进、快出，在规定时间内保质、保量地完成收货、验收、出库、结算等任务。一方面充分做好进货准备工作，安排好货物入库的场地、货位和垛型，不压车、压线，及时验收、堆码、签单入库，做到快而不乱、既快又准；另一方面，合理安排和组织备货人员和机械设备，提高装卸、发运、托运、签收速度并做好出库的复核、点交工作，不发生错发、串发等事故。

③经济。合理调配和使用人力、设备，充分利用仓容，提高作业效率。加强经济核算，节约费用和开支，降低物流作业成本。

④安全。贯彻"安全第一、预防为主"的安全方针，消除货物保管及作业中的一些不安全因素。物流中心要把防火、防盗、防自然灾害、防腐变残损，确保货物、仓储设施、机械设备和人身安全作为作业工作的重中之重。

2. 物流作业流程设计

物流系统的规划是一个系统工程，要求规划的物流中心合理化、简单化和机械化。合理化是指各项作业流程具有必要性和合理性。简单化是指整个系统的物流作业简单、明确和易操作，并努力做到作业标准化。机械化是指规划设计的现代物流系统应力求减少人工作业，尽量采用机械或自动化设备来提高生产效率，降低人为因素可能造成的错误。

物流中心的主要活动是订货、进货、发货、仓储、订单拣货和配送作业。要确定物流中心主要活动及其程序之后，才能规划设计。有的物流中心还要进行流通加工、贴标签和包装等作业。当有退货作业时，还要进行退货品的分类、保管和退回等作业。

在如图 8-6 所示的一般类型物流中心作业流程设计中，作业流程可分为进货流程、发货流程、退货流程。进货流程包括库存需求、采购、供应厂商发货、进货和入库等；发货流程包括配送需求、订单处理、进货分拣、配送和客户收货等；退货流程包括退货需求、退货分类、责任确认和退货处理等。

在经过基本资料分析和基本条件设定之后，便可针对物流中心的特性进一步分析，并制定合理的作业流程，以便规划设计空间和选用设备。通过对各项作业流程的合理化分析，去掉不合理和不必要的作业，力求剔除物流中心可能出现的不必要的计算和处理程序，使得规划出的物流中心尽量减少重复堆放所引起的搬运翻堆和暂存等工作，以提高物流中心的效率。

另外，如果储运单位过多，应将各储运单位予以分类合并，避免在内部作业过程中出现过大的储运单位转换。其做法是以标准托盘或储运箱为容器，把体积、外形差别大的物品归类成相同标准的储运单位，这样可以简化物流中心的作业流程。

8.4.2　功能区域划分

1. 功能区域总体分类

在作业流程规划后，可根据物流中心运营特征进行作业区域规划，作业区域规划包括作业区域划分与区域能力规划。

根据作业区域性质，物流中心作业区域包括物流作业区域（如装卸货、入库、订单拣取、出货、发货等作业）、辅助作业区域和建筑外围区域三部分。与物流作业区域相对应，辅助作业区域和建筑外围区域也统称为周边辅助活动区域。

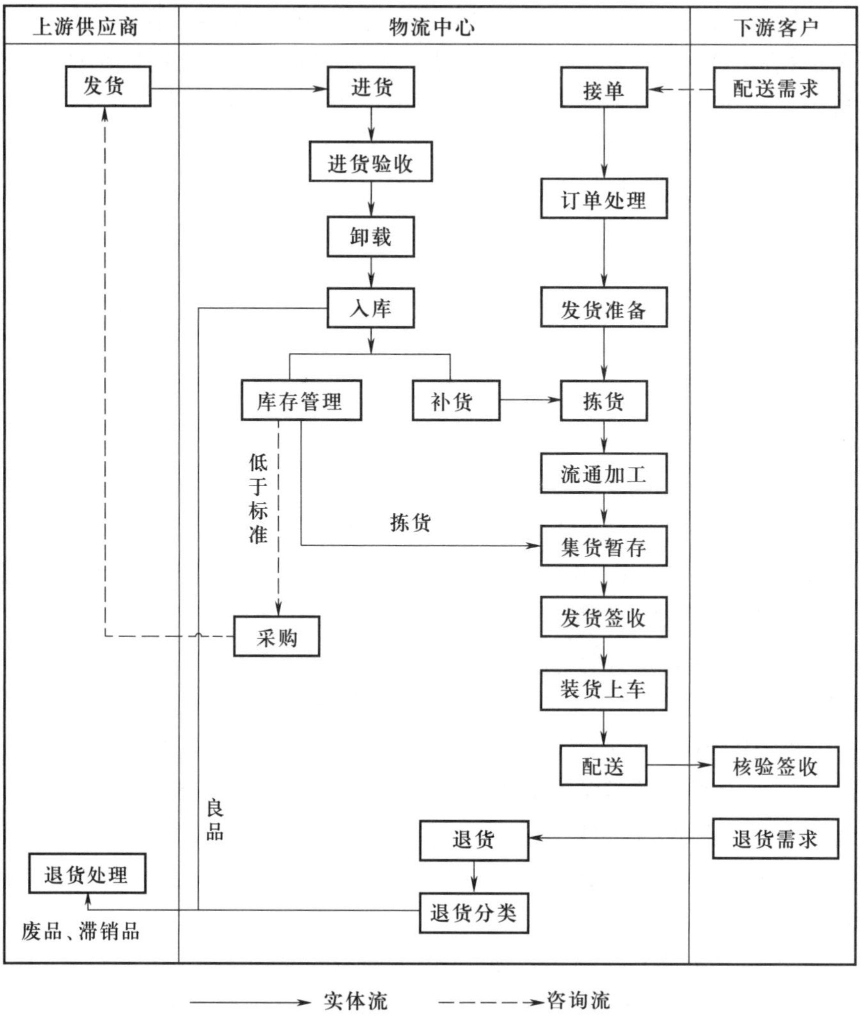

图 8-6　一般类型物流中心作业流程设计

（1）物流作业区域的布置。以物流作业为主，仅考虑物流相关作业区域的配置模式，由于物流中心内的基本作业形态大部分为流程式作业程序，因此适合以生产线式的布置方法进行配置规划。若是订单种类、物品特性或拣取方法有很大的差别，则可以考虑将物流作业区域分为数个不同形态的作业线，这有些类似于传统制造工厂中群组布置的观念。

（2）辅助作业区域的布置。除了物流作业区域以外，物流中心还包含一些管理或行政性的辅助作业区域。这些区域与物流作业区域之间无直接流程性的关系，因此适合以关系型的布置模式作为区域布置的规划方法。此时的配置模式有两种参考方法。

①可视物流作业区域为一个整体性的活动区域，分析各辅助作业区域及物流作业区域之间的相关活动关系，以决定各区域之间相邻与否及相邻程度。

②将物流作业区域内各个作业区域分别独立出来，与各辅助作业区域一起综合分析。

原则上采用第一种方法较为简便，可以减少相关分析阶段各区域间的复杂度。但是由于配置方位与长宽比例的限制会增加，因此配合规划者的经验判断，仍需作适当的人工调整，或者以人工排列方式取得初步的布置方案。

(3) 建筑外围区域的布置。建筑内的相关区域布置完成后，还需对建筑外围的相关区域（如厂区通道、停车场、对外出入大门及联外道路形式等）进行规划，即整个物流中心的厂区布置。在布置建筑外围区域时，特别需要注意未来可能的扩充方向及经营规模变动等。

2. 功能区域规划

按照物流中心功能，物流中心作业区域进一步细分为：一般性物流作业区；退货物流作业区；换货补货作业区；流通加工作业区；物流配送作业区；仓储管理作业区；厂房使用配合作业区；办公事务区；劳务活动区；厂区相关活动区。下面逐一分析各作业区的作业项目、性质和划分区位。

(1) 一般性物流作业区。

①车辆进货。

作业功能：物品由运输车辆送入物流中心，并且车辆停靠在卸货区域。

规划区位：进货口或进发货口。

②进货卸载。

作业功能：物品由运输车辆卸下。

规划区位：卸货平台或装卸货平台。

③进货点收。

作业功能：进货物品清点数量或品检。

规划区位：进货暂存区或理货区。

④理货。

作业功能：进货物品拆柜、拆箱或堆栈以便入库。

规划区位：进货暂存区或理货区。

⑤入库。

作业功能：物品搬运送入仓储区域存储。

规划区位：库存区或拣货区。

⑥调拨补充。

作业功能：配合拣货作业将物品转移至拣货区域或调整存储位置。

规划区位：库存区或补货区。

⑦订单拣取。

作业功能：依据订单内容与数量拣取发货物品。

规划区位：库存区、拣货区或散装拣货区。

⑧分类。

作业功能：在批次拣货作业下，按集合或按客户将货物分类输送。

规划区位：分类区或拣货区。

⑨集货。

作业功能：按订单分割拣货后集中配送货物。

规划区位：分类区、集货区或发货暂存区。

⑩流通加工。

作业功能：根据客户需求另行处理的流通加工作业。

规划区位:分类区、集货区或流通加工区。

⑪品检。

作业功能:检查发货物品的品质及数量。

规划区位:集货区、发货暂存区或流通加工区。

⑫发货点收。

作业功能:确认发货物品的品项数量。

规划区位:集货区或发货暂存区。

⑬发货装载。

作业功能:发货物品装到运输配送车辆。

规划区位:装货平台或装卸货平台。

⑭货物运送。

作业功能:车辆离开物流中心进行配送。

规划区位:发货口或进发货口。

(2) 退货物流作业区。

①退货。

作业功能:客户退回货物至物流中心。

规划区位:进货口或退货卸货区。

②退货卸货。

作业功能:退回货物由运输车辆卸下。

规划区位:卸货平台或退卸货平台。

③退货点收。

作业功能:清点退货物品的品项数量。

规划区位:退货卸货区或退货处理区。

④退货责任确认。

作业功能:退货原因及物品的可用程度确认。

规划区位:退货处理区或办公区。

⑤退货良品处理。

作业功能:退货中属于良品的处理作业。

规划区位:退货处理区或退货良品暂存区。

⑥退货瑕疵品处理。

作业功能:退货中有瑕疵但仍可用的物品处理作业。

规划区位:退货处理区或瑕疵品暂存区。

⑦退货废品处理。

作业功能:退货中属于报废品的处理作业。

规划区位:退货处理区或废品暂存区。

(3) 换货补货作业区。

①退货后换货。

作业功能:客户退货后仍换货或补货的处理作业。

规划区位：办公区。

②误差责任确认。

作业功能：物品配送至客户产生误差或短少的处理。

规划区位：办公区。

③零星补货拣取。

作业功能：对于量少的订单或零星补货的拣货作业。

规划区位：拣货区或散装拣货区。

④零星补货包装。

作业功能：对于量少的订单或零星补货所需另行包装的包装作业。

规划区位：散装拣货区或流通加工区。

⑤零星补货运送。

作业功能：对于量少的订单或零星补货所需另行配送的运输作业。

规划区位：发货暂存区或装货平台。

(4) 流通加工作业区。

①拆箱。

作业功能：根据单品拣货需求的拆箱作业。

规划区位：散装拣货区或流通加工区。

②裹包。

作业功能：根据客户需求将物品重新包装。

规划区位：流通加工区或集货区。

③多种物品集包。

作业功能：根据客户需求将数种物品集成小包装。

规划区位：流通加工区或集货区。

④外箱包装。

作业功能：根据运输配送需求将物品装箱或以其他方式外部包装。

规划区位：流通加工区或集货区。

⑤发货物品称重。

作业功能：根据运输配送需求或运费计算所需的发货物品的称重作业。

规划区位：流通加工区、称重作业区或发货暂存区。

⑥印贴条形码文字。

作业功能：根据客户需求在发货物品外箱或外包装物上印制有关条形码文字。

规划区位：流通加工区或分类区。

⑦印贴标签。

作业功能：根据客户需求印制标签并贴附在物品外部。

规划区位：流通加工区或分类区。

(5) 物流配送作业区。

①车辆货物出入管制。

作业功能：进货或发货车辆出入物流中心的管制作业。

规划区位:厂区大门。
②装卸车辆停泊。
作业功能:进货或发货车辆在没有装卸平台可用时临时停靠或回车的作业。
规划区位:运输车辆停车场或临时停车位。
③容器回收。
作业功能:配合储运箱或托盘等容器的流通使用作业。
规划区位:装卸货平台、理货区或容器回收区。
④容器暂存。
作业功能:空置容器暂存及存取使用作业。
规划区位:容器暂存区或容器存储区。
⑤废料回收处理。
作业功能:拣选、配送和流通加工过程中所产生的废料处理作业。
规划区位:废料暂存区或废料处理区。
(6) 仓储管理作业区。
①定期盘点。
作业功能:定期对物流中心库存区物品进行盘点的作业。
规划区位:库存区和拣货区。
②不定期抽盘。
作业功能:不定期按照物品种类轮流抽盘的作业。
规划区位:库存区。
③到期物品处理。
作业功能:针对已超过使用期限的物品所进行的处理作业。
规划区位:库存区或废品暂存区。
④即将到期物品处理。
作业功能:针对即将到期的物品所进行的分类标示和处理作业。
规划区位:库存区。
⑤移仓与储位调整。
作业功能:针对需求变化与品项变动所进行的库存区调整与移仓作业。
规划区位:库存区与调拨仓储区。
(7) 厂房使用配合作业区。
①电气设备。
作业功能:电气设备机房的安装与使用作业。
规划区位:变电室、配电室和电话交换室。
②动力及空调设备使用。
作业功能:动力及空调设备机房的安装与使用作业。
规划区位:动力室、空压和空调机房。
③安全消防设备。
作业功能:安全消防设施的安装与使用。

规划区位：安全警报管制室。

④设备维修工具器材存放。

作业功能：设备维修保养与一般作业所需器材和工具的存放。

规划区位：设备维修间、工具间和器材室。

⑤一般物料存储。

作业功能：一般消耗性物料文具品的存储。

规划区位：物料存放间。

⑥人员出入。

作业功能：工作人员出入物流中心的区域。

规划区位：大厅、走廊和出入口。

⑦搬运车辆通行。

作业功能：搬运车辆在库存区内通行。

规划区位：主要及辅助通道。

⑧楼层间通行。

作业功能：人员在楼层间的通行，物流在楼层间的搬运活动。

规划区位：电梯和物料暂存空间。

⑨搬运设备停放。

作业功能：机械搬运设备非使用时的停放空间。

规划区位：搬运设备停放区。

(8) 办公事务区。

①办公活动。

作业功能：物流中心各项事务性办公活动。

规划区位：主管办公室、一般办公室和总机室。

②会议及培训活动。

作业功能：一般会议活动与内部人员的培训活动。

规划区位：会议室和培训室。

③资料管理。

作业功能：一般公文文件与资料档案的管理活动。

规划区位：档案室、资料室和收发室。

④计算机系统使用。

作业功能：计算机系统操作处理活动与相关计算机档案报表管理。

规划区位：计算机室和档案室。

(9) 劳务活动区。

①盥洗。

作业功能：员工盥洗及卫生使用。

规划区位：洗浴室和卫生间。

②员工娱乐及休息。

作业功能：供员工休息及娱乐健身的场所。

规划区位:娱乐室、休息室和吸烟室。

③急救医疗。

作业功能:紧急工作伤害和突发疾病的救助活动。

规划区位:医务室。

④接待厂商来宾。

作业功能:接待厂商和客户活动。

规划区位:接待室。

⑤员工饮食。

作业功能:提供员工用餐的场所。

规划区位:餐厅、厨房。

⑥厂商司机休息。

作业功能:厂商司机等待作业的临时休息区域。

规划区位:司机休息室。

(10) 厂区相关活动区。

①警卫执勤。

作业功能:门卫管理和内部警卫执勤的活动。

规划区位:保卫室。

②员工车辆停放。

作业功能:提供员工车辆停放的区域。

规划区位:一般或内部停车场。

③厂区交通。

作业功能:员工车辆进出与同行活动。

规划区位:厂区通道、厂区出入大门。

④厂区填充。

作业功能:厂区内扩充预留地。

规划区位:厂区扩充区域。

⑤环境美化。

作业功能:物流中心外部形象和美化绿化环境区域。

规划区位:美化绿化环境区域。

8.5 区域位置设计

1. 相关性分析

(1) 物流相关性分析。物流相关性分析就是对物流中心各作业区域间的物流距离和物流量进行分析,用物流强度和物流相关表来表示各功能区域之间的物流关系强弱,从而确定各区域的物流相关程度。在对物流流量、物流强度进行分析时,可以采用从至表计算汇总各项物流作业活动从某区域至另一区域的物流流量或物流强度,作为分析各区域间物流流量或强度大小的依据。若不同物流作业在各区域之间的物料搬运单位不同，则必须先转换为相同单位后，再合并计算其物流流量或强度的总和。

从至表以资料分析所得出的定量单据为基础，目的是分析各作业区域之间的物料流动规模的大小，使设计者在进行区域布置时，避免搬运流量大的作业要经过太长的搬运距离，以减少人力、物力的浪费，并为设计各区域的空间规模提供依据。定量从至表见表 8-3。

表 8-3　物流中心定量从至表

物流作业区域		搬运到达区										合计
		1	2	3	4	5	6	7	8	9	10	
搬运起始区	1											
	2											
	3											
	4											
	5											
	6											
	7											
	8											
	9											
	10											
合计												

从至表包括物流距离从至表、物流运量从至表、物流强度从至表及物流成本从至表等。具体物流强度从至表的制定过程如下：

① 依据主要作业流程，将所有作业区域分别以搬运起始区、搬运到达区按同一顺序列表(为方便起见，可使用作业编号)，画出物流距离从至表。

② 为了正确表现各流量之间的关系，需要统一各区域的搬运单位，以方便计算流量的总和。

③ 根据作业流程，将物料搬运流量测量值逐项填入从至表内，制定物流运量从至表。

④ 根据流量和距离的乘积，得到物流强度从至表。

根据物流强度，确定物流相关程度等级。物流相关程度等级的划分可采用著名的 A、E、I、O、U 等级，一般 A 占总作业单位对的 10%；E 占 20%；I 占 30%；O 占 40%；U 级代表那些无物流量的作业单位对。

(2) 非物流相关性分析。除了物流作业区域外，物流中心内还有一些管理或辅助性的功能区域。这些区域尽管本身没有物流活动，但却与作业区域有密切的业务关系，故还需要对所有区域进行业务活动相关性分析，确定各区域之间的密切程度。

各作业区域间的活动相关关系可以考虑以下几个方面：

①程序性的关系。因物料流、信息流而建立的关系。

②组织与管理上的关系。部门组织上形成的关系。

③功能上的关系。区域间因功能需要而形成的关系。

④环境上的关系。因操作环境、安全考虑上需要保持的关系。

根据相关要素,可以对任意两个区域的相关性进行评价。评定相关程度的参考因素主要包括人员往返接触的程度、文件往返频度、组织与管理关系、使用共享设备与否、使用相同空间区域与否、物料搬运次数、配合业务流程的顺序、是否进行类似性质的活动、作业安全上的考虑、工作环境改善、提升工作效率及人员作业区域的分布等内容。各作业活动之间的相互关系可以采用定性关联图来分析。在定性关联图中,任何两个区域之间都有将两个区域联系在一起的一对三角形,其中上三角记录两个区域关联程度等级的评估值,下三角记录关联程度等级的理由编号。活动关系关联程度等级包括 A、E、I、O、U 和 X 六种,其一般比例见表 8-4。关联程度等级评价的主要理由见表 8-5。

表 8-4　作业区域相互关系等级

符号	A	E	I	O	U	X
意义	绝对重要	特别重要	重要	一般	不重要	禁止靠近
量化值	4	3	2	1	0	−1
比例/%	2～5	3～10	5～15	10～25	45～80	根据需要

表 8-5　关联程度等级评价的主要理由

编号	理由	编号	理由
1	工作流程	6	监督和管理
2	作业性质相似	7	作业安全考虑
3	使用相同设施、设备或在同一场地	8	噪声、震动、烟尘、易燃、易爆
4	使用相同文件	9	改善工作环境
5	联系频繁程度	10	使用相同人员

(3) 综合相关性分析。综合考虑物流和非物流关系时,要确定两种关系的相对重要性。这一重要性比值用 $m:n$ 来表示,一般不应超过 1∶3 或 3∶1。当比值大于 3∶1 时,说明物流关系占主导地位,设施布置只考虑物流即可;当比值小于 1∶3 时,说明物流的影响很小,只考虑非物流关系即可。实际情况下,根据二者的相对重要性,比值可为 3∶1,2∶1,1∶1,1∶2,1∶3。

有了此比值、物流相关性等级和非物流相关性等级,就可把各作业区域的密切程度等级按表 8-4 予以量化。

然后用以下公式计算两作业单位 i 和 j 之间的相关密切程度 CR_{ij}:

$$CR_{ij}=mMR_{ij}+nNR_{ij}$$

式中,MR_{ij} 和 NR_{ij} 分别为物流相互关系等级和非物流相互关系等级。

然后就可以按 CR_{ij} 值再来划分综合等级，各档比例还可按表 8-4 控制。这里要注意 X 级的处理。任何一级物流强度与 X 级的非物流关系综合时，不应超过 O 级。对于一些绝对不能靠近的作业单位，相互关系可定为 XX 级。最后，再根据经验和实际约束情况，来适当调整综合相关程度。

一般综合相关程度高的区域在布置时应尽量紧邻或接近，如出货区与称重区；而相关程度低的区域则不宜接近，如库存区与司机休息室。在规划过程中应由规划设计者根据使用单位或企业经营者的意见，进行综合的分析和判断。

2. 流动模式分析

布置问题的定量分析常见的目标是降低物流成本，这时就要对设施内的流动模式作出分析。流动模式可以分为水平和竖直，如是单层设施，就只用考虑水平流动模式，多层设施布置时还要考虑竖直模式。但总的来说，水平模式是最基本的。不论布置对象的大小，也不论采用何种原则布置，都要考虑物料的流动模式。

选择流动模式时主要考虑收发口、场地和建筑物的限制、物流强度、通道和运输方式等，实际设施布置的流动规划常常是几种模式的组合。物流中心作业区域间的物流动线形式见表 8-6。

表 8-6　作业区域间的物流动线形式

项次	作业区域间的物流动线形式	
1	直线式	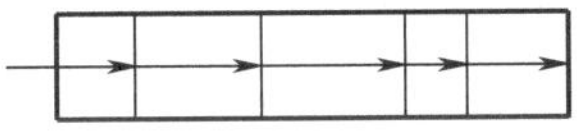
2	双直线式	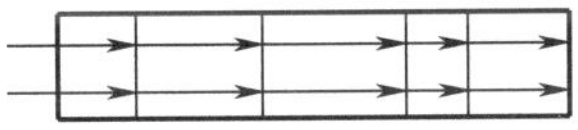
3	锯齿形或 S 形	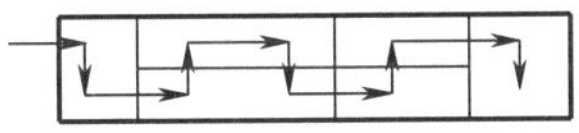
4	U 形	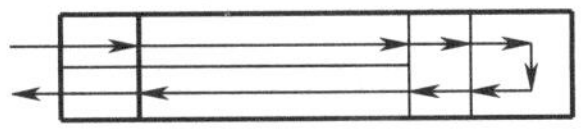
5	分流式	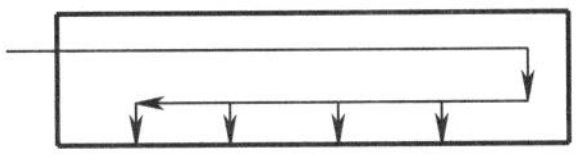
6	集中式	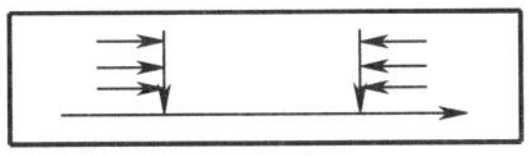

(1) 直线式。适用于出入口在库房两侧、作业流程简单、规模较小的物流作业，无论订单大小与配货品种多少，均需通过库房全程。

(2) 双直线式。适用于出入口在库房两侧、作业流程相似但是有两种不同进出货形态或作业需求的物流作业。

(3) 锯齿形或 S 形。通常适用于多排并列的库房货架区内。

(4) U形。适用于出入口在库房同侧的作业,可依进出货频率大小安排接近进出口端的储区,以缩短拣货搬运路线。

(5) 分流式。适用于批量拣取后进行分流配送的作业。

(6) 集中式。适用于因储区特性将订单分割在不同区域拣取后进行集货的作业。

8.6 布局方法与实例

1. 面积计算

各功能区域面积的确定与各区域的功能、作业方式、所配备的设施和设备及去留程度等有关,应分别对各功能区域面积进行计算。例如,仓储区面积的大小与仓储区具体采用的存储方法、存储设备和作业设备密切相关,常用的存储方法有地面堆码、货架存放、自动仓库等几种方式,应根据所确定的总的仓储能力计算所需的面积或空间。

这里介绍一种对功能区域的面积进行估算的方法。对于物流作业区域,由于其面积主要取决于货物作业量,因此可以用如下的简单公式估算该区域的面积:

$$S=\sum\frac{A_j}{h}$$

式中,A_j 为第 j 种货物每日的作业量(t);h 为该区域的面积利用系数(t/m^2)。

各区域的面积利用系数取决于货物的类型、货物的存放方式及所采用的作业设备等,应根据经验和具体条件确定。

将各作业单位面积需求汇总,根据场地的要求,确定建筑的基本形式,在此基础上按各作业单位的面积需求进行分配。

2. 位置布置方法

物流中心区域平面布置有两种方法,即流程性布置法和活动相关性布置法。

流程性布置法是以物流移动路线作为布置的主要依据,适用于物流作业区域的布置。首先确定物流中心内由进货到出货的主要物流线路形式,并完成物流相关性分析。在此基础上,按作业流程顺序和关联程度配置各作业区域位置,即由进货作业开始进行布置,再按物流前后相关顺序安排各物流作业区域的相关位置。其中,将面积较大且长宽比例不易变动的区域先置入建筑平面内,如自动仓库、分类输送机等作业区。

活动相关性布置法是根据各区域的综合相关表或综合相关图进行区域布置,一般用于整个库区或辅助作业区域和建筑外围区域的布置。首先选择与各部门活动相关性最高的部门区域先行置入规划范围内,再按活动相关表的关联关系和作业区域重要程度,将各作业区域依次置入布置范围内。通常,物流中心行政管理办公区均采用集中式布置,并与物流仓储区分隔,但也应进行合理的配置。由于目前物流中心仓储区采用立体化仓库的形式较多,其高度需求与办公区不同,故办公区布置应进一步考虑空间的有效利用,如采用多楼层办公室、单独利用某一楼层、利用进出货区上层的空间等方式。

根据物流相关表和活动相关表,探讨各种可能的区域布置组合,以形成最终的决策。物流中心的区域布置可以用绘图方法直接绘成平面布局图;也可以将各功能区域按面积制成相应的卡片，在物流中心总面积图上进行摆放，以找出合理方案；还可以采用计算机辅助平面区域布置计算进行平面布置。平面布置可以做出几种方案，最后通过综合比较和评价选择一个最佳方案。

进行过关联性分析和内部货物流的路线分析后，在根据不同作业区之间的定性测量值（即接近程度）或定量测量值（即货物流密度）来配置各作业区域的相对位置时，可以将整个布置的过程简化为算法程序。以下介绍三种方法：关联线图法、图形构建法、动线布置法。

（1）关联线图法。在绘制关联线图之前，首先汇总各个作业区的基本资料，如作业流程与面积需求等，然后制作各个作业区的作业关联图，如图 8-7 所示。

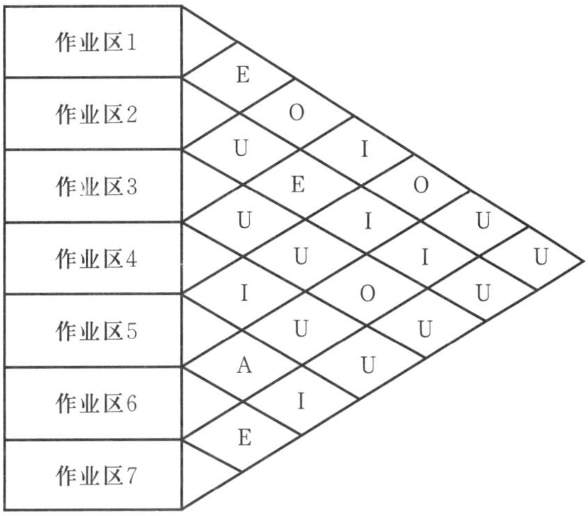

图 8-7　作业关联图

根据图 8-7 的基本资料，按照作业区间的各级接近程度将其转化为关联线图底稿表（表 8-7），表中数字表示与特定作业区有某级关联的作业区号。

表 8-7　关联线图底稿表

关联	作业区 1	作业区 2	作业区 3	作业区 4	作业区 5	作业区 6	作业区 7
A					6	5	
E	2	1,4		2		7	6
I	4	5,6		1,5	2,4,7	2	5
O	3,5		1,6		1	3	
U	6,7	3,7	2,4,5,7	3,6,7	3	1,4	1,2,3,4
X							

关联线图法的基本步骤如下：

①选定第一个进入布置的作业区。从具有最多的“A”关联的作业区开始。若有多个作业区同时符合条件，则以下列顺序加以选定：最多“E”的关联，最多“I”的关联，最少“X”的关

联;如果最后还是无法选定,就在这些条件完全相同的作业区中,任意选定一个作业区作为第一个进入布置的作业区。本例选定的作业区为6。

②选定第二个进入布置的作业区。第二个被选定的作业区是与第一个进入布置的作业区相关联的未被选定的作业区中具有最多"A"的关联作业区。如果有多个作业区具有相同条件,则与①一样,按照最多"E"的关联,最多"I"的关联,最少"X"的关联进行选择。如果最后还是无法选定,就在第一个进入布置的作业区相关联的这些条件完全相同的作业区中,任意选定一个作业区作为第二个进入布置的作业区。本例选定的第二个进入布置的作业区为5。

③选定第三个进入布置的作业区。第三个被选定的作业区,应与已被选定的前两个作业区同时具有最高的接近程度。与前两个作业区关系组合的优先顺序依次为AA、AE、AI、A*、EA、EE、EI、E*、II、I*,其中符号"*"代表"O"或"U"的关联。如果遇到多个作业区具有相同的优先顺序,仍采用①的顺序法则来处理。本例选定的第三个进入布置的作业区为7。

④选定第四个进入布置的作业区。第四个作业区选定的过程与③相同,被选定的作业区应与前三个作业区具有最高的接近组合关系。组合优化顺序为:AAA、AAE、AAI、AA*、AEA、AEE、AEI、AE*、AII、AI*、A**、EEE、EEI、EE*、EII、EI*、E**、III、II*、I**。本例选定的第四个进入布置的作业区为2。

⑤以此类推,选择其余三个作业区,其过程如图8-8所示。

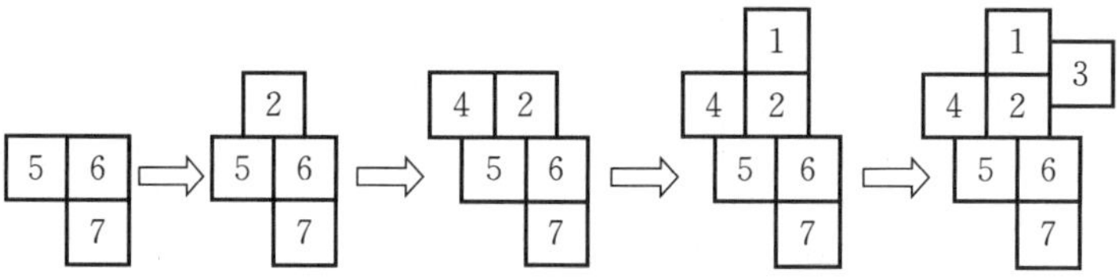

图8-8 关联线图法的基本步骤

在绘制关联线图时,可使用图8-8所示的方块样板来表示每个作业区。在相对位置确定以后,即可依照各作业区的实际规模,完成最终的实际布置。但由于样板的放置过程中有很多主观因素,因此最后可能会产生数个布置方案。此外,如果各作业区面积不同,也会产生多个最终布置方案。

(2)图形构建法。图形构建法和关联线图法相似,所不同的是,此方法以不同作业区间的权数总和(定量测量)作为选择作业区的法则,而关联线图法则是以作业区间接近程度(定性测量)作为挑选作业区的法则。这里介绍一种启发式的图形构建法,主要是根据节点插入的算法来构建邻接图,并且保持共平面的性质。图形构建法首先要设定各作业区间的关联权重,图8-9为作业关联图与关联线图。

在此基础上,图形构建法的基本步骤如下:

①从图8-9所示的关联线图中,选择具有最大关联权重的成对作业区。因此,在本例中作业区3和作业区4首先被选中而进入关联线图中。

②选定第三个作业区进入图中,其根据是这个作业区与已选入的作业区3和作业区4所具有的权重总和为最大。在表8-8中,作业区2的权数总和为25,所以入选。如图8-10所示,线段(2-3)、(3-4)和(4-2)构成一个封闭的三角形图面,这个图面可以用符号(2-3-4)来表示。

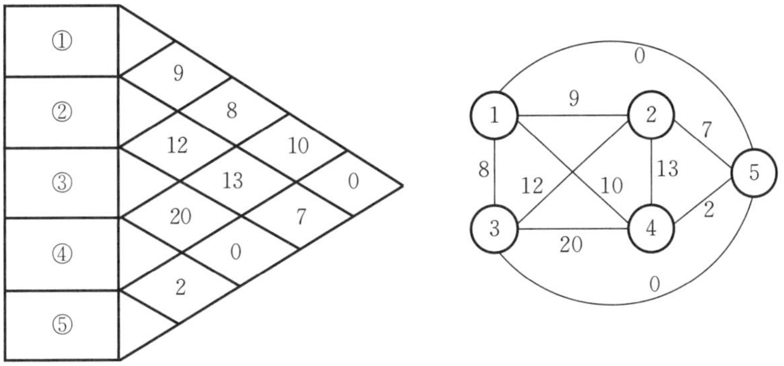

(a) 作业关联图　　　　(b) 关联线图

图 8-9　作业关联图与关联线图

表 8-8　第三个作业区选择关联权重总和表

作业区	3	4	合计
1	8	10	18
2	12	13	25(最佳)
5	0	2	2

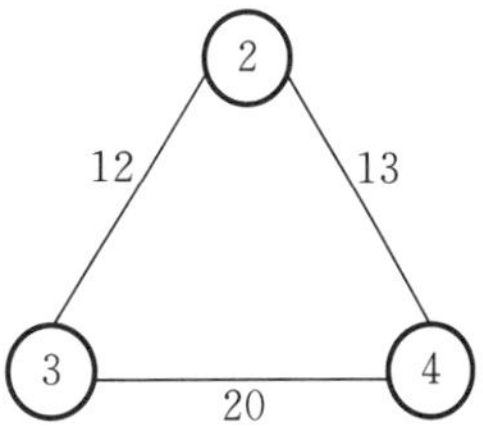

图 8-10　选定三个作业区的图形构建法示意图

③对尚未选定的作业区，建立关联权重总和表(表 8-9)，由于作业区 1 和作业区 5 的关联权重值总和分别为 27 和 9，因此作业区 1 被选定，以节点的形态加入图面，并置于区域(2-3-4)的内部，如图 8-11 所示。

表 8-9　第四个作业区选择关联权重总和表

作业区	2	3	4	合计
1	9	8	10	27(最佳)
5	7	0	2	9

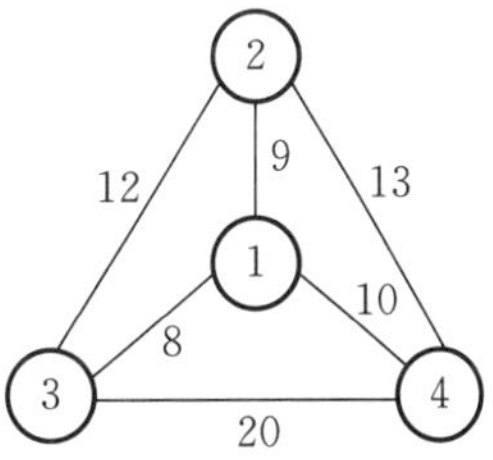

图 8-11　选定四个作业区的图形构建法示意图

④剩余的工作是决定作业区 5 应该加入哪一个图面上。在这个步骤中，先建立作业区选择关联权重总和表(表 8-10)。显然，作业区 5 可以加入图面(1-2-3)、(1-2-4)、(1-3-4)或(2-3-4)之内。作业区 5 加入图面(1-2-4)或图面(2-3-4)都得到相同的权重值为 9，所以任意选择其一即可，本例将作业区 5 加入图面(1-2-4)的内部。最后所得到的邻接图如图 8-12 所示，此图为图形构建法的最佳解，线段上的权数总和为 81。

表 8-10　作业区 5 选择关联权重总和表

作业区	1	2	3	4
5	0	7	0	2

图面	合计
1-2-3	7
1-2-4	9(最佳)
1-3-4	2
2-3-4	9(最佳)

⑤构建完成一个邻接图之后，最后一步是依据邻接图来重建区块布置，如图 8-13 所示。在构建区块布置图时，各作业区的原始形状必须作出改变，以配合邻接图的要求。但在实际应用上，由于作业区形状需要配合内部个别设备的几何外形，以及受到内部布置结构的限制，所以作业区的形状还需根据具体情况来决定。在决定各作业空间的面积时，需要考虑仓库本身的大小、设备的大小和设备的摆放位置等因素。

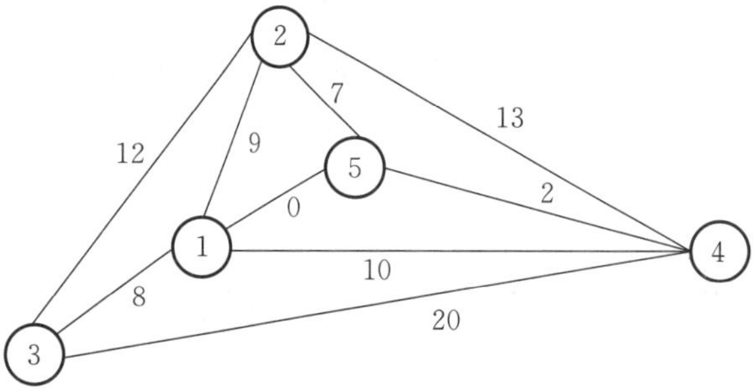

图 8-12　五个作业区的图形构建法示意图

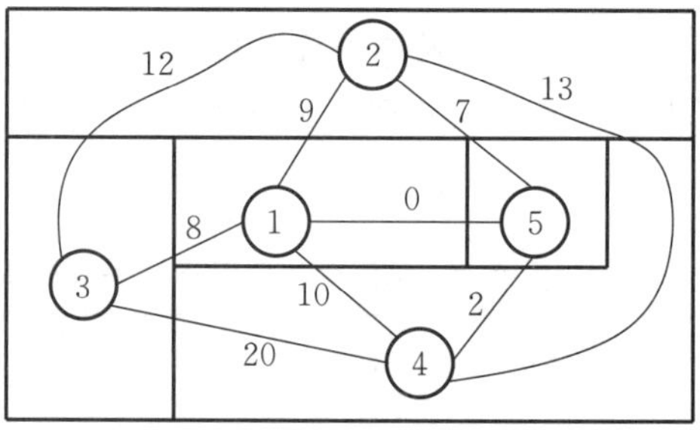

图 8-13　最终邻近区布置示意图

(3) 动线布置法。前述两种区域布置方法是在完成各作业区面积需求计算及基本规划后，对货物流程与活动关联性的关系进行整合，以决定不同作业区的可行位置。动线布置法则是先决定作业系统的主要动线行进方向，再依据流程性质或关联性关系进行区域配置。为此，应先将各作业区依估计面积大小与长宽比例制作成模板形式，然后在布置规划区域时根据各作业区性质决定其配置程序，其方式包括两种，一种是流程式，即配送中心的各作业区多半具有流程性的关系，在以模板进行配置时应考虑区域间物流动线的形式。规划设计时一般采用混合式的动线规划，而非单一的固定模式。另一种是关联式，即以整个物流中心作业配置为主，根据活动关联分析得出各作业区间的活动流量，两区域间的流量以线条表示。为避免流量大的区域间活动经过的距离太长，应使两区域尽量接近。

以下区域布置安排以流程式为主，其基本步骤如下：

①决定物流中心对外的连接道路形式，以决定出入口位置及内部配置形式。

②决定物流中心厂房空间位置、大致的面积和长宽比例。由于各作业区域的面积和长宽比还没有经过详细计算，因此这里的面积和长宽比仅仅是一个大概的数值。图 8-14 为各作业区域的面积与长宽比示意图。

③决定物流中心内由进货到发货的主要物流动线形式，如 U 形、S 形等。图 8-15 为进发货站台和场内物流动线形式的布置图。

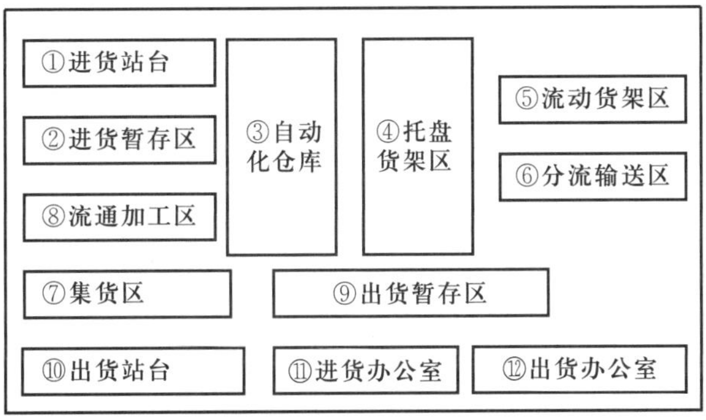

图 8-14　各区域面积大小与长宽比示意图

④布置刚性区域。刚性区域就是作业区域中面积较大且长度不易变动的区域。根据作业流程顺序，安排各区域位置。物流作业区域是由进货作业开始，根据物料流程前后关系顺次安排相应位置。其中作业区域中面积较大且长宽不易改变的区域(刚性区域)，应首先安排在建筑平面中，如自动化立体仓库、分类输送机等作业区域。图 8-16 为刚性区域的布置图。

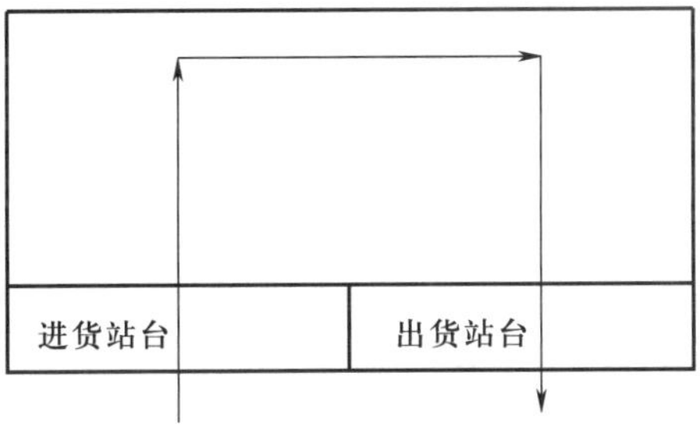

图 8-15　进发货站台与物流动线关系图

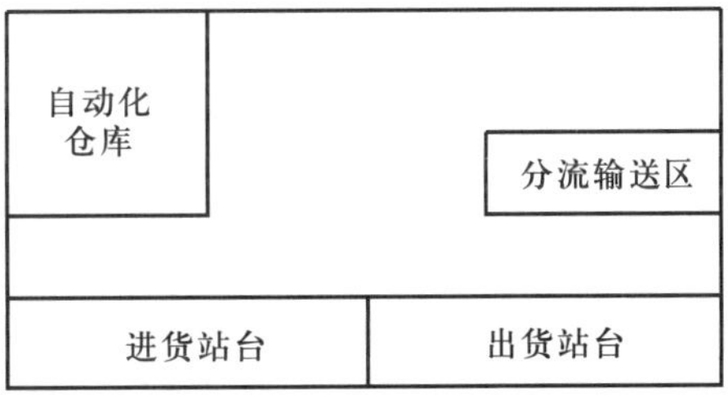

图 8-16　刚性区域布置图

⑤插入柔性区域。柔性区域首先是指虽然面积大但长宽比例容易调整的区域，如托盘料货架、流动货架与集货区等。

图 8-17 为面积较大但长宽比例可变的物流作业区域的配置图。柔性区域还应包括面积较小且长宽比例容易协调的区域，如理货区、暂存区、流通加工区等。图 8-18 为布置其余面积较小且长宽比例可变的区域图。

⑥决定行政办公区和物流仓储区的关系。一般物流中心行政办公区是集中式布置。为了提高空间利用率，常采用多楼层办公方案。图 8-19 为现场行政管理和办公区的布置图。

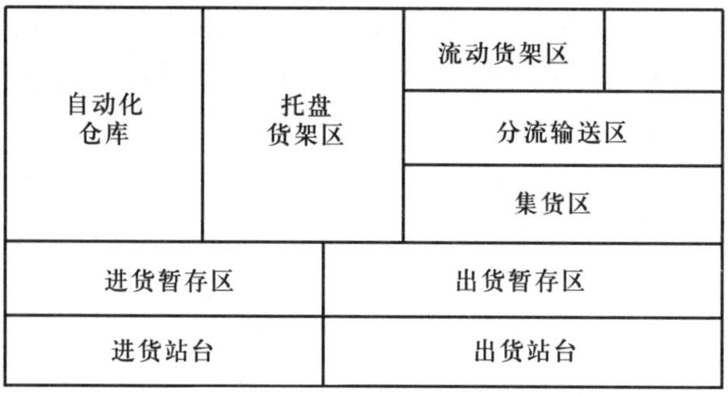

图 8-17　布置面积较大但长宽比例可变的区域图

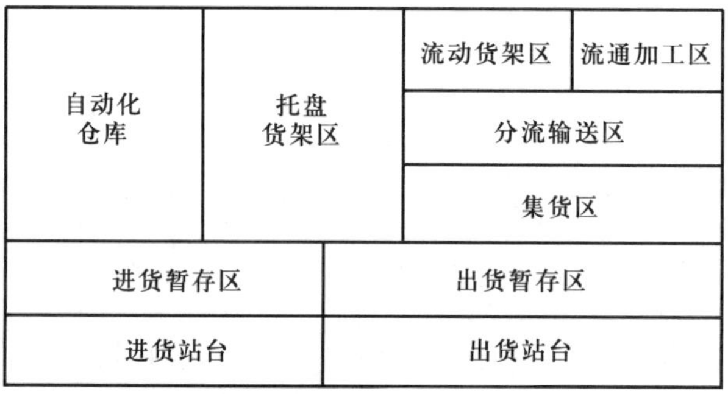

图 8-18　布置面积较小且长宽比例可变的区域图

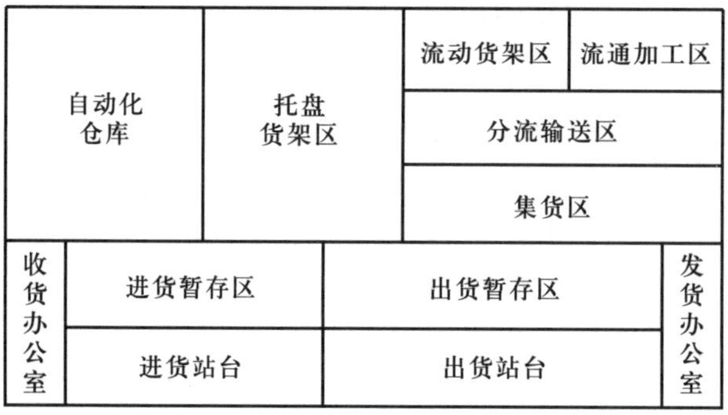

图 8-19　布置现场行政管理与办公区域图

根据上述步骤，可以逐步完成各区域的概略布置，然后以区域模板置入相对位置，并作适当调整，形成关联布置图，最后调整部分作业区域的面积或长宽比例后即得到作业区域配置图。

使用以上区域布置方法时，当各区域布置的面积无法完全置入作业平面时，必须修改部分区域的面积或长宽比例。若修改的幅度超过设备规划的底线，则必须进行设备规划的变更后，再重新进入作业空间规划程序并进行面积布置。各区域布置经调整后即可确定，并绘制区域布置图。

由于用户需求和竞争环境的变化，许多作业活动经常需要扩充或缩减其容量，从而导致其空间需求和设备需求有所改变，此时区域布置即成为一个动态过程。为了让每一个作业区能够更有效地运作，应针对特定的流程需求，设计出不同的替代布置方案，特别是在初步设计时，必须考虑足够的弹性，以适应物流需求在一定范围的变化，否则有可能产生作业瓶颈。

3. 步骤方案的调整与评估

(1) 活动流程的动线分析。在区域位置布置阶段，还没有进行设备的选用设计，但是按物流特性和作业流程已经对设备的种类有大致的要求。活动流程的动线分析就是根据这些设备性能，逐一分析区域内和各区域之间的物流动线是否流畅，其分析步骤如下：

①根据装卸货的出入形式、作业区域内物流动线形式，以及各区域相对位置，设计厂房内的主要通道。

②进行物流设备方向的规划。在此规划过程中，需要考虑作业空间和区域内的通道情况。

③分析各区域之间的物流动线形式，绘制物流动线图，进一步研究物流动线的合理性和流畅性。物流作业区域布置物流动线图如图 8-20 所示。

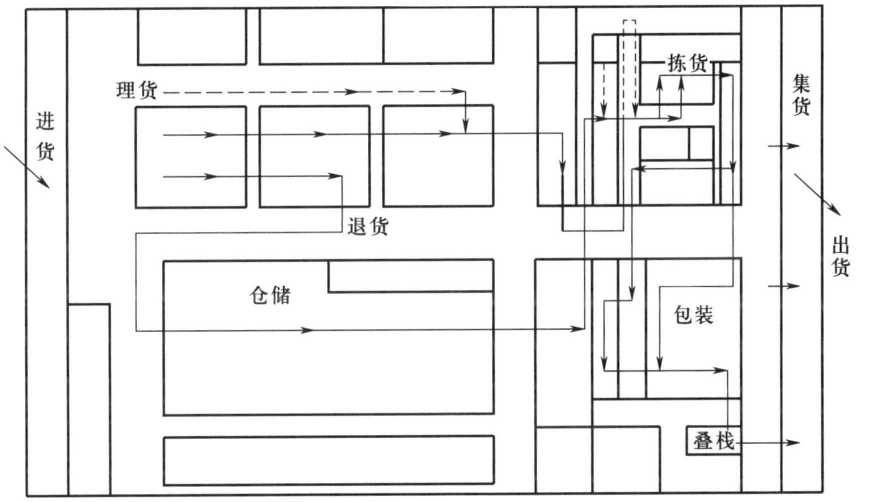

图 8-20　物流作业区域布置物流动线图

(2) 方案评价、修正与调整。经过上述规划分析，得到了物流中心区域布置的草图，最后还应根据一些实际限制条件进行必要的修正与调整。这些限制条件主要包括以下方面：

①库房与土地面积比例。如库房建筑比率、容积率、绿地与环境保护空间的比例及限制等。

②库房建筑的特性。如建筑造型、长宽比例、柱位跨距、梁高等限制或需求。

③法规限制。如土地、建筑法规、环保、卫生、安全相关法规、劳动法等。

④交通出入限制。如交通出入口及所在区域的特殊限制等因素。

⑤其他。如经费预算限制、政策配合因素等。

(3) 方案选择。在方案分析评价的基础上，最后选择一个最优的作业区域配置方案。

修正后的规划方案是否可行、是否合理、是否科学、是否符合实际，还要组织有关专家和决策层进行评估。评估内容如下：

①经济性方面。这方面的评估内容包括土地面积、库房建筑面积维护费用、人力成本及耗能等方面。

②技术性方面。

a. 自动化程度是否合理，主要对搬运省力化、出入库系统自动化、拣货系统自动化和信息处理自动化等内容进行评估。

b. 设备可靠性是指当发生任何故障时，系统能否快速响应，立即采取应对措施，进行主要的物流作业。同时，当主要系统发生故障时，能否迅速修复或有备用系统代替等内容。

c. 设备维护保养是指是否建立设备的维护管理档案，有没有专设机构和专人管理，设备的运行状态维护与定期保养是否规范等内容。

③系统作业方面。这方面的评估内容包括储位柔性、系统作业柔性、系统扩充性、人员安全性等要素。

a. 储位柔性是指存取空间能否调整、储位能否按需求弹性应用和是否限定存放特性物品等。

b. 系统作业柔性是指系统是否容易改变，系统作业的原则、程序和方法是否可以变更。

c. 系统扩充性是指当系统扩充时，是否改变原有布置形式和现有建筑，原有设备能否继续使用，是否改变现有作业方式，以及是否需要增加土地等。

d. 人员安全性是指仓库货架稳定性如何，人员、路径和搬运设备之间是否交错和频繁接触，自高处向下搬运货物是否可能危及人员安全，电气设备是否有不安全隐患，通道是否通畅、遭遇紧急情况时是否通畅、遇难时可否安全逃生等。

思考题

1. 产业布局的影响因素有哪些？
2. 产业布局的原则是什么？
3. 产业布局模式有哪些？
4. 产业空间结构的组成要素是什么？
5. 如何理解产业空间结构的主要理论？
6. 物流作业设计的指导思想和原则是什么？
7. 物流产业空间布局规划的作用有哪些？
8. 物流中心区域平面布置有哪些方法？
9. 关联线图法、图形构建法、动线布置法各有哪些特点？
10. 物流区域布置安排的基本步骤有哪些？

第9章 物流产业的智慧化与设施布置规划

9.1 物流产业的智慧化发展体系

随着大数据、云计算、物联网以及人工智能等新兴互联网技术的成熟与发展，越来越多的产业开始向智慧化模式发展，通过业态模式创新、技术创新等手段实现跨越式发展。而作为国民经济发展的基础性产业，物流产业更是进行了一系列的积极探索与尝试，完成了升级与变革。如顺丰及京东利用人工智能技术采用无人机进行快递的配送，苏宁使用云存储技术建立了智慧物流"云仓"等。虽然在新兴互联网技术的协助下，我国物流产业基本实现了由传统物流向智慧物流的转型，但在取得辉煌成就的同时，也不能忽视我国物流产业的种种问题，尤其是物流运作效率低及物流运输成本高等难题。同时，由于目前我国智慧物流发展仍处于低级别的初级发展阶段，因此对于物流企业而言，更应当探寻智慧物流商业模式的精细化发展，通过物流资源深度整合等形式推动我国智慧物流发展，进一步促进我国物流产业提速增效。

智慧物流是物流资源的整合者，打破了物流产业市场中的信息不对称问题，使得社会闲散的物流资源得以充分利用；智慧物流是物流市场的集成者，通过物联网组建了集约化和市场化的新型物流市场，使较为分散的物流市场格局朝一体化方向发展；智慧物流是物流产业的创新者，通过大数据、云计算及人工智能等技术为不同消费者提供个性化与定制化物流服务。同时，信息化、自动化与机械化的物流服务模式还可以解决当前我国物流产业"用工难"问题，为物流产业降本增效提供新的途径。智慧物流还是绿色消费的引领者，最优化的仓储与运输路线可以减少不必要的资源浪费，为绿色环保发展提供坚实保障。此外，信息化、电子化的发展可以有效减少实体资源的使用和浪费，为可持续发展提供必要条件。

9.1.1 智慧物流发展体系及其特征

在互联网技术的影响下，许多传统产业都遵循着"物竞天择，适者生存"的法则，通过不断融入新技术实现自我改革与升级。同样，对于我国物流产业而言，也是经历了许多尝试和探究，才实现了由传统物流 1.0 模式转变成智慧物流 3.0 模式。

其中，物流 1.0 模式是以传统物流模式为基础；物流 2.0 模式则是以我国电子商务发展为基础，互联网购物的普及使得物流产业的市场地位不断提升，在此阶段我国物流产业初步实现了信息化、网络化以及智能化发展;物流 3.0 模式则是以国家顶层设计为核心,通过“互联网+”发展战略的不断深入与发展,倒逼传统企业转型升级,进而形成了当前我国智慧物流发展体系,如图 9-1 所示。

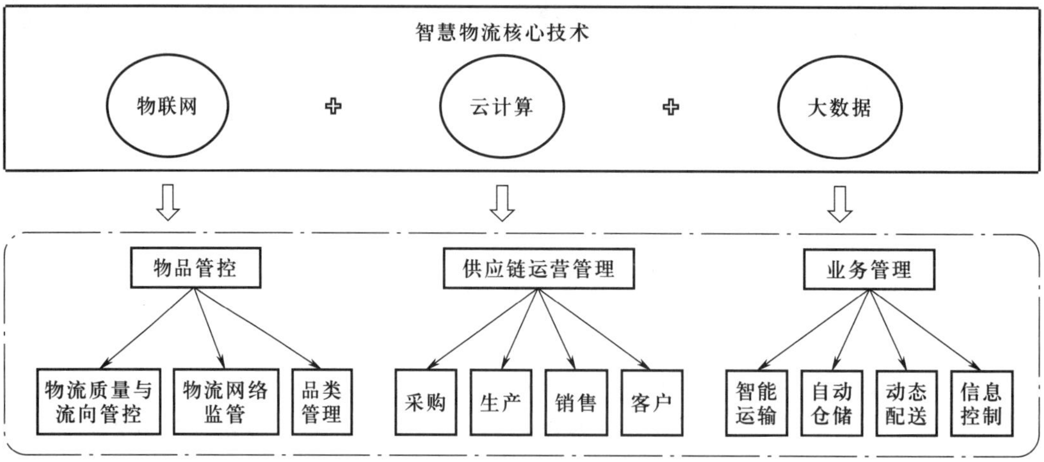

图 9-1　我国智慧物流发展体系

智慧物流核心技术主要包括物联网、云计算及大数据技术。其中,物联网可以使物物相连,通过传感、RFID、GPS、红外、激光等技术对物流企业的基本信息及客户信息进行采集,以实现现代物流的网络化、信息化、集成化、智能化和柔性化发展。云计算和大数据则是智慧物流体系建设的重要保障。大数据可以进行预处理、存储和管理以及分析和挖掘。云计算是大数据的支撑,可以对数据进行存储并且可以根据需求不断调整,而且不需要维护。例如,大数据技术和云计算技术可以消除传统物流产业之间的“信息孤岛”问题,实现物流基础数据的交互与互通,减少信息重复采集,以实现降低物流成本的目标。在销售方面,可以根据消费者用户特征,制定个性化服务。在网络规划方面,可以实现物流仓储和运输的最优布局。在仓储方面,可以实现智能补货以及库存系统,提升物流企业库存周转率。智慧物流功能体系主要包括物品管控、供应链运营管理和业务管理三大部分。具体而言,在智慧物流的物品管控环节,物流企业可以对企业的商品及产品进行动态把控,以实现供需对接。在供应链运营管理方面,智慧物流实现了物流产业的网络化运营,真正意义上将整个物流上下游产业进行了整合与融合。

目前,在智慧物流发展体系下,不断有物流企业和金融机构进行合作,使得物流金融得以发展,丰富了供应链物流体系。在业务管理方面,智慧物流基本实现物流产业的智能运输、自动仓储、动态配送以及信息控制等功能,提升了整个物流产业的反应速度和准确度。

智慧物流的特征优势包括:

第一,智慧物流较传统物流而言,具有双向推动优化作用,可满足不同主体的各自需求,是共享经济及互联网时代下的传统产业转型必由之路。例如,物流产业的主要参与主体包括物流企业和市场消费者,物流企业的目标是实现物流成本降低,并增加物流企业的自身经济效益,而智慧物流的智能化、自动化特征可解决物流企业的发展阻碍,消除不必要的物流中间环节，并以更加高效的管理效率提升物流效率，从而达到降低成本的目标；市场消费者则是希望通过花费更少的资金，获得更加完善与贴心的服务，而智慧物流的网络协同能力及自动信息化技术可以使物流运输、配送等环节实现最优化，以满足消费者的需求。

第二，智慧物流使得物流服务更加“人性化”，使物和人之间具有交互性。智慧物流通过自动感知技术及信息数据获取技术，实时获取基本的物流信息（包括位置、时间以及状态等），并以此为基础为消费者提供不同的服务场景，以满足消费者的不同需求。

第三，智慧物流发展体系充分体现了现代产业融合发展趋势，高度集成化发展模式已经成为智慧物流的突出特征。从技术角度而言，在现代互联网信息技术的协助下，智慧物流已经将物流技术、系统应用及企业管理等子系统进行无缝集成和融合。从产业链角度而言，智慧物流加强了物流供应链上下游企业之间的联系，具体的物流运作环节也呈现出一体化发展趋势。

9.1.2　智慧物流发展趋势

在物联网、大数据、云计算及以区块链技术为代表的新一轮科技革命的推动下，智慧物流的功能与服务水平在不断提升，并呈现出以下发展趋势：

第一，依托智慧物流商业模式，智能交通体系发展模式逐渐显现。从产业经济学角度而言，智慧物流是物流产业的改革与升级，对物流产业具有促进作用。智慧物流产业中的智能车路协同系统，船、标、岸协同感知系统及空地协同感知系统等一系列技术成果都可以进行大范围推广，进而解决部分制约我国综合交通运输系统的技术约束，建设成我国特有的智能交通系统。对此，我国政府已经在全国范围内进行了一系列的项目建设。

因此，随着智慧物流的不断发展，我国智能交通以及智慧交通模式也将不断成熟，智慧物流将成为我国智能交通体系的底层技术基础。

第二，智慧物流服务领域不断拓展，将形成一体化服务发展模式。物流产业作为国民经济的重要支撑点，具有传递社会资源、加速社会资源流动的作用。因此，从产业融合角度来看，智慧物流发展模式不仅局限于物流产业领域的发展，如仓储、运输及配送，同时还会与其他产业进行融合，提升其他产业模式资源或资产的运转速率，进而形成一体化服务发展模式。此外，智慧物流还有助于产业链的建设，加深上下游企业与核心企业之间的联系，通过信息交互、共享等方式，实现产业链内各企业的实时互联，以提升供应链系统的协同能力。

第三，智慧物流与金融产业将不断融合，“智慧物流＋金融”的智慧物流金融模式将成为社会资金的中转站。金融业作为顶层设计，任何产业都离不开金融。当前，我国政府不断强调普惠金融，希望将更多的资金从虚转实，服务实体经济。然而，许多商业银行及国有银行出于自身风险利益考量，更愿意将资金流向大型企业以及上市公司，因此导致中小型企业的融资渠道狭窄，中小型企业融资难、融资成本高问题不断涌现。而物流金融却可以作为目前市场融资问题的中转站，充当资本与融资企业之间的沟通桥梁，使资金流向社会中千千万万的中小型企业。虽然目前我国已经有许多物流金融企业为市场中的中小型企业提供融资服务，但是由于物流金融企业的风控能力不强，因此导致许多物流金融企业在近年来的运营过程中损失惨重。但是，对加入了新兴互联网技术的智慧物流企业而言，由于大数据、云计算及物联网等技术的应用，可以获得更多的企业核心数据并对其分析，有利于建设更加合理、安全性更高的金融风险风控模型。

9.1.3 我国智慧物流发展机遇

1. “互联网+”发展战略不断深入，为智慧物流发展提供良好环境

自 2015 年《政府工作报告》提出发展“互联网+”发展战略并将其上升至国家战略高度以来，我国就出台了一系列重要发展政策，以助推我国“互联网+”战略的快速健康发展。2016 年 7 月，国家发展改革委发布了《“互联网+”高效物流实施意见》，初步确立了我国智慧物流的发展目标、方式及任务，为智慧物流体系的建设与发展指明了方向。此后，相关利好政策不断出台，初步构成了我国智慧物流发展体系的顶层设计，对智慧物流的集约化、智能化以及标准化发展具有重要意义，见表 9-1。

表 9-1 我国主要智慧物流发展政策

发布时间	政策名称	发布机构	主要内容
2015 年	《关于积极推进“互联网+”行动的指导意见》	国务院	鼓励大数据、云计算及物联网等现代互联网技术在物流产业的应用，通过技术革新打造智能化物流产业，以提升物流运作效率
2015 年	《关于智慧物流配送体系建设的实施意见》	商务部	鼓励各物流企业进行追踪技术、库存监控技术等技术应用，建立面向客户的一体化服务体系。包括：推广物联网等技术、加强数据安全管理、推动电子商务和物流协同发展；创新物流运营模式及建设智慧配送基地等
2016 年	《国务院办公厅关于深入实施“互联网+流通”行动计划的意见》	国务院办公厅	确定了“互联+流通”是我国物流流通领域实现稳定增长、扩消费、提效益及降成本的重要举措。具体提出了 7 项任务，5 个保障措施
2016 年	《“互联网+”高效物流实施意见》	国家发展改革委	推动大数据、云计算等技术与物流产业的融合，通过对物流资源的配置优化，以提升智慧物流的信息化、标准化及组织化发展
2017 年	《快递业发展“十三五”规划》	国家邮政局	确立了大数据、物联网及云计算在物流企业运营中的意义，推动物流业建立现代服务一体化平台，鼓励各物流企业加强对无人机、无人车等技术的研发
2018 年	《交通运输部办公厅关于加快推进新一代国家交通控制网和智慧公路试点的通知》	交通运输部办公厅	推动我国交通运动业数字化建设，包括：北斗高精度定位综合应用、基于大数据的路网综合管理及“互联网+”路网综合服务等六项主题

2. 经济新常态及供给侧结构性改革促使传统物流产业转型升级

随着人口红利的逐渐消失，出现了许多经济发展问题，这表明我国已经步入经济新常态，需要对现有的经济发展方式进行转型与升级。在此背景下，我国自 2015 年起开始推行供给侧结构性改革，试图通过对产业结构、区域结构、要素投入结构等进行改革创新，以解决当前市场的矛盾，保证经济稳定发展。政府所推出的种种政策以及发展战略，包括信息化发展、工业化发展、城镇化发展以及现代化发展等，无疑为我国传统物流产业向智慧物流转变提供了广阔的发展空间。此外，伴随着其他关联产业的改革与升级，各行各业对物流产业的需求不仅是量上的需求，同时还存在质上的需求，迫切需要传统物流产业转型升级，通过智慧物流的发展模式为企业和消费者提供更优质的物流服务。

3. 智慧物流底层基础不断突破，产业创新、技术创新态势良好

智慧物流的发展离不开底层技术的支撑，当前我国大数据、云计算以及物联网和人工智能自动化均取得了较大突破，技术研发、行业标准以及技术应用等方面成绩显著，为智慧物流的发展与普及提供了必要条件。物联网的技术架构可分为感知层、传输层、平台层和应用层。从 2023 年底的统计数据来分析产业链的价值分布，会发现应用层和平台层贡献最大的附加值，分别占到 35%左右的市场份额。

此外，关于智慧物流运营环节的自动化设备同样发展成绩显著，尤其是物流企业的自动化立体库、自动引导车以及自动分拣系统的大范围应用，更是缩短了我国与世界物流强国之间的差距，成为我国智慧物流发展的重要推动力。

9.1.4　我国智慧物流发展面临的挑战

1. 国家贸易保护主义抬头，物流市场的不稳定性影响了智慧物流市场的发展预期

当前，以美国政府为代表的贸易保护主义盛行，其主导的“美国优先”贸易保护政策使得世界贸易摩擦不断加剧。尤其是美国对中国发动的贸易战争，使得国际供应链体系严重受损，市场波动幅度不断加大，因此对我国的国际物流发展（包括国际航运、国际货代以及国内的物流需求）产生了一定的负面冲击。同时，检验与衡量国家贸易发展水平的散货运价指数也不断回落，表明全球的贸易摩擦问题已经对国际物流发展造成了影响。而贸易摩擦对于正在加快转型的中国智慧物流产业发展无疑影响深刻，国际与国内的物流需求降低将减缓我国智慧物流产业转型的质量与速度。这主要表现在：第一，对于航运和跨境物流而言，关税的提升将提高跨境成本，进而导致货运量下降及物流规模缩减。在市场需求低迷的环境下，国内物流企业的盈利能力将受到损害，因此同样影响到我国物流企业的发展质量与水平。第二，国家贸易摩擦将使得我国制造业受损，而智慧物流发展所需要的基础设施与技术均与制造业的产品和技术不可分离，同样也会影响我国智慧物流发展。

2. 国内物流成本仍然居高不下且效率低下，物流需求放缓

当前，我国正处于经济转型的攻坚阶段，经济新常态下我国经济持续下行，物流市场需求持续低迷。种种数据表明，我国经济正处于调整时期，社会总需求量不断减少，因而对物流产业的需求量也在逐渐降低，即使近年来我国物流产业在市场规模上仍然在不断增长，但是增速已经明显放缓，物流市场已经趋于饱和。同时，受到供给侧结构性改革的影响，经济产业结构正在加强调整，社会资源也在重新分配，许多原有的物流资源逐渐流向其他高效率、高效益及高质量的产业，因此导致物流产业的资本、人力及能源等资源要素成本不断上涨，物流成本不断增长。此外，物流产业的"用地难"及"用地贵"问题也日渐突出，特别是在大型城市或者中心城市，物流企业需要花费大量的资金成本构建存储仓，其运营成本及管理成本同时拉高了整个物流产业的仓储成本。

3. 产业优化治理发展压力较大，物流运输标准化问题有待完善

物流活动与经济发展息息相关，物流运输可以带动资源的高效流动，有助于推动经济增长。然而，物流活动频繁同样会引发环境污染问题，包括增加燃油消耗、空气污染、资源浪费、废弃物污染及交通阻塞等问题。对此，国务院对我国物流运输结构做出了明确指示和调整，要求沿海地区及主要港口将一些大宗商品由公路运输转为铁路或者水路运输，同时要求淘汰"国三"以下的柴油运输车。然而，对于物流企业而言，对交通运输工具的更改显然不仅存在业务模式上的考验，同样也存在经济成本压力。此外，物流产业的包装垃圾对环境造成废弃物污染问题也较为严重。因此，需要推动我国物流产业的运输标准化建设，通过带托运输等方式，为社会提供更加高效和环保的物流服务，也为我国智慧物流产业发展提供更多的实现途径。

9.1.5 物流产业智慧化的技术

1. 区块链技术

区块链起初源自比特币的诞生，中本聪(Satoshi Nakamoto)在2008年发表的论文《比特币：一种点对点式的电子现金系统》吸引了社会各界的注意，随着比特币的诞生，作为其底层技术的区块链也逐渐走进大众视野，在各行各业如火如荼地发展至今。

究竟什么才是区块链技术？国内外学者从数据结构和技术创新的视角出发，对区块链给出了不同的定义。从数据结构上来看，首次提出区块链概念的中本聪认为，区块链是一种保障信息在加密传输过程中安全性的数据结构和金融交易手段。蒋润祥和魏长江2016年将区块链定义为一种块链式的、依据时间次序并基于加密算法校验交互式的数据存储结构。袁勇和王飞跃2016年在此基础上，将区块链技术的定义扩展为一种去中心化的底层数据协议：首先通过加密块链式结构存储数据，其次通过分布式算法更新数据，最后通过智能合约编程和处理操作数据的强大技术。从技术功能角度出发，区块链强大的数据存储结构得益于哈希函数、时间戳、梅克尔树等技术的综合运用，能够增强数据的时间序列性、数据间的关联度和数据整体的信用背书；区块链对数据的维护、处理、更新是基于共识算法、P2P等技术的支撑，旨在解决分布式公共账簿的数据统一性、一致性问题；而区块链强大的保障信息安全和数据隐私的功能则是运用了密码学技术，按照时间序列对分布式账簿进行记账与核账。区块链技术特征总结如图9-2所示。

截至目前，作为一种极具颠覆性和潜力的技术，区块链已经远远超越以比特币为代表的分布式账簿，被誉为是以数字手段替代组织传统背书的"信任机器"，促进非信任和完全陌生的人进行安全有效交易的数字化解决方案。保障数据的安全性和不依赖任何数据中心的去中心化是区块链技术的两个主要特征。由此看出，区块链是一种多项技术的独特结合，可以看作是一项数字执行规则，目的是确保网络安全性、透明性和可见性。近年来，区块链技术在供应链中的机遇与挑战已引起全球关注，少数已应用区块链技术的可持续使用

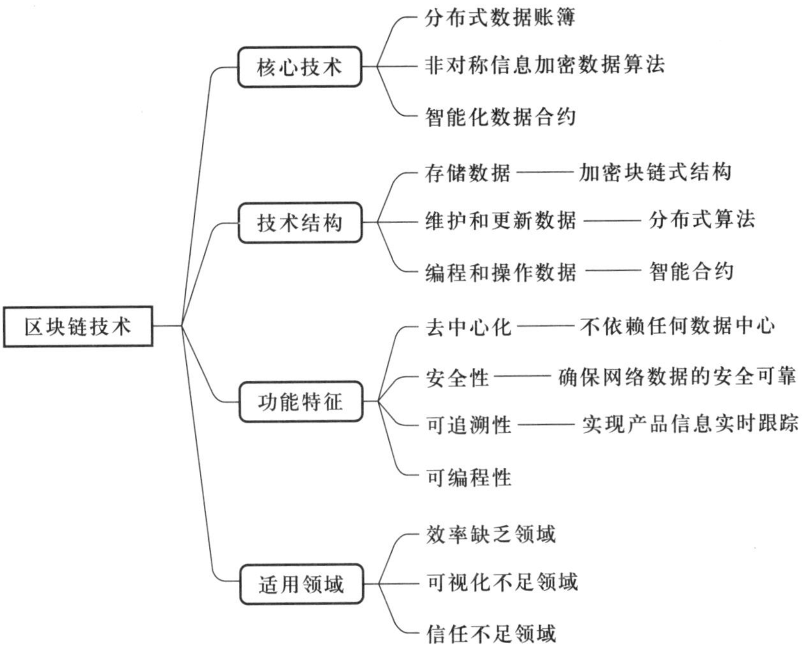

图 9-2　区块链技术特征总结

案例包括食品、医疗保健和物流供应链，区块链技术可以改变业务和供应链模型，改变信息链中参与者之间交换信息的方式，解决供应链管理中跟踪产品信息的问题，并有可能彻底改变供应链管理和可持续性成就。例如，区块链技术为双边平台的用户获取产品与服务的真实信息提供了安全保障，天猫、京东等双边平台已经在进出口商品中采用区块链技术进行产品溯源和物流全链路的信息跟踪，路歌物流信息平台也利用区块链技术实现了基于运营数据的透明化的供应链金融服务。

2. 大数据技术

大数据概念起源于信息技术的发展，1981 年，“大数据”作为概念名词由阿尔文 · 托夫勒(Alvin Toffler)首次提出；1998 年，美国科学家约翰 · 马西(John Mashey)指出数据体量正在全球范围内飞速增长，数据的抓取、理解、分析和管理困难是人类信息时代面临的重要问题。进入 21 世纪后，吉姆 · 格雷(Jim Gray)作为数据库的领军人物，认为大数据是人类真正理解和探索复杂世界的关键工具。大数据渐渐上升到了国家战略和科学研发的高度，在 2014 年形成了相对完善的理论体系，被大众普遍认为是拥有超出传统方法数据处理能力的体量庞大的数据集合体，既包含结构化数据，也包含一些非结构化数据。大数据的基本概念见表 9-2。

表 9-2　大数据基本概念

概念分类	提出机构	具体描述
技术定义	国际数据公司	高效捕捉、分析和挖掘大规模和多样化数据价值的技术
功能定义	美国国家标准与技术研究院	提高数据获取速度和存储容量、改善处理分析效率的方式
数据定义	麦肯锡公司	超出传统数据库数据处理和分析能力的数据集

伴随着“中国制造 2025”目标的提出，大数据在我国的发展已经进入相对成熟的阶段，已经打破了各行各业的数据壁垒，实现了多方的数据共享。可以看出，大数据已经不单单是庞大的数据量而已，更是一种能够帮助个人、企业、行业、国家、社会处理分析海量数据、发现问题、指导决策的新型逻辑思维模式。大数据技术的功能分类如图 9-3 所示。

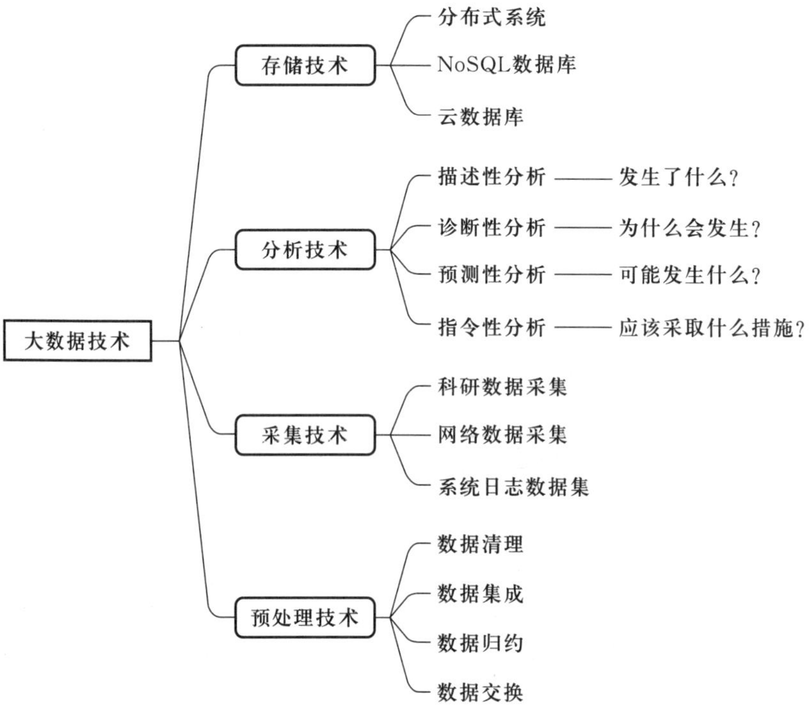

图 9-3　大数据技术功能分类

2001 年，道格・兰尼(Doug Laney)首次从三个维度总结了大数据的“3V”特征，即体量大、速度快、多样性。目前，有关大数据特征的描述已经扩展为“5V”，如图 9-4 所示。

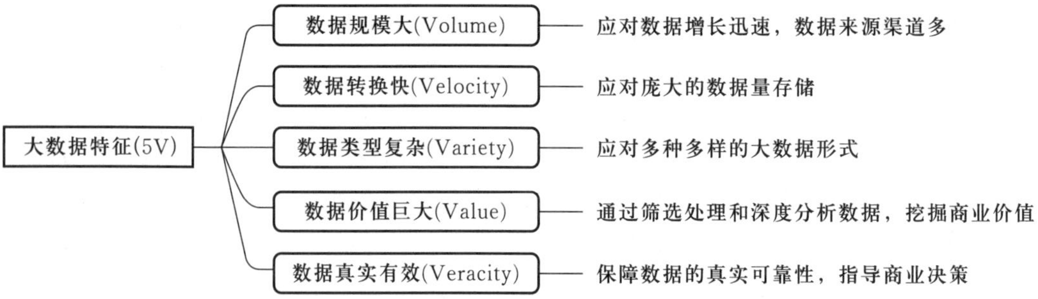

图 9-4　大数据特征

9.1.6　推动我国智慧物流发展的策略

我国智慧物流发展目前已经取得了一些进展，但总体上来说仍处于起步发展阶段。尤其是物流产业的配送环节，在与物流产业的业务交互方面仍然缺乏数据协同性，表明我国智慧物流发展的末端协同仍存在较大的发展阻碍。为了发展更为健全和完善的智慧物流体系，可以从协同理论出发，将智慧物流发展分为需求端、供给端以及监管端三个子系统，依托互联网技术加强子系统的联系性，通过信息数据的交互构建智慧物流综合服务平台，以实现我国物流产业的专业化、信息化以及智能化发展，如图 9-5 所示。

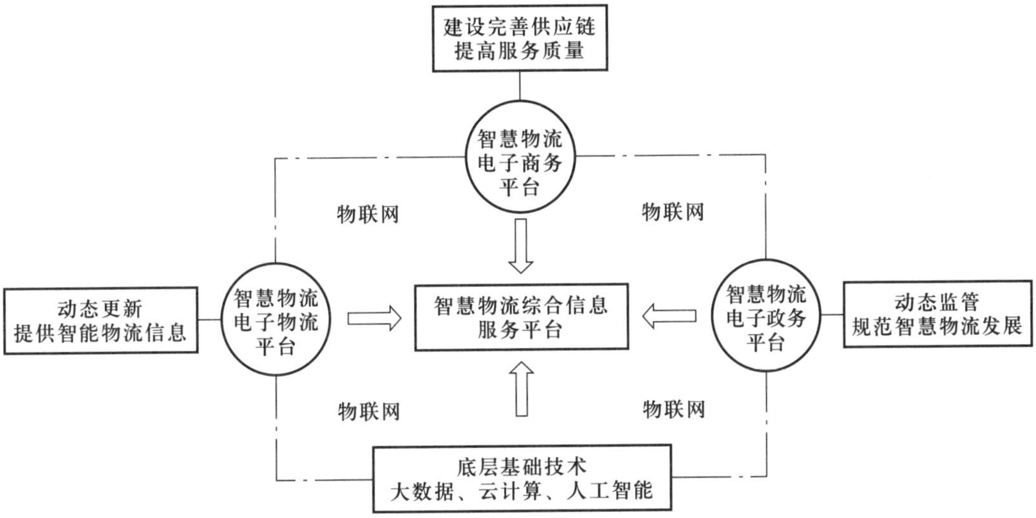

图 9-5　智慧物流优化发展策略

1. 构建智慧物流综合性服务平台，提升智慧物流一体化服务水平

智慧物流的服务特点应当是快、广、高。其中，快是指智慧物流的运作效率快，广是指智慧物流服务范围广，高是指智慧物流服务质量高。因此，需要建设集智慧物流电子商务平台、电子物流平台以及电子政务平台等为一体的智慧物流综合信息服务平台，以保证智慧物流的服务特点，具体而言：

（1）依托物联网技术及智能感知技术，从智慧物流产业链源头入手，以供应链优化的形式建设智慧物流电子商务平台。例如，利用射频技术对原材料生产、加工及销售等基本信息进行存储，以实现物流产品质量的可追踪性能。同时，使用大数据技术连接智慧物流产业上下游企业，及时更新物流信息。

（2）利用 GPS、无线通信等技术手段对智慧物流运输环节进行实时追踪，实现智慧物流运输过程中的信息动态更新，对运输信息、车辆流动、人力流动及物流流动进行精准定位，以建立智慧物流电子物流平台。

（3）对智慧物流企业和服务进行动态监管，建立智慧物流电子政务平台，保证智慧物流服务质量。可以将相关监管部门接入智慧物流综合信息服务平台，主要针对物流企业的账务及业务操作进行监管。同时，为了保证服务质量，监管部门还应当对物流企业的运输车辆实行登记制度，在规定的时间范围内，进行车辆注册、驾驶员信息注册等基本信息管理，并对其业务操作进行动态监管。

2. 加强物流企业的信息化建设，夯实智慧物流转型及发展基础

目前，我国智慧物流发展滞后的主要原因在于各物流企业的信息化建设较慢且质量参差不齐，仅有几个大型物流企业可以满足智慧发展的基本信息化建设。因此，加快物流企

业信息化建设,加强核心技术的研发与应用,实现智慧物流信息数据共享,是我国智慧物流产业发展的必要条件。具体而言:

(1) 引导企业进行基本业务信息化和数据化运营,推行电子清单及电子合同等数据化物流信息载体的应用。同时,建设物流产业信息化数据库,搜集整理物流市场中的基本物流信息数据,对物流数据进行统一管理,为今后的数据共享提供必要基础条件。

(2) 加强物流企业的智慧物流核心技术开发研究,重点开展智慧物流配送环节的研究,实现线上线下统一协同发展,解决物流产业"最后一公里"难题,具体可以围绕产品智能配货、在线调度以及物流运输路线优化等方面进行。

(3) 紧密结合国家发展战略,针对"互联网+"发展计划,创新智慧物流新模式。例如,鼓励物流企业与其他技术型新兴产业加强合作,建立更加完善的智慧物流供应链模式,通过技术创新手段推动物流产业与商贸、制造以及金融等产业的融合,以拓展智慧物流产业服务范围和能力。同时,加强多联式信息服务平台建设,培育新的智慧物流主体,进而创造更多种类的智慧物流发展模式。

3. 统筹智慧物流发展政策及管理,为智慧物流发展提供更优环境

智慧物流属于新兴产业,不仅仅是互联网技术与传统物流产业的融合发展,同时也是互联网时代下,传统产业转型与升级的必经之路。因此,新兴产业的发展离不开政策的支持,智慧物流的发展需要更加完善的政策以及更加科学的管理方式,以实现快速健康发展。

(1) 继续出台利好智慧物流发展的政策措施,尤其是要尽快出台关于智慧物流发展的中长期技术,为企业转型智慧物流发展提供方向和指引。

(2) 建立行业标准,包括智慧物流运营标准、技术标准、装备标准以及配送标准等,为物流企业开展智慧物流业务提供依据,防止智慧物流产业发展初期的混乱,规范行业健康发展。

(3) 构建有序的智慧物流市场,加强对物流企业的知识产权保护,通过建立激励制度鼓励物流企业加强智慧物流相关领域的研发。同时,为解决目前物流企业的转型资金问题,还需要通过政策引导方式为物流产业引资招商,为物流企业的业务创新发展提供更多资金保障。

9.2 物流设施布置与规模

9.2.1 物流设施布置

1. 设施布置的含义和内容

物流设施是指物流全过程中为物品流动服务的一切设施,它是物流活动不可缺少的物质基础。物流设施是保证物品以最快速度和最少的耗费保质保量地从生产地进入消费地的重要前提条件,提高设施管理水平是物流经济管理的重要内容。

设施布置是指根据企业的经营目标和生产纲领,在已确认的空间场所内,按照原材料的接收、零件和产品的制造、成品的包装、发运等全过程,力争将人员、设备和物料所需要的空间做最适当的分配和最有效的组合，以获得最大的经济效益。

设施布置包括工厂总体布置和车间布置。工厂总体布置设计应解决工厂各个组成部分的相互位置，包括生产车间、辅助生产车间、仓库、动力站、办公室、露天作业场地等各种作业单位和运输线路、管线、绿化及美化设施等，同时应解决物料的流向和流程、厂内外运输的连接及运输方式；车间布置设计应解决各生产工段、辅助服务部门、储存设施等作业单位及工作区、设备、通道、管线之间的相互位置，同时应解决物料搬运的流程及运输方式。

作业单位是指布置图中各个不同的工作区或存在物，是设施的基本区划。该术语可以是某个厂区的一个建筑物、一个车间、一个重要出入口，也可以是一个车间的一台机器、一个办公室、一个部门。作业单位可大可小、可分可合，究竟怎么划分，要看规划设计工作所处的阶段或层次。对于现有设施，可以使用原有组成部分的名称划分作业单位或进行新的划分。对于新的项目，规划设计人员要逐个确定所有的作业单位，这对于布置设计的顺利进行十分必要。

2. 设施布置的原则

在根据当地规划要求和工厂生产需要确定适当的厂址位置的前提下，应按照下列原则进行设施布置：

(1) 符合工艺过程的要求，尽量使生产对象流动顺畅，避免工序间的往返交错，使设备投资最小、周期最短。

(2) 最有效地利用空间，使场地利用达到适当的建筑占地系数(建筑物、构筑物占地面积与场地总面积的比例)，使建筑物内部设备的占有空间和单位制品的占有空间较小。

(3) 物料搬运费用最少，要便于物料的输入和产品、废料等的输出，使运输路线短捷，尽量避免运输的往返和交叉。

(4) 保持生产和安排的柔性，使之适应产品需求的变化、工艺和设备的更新及扩大生产能力的需要。

(5) 适应组织结构的合理化和管理的方便，使有密切关系或性质相近的作业单位布置在一个区域并就近布置且在同一个建筑物内。

(6) 为职工提供方便、安全、舒适的作业环境，使之合乎生理、心理要求，为提高生产效率和保证职工身心健康创造条件。

上述设计原则涉及面非常广，往往存在相互矛盾的情况，应该结合具体的条件加以考虑。

3. 设施布置的基本形式

设施布置形式受工作流的形式限制，主要有三种基本类型(工艺原则布置、产品原则布置、固定工值布置)和一种混合类型(成组技术布置)。

(1) 工艺原则布置。工艺原则布置又称为机群布置或功能布置，是一种将相似的设备或功能相近的设备集中布置的布置方式，如按车床组、磨床组等分区。被加工的零件根据预先设定好的流程顺序，从一个地方转移到另一个地方，每项操作都由适宜的机器完成。这种布置形式通常适用于单件生产及多品种小批量生产模式。医院是采用工艺原则布置的典型例子。

(2) 产品原则布置。产品原则布置也称为装配线布置、流水线布置或对象原则布置，是一种根据产品制造的步骤安排设备或工作过程的方式。产品流程是一条从原料投入到成品完工为止的连续线。固定制造某种部件或某种产品的封闭车间,其设备、人员按加工或装配的工艺过程顺序布置,形成一定的生产线。这种布置形式适用于少品种、大批量生产方式,这是大量生产中典型的设备布置方式。

(3) 固定工值布置。固定工值布置适用于大型设备(如飞机、轮船)的制造过程,是将产品固定在一个位置上,所需设备、人员、物料均围绕产品布置的布置方式。这种布置方式在一般场合很少应用,飞机制造厂、造船厂、建筑工地等是这种布置方式的实例。

(4) 成组技术布置。在产品品种较多、每种产品的产量又是中等程度的情况下,将工件按其外形与加工工艺的相似性进行编码分组,同组零件用相似的工艺过程进行加工,同时将设备成组布置,即把使用频率高的机器群按工艺过程顺序布置,组合成成组制造单元,整个生产系统由数个成组制造单元构成。这种成组原则布置方式适用于多品种、中小批量生产。

4. 设施布置的基本流动模式

对于生产、储运部门来说,物料一般沿通道流动,而设施一般也是沿通道两侧布置的,通道的形式决定了物料、人员的流动模式。选择车间内部流动模式的一个重要因素是车间入口和出口的位置。常常由于外部运输条件或原有布置的限制,需要按照给定的人、出口位置来规划流动模式。此外,流动模式还受生产工艺流程、生产线长度、场地、建筑物外形、物料搬运方式与设备、储存要求等方面的影响。基本流动模式有五种:直线形、L 形、U 形、环形和 S 形。

(1) 直线形,是最简单的一种流动模式,入口与出口位置相对,建筑物只有一跨,外形为长方形,设备沿通道两侧布置。

(2) L 形,适用于现有设施或建筑物不允许直线流动的情况,设备布置与直线形相似,入口与出口分别处于建筑物两相邻侧面。

(3) U 形,适用于入口与出口在建筑物同一侧面的情况,生产线长度基本上相当于建筑物长度的两倍,一般建筑物为两跨,外形近似于正方形。

(4) 环形,适用于要求物料返回到起点的情况。

(5) S 形,在一个固定面积上,可以安排较长的生产线。

实际流动模式常常是由五种基本流动模式组合而成的。新建设施时,可以根据生产流程要求及各作业单位之间的物流关系选择流动模式,进而确定设施的外形及其尺寸。

5. 设施布置的目标

设施布置问题数学模型是一种组合优化问题。组合优化问题有三个基本要素:变量、约束和目标函数。在求解过程中选定的基本参数称为变量,对变量取值的种种限制称为约束,表示可行方案衡量标准的函数称为目标函数。平面布置问题的变量是各个设施在空间中的位置组成的向量;约束就是各个设施在空间中的位置约束;目标函数可以是单个的,也可以是多个的,大多数的设施布置问题都是以设施间物料搬运费用最小为目标函数。

设施平面布置问题的目标函数可以抽象为以下形式:

$$\min \left[\sum_i \sum_j c_{ij} d_{ij} + \sum_j f_{ij}(i)\right]$$

式中,c_{ij} 为放置在第 i 个位置的设施与放置在第 j 个位置的设施间的物流量;d_{ij} 为第 i 个位置与第 j 个位置间的距离;$f_{ij}(i)$ 为第 i 个设施布置在第 j 个位置所需的固定费用。

9.2.2　物流设施规模

物流设施规模包括三层含义：①与设施规模相适应的物流总规模，即需要总量为多少平方米的设施规模；②建立几个物流节点，即这些设施的布局；③每个设施的规模。

通常设施规模越大，其服务能力越强，而规模越大，投资成本也将会增加。从“成本—收益”的角度来分析，物流设施建设规模与其服务能力和单位服务成本之间的关系如图 9-6 所示。

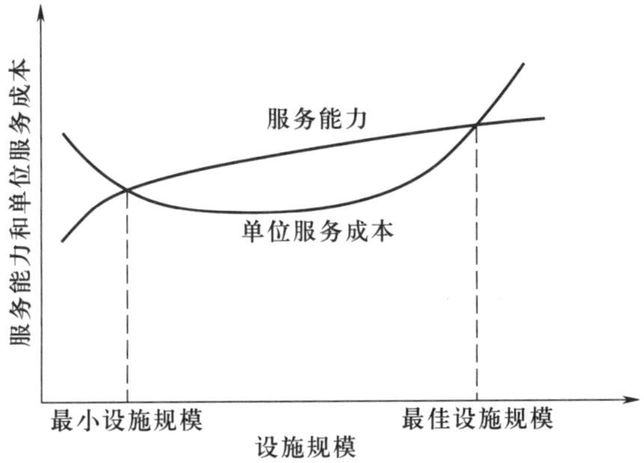

图 9-6　设施规模与服务能力和单位服务成本的关系

设施规模与单位服务成本之间的关系是：在一定设施规模范围内，随着投资建设规模的不断扩大，单位服务成本随之不断降低；当规模扩大到一定程度，单位服务成本则会开始随规模的扩大而上升，规模不经济性开始发生作用。设施规模与服务能力之间的关系则表现为：随着设施规模的扩大，设施中心的服务能力不断增强；但当规模扩大到一定程度时，其服务能力受规模的影响则不断减小。也就是说，物流设施的建设和经营规模并不是越大越好。从理论上说，其规模最好在“服务能力曲线”与“单位服务成本曲线”的两个交点内决策，这样才可能在最佳规模范围内获得较低的服务成本和较高的服务能力和服务水平。

在明确了物流设施总规模的基本原则之后，再来进一步探讨明确物流设施总规模的具体方法。确定物流设施总规模分为以下几个步骤。

1. 测定配送及储存商品总量

物流设施的配送量和商品储存量直接受连锁企业各店铺商品经营总量的影响。商品经营量越大，所需要的物流设施规模就越大。而商品经营量又与店铺面积有着正相关关系，所以连锁店铺总面积与物流设施总规模也呈正相关。例如，法国家乐福集团的一个20 000 m^2的物流中心负责 20 家左右特级市场的商品配送任务，这 20 家特级市场的总店铺面积为 200 000 m^2左右，即物流中心面积与总店铺面积的规模比为 1 ∶ 10。应该着重指出的是，连锁店铺总面积与物流中心规模的比例因业态和流转速度的不同而不同。因此，在借鉴已有经验数据的同时，也必须充分考虑企业自身的特征，以确保决策无误。此外，在测定商品配送及储存商品总量的同时，还需掌握配送储存的具体品种及相应的数量情况和包装等。

2. 推算平均配送量

平均配送量既包括平均吨公里数，也包括平均储存量，前者决定运输规模，后者决定仓储规模。由于商品周转速度直接影响商品在配送中心停留的时间，速度慢就意味着占据配送中心空间的时间长，需要物流中心的规模就大；反之，则需要相对小的物流设施。同时，从厂商直达店铺的商品越多，要求物流设施的仓库面积越小。所以，在推算平均配送量时，应引入商品平均周转速度的概念。平均商品储存量等于商品总储存量除以平均周转次数。

值得注意的是，对于某些季节性商品，各个时期的储存量将有非常大的变动。在这种情况下，平均储存量将不能反映其正常的储存空间需要量，必须进一步分析商品储存量在全年各个时期的分布情况，特别是储存高峰时期商品储存空间的需要情况。

3. 计算储存空间需要量

由于不同商品的容量及包装不同，因而在储存过程中所占仓库的空间也不同。这样就使得储存的商品和其所占用的空间之间有一个换算关系，该换算关系用“仓容占用系数”来表示。有些商品的储存量按重量计算，有些商品的储存量按金额计算，仓容占用系数是指单位重量或金额的商品所占空间的大小。

4. 计算仓库的储存面积

在储存空间一定的条件下，所需储存面积的大小取决于仓库允许商品的堆码高度。影响仓库允许堆码高度的因素有商品性能、包装、仓库建筑构造和设备的配备等。根据仓库存放商品的特点和仓库设计等方面的条件，应合理地确定堆码高度和仓库的储存面积。

5. 计算仓库的实际面积

仓库的实际面积要大于上面计算的储存面积，这是因为仓库不可能都用来储存商品。为了保证商品储存安全和适应库内作业的要求，需要留有一定的墙距、垛距、作业通道以及作业区域等。仓库库房面积的利用率是储存面积与实际使用面积之比，这取决于商品保管的要求、仓库建筑结构、仓储机械化水平、库房布置和仓库管理水平等多种因素。应根据新建仓库的具体条件，确定仓库面积的利用系数，并以此为根据对仓库面积做最后的调整。

6. 确定仓库的面积

仓库的全部面积为仓库实际面积与辅助面积之和。根据仓库本身的性质以及实际需要，确定辅助面积所占比例，进而确定仓库的全部面积。

对于物流设施大小的决策，应着重分析区域内拥有的设备台数和停车场泊位数的问题。

9.3 布置形式分类

9.3.1 按产品原则布置

按产品原则布置是指按对象专业化原则布置有关机器和设施。

9.3.2 按工艺原则布置

按工艺原则布置又称工艺专业化布置，是指按照工艺专业化原则将同类机器集中在一起，完成相同工艺加工任务。

9.3.3 定位布置

定位布置是指加工对象位置固定，生产工人和设备都随加工产品所在的某一位置而转移。由于某些产品体积庞大，较为笨重，不容易移动，所以可保持产品不动，将工作地按生产产品的要求来固定布置。

9.3.4　单元化布置

按工艺专业化布置生产和服务设施，容易造成被加工对象在生产单位之间交叉往返运输，不仅引起费用上升，而且延长了生产周期。而单元化布置的基本原理是：首先根据一定的标准将结构和工艺相似的零件组成一个零件组，确定出零件组的典型工艺流程；再根据典型工艺流程的加工内容选择设备和工人，由这些设备和工人组成一个生产单元。单元化布置类似于对象专业化形式，但它更适合于多品种的批量生产，因而比对象专业化形式具有更高的柔性。

9.4　设施布置规划

从至表试验法是一种常用的生产和服务设施布置方法。它是根据各种零件在各工作地和设备上加工的顺序，编制零件从某工作地（设备）至另一工作地（设备）的移动次数的汇总表（即从至表），利用从至表中列出的机器或设施之间的相对位置，以对角线元素为基准计算工作地之间的相对距离，经过有限次实验性改进，找出整个生产单元物料总运量最小的布置方案。可按下列步骤进行：第一步，绘制多种零件在各类生产设备上加工的工艺流程图，称为零件综合工艺流程图；第二步，根据零件综合工艺流程图，编制零件从至表。表中每一小格内记入各类机床设备上加工的零件上、下道工序间移动的次数，进行分析比较，寻求一个最佳的机床设备排列方案。

例如，有一个按对象专业化形式组织的生产 2 种零件的生产线。生产线包括 7 个工作地；相邻两工作地的距离都大致相等，算作一个单位距离。求最优设备布置方案。

第一步，按照每一种零件的工序组成的顺序，可编制零件综合工艺流程图，如图 9-7 所示。图中圆圈内的数字表示加工工序号，箭头表示零件在各工序间移动的方向。

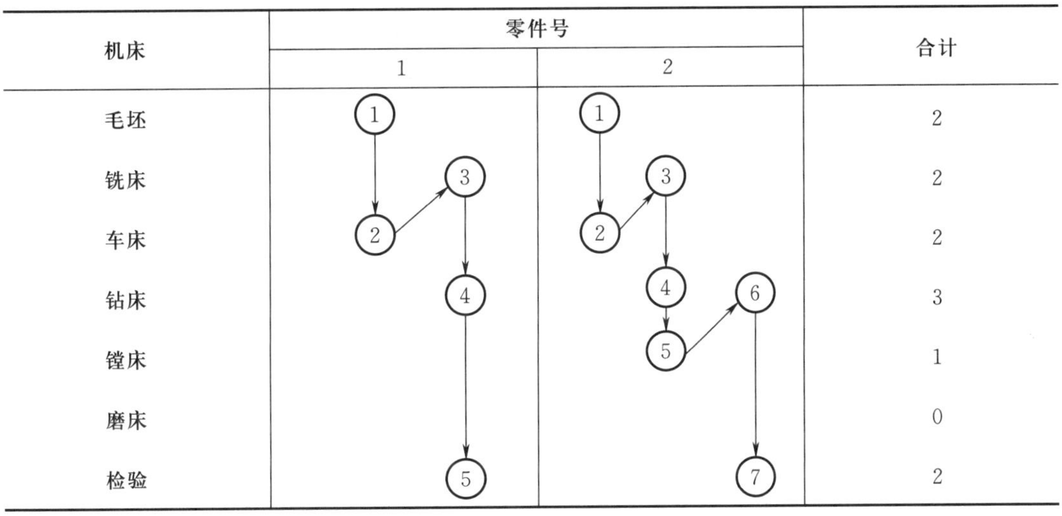

图 9-7　零件综合工艺流程图

第二步，根据零件综合工艺流程图编制零件从至表。从至表是按工作地数(n)作的一个 $n\times n$ 矩阵，表中直列为起始的工序，横行为终止的工序。对角线的右上方(上三角)表示按箭头方向前进的移动次数，对角线左下方(下三角)表示按箭头方向后退的移动次数。在从至表的每一格内填入从某工作地至另一工作地的零件移动次数。初始零件从至表见表 9-3。

表 9-3　初始零件从至表

机床		至 1 毛坯	至 2 铣床	至 3 车床	至 4 钻床	至 5 镗车	至 6 磨床	至 7 检验	合计
从	1 毛坯			2					2
	2 铣床				2				2
	3 车床		2						2
	4 钻床					1		2	3
	5 镗床				1				1
	6 磨床								0
	7 检验								0
合计			2	2	3	1		2	10

第三步，分析和改进初始零件从至表，求得较优的设备可行布置方案。由从至表的构成可知，从至表中的数据距对角线的格数就是设备之间的距离单位数。我们在从至表对角线的两侧做平行于对角线、穿过各从至数的斜线。如果将所有斜线按距离对角线远近依次编号为 $i[i=1,2,3,\cdots,(n-1)]$，编号为 i 的斜线穿过的从至数为 j，则设备在这种排列下，零件总的移动距离为 $L=\sum ij$。初始零件从至表中对角线右上方第一条斜线 $i=1$，表示从各设备至斜线经过的各设备之间的距离均为 1 个单位；$i=2$ 则表示距离均为 2 个单位……从而可以求出总的零件移动距离。

通过上述分析可知，斜线与对角线越靠近，表明移动距离越短。因此，最佳的设备排列应该是使从至表中从至数越大的设备，排列在越靠近对角线的位置上。依据这一原则，通过多次调整，找出较优的排列顺序，则改进后的最终零件从至表见表 9-4。

表 9-4　最终零件从至表

机床		至 1 毛坯	至 2 铣床	至 3 车床	至 4 钻床	至 5 镗车	至 6 磨床	至 7 检验	合计
从	1 毛坯		2						2
	2 铣床			2					2
	3 车床				2				2
	4 钻床					2	1		3
	5 镗床								0
	6 磨床				1				1
	7 检验								0
合计			2	2	3	2	1		10

第四步，计算改进前后零件移动的总距离，见表 9-5。通过计算比较可知，改进后的零件移动总距离减少了 6 个单位距离，占原总距离数的 33.3%，设备布置的优化程度大大提高了。

表 9-5　从至表计算表

排列	顺流	逆流
调整前	格数×对角线位上各次之和 1×1=1　2×(2+2)=8 3×2=6	格数×对角线位上各次之和 1×(2+1)=3
	小计　15	小计　3
	零件移动总距离　15+3=18(单位距离)	
调整后	1×(2+2+2+2)=8 2×1=2	2×1=2
	小计　10	小计　2
	零件移动总距离　10+2=12(单位距离)	
零件移动总距离调整前后之差　18−12=6(单位距离)		
总距离相对减少程度　6÷18=33.3%		

改进后的零件综合工艺流程图如图 9-8 所示。

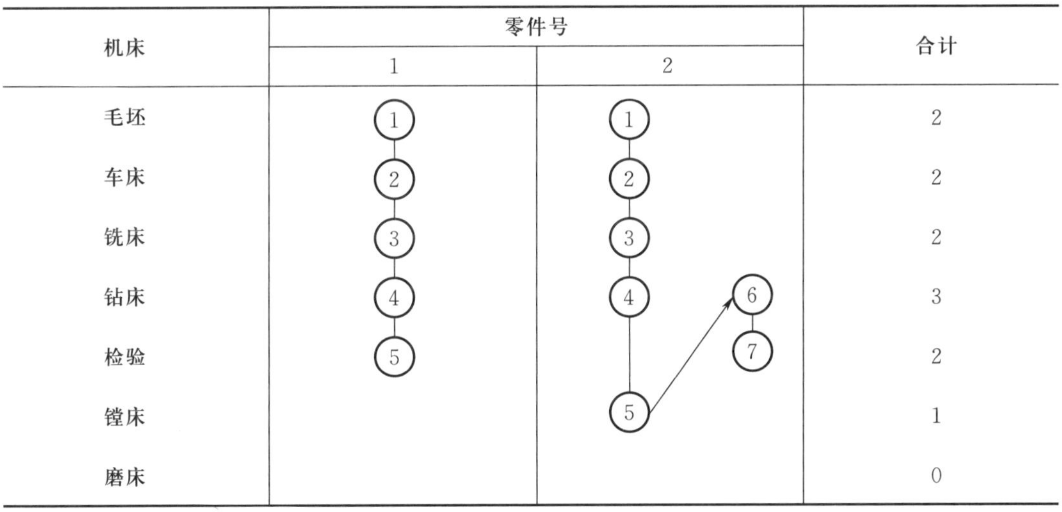

图 9-8　改进后的零件综合工艺流程图

9.5　流水线的组织与设计

1. 流水线生产的概念与特征

流水线生产是指产品经过各道工序，按规定的路线和速度，一件接一件川流不息地进行加工和生产。其特征主要包括以下几点：

(1) 连续生产。流水线上固定生产一种或少数几种产品,生产过程是连续的。

(2) 工作地专业化。流水线上各工作地是按照产品工艺过程的顺序排列的,每个工作地只固定完成一道或少数的几道工序。

(3) 产品按照节拍进行生产。所谓节拍,就是流水线上前后出产两件相同产品之间的时间间隔。按节拍生产就是指流水线每隔一个节拍要出产一件产品,各工作地也要保证每隔一个节拍为下一道工序提供一件制品,因此,每件产品各道工序的加工时间要相等或成简单的整数比例关系。

(4) 生产能力平衡。各道工序的设备数同各道工序单件作业时间的比例相一致。

2. 流水线的分类

(1) 按产品的移动情况分类,可分为产品移动流水线和产品固定流水线。

(2) 按流水线生产对象的数目分类,可分为单一品种流水线和多品种流水线。

(3) 按生产产品的固定程度分类,可分为不变流水线和可变流水线。

(4) 按生产过程的连续程度分类,可分为连续流水线和间断流水线。

(5) 按流水线节拍的类型分类,可分为强制节拍流水线和自由节拍流水线。

(6) 按产品的运输方式分类,可分为无专用运输设备流水线和有专用运输设备流水线。

(7) 按流水线的机械化程度分类,可分为机械化流水线、自动生产线和手工流水线。

(8) 按流水线所涉及的范围大小分类,可分为小组流水线、车间流水线和全厂流水线。

3. 流水线组织设计的原理

(1) 分析组织流水线的合理性。

①这种产品产量的大小和生产时间的长短。

②这种产品结构和工艺的稳定程度。

(2) 进行以下计算和设计。

①计算和确定流水线的平均节拍,即流水线上连续生产两种产品之间的间隔时间。

$$\text{节拍}=\frac{\text{计划期的有效工作时间(单位:分,扣除必要休息等时间)}}{\text{计划期的产品产量(单位:件,考虑加工过程中不可避免的废品数量)}}$$

②组织工序的同期化是指通过组织和技术方面的措施,使各道工序的加工时间与平均节拍相等或成为倍数关系。

③确定各工序的工作地数量,目的是适应流水线生产节拍的要求。

$$\text{某工序需要工作地数量}=\left[\frac{\text{该工序单件加工时间}}{\text{节拍}}\right]_{\text{取整}}$$

④计算各工序工作地的负荷率,目的是对负荷过高或不足的工作地采取适当措施。

$$\text{某工序工作地负荷率}=\frac{\text{计算所需要工作地或设备数量}}{\text{实际采用的工作地或设备数量}}$$

⑤依据实际情况确定工作地(或设备)的排列方式:

a. 产品在各道工序之间的运输距离最短;

b. 生产面积利用最好;

c. 生产工人工作最方便。

⑥确定传送带的长度和速度。传送带长度应稍大于各工作地长度的总和,皮带或链板

式传送带周长应稍大于传送带长度两倍。

$$\text{某工序需要工作地数量}=\frac{\text{流水线上两件产品的中心距(单位:米)}}{\text{节拍}}$$

4. 间断流水线的组织与设计步骤

(1) 计算平均节拍,如组织一条流水线的平均节拍为三分钟。

(2) 进行工序同期化。

(3) 计算流水线各道工序的机床需要数。

(4) 确定各道工序的采用机床数。

(5) 计算机床负荷率。

(6) 确定工人监管的机床。

(7) 绘制流水线工作指示图表并计算各工序流动在制品的最大数量。

看管周期为 8 小时(480 分钟)。

$$\text{流水线周转在制品储备量}=\frac{\text{相邻两工序同时工作时间}\times\text{上工序的工作地数}}{\text{上工序单件时间}}-\frac{\text{相邻两工序同时工作时间}\times\text{下工序的工作地数}}{\text{下工序单件时间}}$$

式中,“—”表示流动在制品储备在下工序开始形成;将“—”改成“+”则表示流动在制品储备在上工序完成。

思考题

1. 智慧物流发展体系的特征有哪些?
2. 智慧物流发展趋势是什么?
3. 我国智慧物流发展面临的挑战是什么?
4. 设施布置的含义、内容及原则是什么?
5. 如何理解设施布置的基本流动模式?
6. 设施布置的目标有哪些?
7. 物流设施规模包括哪些含义?
8. 确定物流设施总规模有哪些步骤?
9. 如何理解布置形式分类?
10. 从至表试验法有哪些特点?
11. 流水线生产概念与特征是什么?
12. 如何理解流水线组织设计的原理?

第10章 物流产业的低碳化与组织体系规划

10.1 物流产业的低碳化发展体系

随着我国“碳达峰”和“碳中和”战略目标的提出，各行各业都在积极落实国家绿色低碳发展要求。物流业作为国民经济发展的重要战略性、基础性、先导性产业，伴随着经济的快速增长，我国物流需求持续增长，带来大量的能源资源消耗和碳排放。物流企业是物流业碳排放的核心单元，建立碳排放管理体系是实现物流企业低碳转型的有效措施。

10.1.1 物流产业的低碳化理论基础

1. 可持续发展理论

(1) 生态可持续性。生态可持续发展模式需要改变单纯追求经济增长、忽视生态环境保护的传统发展模式，维护整个生命维持系统的完整性和生物多样性，保护人类赖以生存的大气、水、海洋、土地和森林，防止肆意侵犯自然资源的人类行为，积极治疗和恢复已被破坏或污染的环境。

(2) 经济可持续性。通过高技术经济的应用和发展需要调整产业结构，转变经济增长方式，提高质量，优化配置，节约能源，降低消耗，提高效率，实施清洁生产和文明消费，减少危险废物产生、外流和排放，从而使经济发展不仅可以满足当前需求，而且不会对后代造成伤害。

(3) 社会可持续性。社会的可持续性可以提高人们的生活质量，以文明、公平、安全和健康的方式积极促进社会发展。因此，需要控制人口数量，提高人口素质；分配调整社会关系，消除不平等和极化；大力发展教育、文化、卫生事业，提高人们的科学文化素质和健康水平；建立和完善社会保障体系，维护社会政治稳定。

可持续发展不仅是一种生态可持续性，更是一种生态、经济和社会复杂系统的可持续性。

在由可持续经济、可持续生态和可持续社会组成的三维复杂系统中，可持续发展是以生态可持续性、经济可持续性和社会可持续性为基础的。从环境保护的角度看，可持续发展在物流活动中的应用符合现代物流的要求、形式和综合物流系统的环境，能够改变经济发展与物流之间的单向关系，抑制物流对环境造成危害，而且可以促进健康经济和现代物流系统消费生活的形成和发展。这就引出了“绿色物流”的新概念。

2. 生态经济学理论

生态经济学是指社会生产和再生产过程中的物流循环、能量循环和再生产增量的规律及其在经济系统和生态系统中的应用。其中,物流是社会生产和再生产过程的重要组成部分。

在物流过程中,不仅材料回收、能量转换,而且具有很好的实施价值。因此,物流涉及经济和生态两大系统,自然成为连接着经济效益和生态环境效益的桥梁。经济效益关系到地方和当前的利益,环境效益关系到宏观和长远的利益。后者是前者的自然基础和物质来源,前者是后者的经济形式。绿色物流以经济学的一般原理为指导,以生态学为基础,探讨经济行为之间的关系,以谋求在生态平衡、经济合理、技术先进条件下的生态与环境的最佳结合以及协调发展。

3. 生态伦理理论

人类面临的生态危机迫使人们反思自己的行为,必须承担起人类对于生态环境的道德责任,这就促进了生态伦理学的产生和发展。生态伦理学是从道德的角度对人与自然关系的跨学科研究。根据自然和人类生态,将道德作为协调人与自然环境关系的手段。生态伦理迫使人们反思物流中的环境问题,产生强烈的责任感。为了子孙后代的切身利益,人类应该保持生态平衡,保证人类更健康、更安全地生存和发展。

4. 系统耦合理论

耦合原本是物理学中的概念,是指两个或多个系统受到外界各种相互作用的影响以至协同演化的现象。随着越来越多的学科相互融合、相互交叉,耦合概念的运用范围逐渐扩大,诸多学者将耦合概念拓展到两个及多个系统中,各个子系统之间相互作用、相互影响、相互协调,构成新的系统,即系统耦合,其实质是在一定前提下,各个子系统逐渐由低阶段耦合向高阶段耦合进发,不断达到新的高度。

系统耦合理论探究的是各个子系统之间的耦合特征、反馈、效应及协调的作用机理。系统耦合分为良性和恶性耦合,前者是指各子系统能够相互作用,促使整个大系统良好发展;相反,恶性耦合阻碍整个大系统向好的方向发展。

5. 区域经济理论

区域经济理论包含增长极理论、规模经济理论、产业集群理论等。增长极理论的主要内容是:一个区域的经济增长强度在这个区域的所有地方并不是均匀的,它只会在这个区域的某个增长点或者增长极上集中,这些增长点或者增长极的不同渠道向其他地方扩散,从而带动整个区域的经济发展,这种带动作用也是乘数、扩散效应的体现。在阿尔弗雷德・马歇尔的新古典经济学理论中提到规模经济理论,该理论的主要内容是:在一定的时期内,企业将经济规模扩大化,会使成本降低,从而能够得到更大的效益。规模经济又有内、外之分,前者取决于企业内部的组织、管理效率以及获得的资源,后者的形成取决于在一定的区域内,分工性质明确的工业集聚现象。产业集群理论是美国管理学家迈克尔・波特创立的,其主要含义是:在一个特定区域的一个特别领域,有关联的企业、协会和供应商等通过公共性、互补性活动聚集在一起,形成有效竞争,让这些协会、供应商、企业等共享公共设施、市场环境和外部经济,形成的区域聚集效应、规模效应等,从而在降低物流等方面的相应成本的同时埋头搞区域竞争力。

6. 循环经济理论

循环经济理论建立在生态经济学理论基础上,循环经济理论主要是指在产品的整个生命周期,包括从刚开始的原材料投入到变成废弃物的过程中,由一味追求以消耗资源换来线性增长的经济发展模式,变成以生态为主的资源循环发展的经济发展模式,整个过程是在人与自然以及科学技术组成的系统内完成的。借助循环经济理念来理解绿色物流,可以进一步提升对绿色物流概念的认知程度，实现资源的有效充分利用。

10.1.2 物流产业的低碳化作用机制

1. 低碳化物流是经济可持续发展的必然选择

可持续发展的目标，就是指将经济增长、社会平等以及环境资源保护有机地结合起来，既满足我们自己的需要，又不损害子孙后代的利益。将该目标融入物流中，就是指在物流运作过程中，在追求效益的同时，一定要将环境保护放在重要地位。物流与环境保护、经济增长之间形成一种双赢的综合物流系统，实现与经济可持续发展之间的双向作用关系。在减少对环境造成的破坏、降低碳排放量等过程中，建立一种可循环、良性健康的经济发展模式。因此，从这个方面来看，经济若要实现可持续发展，发展绿色物流则是必经之路。

2. 低碳化物流促进产业绿色化转型升级

物流业不仅是我国的基础产业，也是我国经济得以蓬勃发展的主要增长点之一，它与农业、工业、航空业等行业息息相关。绿色物流以降低成本、降低环境破坏程度为宗旨，贯彻绿色发展相关理念，对与物流有关的运输、仓储、装卸、信息处理等环节进行绿色化管理，进而可以达到将整个产业链、供应链、创新链以及物流链绿色化，并促进形成绿色产业的目的。所以，发展低碳化物流有利于推进产业结构绿色优化升级、区域经济欣欣向荣。

3. 区域经济支撑低碳化物流有效提升

物流业的发展水平由区域经济的发展水平决定。当区域经济规模日益庞大时，对于物资流动性、时效性都会提出更高的要求，这就会促进物流业不断扩大规模，进而为发展绿色物流提供条件。一个地区的经济发展得越好，越能够为绿色物流的发展提供先进的技术和雄厚的财政支持、建立良好的物流沟通平台、吸引优秀的物流专业人才，从而会支撑绿色物流向着高水平方向提升，低碳化物流涉及的行业和范围也会越来越大。

10.1.3 物流产业的能源消费率和碳排放量

由于我国现行的对物流业的分类是建立在传统的运输和仓储业基础上的，各种运输方物流业的有关数据并没有被国家统计局直接统计，有些学者便使用交通运输、仓储和邮政业相关数据作为区域物流的替代值，因此本章用交通运输、仓储和邮政业相关数据替代物流业相关数据。

1. 物流业能源消费率

能源消费率也称能源强度，是衡量一个国家或者地区能源利用率的重要指标，是产出单位经济量所消耗的能源量，其强度越高，能源效率越低。

如图 10-1 所示，中部地区 6 个省份的物流业能源消费率除了 2015—2016 年间出现了轻微的上升，其他年份的趋势都是下降的。尤其是 2016 年开始，物流业能源消费率的下滑趋势非常快，这很有可能是因为国家发展改革委在 2016 年颁布了《促进中部地区崛起“十三五”规划》，为了响应国家下达的有关节能减排的任务，中部地区的各个省份开始重视绿色发展的道路，加大了环境治理的力度，所以在物流生产总值持续稳定增长的情况下，物流业能源消耗量减少，能源效率明显提高，能源消费率降低。

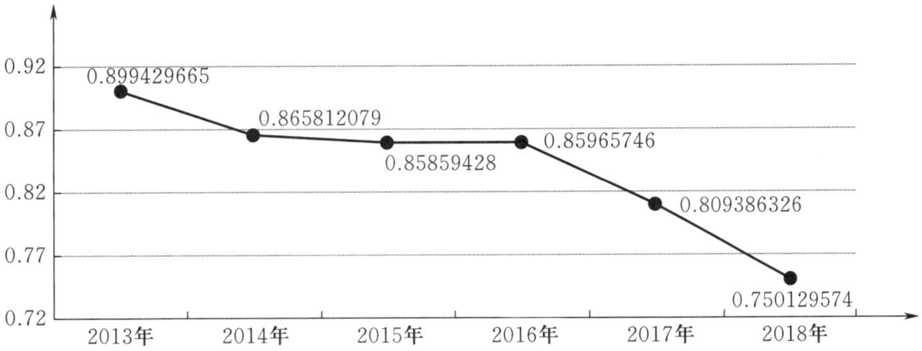

图 10-1　中部地区 6 个省份 2013—2018 年物流业能源消费率均值

2. 物流业碳排放量

根据化石燃料燃烧引起碳排放增加这一基本事实,可得出碳排放量的计算式,具体如下:

$$碳排放量\ C=\sum C_i=\sum\frac{E_i}{E}\times\frac{C_i}{E_i}\times E=\sum S_i\times F_i\times E$$

式中,C_i 代表第 i 种能源的碳排放量;E 代表能源消费总量,E_i 代表第 i 种能源的消费量;S_i 代表第 i 种能源消费量在总量中的占比;F_i 代表第 i 种能源的碳排放系数,所采用的碳排放系数是国家发展改革委能源研究所公布的数据,见表 10-1。

表 10-1　各类能源的碳排放系数

项目	煤炭	汽油	天然气	水电、核电
F_i	0.747 6	0.582 5	0.443 5	0

以我国物流业为调研对象,具体选取 2009—2019 年的能源消费数据。数据来源于《中国能源统计年鉴》《中国物流年鉴》《中国统计年鉴》。经整理,最终得到表 10-2 的全国物流业的能源消费数据。

表 10-2　2009—2019 年我国物流业的能源消费量

年份	能源消费总量/万吨	煤炭消费量/万吨	汽油消费量/万吨	天然气消费量/亿立方米
2009	24 460	641	2 881.59	91.07
2010	27 102	639	3 274.92	106.70
2011	29 694	646	3 573.52	138.35
2012	32 561	614	3 778.03	154.51
2013	34 819	615	4 381.81	175.78
2014	36 343	558	4 665.01	214.42
2015	38 510	492	5 306.59	237.62
2016	39 883	404	5 511.15	254.77
2017	42 140	353	5 698.53	284.71
2018	43 617	321	6 067.62	286.19
2019	43 909	283	6 244.92	341.48

从表 10-2 可以看出，2009—2019 年我国物流业的能源消费总量呈现上升趋势，从 2009 年的 24 460 万吨攀升到 2019 年的 43 909 万吨，每年平均增长率达到 6.03%；煤炭消费量在 2009—2010 年略有下降，到 2011 年又有所上升，之后则基本呈逐年下滑的趋势，从峰值 646 万吨一路下跌到 2019 年的 283 万吨；汽油和天然气消费量的变化自始至终与总能耗保持一致，也是一路攀升，到 2019 年已经分别增长到 6 244.92 万吨和 341.48 亿立方米，其中汽油消费量共增长了 3 363.33 万吨，增长率达到 116.72%，天然气消费量共增长了 250.41 亿立方米，增长率高达 274.96%。

根据表 10-2 的数据，运用碳排放量计算式，得出 2009—2019 年我国物流业的碳排放量，具体结果见表 10-3。

表 10-3 2009—2019 年我国物流业的碳排放量

年份	能源消费总量/万吨	煤炭		汽油		天然气		碳排放总量/亿吨
		消费比例	碳排放量/万吨	消费比例	碳排放量/万吨	消费比例	碳排放量/万吨	
2009	24 460	2.62	47 921.16	11.78	167 852.62	0.37	4 038.95	21.98
2010	27 102	2.36	47 771.64	12.08	190 764.09	0.39	4 732.15	24.33
2011	29 694	2.18	48 294.96	12.03	208 157.54	0.47	6 135.82	26.26
2012	32 561	1.89	45 902.64	11.60	220 070.25	0.47	6 852.52	27.28
2013	34 819	1.77	45 977.40	12.58	255 240.43	0.50	7 795.84	30.90
2014	36 343	1.54	41 716.08	12.84	271 736.83	0.59	9 509.53	32.30
2015	38 510	1.28	36 781.92	13.78	309 108.87	0.62	10 538.45	35.64
2016	39 883	1.01	30 203.04	13.82	321 024.49	0.64	11 299.05	36.25
2017	42 140	0.84	26 390.28	13.52	331 939.37	0.68	12 626.89	37.10
2018	43 617	0.74	23 997.96	13.91	353 438.87	0.66	12 692.53	39.01
2019	43 909	0.64	21 157.08	14.22	363 766.59	0.78	15 144.64	40.01

从表 10-3 可以看出，2009—2019 年我国物流业碳排放量与能源消费总量的变化趋势差不多，都是一路增长，然而分开来看，煤炭、汽油和天然气的碳排放量的变化各有特点。其中，煤炭的碳排放量先是在 2010 年略有下降，到 2011 年上升到峰值 48 294.96 万吨，之后一路下降，到 2019 年降为 21 157.08 万吨，降幅高达 56.19%，其消费比例也是直线下滑；汽油的碳排放量呈整体增长的趋势，从 2009 年的 167 852.62 万吨上升到 2019 年的 363 766.59万吨，增幅达到 116.72%；天然气的碳排放量也逐年攀升，于 2019 年达到 15 144.64万吨，其消费比例也是整体上升，但在 2018 年略有回落，2019 年又迅速上涨。相比而言，2009—2019 年我国物流业天然气的碳排放量远远低于煤炭和汽油的碳排放量。

3. 物流业碳排放强度

可将碳排放强度定义为物流业每生产 1 万元的产值所产生的碳排放量(吨)。我国物流业 2009—2019 年的历年产值见表 10-4。为减少时间对价格的影响，特以 2009 年为基期，将历年产值换算为同一期可比价格产值，然后用物流业碳排放量除以产值，计算出 2009—2019 年我国物流业的碳排放强度。

表 10-4　2009—2019 年我国物流业的碳排放强度

年份	物流业产值/万亿元	碳排放量/亿吨	碳排放强度/(吨・万元$^{-1}$)
2009	33.54	21.98	0.66
2010	39.80	24.33	0.61
2011	47.16	26.26	0.56
2012	51.93	27.28	0.53
2013	56.90	30.90	0.54
2014	63.65	32.30	0.51
2015	67.67	35.64	0.53
2016	76.90	36.25	0.47
2017	82.70	37.10	0.45
2018	90.00	39.01	0.43
2019	99.00	40.01	0.40

从表 10-4 来看，除了 2013 年、2015 年碳排放强度略有上升，我国物流业 2009—2019 年的碳排放强度整体保持下降趋势，大致可分为以下三个阶段：2009—2012 年大幅下降；2012—2013 年上升，2013—2014 年再次下降；2014—2015 年又上升，之后 2015—2019 年逐年下降，于 2019 年跌到 0.40。换言之，这些年来我国物流业的生产效能是在逐渐增加的。2009—2019 年我国物流业碳排放强度的变化趋势如图 10-2 所示。

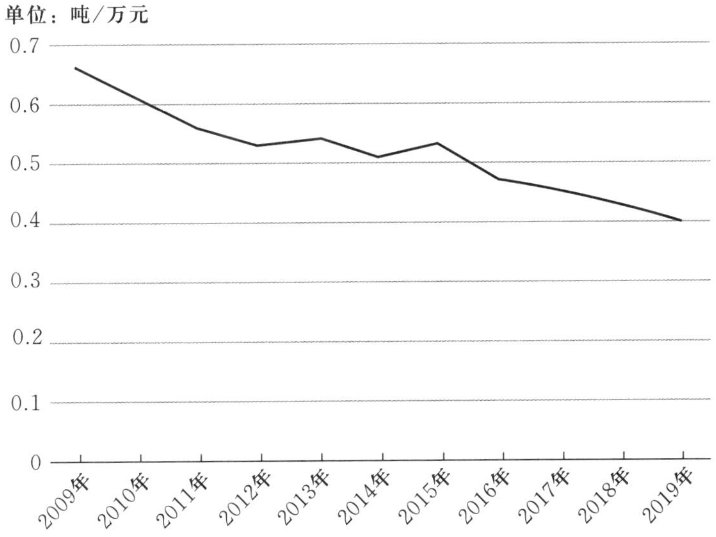

图 10-2　2009—2019 年我国物流业碳排放强度的变化趋势

10.1.4 “碳中和”目标下我国物流业绿色化改造的制约因素

为应对气候变化、尽快实现绿色低碳发展转型，国家提出“碳达峰”和“碳中和”的“双碳”目标。“碳达峰”和“碳中和”已不仅仅是简单的减碳问题，更是为交通、物流、能源、建筑、林业、工业等行业带来了数万亿元的绿色金融投资机会，归根结底是产业结构、经济结构、能源结构的全面转型与调整，这无疑是推动我国物流产业绿色改造升级、促使经济健康向好的巨大机遇。但与此同时，我国物流业开展绿色化改造存在着以下六大制约因素。

1. 物流业竞争能力弱，缺少绿色运营的动力

2020 年以来，全球市场竞争、中美贸易争端以及新冠疫情突发对我国物流业造成较大的冲击，国内物流企业呈现出“多、小、散、弱”的发展格局。特别是随着在华跨国物流公司对国内重要港口码头、物流网络、物流产业链及高端物流领域控制力度的加大，我国大多数从未与国际市场打过交道的物流企业在国门之内即已遭遇了激烈的国际竞争。尽管当前我国物流规模总量已跨入世界领先行列，但与发达国家物流业相比，竞争力依然偏低，物流运行效率差距明显，在物流服务能力、市场盈利能力、品牌创新能力及抗风险能力方面更是相差甚远。如此种种，让我国物流业缺乏绿色改造与低碳运营的内生动力。

2. 未能契合新发展格局，导致碳排放量增大

2020 年 4 月 10 日，习近平总书记在中央财经委员会第七次会议上首次提出“构建以国内大循环为主体、国内国际双循环相互促进的新发展格局”。2020 年 10 月，党的十九届五中全会对构建新发展格局作出全面部署。这给我国物流业迅速摆脱低水平状态、走上高质量发展道路指明了方向。然而，新发展格局不仅需注重提高内外循环通道的效率，更要注重增强内外循环的联动性。我国一些物流企业在新发展格局下，既没有立足内外联动循环，寻找连接国内国际双循环的关键节点，也没有设计内外联动循环下高质量发展的双向路径连接方式，从而未能从国内、国外两个方向将高质量发展的双向路径及时有效地嵌入新发展格局之中，实现内外联动循环下物流业高质量发展双向路径的完美连接，达到服从和服务于国家经济发展的战略目标。如此一来，势必导致物流发展过程中资源消耗和碳排放量的持续增大。

3. 供应链管理不够健全，造成资源的大量浪费

面对各种不确定风险的冲击，我国物流供应链上游、下游依然衔接不畅，存在着“断链”危机。但与此同时，物流供应链的价值得以凸显，供应链作为连接国内国际双循环的纽带，是推动其相互促进的重要力量，是物流业高质量发展的核心。这意味着我国物流业将面临全新的发展机遇与挑战，供应链全环节、全链条的解决方案将成为物流业转型升级的主要方向和高质量发展的重要条件。然而，面对物流规划继续秉承创新、协调、绿色、开放、共享的新发展理念以及国家建设共同富裕社会的行动纲领和战略路线，我国物流业尚未能运用共享理念和竞合思维来开展供应链管理，实行第四方物流战略创新，从而带动供应链上游、下游企业高质量地服务于社会经济和人民生活，以致在应对风险防控谋求高质量发展时造成资源的浪费。

4. 物流科技创新能力弱，绿色化改造缺少支撑

当前，我国物流科技创新能力较弱。一是物流专业人才数量有所减少。根据国家统计局数据，我国物流专业人才数量 2018 年为 8 190 015 人，2019 年为 8 154 941 人，2020 年减少到 8 121 999 人，呈现递减的趋势。以科技创新能力较强、人才政策较好的上海市为例，

2018—2020 年其物流专业人才数量分别为 505 838 人、504 331 人、477 501 人，也是一路下滑。物流业的绿色发展离不开高素质的物流专业技术人才和管理人才，尽管国内目前很多高校开设了物流相关专业，但对物流高端人才的培养相对不足，致使专业人才稀缺、创新能力较弱，物流业绿色化改造缺少有力支撑。二是物流业科技创新专利申请数目略有减少。以物流大省浙江省为例，其物流业科技创新专利申请数 2019 年为 455 526 件，2020 年降到了 435 824 件。

5. 物流业韧性明显不强，绿色发展后续乏力

当前，我国物流业韧性较为低下，导致绿色发展明显乏力。主要表现在四个方面：一是抵御力稍弱，尤其是应急物流保障体系健全程度偏低，面对各类自然灾害、突发性事件时，无法实现高效综合调度，物流联动机制效能较低；二是稳健力较差，特别是在自然灾害、贸易摩擦等情况下，严重影响着我国物流产业链、供应链的稳定和国际贸易的正常运行；三是恢复力略差，内部修正力度和战略规划程度天生不足，在管理过程中不免出现断层，以致风险发生后顾此失彼、资源浪费的情况时有出现；四是发展力偏弱，在化解重大风险、物流需求爆发式增长的情况下，难以高质量、高标准地完成物流服务，更做不到优化绿色改造与低碳转型。

6. 顶层设计不够完善，物流绿色化协同性不尽如人意

在国际形势复杂多变，全球产业链、供应链循环受阻的背景下，我国企业面临诸多挑战。一方面，给我国物流业的运输、人员安排、运营成本和财务预算等方面带来了较大的冲击；另一方面，也对我国物流高质量发展水平进行了一次“摸底考评”。总的来说，“碳中和”目标下我国物流业绿色化改造与发展顶层设计不足，绿色化协同性显著不够，加剧了物流行业的碳排放问题。主要表现在两个方面：一是物流业的能源消耗与废气排放造成的环境污染日益严重，与当今的“双碳”发展背景可以说是格格不入，而正是由于顶层设计的不完善，整个物流业尚未形成全链监管体系，监管力度不足，为有些企业提供了在物流和材料上走捷径的机会，导致运输车辆污染气体的排放量大幅度增长，固体废弃物日益增多，对环境造成了不可逆的危害；二是物流整体成本偏高，对经济高质量发展极为不利，需要通过多方面的协同、优化，并运用先进技术来充分挖掘降本增效的价值空间，降低物流成本消耗，避免不必要的成本流失。

10.2　“碳中和”目标下我国物流业的绿色化发展体系规划

10.2.1　物流业的绿色化改造与发展规划过程

1. 加强低碳多式联运产品创新

为提高国际物流市场竞争力，可立足于国际物流服务功能开发来加强低碳多式联运产品创新：一是深度开发城市周边卡车航班业务，逐步形成辐射周边地区的“空铁互转”电商专线，创新发展陆空低碳联运服务产品，实现优势互补；二是利用绿色港口的天然优势，围绕价格和时间适中敏感的货物，创新发展海空低碳联运服务产品，提高综合效率；三是借助自贸区优势,依托绿色机场的口岸功能,拓展“国内转国际”“国际转国际”“国际转国内”业务,创新发展“空空”低碳联运服务产品,最终交织成一个节约、环保的高效便捷系统,全面提升低碳多式联运的运作能力与服务水平。

2. 采用绿色低碳包装

产品的运输需要包装,而产品的储藏同样需要包装,物流包装可以说在整个包装行业中占据了十分显著的地位。尤其是绿色低碳包装,对于我国物流业的绿色化改造极为重要。对此,可从四个方面采用绿色低碳包装:一是总体上尽可能减少包装次数,从而节约生产及物流活动中的社会资源,降低能源消耗,减少对社会环境的碳排放量;二是在包装的使用上实行包装材料标准化、大型化和集装化,以便于提高物流工作效率,并减少包装材料的使用,从而最终减少碳排放;三是在包装的处理上实行绿色循环化和再生处理化,对包装材料进行充分的回收再利用,这样不仅可以提高其使用效率,而且可以减少废弃物的排放,对环境起到更好的保护作用;四是在包装材料的选择上尽量选择可降解的材料,这样可以方便包装材料在被使用之后得到迅速处理,从而减少对环境的污染。

3. 进行低碳配送

要达到低碳配送,可从两个方面入手:一是实行共同配送,即为了实现资源共享和互利互惠,由多个客户联合起来,将多个批次的小批量订单集成在一起,共同由一家物流企业来提供配送服务,这样既可具备整合资源、最小化投资风险、节省成本的优势,又可减少货运车辆,增加货物装卸量,解决物流企业在运输过程中交错运输、高空载率等问题,从而提高货运效率、减少资源浪费、降低二氧化碳的排放量。二是优化配送路径,即在物流配送过程中,选择一条最佳的物流配送路线,使得物流活动在最短的时间内以最好的服务方式完成,这样不仅可以节约物流成本、减少资源浪费,还可以大幅度降低碳排放量,减少对环境的破坏。

4. 实行低碳仓储

要实行低碳仓储,物流企业应在仓储中心加大技术投入,减少资源消耗和能源费用。主要体现在三个方面:一是尽量使用由太阳能电池等供电的照明设备,或开发其他洁净能源,降低污染排放;二是应用先进的仓库管理软件,合理使用仓储空间,提高仓库利用率,减少仓储成本;三是完善仓库信息系统,优化商品的上架、盘点等工作,提高仓储管理效率,节省人力成本,降低能源消耗。

10.2.2 畅通国内低碳物流网络的过程

面对疫情冲击,国内一些地区暴露出物流信息不完善、物流企业之间状态松散、供需双方信息严重不匹配等问题。因此,构建新发展格局首先需要构建完善的低碳物流网络,打通国内大循环。

具体策略是:在建设国家海陆空物流枢纽的基础上,不断完善交通基础设施,畅通各地区的低碳物流网络,以此提升低碳物流运输的速度与质量,满足消费者日益增长的物流需求;同时,大力推进数字化供应链工程,提高物流信息网络的覆盖程度,实现物流业的信息化和数字化,保障各个环节的交互友好和无缝衔接。

低碳物流是在可持续发展思想指导下,利用能效技术、可再生资源技术及温室气体减排技术等改进物流体系,实现物流各功能要素作业的低碳化,减少物流活动中的碳排放,降低物流活动对环境的污染。现阶段，我国物流还是一种较为粗放的发展方式，运输与仓储不合理的现象普遍存在，设施重复建设问题突出，不仅造成了物流运作效率低，物流成本较高，还造成了大量的资源浪费与严重的环境破坏问题。发展高效、节能、环保的低碳物流对于减少高碳能源消耗，实现低碳生产与生活方式具有重要意义，既是促进低碳经济发展的重要领域，也是实现我国现代物流业可持续发展的必然选择。

1. 低碳物流系统功能要素

低碳物流系统包括低碳运输、低碳仓储、低碳包装、低碳装卸搬运、低碳配送以及低碳流通加工等功能要素。低碳运输要求根据货物情况选择恰当的运输方式和运输工具，尽量采用节能型或以清洁燃料为动力的环保型运输工具，合理安排运输路线，减少运输里程，优化运输网络，提高运输效率，降低运输的能源消耗与废弃物排放。低碳仓储要求合理布局仓库，采用恰当的储存保管方式，减少货物储存过程中的过期变质与损坏，合理控制库存总量及库存结构，采用先进的管理方法降低库存。低碳包装要求采用无毒、便于拆卸、可降解和可再利用的包装材料，尽量减少包装或进行简包装以降低包装成本，减少废弃物的产生。采用正确的装卸搬运方法，避免货物损坏，优化装卸搬运作业，减少装卸搬运次数，避免无效搬运，合理利用现代化机械和集装技术，提高货物的搬运活性，提高装卸搬运效率，进而实现低碳装卸搬运。发展共同配送，简化配送环节，减少配送车辆空载和重复配送现象，实现低碳配送。低碳流通加工一方面要优化加工工艺流程，选择节能型加工设备，实现加工过程的低碳化；另一方面要采用专业化的集中加工方式，实现规模化作业，合理回收利用加工过程中的边角废料，提高资源利用效率。

2. 低碳物流系统运作模式

低碳物流思想应当贯穿于整个物流过程，完整的低碳物流系统包括从原材料或零部件的采购开始的供应物流低碳化、生产物流低碳化、销售物流低碳化、回收以及废弃物物流低碳化。要求在供应物流过程中，选择低碳原材料，以低碳的运输方式将产品送达生产企业；在企业生产过程中，采用低碳制造技术，以低碳的物料搬运、仓储、包装方式生产出低碳的产品；在销售过程中，合理规划分销网络，以专业化的运输和配送体系将产品低碳送达最终消费者的手中。同时，对于在产品生产、流通、消费过程中产生的副产品、残次品、退货、包装物及废弃物进行回收、分类、检测、加工再利用及焚烧或填埋等废弃处理。在此过程中，政府应当充分发挥导向与监管职能，研究制定低碳物流相关的法规政策，通过财政补贴、税收优惠等激励企业开发低碳产品及低碳技术，引导消费者自发购买具有低碳标识的产品，形成低碳的生产与消费方式。

10.2.3　打造低碳物流信息云平台

为了健全低碳物流的供应链管理，可围绕绿色协同发展理念，打造基于物流供应链整体服务水平提升的低碳物流信息云平台，统筹战略规划、物流服务、业务衔接、金融服务及其他综合服务，打通信息传递通道；同时，以政策引导、品牌宣传、营销推广、会议论坛等多种形式，通过云平台积极营造物流各环节企业沟通交流、商务合作、协同互补的开放氛围，建立高效畅通的低碳合作机制。

10.2.4　提高物流科技创新能力

面对物流高端专业人才难以满足新发展格局要求的状况，加大物流人才的培养力度，造就一批熟悉绿色物流实务的高端人才，从根本上提高物流科技创新能力已是迫在眉睫。为此，物流业一是应该创新人才制度，加快实施低碳物流人才工程，大力引进国内外具有低碳思维的高端物流人才；二是需要加强与我国开设有物流专业的高校的合作，创新物流人才培养模式，将专业知识的掌握与实践能力的提升紧密结合起来，联合培养专而精的低碳物流人才，同时与绿色的企业文化相融合，使之成为有利于企业绿色化改造、协调好外部环境与企业自身利益的优秀物流人才；三是应该将物流业科技创新能力的提升作为高质量发展水平的增长点，不断加大对物流科技创新以及专利发明的投入，尤其是在智慧物流等新科技应用以及“无接触配送”等末端配送模式创新方面要持续加大力度，做好长期规划。

10.2.5 绿色智慧物流的韧性规划

为了增强物流业韧性，我国物流企业首先应树立竞合多赢思维，加强与供应链企业的合作联盟，通过技术创新、采购多元化、布局集群化来增强物流发展战略的韧性与核心竞争力，为全球客户提供更加多样化、高稳定性和高质量的物流核心服务。其次应在此基础上，大力推行“绿色智慧物流”，完善快递污染物的处理办法，从源头降低污染损耗，增强物流发展韧性。具体策略有：鼓励、推动商家和物流经营者通过逆向物流的渠道，采取以旧换新、押金返还，再配合设置自动回收设备、回收点等方式来回收快递包装物，借此开展多次循环利用，在降低成本的同时最大限度地减少废品污染；对于物流运输过程中产生的废气给环境造成的污染，可以通过政府扶持，配合国家大力推广新能源汽车的优惠政策，率先在物流业中应用新能源配送车辆来减少相应污染。

10.2.6 构建低碳物流生态系统的顶层设计

当前，首先需要站在战略高度加强顶层设计，从整个社会层面营造一个低碳物流的大环境，增强物流绿色化协同性；其次需要在此基础上，构建低碳物流生态系统，战略目标是在经济、政治、社会和生态环境中，促进绿色物流、信息流、资金流良性循环、和谐统一，最终在企业内部构成一个开放、高效、快速和绿色的具备自我调节能力的有机系统。其战略框架包括外部环境和内部系统两大层级，彼此通过特定的关系纽带，有机衔接组合成一个可持续的、开放的低碳物流生态系统。其中，外部环境包含低碳经济发展水平、社会文化和意识形态、国内外同类市场竞争环境、法律法规、基础设施等；内部系统包含涉及货主、货代、物流服务商、信息平台的绿色供应链系统和支持系统，如海关、工商、税务、发展改革委、交通运输、金融服务、行业协会等绿色管理主体以及网络营销商、技术支持企业、广告商、媒体、银行等绿色服务主体。

10.3 物流业的碳排放管理体系规划

10.3.1 物流业建立碳排放管理体系的必要性

在“双碳”目标的要求下，物流业对于碳排放管理有迫切的需求。其主要表现在：一是物流企业中的大型央企、国企，肩负着实现“双碳”目标的社会责任，本身体量较大，能耗和碳排放都比较高，备受社会关注。二是开展国际物流、跨境业务和“一带一路”的物流企业，或者头部物流供应商，甲方客户在供应链整体上有碳排放方面的要求。物流企业为了更好地开展业务，迫切需要提高自身的碳排放管理水平。三是知名的民营物流企业，为了提高社会影响，积极发布企业的ESG(environmental，social and governance，环境、社会和公司治理)报告、社会责任报告和可持续发展报告等，参与碳减排方面的承诺和倡议，公布企业的“碳达峰”和“碳中和”目标，体现企业的社会责任，树立品牌形象。

物流业务横跨交通运输（含陆上公路运输、铁路运输、航空、水路、管道）、仓储、包装、机械设备和信息化等领域，涉及业务部门较多，垂直监管难度较大。如不开展体系化管理，很难全面掌控碳排放情况。同时，碳排放管理包含碳目标、碳监测、碳核算、碳核查、碳交易等多个环节，本身是一项系统性的工作，需要建立相关管理体系。

另外，应对气候变化受到国际社会的广泛重视，物流企业开展碳排放管理，有助于破除全球绿色贸易壁垒，促进物流企业在国际物流业务竞争中抢占先机。因此，从碳排放管理体系着手，促进物流企业的低碳转型，具有重要的现实意义。

目前，我国具有开展环境管理体系和能源管理体系的经验，但碳排放管理体系的概念较新，实施碳排放管理的企业很少，物流企业绿色低碳发展相对滞后，国家尚未出台物流企业碳排放管理相关政策标准，企业开展碳排放管理缺乏有效的参考，处在各自摸索的阶段。在绿色低碳发展大背景下，急需研究制定物流企业碳排放管理体系，对企业的碳排放情况进行管理和指导，为企业全面系统地开展低碳管理提供依据。

10.3.2　物流业碳排放管理体系的主要内容

1. 物流业碳排放管理体系内容框架

物流业碳排放管理体系的内容主要包括碳排放管理体系的目的、范围和总体要求，通过分析与策划、实施与控制、绩效评价、管理评审和持续改进等步骤建立和完善碳排放管理体系。我国物流业碳排放管理体系的主要内容如图10-3所示。

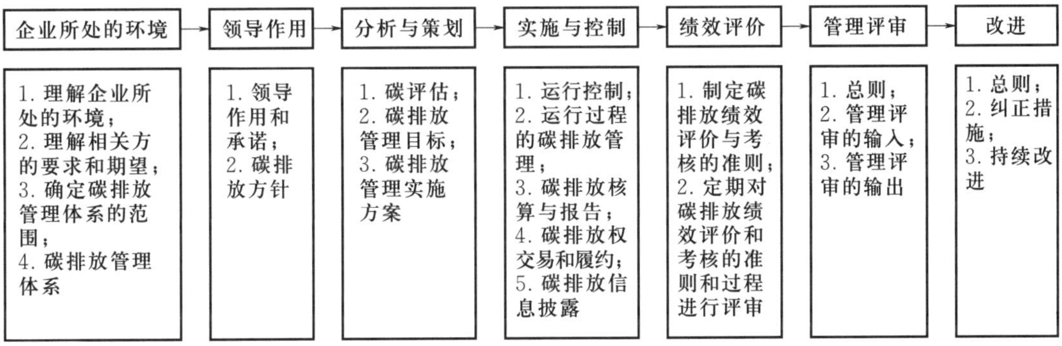

图10-3　物流业碳排放管理体系的主要内容

2. 我国物流业碳排放管理体系的规划步骤

(1) 建立碳排放管理领导机制和组织框架。碳排放管理体系建设是一项复杂的系统工程，需要在物流企业内部，特别是领导层，达成高度共识，建立领导机制和组织框架，搭建碳排放管理团队，协调各部门分工，进行逐层落实，才能真正建立和实施碳排放管理体系。领导和管理团队宜由低碳意识强且具有碳排放专业知识、管理经验和技术能力的高层管理人员组成，并具有必要的人力、财力、物力、技术和信息资源的支配权。碳排放管理团队负责编制和审定企业碳排放管理提升和碳减排中长期规划目标，分析目标和碳排放指标的完成情况并制定相应的措施，组织编制企业的年度目标和碳排放指标评价体系；实施碳减排目标责任制，将碳减排目标纳入工作绩效考核体系，对各层级碳减排目标完成情况进行考核、奖惩；组织有关部门和人员制定碳排放管理需要的有关文件，负责与碳排放管理有关的外部联系，如组织编制并向政府有关部门报送碳排放状况报告，邀请第三方机构开展碳排放监测、审计以及低碳认证等。

(2) 摸清碳排放家底，做好碳盘查。摸清物流企业碳排放家底是开展“双碳”工作的基础，也称碳盘查。碳盘查的结果是得到一份温室气体排放清单，详细梳理企业的所有排放源、排放因子、活动数据、数据来源等信息。如果企业是单一实体，情况会比较简单。但是如果企业涉及多个子公司，同时存在着业务外包、业务代理、仓库和装备设备租用等情况，就需要明确温室气体核算的边界，确定温室气体核算的范围。对于物流企业来说，有时不仅需要核算本企业的碳排放，还需要考虑整个供应链的碳排放，要尽可能与上下游企业采用统一的碳排放核算体系，确保结果的协调和互认。

目前我国物流企业碳排放核算方法相关标准见表 10-5。

表 10-5　物流企业温室气体排放核算方法相关标准

序号	标准号	标准名称	发布日期	规定范围
1	GB/T 37099—2018	绿色物流指标构成与核算方法	2018-12-28	规定了企业的绿色物流指标体系与指标核算方法，适用于从事物流活动的企业
2	WB/T 1135—2023	物流企业温室气体排放核算方法与报告要求	2023-07-07	按照物流业务环节，详细给出了温室气体排放核算的边界、步骤、核算方法、活动数据收集以及相关排放因子等
3	GB/T 32151.6—2015	温室气体排放核算与报告要求第 6 部分：民用航空企业	2015-11-19	规定了民航企业温室气体排放的核算边界、核算步骤和方法、数据质量管理、报告内容和格式等内容
4	YZ/T 0135—2014	快递业温室气体排放测量方法	2014-05-09	规定了快递业温室气体排放的测量原则、测量范围、测量方法、排放指标等要求

除了国内的核算方法，国际上还有一些通用的核算方法，如智慧货运联盟推出的“全球物流业排放委员会框架”，比较全面地给出了物流企业核算碳排放的方法。此外，还有不同专业组织推出的温室气体排放核算方法，如国际航空运输协会推出的民航温室气体排放核算方法、国际海事组织推出的船舶能效性指数、欧洲标准化委员会推出的交通温室气体排放核算方法等，适合于从事全球物流业务的企业参照开展碳排放核算。

(3) 分析整体情况，完成碳评估。企业开展碳评估，包括以下步骤：①在摸清物流企业碳排放现状的基础上，预测企业业务发展趋势，测算由业务发展带来的碳排放需求。②评估国际、国内相关政策法规和标准等对物流企业碳减排的要求，特别是来自供应链上游企业出于供应链整体减排的目标而对物流供应商提出的减碳要求。③根据国内同行业先进水平、国际同行业先进水平、碳排放单位自身的历史最佳水平等，确定碳排放先进值。建立碳排放先进值的目的是便于碳排放单位发现问题和找出碳减排潜力。④选取物流企业正常运行状态下一定时期内的有代表性的碳排放值为基准值。可以是上一年度或典型年的数据，也可以是多年平均值；可在企业相关职能和管理层级上建立碳排放基准，也可对碳排放有重要影响的系统或设备建立碳排放基准。⑤调查分析企业目前存在的问题，挖掘碳减排潜力，为科学合理制定碳排放目标奠定基础。

(4) 制定碳排放管理目标。国家提出“双碳”目标后，很多大型企业纷纷公布自己的“碳达峰”和“碳中和”目标。物流企业碳排放管理最重要的抓手就是制定碳排放管理目标并推动落实。碳排放管理目标不仅包含整体的碳排放目标，还包括具体量化的指标。可按时间跨度，分为短期、中期和长期目标；也可分为定量目标和定性目标。制定碳排放管理目标需要考虑多方面因素，包括外部环境要求，如国内外节能、环保、低碳方面法律法规、政策、标准的规定，确保企业的合规性；还包括相关方的要求与期望，特别是供应链上游企业为了满足自身碳减排需要，对物流服务商提出的碳排放要求，当然还有社会公众对企业社会责任方面的关注；此外，还应包括国际、国内、地区和当地的技术、竞争、市场、社会和经济等外部风险和机遇等外部因素，以及人力资源、产品或服务及其运营、财务、市场和绩效等内部风险和机遇。

(5) 制定碳排放管理实施方案。碳排放管理实施方案是在碳评估及碳管理目标制定的基础上，经评审确定的改进碳排放管理的方法和措施，包括管理措施和技术措施。企业针对识别出的碳排放影响因素，制定碳排放管理实施方案，用以支撑碳排放管理目标的实现，分别确定总体、各职能部门、各物流环节或各关键装备设备的碳排放管理实施方案。碳排放管理实施方案可以单独形成文件，也可以纳入工作计划。物流业碳排放管理实施方案框架如图 10-4 所示。

(6) 方案的实施与持续改进。碳排放管理方案的实施重点是确定与碳排放相关的关键环节(运输、仓储、配送、包装、辅助活动等)，确保各个环节的碳减排目标与总体目标协调一致，为关键环节的碳减排提供足够的资源支持，包括组织保障、人力和财力支持等。建立关键环节有效运行的准则，如管理程序、业务操作规范、监测计划、数据统计等，并对实施过程进行控制。物流企业应做好碳资产的开发与管理，作为实现碳目标的重要机制。

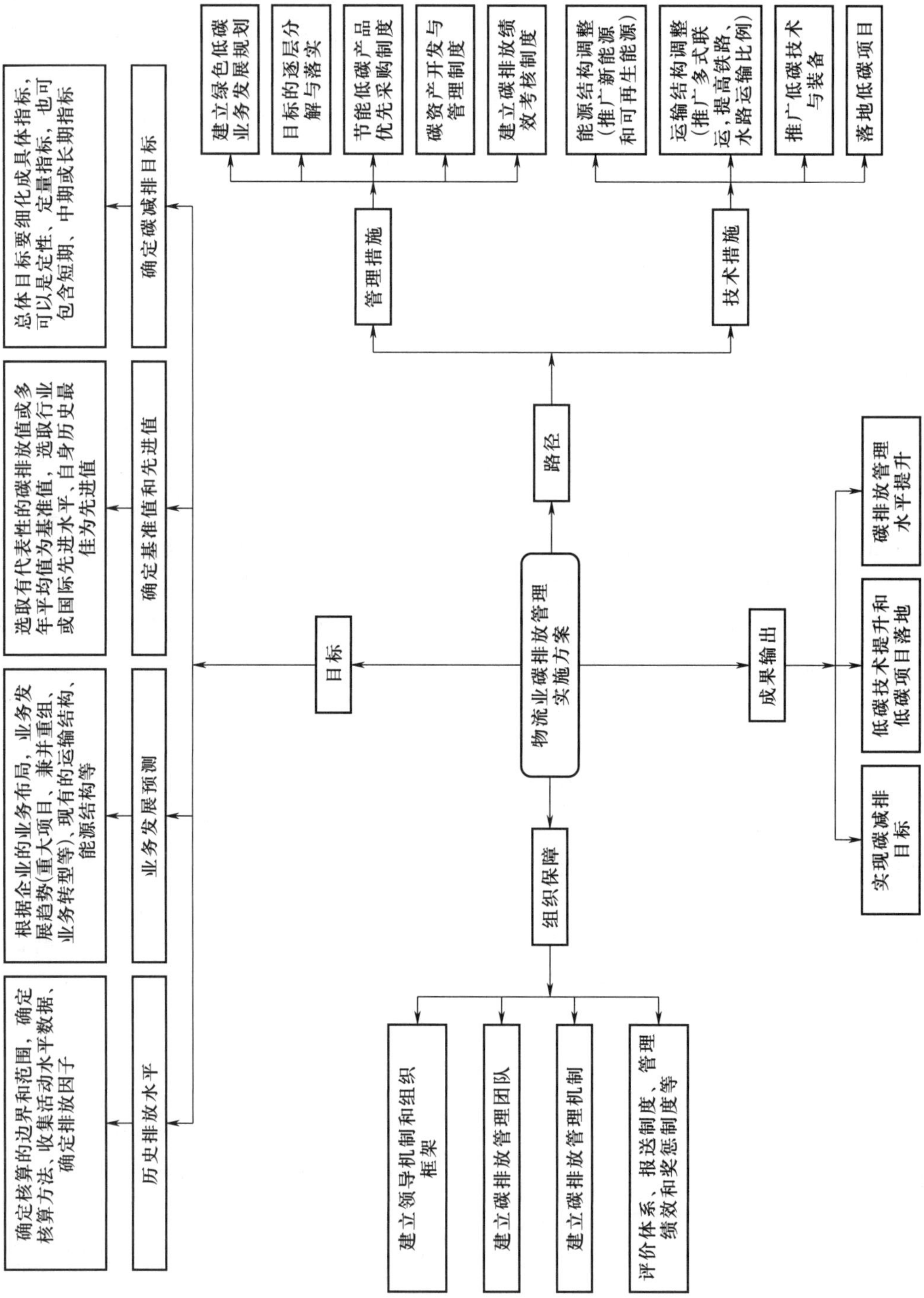

图 10-4　物流业碳排放管理实施方案框架图

10.4　物流业的企业分类体系

我国现行的对物流业的分类是建立在传统的运输和仓储业的基础上的，即由各种运输方式的运输服务、代理服务、联运服务和仓储服务组成。这种分类体系无法合理和正确界定现代物流业的服务特征，缺乏对这些企业所从事的流通加工（包括：包装、分拣、简单加工、条码印制和标贴）、物流解决方案的提供、物流信息管理和信息网络的经营等服务的分类管理，造成物流企业注册和行业归类的困难，不利于物流企业顺利进入服务市场和体现政府对鼓励的物流服务方式的企业的发展导向，因此，工商管理和相关的行业管理部门应积极调整企业管理类别，尽快建立适应物流业发展的企业分类体系，清除物流企业进入市场的障碍。

鉴于现代物流业的发展特征和未来服务领域及服务方式不断扩大和完善的趋势，物流业相关的行业管理部门应积极适应现代物流发展的需要，尽快建立起完善的物流企业分类体系，如图 10-5 所示。

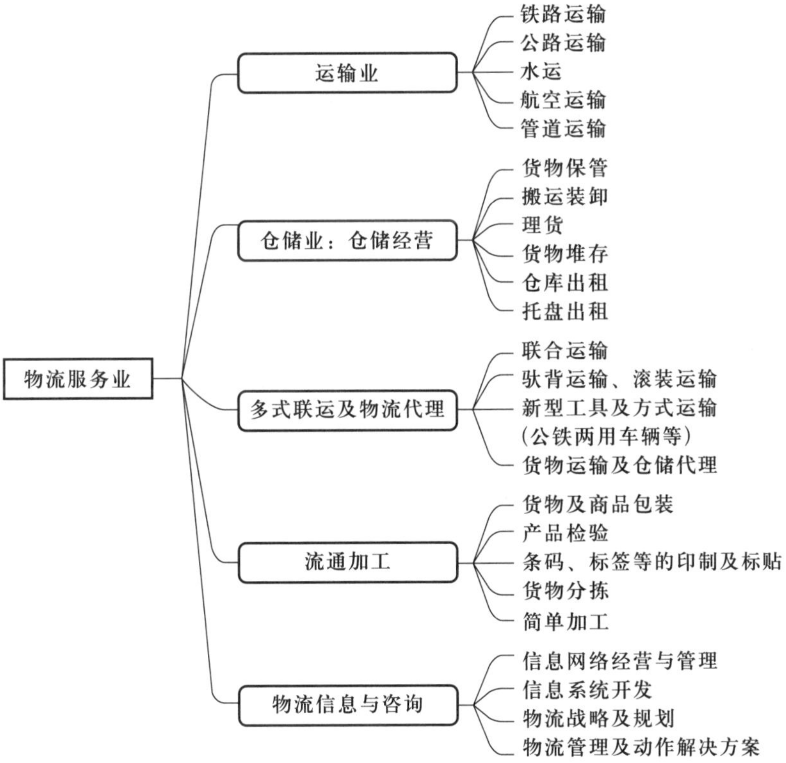

图 10-5　物流企业的分类体系

按照物流企业的分类体系进行企业界定和市场准入控制，将有利于明晰物流服务业的经营内涵和加快培育物流服务企业体系，为现代物流的发展创造良好的企业服务支持条件。

10.5 物流业的政策体系

10.5.1 税收政策体系

目前国内沿用的对物流服务业的税收体系是建立在传统的运输、仓储及其代理服务的基础上的，对现代物流发展出现的新的服务业态缺乏相应的税收制度，不利于具备现代物流经营特点的服务企业进入市场，也不利于税务管理。因此，建议针对现代物流服务业出现的新的服务业态和经营类别，按照现代物流业的企业分类体系，建立新的税收体系。

在税率的制定过程中，管理部门应对纯服务性项目，参照传统运输、仓储及其代理核定税率；对流通加工、物流信息系统开发经营等具有增值特点的服务，建议税务部门积极开展研究，提出合理的利于物流业持续、稳定发展的税目及税率。

由于物流经营属于一般性的服务行业，尽管现代物流是第三利润源泉，但这种综合和一体化管理所产生的经济效益体现在工业生产、商业流通和物流经营等诸多领域和环节，物流效益并非为物流经营所独享，认为物流是很赚钱的行业也是针对总体而言的，盲目发展物流服务设施和企业，正是对物流认识上的误区的体现，所以，对于物流服务特别是在传统的运输和仓储领域从事经营服务的企业，应充分考虑其经营的微利性，适当调低税率标准，以体现政府管理部门对物流服务业的扶持，使企业合理负担税赋。

10.5.2 财政政策体系

我国现代物流处于发展的初期阶段的事实，是提出政府扶持的理由之一。特别是物流基础设施往往具有较强的公益性和投资规模较大，因此，在鼓励物流发展的政策上，要体现出财政的支持。

一是“放水养鱼”。国家及地方政府在财政上要对物流企业网开一面，采取转移支付的方式，对处于国家主干物流网络发展关键节点上的网络化经营企业、物流基础设施经营企业，给予发展所需的资金支持。

二是扩大财源。对纳入国家物流发展规划和各种运输方式发展规划的物流设施，要积极争取国家及行业管理部门的投资支持。

三是土地置换。加快国有资产管理的改革，允许纳入财政支持范围的物流企业用不适宜或不符合省、市物流发展规划要求的划拨土地置换处于发展规划区域的土地，并在财政的扶持下，允许企业用评估差价冲抵新获得土地的出让金，即实行扶持老国企的“土地空转”政策，减轻企业发展物流的负担。

四是资产剥离。对于传统的具备一定经营规模的国有物流相关企业，由于历史原因造成的呆坏账，尽快制定相应的管理办法，加快其不实资产的剥离，以便使具有潜力的物流企业能轻装上阵，加快成长步伐，应对未来来自国外强势企业的竞争。

五是贴息支持。建议国家财政给予现代物流基础设施建设项目的执行企业在项目贷款上的贴息资金支持。同时，在国家技术改造资金中，增加对物流发展特别是高效率集装箱运输、多式联运、大型符合未来物流设施规划和资源整合要求的货运场站设施等的支持，为此类企业在运输装备更新、设施改扩建方面提供有力帮助。

10.5.3　物流业的市场监管体系

现代物流服务业发展的优势来自于网络化经营，而现行的分部门和以地域为基点的行业管理制度及管理方式，对物流企业的跨地区经营造成了较大的市场进入障碍，不能适应现代物流业发展的需要。因此，必须对现行的行业管理体制及方式进行改革，建立与物流网络建设和发展相适应的市场监管体系。

在保持行业发展安全、规范的前提下，对具备市场化发展条件的行业放松管制，取消不必要的，对行业的技术进步、企业的规模化和网络化经营具有阻碍作用的行业审批项目，为物流企业的发展创造方便的市场进入条件。

目前，物流业相关的行业在审批上执行的是一种条块结合的多级、多部门的审批制度，审批效率较低且易产生地区和行业分割。为便于现代物流企业进入市场，建议采用行业审批加行业备案制度，即采用国家、省两级行业管理审批和其下级备案的审批制度。对全国性(包括跨省)经营的物流企业，采用按行业类别进行部委级审批，在经营地区备案即可开展经营的方式；对区域性经营(主要是在省域范围内经营)的物流企业，按照行业类别，由省级管理部门批准，在省以下地方进行行业备案即可。

10.5.4　改变市场监管方式

行业审批项目和审批制度的改变，使得现行的行业管理和市场监管方式已不能适应需要，各行业管理部门应积极转变行业管理机制，将行业管理的重心从市场准入审批转向市场秩序的有效监管，努力营造良好的市场经济环境。

建立与物流网络建设和发展相适应的市场监管体系，既是我国现代物流业发展的需要，也是改革行业管理方式的需要，同时也是改善国家物流业发展环境的需要，对在物流管理上与国际接轨、尽快提高我国处于落后状态的物流业相关企业参与和应对国际竞争的能力具有重要意义。

10.5.5　物流产业的统计体系

统计体系是行业和经济决策的重要依据和保障。目前，我国关于现代物流业的研究成果较多，对促进我国现代物流业的发展起到了很好的作用，但是，由于统计体系的不完善和统计资料的缺乏，诸多研究成果很难在促进现代物流业发展政策的形成上产生实质性的影响和作用。因此，为加快我国现代物流业的发展，特别是为现代物流企业市场准入创造良好的保障条件，尽快建立与物流业发展特点和行业发展状态的正确反映相适应的统计指标体系是当务之急。

10.6　物流业的行业监管体系

现代物流业的复合产业特征和政策机理，决定了要以在现行的行业管理体制框架下进行管理运作为前提进行政策设计。同时，也要考虑我国管理体制改革和物流业自身的发展对行业管理的改进。

因此，对现代物流业这一涉及多个行业领域和多部门的复合产业，在我国物流业总体水平较为落后的现状下，要实现跨越式发展，比较可行的方式是充分发挥现有行业管理部门的作用，加强行业管理部门的组织和领导。行业部门的领导作用很大，从某种意义上说甚至是决定性的。

10.6.1 明确宏观协调部门

现代物流业的复合产业特征和跨行业、多部门管理的特点，决定了其在物流业发展规划、发展政策等方面的统一协调下才能有序发展。在现行行业管理格局下为了加快现代物流业的发展，必须在行业管理层面上有国家宏观高度的行业协调部门，以使物流业的发展能在强有力的宏观经济管理部门有系统地领导和组织之下进行。

考虑到物流业涉及生产、流通、运输、信息等诸多领域，鉴于国家发展改革委在管理和组织国家经济发展和运行方面的地位和作用，应由国家发展改革委出面，通过在现代物流业的发展规划、综合性政策指导和对相关行业的管理与协调等方面的管理与组织，引导我国现代物流业的发展。

国家发展改革委可通过其局部职能的调整，承担物流业发展的规划（全国及经济区域物流发展规划）、政策（包括市场准入、对外开放、税收、土地开发、国有资产管理等综合性政策）和行业协调（交通运输、仓储、对外经贸、商业、工业等）任务。

10.6.2 加强交通运输行业部门的领导

交通运输是现代物流业发展的重要支持行业，交通运输行业管理对现代物流业的发展将产生重大影响，无论将来是成立综合的交通运输管理部门还是维持既有行业现状，各个物流业相关的既有行业管理部门，包括交通、铁路、民航、管道等部门，应根据现代物流业发展的需要，对现行行业管理体制、管理机制等进行必要改革，在保证实施国家物流业发展方针、政策、规划的前提下，积极通过对现有行业管理政策、法规等的清理、调整，废除与现代物流业发展不适应的政策、法规，建立新的与物流业发展相配套的政策及法规体系，以便在行业市场准入、经济秩序、管理方式等方面，体现对现代物流业发展的推进和行业管理与市场监管作用。

10.6.3 加强其他相关部门的领导

除交通运输外，信息、商业流通、工业生产等行业对物流技术的应用、物流市场的形成和全国物流效率的提高等具有重大影响，相关行业管理部门应按照物流业发展的目标和要求，调整相关职能和政策，积极推动物流技术的应用和发展，在行业体制及管理机制上形成对现代物流业发展强有力的支撑。

10.6.4 强化物流业发展中的行业自律

现代物流业的跨行业服务与经营是其显著特点，行业的协调和自律任务重、难度大，在政府部门职能改革的形势下，政府不可能太多参与行业具体经营性事务的协调工作，因此，必须充分发挥协会组织的服务和桥梁作用。

目前，我国物流业相关领域的协会组织、机构较多，但这些协会尚不具备在物流业发展中充当行业协调和自律者的角色，必须积极借鉴物流业发达国家经验，通过行业管理授权和协会功能及运作模式的调整，发挥行业协会在企业经营、市场监管等方面的组织作用和在政府与企业之间的纽带及桥梁作用。

（1）健全国家一级综合性物流协会。在现有的与物流相关的国家级行业协会（如中国交通运输协会、中国仓储与配送协会、中国物流与采购联合会等）的基础上，通过职能扩充、转变和国家授权，发挥其在行业协调、资质认证、人员培训、企业组织、政策法规咨询等方面的作用。

（2）完善省一级和专业性物流协会。省级以下物流相关协会，则应转变职能，按照物流发展需要，在机构精简的原则下，按照行业协调和自律的需要进行协会建设，无须建立新的协会，防止协会在简单基础上的重复设置。对于专业性的物流协会，应在与行业管理分工和现代物流业业态及服务类型相匹配的原则下，积极发展，形成专业化分工与协作的专业性物流相关协会体系，使其在专业化领域发挥企业经营、市场监管组织作用，并成为沟通政府与企业的桥梁。

（3）赋予各级各类协会相应的权力。国家应将体制改革和管理机构改革与发挥各级、各类协会的功能与作用结合起来，赋予协会在管理部门与企业之间、企业与企业之间进行协调、咨询、服务、沟通的职能，以改变协会在传统观念中的形象，使协会组织成为物流业发展的积极推动因素之一。

10.7　物流服务市场体系规划

10.7.1　创造物流市场发育的宏观环境

专业化、社会化和高效化的现代物流服务需求是经济发展和社会分工的产物，这种分工既可以在自然经济发展进程中由完全的市场力量形成，也可以在经济发展水平和条件初步具备时由供需双方共同推进和培育形成。

我国经济自改革开放以来取得了长足发展，经济总量及产业结构、经济布局与区域经济分工，都是物流水平和效率较快提升的重要支撑，也是近年来企业发展物流热情高涨的内在动力。因此，国家及地方政府应积极推进物流的发展，加快培育物流服务的需求方，积极创造物流市场发育的宏观环境。

1. 推进工业及商业企业物流管理技术的应用

物流服务的对象是工业及商业企业，而工业、商业企业采用专业化物流服务的前提是基于物流运作专业化分工的物流服务外包和与第三方物流企业间供应链的构建。因此，培育物流服务市场的首要任务是加强对工业、商业企业的引导，通过建立对工业、商业企业资金利用水平、存货水平、物流相关资产回报水平、物流成本水平等指标的考核体系，促进其转变观念，克服“大而全”“小而全”经营习惯，改进经营组织与管理，提高其开展和利用专业物流服务的自觉性和能力。

2. 提高物流企业的经营管理水平

物流服务市场建设不仅取决于对物流服务的需求，在一定程度上，物流服务环境的建设更是重要因素。因此,必须大力发展各种服务业态和服务类型的专业化物流服务企业,并促使其上规模、上水平、上档次,以便提供工业、商业企业所需的规模化和网络化物流组织和服务,为培育物流服务市场提供供应方的拉动力。

3. 加快流通体制和流通经营管理方式的改革

现行的流通体制和流通经营管理方式,人为地分割了工业、商业企业在物流运作上的联系,使得流通环节过多、物流管理链条过长、物流效率较低和物流成本居高不下,并严重妨碍了工业生产和商业流通企业对物流管理技术的应用和依托物流管理的发展。因此,在政策上必须进行较大力度的改革,通过深化流通体制与流通方式的改革,打破地区分割和部门界限,为跨行业、跨部门、跨地区物流网络和供应链系统的构造创造体制环境和条件,以便加快培育物流服务市场。

4. 维护良好的物流服务市场经营秩序

物流服务市场的形成有赖于良好的市场秩序的建立,必须建立基于行业政策和相关法律、法规的市场监管体系,加大市场管理力度,加强市场监督,维护良好而稳定的市场秩序,为物流社会化服务体系的建立创造有利的市场环境。

10.7.2 采取有力的物流市场体系建设措施

现代物流业发展的重要目标是建立良好的运作环境,为物流企业与工业和商业企业之间构筑供应链系统创造条件。但是,物流业的发展离不开工业及商业企业对物流管理技术的广泛应用,建立工业、商业物流服务体系,创造企业物流管理和发展的良好氛围,将是现代物流业发展的必备条件。

鉴于目前我国企业物流发展现状,工业、商业企业现代物流服务的发展途径主要体现在三个方面:运输组织调整、物流运作条件创造和以物流为依托的市场经营条件。为加快我国现代物流业的发展,国家及地方政府应积极采取有力措施,促进工业及商业企业努力提高物流管理水平,加快物流市场体系的建设。

1. 调整运输组织,重新组织运输网络

现行的各种运输方式自成系统的运输组织方式,造成了运输的多环节、低效率和高成本,必须根据物流成本和效率的要求,积极依托物流基础设施、信息系统和专业化的物流组织,加强各种运输方式的有机联系和在运输作业组织上实现一体化,以改善工业、商业企业物流集散的运输组织条件。应按照工业、商业物流的基本流向,调整运输网络布局,优先改善大流量运输通道,加强具有竞争力的运输方式的发展力度,提高作业效率,发挥低运价、大批量的优势。

2. 加强工业生产集中地和商贸交易市场的物流服务功能

在物流基础设施的布局上,尽可能考虑其对工业生产集中地(如经济开发区、技术开发区、工业基地、出口加工区等)和商贸交易市场(如小商品市场、农贸市场、生产资料市场、居民消费品批发零售市场等)的支持,在有条件的地区,应积极实现物流基础设施与工业生产集中地和商贸交易市场的一体化。此外,积极利用物流信息系统的功能,为工业、商业企业提供原材料、商品库存、运输和信息管理服务。

3. 创造基于物流管理的生产和销售组织模式

建立能够提高物流效率和降低物流成本的企业生产及销售组织新模式，积极利用信息技术手段，加强物流信息系统与工业、商业交易系统间的良好沟通渠道，加强工业、商业企业在异地的物流管理和运作组织，通过建立各种类型的与企业管理特点相适应的，竞争力较强的，采购、生产、销售等一体化的供应链管理系统，降低企业管理成本和交易成本。

4. 建立新型的企业发展关系

现代物流服务实践表明，工业、商业企业不可能也没有必要占有全部可涉及的物流资源，工业、商业企业所追求的最高境界应该体现为企业对于其所面对的可控制资源和可利用资源，进行最大限度上的合理化开发与利用。

这种合理化表现为企业对于自身物流能力的客观评估与正确定位，对外部环境与市场物流供给能力的深刻了解与合理预期，对企业自身发展方向与发展时机的准确把握，使企业能够将可控制资源与可利用资源进行有机融合，并在市场运作中通过各种有效的方法与措施，使上述两种资源始终处于相互协调、相互支持的动态平衡状态，使之成为推动和促进工业、商业企业实现其总体发展战略目标的重要原动力。当前及今后我国工业、商业企业与物流企业的发展关系应是：以工业、商业企业物流运作为基础，以专业化物流企业服务为纽带，在三个层次上，即工业、商业企业与物流企业之间，工业、商业企业和物流企业与现有工业、商业企业和储运企业之间，以及工业、商业企业和物流企业与周边城市企业之间，建立起相互支持、相互依存的物流运作关系，形成较为完善的社会化物流服务协作体系，以网络效应弥补单个企业的能力缺憾，提高物流运作的网络化、组织化程度，进而提高物流配送的规模效益。工业、商业企业与物流企业在发展自身网络建设的同时，不断完善与其他企业的网络功能协调，通过建立垂直、水平和综合一体化物流系统，充分利用全社会物流配送设施资源，避免物流设施的重复建设和资源浪费。

5. 调整企业统计指标体系

现代物流领域之所以存在物流费用的黑大陆学说、冰山学说、第三利润源泉学说以及成本中心学说等，均是由于物流费用不易为人们所正确认识。因此，为全面、及时、正确地反映企业的物流成本，应加强对企业物流成本的统计。为此，可通过对不同类型企业进行分类指导的方式，将物流成本列为企业正式统计和考核指标，帮助其将物流相关费用、资产进行分类统计，以便进行考核，力争用 1～2 年时间，在试点的基础上进行推广。

6. 在各行业中确定一批现代物流管理试点企业

建议由政府工业生产和商业流通等经济管理部门出面，通过组织培训和聘请专家等方式，选择一批现代物流管理技术应用试点企业，通过帮助试点企业提高物流管理水平，产生示范带动作用，以便在工业、商业企业中广泛推行现代物流管理技术。

7. 鼓励公共物流设施和第三方物流企业降低成本

工业、商业企业目前利用公共物流设施和第三方物流服务的积极性不高，很重要的原因在于公共设施分散，经营规模较小，物流运作效率不高。为克服工业、商业企业利用专业化物流服务的障碍，应通过鼓励规模经营等措施（如核算物流基地、物流中心、配送中心基础营业额，对超过基础额的部分，通过财政手段给予一定税收返还），鼓励专业化物流经营企业扩大经营规模，降低成本。

思考题

1. 物流业的低碳化作用机制是什么？
2. 物流业建立碳排放管理体系的必要性有哪些？
3. 物流业碳排放管理体系的主要内容有哪些？
4. 如何理解物流业的企业分类体系？
5. 物流业的税收及财政政策体系有哪些特点？
6. 物流业的市场监管体系是什么？
7. 如何理解物流业的统计体系？
8. 物流业的行业监管体系有哪些特点？
9. 如何进行物流服务市场体系规划？
10. 物流市场体系建设措施有哪些？

第11章 物流产业的仓储与发展模式规划

11.1 物流产业的仓储规划

11.1.1 仓储基本概念

仓储是物流系统的一个组成部分，它在原产地、消费地或者在这二者之间存储物品（原材料、零部件、在制品、产成品），并且向管理者提供有关存储物品的状态、条件和处理情况等信息。仓储作为生产者和客户之间的一个主要的联系纽带，在现代企业物流系统中已经从一个相对较小的方面发展成为其最重要的职能之一。

仓储是指利用仓库及相关设施设备进行物品的入库、储存、出库的活动，这是中华人民共和国国家标准《物流术语》(GB/T 18345—2021)对仓储的定义。从这个定义中我们可以看出，仓储中的“仓”指仓库及其附属设备设施，是存放、保管、储存物品的设备设施的总称，具有存放和保护物品的功能；“储”表示将储存对象收存以备使用，具有收存、保护、管理、贮藏物品、交付使用的意思，也称为储存。

传统的仓储活动强调对物品静态的存放、养护，而现代的仓储活动出入库极其频繁，为了适应经济的发展，现代企业的仓储活动往往和其他活动整合在一起，因此现代仓储活动更加复杂，管理起来也更加困难。

现代物流业是我国社会经济发展中的重要增长点，随着国家对物流业的支持力度不断加大，我国传统物流仓储管理工作逐渐向现代化方向发展，企业物流逐渐转变为更加专业的物流仓储，同时物流仓储相关功能也更加丰富，除了传统的物资运输，还进一步增加了仓储、装卸、加工及包装等功能，形成了现代化综合物流仓储管理模式。

物流仓储环节的规划与管理工作是现代物流区别于传统物流的关键环节，也是现代物流管理中的重点环节。传统物流仓储业主要采取的是保管收费商业模式，但在现代物流仓储管理中，追求零库存，以降低物流仓储管理总成本为主要目的，商业模式发生了很大的变化。这就使得现代物流仓储管理工作中的相关管理理念、管理方式、管理人员等都要发生很大的改变，才能更好地促进现代物流的发展，进而推动我国物流行业的不断发展。

物流产业的仓储规划包含物流产业的库址选择、库内整体布局、库内储存空间布局、作业流程规划等方面，它是物流规划中的一个重要模块。现代物流仓储规划与管理是我国社会经济发展中的重要组成部分，加强现代物流仓储规划管理工作研究，创新物流仓储规划管理理念,不断提高物流仓储工作的信息化水平,建立更加专业的物流仓储管理人才队伍,才能有效促进现代物流行业的长远发展。

11.1.2 仓储的功能

1. 储存仓储设施

仓储最显著的用途是保护和有序地储藏存货。货物在仓库里存储的时间和对储存条件的要求都会对仓储设施结构和布局产生影响。仓储设施种类很多,既有长期的、专门化的储存仓库,也有阶段性保有货物的储存仓库,还有暂时性存放货物的仓库。储存产品的形式也是多种多样,包括准备进入市场的成品、待组装的或者需进一步加工的半成品或原材料。因此,存储有长期存储、临时存储和暂时存储之分。临时存储强调的是仓储的搬运功能,只存储基本的库存补充所需的货物;暂时存储是企业存储超过正常补货所需数量的存货,也指缓冲或者安全库存。

2.物料搬运

仓储系统的物料搬运活动归纳起来主要有三项:装卸、货物进出仓库和订单履行。

(1)装货和卸货。装货和卸货是物料搬运所涉及的一系列工作的最初和最后环节。把货物搬运到装货地点并装载到运输工具上以及卸货和将货物搬到储存地点这两个环节中,装货或卸货和搬运都是密不可分、伴随发生的,一般都作为一种活动来对待。当然,在装货地点可能还要做一些其他工作,如在货物被装进运输工具之前,还要对订单内容和订单的顺序作最后检查;装货过程还可能包括为防止破损而对运输的货物加固和包装等。同样,在卸货中有时也需要把装卸和搬运分开,将卸货视为单独的一项活动,因为货物很有可能在卸下来之后,运进仓库储存之前,需要进行分类整理、检验和分级。

(2) 货物运进和运出。仓库在仓储设施的装货点和卸货点之间,货物可能被移动多次。如从货运码头运出来,从卸货地点移至存储区,运至拣货区补充库存等。实际的搬运活动可以利用现有的多种物料搬运设备来完成,这些物料搬运设备从人力推动的叉车和手推车到全自动、计算机化的堆码、拣货系统,应有尽有。

(3) 订单履行。订单履行是指根据销售订单从存储区拣选货物。拣货可直接在半永久型存储区、散货存储区或拣货区进行。订单履行经常是物料搬运活动中的关键部分,因为与其他物料搬运活动相比,处理小批量订单是劳动密集型活动,费用也相对更高。

3. 信息传递

信息传递是仓储的第三种功能,它与搬运和存储功能同时产生。管理者要能有效控制仓储活动,通常都需要及时和准确的信息,包括有关存货水平、产量水平(即仓库流动的货物数量)、存货地点、进货和出货运输、客户数据、设施空间利用情况、人事等的信息,对信息的掌握对于仓储运营的成败来说至关重要。现代仓储系统越来越运用电子数据交换(EDI)等计算机化的信息传递、互联网以及条形码来提高信息传递的速度和准确性。

除了上述三种基本功能之外,现代仓储作为现代流通活动的重要环节,仓储系统的分拣功能、集散功能、衔接功能、加工功能也越来越受到人们的重视。

11.1.3 仓储的作用

仓储在企业物流系统中的重要作用主要表现在以下几个方面。

1. 降低运输成本，提高运输效率

大规模、整车运输会带来运输的经济性。在供应物流方面，企业从多个供应商分别小批量购买原材料并运至仓库，然后将其拼箱并整车运输至工厂。由于整车运输费用率低于零担运输，因此，这将大大降低运输成本，提高运输效率。在销售物流方面，企业将各工厂的产品大批量运到市场仓库，然后根据客户的要求，小批量运到市场或客户。这种仓库的作用不仅是拼箱装运，还可按客户的要求进行产品整合。另外，各种运输工具的运量相差很大，它们之间进行转运，运输能力上是不匹配的，因此，仓库还具有调节运力差异的作用。

2. 进行产品整合

如果考虑到颜色、大小、形状等因素，企业的一个产品线包括了数千种不同的产品，这些产品经常在不同工厂生产，企业可以根据客户的要求，将产品在仓库中进行配套、组合、打包，然后运往各地客户。否则，从不同工厂满足订货将导致不同的交货期。仓储除了满足客户订货的产品整合需求外，对于使用原材料或零配件的企业来说，从供应仓库将不同来源的原材料或零配件配套组合在一起，整车运到工厂以满足需求也是很经济的。

3. 协调供求

某些企业的生产季节性很强，但其产品的需求却是连续不断的，而且比较稳定，因此他们就面临着协调供求的问题。与之相反，另一些企业的产品或服务需求的季节性很强，而且需求不稳定，但是全年的生产却是稳定的。在这些情况下，企业要使供求完全相符的成本是非常高的，这时就必须进行仓储。另外，从商品价格的角度来考虑，企业也需要进行仓储，如某些原材料和产品（如铜、钢材、石油等）的市场价格随时间发展而波动非常大，会促使一些企业为了低价采购而提前购买形成仓储。

4. 辅助市场销售

企业营销部门经常考虑的是市场是否可以随时得到产品。仓储就可以用来增加产品这方面的价值，即仓储使产品更接近客户，缩短产品运送时间。通过加快交货时间，企业可以改善客户服务，并增加销售。

11.1.4　现代物流仓储规划中存在的问题

1. 管理理念相对落后

在我国社会经济发展过程中，现代物流发展速度不断加快，与传统物流相比，现代物流有着更加显著的优势，尤其是现代物流的发展目标、价值体现与管理理念等都发生了本质性的变化。但在现代物流发展过程中，部分物流管理人员与相关从业人员并未建立现代大物流观念，物流仓储管理理念仍然较为传统，实际物流仓储管理中相应的管理手段采用的依然是传统物流管理方式。在现代物流仓储管理中，相关物流人员管理理念的落后具体表现在对现代仓储管理观念的了解不足，未能充分认识到现代物流的实际价值，对零库存管理不够重视，在实际工作中不能熟练运用现代信息技术与人工智能技术来优化管理方式，且落后的管理理念还会影响相关管理人员的创新意识与管理思路，进而对现代物流仓储管理的进一步发展造成严重的影响。

2. 管理信息化水平低

当前，现代物流仓储管理工作的信息化水平相对较低，相关管理人员应当加强现代物流仓储与信息技术之间的结合。采用信息化仓储管理模式能够更加准确地识别货物，并正确处理相应的货物。部分企业在物流仓储管理工作中投入的资金、人力与物力较多，且加大了先进搬运设备的购买，高层货架与自动化立体仓库等的机械化水平相对较高，有效提升了物流仓储管理工作的效率与质量。但从行业整体情况来看，大多数企业尤其是中小企业的物流仓储管理中，人力资源依然是主要的管理主体，缺乏对先进科学技术的运用，相应的仓储管理水平相对较低，所建立的仓储管理信息技术系统也不够完善，实际应用中，网络数据信息存在更新缓慢、设备自动化水平低等问题，使得仓储作业效率难以有效提升。同时，仓储作业中采用人力资源很容易受到人为因素的影响，导致库存差异、货不对位、库区混乱等问题，且相关人员无法准确及时掌握库房容量，存在货物周转缓慢与积压等问题，这些都会给相关企业造成严重的经济损失。

3. 缺乏专业管理人才

现代物流仓储管理工作中，需要相关从业人员具备专业的能力，才能更好地应对现代物流仓储管理中的复杂工作内容。但在物流行业发展过程中，大部分从业人员的专业能力相对较低，物流企业缺乏专业的管理人才，实际物流操作中很容易出现各种问题，严重影响了物流仓储管理工作的现代化发展。我国现代物流行业发展时间相对较短，物流专业教育也较为落后，使得物流企业在发展中难以吸引专业的物流人才，市场中缺乏专业经营管理人才，这在一定程度上阻碍了物流企业的发展。

11.1.5 现代物流仓储的规划对策

1. 创新管理理念与思路

思想对行动有着指导作用，学习和掌握先进的思想观念，才能更好地使相关行动有所创新，因此，在现代物流仓储管理中，相关管理人员应当不断创新管理理念与思路，紧跟世界物流发展趋势，不断改进和优化物流企业相关管理模式，在此基础上确立现代大物流管理观念，改变传统物流仓储价值理念，重新确立物流产业中仓储环节的核心地位。从物流行业发展全局出发，降低物流管理成本，才能有效促进我国物流行业的现代化发展。同时，相关人员还应当加强现代物流与网络技术的融合研究，在物流仓储管理工作中充分发挥“互联网+”的优势，结合相应的物联网技术，采用新型现代物流仓储管理模式，为用户提供更加优质的物流仓储服务。采用先进的管理理念，推进我国物流仓储管理相关理论与实践的融合发展，提高物流仓储管理水平，才能更好地应对社会经济的高速发展需要，成为我国经济发展中重要的增长点与产业。针对现代物流仓储工作中作业量与负荷量较大的问题，加上工作环境相对恶劣，安全隐患较多，相关管理人员还应当转变传统人工管理理念，积极引进机械化管理方式，缓解物流从业人员的工作压力，这样不仅能够降低安全风险，还能有效提升物流仓储管理效率。

2. 提高仓储管理信息化水平

现代物流仓储管理中，相关企业应当重视仓储信息管理系统建设，建立信息化仓储管理系统能够有效提升管理工作效率与质量。现代物流仓储的实际管理中，并未建立统一、系统的管理模式，不同的物流企业各自发展，物流仓储相关资源较为分散，造成了一定的仓储资源浪费。现代物流仓储管理信息化建设过程中，应当充分考虑所在地区的具体情况，结合物流企业发展实际情况，对仓储管理系统进行调整和优化，进而有效提升物流仓储资源的利用效率。同时，还应当加强物流企业之间的沟通与交流，科学规划仓储信息管理系统，整合物流仓储资源，并对物流行业进行统一的监督管理，有效提升资源利用率，并降低物流成本，进而实现现代物流的信息化发展。通过对相关信息技术的有效应用，减少对人力资源的使用，在具体管理工作中降低工作人员的压力。因此，相关企业应当充分认识到一体化信息管理的重要性，加强仓储信息管理系统建设，有效提升相关货物的入库、分拣、出库等的工作效率，提高物流仓储管理水平。

3. 加强仓储管理人才队伍建设

社会经济快速发展过程中，物流作为一种新兴服务行业，能够有效整合和优化社会资源，加强物流仓储模式研究，提高物流仓储管理工作水平，还能有效降低相关企业成本，进而促进企业更好地发展。在物流仓储管理工作中，人才是决定物流发展的重要基础，但我国物流仓储发展时间较短，缺乏专业的管理人员，且物流管理体系也不够完善，使得物流仓储管理中存在一定的问题。物流企业从本质层面加强人才引进，并保证相关人员的合理应用，才能充分发挥相关人员的管理能力。同时，物流企业还应当加强管理人员培训，或聘请专业的管理人才，开展有计划的培训工作，对在职人员进行培训，不断提高相关人员的管理能力，从而有效提升现代物流仓储管理水平。

11.2　智能仓储规划

随着国家对物流业的支持力度不断加大，现代物流作为互联网时代经济发展的衍生产物蓬勃发展，在不断自我革命中实现新的突破与增长，特别是新时代科学技术越来越发达，为我国物流产业智慧化升级带来更多可能性。发展智慧物流必须关注物流的各个环节，智能仓储是智慧物流发展的核心阵地与联系产业上、下游的关键纽带，依托云计算、大数据、人工智能等新技术，扎实应用物联网、传感技术、射频等技术，实现仓储过程的数字化、信息化，打造一套个性化、互通的仓储物流管理系统。降低成本、提高效率是智能仓储以及现代物流发展的关键所在。

11.2.1　智能仓储的概念与关键技术

智能仓储即采用先进的信息技术手段对仓储设备与仓储管理过程进行智能化改进，通过构建一套流程标准化的现代信息管理系统，提升仓储管理与调度水平。一般包含两条相互映射与作用的主链，分别是包含采集、处理、流通、管理、分析的信息加工链与包含入库、出库、移库、盘点、拣选、分发的业务环节链。智能仓储的实现对提高货物流转率、降低物流成本与资源消耗、提升物流服务水平效果较好。智能仓储涉及的关键技术有物联网技术、RFID 技术、传感技术等。

1. 物联网技术

物联网是指基于互联网或者传统电信网实现物物相连，将通过传感器设备获取的大量信息进行智能化分析以供用户使用的网络。物联网主要由实现信息感知、获取与分析数字化的感知层，将感知层信息通过互联网或局域网传递给控制终端或服务中心的网络层，对获取的连接信息进行分析计算以供用户决策使用的应用层三层构成。物联网具有全面感知、可靠传递、智能处理等特点与优势，这也是其成为现代智能系统重要组成部分的原因，智能仓储的发展与进步也依赖物联网技术的不断更新。有许多学者对物联网在智慧物流中的应用进行可行性研究，特别是在智能仓储方面的应用，为智慧物流产业降低了产业成本并提升了管理效率。

2. RFID 技术

RFID 技术是指通过射频信号自动识别货物并完成输入和读取数据信息的自动识别技术，一般由计算机系统与 RFID 硬件（电子标签、信号接收机、天线）两部分组成，具有无接触、无须光学可视、无须人工干预等特点，因具备操作便捷、大数据量快速读写、保密性强、环境适应性强等优点而被广泛应用于各种智能化场景。有学者将 RFID 技术、机器人技术、自动开箱机技术等相结合以实现库房零人工作业，为智能仓储的发展、智慧物流产业的进步提供了参考。

3. 传感技术

传感技术是指依靠传感器将事物的状态或环境信息等模拟量转换为电信号并数字化，以供各类信息化系统分析使用的技术，其核心部件是传感器与信息处理模块。传感器主要有物理传感器和化学传感器，信息处理模块主要完成信号的预处理、后置处理、特征提取与选择等工作。常用的传感器有以半导体电热电阻等热敏元件作为探测组件的温度传感器、采用光电元件将光信号转换成为电信号的光电传感器、由压力敏感元件和信号处理单元组成的压力传感器、以湿敏元件为核心的湿度传感器、采用弹性敏感元件制成的储能弹簧完成重力到电信号的转换的重力传感器等。

11.2.2 智能仓储的发展现状

我国物流产业在互联网经济的推动下快速发展，但也面临着物流成本不断攀升、效率提升缓慢等问题。为了改变这一现状，发展建设智能仓储是实现降本增效的有效途径，是现代物流打破传统物流局限、向智慧物流转变的重要过程，因此受到行业内的广泛重视。

物流仓储模式的发展历经了人工仓储、机械化仓储、自动化仓储、集成自动化仓储、智能自动化仓储等几个阶段，随着物流仓储的信息化程度与集成化加深不断进步，仓储成本不断降低，效率不断提高，管理越来越便捷。首先，智能仓储相较于传统的仓储方式，采用统一的网络控制，在保证仓储信息安全的同时使得仓储可以统一管控；其次，通过智能设备的使用，减少了人工操作，节约人工成本；再次，智能软件的使用使得仓储过程全面信息化，客户可以随时随地管理仓储；另外，无线传感技术的应用使得仓库全面可监控，提高了货物存放与管理的效率。智能仓储的建设在改善仓储信息化水平的过程中为大型物流企业的发展与国际化物流政策标准的制定提供了更多可能。

虽然各种信息化技术为智能仓储的构建带来了无限可能，但智能仓储的发展进步仍然存在许多难点：①智能仓储建设成本较高，尚未低成本普及；②仓储信息管理效率低下，特别是在“双十一”等大型电商活动期间，爆发式的仓储信息难以管理；③仓储信息不对称，现阶段的智能仓储尚难以实现完全信息共享，技术原因、人为原因都存在；④信息安全问题与全程监控问题，智能仓储的信息传输依赖于互联网，涉及大量私人信息与货物信息，因此信息安全与监控也是必须解决的问题之一。

在发展智能仓储的过程中，网络技术广泛应用。在过去，无线路由器的覆盖范围较小，网络混合给信息处理带来了许多不便，成为智能仓储发展的阻碍之一。现阶段，5G 网络时代的到来给智能仓储乃至智慧物流的发展带来新的机遇，加上区块链技术的发展研究应用，为进一步打造智能仓储奠定了坚实的技术基础，使得其未来发展应用前景也愈发广阔。

在智能仓储发展中需要解决的一个重要问题是降低人力成本，一些劳动强度大、重复性强、危险系数大的劳动内容可以利用智能机器人完成。目前进行智能仓储建设过程中，主要依靠自主移动作业机器人（即自动导向车，AGV），但尚未大范围普及。随着科学技术的不断进步与市场的不断发展，智能机器人的应用将是智能仓储的普遍选择，进而推动智能机器人研究发展。

11.2.3　智慧物流背景下智能仓储的规划

近几年，我国仓储行业的业务利润指数虽然整体呈上涨趋势，但利润水平总体并不高，行业的盈利能力反而不断下降。一方面，我国仓储行业中传统仓储业务比重依旧很大，作为资金密集型行业，前期投入成本高，如果不能形成一定规模，企业利润难以扩大化；另一方面，行业的增值服务数目较少，推动仓储行业战略转型升级十分必要。我国仓储业的成本高于发达国家，主要是因为我国仓储系统的水平较低，依旧停留在劳动密集型行业阶段，没有形成大范围的智能仓储推广应用。再者，低水平的仓储系统不能为存货控制和管理提供良好的服务，进一步说明综合云技术、大数据、物联网、人工智能等现代科学技术实现个性化、灵活性较高的智能仓储体系将是智慧物流未来的主要发力点。

现代物流的整体环境不断发生变化，新兴技术的突破不断发生，人们对于物流量的需要与用户体验感的要求不断增加，国家也希望智慧物流的发展能够带来新的经济增长点。智能仓储应用的典型案例是京东物流的“亚洲一号”，它已经成为我国智能仓储的标杆与引领，目前是亚洲最大、自动化程度最高的智慧物流项目，通过大规模使用自动化设备、机器人、智能管理系统，降低存储、拣选、包装、输送、分拣等各个环节的成本，使效率得到提升。智能仓储的建设与运营不仅是仓储能力与相应管理的提升，对于一个区域的经济生态也有较大影响，这体现了智能仓储的附加增值。

在智慧物流建设的大背景下，升级改造传统仓储设施和建立智能仓储网络是非常重要的内容，主要涉及仓储基础设施的改造，利用互联网、自动分拣、射频与光导、声控等先进技术手段，配合大数据、云服务等数据分析辅助决策，对仓储货物的出库、存储、分拣、包装、配送等各个环节进行高效运行与控制，形成一套符合物流企业的标准化、智能化物流仓储信息系统。进行智能仓储系统的建设与应用时，一方面要根据实际情况进行个性化定制，在订单处理、库存分配等方面实现个性化、自动化，自动化程度要符合企业的实际状态需要；另一方面要建立更加互联共享的仓储网络，使得物流企业之间相互依存，不断融合发展，提高企业内部以及企业间的协调协同发展能力，在避免恶性竞争的同时，为区域经济创造更多的附加增值内容。

智能仓储规划是智能物流中的重要环节，影响着传统物流业产业转型升级的未来过程，是实现“中国制造 2025”的重要组成部分。发展与应用智能仓储是高新技术在物流产业中的一次实战应用，也是物流产业实现智慧物流概念的发展重点，是综合物流产业现状、突破物流产业瓶颈、实现物流产业新增长的重要方向。

11.3 基于物联网的物流仓储规划

11.3.1 规划优势

1. 有助于商品出入库流程的大大简化

跟以往的物流仓储相比，基于物联网的物流仓储可以大大简化商品出入库流程，提升商品出入库效率。在商品出入库中应用物联网技术，可以创建关于一系列商品的信息库，确保在线查询出库与入库问题，还可以跟商品的经销商与供货商创建信息化的联系，以便跟经销商、供货商对接商品清单，从而简化商品出入库的程序，最终提升仓储中商品的输送效率。

2. 有助于节省物流仓储投入的人力资源

创建物流产业链的中心环节是仓储，以往物流仓储管理的完善需要很多的人力资源。而基于物联网的物流仓储管理可以实现智能化与信息化管理，从而节省物流企业投入的人力资源，减小企业的成本支出。并且，人工进行物流仓储管理不可避免地存在一些错误或漏洞，这会使管理效率降低，而结合物联网技术可以进行一键查询，从而使物流仓储管理的准确性显著提升，减少了工作者的管理困难，最终确保更加专业地进行物流仓储管理。

3. 有助于对商品信息的综合分析

以往的物流仓储只是输送和存放货物，难以分析某种商品的市场需求，而基于物联网的物流仓储管理可以信息化地处理商品，能够通过分析数据的平台综合地管理商品，还能够追踪某种商品的出货状态，以准确地评估市场的实际需求，确保对供货的数量进行调整。

11.3.2 规划应用

1. 物联网在物流仓储出入库管理中的规划应用

对于入库的物资而言，应采集物资信息，仓库管理工作者应根据入库清单一一验收与核对物资的类别，在确保合格验收之后，向系统操作者交付入库清单，操作者根据 RFID 设备在系统中手动输入一系列种类的物资信息，系统再准确地识别物资，从而对指定的库位进行最终确定。当今，不少物流仓储企业已创建入库管理信息系统，在结束入库工作后，系统中录入的数据可以自动生成库存数据表格，表格中涵盖的信息有仓库代码、入库批次、入库时间、入库者、数量、名称等。出库信息采集过程类似于入库信息处理过程，包括基本的数量和名称等信息，系统可以对出库物资的库存数进行自动识别，在仓库管理工作者取走货物之后，仓库管理工作者务必及时更新系统数据，从而保证账物相符。

基于物联网技术的持续进步，物流企业管理中应用一种必不可少的搬运技术——自动导向车，自动导向车可以提高物流管理的智能化水平，从而保证生产效率，降低错误识别物资的概率。基于物联网的智能仓储可以共享一系列独立智能仓储系统之间的资源和信息，从而大大提升了物流仓储管理效率。总之，应用物联网技术，以往物流系统的孤岛架构被打破，可以不间断跟踪单一的物品，仓储管理工作者能够结合系统终端，实时把握物流输送信息和物品存放位置等，不但确保了物资的安全，而且可以全程监控物资输送。

2. 物联网在物流仓储库存以及盘点工作中的规划应用

在仓储管理工作者向管理系统中录入货物信息之后，务必在相应的存放区域摆放货物，在此过程中，结合互联网技术的应用，不但可以减少摆放的时间，而且可以定位准确，防止错误摆放。在物流仓储管理中应用射频技术，可以实现管理效率的大大提升。此技术的应用是将电子标签粘贴于货物表面，将专门的标签阅读器安装于仓库入库通道口，在入库货物通过标签阅读器的情况下，系统可以对货物的基本信息（如数量和类别等）进行自动识别，相较于以往的人工筛选手段，能够大大提升工作效率。在进行识别时，倘若存在错误识别标签的现象，操作者可以迅速地调换货物，对标签进行重新粘贴，确保货物的信息跟标签相符。对于物流仓储管理而言，管理的中心标准是库存剩余量，基于物联网技术，系统应用多级库存记录方式，如针对仓库管理工作者来讲，牵涉的关键信息（如操作时间、个人信息等）都能够结合物联网技术进行准确地识别，确保对货物库存信息的准确记录。

另外，仓库管理需要做好定期盘点库存货物的工作，重点是对货物的剩余数量、出入库时间、名称、交接情况、放置时间等进行盘点，以使其跟当前货物的库存信息数据相符合。在进行盘点时，牵涉货物的实际放置区域、库存货物的数量、包装箱和托盘标签等工作事项。仓库管理工作者结合读写器一一扫描仓库当中的货物，各种货物都具备标签（二维码），在读写器对二维码进行扫描之后，可以在系统中自动录入货物信息，之后系统分类整理货物信息，最终输出盘点报告，仓库管理工作者结合盘点报告实时把握货物现状，且实施有效的应对策略，从而减少损失。

3. 物联网在物流仓储库存管理中的规划应用

库存管理的重点是仓库中的货物转移，在货物数量出现变化的情况下，仓库管理工作者需要实时完善货物，要么是为了降低仓储空间对摆放货物的区域进行科学确定，要么是重新调配货物，如从一个仓库转移货物至另外一个仓库，或者是在多个仓库当中分流货物。结合库存管理，可以减小仓储成本。由于物联网中的定位技术可以实时定位跟踪转移的货物，即使放置货物的区域出现了改变，应用定位系统也可以对当前货物的实际区域进行准确的定位。操作者结合货物的实际区域能够优化转移方案和调整库存信息。

11.3.3　基于物联网的物流仓储管理应用的发展前景

尽管在物流仓储管理中应用物联网技术还有一些缺陷，然而立足于长远而言，在以后的发展进程中，其具备非常大的优势。基于感知技术的持续进步，物联网技术的应用愈加进步。如在危险品的物流管理中，结合无线传感器网络能够对危险品的状态进行实时监测，从而在安全上保障危险品的管理、监控、跟踪过程。无线网络技术和通信技术的普遍应用可以建构物流仓储配送中心的无线网络。与此同时，在物流仓储中不断应用 RFID 技术的影响下，点至面的应用网络逐步建构。当今应用物联网技术依旧限制在单独的物流仓储配送中心内部，依旧是局域的应用系统，基于科技的不断进步，结合物联网技术可以连接单独的智能物流仓储系统，确保互联信息，切实使仓储物联网实现。

总而言之，基于物联网的物流仓储管理具备非常大的优势，企业在物联网技术具体的应用过程中，应根据自身情况来推广应用，还要定期对工作人员进行培训，让其掌握物联网操作技术，提高工作效率，更好地为物流仓储管理服务。随着物联网技术的发展，应该在结合物流仓储技术的基础上，使得物流仓储系统朝着更加智能化以及自动化的方向发展。

11.4 物流发展体系环境规划

物流体系环境是指构成物流系统的内部环境，主要包括交通运输业环境、商业环境、物资业环境和仓储业环境等。对物流体系环境的认识有利于充分发挥物流体系优势，更好地促进物流畅通，为经济发展服务。

11.4.1 交通运输业环境

交通运输业环境包括五种运输方式的环境。

1. 铁路运输环境

(1) 铁路现状。我国铁路现有十几条干线和与之相联的支线，现在全国铁路通车里程近 60 000 km，有超过 10 000 km 的复线，其中有电气化铁路十余条，约 5 700 km，铁路货运量超过 1.2×10^{12} t · km，旅客周转量超过 3.6×10^{11} 人 · km。铁路运输是我国本土的主要运输方式。

(2) 铁路干线。我国铁路有南北向、东西向两组干线，组成了我国铁路干线网，如果以中部为轴线将国土划分东、西两部，我国铁路集中于东部。主要干线情况为：

①京广铁路。我国南北大干线铁路，北起北京，南至广州，全长 2 300 km，全部为复线。这条干线与 16 条铁路干支线相连，有 6 大铁路枢纽，与长江干流、珠江干流和广州港一起，形成了一个交通网体系，是我国重要的物流南北向大通道。

②津沪铁路。我国东部的南北干线铁路，北起天津，南至上海，全长 1 328.8 km，全部为复线。津沪铁路是北方工业原料及燃料供应给长江三角洲地区的重要通道，也是长江三角洲地区工业产品北运的重要通道。津沪铁路与天津港、上海港、长江、淮河、大运河等水运体系相接形成了一个交通体系，并通过京津铁路，形成华东地区与首都沟通的重要线路。

③太焦—焦枝—枝柳铁路。我国接近西部的南北干线铁路，北起太原，经焦作、枝城到柳州，全长 2 038 km。该铁路途经地区发达程度不如京广、津沪沿线，因而该铁路开发潜力较大。该铁路建成以前，中南西部地区和华北地区的联系全部通过京广铁路，使京广铁路压力过大，所以该铁路对分担京广铁路运量、增加山西煤炭外运能力、开发内陆地区有较大作用。

④宝成—成昆铁路。我国西部的一条南北干线铁路，北起宝鸡，与东西大干线陇海铁路相接，经成都至昆明，全长 1 764 km，是“天府之国”四川与外界交流的重要通道。

⑤成渝—川黔铁路。成都经重庆至贵阳的干线铁路，全长 928.9 km，是我国西南部的

一条南北干线，起到沟通西南西北的作用。

⑥东北大干线。东北大干线由滨洲铁路及哈大铁路构成“T”字形干线，包括以哈尔滨为中心西至满洲里（滨洲线），东至绥芬河（滨绥线），横贯东北的东西干线（1 517 km）；南至大连，纵贯东北的南北干线（946 km）。这条大干线与东北 60 多条干、支线相连，并以大连为出海港，形成了东北物流网。

⑦京沈—京包—包兰铁路。北京至沈阳，全长 850 km，全部为复线铁路；北京向西经张家口、呼和浩特至包头，长 833 km；自包头西至兰州，长 990 km，是我国东半部国土至西北角的一条大通道。

⑧陇海—兰新铁路。东起黄海之滨的连云港，横跨我国中部，经兰州至新疆乌鲁木齐的东西大干线。此线继续向西延伸，与俄罗斯中亚地区铁路相连，形成了一条横贯欧亚大陆的“大陆桥”，全长 3 673 km，是新疆与我国东部地区交流的大通道。

⑨襄渝铁路。从襄樊经安康到重庆，全长 916 km，是重庆以铁路与东部地区沟通的捷径，也是我国腹部地区东西向重要交通干线。

⑩沪杭—浙赣—湘黔—贵昆铁路。东起上海，经株洲、贵阳至昆明，全长 2 640 km，是我国南部的一条东西干线，与陇海铁路及长江航线平行，组成我国东西走向三大运输干线，并和南北干线交会形成了我国物流网的主线。

⑪晋煤外运干线。山西起，通过北、南、中三条铁路达秦皇岛煤码头、青岛港及石臼所港和海运连接。尤其是电气化的大秦线及南路的兖石线，是晋煤外运的主干线，对我国经济发展有较大意义。

⑫京九铁路。从北京到九龙的南北大干线。

⑬侯月铁路。西起山西侯马，东至河南月山，与原有侯西、南同蒲等铁路相接，形成东起石臼所，西至西安的与陇海线平行的东西干线。

2. 水路运输环境

(1) 水路运输现状。我国水路运输的分布形势是，东西向深入国土内部的大干线——长江航运线与东部沿海的航线，呈右倒的“T”形，加上其他内河航运线，组成了我国的水路网。大陆海岸线长 18 000 km，内河通航里程达 109 100 km。在全部货运中，90%的外贸运输是由水运担任，内陆货运中，水运的地位仅次于铁路。

(2) 内河航线。主要内河航运干线如下：

①长江航线。长江全长 6 300 km，和与之相连的岷江、嘉陵江、乌江、湘江、汉江、赣江、洞庭湖、鄱阳湖、巢湖、太湖一起，形成了我国最大的内河航运网，再与交会的京广、津沪等铁路一起，形成了庞大的水陆联运网。水路通航总里程近 80 000 km，是沟通东部沿海与内地的重要通道。

②珠江航线。珠江由西江、北江、东江汇合而成，全长 26 000 km，总通航里程 12 000 km，是我国第二大内河水运干线。

③黑龙江及松花江航线。东北地区的最大水路运输线。黑龙江是中俄边境界河，松花江是深入我国国土的支流。黑龙江干流全长 4 370 km，在我国境内 3 400 km，其中可通航里程 2 200 km，但有 5～6 个月的封冻期，对航运有所影响。松花江全长 2 000 km，通航单程 1 500 km。

④淮河航线。长江及黄河居中地区的水运路线。流经河南、安徽、江苏三省，入洪泽湖，全长 1 050 km，通航里程 696 km，是内陆的重要水运通道。

⑤大运河。大运河与津沪铁路平行，是我国东部地区纵贯南北的水运通道，北起北京，南至杭州，全长 1 794 km。由于年久失修，目前通航里程比以前缩短，为 1 044 km。

(3) 海上运输。主要航线港口如下：

①主要海上航线。我国主要沿海航线是以上海、大连为中心和以广州为中心的北方和南方两个航区，形成若干条沿海航线。我国主要远洋航线有日本航线，美洲航线，欧、非航线，南亚、澳洲航线等，有中日、中美、中澳的海运集装箱航线。还形成了利用我国内地铁路的欧亚大陆桥集装箱联运线等。

②主要海运港口。大连港是东北石油主要外运港；秦皇岛港是石油、煤炭主要外运港；天津港是主要的集装箱港；青岛港是主要杂货港；连云港是主要杂货港；上海港是我国第一大港，是主要杂货港；广州港和黄埔港是主要杂货港和南方主要集装箱港；湛江港是主要对东南亚贸易港。此外还有中国的香港港、中国台湾的基隆港和高雄港等。我国沿海还有一些专业港口，如承担煤炭外运的石臼所港等。

(4) 水路运输规划。

①水运主通道。按照我国生产力布局和水资源“T”形分布的特点，重点建设贯通东南沿海经济发达地区的海上运输大通道和主要通航河流的内河航道。全国水运主通道总体布局规划是发展“两纵三横”共五条水运主通道。“两纵”是沿海南北主通道，京杭运河淮河主通道；“三横”是长江及其主要支流主通道，西江及其主要支流主通道，黑龙江—松花江主通道。除沿海南北主通道外，内河主通道由通航千吨级船队的四级航道组成，共 20 条河流，总长 15 000 km 左右。这些主通道连接了 17 个省会和中心城市，24 个开放城市，5 个经济特区。

水运主通道是国家级航道，是全国水运网的主骨架，是国家综合运输大通道的重要组成部分。它是高等级的航运基础设施、先进的运输工具、完善的安全保障及后勤服务系统的综合体。其主要功能是：提供通畅、高效、优质的运输条件，现代化的运输管理，舒适的运输环境和综合性的服务设施。水运主通道建设以提高航道等级、改善通航条件为重点，同时还要使运输船舶及港口、水运工业、安全监督、通信导航等配套设施与之相适应，各环节同步建设，以提高综合运输能力。

②港站主枢纽。重点建设在水运主通道、公路主骨架以及与铁路和航空干线交会处的水运主枢纽港口、公路主枢纽站场。这些港口和站场是多种运输方式相衔接的客货集散中心和综合运输组织服务中心。

全国主枢纽港口的布局规划是发展 43 个主枢纽，其中沿海港口 20 个，内河港口 23 个，覆盖了沿海 14 个开放城市、4 个经济特区、海南经济特区的省会以及水运主通道上全部省会城市和大中城市的 66%。沿海主枢纽港口要加强能源、外贸和重要原材料运输所需要的港口基础设施建设，使我国沿海主枢纽港口布局有明显改善；沿海主枢纽港口码头专业化、大型化的趋势更加明显，增强了对国际航线船舶大型化的适应性。

港站主枢纽按规划标准建成后，不仅主枢纽港站的吞吐能力和集疏运能力显著提高，而且所有主枢纽港站还具有运输组织、中转换装、装卸储存、多式联运、通信信息以及生产、经营、管理和生活辅助服务等基本功能。这对有效组织运输，压缩客货在港站滞留时间，减少中转环节，发展联合运输，培育和发展统一开放、竞争有序的运输市场等都具有重大意义。

3. 公路运输环境

(1) 我国公路运输现状。我国公路运输是发展较快的一种运输形式，尤其在铁路密度较小的地区，如我国西部地区，公路是承担物流的主力运输形式。

我国的公路分国家、省、县三级，由这三级公路组成了全国公路网。现在基本上做到了全国县通公路。目前全国公路通车里程达 1 700 000 km。

(2) 主要公路干线及高速公路。在铁路运输无法实现的地区，一些区际或省际公路起着铁路干线的作用，这些干线公路中最有名的有川藏公路、青藏公路、新藏公路及滇藏公路。

作为现代化的物流基础设施，我国现有若干条高速公路已经通车和正在兴建，如京津塘、京石、广深珠、成渝、济青、沈大、沪嘉高速公路等。

(3) 公路运输规划。公路主骨架是根据国家干线公路网规划(简称国道网，包括首都放射线、南北纵线和东西横线)并考虑其他相关因素确定的。公路主骨架包括总长约35 000 km、纵贯东西和横穿国境南北的“五纵七横”共12条主要由高等级公路组成的国道主干线，其贯通首都等直辖市及各省(自治区)的省会城市，将人口在100万以上的所有特大城市和人口在50万以上大城市的93%连接在一起，使贯通和连接的城市总数超过200个，覆盖的人口占全国总人口的50%左右。

公路主骨架是全国公路网的主动脉，也是全国综合运输大通道的重要组成部分。大力加快“五纵七横”国家道路主干线系统建设，可使公路交通基本适应国民经济和社会发展对城市间快速旅客和货物运输的需求，满足全国社会主义市场体系发展和对外开放的要求，并加快我国工业化和城市化的进程。

国道主干线按照规划的标准要求建成后，随着交通量的增长，安全保障、通信和综合管理服务设施的逐步完善，车辆行驶速度可以比现有国道平均车速提高一倍以上。大中城市间、省际间和区域间将形成现代化的快速公路运输网络，全国公路网的运营效率和效益将有很大的提高。公路运输运距在400～500 km的可以当日往返，800～1 000 km的可以当日到达。

全国公路主枢纽站的布局规划是发展45个客货主枢纽站。这45个公路主枢纽站覆盖了全国30个省会城市、人口在100万以上的特大城市的80.6%和工业产值在100亿元以上的城市的73.3%。“九五”期间起步建设公路主枢纽站。到2010年，全国45个公路主枢纽站基本建成，并完善相应的软硬件配套服务和管理设施。同时建设干线公路场站和支线公路站点，逐步形成以公路主枢纽站为中心、以干线公路站场和支线公路站点为支撑的多层次的公路运输站场体系，基本满足中长途旅客运输及集装箱和零担快件货物运输等的要求。

4. 其他运输环境

(1) 航空运输。我国航空运输以客运为主，也承担一定的货运业务和其他(如航测、救灾等)业务。航空运输由国际航线、国内航线和地方航线组成全国航空运输网，也形成了国际、国内及地方级航空管理体系。目前国际、国内及地方航线已超过 300 条，民航客运量已超过 1 千万人次，合计航线 400 000 km 左右。主要国际航线有中日、中美、中英、中法、中俄、中印、中朝等；主要国内航线有以北京为中心的至上海、广州、昆明、成都、福建、南京、乌鲁木齐、西安、兰州、哈尔滨、香港等几十条航线以及直辖市与省会之间的航线。

(2) 管道运输。我国管道运输主要用于石油及天然气输送。主要输油管有大庆—大连、大庆—秦皇岛、东营—仪征、濮阳—临邑等；主要输气管有任丘—北京、自贡线等。

11.4.2 商业环境

1. 商品市场分布

(1) 商品货源市场。我国商品货源市场有四种：

①购进总额最大的货源市场。主要是上海、江苏、广州，也是我国主要的采购市场。主要货源对象是工业品、时装、高档消费品等。

②全国商品货源重要市场。主要有北京、广州、山东、四川、辽宁、河南、湖北、浙江、河北、黑龙江、天津、安徽等，是工农产品供应的重要市场。

③农、副产品及某些工业品货源市场。包括吉林、福建、云南、江西、陕西、广西、山西、新疆、内蒙古、甘肃、贵州等，这些地区工业不甚发达，主要货源是特殊工业产品及农副产品，如山西的煤、福建等地的糖。

④土特畜产品货源市场。有青海、宁夏、西藏等，虽然货源量不大，但有其他地区没有的特点，如青海和宁夏的羊、藏红花、冬虫夏草等。

(2) 商品销售市场。我国商品销售市场按销售总量及人均社会商品零售额分成四种：

①全国重大商品销售市场，有北京、上海、天津、广东、江苏、山东、四川、辽宁、河南等。

②全国商品销售重要市场，有河北、湖北、浙江、湖南、黑龙江、安徽、吉林等。

③商品销售一般市场，有福建、山西、广西、江西、云南、陕西、内蒙古、新疆、贵州等。

④商品销售次要市场，有青海、宁夏、西藏等。

2. 商品流向

由于生产力布局的相对固定以及商品货源市场及销售市场的一定的稳定性，因此，在一定时间内，商品必然呈现出由货源市场向销售市场的单向运动状态，这就决定了一定时期大宗商品的流向。一般而言，只有符合这种趋势的运输才算作合理。但是，在实际工作中，不能只考虑流向，还需考虑到物流的其他合理因素以及宏观、微观的效益，因而将流向问题只作为其中的一个判断因素。我国几种主要商品流向如下：

(1) 粮食。东北地区的小麦、大豆、杂粮南运往华北，西运往西北；长江流域的大米南运广东，北运华北，东运上海及沿海城市。

(2) 糖。基本是南糖北运、西运，东北及内蒙古产的甜菜、糖少量运至华北及西北。

(3) 盐。基本是北方沿海盐场流至华中、华南及南部地区；我国西部的盐除本地消费外，还运至我国中部地区。

11.4.3　物资业环境

1. 生产资料市场分布

(1) 生产资料货源市场。生产资料生产规模一般较大,因而货源市场较集中,其规律是以矿区和大城市为主要货源市场,某些开放城市及沿海城市为主要进口货源市场。主要产品货源市场如下:

①钢材货源市场。辽宁省是最大货源市场,此外还有上海、北京、包头、武汉等地;广州、深圳等地是进口货源市场。

②木材货源市场。内蒙古北部、黑龙江是我国最大的木材货源市场,此外还有云南、贵州、四川和福建。

③水泥货源市场。由于水泥生产力布局较为分散,因而货源市场集中程度不高。主要货源市场为辽宁、河南、河北、安徽等地;主要出口货源市场为广东。

④化肥货源市场。主要货源市场有四川、山东、江苏、上海及云南、贵州。

⑤汽车货源市场。货运车货源市场主要为吉林及湖北,此外还有济南、北京、沈阳等地;轻型车货源市场有北京、上海、长春、广州、重庆等地。

其他多种生产资料的货源市场集中于产地。

(2) 生产资料销售市场。生产资料销售市场分布为:农业生产资料销售市场十分普遍,但从销售量及人均销售量来看,主要集中于东北、沿海各省及内地的河南、四川、湖北等省,西部市场较小。工业生产资料销售市场通常集中于大城市,一般取决于投资规模,因而有一定的不稳定性,大项投资一旦结束,某些生产资料市场会迅速收敛。近些年来,销售市场集中于北京、上海、广州、深圳、天津、西安、南京等大中城市。

2. 生产资料流向

合理流向要求主要反映在批量大,品种规格、花色较少的生产资料领域,如化肥、水泥、木材等。有些生产资料虽然总量大,但品种规格繁多,分布到单一品种规格上的数量则相对较小,这就很难区分不同品种、规格上的合理流向。

(1) 化肥流向。基本流向是:四川氮肥流向甘肃、青海、新疆、陕西、贵州及内蒙古等地;山东氮肥流向河北、山西、河南北部;江苏氮肥流向安徽、河北、内蒙古;上海氮肥流向浙江、安徽、广西;磷肥流向基本是南向北。

(2) 木材流向。基本流向是:东北特种木材(如红、白松)流向全国;一般木材流向华北、中南、西部及华东;南方木材基本就地使用;西南木材流向华南等地。

(3) 水泥流向。基本流向是:东北水泥除本地用之外,部分南流;河南水泥向南、北两方向流;山东水泥西运及南运;甘肃水泥部分东运及西运;四川、贵州水泥部分北运;广东水泥南运出口。

(4) 煤炭流向。基本流向是:山西、内蒙古煤沿大秦、青石、太焦、京广等几条铁路东运、南运,有的登船后南运出口;贵州煤东运;其他地区一般就近使用。

11.4.4　仓储业环境

仓储业也可以称为储运业,除仓储外,还包括少量的汽车运输,但是以仓储为主。我国运输业务主要由交通运输业而不是由储运业承担。储运业的运输主要是:①提货、送货运输。储运业的运输工具负担从车站、港口到仓库的提货、送货,也负担对用户的送货。②内部运输。③托运代理及管理。④承担和仓储无关的社会运输,这种情况一般少见。

储运业有五大系统:①军队储运业。主要储存军用物资,近年来也部分向社会开放。②外贸储运业。主要储存外贸及进口物资,也从事外贸生产基地一般产品流通的储运。③商业、供销、粮食储运业。它统称商业储运业,是我国分布最广、储运物资种类最多的储运业,主要承担商业系统物资的储运。④物资储运业。它是我国生产资料的专业储运行业,主要用于储存及中转国家分配、地区分配、市场流转的各种生产资料,是我国一个庞大的储运系统。⑤乡镇储运业。它是我国仓储业突起的一支"新军",主要集中于港区及大的交通枢纽附近,主要从事代储业务。

我国储运业生产力分布情况是:军队储运业除军区所在地相对集中外,有相当一批分散在山、散、洞地区,储运能力较大,有一定的社会利用能力。外贸储运业生产力主要分布于外贸口岸地区,起外贸调节、储存作用。商业储运(包括粮食储运)在全国有若干大区性储运公司,储运能力几乎遍布各省、市、地,甚至深入农村、乡镇,分布面很广,但主要集中于大中城市。物资储运业在全国按大区设储运公司,同时都有大型仓库,一般储运仓库也分布到各省、市,而乡下及农村较少。

11.4.5 物流市场环境

物流市场环境是指影响物流的外部因素和条件的总和,是物流体系的外部环境,主要包括政治、经济、行业、市场竞争等方面。政治、经济环境属于宏观环境,而物流市场竞争环境对于企业物流规划特别重要,因此本节将重点讨论物流市场竞争环境。

1. 宏观环境

目前,我国国内政治稳定,经济平稳运行,民族关系日益改善,人民生活水平日益提高,未来相当长的时间内,政局仍将在平稳、健康的轨道上发展。中国自 2001 年入世以来,每年为经济增长提供 0.7%~1%的动力,而这之后的 15 年内中国经济均保持在至少7%的增长速度,因此中国的经济发展前景较好,这对物流行业的长期稳定发展是一个重要的信号。

2. 物流行业环境

(1) 从中国目前的经济规模看市场空间。中国 2020 年 GDP 达到 14.7 万亿美元,按照中国物流的发展水平,物流费用占 GDP 的比例为 14.7%左右,第三方物流的空间将不断增大,由此可见中国物流业巨大的发展潜力。

(2) 从中国的经济增长看物流发展空间。中国每年经济增长率和物流量都要增加 1%~2%。自 1978 年改革开放以来的 20 年间,每年平均经济增长速度为 10%,对外贸易量平均增长 15%,进出口总量已达到 3 500 亿美元,占 GDP 的 35%。入世后的 5 年间,中国的进出口连续以两位数字增长,2016 年进出口贸易总额达到了 17 607 亿美元。至 2020 年,这一数据达到 46 462.57 亿美元。进出口贸易的高速增长,势必带来物流量的高速增长。

(3) 中国的第三方物流市场已经出现。在国外物流发展浪潮的带动下,中国在 20 世纪

90 年代末就掀起一股物流投资浪潮。上海外高桥保税区到 2000 年年底，注册的国内外物流公司就有 100 多家。尽管其中大多数公司还不是严格意义上的物流公司，但由此可见国内物流市场之热。从客户对第三方物流的接受程度看，企业对第三方物流服务已经认可。根据 1999 年中国仓储与配送协会对全国 450 家大型工业企业的调查结果看，在 2000—2001 年，中国将有 45％的企业选择新的物流商，其中 75％的企业将选择新型物流企业，60％的企业将把所有物流业务外包给第三方物流商，可见第三方物流市场需求巨大。

3. 物流市场竞争环境

(1) 来自国外物流企业的威胁。近年来，国际上著名的物流公司看好中国市场，采取合资或独资形式，开始在国内开展物流业务。日本的通运、住友、三菱，澳大利亚的 TNT 和英国的英之杰等公司在上海、北京、广州、武汉等大中城市建立物流机构和货运网络。随着中美互惠海运协定的更新，美国总统轮船公司(APL)的 ACS 新成立的中国公司成为第一个获得中国政府认可的可在中国提供全方位物流服务的独资企业；铁行渣华已获准在我国青岛、南京、厦门和广州开设“铁行渣华物流(中国)公司”的分公司。

尽管由于外国物流企业的发展在国内受到严格限制，但他们却通过各种可得途径，纷纷占领中国物流市场战略高地。从快运网络看，联邦快递和大田公司的合作计划将物流网络建设到中国的每一个乡镇。这些网络的建立将对中国的运输市场形成垄断，作为物流核心环节的运输市场将掌握在国外物流巨头的手中。从综合物流服务网络看，马士基物流依托原有的货代网络，在沿海 20 多个城市建立物流网络，这些网络初步具备了综合物流服务能力。这些已经登陆中国的三资企业占据了物流供给市场相当大的份额。随着我国入世和服务市场的逐步开放，这些企业的物流专业知识和经验，将为客户提供完善的综合物流服务(包括进出口和国内运输、相关的货物追踪、现代仓储和相关的增值服务)。这些三资企业的到来势必给国内物流市场形成巨大的冲击。

中国 2003 年物流企业全方位对外资开放，国家对物流业的保护不复存在。外资物流企业的战略如下：

①战略整合。依靠雄厚的资金兼并和收购国内物流企业，迅速在全国范围内形成网络。

②战略进攻。依靠完善的管理、先进的设施、健全的网络和雄厚的财力，对本地企业展开战略进攻。他们以高薪猎取人才，以低价格和提供更好的服务掠夺直接货源，将大批国内的物流企业摧毁。

③战略均衡。经过一番搏杀，市场上只剩下几家大型物流企业，他们开始采取联盟策略共享物流网络，市场进入相对平衡期。此时，国内物流企业大多数已经破产、被收购或沦为低附加值的服务提供商。

不难看出，国外的大型物流服务商，不论在管理水平、技术实力、资金实力，还是在对人才的吸引力方面，将对国内的物流企业造成严重威胁，中国物流面临在外资的冲击下重新整合的关键时期。

(2) 来自国内传统物流业的冲击。除了国外物流企业的冲击，先期成立的物流公司还将面临传统物流企业现代化的冲击。中国传统的与物流相关的行业，尽管限于观念和体制等方面的原因，在现代物流的发展过程中，明显处于落后状态，但由于其拥有国内绝大多数的物流硬件资源，他们一旦在观念和体制上完成向现代物流的转变，其竞争能力将得到显著加强。从 2000 年开始，传统物流企业向现代物流企业转型已经成为物流行业的热门话题。

①就全国范围内而言，重要的项目有：

a. 中国邮政欲将邮政网络转型成适合物流运作的现代物流网络，其同海尔、松下等公司签署的战略性合作意向在业界引起震动。

b. 中国远洋海运集团通过海运业务延伸实现登陆战略，提供综合一体化的物流服务，其在 2001 年协同科龙等家电业巨头组成的安泰达物流公司引人瞩目。

c. 中国外运全面转型现代物流同样令业界瞩目。中国外运拥有海运、空运、陆运和进出口货代等传统业务，网络遍及全国，综合服务能力强。1996 年，中国外运通过全国的网络进行运作，成为业界的榜样。

②地方传统物流企业转型现代物流的项目更多，传统的大型物流类企业转型现代物流企业，具有很大的优势。

a. 政府支持。传统的物流企业大多来自商业系统、物资系统、交运系统、外贸系统或港口等部门，这些企业在计划经济时期，在物资流通领域占有举足轻重的地位，同政府有着千丝万缕的联系。现在政府在推动物流现代化的过程中，将这些企业向现代化物流转型作为重要的举措。有些地方，政府甚至通过行政手段，保护和支持这些企业的发展。因此，这些企业的政府背景和政策优势不可低估。

b. 资源优势。传统的物流企业拥有中国大多数的物流资源。以上海商业物流中心为例，其在上海普陀区黄金地段拥有上万平方米的仓库，拥有到上海西站的铁路专用线和同铁路连接的月台仓库。上海另一家传统的物资流通企业——上海建材集团，拥有 18 万平方米的各类仓库和堆场、数条铁路专用线、数座内河码头。这些企业具备发展现代物流的基础资源，一旦他们向现代物流转型成功，将对现代物流的市场格局产生重大影响。

c. 品牌和客户优势。在计划经济年代，传统的物流企业往往处于市场的垄断地位，并形成了一定的品牌，同时，他们本身拥有大量的传统业务的客户，如上海交运集团下属的零担货运公司，拥有大小客户近 6 000 家。只要通过合适的步骤，这些传统业务客户都有潜力发展现代物流层面的业务。

(3) 大型企业自营物流社会化的竞争。大型生产或流通企业自营物流体系的社会化，是 2001 年中国物流市场的一个亮点。2001 年初，中国最大的家电集团海尔宣布成立海尔物流公司，公司在整合内部物流业务的基础上，逐步对社会开放，最终成为独立的第三方物流，并计划实现上市。海尔物流一成立，就引起业界的轰动，吸引了业界众多的目光，首先是同中国邮政的全面合作，然后是可口可乐、伊利等寻求合作的意向。不仅如此，家电巨头纷纷效仿，构筑独立的物流体系。

(4) 大型财团投资物流项目。随着物流业的兴起，国内大量闲散的、找不到很好投资渠道的资金纷纷投资物流业，如上海南方物流，其投资本身是以房地产项目投资为主的；另外，上海实业、华北高速等大型投资商，也将物流作为新的投资重点。

实际上，对物流企业的竞争环境应当辩证地看，一方面这些新加入者给原有的物流公司带来巨大的压力，另一方面，这些新加入者又是物流市场的重要组成部分，这个市场因为这些新面孔的出现而变得更加强大。

4. 现代物流环境的主要特征

20 世纪 90 年代以来，由于科学技术不断进步和经济的不断发展、全球化信息网络和全球化市场的形成及技术变革的加速，围绕新产品的市场竞争日趋激烈。技术进步和需求多样化使得产品寿命周期不断缩短，企业面临着缩短交货期、提高产品质量、降低成本和改进服务的压力。所有这些都要求企业能对不断变化的市场做出快速反应，源源不断地开发出满足用户需求的、定制的“个性化产品”去占领市场以赢得竞争，市场竞争也主要围绕新产品的竞争而展开。毋庸置疑，这种状况将延续很长时间，使企业面临的环境更加严峻。

综合而言，企业面临的环境有以下几方面的特点：

(1) 信息爆炸的压力。大量信息的飞速产生和通信技术的发展迫使企业把工作重心从如何迅速获得信息转到如何准确地过滤和有效利用各种信息。

(2) 技术进步越来越快。新技术、新产品的不断涌现一方面使企业受到前所未有的压力，另一方面也使每个企业员工受到巨大的挑战，企业员工必须不断地学习新技术，否则他们将面临由于掌握的技能过时而遭淘汰的压力。

(3) 高新技术的使用范围越来越广。全球高速信息网使得所有的信息都极易获得，而更敏捷的教育体系将使越来越多的人能在越来越少的时间内掌握新技术。面对一个机遇，可以参与竞争的企业越来越多，从而大大加剧了国际竞争的激烈性。以计算机及其他高技术为基础的新生产技术在企业中的应用是 21 世纪的主要特色之一。例如，计算机辅助设计、计算机辅助制造、柔性制造系统、自动储存和拣出系统、自动条码识别系统等，在世界各国尤其是工业发达国家的生产和服务中得到广泛运用。虽然高技术应用的初始投资很高，但它会带来许多竞争上的优势。高技术的应用不仅能够节省人力，降低劳动成本，更重要的是提高了产品和服务质量，降低了废品和材料消耗，缩短了对用户需求的响应时间。由于可以在很短的时间内就把新产品或服务介绍给市场，企业赢得了时间上的优势。这种趋势在未来还会进一步加强。

(4) 市场和劳务竞争全球化。企业在建立全球化市场的同时，也面临着全球范围内更多的竞争者。尽管发达国家认为发展中国家需要订单和产品，许多发展中国家却坚持他们更需要最新技术，希望也成为国际市场上的供应商。商品市场国际化的同时也造就了一个国际化的劳动力市场。教育的发展使得原本相对专业的工作技能成为大众化的普通技能，从而使得工人的工资不得不从他们原有的水准上降下来，以维持企业的竞争优势。

(5) 产品研制开发的难度越来越大。越来越多的企业认识到新产品开发对企业创造利益的重要性，因此许多企业不惜工本予以投入，但是资金利用率和投入产出比却往往不尽如人意。原因之一是，产品研制开发的难度越来越大，特别是那些大型、结构复杂、技术含量高的产品，在研制中一般都需要各种先进的设计技术、制造技术、质量保证技术等，不仅涉及的学科多，而且大多是多学科交叉的产物，因此如何能成功解决产品开发问题是摆在企业面前的头等大事。

(6) 可持续发展的要求。人类只有一个地球，维持生态平衡和环境保护的呼声越来越高。臭氧层、热带雨林、全球变暖、酸雨、核废料、能源储备、可耕地减少，一个又一个的环境保护问题摆在人们面前。在全球制造和国际化经营趋势越来越明显的今天，各国政府将环境保护问题纳入发展战略，相继制定出各种各样的政策法规，以约束本国及外国企业的经营行为。人类在许多资源方面的消耗都在迅速接近地球的极限。随着发展中国家工业化程度的提高，如何在全球范围内减少自然资源的消耗成为全人类能否继续生存和持续发展的大问题。一位销售经理曾说："过去生产经理常问我该生产什么，现在是我问他能生产什么。"原材料、技术工人、能源、淡水资源、资金及其他资源越来越少，各种资源的短缺对企业的生产形成很大的制约，而且这种影响在将来会越加严重。在市场需求变化莫测、制造资源日益短缺的情况下，企业如何取得长久的经济效益，是企业制定战略时必须考虑的问题。

(7) 全球性技术支持和售后服务。赢得用户信赖是企业保持长盛不衰的竞争力的重要因素之一。赢得用户不仅要靠具有吸引力的产品质量，而且还要靠售后的技术支持和服务。许多世界著名企业在全球拥有健全而有效的服务网就是最好的印证。

(8) 用户的要求越来越苛刻。随着时代的发展，大众知识水平的提高和激烈竞争带给市场的产品越来越多、越来越好，用户的要求和期望越来越高，消费的价值观发生了显著变化，需求结构普遍向高层次发展。一是对产品的品种规格、花色、需求数量呈现多样化、个性化要求，而且这种多样化要求具有很高的不确定性；二是对产品的功能、质量和可靠性的要求日益提高，而且这种要求提高的标准又是以不同用户的满意程度为尺度的，产生了判断标准的不确定性；三是要求在满足个性化需求的同时，产品的价格要像大批量生产的产品那样低廉。制造商发现，最好的产品不是他们为用户设计的，而是他们和用户一起设计的。全球供应链使得制造商和供货商需要紧紧联系在一起来完成一项任务。这一机制也同样可以把用户结合起来，使得生产的产品真正满足用户的需求和期望。

11.4.6 我国物流发展战略及政策取向

1. 发展战略目标

(1) 建立健全物流业管理制度，完善物流业发展所需的政策、法规保障体系。

(2) 从提高企业物流能力的角度，对现代物流业相关产业政策进行调整，初步建立基本适应我国社会生产、流通需要的现代化物流服务体系。

(3) 从培育物流服务市场和专业化物流服务企业入手，初步建立规模合理、专业高效和具备较强市场竞争力的物流服务网络。

(4) 在重要的经济区域、中心城市、枢纽港口建立起能够参与国际竞争的综合性现代物流服务基地及系统。

2. 我国物流发展应解决的主要问题

(1) 加强中心城市物流基础设施系统的建设。中心城市一般是交通枢纽，不仅是不同运输方式的连接点，也是物流的集散地。把中心城市物流基础设施建设同交通基础设施建设规划及其他相关设施规划结合起来，形成协同一致的物流系统建设规划，将是解决中心城市物流发展问题的核心和关键。此外，中心城市物流系统的建设和完善，将对全国物流系统发展具有带动作用。

(2) 加快物流企业和企业物流的发展。加快物流企业改革步伐，按市场经济规律要求，组建具有规模经济效益的大型物流企业。特别是在中心城市积极推进物流基地及相关经营企业的建设，加快流通代理制发展，形成一大批服务社会化、经营专业化、内外贸易结合、批发零售结合、流通与加工一体的新型流通产业群和依托经营的物流企业，对提高物流效率将产生重要影响。

现代物流的发展离不开工业和商业企业对物流技术的广泛应用，因此，必须调动企业应用物流技术的积极性，加快工商企业物流管理水平的提高步伐。

(3) 重视物流信息系统，加强物流标准化的建设。物流信息系统是现代物流的支柱和物流现代化的标志。国家信息产业的高速发展，给物流信息系统的建设打下了良好基础，建设物流信息系统和制定物流技术标准将成为物流业发展的重要内容之一。物流的效率来自于各运作环节的顺畅配合标准，必须加强标准化工作。

(4) 创造良好的发展政策环境，要求具有统一的运输、装卸、信息、包装等。在市场经济体制建立和完善的过程中，克服既有体制的制约，制定适应物流发展的政策，就成为推动现代物流业发展的至关重要的环节。

3. 政府在物流发展中所扮演的角色

(1) 推进者角色。日本《综合物流施策大纲》对今后日本物流进一步发展和强化提出了明确的方向，即物流的信息化、技术开发、人才培养、新服务业态的开拓、国际化对策、包装机械化、库存管理数字化、系统化、投融资渠道拓展、标准化、配送共同化、企业协作化等。这一系列举措对加快日本物流发展起到了很好的作用，我国政府可以积极借鉴其经验，制定我国物流发展的大政方针，推进我国物流的发展。

(2) 组织者角色。市场经济的发展和社会分工的细化为物流的成长提供了土壤，市场将通过资源配置和效率挖掘作用的发挥而促进物流的发展。但是，要解决好加强中心城市物流基础设施系统的建设，加快物流企业和企业物流的发展，推进物流信息系统和物流标准化建设，创造良好的发展政策环境等一系列问题，仅靠市场的力量是不够的，必须加强政府的组织职能，在政府有力的组织下，完成物流发展所需的宏观环境建设。

(3) 扶持者角色。政府扮演物流发展的组织者角色，并非计划经济体制下的直接运作，而是通过制定适应物流发展的投融资、土地开发和利用、技术开发、网络化经营、城市交通管制、运输等综合性政策，扶持符合我国物流发展总体方针和有利于提高我国物流发展水平的企业的发展，达到加快我国物流发展的目的。

(4) 管理者角色。政府扮演物流发展的推进者、组织者、扶持者角色，其前提是扮演好市场经济条件下的管理者角色。由于现代物流的管理涉及多个部门和环节，从经济管理的科学性和管理的可操作性角度考虑，不可能走建立一个新的管理部门的路子，要求相关管理部门必须按照物流发展的特点和规律，进行管理上的通力合作和有效配合。因此，政府作为物流发展的管理者是相当关键的，也是对我国管理体制和机制的一种考验。

11.4.7　应解决的主要政策问题

1. 提高认识，明确发展现代物流的指导思想与总体目标

(1) 明确现代物流作为新兴产业和支柱产业的重要地位，各级政府和各类企业均应给予足够的重视，积极寻求适合本地区和本企业特点的物流发展政策、形式和措施。

（2）坚持以市场为导向，以企业为主体，以提高效率、效益和竞争能力为中心，推进现代物流的稳步快速发展，切忌在现代物流发展政策及物流运作形式上一哄而上、搞“一刀切”。

（3）积极采用先进的物流组织管理技术及装备，以建立全国、区域、城市、企业有机结合的现代物流服务网络体系为总体发展目标。各级政府部门要从提高全社会生产力水平的高度，转变管理职能与方式，提高办事效率，在各部门之间形成合力，为现代物流服务网络的建设提供体制、政策和法规保障。各类工商企业特别是大中型企业，要从战略高度，提高利用现代物流的积极性，为现代物流的发展提供有效需求。各类物流服务相关企业，如交通运输、仓储、信息服务等企业，要从企业获取新的发展机遇的高度，积极改变传统经营模式和方式，为现代物流业的发展提供良好的资源条件。

2. 积极培育现代物流市场，建立和完善现代物流市场体系

（1）工商企业要切实转变经营理念和经营管理方式，突出和强化主业意识，将企业的原材料采购、仓储、运输、流通加工、配送等后勤保障服务，按现代物流要求进行重新整合，并与主业进行有效分离，积极引导和培育物流服务需求市场。

（2）积极鼓励社会化、专业化的第三方物流企业的发展，使其成为社会物流资源的整合者、运作者和高质量物流服务的提供者，提高全社会现代物流整体水平，为满足物流需求提供企业服务资源。

（3）各地可有选择地重点扶持一定数量的实力较强、管理先进的物流示范企业，加快其成长步伐，以便带动其他企业发展，并为提高我国物流企业的市场竞争能力创造条件。

（4）根据发达国家现代物流发展经验和我国工商及物流企业发展水平现状，应鼓励工商企业自办物流并面向社会服务，使其成为物流服务的有机组成部分，实现物流运作与服务的主体多元化。

（5）在支持物流一体化运作和鼓励工商企业与物流及相关服务企业结成物流联盟，构筑高质量、高效率、低成本的供应链的前提下，鼓励各类企业按照现代物流理念，根据不同能力与特点，积极发展干线物流、区域物流、企业物流、配送和仓储以及交通运输、多式联运、物流中心等多种物流服务模式。

（6）放松社会化、专业化现代物流企业的市场准入管制，减少物流经营、城市内物流配送等方面的限制，建立健全物流市场监督及调节机制，努力创造公平竞争、规范有序的市场环境。

（7）完善行业协会组织，将机构改革与发挥协会功能与作用有机结合起来，赋予协会在物流市场中进行协调、咨询、服务与沟通的职能，使行业协会在现代物流发展中发挥协调和行业自律作用。

3. 努力营造良好的现代物流发展宏观环境

（1）各地各物流相关部门要遵照现代物流发展的客观规律，积极打破地区分割和部门分割，避免地方保护和过分强调部门利益，为企业、城市、区域及全国性物流服务网络的形成创造良好的体制保障条件。

（2）各级政府部门要从支持现代物流业发展的角度出发，从便于各部门对现代物流进行管理与协调出发，积极调整政策以适应现代物流的发展，并结合各地及各部门实际情况，制定促进其发展的政策及规划，为国家及各地区现代物流的发展营造既各具特点又相互配套、具有整体一致性的政策法规体系。

4. 重视并加强物流基础设施的规划和建设

（1）各级政府部门要重视并加强对物流基础规划和建设的宏观协调和管理，特别是对中心城市、交通枢纽城市和物流活动较集中地区的物流基础设施的规划和建设的协调与管理，做到布局合理、规模协调、功能配套、水平适当，防止重复建设、盲目建设和片面追求高质量。

（2）重视既有物流基础设施的技术改造和功能调整与完善，充分利用现有场站、仓储等设施，优化物流资源的配置，有效降低全社会物流运作成本。

（3）鼓励物流量较大的中心城市在充分论证和系统规划的前提下，根据各自特点及既有物流基础设施条件，开发和建设现代化的物流基地，并辅之以便利的通关、综合运输组织和城市配送条件，使物流基地成为区域性物流的组织、调度和指挥中心。

5. 积极利用先进的计算机及通信网络技术手段，全面提升我国现代物流业技术水平

（1）工商企业应积极围绕主业发展电子商务，为企业自主组织物流或依托物流企业组织物流创造信息条件。

（2）专业化物流及相关交通运输、仓储等企业，要积极开发和研制物流服务信息系统和信息传递与交换系统，为物流的合理高效组织以及提高企业自身的经营管理效率与水平，创造更广阔的空间。

（3）积极发展适宜物流组织和经营的运输、仓储等组织管理技术与装备，使现代物流有高质量的组织及装备保障。

（4）重视物流的标准化工作，编制适合我国特点并能与国际接轨的物流技术标准，以提高物流运作效率和设备利用水平。

6. 加快对外开放步伐，积极引进国外资金与先进技术

我国现代物流业不可避免地要对外开放，为争取主动，使我国物流企业尽快适应国际竞争环境，国家及各地政府应根据具体条件，制定适合国家、地区与行业特点的积极稳妥的现代物流业对外开放政策。积极引进国外资金与先进的物流管理技术，并适当引进所需人才，解决我国发展物流业资金不足和管理技术落后、人才缺乏的问题。

7. 促进产学研结合，加快培养和造就我国物流业发展所需人才

（1）鼓励物流企业与物流研究咨询机构、大专院校进行资本与技术的融合，实现物流企业的产学研“一条龙”发展，解决物流企业人才缺乏、管理水平较低的现实问题。

（2）把重视人才培养提升到与企业生存与发展等同的高度，鼓励工商及物流服务企业提取一定比例的物流人才培养基金，并建立国内培养为主，出国培训为辅的多渠道人才培养机制。

（3）加强大专院校和专业物流咨询机构的人才培养能力建设，批准设立物流相关专业，并通过多种渠道给予其资金及必要的装备上的支持。由于我国长期以来对物流发展重视不够，现代物流方面的人才缺乏，物流从业人员的素质还需提高。可以通过在大学设置现代物流专业，举办中外现代物流研讨班、研讨会，输送人员到国外实习培训，引进国外物流人才等多种方式，加快现代物流人才的培养。

11.5 物流人才环境规划

“以人为本”不仅是一个企业成功的关键,更是一个行业整体发展水平的体现。我们在关注中国物流业成长的同时,一定不要忘了关注中国物流从业人员这一特殊的群体。企业人力资源管理是一个老话题,但对于中国物流业来说,这里还是“处女地”。现代物流在我国的发展已经有几十年的时间,但值得注意的是,现代物流在中国的研究和发展仍然与欧美及日本有很大的不同,我国学者所进行的研究除了从宏观角度研究物流及物流中的国民经济之外,更多的是研究物流运作的功能属性,缺少将物流业的发展与人的因素相结合进行的研究,也缺少对生产力三要素之一的劳动者——物流从业人员的研究。而西方发达国家及日本等国则有不少研究是从微观角度对物流及其中所涉及的人的因素进行研究,寻找提高物流运作效率的方法,并收到了很好的成效。

11.5.1 中国物流从业人员现状

在中国传统观念中,生产的重要性远远大于流通。受这种重生产轻流通观念的影响,长期以来,流通领域得不到企业的重视,各种物流基础设施布局分散、装备落后,物流企业运作水平低,多为人工、半机械化操作。因此,物流业发展缓慢,物流从业人员整体素质较低。

1. 物流业薪资水平较低

我国物流业职员工资水平偏低。2021 年 3 月 22 日,中国邮政快递报社发布的《2020 年全国快递员基层从业现状及从业满意度调查报告》显示,超五成快递员月收入不超过 5 000 元,月收入超过 10 000 元的仅占 1.3%。

2. 职员受教育水平普遍较低

由于传统仓储运输企业操作水平低,人工作业、机械化、半机械化普遍存在,这种劳动密集型的运作方式使企业对员工素质要求也较低,高中、中专、技校毕业即可胜任工作,职员受教育水平普遍较低。同时,大多数企业对具备专业知识的大学毕业生并不十分看好,他们需要的是具有几年几十年工作经验的人,这在经济欠发达地区表现尤为突出。而这些人普遍学历低,他们所积累的是传统运作模式下的经验,缺乏对现代物流运作规律的把握。因此,靠旧的经验方法是无法帮助传统企业进行创新,使之向现代物流企业成功转型的。

3. 职员的信息化技能欠缺

据中国仓储与配送协会的一次调查,我国只有 39%的物流企业拥有物流信息平台,这说明我国物流供给市场的信息化程度较低。这客观上导致了物流业大多数职员的信息技术水平低下。另外,受教育水平普遍较低,又缺乏相应的技能培训,是职员信息技术水平低的又一重要原因。即使企业投入资金建设信息管理平台,多数员工也不能胜任工作。因此,企业的信息化程度较低,客观上对整个物流业的发展形成一种羁绊。

4. 物流业男女职工比例失调

由于我国物流企业运作、管理水平低,相当一部分职工靠力气吃饭,因此造成了男职工人数远远大于女职工的现状。这与当前我国物流企业体制陈旧、结构设置不合理有很大关系。

11.5.2　企业物流人才的发展趋势

一个优秀的企业物流管理人才应当具有这样的综合素质:他们能够在社会再生产过程中,根据物质资料实体流动的规律,应用管理的基本原理和科学方法,对物流活动进行计划、组织、指挥、协调、控制和监督,使各项物流活动实现最佳的协调与配合,以降低物流成本,提高物流效率和经济效益。在他们所具有的丰富的物流管理理论和实践经验的智慧的支持下,需要实现对物流活动诸多要素(包括运输、储存等环节)的管理。对物流系统诸多要素的管理,即对其中人、财、物、设备、方法和信息等六大要素的管理;对物流活动中具体职能的管理,主要包括对物流计划、质量、技术、经济等职能的管理,帮助企业物流运作实现系统化。

物流人才能否适应社会需求,既取决于物流的现代化发展走向,又取决于其自身的物流管理与运作的提升速度是否能够跟上这个发展的速度。随着经济的不断发展,物流现代化已是必然趋势。现代物流的发展要求企业物流人才跟上时代的节奏,与时俱进。目前企业物流人才的发展随着企业管理的发展呈现以下趋势。

1. 由被动的顾客服务转向主动的客户关系管理

过去物流管理着重在企业内部作业与组织的整合,对下游顾客的对应仍以服务品质为主要管理重心。因此,评价管理绩效的指标多半为订单周期时间的速度、供货率等。然而在供应链管理模式下,企业逐渐转向强调跨企业界限的整合,使得顾客关系的维护与管理变得越来越重要。物流管理已从物的处理提升到物的增值方案管理,为顾客量身定做所用的物品与服务。相应地,物流人才应该对客户的需求与市场发展趋势具有敏锐的感知能力和认知度,才能把握物流服务市场,从而把握客户。

2. 由原来的供应链局部利益对立转向整个供应链的整体联合

传统商业通道中,企业多半以自我为中心,追求自我利益,因此往往造成企业间对立的局面。然而在追求更大竞争力的驱动下,许多企业开始在各个商业流通机能上整合,通过联合规划与作业,形成高度整合的供应链通道体系,使通道整体绩效大幅提升。这就要求物流人才具有宏观的物流运作观念,能够站在供应链管理的最高点上,把握整个供应链发展的脉搏,使整个供应链管理实现一体化运作。

3. 由事先预测转向实时监控与调整

传统的流通模式通过预测下游通道的资源来进行各项物流作业活动,不幸的是,预测很少有准确的,因而浪费了许多自然及商业资源。新兴的物流管理趋势强调通道成员的联合机制,成员间可以实现相关信息共享,尤其是内部需求及生产的资料,使得不同供应链环节的企业无须去作不必要的预测,这样就要求物流管理人才具有良好的信息监控能力和对供应链管理的开放式思路与策略。

4. 由传统的经验主义转向实时判断和调整策略

从我国物流发展历史来看,经验曲线一直是企业用来分析市场竞争趋势及发展对应策略的方法,并以企业长年积累的经验作为主要竞争武器,通常用“干了几十年”的经验来指导当前的物流运作与管理。然而随着科技的突飞猛进，企业固守既有经验的经营模式反而成为企业发展的障碍。因此，在高度变化的环境下，经验及现存通道基础结构反而变为最难克服的障碍。成功的物流人才要站在本企业和其所在的供应链的角度上，建立新策略方向的嗅觉和持续变迁管理，才能使得人才自身和企业得以生存和发展。

5. 由静态评价转向动态评价

传统财务评价只看一些绝对数值，新的评估方法将重在相对价值的创造，即在通道中提供增值服务，顾客所增加的价值中企业可占多少比例。物流人才也就不能凭借其仅有的理论知识，通过捕捉几个“关键的数据”来判断物流管理的绩效和发展趋势，而应该根据其对物流技术发展的动态把握来作辩证性的判断，从而得出相对优化的发展判断和发展导向方案。

6. 由功能整合转向业务流程系统改造

在渠道竞争日趋激烈的环境中，物流人才和企业必须能够更快响应上下游顾客的需要，因而必须具有能够有效整合各部门的运营能力和以程序式的操作系统来运作的能力。物流作业与活动多半具有跨功能、跨企业的特性，故物流人才具有程序式整合能力是物流管理成功的要素。

7. 由封闭式信息管理转向开放式信息管理

在供应链管理结构下，供应链内相关企业必须将供应链整合所需的信息与其他企业分享，否则无法形成有效的供应链体系。物流人才也不应该怕“肥水流到外人田”，而应该以战略的眼光来看待信息共享，适应供应链发展的需要。

8. 由“事先的上岗培训式的充分训练”转向即学即用的尊师培训与实时学习

随着经济的发展，在可预见的未来，物流服务的业务流程大多通过人力或者以人力为主来完成。然而，物流作业多半需要在各个物流据点和运输网络中进行，大约有 90%的时间，物流主管无法亲自加以监控。全球化的发展趋势也增加了物流人力资源管理的复杂度。物流管理人才必须从个别人员技能训练的方式转向知识基础的学习发展。物流管理的成功需要建立物流从业人员的关键知识能力。因此目前发展并不理想，有待企业及专业教育机构更多的努力。

9. 由“现有现管”的管理会计模式转向“综合价值”管理模式

企业管理原本就需要强调数字管理。但一般接受会计程序的会计系统中，其显示的财务信息有很多的限制，无法提供有助于管理决策的信息。因此，当作业基础成本制发展起来后，许多企业愿意投注许多资源建立基本会计系统，着重在提供价值创造和跨企业的管理信息，以期能确认并支持可创造价值作业，而非仅关注于收益增加、成本降低，所以物流人才在强调提升效率、降低成本的同时，必须具备相关的成本管理知识和能力。

在流通中，商流、资金流和信息流这三种“流”都可以通过计算机和网络通信设备极大地缩短流通过程，使其流通时间可以达到马克思所说的“等于零或者趋近于零”。企业的交易成本主要被物流所占用，物流成本的高低就成了企业在市场竞争中能否取胜的决定因素。可以说，现代经济的水平很大程度上取决于物流的水平，而物流水平的高低则取决于高素质人才的拥有量。我们目前对流通基础理论的研究，特别是对物流问题的研究严重滞后，专业人才严重匮乏。

经济形势的发展对物流、物流管理和物流技术人才的需要将是持续的、长远的、具体的，经济全球化需要的不是暂时的物流热，更不是局部的物流优化。

11.5.3　加快物流专业人才的培养

1. 提高全社会的物流意识，加强物流人才的培训与教育是当务之急

物流人才的培养必须通过产学研结合，通过多种渠道，运用多种方式，将培养、教育、培训引进结合起来，才有可能在较短的时间内尽快在我国建立起一支由物流专家、物流管理人员、物流工程技术人员和物流操作人员组成的人才队伍，届时我国物流现代化的实现就为期不远了。

随着全球化制造和电子商务等外部需求的增强，中国物流发展正处于腾飞阶段，未来几年将是物流集中快速发展的时期。

尽管物流发展遇到前所未有的机遇与商机，但所面临的挑战也是极其严峻的。

体制的改革、理念的更新、装备与设施的更新改造、技术的进步等，我国物流所面临的问题千头万绪，任重道远。德国、美国、日本等先进国家的经验表明，实现物流一体化，发展第三方物流，关键是具备一支优秀的物流决策、物流管理以及物流技术的队伍。物流企业的竞争将主要是人才的竞争。提高全社会的物流意识，加强物流人才的培训与教育是物流成功的关键。

近两年，我国掀起了一股物流热，但只要认真分析就会发现，这种热潮是自上而下产生的。而作为物流重点的企业界，物流意识仍然十分薄弱。在关于经济发展战略的讨论中，绝大多数意见仍然主要集中在生产领域，极少把提高物流现代化作为重要因素加以考虑。重生产、轻物流的现象还没有根本改观，甚至有的企业还完全没有物流的自觉性。企业可以花几百万、上千万元购置精良的设备，却舍不得花几十万元改进一下物流设备；高质量的技术人才很少用于企业的物流管理；多数领导对企业物流状况心中无数；领导在做企业规划时很少把物流作为规划的主要内容。而国外企业家早已认识到"物流是企业的第三利润源泉"，他们强调"看一个企业的好坏首先看它的物流"。许多国外企业家在中国寻求合作伙伴时，第一件事就是考察该企业的物流状况，他们甚至要求先理顺物流再谈合作。物流意识淡薄势必大大制约我国物流的发展。

当我国开始重新认识物流、重新关注物流、重新规划物流的时候，人才的严重匮乏显得更为突出。物流是一门综合的交叉学科，它涉及机械、电子、材料、控制、信息、管理等多方面知识。物流管理者应是工程与管理的复合型人才。在我国的高等教育中，较少设置物流专业，开设物流课程的院校也屈指可数。配送中心、第三方物流公司的建立和企业物流系统的运作状况的改善，都需要大量有经验、有现代物流理论、既懂技术又懂管理的物流规划设计人员、物流评价分析人员和物流管理人员。现在许多着手物流规划的企业已经遇到人才奇缺的难题。

2. 加强企业各层物流相关人员的物流培训

物流人才匮乏的问题应主要从两方面解决：一是现有人员的培训与教育，二是引进优秀人才进入物流行业。对现有人员培训可以分层次进行，针对工作性质的不同，制定不同的培训目标和不同的培训内容。

首先需要抓紧的应该是企业的高级领导人员，他们是当前物流培训的重点。物流的发展关键在企业，企业的关键在领导，领导的关键在认识。物流体制的转变、物流资源的整合、物流系统的改善、物流管理模式的改变等，都涉及企业根本的决策。物流现代化的阻力将是很大的，例如，资源整合意味着部分原有工作人员失去传统的工作；企业物流的自动化、信息化、网络化等的实现需要企业大量的资金投入。如果企业高级领导缺乏物流意识，缺乏自觉挖掘"第三利润源泉"的热情和动力，物流现代化的目标就是一句空话。

对企业高级领导进行物流培训的目标应是四个加强，即加强系统意识、加强服务意识、加强合作意识、加强增值意识。四个加强的核心是从宏观角度提升对物流的认识，改变重生产、轻物流的倾向；转变陈旧的"大而全""小而全"的经营思维，建立供应链概念；改变只讲竞争不讲合作，以邻为壑的短视的经营理念，与供应商和用户建立广泛、密切的合作伙伴关系。只有当多数企业的高级领导真正重视起物流，切实着手抓紧物流的改造，我国企业的物流才能有所改进。

企业物流培训的第二个层次是针对物流管理人员。目前我国企业物流管理人员多数是转行从事物流管理工作的，未经过系统的物流知识与技能学习。面对国际上不断推出物流新理论与新技术和我国物流发展的极大市场需求，企业物流管理人员的知识、能力、经验都倍感欠缺，往往感到工作力不从心。针对这一层次，培训目标主要是三个加强，即加强成本意识、加强效率意识、加强服务意识。同时根据管理工作的分工不同进行物流理论、物流技能、物流方法的学习与培训。例如，学习和掌握物流成本控制方法；物流系统计划与控制方法；物流分析与评价方法；物流规划方法以及物流设备；包装材料；物流信息管理；物流自动化等相关技术。

企业物流培训的第三个层次是针对物流操作人员。物流操作人员总体上是企业较薄弱的群体，临时工、合同工居多，他们中多数不清楚物流在企业生产中所起的作用及意义，只了解自己的工序，对物流的其他工序缺乏了解。他们往往把自己的操作简单地作为搬运、装卸的单项工作对待。野蛮装卸及不按规程操作的现象极为广泛，如某汽车厂发动机箱体，按工艺部门规定必须限定堆放高度，以免过重的积压变形造成废品，但装卸工人往往不按规定操作，超高堆放造成废品。物流系统的特点是点多、面广、线长。传统的物流系统是离散化的、高成本、低效率的。现代物流要求物流系统高度集成，强调系统化、集成化。物流系统的集成首先应该是人的集成，应该是物流系统全线领导者、管理人员和操作人员思想统一、目标一致、协调配合。大量物流操作人员较低的文化素质、淡薄的物流意识将直接影响物流系统整体优化的效果。加强对这一层人员的培训是十分必要的，而且是一个长期的、艰巨的任务。对操作人员的物流培训，重点是三个加强，即加强质量意识、加强效率意识、加强协作意识。通过培训使其了解物流的整个流程，特别是与自己相关的物流过程，使他们对本职工作的意义有所了解，主动配合管理人员以及相邻物流工序的工作，实现物流体系"一个流"的目标。

3. 引进物流人才，产学研结合推进物流发展

除对现有物流相关人员的培训外，积极地通过各种渠道引进物流的专业人才同样是十分迫切的。目前我国大多数企业只有物流操作人员，没有专业的物流管理技术人员。只有物流活动，没有物流概念。同时，我国更加缺乏相应的物流管理专家、物流技术专家和物流教育专家。因此必须尽快建立吸引人才的机制，引进物流人才。在引进人才的同时引进发达国家的现代化物流管理科学、物流管理理念，以适应当前物流发展的需要。

从我国物流发展的长远目标出发，在引进人才的同时，还必须加强我国物流专业化教育的力量。例如，增设物流专业，加强物流理论研究，这主要是调动高等院校、科研院所的教育科研力量，加大物流研究与教育的投入。

4. 完善用人机制，提高物流业整体薪资水平

我国物流运作水平低，在很大程度上是由于物流、信息流、资金流不能很好融合，实现“三流合一”的一体化运作机制。因此调整企业组织结构，改造企业运作流程是一个关键问题。要设立专门的物流运作管理部门，企业高层专设一物流副总裁，从企业长远发展的战略角度支持物流战略规划，将更多的具有专业物流管理能力的职员提拔到较高层次的管理岗位上来。另外，随着企业自动化、智能化运作水平的提高，会吸引更多的优秀人才加入物流业，逐渐消除职员因性别造成的职业上的不平等，完善企业的物流专业人才任用机制。

当前，我国物流业职员年薪与其他行业相比普遍偏低，与美国物流业高达 76 000 美元的平均年薪更是无法相提并论。因此，要吸引并留住优秀的物流专业人才，必须进一步深化企业内部机制改革，建立与业绩挂钩的激励机制，引入竞争机制，形成“能者上，弱者下”的用人机制。同时，增大激励幅度，提高物流从业人员整体薪金水平。

5. 提高职员信息化技能水平，普及物流信息化

电子商务的迅速发展促进了电子物流的兴起。电子商务的发展离不开现代化物流的支撑，同时物流也要积极利用电子商务，实现电子化物流。企业实施物流信息化是一个重要的发展趋势。

国外物流企业的技术装备已经达到相当高的水平，目前已形成了以系统技术为核心，以信息技术、运输技术、配送技术、装卸搬运技术、自动化技术、库存控制技术等专业技术为支撑的现代化物流装备技术格局。今后将逐步向信息化、智能化、集成化方向发展。我国企业在此方面还有相当大的差距。因此，提高物流从业人员信息化技能水平，关系着企业成功实施物流企业信息化、提高物流运作效率，是企业实现电子物流，向信息化、智能化、集成化方向迈进的关键。

11.6　物流企业发展规划

11.6.1　物流企业发展作用

1. 促进专业物流业的发展

目前全球采购、全球销售与本土化生产的趋势越来越明显，物流业的专业化既是社会分工的必然结果，也是市场经济的必然要求。第三方物流机构能为企业节约物流成本、提高物流效率，是企业的理想选择。

美国和日本的市场经济发达，它们的物流业也很发达，日本许多货主将物流业务外包，在欧洲，物流服务市场也大都是由第三方物流来完成的，很多仓储和运输业务都是由第三方物流来实现的。甚至有的零售店，早上只管开门，晚上只管关门，缺什么全由电脑管理，该送时就有人送，根本就没有仓库。

中国企业还很少有物流外包的情况，这既不利于中国物流水平的提高，也会使企业的经营效率大打折扣。要解决这个问题，需要出台相应的政策和采用经济的手段，使生产企业愿意拿出企业物流资源交给物流企业去运作。将产品的生产与企业的内部物流剥离开，形成相互独立的两个部分，通过税收的经济杠杆，使物流服务企业的营业税、调节税低于生产企业，从税收上鼓励生产制造企业将企业内部物流与其主业相分离，从整体上降低产品的成本；物流企业通过科学管理、提供更好的服务，从经营方面再降低物流成本，使产品的总成本更低，从多方面降低成本，增强产品的竞争力。

面对入世后的激烈竞争，各类企业提高竞争能力的愿望是我国现代物流发展的强大动力。因此，中国经济的市场化必定会带动专业物流业的飞速发展。

2. 统一市场的形成

我国正在从计划经济向市场经济转轨，而现代物流是市场经济发展到一定程度的产物，并随着经济的发展而快速发展。

面对目前的“物流热”，各地都在搞物流规划，特别是一些大城市，如北京、天津、大连、上海、广州、深圳等。上海已明确宣布将物流作为四大支柱产业之一，仅物流中心就规划设计了 6 个，每个占地面积都在 3.3 km^2 左右；深圳计划投资 1 600 亿元建设物流基础设施；等等。这本来是件好事情，但物流是涉及许多行业的一个系统工程，需要一个总的规划和协调部门。如果任其各自为战，必然是一盘散沙。试想，缺乏统一规划、统一协调的系统工程，又怎么能避免大量的重复建设和资金的严重浪费呢？

目前要做的，一方面，要制定全国统一的贸易、运输管理政策，进一步放宽政府的干预和管制，促进全国统一市场的形成和货物在全国范围内的自由流动。另一方面，要在规范市场准入的基础上，鼓励物流企业进入不同运输服务领域，为物流产业发展创造公平的市场竞争环境。要改变目前按不同运输方式和行业管理部门进行规划和投资的方式，将政府在基础设施规划和投资方面的职能适当集中，以统筹规划和布局各种基础设施，促进基础设施之间的配套和协调发展。同时，中央政府应当加强对物流基地、物流中心等新型物流基础设施的规划，并注意协调地区之间、城市之间的物流发展规划。

3. 打造现代物流“航母”

眼下对中国的物流企业经营者来说，最焦急的莫过于国际上大的物流企业纷纷登陆中国的物流市场了。一方面是中国的物流企业尚处起步、发展阶段，另一方面是国际物流企业的迅猛袭入，一场“你死我活”的竞争在所难免。我国要运用市场机制，加快培育一批具有国际竞争力的现代物流企业，通过改制、上市、兼并、联合、重组等多种形式，尽快形成一批主营业务突出、核心竞争力强的物流公司。在此基础上，以企业为主体，以资本为纽带，培育一批具有国际竞争力的现代物流企业或企业集团。

面对如此的挑战，中国物流学会副会长洪水坤向业界同行发出了这样的呼吁：“中国迫切需要打造自己的物流‘航母’，中远集团、中外运、中储、中海、中航、中邮等实际上我们都有各自的特色与优势，我们也有发挥各自优势、互为渗透、互为联合的迫切愿望，如果能够形成中国自己的物流联合‘舰队’，与国外的物流企业也完全可以抗衡。”

那么这个中国自己的物流“航母”到底谁来打造？怎么打造？北京物资学院副院长、在物流理论研究领域颇有建树的何明珂教授指出，物流首先是一个系统，光搞储存或者光搞运输，都不叫物流。真正的物流必须从整个系统的角度，把仓储、运输以及相关的各个环节集成起来。集成的过程，也包含了联合的成分。这里就有个“谁集成谁”或者“谁愿被谁集成”的问题。我们的许多企业都有着这样沉痛的教训：开始时“宁做鸡头，不做凤尾”，到头来“鸡头”“凤尾”都没保住。这可以说是我们的企业在观念上留存的一个“毒瘤”。这个“毒瘤”不铲除，打造中国物流的“航母”只能是一句空话。

4. 加快技术开发与应用

现代物流是以物流企业为主，以运输和信息为平台，涉及生产、流通和消费全过程的现代全供应链管理系统。物流的信息化、网络化和社会化是现代物流的发展趋势，但长期以来，我国运输资源利用不当、业内沟通不畅、仓库浪费过量等现象一直困扰着物流业的发展。基于互联网的GIS、GPS技术，在现代物流及供应链管理领域有着广阔的应用前景，对于物流企业优化资源配置、提高市场竞争力，将起到积极的促进作用。为了应对全球物流业的挑战，我国四大海外投资集团之一的招商局集团成立了相应的信息物流供应链管理服务企业，首次将GIS、GPS、GSM和WEB等技术集成一体，提供全方位、多层次物流和供应链管理信息技术解决方案。

互联网的出现使买卖过程得以简化，信用证申请可通过网上银行服务处理，在采购方面，买家可利用特定的网上交易平台，输入相关的资料，网页上有适合每个行业物品的采购格式，互联网内的搜寻功能可以帮助买家，在有特别需要时，就可去寻找更合适的新供货商去补充货源。有了网上交易平台后，使用EDI使成本明显降低。网上营销必须拥有完善的库存和送货管理系统，这些系统便是电子物流管理。企业也可以通过EDI，直接连接客户的数据系统及仓库管理系统（WMS），让管理层能在网上及时监管及规划存货的流转及补充。因此，网上物流管理系统不仅可降低成本，更重要的是让管理层能有效地管理其供应链资料，及时了解掌握最新信息。通过计算机条形码扫描、电子数据交换系统、桌上计算机货物追踪、仓库管理系统以及互联网等物流管理工具，充分掌握货物在供应链上的流转状况。

开发物流信息系统有两种方式：一方面将国外物流企业的物流信息平台进行汉化，并根据我国物流的流程设计物流信息系统软件；另一方面组织技术力量开发我国的物流平台，形成有中国特色的物流平台及物流信息系统。我们不要过于依赖国外物流企业的信息平台，主要靠我们自身的力量开发我国的信息平台及物流信息系统。信息系统的开发、建设要走市场化的路子，通过政府的引导和推动，采用市场运作的方式，才能加快我国物流信息系统的建设。要避免走弯路，纠正完全由物流企业自行开发的做法。政府管理部门可组织相关的软件开发商和物流企业，并吸纳部分生产、销售企业参加，根据我国物流的特点，开发出实用型的物流平台及信息系统。物流信息系统的开发也可采用技术招标的方式，由政府有关部门提出物流信息系统的技术要求，软件开发公司中标后根据技术要求设计开发出物流信息平台及信息系统，经专家评审、鉴定后，政府有关部门推广使用。物流服务企业开发的物流信息系统既要考虑到整个物流系统的连接，也要考虑与其他物流信息系统和生产、销售企业的信息系统的接口问题，要形成开放性、多功能的物流信息系统。

充分发挥政府的作用。凡是一项新兴的、代表先进生产力发展水平的产业，政府都应当予以政策扶持。现代物流业的发展当然也是如此。目前我国物流管理体制中存在着条块分割现象，对物流产业发展形成了一定程度的制约，有必要成立政府职能部门和行业管理部门参加的协调机构，专门负责研究、制定和协调物流产业发展的相关政策。

物流产业是个竞争性的产业，政策支持要从市场的角度出发，政府对物流产业的政策应当关注以下几个方面：第一，要抓紧立法，把有关现代物流的一些法律法规明确起来，使整个物流产业的发展有章可循；第二，抓全国性的总体规划设计，包括各种交通工具之间，各种交通方式之间，各种物流方式之间，各个城市之间、区域之间的协调；第三，抓紧市场准入制度的建立，如哪些行业能办物流，哪些行业不能办物流，当然并不能以内资外资、国有私营来划分，而应看是否具备条件，具有什么样的资格，达到什么样的行业标准，才能成为物流企业。还有，要在物流基础设施建设与物流装备更新的融资政策、物流基地的土地使用政策、物流服务及运输价格政策以及工商登记管理政策等方面，研究制定有利于物流产业发展的支持性措施。

5. 推进行业标准化建设

标准化是工业生产的基础，也是物流发展的基础，集装箱运输标准化成功的案例就说明了这个问题。我国正处于发展物流的起步阶段，更要注重物流标准化的问题。物流标准化包含硬件、软件标准化。硬件标准是指物流运作过程中的相关机具、工具的标准及配套标准，从一个作业程序转向另一个作业程序的衔接标准，物流仓库、堆场、货架的规格标准、建设标准，信息系统硬件配置的标准等；软件标准是指物流信息系统的代码、文件格式、接口标准，物流管理、操作规程标准等。

物流领域的技术标准渗透在方方面面。北京科技大学物流研究所所长吴清一教授指出，物流标准不是可有可无的问题，在物流领域中，有物流模数、存储规格、容器标准、托盘标准、集装箱标准、包装标准、标准化条形码等。这些标准不仅我国应当统一，而且也应当与国际标准接轨，进而进行推广。

6. 加快物流人才的培养

我国从事物流具体工作的队伍相当庞大，但真正接受过物流系统教育的并不多，大多是从管理专业、工程专业或计算机专业转行过来的。每年培养的物流研究生、本科生数量也不多，与企业的需要形成了巨大的反差。物流研究机构也比较少，而且存在着应当与实际工作结合得更紧的问题。因此，抓好物流的教育是一项刻不容缓的工作。

11.6.2 物流企业发展规划

随着国内物流概念理解的深入和物流价值的回归，国内物流企业发展规划主要从以下几方面进行。

1. 企业物流集权化

企业物流的集权化可以从三个方面来说明。

(1) 企业物流从业人员的统一调配、统一管理与统一培训。企业物流从业人员由于供应、生产和销售由来已久，考虑到企业的稳定性和业务的延续性，即使是在物流已经高度集权的企业，也不可能彻底撤换原有的物流从业人员，而只能对他们有选择地加以任用。由于原来企业物流为分散式管理，在物流业务统一管理后，物流人员的行政隶属却依然在原单位，这样，这部分人员必须接受来自物流公司的业务领导和来自生产部门（原单位）的行政领导，不可避免地造成物流从业人员无所适从。为解决这个问题，物流人员从行政到业务，全部实现集中管理，统一调配。

（2）企业物流权高度集中。这主要是指原材料以及产品的统一调配与管理。举个例子来讲，考虑到自身生产部门的因素，对某种原材料因为风闻涨价而加大库存，从平时的1 000 m增加到 3 000 m，而且同时有八个车间均如此作为，结果造成企业库存的极大增加，同时也提前造成了市场价格的波动，结果，传闻的外因价格波动没有发生，而企业的库存却增加了。但如果企业集中对该种物料进行统一调配，是不会发生这种情况的，因为集中管理也一定会考虑紧急储备。

（3）企业物流集权的前提是财权的高度集中。对于某些企业而言，整个集团的财务均由股份公司财务统一管理，权力的下放极为有限，即使企业自行采购，也势必力不从心。企业占压的物资定额、占用的资金也属于集团财务，实现了采购资金、占压资金的高度集中。

2. 企业物流社会外包化

这个概念可以简化成“拿来用之”。一切都是社会服务，让别人来挣我们的物流钱，本企业发挥企业自身的特长，全心全意搞好生产。比如上汽大众的外包物流，在上汽大众，连电动牵引车的蓄电瓶充电都享受的是社会化服务。

3. 企业物流服务社会化

企业物流服务社会化是指企业自身拥有的物流力量（如运输能力、仓储能力等）在优先满足本企业的需求的情况下，或者在本企业不选择企业自身物流服务等情况下，会造成物流能力的过剩，这时为了减少浪费，提高企业效率，就转向社会提供物流服务（如出租仓库、提供运输等）。

从这个意义上讲，物流企业和企业物流服务机构是相通的，可以这样理解，当企业物流服务的需求量为零时，企业就变成了纯粹的物流企业。

4. “零”物流化

在我国目前的经济形势下，商品市场属于严重超卖的买方市场，这样，生产企业作为产品购买方，掌握着供应方的“生杀予夺”大权。一方面，供货商要尽快回笼资金，减少商品占压；另一方面，又要及时满足生产企业的需要，随时保障供应。而对于生产企业，一方面要求供应商随时供货，另一方面又要减少自身的库存。这样，供应商就不得不在生产企业所在地租用仓储设施，来储存自己准备随时供应的物料。而对于生产企业来讲，占压多少资金是供货商的事情，我只管需求。只有当供应商的物料进入生产企业的生产线以后，才发生所有权的转移，才算占压生产企业的资金。所以，这种形式可以说成是供应“零”物流化。此外，JIT 配送等物流形式也是“零”物流化的体现。

5. 企业物流精益化

精益化物流是运用精益化思想对企业物流活动进行管理。例如，上海通用物流系统对柔性生产的支持更多地体现在一点一滴的细微之处。无论是生产线大量使用的空中悬链输送系统、随行夹具、标准多样的物流容器等，还是大量使用的地面有轨平移输送车、自动回转输送台等，以及为生产线配送物料的电动牵引拖挂车等，无一不体现着标准、规范、精益的特色。可以说正是由于有了大量物料输送装置的精心设计，标准精巧的物料集装器具的充分使用，现场整齐规范的物料摆放等，才为上海通用实施精益物流管理打下了良好基础。

通过精益物流管理，企业可以取得降低库存、节省占地空间、减少搬运、便于操作、简洁系统、使用最少设备等效果，既保障了柔性生产线的正常运行，也对产品质量不断提高有巨大促进，从而也强化了企业核心竞争力。

6. 企业物流现代化

企业物流设施的建设已经向着现代化发展，主要体现在现代物流机械、物流装备与物流技术的运用。例如，海尔的国际物流中心是国内最大、最新、最先进的自动化立体仓库；武汉钢铁公司二热轧三库的管理完全实现自动化。

7. 企业物流网络化

对于一个企业集团来讲，往往各个下属企业的属地相距有一定的物理距离，这就要求物流服务必须随时跟上，建立起物流服务网络。例如，某种产品在北京脱销，而在天津销路不太好，造成了一定的积压，那么，销售物流体系就必须在尽可能短的时间内将天津的货品调往北京。

8. 企业物流管理高层次化

企业物流问题往往涉及若干人等既得利益的二次分配问题，相当多的企业已经开始认识到这一点，因此组建企业物流公司时，一般都会派级别较高的人员担任主要领导。

9. 企业物流信息化

企业物流系统的核心是信息的沟通，所以高效、快捷的企业物流体系是建立在同样高效、快捷的物流信息系统基础之上的。

10. 企业物流绿色化

在物流过程中抑制物流对环境造成危害的同时，实现对物流环境的净化，使物流资源得到最充分利用。简单来说，回收物流、废弃物流本身就属于绿色物流的范畴。当然，降低物流作业的噪声可以减少噪声污染，改善物流设施的烟气排放可以减少大气污染。因此，在发展物流时必须考虑环境保护问题。

11.7 多种物流模式规划

11.7.1 自营物流模式

自营物流模式是指电子商务企业沿用旧有的物流系统或自行组建物流系统的模式。目前，采取自营模式的电子商务企业主要有两类：一是资金实力雄厚且业务规模较大的传统商务公司；二是传统的大型制造企业或批发企业经营的电子商务网站，由于其自身在长期的传统商务中已经建立起初具规模的营销网络和物流配送体系，在开展电子商务时只需将其加以改进、完善，便可满足电子商务条件下对物流配送的要求。

从企业竞争战术的角度来考虑，有两个最重要的决策变量：一是看是否能够提高企业运营效率；二是看是否能够降低企业运营成本。前提是社会物流企业的服务是否能够满足所要求的物流服务标准。很多跨国公司在拓展中国市场时，之所以要从本土带物流企业甚至是配套企业到我国来为其提供物流服务，主要就是因为我们的物流企业在服务理念和服务水平上无法达到客户所要求的服务标准。实际上，国内电子商务企业的物流服务需求也面临同样的问题。工业化程度低是制约我国物流产业发展的最根本的原因，所以在我国也存在自营物流的合理性。

1. 自营物流模式的优势

自营物流可以使企业对供应链有较强的控制能力，容易与其他业务环节密切配合，全力专门地服务于本企业运营管理。亚马逊、中国海尔物流等企业都取得了很好的物流业绩，因为自营物流可以使企业的供应链更好地保持协调、简洁与稳定。

(1) 掌握控制权。通过自营物流，企业可以对物流系统运作的全过程进行有效的控制。对于企业内部的采购、制造和销售活动的环节，原材料和产成品的性能、规格，供应商以及销售商的经营能力，企业自身可以掌握最详尽的资料。企业自营物流可以运用自身掌握的资料有效协调物流活动的各个环节，能以较快的速度解决物流活动管理过程中出现的问题，获得供应商、销售商以及最终顾客的第一手信息，以便随时调整自己的经营战略。

(2) 盘活企业原有资产。目前生产企业中 73%的企业拥有汽车车队，73%的企业拥有仓库，33%的企业拥有机械化装卸设备，3%的企业拥有铁路专用线。企业选择自营物流的模式，可以在改造企业经营管理结构和机制的基础上盘活原有物流资源，带动资金流转，为企业创造利润空间。

(3) 降低交易成本。选择物流外包时，由于信息的不对称性，企业无法完全掌握物流服务商完整、真实的资料。而企业通过内部行政权力控制原材料的采购和产成品的销售，可不必就相关的运输、仓储、配送和售后服务的佣金问题进行谈判，避免多次交易花费以及交易结果的不确定性，降低交易风险，减少交易费用。

(4) 避免商业秘密的泄露。对于任何一个企业来说，其内部的运营情况都是处于相对封闭的环境下，这不仅是外界对于企业运营了解渠道匮乏的原因，更重要的是企业为了保持正常的运营，对于某些特殊运营环节(如原材料的构成、生产工艺等)，不得不采取保密手段。当企业将运营中的物流要素外包，特别是引入第三方来经营其生产环节中的内部物流时，其基本的运营情况就不可避免地向第三方公开。而在某一行业，专业化程度高、占有较高市场份额的第三方会拥有该行业的诸多客户，其正是该企业的竞争对手，企业物流外包就可能会通过第三方将企业经营中的商业秘密泄露给竞争对手，动摇企业的竞争力。

(5) 提高企业品牌价值。企业自建物流系统，就能够自主控制营销活动。一方面，可以亲自为顾客服务到家，使顾客以最近的距离了解企业、熟悉产品，提高企业在顾客群体中的亲和力，提升企业形象，让顾客切身体会到企业的人文关怀；另一方面，企业可以掌握最新的顾客信息和市场信息，从而根据顾客需求和市场发展动向调整战略方案，提高企业的竞争力。

自营物流可以很有效地提高企业核心竞争力。苏宁电器作为“全国 15 家大型商业企业集团”之一，物流是其核心竞争力之一。苏宁电器建立了区域配送中心、城市配送中心、转配点三级物流网络，相继在杭州、北京、南京等地开发建设了现代化物流基地，上海、天津、沈阳、成都、长春、无锡、合肥、徐州、福州等地物流基地建设也全面铺开，依托 WMS、TMS

等先进信息系统，实现了长途配送、短途调拨与零售配送到户一体化运作，平均配送半径80～300 km，日最大配送能力17万台套，实现24小时送货到户，并承担地区售后服务中心、地区呼叫中心、地区培训中心等功能，成为支撑公司连锁事业的大服务、大后方平台。因此，良好的自营物流队伍可以在激烈的竞争环境下提高产品质量，缩短交货期，降低库存水平，实现成本降低，最终追求整个供应链上节点企业的共赢。

2. 自营物流模式的劣势

(1) 规模与投入。电子商务公司自营物流所需的投入非常大，建成后对规模的要求很高，大规模才能降低成本，否则将会长期处于不赢利的境地。而且投资成本较大、时间较长，对于企业柔性有不利影响。

(2) 物流管理能力。对于一个庞大的物流体系，建成之后需要工作人员具有专业化的物流管理能力，否则只有硬件，也是无法经营的。国内已建立起物流师的资格认证，但从事物流相关业务的工作人员也并不都能持证上岗。企业内部从事物流管理的人员的综合素质也不高，对复杂多样的物流问题，经常是凭借经验或者主观的考虑来解决问题。

这两点是自营物流需要注意的，也应在筹建物流系统之前给予足够的重视。

11.7.2 第三方物流模式

1. 第三方物流的定义

第三方物流是物流专业化的物流形式，是指物流活动和配送工作由商品供方和需方之外的第三方提供，第三方不参与商品的买卖，而是提供从生产到销售整个流通过程的物流服务，包括商品运输、储存、配送以及包装加工等一系列增值服务，这些服务建立在现代电子信息技术基础之上。

第三方物流这一术语的表达常因人、地的不同而使其含义有很大的区别。此外，还有一些别的术语，如合同物流、物流外包、全方位物流服务公司等，也基本能表达与第三方物流相同的概念。

该定义包含以下几方面的含义：

(1) 第三方物流建立在现代电子信息技术基础之上。信息技术的发展是第三方物流出现的必要条件，信息技术实现了数据的快速、准确传递，提高了仓库管理、装卸运输、采购、订货、配送发运、订单处理的自动化水平，使订货、包装、保管、运输、流通、加工实现一体化，企业可以更方便地使用信息技术与物流企业进行交流和协作，企业间的协调和合作有可能在短时间内迅速完成。同时，应用软件系统可以将混杂在其他业务中的物流活动的成本精确计算出来，有效管理物流渠道中的商流，这就使企业有可能把原来在内部完成的作业交由物流公司运作。常用于支撑第三方物流的信息技术包括：实现信息快速交换的EDI技术、实现资金快速支付的EFT技术、实现信息快速输入的条形码技术和实现网上交易的电子商务技术等。

(2) 第三方物流是合同导向的一系列服务。第三方物流有别于传统的外包，外包只限于一项或一系列分散的物流功能，如运输公司提供运输服务、仓储公司提供仓储服务，第三方物流则根据合同条款规定而不是根据临时需求的要求，提供多功能甚至全方位的物流服务。

(3) 第三方物流是个性化物流服务。第三方物流服务的对象一般都比较少，服务时间却较长，往往长达几年，有别于公共物流服务。这是因为需求方的业务流程各不一样，而物流、信息流是随价值流而流动的，因而要求第三方物流服务应按照客户的业务流程来定制，这也表明物流服务理论从“产品推销”阶段发展到了“市场营销”阶段。

(4) 企业之间是联盟关系。依靠现代电子信息技术，第三方物流企业与其客户企业之间充分共享信息，这就要求双方能相互信任，才能达到比企业单独从事物流活动更好的效果；而且，从物流服务提供者的收费原则来看，他们之间是共担风险、共享收益；再者，企业之间所发生的关系并非仅一两次的市场交易，而是在交易维持了一定时期之后，客户资源可以共享。在行为上，各自不完全采取使自身利益最大化的行为，也不完全采取使共同利益最大化的行为，只是在物流方面通过契约结成优势相当、风险共担、要素双向或多向流动的中间组织，因此，企业之间是物流联盟关系。

(5) 第三方物流是一种交易方式。第三方物流是物流服务的一种交易方式，是指工商企业把部分或全部物流业务交由专业的物流企业运作的一种交易方式，从事这种交易方式的专业物流公司称为第三方物流企业。一般情况下，人们常把第三方物流企业简称为第三方物流，但二者是两个不同的概念，有本质上的区别，一个是指企业的组织形式，另一个则是指物流服务的交易方式。

2. 第三方物流的服务特征

在第三方物流服务中，物流服务提供者需为托运人的物流链提供服务，供求双方在协作中建立交易关系或长期合同关系，这两种关系间还可以有多种不同的选择，如短期合同、部分整合或合资经营。物流服务供求双方的关系既可以只限于一种特定产品，如将汽车零部件配送给汽车经销商，也可以包括一组特定的物流活动，甚至还可以有更大的合作范围，如进出库运输、仓储、最终组装、包装、标价及管理。

第三方物流的服务特征主要表现在以下几个方面：

(1) 第三方物流企业是站在货主的立场上，以货主企业的物流合理化为设计物流运营的目标。它既不是货代公司，也不是单纯的快递公司，而是客户的战略同盟者，并且提供一种具有长期契约性质的物流服务，最终职能是保证客户物流体系的高效运作和不断优化供应链管理。

(2) 第三方物流企业不一定要具备物流作业能力，其可以不直接从事运输、保管等作业活动，只是负责物流系统设计并对物流系统运营承担责任。具体的作业活动可以再采取对外委托的方式，由专业的运输、仓储企业等去完成。

(3) 第三方物流企业的经营效益直接同货主企业的物流效率、物流服务水平以及物流效果紧密联系在一起，这是其与传统物流企业的显著区别。

(4) 第三方物流企业提供的物流服务有助于货主企业物流效率的提高和物流的合理化。

(5) 第三方物流服务的利润来源不是运费、仓储费用等直接收入，不是以客户的成本性支出为代价，而是来源于与客户一起在物流领域创造的新价值。为客户节约的物流成本越多，利润就越高，这是与传统运输企业的经营方式的本质差别。

(6) 第三方物流具有增值服务特性。除具有传统物流服务的一般特征外，第三方物流最明显的特征是根据顾客的不同需求，对货物进行一定的加工、包装、重组等工序进行增值服务，扩展了传统物流的服务范围，给客户企业带来更多利润。

3. 第三方物流的运作模式

第三方物流运作从初级到高级是分阶段发展的，但并没有统一的分类标准和固定的运作模式。在电子商务的新形势下，为了能够更好地提供物流服务，不同的企业完全可以根据自身的特点，进行优化组合，最大限度地发挥自身的优势，设计出适合自身服务优势的第三方运作模式。依据第三方物流服务所采用的技术、经济、组织等实际条件，可以将其划分为三种不同服务水平的运作模式。

(1) 以提高服务附加值为目标的基础物流服务。第三方物流的这种服务模式是指面向局部区域或单项功能需求的用户所提供的外部物流服务形式，如干线运输、仓储、包装等。但从具体实例可以发现，在所签订的物证合同(包括口头约定)中实际上已经包含了一些增值服务，如代交付、代收款、代结账等。由于这些工作很琐碎、不起眼，因而往往被人们忽视。但是这些附加服务确实能给客户带来价值增值。这种模式的特点在于：第三方物流服务一般只具有单项或一系列分散的物流功能，如合同运输服务、合同仓储服务等。这种非一次性合同物流服务往往带有客户的一些附带要求，如临时保管、装卸、配送、交付、收款等。第三方物流企业与客户之间通过长期合同或非一次性交易实现物流服务，兑现对客户要求的承诺。

这种物流服务模式可以涵盖从初级产品(如原材料)到高级产品(如电器产品等)的运输、仓储等功能性物流服务，对所需的通用或专用技术、网络组织能力要求都不高。但这种物流服务模式只限于基础的业务，技术性壁垒和组织性壁垒都比较低，业务极易被模仿。因此，一旦该市场中有其他经营者提供了相近的物流服务项目，第三方物流企业就会受到市场竞争的较大冲击。

(2) 以获取规模效益为目标的定制物流服务。第三方物流的定制服务模式是第三方物流企业通过合同方式向客户企业提供的带有大量定制特点的一系列物流服务。这种模式的特点是：物流业务量大，按客户要求提供定制化的物流服务，在第三方物流服务企业和客户企业之间建立在长期合作合同基础上的战略联盟关系。大量定制服务模式的规模效益比较明显，所以这种第三方物流服务模式的客户企业较少，甚至只靠一家客户就足以维持生存与发展。一般为主要客户服务的时间较长，可长达几年，这一点明显不同于提供基础性物流服务的经营模式。因此采用这种模式，把为客户服务的业务做精比争取新的客户业务更重要。

这种定制物流服务模式既有利于生产企业利用外部资源搞好制造企业非核心业务管理，也有利于进一步增强第三方物流企业参与企业供应链管理的深度，真正实现了不同领域企业的强强合作。

在电子商务时代，这种定制化的物流服务模式可以被相对实力较强的企业所采用，该模式注重第三方物流的实力及其与客户企业长期关系的建立及维持，并可以通过增值服务、信息技术、信息共享等方式巩固与客户的长期关系，从而实现共赢。

(3) 以培育新的客户群为目标的个性化物流服务。第三方物流服务需求方对物流功能的需求具有多样性的特征，特别是中小型企业，由于其自身的物流作业功能有限，对物流服务的需求更具有特殊性，因此，这是一个巨大的潜在客户群。为这些中小企业提供包括运输、仓储、商务附加值在内的“量体裁衣”式的个体化物流服务，不但可以有效支持第三方物流自身的增长，更可以增加物流服务功能的附加收入。同时，按照社会专业分工的要求，第三方物流企业承担了中小型工商企业的物流作业功能，使中小企业能够集中于核心业务，在资源、财力、规模不足的条件下，也能享受高质量、低成本的物流服务，促进了中小企业的发展。

这种第三方物流服务模式对第三方物流企业的要求不高，但由于我国中小型工商企业分布广泛，组织和产业结构不合理，低水平重复建设，在相当多的行业内形成产品供大于求、结构性过剩，产业关联度较低，缺乏社会化、专业化的分工合作，严重影响了第三方物流服务的发展。因此，第三方物流企业需开展必要的宣传，强化自身的营销模式，建立品牌效应，使广大中小企业认识到第三方物流可能给自己带来的效益。

11.7.3　虚拟物流模式

我国物流市场前景良好，产业发展空间巨大，这为尚处于成长期、由传统储运企业转型而来的大量第三方物流企业提供了良好的机遇和发展空间。但是，我国以中小型企业为主体的第三方物流业由于本身不能独立提供全程一站式服务，所以在物流服务的质量上存在欠缺；同时由于资产规模较小、服务地域不广，因此在物流服务的声誉方面缺乏可信度。面对中国入世之后涌入的国际大型物流企业，我国企业在物流服务的竞争上处于弱势。因此，虚拟物流企业成为众多中小物流企业快速提高综合物流能力的选择。

1. 虚拟物流的概念

虚拟物流的概念最初是由美国的斯图尔特（Stuart）等人于 1996 年提出的。斯图尔特认为，虚拟物流是利用日益完善的通信网络技术及手段，将分布于全球的企业仓库虚拟整合为一个大型物流支持系统，以完成快速、精确、稳定的物资保障任务，满足物流市场的多频度、小批量订货需求。迈尔斯（Miles）和格雷戈里（Gregory）认为虚拟物流本质上是“即时制”在全球范围内的应用，是小批量、多频度物资配送过程。它能使企业在世界任何地方以最低的成本跨国生产产品，以及获得所需物资，以赢得市场竞争速度和优势。

虚拟物流是以计算机网络技术进行物流运作与管理，实现企业间物流资源共享和优化配置的物流模式。它是多个具有互补资源和技术的成员企业，为了实现资源共享、风险共担、优势互补等战略目标，在保持自身独立的条件下，建立的较为稳定的合作伙伴关系。

2. 虚拟物流的特点

（1）信息化。物流信息化表现为物流信息的商品化、物流信息收集的数据库化和代码化、物流信息处理的电子化和计算机化、物流信息传递的标准化和实时化、物流信息存储的数字化等。因此，条形码技术、数据库技术、电子订货系统、EDI、快速反应及有效客户响应、企业资源计划等技术与观念在虚拟物流中得到普遍应用。

（2）自动化。物流自动化的设施非常多，如条形码、语音、射频自动识别系统，自动分拣系统，自动存取系统，自动导向车，货物自动跟踪系统等。

（3）网络化。这里的网络化有两层含义：一是物流配送系统的计算机通信网络，包括物流配送中心与供应商或制造商的联系要通过计算机网络，另外与下游顾客之间的联系也要通过计算机网络通信。例如，物流配送中心向供应商提出订单这个过程，就可以使用计算机通信方式，借助于增值网上的电子订货系统和 EDI 技术来自动实现，物流配送中心通过计算机网络收集下游客户订货的过程也可以自动完成。二是组织的网络化，即所谓的企业内部网。例如，中国台湾的电脑业在 20 世纪 90 年代创造出了“全球运筹式产销模式”，这种模式的基本特点是：按照客户订单组织生产，生产采取分散形式，即将全世界的电脑资源都利用起来，采取外包的形式将一台电脑的所有零部件、元器件、芯片外包给世界各地的制造商去生产，然后通过全球的物流网络将这些零部件、元器件和芯片发往同一个物流配送中心进行组装，由该物流配送中心将组装的电脑迅速发给客户。这一过程需要高效的物流网络支持，当然物流网络的基础是信息、电脑网络。

(4) 智能化。物流作业过程大量的运筹和决策，如库存水平的确定、运输（搬运）路径的选择、自动导向车的运行轨迹和作业控制、自动分拣机的运行、物流配送中心经营管理的决策支持等问题都需要借助于大量的知识才能解决。物流的智能化已成为电子商务下物流发展的一个新趋势。

(5) 柔性化。柔性化本来是为实现“以顾客为中心”的理念而在生产领域提出的，但要真正做到柔性化，即真正地能根据消费者需求的变化来灵活调节生产工艺，没有配套的柔性化的物流系统是不可能达到目的的。

3. 虚拟物流的要素

(1) 虚拟物流组织。它可以使物流活动更具市场竞争的适应力和赢利能力。

(2) 虚拟物流储备。它可以通过集中储备、调度储备以降低成本。

(3) 虚拟物流配送。它可以使供应商通过最接近需求点的产品，运用遥控运输资源实现交货。

(4) 虚拟物流服务。它可以提供一项虚拟服务来降低固定成本。

4. 虚拟物流企业

虚拟物流企业是由功能合理分配的、信息和运作一体化的、利益共享的，对于社会物流需求而言又是整合原先物流各环节的承担者所组成的物流共同体。虚拟企业实现了企业间的动态集成，其由盟主和若干伙伴构成，最先抓住机遇并拥有主要核心资源的企业为盟主，其他参与经营的企业为伙伴，且这些伙伴拥有虚拟企业所需要的不同核心资源。伙伴选择是建立虚拟企业的关键环节之一，其直接关系到虚拟企业最终的成败。在选择组成虚拟企业的伙伴时，除了考虑伙伴自身拥有的核心资源外，还要考虑伙伴资源之间的匹配性，要求伙伴之间有良好的通信连通性和跨组织参与性；同时，伙伴企业自身的组织及过程应具备一定的再配置能力、可重用能力和可升级能力。

5. 虚拟物流企业的组织结构模式

纵观虚拟物流企业发展的历史，有效的虚拟物流企业的组织结构模式是由一个牵头企业与若干个合作企业组成的企业联合体。牵头企业与合作企业之间通过合同的方式约定双方的权利与义务，共同为物流服务需求企业提供服务。

(1) 牵头企业一般在物流企业联合体中处于核心的地位，其规模一般较大，且拥有自己的核心竞争优势，但由于不具备为物流需求企业提供全方位物流服务的能力，因此，需要与其他的企业合作来完成整个物流服务。

(2) 合作企业在物流服务过程中能够提供某方面的专业而高效的服务，但由于各种各样的原因，其在物流服务过程只能以服务供应商的身份出现，成为物流服务某环节的服务提供者，合作企业一般与牵头企业合作才能确保自己企业的正常运营，因此，合作企业既是物流服务整个环节中必不可少的因素，同时合作企业也依附整个物流服务得以生存。它能够实现物流服务的高效，加速社会商品的迅速流通，提高整个社会的福利。

6. 虚拟物流体系面临的问题

(1) 缺乏健全的物流信息平台。虚拟物流的发展离不开物流信息化建设。近年来，随着我国物流行业的不断发展，物流的信息化水平也已经有了显著提高。部分城市也已经建立了物流信息网等形式的简单的物流信息平台，但是其功能单一、信息安全和保密性差，与发展城市虚拟物流体系的要求还存在很大差距。

(2) 缺乏潜在用户群的理解和接受。虚拟物流作为物流行业的发展前沿，其理论认识尚没有统一。但就当前对虚拟物流的普遍认识而言，虚拟物流参与方往往没有自己的仓库、车队等显性资源，有的只是信息、知识、方案等隐性资源。因此部分参与方由于没有显性资源而得不到需求方的理解和接受。此外，由于全国范围内已成功实施虚拟物流的具体案例也非常少，再加上业界对虚拟物流宣传力度不够，导致在今后一段时间内虚拟物流很难让用户群完全理解和接受。

(3) 物流标准化建设尚不完善。发展虚拟物流体系的关键就在于整合现有的物流资源，这就要求具备完善的物流标准化体系。当前我国城市物流行业低标准造成了社会资源浪费与物流相关的现有产业标准体系起步较低，缺乏系统性，问题突出表现在托盘、包装、信息技术等通用技术设备与标准上面。另外，产业间的标准难统一，制约了物流各相关产业间的统一性和协调性。

(4) 从事现代物流虚拟管理或智慧性运筹管理的人才严重匮乏。显然物流虚拟化需要更高层次的管理人才，除了要求其具有基本的运输仓储行业知识、生产服务管理知识、电子通信网络知识以及运筹学、统计学等高级理论和知识外，还要具有较强的协调能力和统一指挥调度能力。目前，这样的高级人才在我国还相当匮乏，这是迈向物流虚拟化的最大的也是最根本的困难。

7. 虚拟物流模式的风险

虚拟物流管理模式的最大好处就是可以在较短的时间内，通过外部资源的有效整合，实现对市场机遇的快速响应。但由于虚拟物流并没有改变各节点企业在市场中的独立法人属性，也没有消除其潜在的利益冲突。因此，虚拟物流也给各联盟企业带来了一些新的风险。

风险是损失发生的不确定性，即人们对未来行为的决策及客观条件的不确定性而可能引起的后果与预定目标发生多种负偏离的综合。虚拟物流风险是指虚拟物流组织系统内部和外部环境的不确定性因素，导致合作联盟的成员企业发生损失的可能性。虚拟物流组织中的风险可以分为两大类：一类是来自于虚拟物流组织外部的风险，包括市场风险、金融风险、政治风险、自然灾害风险等；另一类是来自于虚拟物流组织内部的风险，包括能力风险、协作风险、投资风险、运行流程风险等。

虚拟物流作为一种现代物流管理模式，在其酝酿、组建、运行及解体等不同阶段都存在一定的风险，尤其是在市场、法律环境还不完善的情况下，虚拟物流的联盟成员间容易出现互不信任和不规范的行为，从而导致虚拟物流管理模式的中途失败，给企业带来不可挽回的损失。因此，虚拟物流的风险及由此带来的负面影响不容忽视，需要加强对虚拟物流风险管理的理论研究。风险管理是指风险承受主体对可能遇到的风险进行预测、识别、评估、分析，并在此基础上有效处置风险，以最低成本实现最大安全保障的科学管理方法。为此，虚拟物流风险管理就是以最小的成本，在分析虚拟物流风险的基础上，选择最优的风险处理技术，确保虚拟物流组织安全的一系列活动。

11.7.4 物流联盟模式

从交易的全过程看，物流联盟的建立有助于物流合作伙伴之间在交易过程中减少相关交易费用。物流合作伙伴之间经常沟通与合作，可使搜寻交易对象信息方面的费用大为降低；提供个性化物流服务建立起来的相互信任和承诺，也可减少各种履约风险；即使在服务过程中产生冲突，也因为物流合约一般签约时期较长而可通过协商加以解决，从而避免无休止地讨价还价，甚至提出法律诉讼产生费用。从交易特性方面看，也促使企业进行战略性的合作，建立联盟伙伴关系。资产专用性是其中最为重要的方面。资产专用性越高意味着投资所带来的固定成本和可变成本包含了相当多的"不可收回的成本"或"沉没成本"，因此交易双方契约关系保持连续性具有特别重要的意义，联盟的建立以及对专用性资产的"共同占有"成为解决这一矛盾的有效选择。

通过以上分析可以看出：物流联盟的建立，能减少交易的全过程、交易主体行为和交易特性等领域和环节中所产生的种种交易费用，是一种节约交易费用的制度安排。

1. 物流联盟的概念

物流联盟是介于自营和外包之间的物流模式，可降低前两种模式的风险。物流联盟是为了达到比单独从事物流活动更好的效果，企业间形成的相互信任、共担风险、共享收益的物流伙伴关系。

联盟是动态的，只要合同结束，双方又变成追求自身利益最大化的单独个体。狭义的物流联盟存在于非物流企业之间，广义的物流联盟包括第三方物流。电子商务企业与物流企业物流联盟，一方面有助于电子商务企业降低经营风险，提高竞争力，企业还可从物流伙伴处获得物流技术和管理技巧；另一方面也使物流企业有了稳定的货源。当然物流联盟的长期性、稳定性会使电子商务企业改变物流服务供应商的行为变得困难，电子商务企业必须对今后过度依赖物流伙伴的局面作周全考虑。组建物流联盟作为电子商务企业物流战略的决策之一，其重要性是不言而喻的。

2. 物流联盟的模式

物流联盟可分为以下几种模式：

（1）纵向模式。纵向模式即垂直一体化，这种联盟方式是基于供应链一体化管理形成的，即从原材料到产品生产、销售、服务形成"一条龙"的合作关系。垂直一体化联盟能够在按照最终客户的要求为其提供最大价值的同时，也使联盟总利润最大化。但这种联盟一般不太稳固，主要是在整个供应链上，不可能每个环节都能同时达到利益最大化，因此打击了一些企业的积极性，使其有随时退出联盟的可能。

（2）横向模式。横向模式即水平一体化，由处于平行位置的几个物流企业结成联盟，包括第三方物流。这种联盟能使分散物流获得规模经济和集约化运作，降低了成本，并且能够减少社会重复劳动。但也有不足之处，如其必须有大量的商业企业加盟，并有大量的商品存在，才可发挥其整合作用和集约化的处理优势，此外，这些商品的配送方式的集成化和标准化也不是一个可以简单解决的问题。

（3）混合模式。混合模式既有处于上下游位置的物流企业，也有处于平行位置的物流企业的加盟。

（4）以项目为中心的联盟模式。利用项目为中心，由各个物流企业合作，形成一个联盟。这种联盟方式只限于一个具体的项目，联盟成员之间合作的范围不广泛，优势不太明显。

（5）基于 Web 的动态联盟模式。由于市场经济条件下激烈的竞争，为了占据市场的领导地位，供应链应成为一个动态的网络结构，以适应市场变化、柔性、速度、革新、知识的需要，不能适应供应链需求的企业将被淘汰，并从外部选择优秀的企业进入供应链。供应链从而成为一个能快速重构的动态组织，实现供应链的动态联盟。但这种联盟模式缺乏稳定性。

3. 物流联盟的优势

大企业通过物流联盟迅速开拓全球市场，如英国品牌罗兰爱思，正式与联邦快递联盟，完成其全球物流配送，从而使业务在全球范围内展开。

长期供应链关系发展成为联盟形式，有助于降低企业的风险。单个企业的力量是有限的，其对一个领域的探索失败了损失会很大，如果几个企业联合起来，在不同的领域分头行动，就会减少风险。而且联盟企业在行动上也有一定协同性，因此对于突如其来的风险，能够共同分担，这样便减少了各个企业的风险，提高了抵抗风险的能力。

企业（尤其是中小企业）通过物流服务提供商结成联盟，能有效地降低物流成本，提高企业竞争能力。通过联盟整合，可节约 10％～25％的成本。由于我国物流业存在诸多不利因素，让这些企业进行联盟能够在物流设备、技术、信息、管理、资金等方面互通有无，优势互补，减少重复劳动、降低成本，达到共同提高、逐步完善，从而使物流业朝着专业化、集约化方向发展，提高整个行业的竞争能力。此外，物流联盟有助于物流合作伙伴之间在交易过程中减少相关交易成本。第三方物流公司通过联盟可以弥补在业务范围内服务能力的不足。

11.7.5　国际物流

1. 国际物流的概念

国际物流就是组织货物在国际（两个或两个以上的国家或地区）的合理流动，即发生在不同国家（或地区）之间的物流。其实质是按国际分工协作的原则，依照国际惯例，利用国际化的物流网络、物流设施和物流技术，实现货物在国际的流动与交换，以促进区域经济的发展和世界资源优化配置。

2. 国际物流的特点

与国内物流相比，国际物流具有以下特点：

(1) 国际性。国际性是指国际物流系统涉及多个国家(或地区),系统地理范围大。

(2) 复杂性。各国社会制度、经济环境、自然环境、法规环境、经营管理方法、生产习惯以及商业现状等存在较大的差异,而且变动因素较大。

(3) 风险性。风险性主要有政治风险、经济风险和自然风险。政治风险主要指所经过国家的政局动荡(如罢工、战争等)而造成货物可能受到损害或灭失;经济风险又可分为汇率风险和利率风险,主要指从事国际物流必然要发生的资金流动,因而产生汇率风险和利率风险;自然风险则指物流过程中,可能由自然因素(如台风、暴雨等)引起的风险。

(4) 标准化要求较高。要使国际物流畅通起来,统一标准是非常重要的,不仅包括物流工具、设施的统一标准,还包括物流信息技术标准等。

(5) 运输方式以海运为主。国际的物品流动由于距离远、运量大,同时考虑输送成本,所以主要以海上大型货轮运输为主。

3. 国际物流与国内物流的区别

(1) 完成周期的长短不同。这是二者的主要区别。国际物流作业往往需要以周或者月为单位来衡量完成周期的长短,而不能以天的转移作为完成周期。

(2) 作业复杂程度不同。包括语言、产品数目、单证数量、存货的物权、地点和运输复杂性等方面。

(3) 系统一体化。第三方物流在作业上的差异要求企业加强整个系统一体化的作业协调,包括发送订货的能力,以及使用 EDI 方式在世界上任何地方从事存货管理的能力。

(4) 联盟。与承运人和专业化服务供应商的联盟对国内作业十分重要,对于国际作业来说更加重要。如果没有联盟,对于一个从事国际作业的企业来说,就必须与全世界的零售商、批发商、制造商、供应商以及服务供应商分别保持合同关系。

11.8 物流产业融合模式

11.8.1 产业融合的概念

产业融合是指不同产业或同一产业内的不同企业相互渗透、相互交叉,表现为产业间的渗透发展,你中有我,我中有你,产业界限趋于模糊,新兴产业不断产生。

产业融合是通过技术革新和放宽限制来降低产业间的壁垒,加强企业间的竞争合作关系。在产业演进与发展史中,产业融合现象随处可见。

11.8.2 物流产业融合的概念

传统物流产业由于运输、仓储等活动的各自分立,形成了不同的产业,彼此之间存在着明显的产业特征,如技术边界、业务边界、市场边界、运作边界。物流产业融合是指物流产业与其他产业或物流产业内不同物流企业间相互渗透、相互交叉的现象。物流产业发展中的产业融合不是一种偶然的经济行为,而是伴随经济环境变化、信息技术发展的必然选择。

11.8.3　现代物流产业融合的动因

1. 市场竞争的加剧

第二次世界大战以后，主要国家的经济发展面对的是一个“无限的市场”，只要能够快速、顺利地实现产品向用户转移，就能够获取利润。企业界采用物流技术和物流管理方式之后，能够有效地增强企业的活力，提高企业的效率和效益，从而增加企业的利润。

全球市场的竞争开始于 20 世纪 70 年代，并在 20 世纪 90 年代快速发展。跨国公司向发展中国家输入大量半成品原料进行制造和装配，然后再出口，从而引起了批量小、价值高、运货期短、可靠性要求高的跨国物流需求量增加。许多公司已经在全球拓展了新市场。例如，在 20 世纪 70～80 年代，美国成为对于亚洲和欧洲的汽车、电子产品和电脑制造企业而言具有吸引力的市场。遍及全世界的企业都已认识到需要更加适应国际化的形势。

经济全球化的发展推动大型跨国公司不断在发展中国家建立生产和加工据点，目前跨国公司的内部贸易正日益成为世界贸易方式的重要特征，越来越多跨国公司的产品生产将在世界范围内进行最优配置，在销售时把整个世界作为其产品的潜在市场，这对各国物流业提出了特别的挑战。跨国公司要求其物流服务供应商能够适应不断变化的环境，有一个体系完整的物流网络，具备从起始点到最终点的跨国物流服务。市场变化的加剧导致人们更深刻地认识到，物流能够帮助组织创造可持续的竞争优势。

2. 放松运输管制

美国等西方发达国家对运输管理的解除始于 20 世纪 70 年代后期，并持续贯穿于 20 世纪 80 年代。1977 年的《解除航空管制法案》、1978 年的《斯泰格斯铁路法案》、1980 年的《汽车运输者法案》和 1984 年的《航运法案》，分别解除或修改了当时对航空、铁路、汽车和远洋运输的经济约束。这一系列管制的放松对承运人和发运人的影响是深远的。

就承运人而言，解除管制导致行业之间和行业内部的竞争加剧，承运人有更大的定价自由(即制定和修改运费价格)，有更多的弹性来安排路线和时间表，更加需要成为市场导向型企业，并在提供营销组合方面更具创造性。就发运人而言，将有更多的承运人可供选择；有新的和各种类型的服务可供使用；大多数价格可以谈判，并且包含长期协议或合同；可依据出发地或目的地进行不同组合。

3. 企业基于生存和发展的考虑拓展边界

各类物流企业在市场机会的引导下，把满足顾客个性化需求和增长的期望看作其竞争战略的重要目标之一，重视多式联运和综合物流能力的形成，提供快捷、灵活、可靠、安全的“门到门”一体化物流服务。把“一切为用户服务”作为现代物流企业最重要的经营理念，提供六个“亮点”服务，即把满意的产品，在规定的时间、规定的地点，以适当的数量、合适的方式、合适的价格提供给客户，作为物流企业优质服务的共同标准。而要达到这种目标，需要物流企业之间形成各种协作式的网络化组织形式(如航空联盟、航运联盟、铁路与公路的多式联运、铁路与海运的多式联运，物流企业与原材料供应企业、制造企业和零售企业之间的供应链合作伙伴关系等)，有效扩展物流组织的横向和纵向边界，扩大物流经营的时空范围，从而对顾客需求做出及时有效的反应。

此外，顾客需求的诱致性影响以及信息技术的推动也是现代物流产业融合的动因之一。

11.8.4 现代物流产业融合的优势

现代物流业是在现代信息技术和互联网发展的基础上,通过传统的运输业和仓储业等相互融合、重组、提升而形成的一种新型的产业形态。目前,产业融合现象已经广泛地发生于各行各业,特别是信息技术对其他产业的渗透,使得两种或多种产业融为一体,并逐步催生出新的产业属性。

1. 现代物流可以大大节约流通成本,提高流通效益

从生产过程来说,随着生产规模化和现代科学技术的发展,生产环节的成本大大降低,而流通环节的成本居高不下。因此,物流领域被称为经济增长的“黑大陆”,是企业降低资源消耗、提高劳动生产率之后的“第三利润源泉”。

2. 现代物流能够有效地加快流通速度,提高流通效率

发展现代物流,可以实现订单驱动的准时采购、供应和销售模式,加快流通速度,提高流通效率。

3. 现代物流能够满足客户日益多样化、个性化的物流需求

随着消费多样化、生产柔性化、流通高效化时代的到来,社会和客户对物流服务的要求逐渐向多样化、个性化发展。物流成本已不再是客户选择物流服务的唯一标准,人们更多的是注重物流服务的质量。因此,“一切为客户服务”成为现代物流企业最重要的经营理念。

11.8.5 融合对物流产业发展的作用

产业融合突破了产业分立的限制,使运输、仓储等活动得以寻求系统集成和整合,使企业能够扩大规模、扩展业务范围、提供更大范围的货物空间位移和服务,从而使资源在更大范围内合理配置。融合对物流产业发展有如下作用。

1. 有利于传统产业或企业的转型

国内传统运输企业、仓储企业、物资供应企业等在走向市场经济的过程中,面临着竞争日益激烈、不确定性日益增加、原有客户流失等严重的经营挑战。

以国内石油行业国有物资供应企业为例。长期以来,石油企业的垄断性经营和石油生产的特点,使得石油企业拥有自己的专业物资供应部门,全方位地为自身的生产建设服务。物资供应总公司承担着石油企业的物资供应、销售及物资管理功能,这是一种计划经济的产物。随着市场经济的不断完善,过去物资供应总公司所依靠的政策优势已不复存在,物资供应企业原来的客户由于获得了更大的自主权,他们有可能绕过物资供应企业这一中间供应环节,通过自行采购或招标采购的形式,购买原材料和配件。这种用户采购渠道的多元化,已构成了对物资供应企业的巨大压力。

从总体上看,传统的物资购销方式已难以适应市场经济发展的需要。随着生产资料买方市场格局的形成,市场价格稳定性日趋提高,物资供应企业靠过去一买一卖赚取价差的购销方式已很难发展下去。特别是在物资总公司传统业务流程模式下,一件商品从采购开始到最终用户手中,至少要被搬、倒、装运十几次,物流速度缓慢,大量库存成了使企业利润下降的重要原因。显然,传统物流已不再适应现代化的生产要求,也无法适应跨国企业的挑战。

2. 有利于整合现有企业资源

物流资源种类很多而且十分分散，将物流及其相关资源进行一定程度的集成，将会形成强大的生产力。在单项生产力水平相同的情况下，通过有效的整合，资源会得到最大限度的最优利用，形成“1＋1＞2”的局面。

3. 促进地区经济增长，带动产业结构升级

高效的交通物流能够促进地区要素的快速流动，包括人员、资金、信息等，从而增强地区经济的对外联系，带动沿线第三产业的迅速发展。

同时，物流产业的发展能够推动当地与周边地区经济产业结构的升级，通过多式联运新局面的开启，促进区域经济的协调发展。通过优化物流渠道、拓展对外开放优势，物流产业能够吸引更多对降低物流成本有着迫切需求的企业，从而通过货物分拨降低运输成本，提升经济效益。

11.8.6　融合对物流产业发展的影响

现代物流业的区域经济价值主要体现在三个方面：①现代物流业成为某一地区的主导产业，从而带动地区产业结构升级；②由物流基地和物流园区形成的各种等级的物流中心成为地区大小不一的增长极，通过极化作用和扩散作用带动有限地区内经济增长；③由物流中心和物流基础设施线路形成的区域性物流网络形成地区发展的“点—轴”开发效应。

现代物流业作为某一地区的主导部门不是孤立地发展起来的，一个主导部门同与它有联系的若干部门一起构成一个主导部门综合体系。物流主导部门的核心由铁道、公路、水运、空运、仓储、托运等行为主体组成，通过三种影响带动其他产业的成长：①后向效应，指物流产业对某些供给资料部门的影响；②旁侧效应，指物流产业对所在地区的商业、物质业、供销、粮食、外贸等行业及地区经济的所有行业的供应、生产、销售中的物流活动的影响；③前向效应，指物流产业对物流新工艺、新技术、新原料、新能源、新装备和新工具出现的诱导作用。

鲍森(Pawson)认为，运输发展存在着前向效应和后向效应。运输的前向效应是基于运输创新的发展，任何一种新的或改善了的运输基础设施将影响移动的范围、容量和成本，使流动性和可达性发生有效变化，这将潜在地增进经济和社会机会；运输的后向效应则是一种乘数效应，如铁路建设将对铁、煤和制造业有需求，正是这些后向效应使得铁路在美国、英国和俄罗斯等国的持续发展中起到了主导作用。

物流中心或物流园区的形成，既是自身增长极的形成过程，又是逐步开始发挥增长极作用的过程。物流中心的形成和发展过程有以下三个明显特点：①人力资源迅速聚集；②主导产业迅速形成，物流产业有很强的关联效应、乘数效应和竞争优势，呈现出发展快、竞争力强的特点；③资金迅速聚集。

物流中心的增长极作用主要体现在以下两大方面：①区域经济增长的带动效应；②改造传统产业的辐射效应。

区域物流网络是由一些“点”和“轴”构成的。这里的“点”指各级物流中心，“轴”指由交通、通信干线连接起来的基础设施束。在物流网络形成过程中，社会经济要素在“点”上集聚,并由线状基础设施联系在一起而形成“轴”。“轴”对附近区域有很强的经济吸引力和凝聚力。轴线上集中的社会经济设施通过产品、信息、技术、人员、金融等,对附近区域有扩散作用。

扩散的物质要素和非物质要素作用于附近区域,与区域生产力要素相结合,形成新的生产力,推动社会经济的发展。在国家和区域的发展中,在基础设施束上一定会形成产业聚集带。由于不同国家和地区地理基础及社会经济发展特点的差异,“点—轴”空间结构形成过程具有不同的内在动力、形式及不同的等级和规模;在不同社会经济发展阶段,社会经济形成的空间结构也具有不同的特征。这种特征体现为集聚与分散程度及社会经济客体间的相互作用等。随着区域社会经济的进一步发展,“点—轴”必然发展到“点—轴—集聚区”。

物流中心有利于降低区域产业发展中的物流运行成本。例如,在市场需求的驱动下,区域内某几类制造产业的原材料物流中心的建成,将会使区域内相关产业的企业采购成本、仓储成本、运输成本以及时间成本等大大降低,使企业的产品生命周期缩短,产品生产成本降低,从而提高企业产品的竞争力。

11.9 物流产业整合规划

11.9.1 物流产业整合的内涵

物流产业整合是指物流产业的整体化并形成合力,它是以兼并、收购、合并、联合、合作、联盟、集群等方式进行的企业间的资产重新配置,并以此来提高物流产业内部组织化程度、外部的协调化程度以及结构的优化和升级等。

物流产业整合是从产业的角度研究物流整合问题,重点关注企业之间的物流资源整合,把企业内部的物流整合看作是物流产业整合的基础和前提条件。物流产业整合将特别关注传统物流企业,强调利用现代信息技术和先进实用技术改造传统的物流企业,促进其向现代物流企业转型,实现我国物流产业升级。物流产业整合强调培育具有竞争实力的大型物流企业集团,提高产业的集中度和物流服务产品的差别化程度,形成大、中、小物流企业共生的有效竞争格局;物流产业整合强调物流产业空间结构的优化,形成以物流园区、物流中心等重要物流节点为依托,物畅其流的全国性物流网络。

11.9.2 物流产业整合的必要性

1. 物流产业整合是物流产业发展的内在要求

(1) 产业整合有利于物流资源的充分利用,避免重复建设。我国物流资源存在闲置浪费的现象,同时又出现了重复建设和粗放型发展的不良苗头。我国许多中心城市都在建设或计划建设物流园区,几乎所有中等以上城市和许多大中型企业都在考虑建设物流或配送中心,但我国现有物流中心空置率较高。

(2) 产业整合有利于物流企业更好地适应市场变化,满足客户的物流需求。通过产业整合，在保持原有服务优势的基础上开发新服务，实现物流服务的延伸、拓展与创新，是传统物流企业的当务之急。

(3) 产业整合有利于促进物流布局的合理化，优化物流产业空间结构。从整体布局来看，我国西部物流产业发展与东、中部地区相比，还存在较大差距，发展最快的四大物流圈是：京、津环渤海物流圈，长江三角洲物流圈，环台湾海峡物流圈，珠江三角洲物流圈。

从第三方物流来看，企业数量以及服务收入绝大部分来自东部地区。我国在物流的布局上还存在两个问题：一是重线路轻节点，没有认识到现代物流节点对我国经济发展的重要性；二是公路和各行业物流规划相互分割、严重脱节，缺乏综合一体化的考虑。

(4) 产业整合是优化物流产业组织结构的有效手段。我国物流产业内企业数量众多，多数物流企业经营规模较小。按照贝恩的产业集中度划分标准，目前我国物流产业市场结构与贝恩描述的第六种类型比较吻合，即企业数目众多、集中度低的原子型市场结构，产业组织结构不合理，急需优化整合。

2. 经济全球化与入世进一步促进物流产业的整合

简单地说，经济全球化就是要求信息流、金融流、人才流、商品流在世界范围内通畅、快速运动，其中商品流是经济全球化的最基本要素，这需要有强大的物流作为支撑。以市场经济体制为前提和基础的 WTO，本身就是经济全球化发展的一个阶段性产物与组织表现形式。入世标志着我国经济全面参与以国际多边经济贸易协定为核心的世界经济体系，加快了我国融入世界经济的步伐，从而对我国物流产业发展产生重大影响。

(1) 经济全球化促使企业尤其是大企业加强对物流的重视，将物流上升到企业的战略地位，重视企业业务流程再造，重视内外物流资源空间整合，重构企业物流价值链，以降低物流成本、提高物流效率、提升企业竞争力。

(2) 经济全球化促进物流发展的国际化，拓展物流发展的空间，加速物流无国界趋势。经济全球化推动了国际运输市场的开放，逐步制定物流市场开放的初步规则，逐渐消除了物流跨国发展的体制性障碍，为物流业国际化发展带来了动力和机遇。

(3) 经济全球化的发展和世界经济格局的重新调整构成了新的全球性贸易与运输链，世界上每一个国家都将成为其中的一个组成部分。为了争夺在世界贸易和运输链中的地位，许多国家在港口、码头、口岸等国际物流基础设施上加大投入，力求形成主导性的国际货运中心，从而带动和刺激现代物流业的整合与发展。

(4) 跨国公司经营活动的全球化要求物流服务提供商具备与之相适应的全球网络，提供跨国界、全球化的物流服务，但目前国内物流企业的服务仍以传统服务项目为主，不通过整合升级，难以满足跨国经营和外国跨国公司在国内的物流需求。

(5) 我国道路运输、仓储、货运代理、海上运输等物流行业全面对外开放，为了应对跨国公司的挑战，物流产业整合势在必行。世界著名的物流企业已纷纷进入中国市场，参与国内物流市场竞争，它们凭借雄厚的资金和规模、丰富的经验、优质的服务、一流的管理和优秀的人才，对中国物流企业构成了强大的威胁。

产业整合是物流产业自身发展的内在要求，是应对经济全球化和国外跨国物流公司竞争以及开拓国际物流市场的必然要求，是物流产业发展的重要战略选择。

11.9.3 物流产业整合的意义

1. 通过整合,形成规模,使物流的大生产方式得以实现

没有经过整合,再大的物流规模,也不能形成规模效益,这是因为可以用小生产方式去应对大规模物流,也可以用大生产的方式去应对大规模的物流,而进行物流整合的目的在于后者。

2. 通过整合,进行简化

整合可以将多样的物流作业进行条理化和简化,这就可以大量删除多余的作业和无效环节,使得同步化、短程化得以实现。

3. 通过整合,进行集成

通过整合,可以将设施、设备、管理进行有效地集成,将硬件与软件合一,从而使劳动手段的水平得以提高。

4. 通过整合,为信息技术应用构建平台

整合可以使信息技术有明确的业务平台依托,从而可以实现理想的信息传递和交换,大大提高信息应用的水平。

5. 通过整合,形成新的管理体制

整合如果有效而且稳定,则新体制的建立就有了依托。

11.9.4 物流产业整合模式

1. 企业兼并

企业兼并是指在商品经济条件下,财产独立或相对独立的法人通过市场购买或其他有偿转让的形式,获取其他企业法人的资产,从而实现产权转移的经济行为。在兼并过程中,兼并一方因吸纳另一方企业而成为存续企业,并获得被兼并企业的产权;而被兼并企业则伴随兼并过程的完结而最终丧失法人资格。

企业兼并有以下三种类型:

(1) 水平兼并。水平兼并又称横向兼并,是指进行兼并的企业属于同一产业、生产同一类产品或处于加工工艺的同一阶段,面对同一个市场。

(2) 垂直兼并。垂直兼并又称纵向兼并,是指进行兼并的企业之间存在着垂直的联系,分别处于生产和流通过程的不同阶段。

(3) 混合兼并。混合兼并是指分属不同产业,生产工艺上没有关联,产品也完全不相同的企业间的兼并。

企业兼并可以从存量上调整产业的市场结构,优化产业的资源配置。对于我国物流业这样的新兴产业,一方面,优势企业可以通过兼并衰落、弱小企业获得其资本存量,扩大自己的实力;另一方面,衰落、弱小企业也可以通过被兼并,避开较高的退出壁垒,顺利退出物流业,从而使物流业的市场结构得到优化。但是,目前我国物流业中的企业兼并行为还很少。一是由于优势企业的力量不够壮大,优势不够明显,大部分企业还仅处于维持经营的状况,没有实力实施兼并行为;二是地方保护势力的行政干预使得企业兼并难以顺利实现。

从市场行为看,我国物流业应该加强竞争,但不是过度竞争,而是公平竞争。作为计划经济体制遗留下来的问题，我国的物流市场受行政区划和行业人为分割，政府行为的过多介入造成人为的市场进入壁垒，这导致不公平竞争。只有减少行业保护和行政干预，导入市场运行机制，形成有效竞争，才能规范物流企业市场行为，真正实现企业单位的优胜劣汰和物流资源的优化组合，并最终实现物流业结构调整和优化。

2. 企业并购式整合

企业并购式整合是兼并与收购的全称，是指企业通过兼并、收购、合并等方式实现企业资产一体化的重组方式。按照物流运作的业务联系，可以划分为：

(1) 横向并购。横向并购是指相互独立地从事相同的物流业务的企业之间进行的并购，其目的主要是确立或巩固物流企业在行业内的优势地位。

(2) 纵向并购。纵向并购是指业务具有前后关联性的物流企业之间进行的并购，其主要目的是实现物流的纵向一体化。

(3) 混合并购。混合并购是指企业跨行业或跨市场的并购，其目的是通过分散投资降低企业风险，达到资源互补、扩大市场活动范围的目的。

并购是企业进行低成本扩张的一种战略行为，成功的企业并购可以产生扩大经济规模、优化资源配置、提高市场占有率以及向新经济领域渗透等效应。

(1) 规模经济效应。物流企业并购使原来分属不同企业的资产实现了内部一体化，并购后企业的资产特别是物流资产的规模和范围都扩大了，企业内部再对这些资产(资源)进一步有效组合，可以降低企业的运营成本，节约大量物流费用。通过并购，企业可以对经营单位的资产(如仓储、运输等资源)进行补充，以达到单体经营所要求的最佳的经济规模；也可以通过控制物流经营单体的数量，对不同顾客或市场进行专门化的服务，降低市场营销费用；同时可以使物流企业集中足够的经费用于研究开发和采用新的物流和信息技术。

(2) 协同效应。它是指并购后新企业的整体效益大于参与并购各方独立运作的效应之和，其实质是通过活动和资源的关联与共享，实现规模经济效益和范围经济效益。物流企业并购协同效应包括新公司战略业务基本活动(如仓储、运输以及客户服务等)的协同，各种支持活动(如物流基础设施、技术开发)的协同，各种有形资产(包括物流企业品牌、商标、商誉等隐形资产)的协同，以及与并购企业关联的客户、供应商、债权人等外部协同。

企业并购的风险存在于整个并购过程中，种类很多。

(1) 选择风险。物流企业在选择并购目标时，要从企业的发展战略出发，从企业竞争力和长期发展角度考虑，不能盲目扩张，特别要注意目标企业的物流资产、物流业务等能否与自己整合或互补。

(2) 体制风险。政府适度参与有助于加快传统物流企业并购速度，但是这些企业本身存在很多问题，如果政府以非经济目标代替经济目标，将会产生很大风险。

(3) 整合与营运风险。我国物流企业存在着组织结构层次较多、物流管理和技术水平差异较大、物流运作的标准化程度较低等许多问题，这使并购后的整合困难重重，彼此难以水乳交融，成为一个有机整体。另外，物流市场发育不成熟以及经营环境的不确定性和多变性，进一步增加了并购企业的运营风险。

从世界物流业的发展来看，以兼并为主导的大规模并购已经成为全球物流市场整合的主要特征。我国以资产并购进行物流整合的实例也屡见不鲜，国内以运输为主导的大型物流企业在并购方面表现比较活跃，以物流业务为主导的上市公司将会成为我国物流并购整合的领头羊。

3. 企业集群整合(空间整合)

物流企业集群是指不同物流企业(包括非物流企业的独立物流部门)以及物流基础设施在空间上的集群，从而形成在一定区域内物流资源的高度密集和专业化经营程度很高的物流经营场所，其最主要表现形式是各类大小不同的物流园区。

物流企业集群形成了单个物流和区域物流产业的竞争优势，具体表现在：

(1) 节约成本效应。集群内的物流企业可充分利用物流基础设施等公共产品的规模经济优势，降低公共基础和服务的平均使用成本；集群内的物流企业提供的服务具有明显的互补性和配套性，可以满足不同层次客户的物流服务需求，节约客户搜寻物流服务的成本。

(2) 物流区位品牌效应。区位品牌是对多个物流企业品牌的提炼，与单个物流企业品牌相比具有广泛、持续的品牌效应。

(3) 竞争与合作效应。集群重塑竞争形态，把竞争从单个物流企业之间提升到更大的群体之间。这样，集群物流企业容易加强集群内部的纵向和横向合作，同时又保证足够的竞争动机。

(4) 创新与扩散效应。集群不但易于通过合作形成一种新的区域创新系统，而且区域内信息沟通的便捷性和频繁的联系，使公共的乃至隐含的先进物流理念、经营技术的外溢更加迅速、更加彻底。

物流企业集群的条件为：首先，物流是集运输、仓储等多种功能为一体的综合性活动，物流节点是各种功能对接的合理场所，只有重要的物流节点才能成为物流企业的集群区，因此交通区位是物流企业集群的首要条件；其次，物流企业发展以物流需求为前提，而物流集群的产生必须以大规模的物流服务需求为前提，因此某一地区的商品需求量、货物周转量、工商企业物流需求和业务外包等决定着集群的形成及规模；此外，从国内外物流产业集群的发展来看，没有政府的支持和引导，特别是基础设施平台的提供，物流集群将难以形成，因此政策、体制因素是促进集群形成和发展的重要条件。

4. 三种物流产业整合模式的讨论

(1) 并购、联盟和企业集群是物流产业整合的三类典型模式，它们在物流产业内的不同行业、不同地区、不同企业间表现出各自的优势，互为补充，共同发展，使我国物流产业的整合模式呈多元化发展趋势。

(2) 目前大规模并购已经成为全球物流市场整合的主要特征，在我国也有不少物流企业实施并购的案例，但是近期尚不会成为我国物流产业整合的主导模式。并购是产业发展到一定时期的产物，这就决定了我国物流产业整合首先是在传统的大型运输、货代、仓储等企业中展开，然后一批新发育的现代物流企业将逐渐进入并购领域。

(3) 物流产业的并购整合受企业自身因素(如规模、物流管理水平、企业发展战略等)以及外部因素(如政策、法规、产业发展状况、竞争态势等)等诸多方面的影响，实施起来比较困难，风险较大。

(4) 物流联盟式整合是物流企业利用外部资源集约化发展的一种新模式，它比较灵活方便，适用于各类物流企业，应该成为目前我国物流产业整合的主要模式。但是往往因为联盟的松散性,整合的效果不显著。参股式联盟由于增加了联盟的程度和稳定性,而企业又各自保持独立性,是第三方物流企业与生产流通型企业合作的较好方式。

(5) 集群式整合是物流产业空间结构高速化的重要模式,对我国物流产业布局、地区物流产业的发展以及形成物畅其流的全国物流体系具有重要作用,是发达国家重点推进的物流整合模式之一。从地区来看,它特别适合于交通枢纽城市、经济中心城市、物流端点城市等;从企业来看,它主要适合于中小型第三方物流企业。

思考题

1. 什么是物流体系环境,它包括哪些环境?
2. 试对我国物流市场环境进行分析。
3. 现代物流市场有何特点?
4. 我国物流发展战略目标是什么? 政府在物流发展中应扮演什么角色?
5. 企业物流人才发展的趋势是什么?
6. 物流企业发展应如何规划?
7. 物流集群式整合有哪些特点?
8. 物流模式有哪些? 各有何特点?
9. 物流联盟模式有哪些应用范围?

案例题

随着经济的飞速发展,人们的物质水平正在逐步提升,生活方式也越来越丰富。特别是互联网的使用为人们提供了极大的便利和多元化选择。但是,物流仓储管理的低效率制约着物流的发展。高效的仓储管理机制可以降低运营成本,增加经济效益,并促进物流的整体发展。仓储管理是物流业务流程中非常重要的环节,它与运营过程的成本管理密切相关。因此,物流企业需要不断优化和改善其仓储管理策略,以适应不断变化的环境和复杂的业务流程,从而使人力资源、资金和项目的分配更加科学合理,确保工作的平稳运行。

仓储环节的工作内容包括物料的分类和分配,以便货物可以顺利运输而且不会被损坏,不仅需要确保材料存储的安全性,还必须确保工作过程的清晰性和有效利用仓储空间。因此,对于仓储有很多预防措施,例如,应该分批存储商品,并按交货日期、大小和类型对商品进行分类,以免造成混淆。在货运中的任何环节都有可能会损坏货物,应详细记录产品信息并每天检查库存量。但是,据调查发现,我国目前的仓储业务中仍然存在很多不利于企业发展的因素。必须做好以下几项工作。

1. 技术优化促进行业发展

在仓库管理中,技术是管理系统的基础,并确保物流企业的发展。物流企业需要引入适应时代发展的信息化和智能仓库技术,充分利用先进技术替代现有的人力操作,节省人力,提高工作效率。

2. 提高仓库人员的综合素养

物流工作所需的人才不仅要具有专门的物流知识，还必须具有熟练的实践技能，因此对人才的培训必须结合知识学习和实践指导。此外，公司应通过聘用专家指导或为员工提供出国留学的机会，扩宽他们的视野和技术专长，并提高他们在物流行业的知识和实践水平，为物流业的可持续发展奠定人才基础。

3. 合理规划仓库布局

仓库的布局必须进行优化，以适应建造多个仓库造成的不合理的资源浪费。仓库布局规划应根据每个区域的市场状况和交通状况进行，如市场是否活跃、运输是否便利等，也要结合企业自身的业务状况和发展策略，合理规划仓库布局，提高仓库的有效使用率，降低企业成本。

问题：请谈谈仓储规划方法。

第12章 物流产业的应急保障体系规划

12.1 应急物流概述

12.1.1 应急物流的内涵及特征

应急物流是指为应对严重自然灾害、突发性公共卫生事件、公共安全事件及军事冲突等突发事件而对物资、人员、资金的需求进行紧急保障的一种特殊物流活动。应急物流与普通物流一样,由流体、载体、流向、流程、流量等要素构成,具有空间效用、时间效用和形质效用。

应急物流的"应急"二字本身带有一定的军事色彩,但应急物流并不等同于军事物流。军事物流的指令性较强,尤其在战争爆发的时候,始终把军事利益放在首位。而应急物流系统则应该以社会利益为牵引,服务的对象是受灾地区的人民。应急物流一般具有突发性、弱经济性、不确定性和非常规性等特点,多数情况下通过物流效率实现其物流效益,而普通物流既强调效率又强调效益。

12.1.2 我国应急物流存在的问题

1. 供需信息不对称,过程透明度差

应急物流在我国的发展和起步较晚,我国自2003年"非典"发生后逐渐认识到应急物流的重要性,应急物流建设也随之取得了一定的成绩和效果,在突发事件的应对中发挥了关键性作用。但应急物流也有其自身的短板,如供需信息不对称,过程透明度差。出现这种现象也主要是因为应急物流缺乏信息交互平台,不能清晰展示物资的需求信息、物流资源信息、通道以及运输等相关信息。应急物流与常态物流相比,除了在物资、运输载体和流程速度上有明显不同外,最关键的不同表现在供需双方信息的对称性上。由于重大突发事件发生的作用机理不同,进而产生的影响和破坏性也是不能预知的,因此,很难清晰地辨别供需各方的信息和物流过程。再加上,目前我国应急管理方面缺乏专门的信息互动共享平台,当重大公共卫生事件和重大自然灾害发生时,医疗物资(如口罩、护目镜、防护服、一次性手套、检测试剂盒)、救援物资(如救生圈、皮艇)和生活物资极度缺乏,频繁告急,短时间内需求出现爆发式增长。供需信息的不对称和过程不透明就导致了整个物流链条上信息共享的障碍,出现了应急物资信息不透明、信息更新慢、信息反馈滞后、虚假信息传播,无法准确掌握供需两端应急物资的数量、品种、分布等信息的现象。正是由于没有专门的应急物流信息互动共享平台，这些求助信息只能在公共社交平台上（如微信朋友圈、微博、今日头条等）被反复转发后才得以引起公众的广泛关注，甚至一度成为部分无良商家诈骗的砝码。

2. 应急运力调配能力不足

各类重大突发事件往往难以判断其发生的时间节点，且突发事件的发生地点、持续时间、影响范围、各类物资保障需求都各不相同，使得应急物流保障具有突发性且具体内容也难以事先确定。因此应急物流的及时调度至关重要。但在重大突发事件下，我国应急物流的运力调度能力有明显的不足之处。

目前我国的物流行业尚未形成统一的行业标准和设备标准，应急仓库仍为传统的机械化仓库，在物资调度方面缺少灵活性。并且各个物流企业各自为战，没有统一的指挥和行动方向，导致应急车辆在运输调度和行驶路径安排上达不到快速、安全与经济的要求。因此，在突发事件中无法快速响应、科学存储物资并及时调度。且传统的应急物流系统信息闭塞，发展落后，道路的网通度和衔接程度不高，物流交通网络地域差异大，资源利用率低，导致物资调运能力不足，应急物资的流动性较差，难以满足各地对物资的多样化需求。

3. 应急物资管理混乱及物资分配乱象严重

目前，我国应急物资储备管理机构尚未统一，救灾物资实行的是由多部门管理。应急、医疗、公安、消防等部门管理职能分散，分别管理各自的应急物资储备，不同地方物资储备标准也未形成条块互补优势，造成了储备物资的相对过剩和不足。并且我国现有应急物资储备的种类和数量均不能满足需求，许多市县级基层单位过度依赖中央和省级的应急物资储备。救灾物资分散管理、分开存储会导致救灾过程中出现应急物资的需求信息传递缓慢、物资难以合理分配、调度困难等问题。如新冠疫情发生后，短时间内爆发出巨大的业务量。随着大量社会捐助以及各类储备物资的调配，大量防疫物资（如口罩、防护服、护目镜、药品、试剂、医疗器械等）抵达应急需求点。除了上述医疗物资外，还有大量的生活物资在短时间快速地从五湖四海涌入应急需求点，海量物资的存储、管理、盘点、发放和分配是一个动态复杂的系统工程，巨大的物资需求导致供应链发生变化，不管是前端调度、采购，还是后续管理都成为难题。随之就出现了后续的救灾物资管控不到位、错配乱配、物资处理不准确等问题。

4. 缺乏应急物流管理专业人才

过去，自然灾害和事故灾难的应急处置往往依托于国务院及各级政府应急办临时搭建团队，进行救援和灾后处置。随着我国应急部门的成立，应急管理的地位也日渐凸显，应急管理也开始往专业化道路上迈进，但是应急管理专业人才的缺口仍然是巨大的，尤其是应急物流方面的专业人才。

专业化的应急物流队伍是应对突发公共卫生事件的关键，应急物流人员要有专业的物流知识和应急经验。同时应急物流人员作为具体执行人员，要确保突发事件信息渠道畅通和各项工作顺利进行，必须具有较强的应变、沟通和协调能力。而当前，重大突发事件发生时，参与应急物流的管理人员大多数都是从其他行业临时转入，如政府人员、企业人员和部分志愿者等，他们中的大部分人员未经过专业化培训，甚至在缺乏专业培训的情况下临危受命，很难进行科学的统筹和规划，所以不免出现各种问题。

12.2　建立应急物流体系的路径

12.2.1　建立应急物流体系的目标

应急物流体系应具备应对重大突发公共事件的能力，基本保证事发地以外地区社会经济正常运转，人民生活正常进行。

应急物流体系需要在政府的领导和指挥下，广泛吸收社会力量，既要发挥政府相关部门强组织的有效动员能力，又要充分发挥社会自组织的快速反应速度。灾前要建立政府、企业、军队、基层社区组织等各主体紧密协同配合的联动响应机制，科学做好面对不同突发公共事件的预案。灾中应急要具备强大的物流保障能力，确保应急物资快速、准确、安全、及时到达所需地区。

12.2.2　建立应急物流体系的原则

1. 整体规划，逐步完善

应急物流体系的建设需要不断发展和完善。要对历次应急事件情况及时进行总结，同时借鉴国外先进经验，立足于未来需求，充分考虑应急事件可能出现的各种复杂严峻的情况，做好顶层设计和整体规划，并逐步分阶段、有计划、有组织地实施和完善。

2. 厉行节约，平战结合

应急物流通常以灾害带来的人员伤害和财产损失最小为目标，而不是常规物流中以经济效益最高、综合成本最小为目标，所以其具备弱经济性，但这并不意味着应急物流体系的建设也以弱经济性为原则，毕竟灾时相对于平时是小概率事件，如果忽略经济性去建设应急物流体系，势必造成巨大的浪费，也对建设带来巨大的成本压力。因此，建设应急物流体系应做到平战结合，充分利用好已有的社会资源。

3. 政府主导，多方参与

应急物流需要面对突发公共事件所具有的突发性、不确定性、需求多样性和时间紧迫性等特点，因此应急物流体系建设单纯地依靠政府、企业或者某个专业部门是无法完全胜任的，需要在政府主导下多方力量的广泛参与。

4. 统一管理，统筹全局

应急物流涉及存储、运输、配送等环节和多个主体间的配合，因此需要一个统一的管理机构进行组织协调。可在现有政府机构设置的基础上，按照国家、省、地、县等四级管理体系，整合政府部门、行业协会、高校、研究机构以及企业的力量，包括一定数量的有较高造诣、富于工作经验的技术专家，组成体现专业、常设等特点的地方乃至国家层面的应急物流领导小组。

12.2.3　构建“政、企、军、民”紧密协同配合的应急物流体系

依据以上目标及原则，结合我国现有政府组织架构，构建“政、企、军、民”紧密协同配合的应急物流体系，如图 12-1 所示。

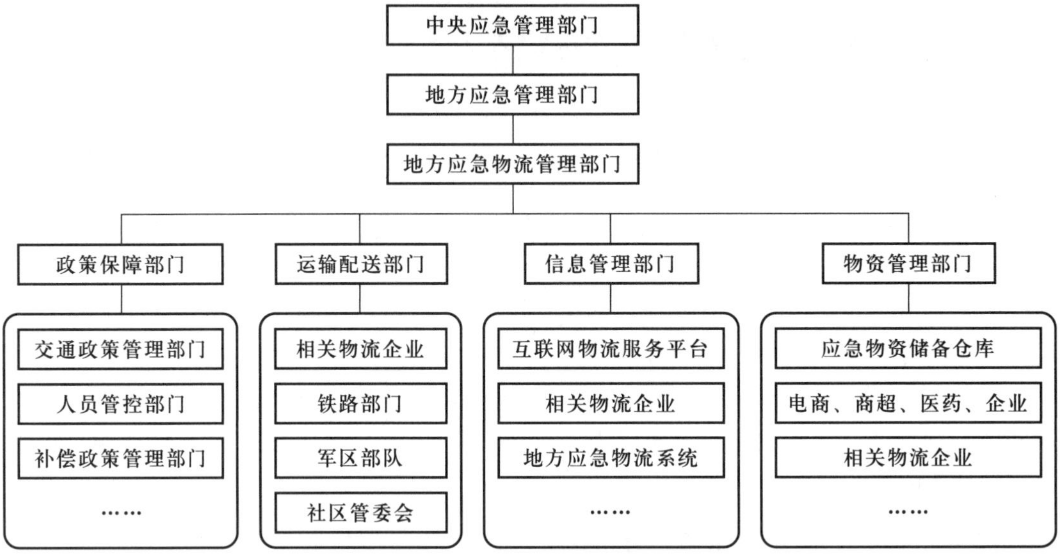

图 12-1　应急物流体系结构图

中央应急管理部门负责领导和协调，地方应急管理部门为其常设的政府工作机构，地方层面的应急物流管理部门由政策保障部门、运输配送部门、信息管理部门以及物资管理部门构成，各个部门之间实现信息的双向传递。地方应急物流管理部门主要负责安排和管理政策保障部门、运输配送部门、信息管理部门以及物资管理部门的工作，一旦突发公共事件，即对应急物流活动进行整体统筹指挥和部署。同时，地方应急物流管理部门间应联通联动，及时进行信息交换，共同实施抗灾应急物流的指挥调度工作。

政策保障部门由多个政府相关部门以及应急物流领域相关专家构成。一方面，依据国家法律进一步制定符合地区实际的应急物流法律，确保灾情发生时，应急物流活动有法可依，实现应急物流规范化、高效化发展，对应急物流活动起到规范、激励、约束等作用；同时，设计制定好遭遇突发公共事件紧急情况时，地方政府与相关物流企业的契约制度，明确各主体的责任和义务，建立应急物流补偿制度，对服务于应急保障的物流企业给予一定的资金支持，吸引物流企业与运输配送部门签订应急救助协议，保障其工作积极性。另一方面，在灾情发生时，针对应急物流运作过程中物资供需信息传递不畅、物资调度困难、应急保障成本高等问题，制定相应的支持政策，以保证灾情发生时应急物流的高效运行。

运输配送部门由政府、铁路部门、军队，与运输、末端配送等相关物流企业以及社区管委会等构成，确保灾时应急物流的运输配送工作顺利完成。平时，运输配送部门与应急物流领域的专家进行合作，共同研究不同紧急情况下应急物流的工作预案；与社会上有能力、有社会责任感的物流企业建立合作关系，实行“平时各自营运，战时迅速组合”平战结合的运营管理模式；同时建立与铁路部门、军队和社区管委会等机构的有效沟通机制，确保灾时各方能够按照预案迅速响应，做好应急物流运输配送的配合工作。

信息管理部门是地方应急物流管理部门的信息中心，可依托现有的政府公共信息平台和 IT 企业以及互联网物流服务平台进行合作组建。主要职责是建立灾前、灾中、灾后应急物流公共信息网络平台，负责各部门间的信息沟通、应急情报收集以及地方应急管理部门信息发布工作等。平时，信息管理部门需要与地震、气象、公安、卫生防疫、环保、交通等部门做好有效沟通，了解各类应急事件的相关情况，并将信息反馈至相关部门，以做好安排应对；当突发公共事件发生时，加强与各部门的信息沟通，做好物资需求、物流资源、通道以及运输等信息的管理工作，便于其他部门能迅速掌握最新、最快、最可靠的应急物流信息。

物资管理部门由政府、救灾物资储备基地与签约的仓储等物流企业、生产企业以及商超、医药企业等主体组成。平时，物资管理部门需要与应急物流领域的专家合作，共同研究不同紧急情况下物资管理工作的应急预案；与各省市的救灾物资储备基地建立有效的沟通机制，实时掌握救灾物资的储备情况，确保灾时能够迅速组织供应；与应急物资生产企业建立合作机制，并按照不同生产企业生产应急物资种类的不同、供应能力的高低，分门别类进行管理，做好灾时生产预案工作，确保灾时能够迅速组织生产；与电子商务企业、商超、医药平台等企业建立合作机制，实时掌握救灾物资和生活物资储备情况，做好灾时物资供应配置工作；与相关仓储物流企业合作制定紧急情况下应急物资管理安排方案等，确保灾情发生时，具备完备的物资管理和供给能力。灾时，指导相应的合作主体按照应急预案，做好应急物资的筹备、采购、管理等工作。

12.2.4　畅通应急物流体系运行流程

"政、企、军、民"应急物流体系运行流程主要由应急物资采购、应急物资运输和应急物资配送及逆向物流等环节组成，如图 12-2 所示。

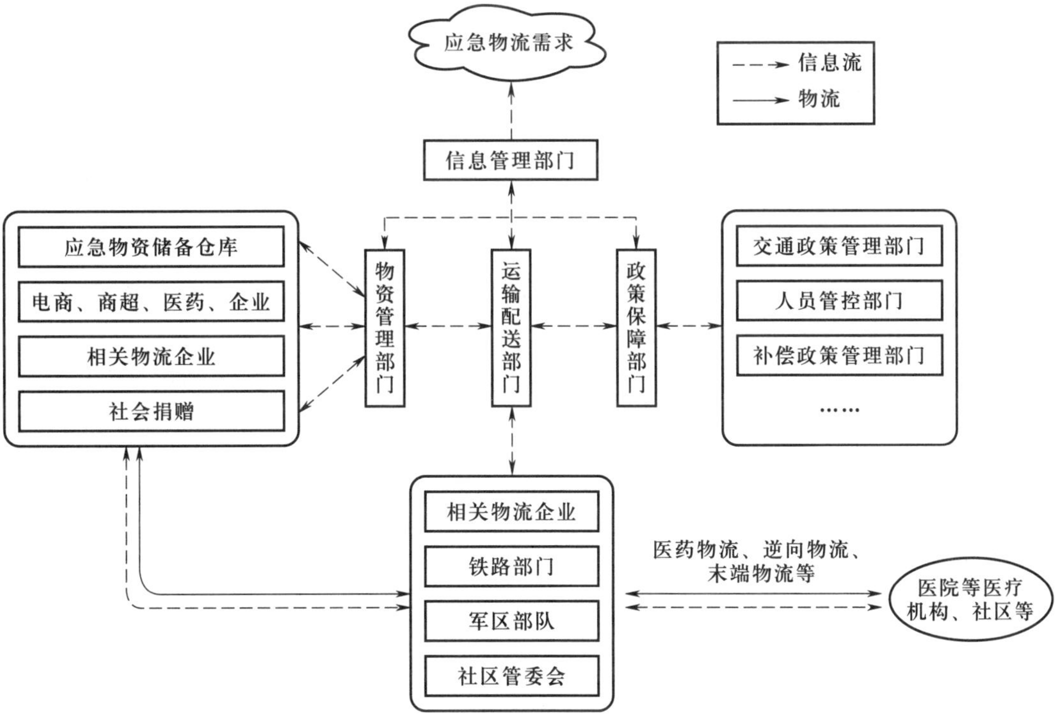

图 12-2　应急物流体系运行流程

应急物资采购。物资管理部门获取信息管理部门灾情信息后，应迅速了解临近救灾物资储备基地以及电商、商超、医药企业的储备是否充足，如库存充足则将相关信息反馈至信息管理部门和运输配送部门，安排应急物资的运输配送工作。若不足，则迅速组织应急物资的采购工作，安排相关生产企业组织生产；同时做好社会捐赠物资保管工作，组织好专业物流企业对捐赠物资进行管理。

应急物资运输。运输配送部门收到信息管理部门和物资管理部门相关信息后，要迅速与铁路部门、军区部队、相关物流企业以及基层社区组织等按照预案，制订好运输计划，及时到达物资管理部门通知的取货点进行取货，并将政策需求反馈至政策保障部门。政策保障部门给予针对性的政策支持，如给予运输配送部门运输车队优先的路权、开辟绿色通道，让相关物流从业人员优先返岗等政策，保证物资供应的通达。若遇地震等自然灾害，道路受阻严重，物流企业难以完成运输任务，运输配送部门按照“平战结合”的原则，依据预案，迅速向军区运输部队反馈，由专业的应急抗灾军区部队完成物资运输作业。

应急物资配送及逆向物流。物资运输至社区管委会或者末端配送物流企业后，由社区管委会与末端配送企业安排完成“最后一公里”的配送任务。可按灾情相关情况，在广场、学校或体育馆设立应急物资发放点；若遇疫情严重导致社区封闭等情况，要做好与社区工作点的配合工作，确保应急物资及时准确送达。此外，应急物资供给医院后，所产生的医疗废物，运输配送部门应及时联合专业的医疗逆向物流企业做好逆向物流处置工作。

12.2.5 应急物流发展规划建议

1. 建立统一的信息交互平台，完善信息共享机制

首先，在“互联网＋"的背景下，我国的应急物流体系也应顺应时代的发展，建立一个资源共享、信息规范透明、物流及物资信息实时更新的统一信息平台，建立多维度、全面感知、全网链接、全局优化的应急物流系统。将物联网、云计算、大数据、5G 等信息技术应用其中，运用“数据灯塔”技术，实现应急物资筹措、物流实时跟踪、在途控制一清二楚，使应急物流各方力量进行有效沟通和信息共享，提高救援物资快速保障能力，更有利于救援活动顺利进行。

其次可以借助区块链技术，对捐赠物资进行科学管理，使捐赠物资的流向和使用更透明。根据区块链技术分布式记账的特点，物资需求和操作记录都是公开透明和不可篡改的，进而可以迅速了解到哪里需要多少应急物资以及谁已经分配了多少、领用了多少、还剩多少等重要信息。让物资供应者和善款捐赠者可以清楚看到每笔物资、每笔资金最后都真正流到了需要的灾民手中。这些重要信息的汇总有助于各企业之间匹配资源和调控流程，从而更高效率地筹集、调配、输送、分发物资等，最终实现应急物流高效保障。

2. 发挥行业组织作用

根据重大突发事件发生的特点，需要构建一种能让大众参与的社会化大应急物流体系。这种体系应由政府来做骨架，统一指挥和管控，吸纳更多社会企业、相关社会组织及个人共同参与，由专业化的物流巨头企业来具体运作，能够与灾区形成专业对接的配合能力，形成具有快速响应、分工明确、共同参与、公开透明等特点的精细的应急物流体系。在优化应急物流体系的同时，也应充分发挥行业组织作用，制定行业标准。各物流企业都应积极参与其中，团结各个行业的参与者和群众志愿者，充分发挥自身的行业优势，共享相关的物流经验。

3. 建立应急物资调配中心

建立应急物资调配中心，健全应急物资调度机制，提高应急物资分配的专业化。应急物流调配中心由国家组织成立相应的物资管理部门牵头，整合救灾物资储备基地、签约的仓储等物流企业、生产企业、商超、医药企业等，统一对物资进行调配和管理，并完善供应链体系和交通网络建设，同时需有高素质的运输团队并配备高度专业的信息物理系统提高运输效率，便于有关部门对其进行管理与调度。

无突发公共事件发生时，应急物资调配中心应与应急物流领域专家进行合作，研究不同突发公共事件发生时的物资管理工作的应急预案，并与各省市应急物资的储备基地建立有效沟通机制，和应急物资生产企业、仓储物流企业、电商企业、商超、医药平台建立合作机制。

4. 加快推动物流新业态、新模式发展

冷链物流、医药物流、生鲜物流、农村物流、社区终端配送、废弃物流等多种分支物流，在新冠疫情防控中发挥重要作用。“无人配送”“无接触配送”也是疫情防控中应急物流体系展现的新模式和亮点。未来，有关部门应加大推广物流业新技术、新设备、新业态、新模式，致力于物流业产业结构升级，推动物流业向自动化、智能化、无人化、智慧化方向发展。优先推动互联网、云计算、大数据、人工智能、区块链、5G 等信息技术在物流领域的广泛应用，尤其是加快推动区块链技术在应急物流物资管理方面的应用；逐步拓展无人机、机器人、无人驾驶货车、无人仓、智能快递柜等新设备在物流领域的应用和普及；不断发展“无车承运人”“互联网＋物流”等网络货运新业态，以及仓配一体化、城乡共同配送等物流配送新模式。

5. 加强应急物流人才建设

首先，国家应加大对物流人才的培养力度，加强应急物流人才队伍建设，引导高校尝试应急管理“校企合作”，培养全方面、多元化的应急物流专业人才。其次，高校开设应急管理专业，修订物流专业人才的培养方案，系统培养应急物流专业人才，并增加“校企合作”，进行应急物流相关的专业训练，注重实践和理论相结合，不定期举行应急物流预案演练，加大对应急物流方面的科研投资，设计并提供具有针对性的应急解决方案，提高应急物流专业的实践性。

12.3　物流产业的分阶段应急物资保障体系

12.3.1　缩减阶段

在应急物流缩减阶段，应急物资保障体系规划要点是超前部署，减少风险冲击。

一是完善应急物资保障的相关法律规定。建立健全紧急状态下应急物资调拨、配送和使用的区域联动机制；明确应急物资管理责任体系，落实主体责任，规范调节部门间应急物资保障的权力与职责的均衡配置；加大统筹协调力度，明确各部门在物资规划、储备、轮换、紧急征用、补偿等方面的职责分工；统一应急物流主要环节的技术标准和行业标准，完善社会力量参与应对重大突发事件的制度化渠道。

二是制定应急物资保障专项预案。成立突发事件应急物资保障指挥部，统筹城市应急物资仓库建设，切实做好物资应急保障的信息收集和日常管理；根据突发事件的发展态势和处置情况，划分应急物资保障等级制度，规范职责，优化配置，明确流程，强调功能；开展物资保障应急管理考核、评估和调研，督促本地区物资保障应急演练、宣传教育及培训工作；将应急物资保障预案的修订纳入突发公共事件应对的评估，促使应急预案建设与应急处置实践紧密互动。

三是构建多样化应急物资储备模式。在政府储备层面，地方政府可根据本地区经济社会发展情况、可能存在的灾害风险及人口规模进行物资储备，构建地方应急物资储备库体系和储备网络，优化应急物资仓储的空间布局。在企业储备层面，地方政府应加强与企业合作，通过建立协作关系，建立常态化应急物资生产保障基地，实现多种储备方式的优势互补，形成多主体、立体化、多层次的应急物资储备体系，有效提升应急物资储备效能。

12.3.2 预备阶段

在应急物流预备阶段，须提早应对，启动战备管理。

一是将组织架构转向适当的战备状态。政府架构在横向上，设立跨部门的应急管理委员会，在重大突发事件发生后，由其代表地方政府部门组织应急处置工作，发挥应急物资调度决策机制，保障应急物资及时高效运输，精准统筹安排各种应急物资。在纵向上，明确跨区域应急物资保障机制的主体，赋予其统一指挥权；建立区域协调机制，优化应急物资产能保障和区域布局，从制度框架和技术层面搭建区域应急物资保障调度平台，明确物资调拨的程序和流程，实现应急物资保障主体之间在应急物资信息和物资保障环节的协同配合。

二是重点分析风险态势，以需求为导向配置应急物资。评估应急物资需求要依据地域特点和事件类型分类进行、动态评估；根据影响危机的因素和危机治理的脆弱性，科学评估应急物资保障的需求，将其作为完善应急物资预案和提升应急物资储备效能的重要标准；将应急物资保障预案规定的应急物资最低需求标准纳入应急物资数据库，定期系统性全面评估应急物资需求，依据应急物资保障需求调整物资储备的种类、数量、规模和结构，指导应急物资采购和生产布局，及时补充更新缺损物资。

三是借助区块链技术和大数据手段实现应急物流网络快速响应。政府借助人工智能、大数据等技术手段，统筹已有应急物流管理平台资源，提升应急物资信息储存、实时监控、辅助决策、统一调度、数据分析等系统性管理功能的智能化水平；运用区块链技术保障应急物资流通的时效性和高效率运输，实现应急物流各个环节的协同配合、应急物资供给与需求的高效匹配和应急物资精准溯源，以此促进应急物流指挥调度与应急管理活动信息共享和一体化运作，实现应急物资保障的全过程快速响应。

12.3.3 反应阶段

在应急物流反应阶段，应控制危机，稳定社会秩序。

一是全力畅通交通运输通道。紧急启动应急预案，高效落实三级调度、路警联动、区域协调的保通保畅工作机制，全力保障交通主干线畅通。打通长三角等关键地域的双向运输通道，“以点带链”，保障长三角产业链、供应链货运通畅运行。

二是优化应急通行管控措施。保障货物运输“大动脉”通行，确保广大司乘人员安全顺利通行，疏解堵点，保障物流运输的“生命线”。同时，切实做好滞留人员的餐饮、如厕等基本生活服务。

三是全力组织应急物资中转。危机地区要加快设立启用物资中转调运站、接驳点或分拨场地。物资应急保供中转站要全程落实闭环管理与“无接触”交货，通过货物中转接驳的方式消除危机传播风险，保障物资运输畅通。

四是及时公布物资信息。明确物资告急的种类和数量，及时向社会发布相关信息，稳定社会公众的物资需求预期，积极引导企业生产和社会捐赠。

12.3.4　恢复阶段

在应急物流恢复阶段，危机缓解，完善要素保障。

一是加强城市基础设施建设，完善物流大通道体系。加快落实综合枢纽、货运轨道交通等项目，推进城市群交通一体化，推动建设城市综合道路交通体系，建设便捷高效的城际铁路网，发展市(郊)域铁路和城市轨道交通。加快建设国家综合立体交通网主骨架，加强沿海和内河港口航道规划建设，优化提升全国水运设施网络，加快虹桥枢纽、洋山深水港、太仓港、南通港等铁路集疏运体系建设，促进江海陆空铁紧密衔接、多式联运，丰富物流大通道体系。

二是重新审视与积极谋划高标准交通物流体系建设。以强连接、促畅通，建设统一的流通体系为导向，科学规划和建设由物流中心枢纽、分级枢纽和关键节点组成的空间体系，优化物流基础设施布局，强化连接的机制创新和畅通的高标准定位，在畅通“主动脉”的同时，还要畅通“毛细血管”。充分考虑各个城市的应急物流体系建设，并将其置于长三角一体化发展战略中通盘考虑。以信息科技助力物流产业基础设施建设升级换代，布局建设人工智能平台、新一代超算、云计算、宽带基础网络等设施，推进重大科技物流基础设施布局建设。

三是打造全国统一大市场，建设长三角交通物流数据与智能化管理平台。按照“标准统一、规则一致、平台链接、数据共享”框架，探索构建跨省市的“一网通办”“一网统管”“一网交易”，全面实现跨行政区互认。组建长三角三省一市物流行业大联盟与各个专业性联盟，充分发挥行业组织在交通物流高标准联通中的积极作用。促进线上平台企业与线下物流企业、供应链企业的深度融合，推进物流企业整合，培育壮大物流龙头企业，发挥其行业引领作用。

12.4　应急物流运行的体系规划设计

12.4.1　应急物流的供应链运行体系

首先，建立网状供应链，强化其运行敏感度。由于应急物流供应链较常规供应链更重视效率和安全，同时呈现弱经济性，甚至不惜牺牲更大的经济利益以满足效率和安全，因此在供应链的设计上应尽可能地增加各节点之间的关联度，即节点连接呈网络状，使各种急需物资供应灾区的路径变多，可在某一路径暂时无法通达时，由其他供给路径及时补位。在灾害发生时，既可能发生自然灾害所致的道路不畅通等问题，又可能出现公共卫生事件所致的隔离措施等问题，因此，且不论物资的供给是否可满足需求，单上述因素就足以使物流供应链的路径阻塞，而网状供应链结构可以最大限度地避免供应系统失灵。供应链的结构并非一成不变，当灾区地理位置不偏远或进入限制减弱（如疫区疫情得到控制）时，应急物资分拨环节可以免去，由采购企业直接向灾区输送物资，在减少环节的同时提高效率、减少支出。

其次，多措并举，进一步强化应急供应链的效率。应急供应链的效率受以下因素影响：其一，物资供给是否满足需求；其二，应急响应是否及时；其三，物流运行各环节管理是否严格。关于环节管理的问题后文详述。对于应急物资供给，需要未雨绸缪，以国家重要战略物资抗疫相关中药为例，有必要尽快建立国家、省市各层级的采购、供应平台，对抗疫核心中药材的种植面积、质控、存储及加工等形成常态化、数字化储备体系。在政府应急物资储备之外，可建立和生产企业之间的物资储备协议，企业储备物资的资金占用由政府补贴，同时在供给储备充足的情况下，按需供给则要依赖信息平台，使供需信息可在第一时间获取，避免信息不对称导致的供与需不相符。对于应急响应而言，应急预案的可操作性至关重要，预案中的决策主体规定应明确，同时决策程序应简洁高效，应急预案的执行最终还有赖于科学决策，而大数据信息技术的应用可为决策提供可靠支撑。

12.4.2　应急物流的管理运行体系

应急状态下的物流管理运行体系的焦点问题是从管理系统层面化解短时间内激增的业务量给物流供应链带来的压力。主要从以下两个方面着手解决：

一方面，从管理分工角度，构建行政管理与专业化管理相结合的管理运行体系。在我国既往的突发事件中，行政管理发挥了重要作用，能够第一时间统筹调配物资储备，但供应链急速变化情况下的应急物流管理仍表现出明显的专业不足。为了能够使应急物资以及物流服务（生产、储备、采购、供应、捐赠等）的需求与应急物流供给信息充分共享、匹配，引入市场化的专业物流管理企业是必要的。行政管理与专业化管理的分工模式应为：应急物流管理统筹调配由行政管理机构完成，由卫健委系统、应急管理系统按照各自职权对差异化的紧急状态（自然灾害、突发公共卫生事件、安全事故以及复合型事件等）建立应急物流的分级响应机制，同时形成"医疗物资由卫健委系统统一调配，非医用物资由发展改革委系统统一调配"的格局，但其物资调配指令须以物流管理企业输出的精准统计数据为依据；通常供应链的各个环节（前端调度、采购以及后续管理等）均须充实专业运营力量，具体实施可以是一家物流管理企业独立进行或多家企业协作；最后通过竞争机制引入物流运输企业完成配送。以上管理主体分工得以顺利进行，需要物流行业协会的组织、沟通与协调，在政府与企业之间搭建桥梁，以提升应急物流的响应和保障能力。

另一方面，从管理技术支持角度，围绕应急物资与服务的供需对接、均匀及时分配，须优化应急物资与服务信息管理系统。

一是全部应急物资的实时流通信息须在信息管理系统平台上同步更新，信息载体可为条形码、二维码等，信息内容包括应急物资名称、数量、价值，寄件人和收件人的姓名、地址、联系方式，以及物资当时所处的物流状态(收货、运输、中转、分发、配送等各环节)等。

二是全部应急物资的实时库存信息须在信息管理系统平台上同步更新，物资存储要按照与生命安全的关联度而有所区分，关联度越高的物资，不但储存与看护条件更优越，在信息平台中的实时数据也要更准确，跟踪要更及时，库存管理软件应匹配更优质的资源。

三是与管理分工相对应，应急物资的实时流通信息可由政府和企业共建或委托市场化物流管理企业建设，但物资库存管理系统应由中央政府层面统一建设，各地政府、企事业单位和相关个人可注册登录系统，根据授权不同享有差异化的信息查询权利，以便政府可在应急条件下快速部署，统筹调配物资。

12.5　应急物流运行的环节设计规划

12.5.1　应急物资储备环节

由“政府包揽应急物资储备”向“政府储备为主、民间储备为辅”的模式转变。民间资本参与物资储备，可以提升应急物资的储备保障，同时为后续采购环节提供灵活多样的选择。民间资本参与须解决两方面的问题，即逐利的民间资本为何参加应急物资储备以及如何保障其储备物资的质量。对此，一方面，政府与企业签订生产储备合同，由政府承担库存成本，提供财税、融资及政府采购等方面的倾斜政策；另一方面，提高民间资本的准入门槛，形成综合评价指标，在严格科学选择企业参与应急物资储备的同时，政府部门需定期对储备物资的库存进行审查，提升药品生产厂家等重点领域企业的审查频次、要求，审查不达标的企业及时清退。从准入和过程两个层面加强监督，确保应急物资的质量。

由“实物储备”向“生产技术与实物储备相结合”的模式转变。任何一类紧急状态的应对都会有相应的技术要求，以新冠疫情防控为例，其对医药技术、物流技术等提出了很高的需求，如能在常态下予以储备，可在突发事件来临时极大地提升应对效率。国家科研政策应向紧急状态下一系列关键技术的研发倾斜，提供经费支持。物流业新技术是大部分紧急状态下实施救援时所急需的，有关部门应进一步推动物流业新技术的研发，推动物流业向自动化、智能化、无人化、智慧化方向发展，推动大数据、人工智能、区块链等信息技术在应急物流管理中的使用。

12.5.2　应急物资采购环节

应急物资采购环节的建设须着重于采购主体设置和采购资金来源。一方面，按照以往突发公共卫生事件的处置经验，党政同责、顶格设计的指挥部体系发挥了关键作用，各级指挥部均下设物资保障部门，负责专用应急物资和基本生活物资的采购、供应和调拨工作，但指挥部下设的临时机构无法避免的缺陷是人员之间没有协作经验及流程化的采购计划和方案。假若建立常态化的应急物资管理协调机构，机构由发展改革委、财政局、市场监督管理局等部门抽调人员组成，形成一定的成熟工作机制，可防止应急状况发生时的盲目无序，提升反馈效率，为应急指挥部决策提供支撑。另一方面，现行单一的财政拨款用于应急物资采购的模式，可予以适度完善，通过财政拨款为主、基金支持为辅的方式缓解财政资金压力，同时进一步保证应急物资的购买能力。

国家应成立专项用于应急物资采购的基金，引导社会资本方参与，未雨绸缪，形成资金池并进行稳定性投资。基金的透明化运作和监督保障必不可少。

12.5.3 应急物资运输环节

运输环节最重要的莫过于建立科学合理的运输工具(方式)选择方案以及运力资源储备机制。不同运输工具(方式)和满足需要的运输能力共同决定了应急物资供应的可行性、安全性及效率。应急物资运输可分为接触性配送与无接触配送，后者主要适用于两种情况：一是不可抗力导致接触性配送客观上无法实现的情况，如5·12汶川地震救援初期的道路不通，电力、网络中断等情况；二是情势变更导致接触性配送主观上不可行的情况，如新冠疫情最严峻的阶段，接触性配送极易使疫情扩散蔓延。以上情况下，“直升机空运＋空投”“无人机、无人车送货”等无接触配送方式，能最大程度地满足可行性、安全性的要求。在第二种情况下，也可采用多式联运，在疫区与非疫区之间设置缓冲区域接驳运输，可避免运输司机进入疫区，降低传染率。接触性配送适用于无接触配送以外的通常情况。快速和精准是对应急物流的运力要求，应急状态下的运力保障须着重于运力资源储备和合理分配，主要体现在干线和城配的运力调度上，要充分调动各类社会组织与商业物流资源，以扩充运力资源。“短链、智能、共生”的现代商业物流理念可大大提升交付效率、消除产能过剩，政府支持、推动商业物流发展，是应急物流运力储备之必需。

12.5.4 应急物资分拨环节

在经历储备、采购及运输环节之后，“最后一公里”的分拨配送是应急物流的最后一个环节。灾区应设立应急物流调配中心，加大人力、物力投入，统筹解决和管理分拨配送问题。目前最后一个环节的应急运力不足、物资不能及时送达问题突出，其根本原因在于调配中心分拨转运、分发配送的能力欠缺。

为此，需改进如下：其一，为了确保调配中心顺利履职，其设置应具备独立性，一是减少汇报请示环节和频次，提升效率；二是避免被地方政府“画地为牢”的交通管制政策制约。其二，提高应急物资专业化分配水平，以物资类别分类并及时调整物资的流向，按照被救援对象的需求，将单品种、大批量的物资调整成多品种、小批量的物资组合后再进行分拨，确保物资最终投放的精准性。其三，加强与物流配送服务商的合作，借助市场化专业力量，提升配送效率。其四，调配中心负责被救援方物资需求信息的收集，并及时向上游物流调配中心报送，便于灵活、有针对性地调整物资供给，必要时对紧急、重要物资可开辟绿色配送通道。

另外，当应急状态结束后，应急物流分拨配送中心也应负责灾后剩余物资的收集汇总并返回相应的物资储备库，以便再次利用。

12.6　物流产业的应急物资调度体系规划

12.6.1　物流产业的应急物资调度过程

物流产业的应急物资调度是应急物资整合过程中的重要环节。在现实中，突发事件除会给事件发生地带来原生灾害之外，原生灾害的发生可能还会衍生出一系列次生灾害，从而构成灾害链。灾害链是指突发事件发生后引发的原生灾害及其可能引发的一系列后续次生灾害所构成的灾害系列，如图 12-3 所示。

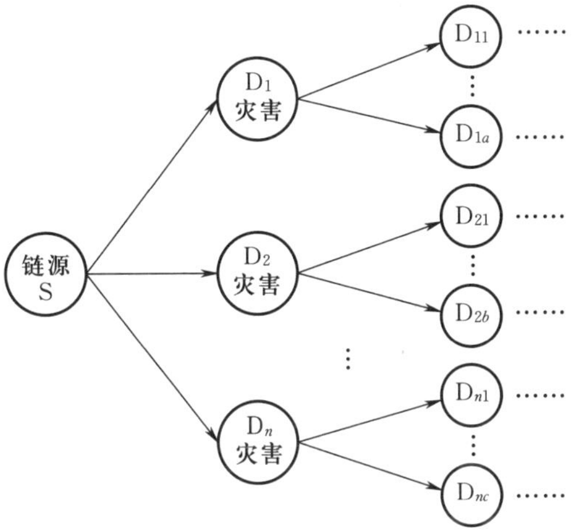

图 12-3　灾害链结构示意图

其中，原生灾害指由突发事件直接引起的灾害事故，而次生灾害指由原生灾害可能引发的"衍生性"灾害，次生灾害的发生概率可通过评估得到。另外，实际中的应急物资调度一般是针对多种物资和多个需求点开展的，因此，对多种物资、多需求点的调度问题进行研究更具有实际意义。

在应急物资调度过程中，应急指挥中心需要获取应急物资供给信息、实时交通道路信息和对物资运输过程中的实时定位监控等信息数据支撑。应急物资调度过程如图 12-4 所示，主要有：①应急物资实时定位。在进行应急调度之前，首先要掌握物资的分布，利用智

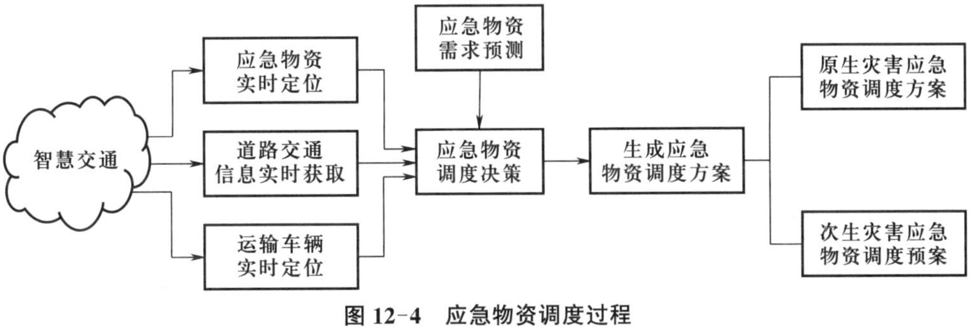

图 12-4　应急物资调度过程

慧交通，应急指挥人员可以实现对物资的实时定位，了解可用物资的分布。②道路交通信息实时获取。这可以帮助应急指挥中心获取物资由供给点到需求点的运输时间。③运输车辆实时定位。这可以帮助应急指挥中心时刻了解物资的具体位置，对物资的运输过程进行全程的实时监控，确保物资在运输过程中的安全。

12.6.2 应急调度问题描述

1. 问题假设

假设 1：灾害链由原生灾害与可能发生的次生灾害构成，而对次生灾害可能引发的后续灾害不予考虑；

假设 2：应急物资供给点的分布一定，且各自的物资供给量均有限；

假设 3：所有的应急物资以整数供给，将应急物资需求划分为两部分，即原生灾害需求和可能发生的次生灾害需求，二者相互独立；

假设 4：应急物资由物资供给点到原生灾害和次生灾害事发地的运输时间是常数，不考虑道路的运输能力和其他影响运输的因素；

假设 5：应急指挥中心在进行物资调度的过程中，不仅要满足原生灾害事发地的需求，而且也要考虑对可能发生的次生灾害事发地物资需求的满足；

假设 6：应急调度人员在进行物资调度时，当遇到原生灾害和次生灾害公共需求的物资时，优先满足原生灾害需求，其次再考虑满足可能发生的次生灾害需求。

2. 符号和决策变量

当某一地区发生某突发事件时，设可利用的应急物资供给点集合表示为 $A=\{A_i \mid i=1,2,\cdots,|A|\}$，其所包含的应急物资种类集合表示为 $R=\{r \mid r=1,2,\cdots,|R|\}$。假设由该突发事件造成的原生灾害事发地的集合表示为 $B=\{B_j \mid j=1,2,\cdots,|B|\}$，由原生灾害可能引发次生灾害事发地集合表示为 $C=\{C_v \mid v=1,2,\cdots,|C|\}$，经专家评估分析得到各次生灾害发生概率为 p_v。将原生灾害事发地和次生灾害事发地统称为需求点。其他变量符号定义如下：

x_{ij}^r 表示应急物资供给点 A_i 向原生灾害事发地 B_j 所调度的第 r 类物资的数量；

y_{iv}^r 表示应急物资供给点 A_i 向可能的次生灾害事发地 C_v 所调度第 r 类物资的数量；

s_i^r 表示应急物资供给点 A_i 中的第 r 类物资的可用数量；

d_j^r 表示原生灾害事发地 B_j 对第 r 类物资的需求数量；

c_v^r 表示可能的次生灾害事发地 C_v 的对第 r 类物资的需求数量；

t_{ij} 表示应急物资供给点 A_i 到原生灾害事发地 B_j 的最短调度时间；

t_{iv} 表示应急物资供给点 A_i 到可能的次生灾害事发地 C_v 的最短调度时间；

a_i^r 表示应急物资供给点 A_i 在完成向原生灾害事发地对第 r 类物资调度后，第 r 类物资可用于可能的次生灾害事发地的调度可用量。

12.6.3 一般应急调度模型

1. 模型建立

灾害链中多种物资、多需求点应急调度一般模型的调度目标为所有物资的应急调度总时间最短。其中,应急物资调度总时间共包括两个部分:一部分是原生灾害事发地的应急物资调度时间 $\sum_{i\in A}\sum_{j\in B}\sum_{r\in R} t_{ij}x_{ij}^{r}$,另一部分是次生灾害事发地的应急调度期望时间 $\sum_{i\in A}\sum_{v\in C}\sum_{r\in R} p_{v}t_{iv}y_{iv}^{r}$。因此,一般应急调度模型的目标函数为:

$$\min \sum_{i\in A}\sum_{j\in B}\sum_{r\in R} t_{ij}x_{ij}^{r}+\sum_{i\in A}\sum_{v\in C}\sum_{r\in R} p_{v}t_{iv}y_{iv}^{r} \tag{12-1}$$

模型约束条件为:

$$S.t.\quad \sum_{j\in B}x_{ij}^{r}+a_{i}^{r}=s_{i}^{r},\ \forall i\in A,\ \forall r\in R \tag{12-2}$$

$$\sum_{i\in A}x_{ij}^{r}=d_{j}^{r},\ \forall j\in B,\ \forall r\in R \tag{12-3}$$

$$\sum_{i\in A}y_{iv}^{r}\leqslant a_{i}^{r},\ \forall v\in C,\ \forall r\in R \tag{12-4}$$

$$\sum_{i\in A}y_{iv}^{r}=c_{v}^{r},\ \forall v\in C,\ \forall r\in R \tag{12-5}$$

$$x_{ij}^{r},y_{iv}^{r},a_{i}^{r}\geqslant 0\ \text{且均为整数},\ \forall i\in A,\ \forall j\in B,\ \forall r\in R,\ \forall v\in C \tag{12-6}$$

其中,式(12-2)表示原生灾害事发地的应急物资可用量约束;式(12-3)表示对原生灾害事发地应急调度的供需平衡约束;式(12-4)表示次生灾害事发地的应急调度物资可用量约束;式(12-5)表示对次生灾害事发地的应急调度满足供需平衡要求;式(12-6)表示对变量 x_{ij}^{r},y_{iv}^{r},a_{i}^{r} 的非负和取整约束。

定义1:假设用 α_j 表示原生灾害事发地 B_j 所对应的应急调度方案,φ_B 表示所有原生灾害事发地的应急调度方案;用 β_v 表示次生灾害事发地 C_v 的应急调度预案,φ_C 表示次生灾害事发地的应急调度预案。因此,最终的应急物资总调度方案 $\varphi=[\varphi_B,\varphi_C]$。

$$\varphi_B=\begin{bmatrix}\alpha_1\\ \alpha_2\\ \vdots\\ \alpha_j\\ \vdots\\ \alpha_{|B|}\end{bmatrix}=\begin{bmatrix}x_{11}^{R} & x_{21}^{R} & \cdots & x_{|A|1}^{R}\\ x_{12}^{R} & x_{22}^{R} & \cdots & x_{|A|2}^{R}\\ \vdots & \vdots & \vdots & \vdots\\ x_{1j}^{R} & x_{2j}^{R} & \cdots & x_{|A|j}^{R}\\ \vdots & \vdots & \vdots & \vdots\\ x_{1|B|}^{R} & x_{2|B|}^{R} & \cdots & x_{|A||B|}^{R}\end{bmatrix}$$

$$\varphi_C=\begin{bmatrix}\beta_1\\ \beta_2\\ \vdots\\ \beta_j\\ \vdots\\ \beta_{|C|}\end{bmatrix}=\begin{bmatrix}y_{11}^{R} & y_{21}^{R} & \cdots & y_{|A|1}^{R}\\ y_{12}^{R} & y_{22}^{R} & \cdots & y_{|A|2}^{R}\\ \vdots & \vdots & \vdots & \vdots\\ y_{1v}^{R} & y_{2v}^{R} & \cdots & y_{|A|v}^{R}\\ \vdots & \vdots & \vdots & \vdots\\ y_{1|C|}^{R} & y_{2|C|}^{R} & \cdots & y_{|A||C|}^{R}\end{bmatrix}$$

其中,矩阵 φ_B 和 φ_C 中的 x_{ij}^{R} 和 y_{iv}^{R} 分别表示应急物资供给点 A_i 向原生灾害事发地 B_j 和次生灾害事发地 C_v 所调度的物资种类和数量。当 x_{ij}^{R} 和 y_{iv}^{R} 等于0时,表示应急物资供给点 A_i 不参与对原生灾害事发地 B_j 或次生灾害事发地 C_v 的物资调度。

定义2:当某一应急物资调度方案 φ 中的 α_j 和 β_v 满足一般调度模型约束时,则称该方

案 φ 对原生灾害事发地 B_j 和次生灾害事发地 C_v 的应急调度是可行的。当 $\forall j\in B$，$\forall v\in C$，应急物资调度方案 φ 关于 α_j 和 β_v 的物资调度均为可行时，则称该方案 $\varphi=[\varphi_B,\varphi_C]=[\alpha_1,\alpha_2,\cdots,\alpha_n,\beta_1,\beta_2,\cdots,\beta_w]^T$ 为一定可行方案。

定义 3：将原生灾害事发地与次生灾害事发地统称为物资需求点，集合表示形式为 $E=B\cup C$，其中，需求点 $e\in E$。对应急物资供给点集合 A 中的每个应急物资供给点到各个物资需求点的调度时间按照从小到大进行排序，记 $\lambda_{\rho e}$ 为应急物资供给点到物资需求点 e 的第 ρ 短距离，构造应急物资供给点到物资需求点的调度时间排列矩阵 $M_{|A|\times|B\cup C|}$，形式如下：

$$M_{|A|\times|B\cup C|}=\begin{bmatrix}(i_{11},\lambda_{11}) & (i_{12},\lambda_{12}) & \cdots & (i_{1|B\cup C|},\lambda_{1|B\cup C|})\\(i_{21},\lambda_{21}) & (i_{22},\lambda_{22}) & \cdots & (i_{2|B\cup C|},\lambda_{2|B\cup C|})\\ \vdots & \vdots & \ddots & \vdots\\(i_{|A|1},\lambda_{11}) & (i_{|A|2},\lambda_{22}) & \cdots & (i_{|A||B\cup C|},\lambda_{|A||B\cup C|})\end{bmatrix}$$

其中，矩阵 $M_{|A|\times|B\cup C|}$ 中的每个元素 $M_{\langle\rho,e\rangle}=(i_{\langle\rho,e\rangle},\lambda_{\langle\rho,e\rangle})$ 是二元组，第一项 $i_{\langle\rho,e\rangle}$ 表示物资需求点，第二项 $\lambda_{\langle\rho,e\rangle}$ 为对应的调度时间。

2. 应急调度模型算法

基于运筹学图论中网络优化和整数线性规划优化思想，本章针对模型灾害链中多种物资、多需求点应急调度一般模型提出其算法。

该算法的思想为：首先，对物资进行分类，将其分为单点需求类物资、仅原生灾害事发地或次生灾害事发地需求的多点需求类物资、原生灾害事发地和次生灾害事发地公共需求的多点需求类物资。对于单点需求类物资，采用邻域搜索方法进行调度；对于仅原生灾害事发地或次生灾害事发地需求的多点需求类物资，通过求解相应的整数规划模型进行调度；对于原生灾害事发地和次生灾害事发地公共需求的多点需求类物资，优先满足原生灾害事发地需求，其次满足次生灾害事发地需求。

算法的具体步骤如下：

步骤 1：调度决策基础数据的获取。

由智慧交通定位应急物资供给点集合 A、原生灾害事发地集合 B、次生灾害事发地集合 C，获取应急物资供给集合与物资需求集合间的最短调度时间，由专家评估各个次生灾害的发生概率 p_v。

步骤 2：物资分类。

将物资分为三类：R_1，R_2，R_3，具体分类结果见表 12-1。

表 12-1　应急物资分类

分类	单点需求类	多点需求类	
		仅原生灾害事发地或次生灾害事发地需求类	原生灾害事发地和次生灾害事发地公共需求类
物资	R_1	R_2	R_3

步骤 3：对于 R_1 类物资的调度，每种物资 $\forall r\in R_1$。

步骤 3.1：对于每个需求点，由矩阵 $M_{|A|\times|B\cup C|}$ 得到需求点 $e\in B\cup C$ 到各应急物资供

给点的调度距离排序向量$[(i_{1e},\lambda_{1e}),(i_{2e},\lambda_{2e}),\cdots,(i_{ne},\lambda_{ne})]^T$。

步骤 3.2：运用领域出救点搜索方法确定需求点 $e\in B\cup C$ 的物资 r 调度方案。当$e\in B$时，则

$$\gamma_e^r=\left\{(i_{1e},\gamma_{1e}^r),(i_{2e},\gamma_{2e}^r),\cdots,(i_{e_{\max}-1e},\gamma_{i_{\max}-1e}^r),\left(i_{e_{\max}e},d_e^r-\sum_{k=1}^{e_{\max}-1}\gamma_{ke}^r\right),(i_{e_{\max}+1e},0),\cdots,(i_{|A|e},0)\right\}$$

当 $e\in C$ 时，则

$$\gamma_e^r=\left\{(i_{1e},\gamma_{1e}^r),(i_{2e},\gamma_{2e}^r),\cdots,(i_{e_{\max}-1e},\gamma_{i_{\max}-1e}^r),(i_{e_{\max}e},c_e^r-\sum_{k=1}^{e_{\max}-1}\gamma_{ke}^r),(i_{e_{\max}+1e},0),\cdots,(i_{|A|e},0)\right\}$$

其中，γ_e^r每个元素都是一个二元组，第一项为物资供给点，第二项为应急物资供给点的物资供给量。当 $e\in B$ 且满足 $\sum\limits_{k=1}^{e_{\max}-1}\gamma_{ike}^r<d_e^r\leqslant\sum\limits_{k=1}^{e_{\max}}\gamma_{ike}^r$ 时，$e_{\max}$为满足原生灾害物资需求的出救点序列的最大下标，此时 $\alpha_j^r=\gamma_c^r$；当 $e\in C$ 且满足 $\sum\limits_{k=1}^{e_{\max}-1}\gamma_{ike}^r<c_e^r\leqslant\sum\limits_{k=1}^{e_{\max}}\gamma_{ike}^r$ 时，$e_{\max}$为满足次生灾害物资需求的出救点序列的最大下标，此时 $\beta_j^r=\gamma_c^r$。

步骤 4：对 R_2 类物资进行调度，$\forall r\in R_2$。

步骤 4.1：当仅原生灾害事发地需求时，求解以下整数规划模型：

$$\min\sum_{i\in A}\sum_{j\in B}\sum_{r\in R}t_{ij}x_{ij}^r$$

$$\begin{aligned}S.t.\quad&\sum_{j\in B}x_{ij}^r+a_i^r=s_i^r,\forall i\in A,\forall r\in R\\&\sum_{i\in A}x_{ij}^r=d_j^r,\forall j\in B,\forall r\in R\\&\sum_{i\in A}y_{iv}^r=c_v^r,\forall v\in C,\forall r\in R\\&\sum_{i\in A}y_{iv}^r\leqslant a_i^r,\forall v\in C,\forall r\in R\end{aligned}$$

$$x_{ij}^r,y_{iv}^r,a_i^r\geqslant 0\text{ 且均为整数},\forall i\in A,\forall j\in B,\forall r\in R,\forall v\in C$$

步骤 4.2：当仅次生灾害事发地需求时，求解以下整数规划模型：

$$\min\sum_{i\in A}\sum_{v\in C}\sum_{r\in R}p_v t_{iv}y_{iv}^r$$

$$\begin{aligned}S.t.\quad&\sum_{j\in B}x_{ij}^r+a_i^r=s_i^r,\forall i\in A,\forall r\in R\\&\sum_{i\in A}x_{ij}^r=d_j^r,\forall j\in B,\forall r\in R\\&\sum_{i\in A}y_{iv}^r=c_v^r,\forall v\in C,\forall r\in R\\&\sum_{i\in A}y_{iv}^r\leqslant a_i^r,\forall v\in C,\forall r\in R\end{aligned}$$

$$x_{ij}^r,y_{iv}^r,a_i^r\geqslant 0\text{ 且均为整数},\forall i\in A,\forall j\in B,\forall r\in R,\forall v\in C$$

步骤 5：对 R_3类物资进行调度，$\forall r\in R_3$。对于该类物资的分配遵循优先分配原生灾害事发地需求，其次再向次生灾害事发地进行物资分配的原则。

步骤 5.1:依据分配规则,优先向原生灾害事发地进行分配。当原生灾害事发地只有一个时,则转向步骤 3,按照 R_1 类物资进行调度;当原生灾害事发地有多个时,则转向步骤 4.1,按照 R_2 类中仅原生灾害事发地需求类物资调度。

步骤 5.2:依据分配规则,将剩余的物资向次生灾害事发地进行分配。当次生灾害事发地只有一个时,则转向步骤 3,按照 R_1 类物资进行调度;当次生灾害事发地有多个时,则转向步骤 4.2,按照 R_2 类中仅次生灾害事发地需求类物资调度。

步骤 6:对各类物资调度结果进行汇总得到最终的调度总方案,并计算得出所对应的目标函数值。

思考题

1. 物流产业中的应急物流有什么特点?
2. 我国应急物流存在的问题有哪些?
3. 如何理解应急物流发展规划方法?
4. 应急物流体系构建的目标是什么?
5. 应急物流体系构建的原则有哪些?
6. 应急物流体系的构建路径是什么?
7. 简述应急物流体系的结构。
8. 什么是物流产业的分阶段应急物资保障体系?
9. 如何进行应急物流运行的体系规划设计?
10. 如何进行应急物流运行的环节设计规划?

第13章 物流产业的绿色发展规划

13.1 发展绿色物流产业的可行性

13.1.1 发展起因

1. 人类环境保护意识的觉醒

随着世界经济的不断发展，人类的生存环境也在不断恶化。具体表现是：能源危机，资源枯竭，臭氧层空洞扩大，环境遭受污染，生态系统失衡。以环境污染为例，全球20多个特大城市的空气污染超过世界卫生组织规定的标准。人类的认识往往滞后于客观自然界的发展，当前生态环境保护的意义逐渐被人类所认识。20世纪60年代以来，人类环境保护意识开始觉醒，十分关心和重视环境问题，认识到地球只有一个，不能破坏人类的家园。于是，绿色消费运动在世界各国兴起。消费者不仅关心自身的安全和健康，还关心地球环境的改善，拒绝接受不利于环境保护的产品、服务及相应的消费方式，进而促进绿色物流的发展。与此同时，绿色和平运动在世界范围内展开，环保勇士以不屈不挠的奋斗精神，给各种各样危害环境的行为以沉重打击，对于激励人们的环保热情、推动绿色物流的发展，也起到了极其重要的作用。

2. 各国政府和国际组织的倡导

绿色物流的发展与政府行为密切相关。凡是绿色物流发展较快的国家，都得益于政府的积极倡导。各国政府在推动绿色物流发展方面所起的作用主要表现在三个方面：一是追加投入以促进环保事业的发展；二是组织力量监督环保工作的开展；三是制定专门政策和法令来引导企业的环保行为。

环保事业是关系到人类生存与发展的伟大事业，国际组织为此作出了极大的努力并取得了显著成效。1972年，第27届联合国大会通过决议，把每年的6月5日作为世界环境日，每年的世界环境日都规定有专门的活动主题，以推动世界环境保护工作的发展。联合国环境规划署、世贸组织贸易与环境委员会等国际组织展开了许多环保方面的国际会议，签订了许多环保方面的国际公约与协定，也在一定程度上为绿色物流发展铺平了道路。

3. 经济全球化潮流的推动

随着经济全球化的发展，一些传统的关税和非关税壁垒逐渐淡化，环境壁垒逐渐兴起。为此，ISO14000标准成为众多企业进入国际市场的通行证。ISO14000标准的两个基本思想是预防污染和持续改进，它要求企业建立环境管理体系，使其经营活动、产品和服务的每一个环节对环境的影响最小化。ISO14000 标准不仅适用于第一、第二产业，也适用于第三产业，更适用于物流业。物流企业要想在国际市场上占一席之地，发展绿色物流是其理性选择。尤其是中国入世后，逐渐取消大部分外国股权限制，外国物流业进入中国市场，势必给国内物流业带来巨大冲击，也意味着未来的物流业会有一场激烈的竞争。

4. 现代物流业可持续发展的需要

绿色物流是现代物流可持续发展的必然要求。物流业作为现代新兴产业，有赖于社会化大生产的专业分工和经济的高速发展。而物流要发展，一定要与绿色生产、绿色营销、绿色消费等绿色经济活动紧密衔接。人类的经济活动不能因物流而过分地消耗资源、破坏环境，以至于造成重复污染。此外，绿色物流还是企业最大限度降低经营成本的必由之路。一般认为，产品从投产到销出，制造加工时间仅占 10%，而几乎 90%的时间为仓储、运输、装卸、分装、流通加工、信息处理等物流过程。因此，物流专业化无疑为降低成本奠定了基础。

13.1.2　发展可行性

1. 高效节能已经成为国际经济发展的基本特征

随着当前国际经济发展水平的提升，节能高效的经济运行模式在国际领域已经达成了共识，不仅如此，发展高效节能的运行模式能够在节省企业资源的同时，提升企业的运转效率，从而提升企业自身在市场上的竞争力。在这样的背景下，我国物流企业想要提升自身在国内乃至全球范围内的竞争力，就需要充分重视发展绿色物流运行模式。

2. 现代信息技术夯实了绿色物流发展的根基

当前随着信息技术的发展，越来越多的物流企业将信息化技术引入企业物流管理的全过程中，能够实现对物流信息体系的全过程追踪，因此通过信息技术的应用，企业能够对物流信息进行统一调度和管理，为企业发展绿色物流奠定基础。

13.2　绿色物流产业体系规划及建设思路

13.2.1　绿色物流基本概念

绿色物流使物流资源得到充分利用。从管理学的角度来说，绿色物流是指为了实现顾客满意，连接绿色需求主体和绿色供给主体，克服空间和时间限制的有效、快速的绿色商品和服务的绿色经济管理活动过程。绿色物流里的“绿色”是一个特定的形象用语，它泛指保护地球生态环境的活动、行为、计划、思想和观念在物流及其管理活动中的体现。

因此，绿色物流是指以降低对环境的污染、减少资源消耗为目标，利用先进物流技术规划和实施运输、储存、包装、装卸、流通加工等物流活动。绿色物流是以经济学一般原理为基础，建立在可持续发展理论、生态经济学理论、生态伦理学理论、外部成本内部化理论和物流绩效评估的基础上的物流科学发展观。绿色物流的内涵包括以下几个方面。

1. 集约资源

这是绿色物流的本质内容，也是物流业发展的主要指导思想之一。通过整合现有资源,优化资源配置,企业可以提高资源利用率,减少资源浪费。

2. 绿色运输

运输过程中的燃油消耗和尾气排放,是物流活动造成环境污染的主要原因之一。因此,要想打造绿色物流,首先要对运输线路进行合理布局与规划,通过缩短运输路线、提高车辆装载率等措施,实现节能减排的目标。另外,还要注重对运输车辆的养护,使用清洁燃料,减少能耗及尾气排放。

3. 绿色仓储

绿色仓储一方面要求仓库选址合理,有利于节约运输成本;另一方面,仓储布局要科学,使仓库得以充分利用,实现仓储面积利用的最大化,减少仓储成本。

4. 绿色包装

包装是物流活动的一个重要环节,绿色包装可以提高包装材料的回收利用率,有效控制资源消耗,避免环境污染。

5. 废弃物物流

废弃物物流是指在经济活动中失去原有价值的物品,根据实际需要对其进行收集、分类、加工、包装、搬运、储存等,然后分送到专门处理场所后形成的物品流动活动。

6. 逆向物流

逆向物流的主要思想可以概括为以下几个方面:

(1) 逆向物流过程是由商家来推动的,个人无法实现逆向物流;

(2) 逆向物流费用结算采取商家客户与第三方物流公司统一集中结算的方式;

(3) 逆向物流需要商家客户与第三方物流公司之间强大的 ERP 系统支持。

逆向物流的表现是多样化的,从使用过的包装到经过处理的电脑设备,从未售商品的退货到机械零件等。也就是说,逆向物流包含来自于客户手中的产品及其包装品、零部件、物料等物资的流动。简而言之,逆向物流就是开始于从客户手中回收用过的、过时的或者损坏的产品和包装,直至最终处理环节的过程。

不同学者对逆向物流的定义有不同的表述,但其主要思想是一致的,可以概括为四个方面:

(1) 逆向物流的目的是重新获得废弃产品或有缺陷产品的使用价值,或是对最终的废弃物进行正确的处理;

(2) 逆向物流的流动对象是产品、用于产品运输的容器、包装材料及相关信息,将它们从供应链终点沿着供应链的渠道反向流动到相应的各个节点;

(3) 逆向物流包括对上述流动对象的回收、检测、分类、再制造和报废处理等活动;

(4) 尽管逆向物流是物品的实体流动,但同正向物流一样,逆向物流中也伴随了资金流、信息流以及商流的流动。

13.2.2　建立绿色物流源头

1. 标准化包装规格

在物流运输的过程中,需要将快递放置在相关集装箱中,然后进行统一运输。在这一过程中,如果包装大小不一,则很有可能造成集装箱空间的浪费,进而降低空间内运输商品货物的总量，为此，应该建立标准化的包装规格，对商品包装进行相对统一的管理，从而使货物能够在集装箱内整齐摆放，达到节省运输空间的目的。

2. 信息化商品包装

缺乏信息化管理会导致企业无法对物流进行集中统一调度。若在进行商品包装的过程中，对商品包装进行信息化条形码标注，并配合使用相关信息化设备，则能够实现对商品的集中统一管理。

13.2.3 建立完善的交通运输体系

1. 完善节点城市基础设施建设

在物流运输的过程中，部分城市是节点城市，大量商品运输需要经过节点城市，这无疑会使得节点城市的物流非常繁忙，一旦在物流运输过程中，节点城市运转效率低下，就会影响整个物流运输体系。因此，物流企业需要十分重视对节点城市相关运输基础设施的建设，通过在节点城市建设物流转运基地、设置多样化运输模式来提升物流运输在节点城市的运行效率。

2. 合理布局物流交通

在物流运输的过程中主要存在空运、火车运输、水路运输以及汽车运输等方式，为了提升物流运输效率，需要物流运输企业合理规划和选择这几类运输方式。例如，沿海城市之间的物流运输可以考虑使用水路运输或者陆地运输等不同的方式，而在考虑具体选用何种方式时，需要综合考虑两地之间的交通运输规划现状以及运输速度等情况，最终做出选择。

13.2.4 共建物流信息数据库

建立物流信息数据库，一方面能够实现企业对物流信息的实时掌控，降低物流运输过程中丢件等现象出现的可能性；另一方面通过对物流信息的掌握，企业能够对各类运输方案进行全面评估，从而对后续的物流运输方案进行针对性调整，达到降低物流运输成本或者提升运输效率等目的。

13.3 管理方法与实施策略

13.3.1 管理方法

1. 绿色供应商管理

供应商的原材料、半成品的质量好坏直接决定着最终产成品的性能，所以要实施绿色物流，还要从源头上加以控制。由于政府对企业的环境行为严格管制，并且供应商的成本绩效和运行状况对企业经济活动构成直接影响，因此在绿色物流中，有必要增加供应商选择和评价的环境指标，即要对供应商的环境绩效进行考察。

2. 绿色生产管理

绿色生产又包括绿色原材料的供应、绿色设计与制造以及绿色包装。绿色产品的生产首先要求构成产品的原材料具有绿色特性。绿色原材料应符合以下要求：环境友好性；不加任何涂镀，废弃后能自然分解并能为自然界所吸收；易加工且加工中无污染或污染最小；易回收，易处理，可重用。而且应尽量减少材料的种类，这样有利于原材料的循环使用。

绿色设计与制造则追求两个目标，即通过可再生资源、二次能源的利用及节能降耗措施缓解资源枯竭，实施持续利用；减少废料和污染物的生成排放，提高工业品在生产和消费过程中与环境的相容程度，降低整个生产活动给人类和环境带来的风险，最终实现经济和环境效益的最优化。

包装是商品营销的一个重要手段，但大量的包装材料在使用一次以后就被消费者遗弃，从而造成环境问题。例如，几十年前产生的比较严重的“白色污染”问题，就是不可降解的塑料包装被随地遗弃引起的。绿色包装是指采用节约资源、保护环境的包装，其特点是材料最省、废弃最少且节约资源和能源；易于回收利用和再循环；包装材料可自然降解并且降解周期短；包装材料对人的身体和生态无害。

3. 绿色运输管理

交通运输工具消耗大量能源；运输过程中排放大量的有害气体，产生噪声污染；运输易燃、易爆、化学品等危险原材料或产品可能引起的爆炸、泄漏等事故。这些都会对环境造成很大的影响，因此构建企业绿色物流体系就显得至关重要。

(1) 合理配置配送中心，制订配送计划，提高运输效率以降低货损量和货运量。开展共同配送，减少污染。共同配送是以城市一定区域内的配送需求为对象，人为地进行有目的、集约化的配送。它是由同一行业或同一区域的中小企业协同进行配送。共同配送统一集货、统一送货可以明显地减少货流；有效地消除交错运输，缓解交通拥挤状况；可以提高市内货物运输效率，减少空载率；有利于提高配送服务水平，使企业库存水平大大降低，甚至实现“零”库存，降低物流成本。

(2) 实施联合一贯制运输。联合一贯制运输是指以件杂货为对象，以单元装载系统为媒介，有效地巧妙组合各种运输工具，从发货方到收货方始终保持单元货物状态而进行的系统化运输方式。通过运输方式的转换可削减总行车量，包括转向铁路、海上和航空运输。联合一贯制运输是物流现代化的支柱之一。

(3) 评价运输者的环境绩效，由专门运输企业使用专门运输工具负责危险品的运输，并制定应急保护措施。企业如果没有绿色运输，将会加大经济成本和社会环境成本，影响企业经济运行和社会形象。

4. 绿色仓储管理

储存在物流系统中起着缓冲、调节和平衡的作用，是物流的一个中心环节。储存的主要设施是仓库。现代化的仓库是促进绿色物流运转的物资集散中心。绿色仓储要求仓库布局合理，以节约运输成本。布局过于密集，会增加运输的次数，从而增加资源消耗；布局过于松散，则会降低运输的效率，增加空载率。仓库建设前还应当进行相应的环境影响评价，充分考虑仓库建设对所在地的环境影响。例如，易燃易爆商品仓库不应设置在居民区，有害物质仓库不应设置在重要水源地附近。采用现代储存保养技术是实现绿色仓储的重要方面，如气幕隔潮、气调储存和塑料薄膜封闭等技术。

5. 绿色流通加工管理

流通加工是指在流通过程中继续对流通中的商品进行生产性加工，以使其成为更加适合消费者需求的最终产品。流通加工具有较强的生产性，也是流通部门对环境保护大有作为的领域。

绿色流通加工的途径主要分两个方面：一方面，变消费者分散加工为专业集中加工，以规模作业方式提高资源利用效率，减少环境污染；另一方面，集中处理消费品加工中产生的边角废料，以减少消费者分散加工所造成的废弃物污染。

6. 产品绿色设计、绿色包装和标识

绿色物流建设应该始于产品设计阶段，以产品生命周期分析等技术提高产品整个生命周期的环境绩效，在推动绿色物流建设上发挥先锋作用。包装是绿色物流管理的一个重要方面，乳白色塑料的污染已经引起社会的广泛关注，过度包装也造成了资源的浪费。

在日本，经营食品的部分商人已放弃塑料包装，在食品界掀起“绿色革命”，取得了较大的成效。他们的食品包装已不只是要“好”和“实用”，照顾环境需要也成为包装业的重要课题。

在给食品包装时尽量采用不污染环境的原料，用纸袋包装取代塑料容器，这也能减少将用过的包装收集到工厂再循环所面对的技术和成本困难，绿色包装设计在这方面发挥了很大作用。

13.3.2 实施策略

1. 树立绿色物流观念

观念是一种带根本性和普遍意义的世界观，是一定生产力水平、生活水平和思想素质的反映，是人们活动的指南。由于长期的低生产力，人们更多地考虑温饱等低层次问题，往往为眼前利益忽视长远利益，为个体利益忽视社会利益，企业因这种非理性需求而展开掠夺式经营，忽视长远利益、生态利益及社会利益，进而导致来自大自然的警告。

2. 推行绿色物流经营

物流企业要从保护环境的角度制定其绿色经营管理策略，以推动绿色物流进一步发展。

（1）选择绿色运输。通过有效利用车辆，降低车辆运行次数，提高配送效率。例如，合理规划网点及配送中心，优化配送路线，提高共同配送，提高往返载货率；改变运输方式，由公路运输转向铁路运输或海上运输；使用绿色工具，降低废气排放量；等等。

（2）提倡绿色包装。包装不仅是商品“卫士”，也是商品进入市场的通行证。绿色包装要醒目环保，还应符合 4R 要求，即少耗材（reduction）、可再用（reuse）、可回收（reclaim）和可再循环（recycle）。

（3）开展绿色流通加工。由分散加工转向专业集中加工，以规模作业方式提高资源利用率，减少环境污染；集中处理流通加工中产生的边角废料，减少废弃物污染；等等。

（4）搜集和管理绿色信息。物流不仅是商品空间的转移，也包括相关信息的搜集、整理、储存和利用。绿色物流要求搜集、整理、储存的都是各种绿色信息，并将其及时运用于物流中，促进物流的进一步绿色化。

3. 开发绿色物流技术

发展绿色物流，不仅依赖绿色物流观念的树立和绿色物流经营的推行，更离不开绿色物流技术的应用和开发。没有先进物流技术的发展，就没有现代物流的立身之地；同样，没有先进绿色物流技术的发展，就没有绿色物流的立身之地。而目前的物流技术与绿色要求有较大的差距，如物流机械化、物流自动化、物流的信息化及网络化等方面，与西方发达国家的物流技术相比，有 10～20 年的差距。要大力开发绿色物流技术，否则绿色物流就无从谈起。

4. 制定绿色物流法规

绿色物流是当今经济可持续发展的一个重要组成部分，它对社会经济的不断发展和人类生活质量的不断提高具有重要意义。正因为如此，绿色物流的实施不仅是企业的事情，而且还必须从政府约束的角度，对现有的物流体制强化管理。

政府应该重视制定政策法规，在宏观上对绿色物流进行管理和控制，尤其是要控制物流活动的污染发生源。物流活动的污染发生源主要表现在：运输工具的废气排放污染空气、流通加工的废水排放污染水质、一次性包装的丢弃污染环境等。因此，政府可以制定了关于污染发生源、限制交通量、控制交通流等的政策和法规。

5. 加强对绿色物流人才的培养

绿色物流作为新生事物，对营运筹划人员和各专业人员的素质要求较高，因此，要实现绿色物流的目标，培养和造就一批熟悉绿色理论和实务的物流人才是当务之急。

13.4　逆向规划方法

13.4.1　逆向物流概述

逆向物流与供应链相反，具有丰富的生态、社会和经济效益。1999 年，美国逆向物流专家将逆向物流最广泛地定义为从消费点到原产地，为了重新获得价值或妥善处置而规划、实施和控制原材料的过程，是原材料、过程库存、成品及相关信息的成本效益流程。逆向物流的进展主要涉及产品的获取、收集、检查和处置，以及如何选择回收模式。一些学者提到了回收的三种模式：生产商回收、通过零售商回收、通过第三方物流公司回收。但是，他们仅考虑由制造商或第三方收集的情况，而没有考虑其他回收对象，如生产者组织。在回收活动中，应该考虑如何去选择回收对象，以及这项活动的重点是什么。

由于在回收模式选择决策过程中需要考虑多个属性，因此可以将其概括为多准则决策(MCDM)问题，该问题正好关注每个标准的权重和备选方案的等级。根据文献综述和中国的现状，本书介绍四种模式以供选择：生产商回收(OEMT)，即由生产商自己收集；第三方回收(TPT)，即由独立于制造商的第三方回收；生产者责任组织回收(PROT)，即由生产商联合回收；零售商负责回收(RT)，即由零售商负责回收模式。

根据不同的目标和条件可以设计六个主要准则，分别为投资成本、运营成本、服务能力、竞争力、库存控制和回收处理。并且在此基础上考虑到多种因素的不确定性，提出一种灰数 DEMATEL(灰数方法和决策和试验评估实验室)和模糊 VIKOR 方法混合的 MDCM 模型。灰数 DEMATEL 方法用来计算准则之间的影响程度和被影响程度,从而得到最大的群体效用和最小的个别遗憾,模糊 VIKOR 方法应用得到的最大的群体效用和最小的个别遗憾评估四个模式并将它们进行排序。然后,采用敏感度分析来检测最优方案的稳健性。最后,通过实例进行一系列的研究和验证。

13.4.2 逆向物流的回收模式分析

逆向物流供应链主要由制造商、零售商和第三方构成,由此可以产生四种回收模式,即生产商回收、第三方回收、生产者责任组织回收以及零售商负责回收,用于实施逆向物流生产、收集。本章将以回收旧家电为例,介绍四种回收模式。

1. OEMT(生产商回收)

OEMT 意味着责任的主体是相应的家电生产商。在完成废品回收、检验、拆卸、维护、库存和运输等一系列活动后,依托远期物流系统的逆向物流系统被建立起来,以此来完成家电废物处理或流入消费市场。该模式的结构如图 13-1 所示。

该模式的特点可归纳如下:①降低回收时间以及成本和数量的不确定性,避免泄露商业秘密;②由于熟悉过程,降低了处理成本和响应时间;③对于中小企业来说,构建全网需要高资金以及高边际回收成本;④总的来说,经济技术能力强的企业要求高,适合回收价值高的产品。

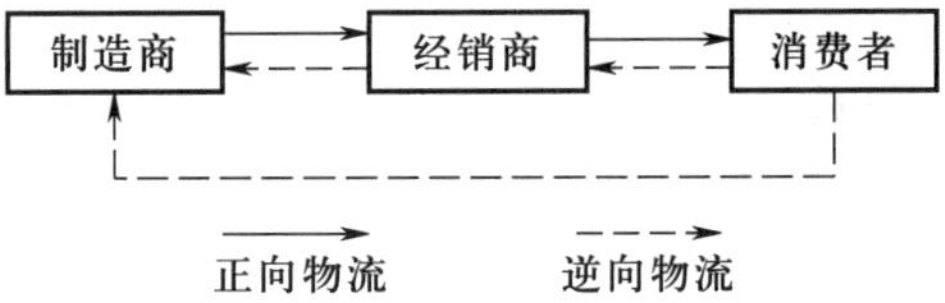

图 13-1 生产商回收模式结构图

2. TPT(第三方回收)

TPT 意味着责任主体是一个专业的第三方企业,也可称为外包。制造商以有偿的方式将回收和加工外包给第三方企业。该模式的结构如图 13-2 所示。

该模式的特征可以描述如下:①通过降低固定成本来降低操作回收系统中的风险成本;②有利于专注于企业的核心竞争力;③基于专业技术,经验丰富的团队和第三方企业共享信息,提高回收系统的效率;④很难从客户那里获得反馈,从而不易估算回收时间和回收成本。

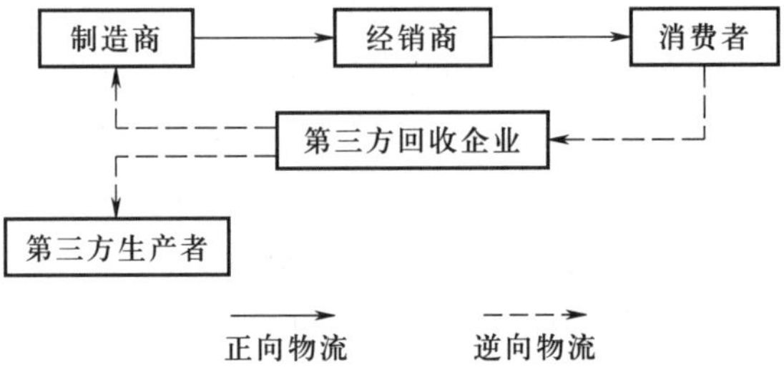

图 13-2 第三方回收模式结构图

3. PROT(生产者责任组织回收)

PROT 意味着责任主体是一个联合责任组织，由生产类似范围产品的制造商建立，为成员或非成员提供回收服务。合作形式只能是以合资企业或合作方式来结合成员的人力、物力和财力支持。然后，制造商的回收责任转移到组织上。该模式的结构如图 13-3 所示。

该模式的特点如下：①集中管理同类产品处理，提高回收产品的利用率，减少回收中心的数量，维护站点；②有利于会员企业之间管理经验和技术的沟通；③通过联盟优势降低交易过程中的各种市场风险和费用；④难以平衡合作者之间的分配，容易造成垄断；⑤容易导致技术秘密泄漏，难以将拆解后获得的信息反馈给产品设计人员；⑥总体上完全适用于回收过程后可重新进入二级市场的零件或零件拆解后的零件再次使用。

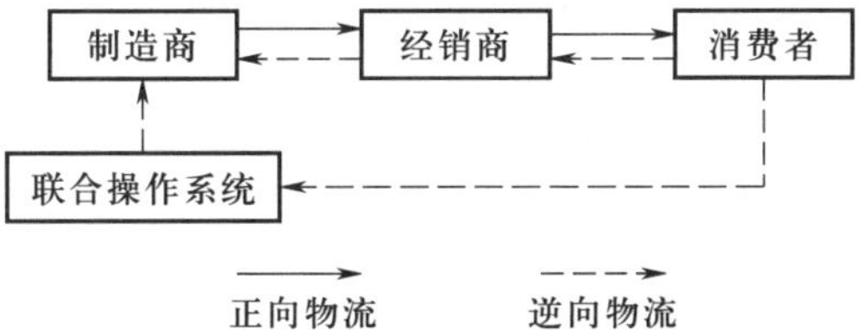

图 13-3　生产者责任组织回收模式结构图

4. RT(零售商负责回收)

在零售商负责回收模式中，零售商从生产商取得商品进行销售，且负责回收 EOL 产品并转交生产商进行回收处理，具体过程如图 13-4 所示。

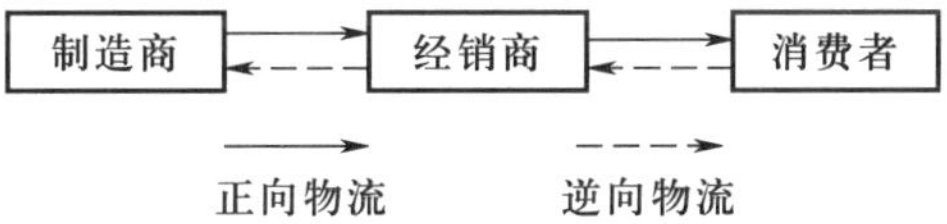

图 13-4　零售商负责回收模式结构图

13.4.3　逆向物流回收评估的指标体系

实际上，替代方案的比较和选择可以通过相应的特定系统和系统的每个元素的评分来实现。通常，特定系统涉及目标、集群和因素。此外，它意味着群集服务于目标，因素服务于群集。为了评估这项工作中不同条件下的四种模式，一个评估系统的结构如图 13-5 所示，由三组选定的指标作为第二级，以及共六个三级索引。

1. 经济方面

经济方面的影响因素主要从投资成本、运营成本、投资回报和投资风险这几个角度来进行具体分析。

(1) 投资成本。投资成本是指废旧家电回收系统中的费用，包括厂房建设、回收设备投资、回收加工技术和管理人员制度建设等。而且，投资力量取决于企业的规模和经济实力。因此，投资成本应被视为企业选择回收模式的最重要因素之一。

(2) 运营成本。运营成本是指企业实施回收活动过程中产生的成本，包括维护管理费、运输和仓储费、再处理费、处置费和新技术应用费等。运营成本将直接影响企业的经济效

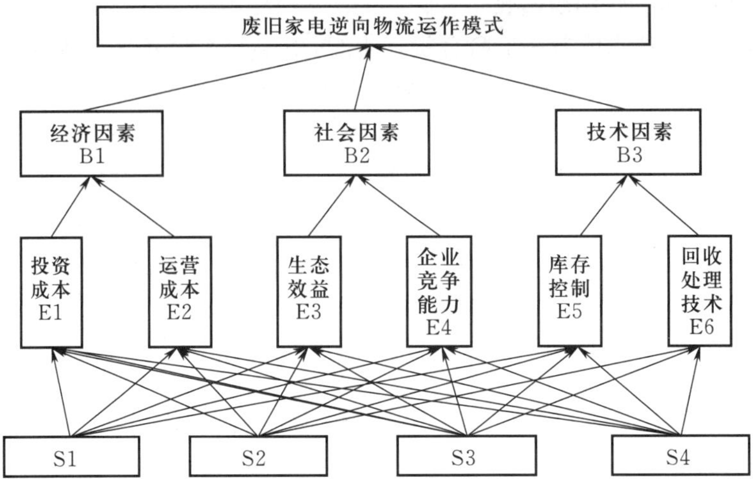

图 13-5 废旧家电逆向物流指标体系

益。由于不同的模式对应不同的投入产出，选择回收系统运行模式的企业首先要考虑哪种模式带来哪些经济效益。

(3) 投资回报。投资回报是指从购买资产中获得的利润或损失，通常包括直接的现金收入和资产价值变化所带来的资本利得或损失。投资回报率(return on investment，ROI)是衡量特定业务投资获得财务收益的指标，其计算方法是用投资的净收益除以投资成本。

(4) 投资风险。投资风险是指投资主体为实现其投资目的而对未来经营、财务活动可能造成的亏损或破产所承担的危险。投资风险是投资主体决定是否投资时需要进行预测分析的最主要内容。

2. 社会方面

社会方面的影响因素主要从生态效益、服务能力以及企业竞争能力这几个角度来进行分析。

(1) 生态效益。随着市场的快速发展，废旧家电大量产生，一定程度上造成环境污染。为响应国家环境保护政策并重用所需的价值，推广建立废旧家电回收系统可为选择回收模式提供参考。

(2) 服务能力。服务能力是指一个服务系统提供服务的能力程度，通常被定义为系统的最大产出率。

(3) 企业竞争能力。竞争能力表明企业在市场中生存的能力，包括企业范围、市场洞察力、企业危机管理能力、过程控制能力、人员管理能力以及资源回收整合的恢复能力。

3. 技术方面

技术方面的影响因素主要从运输路线的规划、库存控制和回收处理技术这几个角度来进行分析。

(1) 运输路线的规划。运输路线的规划是一项复杂而又具有系统性的任务，可以通过需求分析、路径评估、策略优化、风险管理和可持续性考虑等多方面的考量，制定出一个高效、经济、安全和可持续的运输路线规划方案。运输路线的规划有助于提高物流运输的效率，降低成本，并推动整个供应链的协调发展。

(2) 库存控制。库存主要是用于存放回收的废旧家电，在将家电产品回收之后，还需要对它们进行分类管理，以便于更好地利用剩余价值。对于企业来说，有效的库存管理技术对企业的成本节约和资源回收具有正面影响。所以，库存控制也是在操作模式选择中不可忽视的一个因素。

(3) 回收处理技术。技术是推动一个企业不断向前发展的重要因素，对于废旧家电企业来说，回收处理技术水平的高低决定着对废旧家电回收质量的好坏，所以企业还需要考虑回收处理技术的影响。

13.4.4　绿色物流的回收决策方法

考虑到废旧家电回收的实际环境的不确定性和模糊性，采用灰数 DEMETAL 和模糊 VIKOR 方法来解决决策问题。其中，灰数 DEMATEL 方法用于确定标准的权重，模糊 VIKOR 方法用于排序备选方案。

1. 灰数方法

灰数理论最初在 1982 年被提出，其主要优点是用少量数据产生可能的结果。灰数可以分三步转换为清晰数字。

给出灰数$\otimes x=[\underline{\otimes} x_{ij},\overline{\otimes} x_{ij}]$，其中和$\underline{\otimes} x_{ij}$、$\overline{\otimes} x_{ij}$是$\otimes x$ 的下限和上限。

步骤 1：将灰数上下限标准化。

$$\overline{\otimes}\bar{x}_{\text{ij}}=(\overline{\otimes} x_{ij}-\min\overline{\otimes} x_{ij})/\Delta_{min}^{max}$$

$$\underline{\otimes}\bar{x}_{ij}=(\overline{\otimes} x_{ij}-\min\underline{\otimes} x_{ij})\ /\Delta_{min}^{max} \tag{13-1}$$

其中，$\otimes_{min}^{max}=\max\overline{\otimes}\bar{x}_{ij}-\min\underline{\otimes}\bar{x}_{ij}$ 。

步骤 2：标准化灰数进行清晰化处理。

$$Y_{ij}=\frac{(\underline{\otimes}\bar{x}_{ij}(1-\underline{\otimes}\bar{x}_{ij})+(\overline{\otimes}\bar{x}_{ij}\times\overline{\otimes}\bar{x}_{ij}))}{(1-\underline{\otimes}\bar{x}_{ij}+\overline{\otimes}\bar{x}_{ij})} \tag{13-2}$$

步骤 3：求出清晰化值。

$$Z_{ij}=\min\overline{\otimes}\text{x}_{\text{ij}}-Y_{ij}\Delta_{min}^{max} \tag{13-3}$$

2. 灰数 DEMATEL 方法

DEMATEL(决策实验室分析法)是一种基于成对比较的简单方法，可以通过使用图论理论矩阵工具来说明因素之间的关系。还有许多研究将灰数和 DEMATEL 结合起来进行逆向物流研究。DEMATEL 方法主要适用于分析复杂因素之间因果关系的复杂结构模型，并且所有因素都通过利用它们之间的影响值而归入原因组或效应组。其基本理论是：通过分析系统因素之间的逻辑和直接影响关系，可以计算出与其他因素之间的影响程度和被影响程度，从而计算出中心性和因果关系；最后，每个因素的权重都是已知的。步骤如下：

步骤 1：整合专家给出的直接影响矩阵 A，根据发展逆向物流的实际情况，由受邀专家填写影响因子矩阵，得到直接影响矩阵 Y。

步骤 2：根据公式(13-1)至(13-3)得到矩阵 Z。

步骤 3：由下列公式获取标准化矩阵 X。

$$X_{ij}=\frac{Z_{ij}}{S} \tag{13-4}$$

其中，$S=\max\left\{\max_{1\leqslant i\leqslant n}\sum_{j=1}^{n}Z_{ij},\max_{1\leqslant j\leqslant n}\sum_{i=1}^{n}Z_{ij}\right\}$。

步骤 4：获得综合影响矩阵 T。

$$\mathrm{T}=\mathrm{X}(1-\mathrm{X})^{-1} \tag{13-5}$$

其中，$(1-\mathrm{X})^{-1}$是$(1-\mathrm{X})$的逆矩阵。

步骤 5：计算中心性 R，因果关系 C，(R+C)和(R−C)。

$$\mathrm{R}=[r_i]_{n\times 1}=\left[\sum_{j=1}^{n}t_{ij}\right]_{n\times 1} \tag{13-6}$$

$$\mathrm{C}=[C_j]_{n\times 1}=\left[\sum_{i=1}^{n}t_{ij}\right]_{n\times 1} \tag{13-7}$$

(R+C)表示其他因素对该因素的影响。(R+C)值越大，与其他因素的关系越密切；(R+C)值越小，意味着与其他因素的关系越弱。

(R−C)表示该因素对其他因素的影响程度。(R−C)负值，意味着该因素可能受到其他因素的影响；(R−C)正值，意味着该因素可以影响其他因素。

步骤 6：用下列公式计算每个部分的权重。

$$W_j=\frac{[(r_j+c_j)^2+(r_j-c_j)^2]^{1/2}}{\sum_{j=1}^{n}[r_j+c_j)^2+(r_j-c_j{}^2]^{1/2}} \tag{13-8}$$

3. 模糊方法

模糊逻辑首先用于评估，理查德·贝尔曼(Richard Bellman)和拉特飞·扎德(Lotfi Zadeh)1970 年进行了不确定性测量。直觉模糊集(IFS)于 1986 年被提出，可用于在不确定的环境中阐明信息。直觉模糊数(IFN)可以表示模糊和不精确的偏好信息，因此它可以使决策模型(DM)更直接和精确。结合 DM 的权重，我们可以计算 DM 给出的 IFN，并将其转换为清晰值，步骤如下：

将 $\alpha_j=(\mu_{aj}、v_{aj}、\pi_{aj})$标记为 IFN，其中 $\mu_\alpha\in[0,1]$，$v_\alpha\in[0,1]$，分别是隶属度与非隶属度。除此之外，$\mu_\alpha+v_\alpha\leqslant 1$。并且 $\pi_\alpha=1-\mu_\alpha-v_\alpha$ 是不确定度，如果$IFWA_w(\alpha_1,\alpha_2,\cdots,\alpha_N)=\omega_1\alpha_1\oplus\omega_2\alpha_2\oplus\cdots\oplus\omega_n\alpha_n$，则$IFWA_w$ 被称为直觉模糊加权平均算子。$\omega=(\omega_1,\omega_2,\cdots,\omega_n)^T$ 是α_j 和$\omega_j\in[0,1]$，$\sum_{j=1}^{n}\omega_j=1$ 的指标权重向量。

步骤 1：计算每个专家 λ_k 的权重。

假设第 k 个专家的重要性程度描述为 IFN $D_k=(\mu_k、v_k、\pi_k)$，专家权重由下式给出：

$$\lambda_k=\frac{\mu_k+\pi_k\left(\frac{\mu_k}{\mu_k+v_k}\right)}{\sum_{k=1}^{t}\left[\mu_k+\pi_k\left(\frac{\mu_k}{\mu_k+v_k}\right)\right]}\lambda_k,\lambda_k\geqslant 0,\ \sum_{k=1}^{t}\lambda_k=1 \tag{13-9}$$

步骤 2：获得 $IFWA$(直觉模糊加权平均值)运算符 f_{ij}。

将 $A=\{A_1,A_2,\cdots,A_m\}$作为一个解决方案集，$d=\{d_1,d_2,\cdots,d_n\}$作为一个 DM 集，

$E=\{E_1,E_2,\cdots,E_n\}$作为一个属性集，$w=\{w_1,w_2,\cdots,w_n\}$作为一组权值信息的归属并且 $\lambda=\{\lambda_1,\lambda_2\cdots,\lambda_n\}$作为 DM 的权重集。假设语言变量 $f_{ij}^{(k)}$ 由 DM 给出，DM 基于方法$S_i(i=1,2,\cdots,m)$的属性值 $E=\{E_1,E_2,\cdots,E_n\}$，那些语言变量可以被转化成直觉模糊数字 $f_{ij}^{(k)}=(\mu_{ij}^{(k)}、v_{ij}^{(k)}、\pi_{ij}^{(k)})$。

将每个专家 λ_k 的权重结合，$IFWA$ 运算符 f_{ij} 也被称为个人决策信息，可以用下列公式计算：

$$f_{ij}=IFWA_{\lambda}(f_{ij}^{(1)},f_{ij}^{(2)},\cdots,f_{ij}^{(t)})=\lambda_1 f_{ij}^{(1)}\oplus\lambda_2 f_{ij}^{(2)}\oplus\cdots\oplus\lambda_t f_{ij}^{(t)}$$
$$=\left[1-\prod_{k=1}^{t}(1-\mu_{ij}^{(k)})^{\lambda k},\prod_{k=1}^{t}(v_{ij}^{(k)})^{\lambda k},\prod_{k=1}^{t}(1-\mu_{ij}^{(k)})^{\lambda k}-\prod_{k=1}^{t}(v_{ij}^{(k)})^{\lambda k}\right] \tag{13-10}$$

4. 模糊 VIKOR 方法

VIKOR 方法于 2004 年首次出现，它根据各备选方案的评估值与理想解决方案的接近程度得出优先排序。在逆向物流领域中，许多研究将模糊方法和 VIKOR 结合。VIKOR 是一种折中的优先方法，它考虑了最大的群体效用和最小的个别遗憾，有助于优化多种反应。计算步骤如下：

步骤 1：整合直觉模糊$F^{(k)}$矩阵。

$$F^{(k)}=(f_{ij}^{(k)})_{p\times n} \tag{13-11}$$

步骤 2：基于公式(13-9)和(13-10)计算清晰的决策矩阵 F。

$$F=(f_{ij})_{p\times n} \tag{13-12}$$

步骤 3：取得正理想解 y_j^+ 和负理想解 y_j^-。

$$y_j^+=\{y_1^+、y_2^+\cdots y_n^+\} \tag{13-13}$$

$$y_j^-=\{y_1^-、y_2^-\cdots y_n^-\} \tag{13-14}$$

在这种情况下，设置 $y_j^+=(1,0,0)$、$y_j^-=(0,1,0)$并且方法 Y 被标记为 $Y_i=\{Y_{i1},Y_{i2},\cdots,Y_{in}\}$。

步骤 4：计算每个备选方案的群体效益值S_i 和个体后悔值R_i。

$$S_i=\sum_{j=1}^{n}\omega_j\left[\frac{d(y_j^+,y_{ij})}{d(y_j^+,y_j^-)}\right],i=(1,2,\cdots,m) \tag{13-15}$$

$$R_i=\max_j\left\{\omega_j\left[\frac{d(y_j^-,y_{ij})}{d(y_j^+,y_j^-)}\right]\right\},i=(1,2,\cdots,m) \tag{13-16}$$

其中，$d_{(\alpha1,\alpha2)}=\frac{1}{2}(|\mu_{\alpha1}-\mu_{\alpha2}|+|v_{\alpha1}-v_{\alpha2}|+|\pi_{\alpha1}-\pi_{\alpha2}|)$。

步骤 5：计算每种方案的折中值 Q_i。

$$Q_i=\mathrm{u}\left(\frac{S_i-S^+}{S^--S^+}\right)+(1-\mathrm{u})\left(\frac{R_i-R^+}{R^--R^+}\right),i=(1,2,\cdots,m) \tag{13-17}$$

其中，$S^+=\min_i S_i$，$S^-=\max_i S_i$，$R^+=\min_i R_i$，$R^-=\max_i R_i$，$\mathrm{u}\in[0,1]$被称为决策系数。u 的值为“大部分准则”的策略的权重（或者“群体效益最大值时的权重”），(1－u)是个别遗憾权重。

当 u>0.5 时,从群体利益最大角度做决策;如果 u=0.5,不存在明显偏好;当 u<0.5 时,在个别遗憾最小方法上做决策。

步骤 6:基于 Q_i 值对备选方案进行排序并选择最好方案。

Q_i 值越小,备选方案排序越大;Q_i 值越大,备选方案排序越小。

步骤 7:我们设置 $\Delta Q=Q(A_{(2)})-Q(A_{(1)})-1/(i-1)$。如果满足以下两个条件,则将按方法 Q(最小值)排出的最佳备选方案 $A_{(1)}$ 作为折中解决方案。

a. 可接受的优势:$\Delta Q=Q(A_{(2)})-Q(A_{(1)})\geqslant 1/(i-1)$,其中($A_{(2)}$)是根据 Q 值排序出的第二个方案。

b. 决策具有可接受的稳定性。

备选方案($A_{(1)}$)也必须是按 S 或 R 排序的最佳方案。该折中方案在决策过程中是稳定的,可以是最大组效用策略(当 u>0.5 时),或"一致"(当 u=0.5 时),或"有否决权"(当 u<0.5 时)。u 是最大群体效用决策策略的权重,详见步骤 5。如果其中一个条件不满足,则提出一组折中解决方案,其中包括:

c. 如果仅条件 b 没有得到满足,有备选方案($A_{(1)}$)和($A_{(M)}$)。

d. 如果条件 a 没有得到满足,则有备选方案($A_{(1)}$),($A_{(2)}$),…,($A_{(M)}$),($A_{(M)}$)由最大 M(这些备选方案的位置是"接近的")的关系式 $Q(A_{(2)})-Q(A_{(1)})\geqslant 1/(i-1)$决定。

13.4.5 实证分析

1. 数据描述

案例来自于 2018 年 12 月 29 日,国务院办公厅印发《"无废城市"建设试点工作方案》,强调顶层设计引领,从城市整体层面深化固体废物综合管理改革,对回收产品进行资源化利用和无害化处置。根据《中国统计年鉴-2017》可知,人口数 14 亿左右,百户人家拥有家电总数达 465 台,但回收量却远远不够,导致许多废旧家电中的资源大大浪费。

评估指标的权重以及相对应的每个评估指标的分数由来自经济学领域、环境科学、汽车企业和物流公司的五位专家实现。他们根据每个评估指标的性质进行了语义评估。专家评价的语义变量见表 13-1,因素相互影响见表 13-2。

使用上述评估表和语言评估指标表,可以获得灰数矩阵⊗Z,见表 13-3。通过式(13-1)~(13-3),可以决定影响矩阵 Z,见表 13-4~13-7。

表 13-1　标准直接关系的灰数语义量表

语义变量	区间灰数
没有影响(N)	[0,0]
非常低影响(VL)	[0,0.25]
低影响(L)	[0.25,0.5]
高影响(H)	[0.5,0.75]
非常高影响(VH)	[0.75,1]

表 13-2　专家评价矩阵

因素	E1	E2	E3	E4	E5	E6
E1	—	H,H,L,L,L	VL,H,L,L,VL	L,L,H,L,L	H,L,H,H,H	H,L,H,L,H
E2	VH,VH,VH,L,H	—	H,L,H,L,L	VH,H,H,L,H	VH,VH,H,H,H	H,VH,H,H,VH
E3	VL,L,L,H,H	L,VL,VL,L,L	—	VL,VL,VL,L,VL	H,L,L,H,L	H,L,H,L,L
E4	VH,H,H,H,VH	VH,L,VH,L,L	VL,VL,VL,L,L	—	VL,L,VL,L,H	VH,L,H,H,H
E5	L,H,L,L,H	L,L,H,VH,L	L,L,H,H,VL	L,H,L,VL,L	—	H,VH,L,H,L
E6	VH,H,VH,H,H	VL,VL,L,VL,N	N,VL,L,L,VL	VH,VH,H,H,VH	H,H,VH,H,L	—

表 13-3　直接影响矩阵⊗Z

因素	E1	E2	E3	E4	E5	E6
E1	[0,0]	[0.35,0.6]	[0.4,0.45]	[0.3,0.55]	[0.45,0.7]	[0.4,0.65]
E2	[0.6,0.85]	[0,0]	[0.35,0.6]	[0.5,0.75]	[0.6,0.85]	[0.6,0.85]
E3	[0.3,0.55]	[0.15,0.4]	[0,0]	[0.05,0.3]	[0.35,0.6]	[0.35,0.6]
E4	[0.6,0.85]	[0.45,0.7]	[0.1,0.35]	[0,0]	[0.4,0.45]	[0.5,0.75]
E5	[0.35,0.6]	[0.4,0.65]	[0.3,0.55]	[0.25,0.5]	[0,0]	[0.45,0.7]
E6	[0.6,0.85]	[0.05,0.25]	[0.1,0.3]	[0.65,0.9]	[0.5,0.75]	[0,0]

表 13-4　影响矩阵 Z

因素	E1	E2	E3	E4	E5	E6
E1	0.00	0.48	0.42	0.42	0.60	0.54
E2	0.78	0.00	0.48	0.66	0.78	0.78
E3	0.42	0.24	0.00	0.12	0.48	0.48
E4	0.78	0.60	0.18	0.00	0.42	0.66
E5	0.48	0.54	0.42	0.36	0.00	0.75
E6	0.78	0.10	0.15	0.85	0.66	0.00

表 13-5　标准矩阵 X

因素	E1	E2	E3	E4	E5	E6
E1	0.00	0.14	0.12	0.12	0.17	0.16
E2	0.22	0.00	0.14	0.19	0.22	0.22
E3	0.12	0.07	0.00	0.03	0.14	0.14
E4	0.22	0.17	0.05	0.00	0.12	0.19
E5	0.14	0.16	0.12	0.10	0.00	0.22
E6	0.22	0.03	0.04	0.24	0.19	0.00

表 13-6　综合影响矩阵 T

因素	E1	E2	E3	E4	E5	E6
E1	−0.09	0.11	0.09	0.07	0.12	0.10
E2	0.14	−0.08	0.10	0.13	0.16	0.15
E3	0.08	0.04	−0.03	−0.02	0.10	0.11
E4	0.17	0.15	0.00	−0.09	0.04	0.14
E5	0.06	0.14	0.10	0.03	−0.09	0.17
E6	0.18	−0.06	0.00	0.24	0.16	−0.09

表 13-7　最终具体矩阵

因素	R	C	R+C	R−C	权重
E1	0.41	0.56	0.97	−0.15	0.19
E2	0.61	0.31	0.92	0.3	0.19
E3	0.28	0.26	0.54	0.02	0.10
E4	0.42	0.37	0.79	0.05	0.15
E5	0.41	0.49	0.9	−0.08	0.17
E6	0.43	0.58	1.01	−0.15	0.20

在使用灰数 DEMATEL 方法获得六个标准的权重后，邀请五个专家中的四个来评估三个备选方案。模糊语义量表见表 13-8。因此，四个专家的权重集 $\lambda=(M,M,VI,I)$ 可以由式(13-9)得出，即 $\lambda=(0.33,0.2,0.2,0.27)$。表 13-9 给出了直接评估矩阵。在式(13-10)～(13-12)的基础上，IFN 决策矩阵见表 13-10。

表 13-8　模糊语义量表

语义变量	直接模糊数
很重要(VI)/很高(VH)	(0.90,0.05,0.05)
重要(I)/高(H)	(0.75,0.20,0.05)
中等(M)	(0.50,0.40,0.10)
不重要(U)/低(L)	(0.25,0.6,0.15)
极不重要(VU)/非常低(VL)	(0.10,0.80,0.10)

表 13-9　直接评估矩阵

属性	DM1				DM2				DM3				DM4			
	S1	S2	S3	S4	S1	S2	S3	S4	S1	S2	S3	S4	S1	S2	S3	S4
E1	H	L	M	H	VH	VL	H	VH	H	L	L	H	VH	VL	L	VH
E2	H	M	M	H	VH	M	VL	H	VH	M	M	H	VH	VL	H	VH
E3	H	H	H	M	M	M	VH	M	H	H	VL	H	M	H	H	H

续表

属性	DM1				DM2				DM3				DM4			
	S1	S2	S3	S4	S1	S2	S3	S4	S1	S2	S3	S4	S1	S2	S3	S4
E4	M	VH	VH	H	M	H	VH	M	H	VH	H	M	L	H	VH	L
E5	L	H	VH	L	VL	H	VH	L	L	VH	VH	L	VL	H	VH	VL
E6	H	M	H	M	M	L	M	H	H	L	M	H	VH	H	VH	VH

表 13-10　IFN 决策矩阵

属性	E1	E2	E3	E4	E5	E6
S1	[0.84,0.1,0.06]	[0.86,0.08,0.06]	[0.65,0.28,0.07]	[0.51,0.39,0.1]	[0.18,0.69,0.13]	[0.78,0.16,0.06]
S2	[0.18,0.69,0.13]	[0.41,0.48,0.11]	[0.71,0.23,0.06]	[0.85,0.1,0.05]	[0.79,0.15,0.06]	[0.51,0.39,0.1]
S3	[0.47,0.42,0.11]	[0.53,0.38,0.09]	[0.73,0.2,0.07]	[0.88,0.07,0.05]	[0.9,0.05,0.05]	[0.74,0.18,0.08]
S4	[0.84,0.1,0.06]	[0.84,0.1,0.06]	[0.64,0.29,0.07]	[0.56,0.36,0.08]	[0.21,0.65,0.14]	[0.75,0.17,0.08]

2. 实证结果

各因素中,E1、E2 符合成本评估准则,其他皆符合效益评估准则。所以

$y_j^{+}=\{[0.18,0.69,0.13],[0.41,0.48,0.11],[0.73,0.2,0.07],[0.88,0.07,0.05],[0.9,0.05,0.05],[0.78,0.16,0.06]\}$

$y_j^{-}=\{[0.84,0.1,0.06],[0.86,0.08,0.06],[0.64,0.29,0.07],[0.51,0.39,0.1],[0.18,0.69,0.13],[0.51,0.39,0.1]\}$

然后,可以由式(13-13)～(13-16)获得三个替代方案的群体利益值 S 和个人遗憾值 R,见表 13-11。根据模糊 VIKOR 方法得到不同决策系数 u 值下的方案的不同折中值 Q 和 ΔQ。

表 13-11　*S* 和 *R* 的值

评价值	S_i	R_i
S1	0.79	0.19
S2	0.27	0.2
S3	0.16	0.08
S4	0.79	0.19

3. 分析和验证

(1) 标准权重。

评价四种方案的六个标准:投资成本(E1)、运营成本(E2)、生态效益(E3)、企业竞争能力(E4)、库存控制(E5)和回收处理技术(E6)。(R+C)值表示标准之间的关系程度。(R+C)值越大,与其他因素的关系越强;(R+C)值越小,意味着与其他因素的关系越弱。研究结果表明,投资成本(E1)、库存控制(E5)、回收处理技术(E6)可按其负(R−C)值分为效应组,负(R−C)值意味着这些指标对其他因素的影响(R)低于其受到的影响(C),这表明这它们很容易受到其他因素的影响。相反,运营成本(E2)、生态效益(E3)、企业竞争能力(E4)

因具有相对较高的正(R－C)值而被归为成因组，这表明它们可以影响其他因素，因此在下一步中值得更多关注。我们可以得出结论：三个最重要的标准是回收处理技术(E6)、投资成本(E1)、运营成本(E2)。回收处理技术(E6)、运营成本(E2)、投资成本(E1)占比较大，因为它们对整个企业的经济效率有最直接的影响。同时，库存控制(E5)也具有相对较高的价值，对其他因素的影响相对较大。相反，生态效益(E3)与其他因素的关系最小。我们还可以发现，每个标准的(R＋C)值和权重具有很强的正相关性。

进一步分析，在三个最重要的标准回收处理技术(E6)、运营成本(E2)、投资成本(E1)中，两个为经济指标，一个为技术指标。这表明经济因素(包括成本和效益)是回收制造业最重要的问题。因为在市场竞争中，经济是决定企业生存和发展的最重要因素。同时，回收处理技术(E6)也是一个非常重要的因素，涉及许多逆向物流技术问题。这意味着核心技术也是企业生存的必要因素。企业竞争能力(E4)和库存控制(E5)具有适度和适中的权重。然而，生态效益(E3)占权重的最小比例。

(2) 效用权重灵敏度分析。

在案例计算过程中取 u＝0.5，即最小化个体遗憾值和最大化群体效用权重相等，均为 0.5，通过式(13-15)～(13-17)，计算各方案的最大群体效用、最小个体遗憾和综合效用值，见表 13-12。

表 13-12　各模式下的 S、R、Q 值及排名

评价值	A1		A2		A3		A4	
	取值	排名	取值	排名	取值	排名	取值	排名
S	0.79	3	0.27	2	0.16	1	0.79	3
R	0.19	2	0.2	3	0.08	1	0.19	2
Q	0.96	3	0.59	2	0	1	0.96	3

通过 Q_i 递增的方式排序：A3＜ A2＜A1＝A4，接下来判别 A3 是否满足最优解的条件。条件 1：Q(A2)－Q(A3)＝0.59＞DQ＝1/3，条件 2：A3 按照 S 和 R 的排序结果是最优解。综合得出 A3 是综合评价的满意妥协解。

在决策过程中，前文选取效用值权重 u＝0.5，为验证不同效用值权重下各模式的推荐排名的鲁棒性，探究不同效用值权重下的质量经济性排序，进行灵敏度分析；同时根据不同的 u 值获得了不同的 Q 值。可以得出结论，在 u＝0、0.25、0.5、0.75 时，综合考虑群体利益最大、个别遗憾最小以及平衡折中的方式，都能够得出 A3 模式为最优解，即 PROT 为最优妥协解。在 u＝1 的条件下，A2 为备选方案，但并不能满足最优解的两个条件，所以考虑群体利益最大、个别遗憾最小时，A3 为最优解。

对于我国废旧家电回收模式的选择结果，认为我国废旧家具最适合的模式是 PROT，显然 PROT 服从生产者责任。它通过企业间的联合形式获得资源共享，从而提高资源利用率，降低运营成本。

第一种模式是 OEMT(S1)，该模式一般只能实现自主品牌家电回收，从而增强市场信息反馈，提升公司品牌形象。然而，其固有的缺陷，如高回收成本和低资源利用率，使其在逆向物流系统中没有优势。

第二种模式是 TPT(S2),利用其自身的技术和网络优势可以实现高回收效率。问题在于家电制造商的商业信息泄露,并且不利于家电制造商获取客户信息。

第四种模式是 RT(S4),该模式下制造商通过协议形式将废旧家电的回收工作委托给零售商,制造商将从零售商处回收的废旧家电进行处理及再利用。该模式下,制造商和零售商形成了紧密的合作关系。当零售商分担回收责任时,零售商的利润和闭环供应链的总利润都会降低。

思考题

1. 物流产业的绿色规划影响因素有哪些?
2. 简述绿色物流产业的发展与起源。
3. 绿色物流产业模式有哪些分类?
4. 如何理解绿色物流产业的定义与特点?
5. 如何理解绿色产业的管理方法?
6. 绿色物流产业发展的策略有哪些?

参考文献 References

[1] 何新华.物流产业规划与管理[M].北京:清华大学出版社,2016.

[2] 孙中桥,朱春燕.现代物流学理论与实务[M].南京:东南大学出版社,2022.

[3] 王玲,陈志卷.能源与环境约束下中国物流产业效率研究[M].天津:南开大学出版社,2020.

[4] 范学谦,翟树芹.现代物流管理[M].2版.南京:南京大学出版社,2020.

[5] 余丽婷.高质量发展目标下数字经济和物流业耦合协调关系研究——以安徽省为例[J].重庆三峡学院学报,2023,39(05):39-50.

[6] 赖一飞,叶丽婷,谢潘佳,等.区域科技创新与数字经济藕合协调研究[J].科技进步与对策,2022,39(12):31-41.

[7] 吴青.物流链整合下物流产业转型升级对策研究[J].商业经济研究,2017,4:83-85.

[8] GAN W H,YAO W P,HUANG S Y.Evaluation of green logistics efficiency in Jiangxi Province based on Three-Stage DEA from the perspective of high-quality development[J]. Sustainability,2022,14(2):797.

[9] HUSSAIN M,KHAN M,AL-AOMAN R,A framework for supply chain sustainability in service industry with Confirmatory Factor Analysis [J]. Renewable and Sustainable Energy Reviews,2016,55(3):1301-1312.

[10] PAL K,KARAKOSTAS B.A multi agent-based service framework for supply chain management[J].Procedia Computer Science,2014,32:53-60.

[11] SHEU J B. Dynamic relief-demand management for emergency logistics operations under large-scale disasters[J]. Transportation Research Part E:Logistics and Transportation Review,2010,46:1-17.

[12] NIHARIKA G, RITU V. Cloud architecture for the logistics business[J]. Procedia Computer Science,2015,50:414-420.

[13] WESTERMAN G.Why digital transformation needs a heart[J].MIT Sloan Management Review,2016,58(1),19-21.

[14] WILLIAMS T A,GRUBER D A,Sutcliffe K M,et al.organizational response to adversity:Fusing Crisis Management And Resilience Research Streams[J].Academy of Management Annals,2017,11(2),733-769.

[15] YANG G L,FUKUYAMA H,SONG Y Y.Estimating capacity utilization of Chinese manufacturing industries[J].Socio-Economic Planning Sciences,2019,67,94-110.

[16] HE X H,JIANG J X,HU W F.Cross effects of government subsidies and corporate social responsibility on Carbon Emission Reductions in an omnichannel supply chain considering[J].Computers & Industrial Engineering,2023.175(1): 1-14.

[17] HE X H,HU W F,LI W H,et al.Digital transformation,technological innovation,and operational resilience of port firms in case of supply chain disruption[J].Marine Pollution Bulletin,2023,190(3):1-23.

[18] HE X H,PING Q Y,HU W F.Does digital technology promote the sustainable development of the marine equipment manufacturing industry in China? [J]. Marine Policy,2022,136(2):1-11.

[19] 毛禹忠.国际物流配送和网络系统[M].杭州:浙江大学出版社,2013.

[20] 赵忠.逆向物流运作模式研究[M].上海:上海交通大学出版社,2013.

[21] 张翼英,张英,西莎,等.智能物流[M].北京:中国水利水电出版社,2012.

[22] 张雪.区域物流业效率与经济高质量发展的时空演进分析[J].商业经济研究,2022,13: 98-102.